Informatik

2

Gymnasium Oberstufe

Datenmodellierung und Datenbanken
Objektorientierte Modellierung
Graphen | Listen | Bäume
Rekursion | Softwareprojekte

Autoren
Peter Brichzin (München)
Florian Janus (Oettingen i. Bay.)
Franz Jetzinger (München)
Johannes Neumeyer (Traunstein)
Klaus Reinold (München)
Dr. Stefan Seegerer (Nürnberg)
Albert Wiedemann (Oberottmarshausen)

Vorwort

Liebe Informatikerin, lieber Informatiker der nächsten Generation, damit Sie sich bei der Arbeit mit dem Buch gut zurechtfinden, wird hier der Aufbau kurz beschrieben.

Inhaltliche Kapitel mit handlungsorientierten Einstiegsaufgaben, Erklärungen und Beispielen, damit Sie informatische Konzepte verstehen und kreativ einsetzen können

Vielfältige Aufgaben zum Üben und Vertiefen sowie spannende Forschungsaufträge als Blick über den Tellerrand und Lehrplan hinaus

Dateivorlagen auch im Internet unter *informatikschulbuch.de*

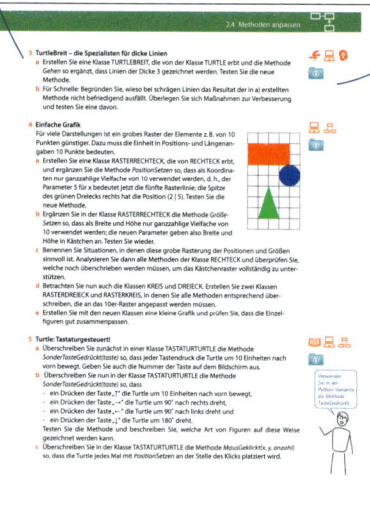

„Teste dich selbst!"-Aufgaben zum Überprüfen, ob Sie die wesentlichen Aspekte eines Hauptkapitels verstanden haben (Lösungen zur Selbstkontrolle am Ende des Buches!)

Kurze und prägnante *Zusammenfassungen* am Ende jedes Hauptkapitels und *Merkkästen* mit den zentralen Inhalten am Ende jedes Kapitels

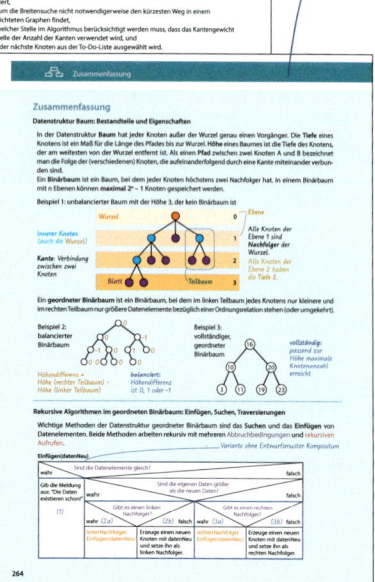

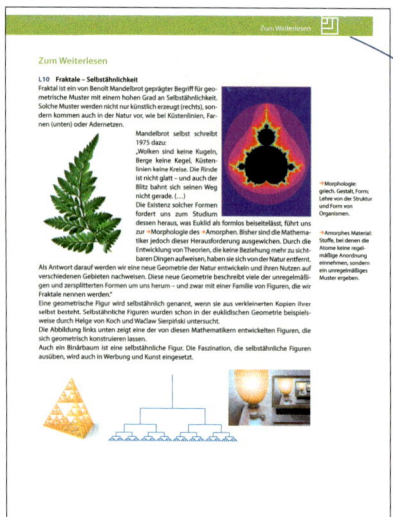

Texte *Zum Weiterlesen*, die Ihnen Einblicke in Berufe und Ausblicke auf inhaltlich angrenzende Anwendungsbereiche geben

Die *Symbole* beschreiben für jede Aufgabe Arbeitsweisen bzw. Zielsetzung.

 Recherchieren, lesen, damit Sie selbst Verantwortung für den Lernfortschritt übernehmen können.

 Vernetzen, damit Sie neue Inhalte mit anderen Bereichen und bereits Gelerntem in Beziehung setzen können.

 Kommunizieren, weil es wichtig ist, anderen etwas erklären zu können und sich in der Gruppe zu besprechen.

 Kooperieren, damit Ihre Produkte vielseitiger, hochwertiger und umfangreicher werden.

 Kreativ arbeiten, damit Sie originell und mit persönlicher Note arbeiten können.

 Analysieren, um Strukturen, Verfahren und Zusammenhänge zu erkennen und zu erfassen.

 Modellieren, um Probleme zu verstehen und Lösungen zu planen.

 Mit Rechnereinsatz lösen/implementieren, um mithilfe des Computers praktische Umsetzungen zu schaffen.

 Handlungsorientiert lösen, damit Sie auch ohne Rechner aktiv werden können, z. B. bei Rollenspielen.

 Reflektieren, begründen, damit Sie sich Lösungswege bewusst machen und ähnliche Aufgaben künftig schneller lösen können.

 Offene Aufgabenstellung individuell ausgestalten, damit Sie sich selbst Ziele setzen und Ihren eigenen Lösungsweg suchen können.

Das *Debugging-Symbol* markiert Aufgaben und Tipps zur Fehlersuche.

Auf *informatikschulbuch.de* finden Sie einführende *Videos* für die typischen Werkzeuge.

Werkzeugunabhängigkeit in Lehrtext und Aufgaben:

Basisprojekte für viele gängige Sprachen und typische Entwicklungsumgebungen

Java (BlueJ) *Python* *Swift (Playgrounds)*

```
Java

synchronized … {
    try {wait();}
    catch (…) { }
    …
    notify();
}
```

```
Python
import threading
lock = threading.Condition()
...
with lock:
        lock.wait()
    ...
        lock.notify()
```

```
Swift
let monitor = NSCondition()
...
monitor.lock
monitor.wait()
...
monitor.signal()
monitor.unlock
```

Wir wünschen Ihnen viel Spaß im Informatikunterricht mit diesem Buch!

Peter Brichzin   Florian Janus   Franz Jetzinger   Johannes Neumeyer
Dr. Stefan Seegerer   Klaus Reinold   Albert Wiedemann

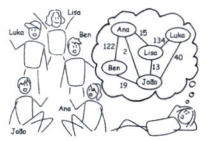

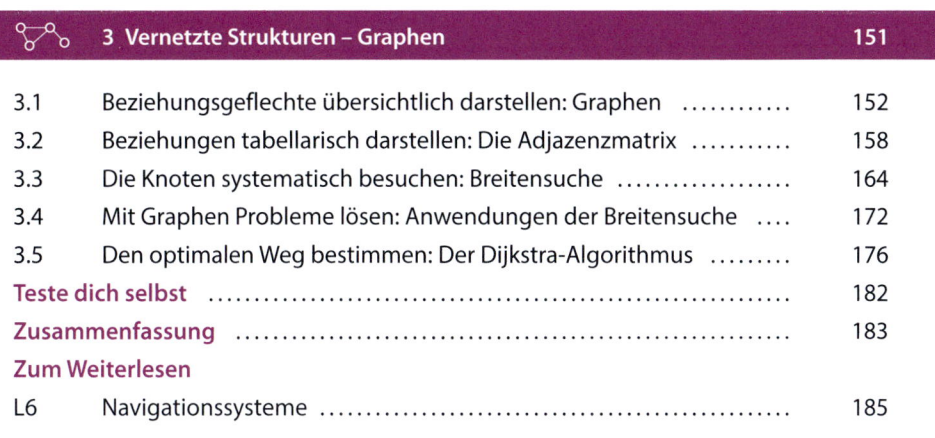

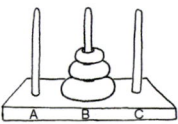

1 Datenmodellierung und Datenbanksysteme

Am Ende des Kapitels können Sie ...

... verstehen, wie Webanwendungen
Daten speichern bzw. abrufen.

... komplexe Datenbestände
anschaulich modellieren.

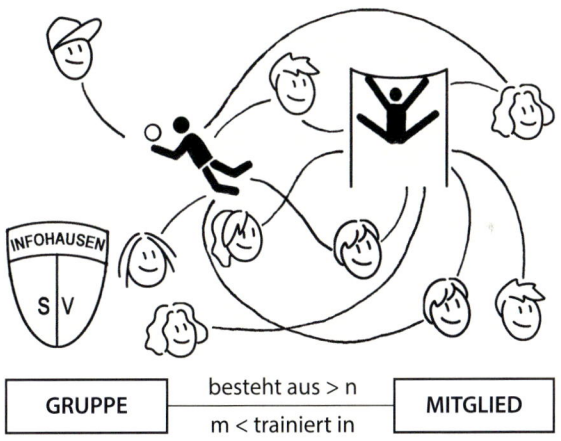

... gezielt Informationen aus
verknüpften Datenbanktabellen
gewinnen.

1.1 Einfache Datenbankabfragen

Sicher haben Sie schon einmal in einem Onlineshop nach einem Kleidungsstück, einem Buch oder etwas Ähnlichem gesucht. Nach der Eingabe des Suchbegriffes bekommen Sie sofort die passenden Artikel angezeigt. Aber was steckt eigentlich hinter der Webseite des Shops?

Viele Anwendungen, die große Mengen an Daten bereitstellen und verarbeiten, verwenden zur Datenverwaltung eine sogenannte Datenbank.

Auf der Seite informatikschulbuch.de ist ein Link zu einer Seite angegeben, auf der Sie einen Blick hinter einen Webshop werfen können.

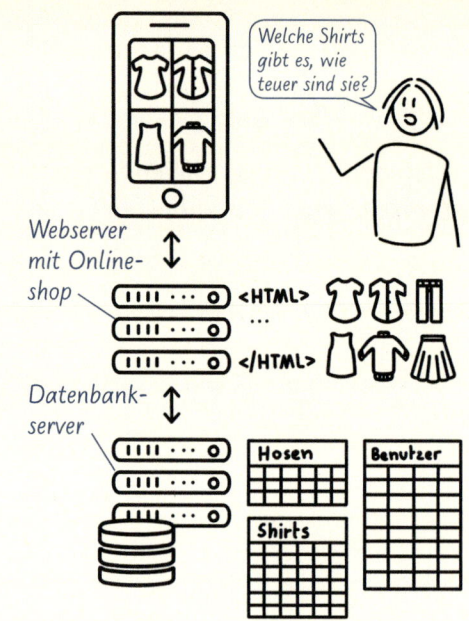

a Öffnen Sie die oben angegebene Seite und betrachten Sie die Ansicht im Reiter *DB-Backend*. Beschreiben Sie, wie die Artikel hier dargestellt sind und vergleichen Sie diese mit der Darstellung im *User-Frontend*.

→ Frontend: Benutzersicht auf die Datenbank

b Stellen Sie im → *User-Frontend* die Filter so ein, dass nur die Farbe und der Preis aller T-Shirts angezeigt werden. Wenden Sie die Filter an und wechseln Sie in das *DB-Backend*. Analysieren Sie die hier angegebene Datenbankabfrage.

→ Backend: Datenbanksystem hinter der Anwendung

c Formulieren Sie im → *DB-Backend* eine weitere Datenbankabfrage, welche die Art und den Preis aller Artikel in der Farbe Blau zurückgibt! Überprüfen Sie Ihre Eingabe, indem Sie nach dem Senden der Abfrage wieder zurück in das *User-Frontend* wechseln.

Einfache Abfragen in SQL

Weltweit gibt es mehrere Millionen Filme. Ein Streamingdienst speichert relevante Informationen in einer → relationalen Datenbank. Diese kann aus mehreren Tabellen bestehen. Es sind beispielsweise Tabellen zu Filmen, Serien oder Kunden vorhanden. In der Tabelle Film sind Informationen wie der Titel, das Erscheinungsjahr oder die Laufzeit der Filme gespeichert. Mit gezielten Anfragen können Anwender und Anwenderinnen neue Informationen gewinnen und viele Fragen beantworten. Beispielsweise auch die folgende: Welche Filme dauern weniger als 120 Minuten und welchem Genre sind sie zugeordnet?

→ Relation: mathematische Beschreibung einer Tabelle

Serie				
titel	original sprache	sender	staffeln	episoden
				52

Kunde			
kundenNr	name	vorname	e-mail
4347653	Elmann	Heinz	heinz@amail.com

Film					
titel	jahr	regisseur	laufzeit	genre	fsk
Zoomania	2016	Byron Howard	104	Animation	0
The Kings Speech	2010	Tom Hopper	118	Biographie	0
Taxi Teheran	2015	Jafar Panahi	82	Doku	0
Fahrenheit 9/11	2004	Michael Moore	122	Doku	12
Wall-E	2008	Andrew Stanton	95	Familie	0
Matrix reloaded	2003	Lana Wachowski	129	Fiktion	16
Star Wars VII	2015	Jeffrey Adams	135	Fiktion	12

Eine passende Abfragefunktion benötigt drei Informationen:

1) Aus welcher **Tabelle** sollen die Daten entnommen werden?
   `Film`

2) Welche **Bedingung** müssen die Daten erfüllen, so dass nur die relevanten **Zeilen** ausgegeben werden?
   `laufzeit < 120`

3) Welche **Spalten** sollen im Ergebnis ausgegeben werden?
   `titel, genre`

Film

titel	jahr	regisseur	laufzeit	genre
Harry Potter und der Feuerkelch	2005	Mike Newell	151	Fantasy
The Kings Speech	2010	Tom Hopper	119	Biografie
Taxi Teheran	2015	Jafar Panahi	82	Doku
Fahrenheit 9/11	2004	Michael Moore	123	Doku
Wall-E	2008	Andrew Stanton	103	Familie
Matrix reloaded	2003	Lana Wachowski	138	Science-Fiction
Wie das Leben so spielt	2009	Judd Apatow	110	Komödie
Star Wars VII	2015	Jeffrey Adams	135	Science-Fiction
Good Bye, Lenin!	2004	Wolfgang Becker	121	Komödie
Zoom	2015	Prashant Raj	159	Komödie

titel, genre

laufzeit < 120

Abfrage

```
SELECT  titel,genre
FROM    Film
WHERE   laufzeit < 120
```

Mithilfe der Abfrage-Funktion werden die Daten verarbeitet.

titel	genre
The Kings Speech	Biografie
Taxi Teheran	Doku
Wall-E	Familie
Wie das Leben so spielt	Komödie

Das Ergebnis einer SQL-Abfrage ist wieder eine Tabelle!

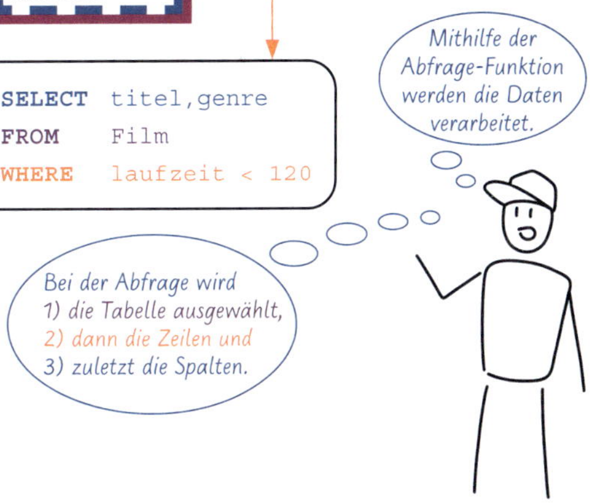

*Bei der Abfrage wird
1) die Tabelle ausgewählt,
2) dann die Zeilen und
3) zuletzt die Spalten.*

Um mit einer Datenbank zu kommunizieren, verwendet man meist die Sprache → **SQL**. Eine SQL-Abfrage besteht aus folgenden drei Teilen:

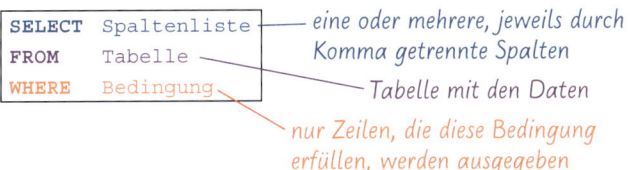

```
SELECT  Spaltenliste
FROM    Tabelle
WHERE   Bedingung
```

eine oder mehrere, jeweils durch Komma getrennte Spalten

Tabelle mit den Daten

nur Zeilen, die diese Bedingung erfüllen, werden ausgegeben

→ SQL:
engl. Structured Query Language; strukturierte Abfragesprache

Beachten Sie: Der Aufbau einer SQL-Abfrage entspricht nicht der Reihenfolge, in der sie abgearbeitet wird.

Bedingungen näher betrachtet

Zur Formulierung von Bedingungen können Vergleiche mit den Symbolen „=", „<", „>", „<=", „>=" und „<>" verwendet werden.

Anführungszeichen beim Textvergleich!

Für die folgenden beiden Fragen müssen mehrere Vergleiche durch die **logischen Funktionen AND** sowie **OR** miteinander verknüpft werden:

Welche Filme (titel, jahr) sind kürzer als 120 Minuten und wurden nach 2009 veröffentlicht?

```
SELECT  titel,jahr
FROM    Film
WHERE   laufzeit < 120
        AND jahr > 2009
```

titel	jahr
The Kings Speech	2010
Taxi Teheran	2015

Welche Fantasy- oder Science-Fiction-Filme (titel, laufzeit, genre) dauern mindestens zwei Stunden?

```
SELECT  titel,laufzeit,genre
FROM    Film
WHERE   (genre = "Fantasy"
        OR genre = "Science-Fiction")
        AND laufzeit >= 120
```

titel	laufzeit	genre
Harry Potter und der Feuerkelch	151	Fantasy
Matrix reloaded	138	Science-Fiction
Star Wars VII	135	Science-Fiction

Die nächste Frage kann in SQL mithilfe der logischen Funktion **NOT** beantwortet werden:

Welche Filme (titel, genre) sind weder Komödien noch Science-Fiction?

```
SELECT  titel,genre
FROM    Film
WHERE   NOT (genre = "Komödie"
        OR genre = "Science-Fiction")
```

titel	genre
Harry Potter und der Feuerkelch	Fantasy
The Kings Speech	Biografie
Taxi Teheran	Doku
Fahrenheit 9/11	Doku
Wall-E	Familie

Für die Erstellung von Abfragen können verschiedene Werkzeuge verwendet werden. Erklärvideos hierzu gibt es auf informatikschulbuch.de

In **relationalen Datenbanken** werden große Datenmengen strukturiert in Form von **Tabellen** abgespeichert.

Zur Formulierung einer Abfrage an die Datenbank wird die Sprache **SQL** verwendet. Dort hat eine Abfrage folgenden Aufbau:

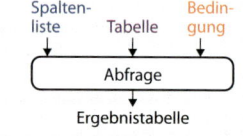

```
SELECT  Spaltenliste
FROM    Tabelle
WHERE   Bedingung
```

Das Resultat einer Abfrage an eine Datenbank ist eine **Ergebnistabelle**.

Die Bedingung dient zur Auswahl der gewünschten Zeilen und wird meist mit **Vergleichen** formuliert. Durch die **logischen Funktionen AND** und **OR** können mehrere Vergleiche zu einer Bedingung verkettet werden. Mit **NOT** kann eine Bedingung verneint werden.

Aufgaben

1 Filmsuche
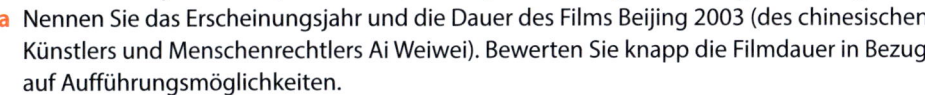
Formulieren Sie jeweils die passende SQL-Abfrage zu den folgenden Aufgabestellungen.
  a Nennen Sie das Erscheinungsjahr und die Dauer des Films Beijing 2003 (des chinesischen Künstlers und Menschenrechtlers Ai Weiwei). Bewerten Sie knapp die Filmdauer in Bezug auf Aufführungsmöglichkeiten.
  b Listen Sie alle Filme des Genres „Dokumentarfilm" auf. Verwenden Sie dabei die Spalten genre1 und genre2. Finden Sie eine Angabe zur Anzahl der ausgegebenen Datensätze.
  c Sie gehen am Freitagabend zu Ihrem Nachbarn Kinder hüten. Deren Eltern haben eine Komödie genehmigt. Erstellen Sie eine SQL-Abfrage, welche den Namen und die Laufzeit aller Filme dieses Genres enthält, die kürzer als zwei Stunden sind.
  d Formulieren Sie eine SQL-Abfrage, die alle Filme (Titel, Erscheinungsjahr) aus dem 20. Jahrhundert auflistet.
  e Formulieren Sie selbst eine interessante Frage und bestimmen Sie das Ergebnis.

2 Webshops

  a Begründen Sie, warum es sinnvoll ist, dass beim Kauf in Onlineshops keine SQL-Abfragen eingegeben werden müssen.
  b Übersetzen Sie die Suchabfrage in der Abbildung in SQL. Führen Sie die Abfrage im *DB-Backend* der Webshop-Simulation (Link hierzu auf informatikschulbuch.de) aus und überprüfen Sie das Ergebnis anschließend im *User-Frontend*.

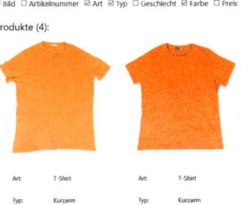

  c Bestimmen Sie den teuersten bzw. billigsten Preis für „Jeans"-Hosen, indem Sie sich im *DB-Backend* jeweils alle Artikel dieses Typs auflisten lassen. Finden Sie diese Information auf die gleiche Art auch für „Midi"-Röcke heraus.
  d Sie haben ein Budget von 50 €. Können Sie in diesem (sehr kleinen) Webshop dafür eine Hose und ein T-Shirt kaufen? Beantworten Sie diese Frage mit Hilfe von Datenbankabfragen. Falls ja, geben Sie die Artikelnummern an.
  e Nennen Sie neben dem Preis zwei weitere Kriterien, die generell für den Kauf von Produkten wichtig, aber in dieser Datenbank nicht gespeichert sind.
  f Im Jahr 2018 hatten 94 % aller 41,4 Millionen Haushalte in Deutschland einen Internetzugang. Schätzen Sie grob ab, wie viele verschiedene Kunden ein Webshop hat und ob ein zeitgleicher Abruf von Informationen wahrscheinlich ist. (Dort verwendete Datenbanken ermöglichen einen Mehrbenutzerzugriff.)

3 Fehler bei Datenbankabfragen

Folgende SQL-Abfragen an die Tabelle Sportverein enthalten jeweils einen Fehler. Führen Sie die Abfragen aus und notieren Sie die Fehlermeldung. Erklären Sie die Fehlerursache knapp und verbessern Sie die Abfrage.

a
```
SELECT   name
FROM     Sportverein
WHERE    vereinsbeitritt = 2017
```

b
```
SELECT   *
FROM     Sportart
```

c
```
SELECT   vorname, nachname
FROM     Sportverein
WHERE    sportart = Turnen
```

d
```
SELECT   sportart
FROM     Sportverein
WHERE    vorname
```

  e Für Schnelle: Die Tabelle Sportverein ist nur eine Attrappen-Tabelle zur Bearbeitung dieser Aufgabe. Formulieren Sie Gründe, welche diese Aussage untermauern.

4 Olympische Winterspiele

In der Tabelle Olympia sind Austragungsorte und vergebene Medaillen der Olympischen Winterspiele enthalten. Beantworten Sie über SQL-Abfragen die folgenden Aufgabenstellungen.

a Listen Sie alle Medaillenerfolge (platzierung, disziplin, nachname, jahr, herkunftsland) von Rosi Mittermaier und Katarina Witt auf.

Achten Sie auf das Herkunftsland der beiden und formulieren Sie eine Bedingung, mit der nach gesamtdeutschen Erfolgen gesucht werden kann.

b Welche männlichen, deutschen Sportler haben im Rennrodeln Gold geholt?

c Welche deutschen Athletinnen und Athleten haben 1988 eine Goldmedaille gewonnen? In welcher Disziplin und in welchem Wettbewerb waren sie erfolgreich?

d Bei den Winterspielen 1980 haben insgesamt 47 deutsche Athleten und Athletinnen eine Medaille gewonnen. Finden Sie heraus, ob die darauffolgenden Olympischen Spiele aus deutscher Sicht erfolgreicher waren, indem Sie sich alle deutschen Teilnehmenden anzeigen lassen, die im Jahr 1984 eine Medaille gewonnen haben. Vergleichen Sie Ihr Ergebnis mit den offiziellen Medaillenspiegeln der beiden Jahre und erklären Sie die Abweichungen.

e Formulieren Sie in ein bis zwei Sätzen, welche Informationen man durch folgende SQL-Abfragen erhält.

```
SELECT   austragungsort          SELECT   nachname,jahr,disziplin
FROM     Olympia                 FROM     Olympia
WHERE    jahr = 2014             WHERE    platzierung = "Gold"
                                 AND      austragungsort = "Innsbruck"
                                 AND      geschlecht = "w"
```

f Für Schnelle: Formulieren Sie weitere interessante Aufgabenstellungen und geben Sie die passenden SQL-Abfragen dazu an.

5 Datenbanken im Alltag

a Nennen Sie mindestens drei Informatiksysteme aus Ihrem Alltag, die auf einer Datenbank mit mindestens 500 Einträgen basieren.

b Bei welchen Anwendungen (aus Teilaufgabe a) oder auch neuen) ist es wichtig, dass nicht jeder Zugriff auf die Daten erhält? Nennen Sie zwei Systeme und begründen Sie Ihre Wahl.

c Als „Open Data" werden Informationen bezeichnet, die zu jedem Zweck genutzt und weiterverbreitet werden können. Wählen Sie aus der folgenden Liste einen Bereich aus und erörtern Sie, ob die Informationen offene Daten sein sollen: Geodaten, Kriminalstatistik am Wohnort, die Steuererklärung aller Bürger, das Erbgut von Lebewesen und andere wissenschaftliche Ergebnisse, Schulbücher, Musik, … .

6 Passwörter mangelhaft

Die Abbildung zeigt einen Ausschnitt aus einer Datenbank eines sozialen Netzwerks mit mangelnden Sicherheitsstandards. In der Tabelle sind Informationen zum Login-Vorgang gespeichert.

benutzername	passwort	ipAdresse	zuletztOnline
charliebird	hallo123	::ffff:c0a8:020a	2019-12-01 20:34:19
youngPrez	DP1gs.gs1dP!	2001:db8::1428:57ab	2019-12-13 09:45:54
PrinceDavis	monkey	2001:0db8:85a3:08d3::0370:7344	2019-12-13 09:45:59
monalisa	il0vey0u	::ffff:c0a8:01c9	2020-03-01 23:49:30
thomas.mueller	q2w3e4r5	2001:db8:0:8d3:0:8a2e:70:7344	2020-03-12 13:47:08

a Ein User loggt sich mit dem Namen *PrinceDavis* und dem Passwort *Monkey* ein. Formulieren Sie die SQL-Abfrage, welche an den Server gestellt werden muss, damit überprüft werden kann, ob Benutzername und Passwort richtig sind. Formulieren Sie eine mögliche Antwort des Servers.

b Bewerten Sie die Qualität der einzelnen Passwörter.

c Nennen Sie Kriterien für ein gutes Kennwort. Beschreiben Sie eine Vorgehensweise, wie man sich ein gutes Passwort merken kann.

d Im Jahr 2019 gab es einen großen Skandal, als herauskam, dass ein weit verbreitetes soziales Netzwerk die Passwörter der Nutzer als Klartext (wie oben dargestellt) speicherte. Formulieren Sie Gründe, welche gegen eine Klartext-Speicherung sprechen. Recherchieren Sie dazu ggf. zu dem Eklat von 2019.

e Erklären Sie, wozu die Speicherung der IP-Adresse und des letzten Login-Datums dient.

f Für Schnelle: Suchen Sie eine Internetseite zum Überprüfen der Passwortqualität. Geben Sie nicht eines Ihrer persönlichen Kennwörter ein, sondern verwenden Sie die Kennwörter aus der Abbildung S. 12 unten.

7 Forschungsauftrag: Passwörter verschlüsselt

a Passwörter müssen verschlüsselt gespeichert werden. Zum Verschlüsseln werden häufig sogenannte Hashfunktionen verwendet. Sie sind wie die Quersumme Einwegfunktionen, d. h., vom Ausgabewert kann man nicht mehr rückwärts eindeutig auf die Eingabe schließen. Beispiel: Quersumme(567) = 18

Von der Zahl 18 kann man nicht eindeutig darauf schließen, welcher Eingabewert dem Funktionsaufruf zugrunde lag, denn auch die Zahlen 459, 558 und viele mehr haben ebenfalls die Quersumme 18. In der folgenden Abbildung sind die Passwörter mit der Hashfunktion MD5 verschlüsselt. Zur Passwortüberprüfung wird das eingegebene Passwort ebenfalls mit der MD5-Funktion verschlüsselt und dann mit dem Datenbankeintrag verglichen.

Recherchieren Sie eine Internetseite, die Zeichenketten mit dem MD5-Verfahren kodieren kann. Kodieren Sie die Kennwörter aus der Abbildung in Aufgabe 6 und vergleichen Sie diese mit den Einträgen in der Abbildung.

benutzername	passwort
charliebird	10b43971a8295f3720f38fbcdd9d6ac6
youngPrez	9ce244cd2524cbc392f3e5aa426491c3
PrinceDavis	d0763edaa9d9bd2a9516280e9044d885
monalisa	070533adf175c483ec0cf932cf2e2e8c
thomas.mueller	161f3088004aea5c226e238809f870ca

b Ein Hacker verschafft sich Zugang zu einer Datenbank, in der die Informationen zu Benutzernamen und Passwörtern abgelegt sind. Für ein Passwort erhält er folgenden Wert: *5ebe2294ecd0e0f08eab7690d2a6ee69*. Suchen Sie nach einer Webseite, welche behauptet, MD5 entschlüsseln zu können. Finden Sie damit das Passwort heraus.

Hinweis: Falls Sie den Wert nicht abtippen möchten, finden Sie ihn auf informatikschulbuch.de.

c Die Webseite in b) kann keinesfalls MD5 entschlüsseln, sie wendet folgendes Vorgehen an: In einer Datenbank sind die beliebtesten Passwörter zusammen mit dem verschlüsselten Wert gespeichert. Bei einer Anfrage wird die Datenbank durchsucht und bei einem Treffer das Passwort im Klartext ausgegeben.

Suchen Sie im Internet nach Listen mit den häufigsten Passwörtern. Überprüfen Sie, ob Ihr Passwort und die Passwörter aus der Abbildung in Aufgabe 6 enthalten sind.

d Recherchieren Sie, was das „Salzen" von Passwörtern (engl.: salt) ist. Fassen Sie knapp zusammen, wie dadurch die Sicherheit erhöht werden kann.

e Für Schnelle: Recherchieren Sie eine Alternative zum MD5-Verschlüsselungsverfahren und bewerten Sie dieses hinsichtlich der Kriterien Umsetzbarkeit und Sicherheit.

1.2 Tipps und Tricks für Abfragen

Software zu Umweltforschung, Marketing, Stadtplanung, Kriminologie u. v. m. benötigt geografische Daten. Ihre Lehrkraft stellt Ihnen eine Datenbank mit den Tabellen Ort und Land zur Verfügung, die folgende Spalten haben:

Ort (name, land, einwohner, laenge, breite)
Land (laenderkuerzel, name, einwohner, flaeche, hauptstadt)

Die Anzahl der Datensätze ist sehr groß. Neue SQL-Sprachelemente wie in den folgenden Beispielen können Ihnen bei Abfragen helfen. Finden Sie heraus, welche Auswirkung das Weglassen von WHERE in a) bzw. die markierten Bestandteile in den anderen Teilaufgaben auf die Ergebnistabelle haben.

a
```
SELECT land
FROM Ort
```

b
```
SELECT DISTINCT land
FROM Ort
```

c
```
SELECT *
FROM Land
WHERE kontinent = "Südamerika"
ORDER BY flaeche
```

d
```
SELECT *
FROM Land
ORDER BY kontinent,einwohner DESC
```

Sortieren und Suche ohne vollständigen Suchbegriff

Lina ist auf der Suche nach einem Film, kann sich aber nur erinnern, dass „Freund" im Titel vorkam. Zunächst versucht sie es mit folgender Abfrage:

```
SELECT *
FROM    Film
ORDER BY titel ASC
```

→ lat. descendere: absteigen

→ lat. ascendere: hinaufsteigen

Das Symbol * in der Abfrage sorgt dafür, dass in der Ergebnistabelle alle Spalten angezeigt werden. Mit **ORDER BY** kann nach einer Spalte aufsteigend (→ **ASC**) oder absteigend (→ **DESC**) sortiert werden.

Mit diesem Ergebnis ist Lina nicht zufrieden, es sind zu viele Titel.

Folgende SQL-Abfrage zeigt alle Titel an, welche die Zeichenfolge „Freund" enthalten:

```
SELECT  titel
FROM    Film
WHERE   titel LIKE "%Freund%"
```

Film				
titel	**jahr**	**regisseur**	**genre**	**…**
Zoomania	2016	Byron Howard	Animation	…
Fahrenheit 9/11	2004	Michael Moore	Doku	…
Fünf Freunde	2012	Mike Marzuk	Familie	…
Wall-E	2008	Andrew Stanton	Familie	…
Matrix reloaded	2003	Lana Wachowski	Fiktion	…
Star Wars VII	2015	Jeffrey Adams	Fiktion	…
Fack ju Göhte	2013	Bora Dagtekin	Komödie	…
Meine teuflisch gute Freundin	2018	Marco Petry	Komödie	…
Ziemlich beste Freunde	2013	Olivier Nakache	Komödie	…

Platzhalter beim LIKE-Operator:
% für kein, ein oder mehrere Zeichen
_ für ein einzelnes Zeichen

Ergebnisanzeige ohne Doppelungen

Lina möchte einen Überblick haben, welche **verschiedenen** Genres es in der Datenbank gibt. Zunächst probiert sie folgende Abfrage:

```
SELECT  genre
FROM    Film
```

Die Tabelle rechts zeigt einen Ausschnitt aus der Ergebnistabelle dieser Abfrage.

genre
Animation
Doku
Familie
Familie
Fiktion
Fiktion

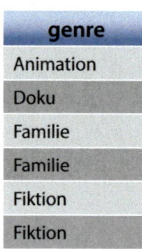

Damit gleiche Einträge nicht mehrfach in der Ergebnistabelle angezeigt werden, muss in der SQL-Abfrage vor dem Spaltennamen DISTINCT ergänzt werden:

```
SELECT  DISTINCT genre
FROM    Film
```

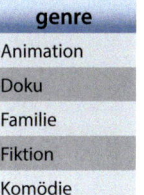

genre
Animation
Doku
Familie
Fiktion
Komödie

NULL ist keine Zahl, sondern bedeutet „kein Eintrag"

Es kann vorkommen, dass beim Eintragen eines Datensatzes keine Information für eine bestimmte Spalte vorliegt. Für diesen Fall haben Datenbanken den speziellen Wert → **NULL**. Er hat die Bedeutung "kein Wert". Mit folgender Abfrage kann die Tabelle Film auf fehlende Werte in der Spalte laufzeit überprüft werden, um diese später nachzutragen:

→ NULL, engl. ungültig, nichtig

```
SELECT  titel
FROM    Film
WHERE   laufzeit IS NULL
```

Achtung: kein Gleichheitszeichen beim Vergleich mit NULL, sondern das Schlüsselwort IS

Spaltennamen der Ergebnistabelle benennen mit AS

Eine wichtige Kenngröße eines Landes ist die Bevölkerungsdichte. Sie ist der Quotient aus Einwohnerzahl und Fläche. Lina möchte nicht nach der SQL-Abfrage zusätzliche Berechnungen mit dem Taschenrechner durchführen. Spalten mit Zahlen als Werte können über die Grundrechenarten weiterverarbeitet werden. Eine sinnvolle Bezeichnung der berechneten Spalte in der Ergebnistabelle ist mit AS möglich:

Ein solcher alternativer Name wird oft Alias bzw. Aliasname genannt.

```
SELECT  name,(einwohner*1000000/flaeche) AS
        bevölkerungsdichte
FROM    Land
WHERE   kontinent = "Südamerika"
ORDER BY bevölkerungsdichte DESC
```

name	bevölkerungs-dichte
Trinidad und Tobago	254
Peru	22
Bolivien	9
Ecuador	54
Kolumbien	42

- SELECT **DISTINCT** erzwingt, dass von gleichen Datensätzen in der Ergebnistabelle nur je einer ausgegeben wird.
- Über SELECT ***** werden alle Spalten angezeigt.
- Mit … **AS** *NeuerName* können Namen für die Spalten der Ergebnistabelle festgelegt werden (Aliasnamen).
- **NULL** bedeutet, dass kein Wert eingetragen ist. Ob keine Werte vorhanden sind, kann als Bedingung einer Abfrage geprüft werden mit
  WHERE *Spalte* **IS NULL**
- Eine **Sortierung** des Ergebnisses einer SQL-Anfrage wird durch den Zusatz
  ORDER BY *Spalte1, Spalte2, …*
  festgelegt. **DESC** bzw. **ASC** nach dem Spaltennamen sorgt für eine absteigende bzw. aufsteigende Sortierung der Ergebnisse. Ohne Angabe wird aufsteigend sortiert.

Aufgaben

1 Geodaten

Für die folgenden Fragen stehen Ihnen die Tabellen Land1 und Ort zur Verfügung. Beantworten Sie die Fragen jeweils mit einer SQL-Abfrage in der passenden Tabelle:

a Machen Sie sich zunächst mit den Daten der Tabelle Land1 vertraut, indem Sie sich alle Informationen anzeigen lassen. Finden Sie über ein konkretes Land heraus, in welcher Einheit die Werte in der Spalte flaeche angegeben sind.

b Bestimmen Sie das Land in Europa mit der größten, drittgrößten und kleinsten Fläche. Zeigen Sie dazu Name und Fläche aller europäischen Länder passend geordnet an.

c Geben Sie den Namen und den Kontinent des Landes aus, dessen Hauptstadt Lilongwe ist.

d Nennen Sie alle Länder, deren Hauptstadt den gleichen Namen wie das Land hat.

e Welches ist der kleinste Ort Deutschlands? Listen Sie dazu alle Orte passend geordnet auf.

f Welches ist der westlichste Ort Frankreichs? Listen Sie dazu wiederum geordnet auf.

g Welches sind die drei nördlichsten Orte in Deutschland, die über 100 000 Einwohner haben und südlich des 49. Breitengrades (scherzhaft Weißwurstäquator genannt) liegen? Tipp: Verwenden Sie ORDER BY.

h Nennen Sie das Land mit der geringsten Bevölkerungsdichte in Asien. Achten Sie auf eine sinnvolle Beschriftung der Spalten in der Ergebnistabelle.

i Werden in der Datenbank Mittelamerika und Ozeanien als Kontinente geführt? Beantworten Sie durch Anzeige aller eingetragenen Kontinente.

j Welche drei Länder in Europa haben die höchsten Einwohnerzahlen? Zeigen Sie dazu alle Informationen der europäischen Länder entsprechend geordnet an.

Wenn mehrere Personen an der Erhebung und Speicherung großer Datenmengen beteiligt sind, kann es Unstimmigkeiten geben. Die Ergebnistabelle aus j) hilft, in den folgenden Teilaufgaben beschriebene Unstimmigkeiten aufzudecken.

k Nennen Sie die genaue Bedeutung der Einwohnerzahl in der Datenbanktabelle. Bei einem Land gibt es eine Abweichung. Nennen Sie die Ursache der Abweichung und den korrekten Eintrag.

l In der Ergebnistabelle aus j) fehlt ein (beliebtes Urlaubs-)Land. Suchen Sie es und begründen Sie, warum es unter j) nicht angezeigt wird.

2 Unfallstatistiken

Unfälle im Straßenverkehr werden genau erfasst, denn die Auswertung der häufigsten Ursachen kann ein Ansatz für zusätzliche Sicherheitsmaßnahmen sein. Notieren Sie bei den Aufgaben jeweils neben der Antwort auch Ihre SQL-Abfrage.

a Machen Sie sich zunächst mit den Daten vertraut, indem Sie sich nacheinander einen Überblick über alle Verkehrsbeteiligten, Fehlverhalten und Jahre anzeigen lassen. Nennen Sie den Begriff, unter dem Autos und E-Scooter in der Tabelle zu finden sind.

b Welches ist die häufigste Ursache, wenn Fußgänger den Unfall verursachen? Erstellen Sie dazu eine nach Anzahl geordnete Übersicht. Ist diese häufigste Ursache über die Jahre stabil oder ändert sie sich?

c Nennen Sie die häufigste Ursache bei Autos als Unfallverursachern. Welcher dieser Gründe ist beim Radfahren besonders gefährlich?

d Reflektieren Sie Ihr persönliches Verhalten im Straßenverkehr: Welche Art von Unfall könnte Ihnen am ehesten passieren?

e Erstellen Sie eine Übersicht, die zeigt, wie sich bei LKWs die Zahl der Unfälle mit einem Abbiegefehler entwickelt hat. Tipp: Arbeiten Sie mit LIKE.

f Für Schnelle: Recherchieren Sie einen Grund für den Rückgang der Unfälle aus e).

3 Wikipedia-Artikel

Wikipedia ist ein Open-Data-Projekt. Für eine erste Information ist es das am häufigsten verwendete Nachschlagewerk. Die Tabelle Seitenaufrufe zeigt für alle Artikel auf Wikipedia die Anzahl der Seitenaufrufe in jedem Monat.

a Finden Sie mit einer passenden Abfrage heraus, für welche Jahre die Daten in der Tabelle gesammelt worden sind. Achtung: Wenn Sie die Abfrage falsch erstellen, kann die Antwortzeit der Datenbank unter Umständen sehr lang sein!

b Finden Sie auf Wikipedia den Titel (Überschrift) des Artikels über Ihr Gymnasium. Lassen Sie sich in der Datenbank die Anzahl der Seitenaufrufe dieses Artikels sortiert anzeigen.

c Führen Sie die gleiche Abfrage mit einem anderen Gymnasium in Ihrer Nähe durch und vergleichen Sie mit der Anzahl der Aufrufe Ihres Gymnasiums.

d Vergleicht man die Anzahl der Aufrufe eines Artikels in verschiedenen Monaten, lassen sich teilweise Rückschlüsse über die Aktualität des beschriebenen Themas ziehen. Ordnen Sie die Seitenaufrufe für den Titel „Streif" nach der Aufrufanzahl. Erklären Sie, warum es einen Monat gibt, in dem die Anzahl der Aufrufe deutlich von den anderen abweicht.

e „Die Anzahl der Aufrufe eines Artikels gibt an, wie beliebt diese Sache ist!"
Finden Sie Gründe, welche für diese These sprechen, und solche, die dagegen sprechen. Diskutieren Sie die Aussage in der Gruppe!

f Für Schnelle: Wikipedia ist eine kostenlose, werbefreie, umfangreiche Informationsquelle. Nennen Sie (bzw. recherchieren Sie) zwei wesentliche Aspekte des Geschäftsmodells.

4 Länderspiele

Sportliche Wettkämpfe wie Fußballländerspiele gibt es seit langem. Damit die Reporter und Reporterinnen auf vergangene Begegnungen Bezug nehmen können, sind Informationen dazu in Datenbanken gespeichert.

Notieren Sie jeweils neben der Antwort auch die verwendete SQL-Abfrage.

a Machen Sie sich zunächst mit den Daten vertraut, indem Sie einerseits die Datensätze nach dem Datum ordnen und Sie sich danach alle verschiedenen Turnierarten anzeigen lassen. In welchem Zeitintervall sind Länderspiele gespeichert? Nennen Sie drei Ihnen bisher unbekannte Turnierarten!

b Finden Sie heraus, wie die Bezeichnung für „Weltmeisterschaft" in der Datenbank ist. Tipp: Ein möglicher Lösungsweg führt über LIKE.

c Notieren Sie Datum, Spielort und Ergebnis der höchsten Niederlage von Deutschland gegen England. Tipp: Listen Sie dazu alle Spiele der beiden Länder gegeneinander auf.

d Zeigen Sie alle Heimspiele Deutschlands mit einer zusätzlichen Spalte Tordifferenz an. Die Ergebnistabelle soll absteigend nach der Tordifferenz geordnet sein. Gegen welche Mannschaften wurden die drei besten Ergebnisse erzielt? Nennen Sie zwei Orte unter den Top 10, die nicht in Deutschland liegen, und begründen Sie, warum dennoch Deutschland als Heimteam eingetragen ist.

e Für Schnelle: Stellen Sie Ihrem Banknachbarn bzw. Ihrer Banknachbarin eine Aufgabe und lassen Sie sich erklären, mit welcher SQL-Abfrage er bzw. sie das Ergebnis bestimmt hat.

5 Serien mit NULL

Die Tabelle Serie beinhaltet Daten zu über 15 000 Serien. Dazu gehören neben der Originalsprache und dem Fernsehsender auch die Anzahl der Episoden sowie Staffeln. Beim Erstellen der Tabelle waren noch nicht alle Datensätze vollständig bekannt.

a Bestimmen Sie durch eine Abfrage, in welchen Spalten NULL-Werte vorkommen.

b Begründen Sie, warum nicht in allen Spalten NULL-Einträge vorkommen.

c Beantworten Sie a) und b) auch für die Tabelle Film.

Einschub: Grundlagen der objektorientierten Modellierung

Objektorientierte Modellierung ist eine Methode zum Entwurf und zur Planung von Software: Man zerlegt die Anwendung in verschiedene Bausteine (Objekte), die jeweils Merkmale (Attribute) und Fähigkeiten (Methoden) besitzen. Die Struktur von Objekten gleichen Typs werden durch Klassen beschrieben. Durch diese Herangehensweise werden komplexe Systeme strukturiert.

Objekt
Vogel Victor
Alter 3 Jahre
Flügellänge 22 cm

Objekt
Ballon Weitblick
Baujahr 2018
für maximal 7 Passagiere

Objekt
Ballon Luftikus
Baujahr 2016
für maximal 6 Passagiere

Objektkarte
- beschreibt die aktuellen Attributwerte eines Objekts
- erkennbar an den abgerundeten Ecken

BallonWeitblick

Baujahr = 2018
MaxPassagieranzahl = 7

Objektbezeichner

Attribute
mit den zugehörigen Werten

Klassenkarte
- gibt einen Überblick über alle Attribute und Methoden eines Objekttyps
- erkennbar an den kantigen Ecken

BALLON

Baujahr
MaxPassagieranzahl

steigen(Geschwindigkeit)
sinken(Geschwindigkeit)

Klassenbezeichner
immer in Großbuchstaben

Attribute

Methoden
- immer mit Klammerpaar
- In den Klammern steht ggf. eine Zusatzinformation, die das Objekt zum Ausführen der Methode benötigt.

Die sechs zentralen Begriffe

Klasse: ein Bauplan für Objekte
Objekt: Gegenstand, Lebewesen, digitaler Baustein, …
                      Konkretes Exemplar, das nach dem Bauplan erstellt ist.
Attribut: Merkmal eines Objekts
                      (Alle Objekte der gleichen Klasse haben die gleichen Attribute.)
Attributwert: konkreter Wert eines Attributs
Methode: (schlummernde) Fähigkeit eines Objekts
Methodenaufruf: Botschaft an ein Objekt, seine Methode auszuführen

1.3 Objektorientierte Datenmodellierung

Der IT-Berater Florian J. berichtet aus seinem Arbeitsalltag: „Vor kurzem bekamen wir den Auftrag, für ein Unternehmen, das Salate anbietet, eine App mit Online-Bestellfunktion zu entwickeln. Da der Lieferservice ca. 100 verschiedene Salate anbietet und die App Such- und Sortierfunktionen beinhalten soll, entschieden wir uns, eine Datenbank zu designen. In einem ersten Meeting baten wir den Kunden, uns alles über die Salate zu erzählen. Im Gespräch erfuhren wir folgende Details: Jeder Salat hat einen Namen. Es gibt die Portionen in drei Größen: klein, mittel und groß. Für jedes Produkt gibt es eine Hauptzutat (z. B. Blattsalat). Beim Bestellen soll man zwischen sauren und süßen Salaten wählen können. Natürlich muss der Preis jedes Salats aufgeführt werden. Bevor wir eine Datenbank entwickeln, skizzieren wir alle wichtigen Informationen. Da in einer Datenbank letztendlich die Attributwerte von Objekten gespeichert werden, eignet sich hierzu ein Klassendiagramm gut."

> Wird nur eine Klasse bzw. ein Objekt dargestellt, nennt man die Diagramme auch Objekt- bzw. Klassenkarte.

a Zeichnen Sie mindestens zwei Objektdiagramme von beteiligten Objekten des Szenarios.

b Beschreiben Sie die Struktur der relevanten Objekte mit den wichtigen Attributen in einem Klassendiagramm.

c Lassen Sie sich im Webshop auf informatikschulbuch.de in der Ansicht DB-Backend das Klassendiagramm und das Tabellenschema anzeigen. Vergleichen Sie beides und überlegen Sie, welche Schritte zur Umsetzung eines Klassendiagramms in ein Tabellenschema notwendig sind.

kleinePaprika
Name = „bunter Mix"   Größe = „klein"   Hauptzutat 0 = ...

Von der Realität zum Modell

Die Entwicklung einer Datenbank geht vom **objektorientierten Datenmodell** aus. Zunächst werden die Objekte identifiziert, welche in der Datenbank gespeichert werden sollen. Alle anderen Objekte werden vernachlässigt. Für das Bestellsystem einer Smoothie-Bar sind z. B. die Strohhalme und Becher irrelevant. Die Smoothies hingegen sind zentraler Bestandteil des Systems. Die verwendeten Objekte werden mit Objektdiagrammen dargestellt und ihre Struktur kann in einem Klassendiagramm festgehalten werden. Dabei werden nur die Attribute notiert, die wichtig für die Umsetzung sind.

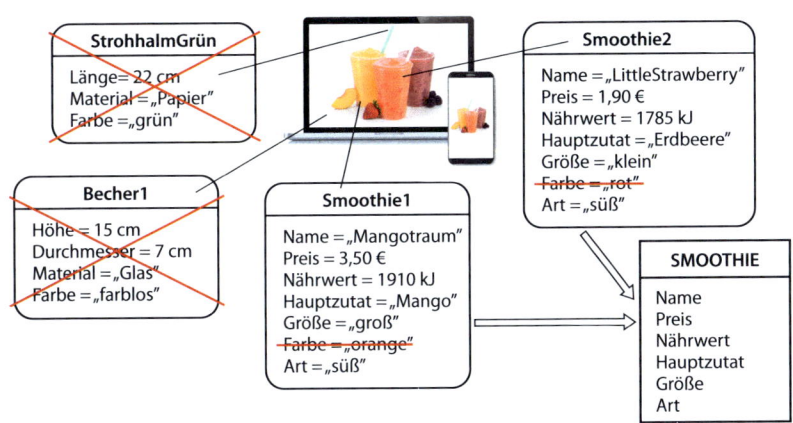

> Die Fähigkeiten der Objekte sind hier nicht wichtig, daher fehlen die Methoden im Klassendiagramm!

Vom Modell zum Tabellenschema

Die Struktur einer Datenbanktabelle wird durch ein **Tabellenschema** beschrieben. Ausgehend vom Klassendiagramm werden die Attribute zu **Spalten**. Für jede Spalte muss ein **Datentyp** festgelegt werden. Dieser bestimmt, welche Werte die Felder in dieser Spalte annehmen können. Abhängig von den erlaubten Werten ist der benötigte Speicherplatz unterschiedlich. Beispielsweise ist der Speicherbedarf für eine Kommazahl mit 15 gültigen Ziffern deutlich höher als für eine zweistellige ganze Zahl. Für manche Datentypen kann die Anzahl der Stellen und damit der benötigte Speicherplatz gewählt werden.

ZEICHENKETTE	Zeichenfolge	⎫ *Angabe der Stellen*
ZAHL	ganze Zahl	⎬ *hier teilweise möglich*
KOMMAZAHL	Kommazahl	⎭
DATUM	Datumsangabe (z. B im Format YYYY-MM-DD)	
ZEIT	Zeitangabe (z. B. im Format HH:MM:SS)	

Zusammen mit den passenden Datentypen kann ein Klassendiagramm in ein Tabellenschema überführt werden:

SMOOTHIE
Name
Preis
Nährwert
Hauptzutat
Größe
Art

→ *Vereinbarung mit dem Ziel, die Lesbarkeit zu erhöhen*

Tabellenname passend zum Klassennamen.

➡

Jedes Attribut entspricht einer Spalte.

Smoothie

Spalte	Datentyp
name	ZEICHENKETTE
preis	KOMMAZAHL
nährwert	ZAHL
hauptzutat	ZEICHENKETTE
größe	ZEICHENKETTE
art	ZEICHENKETTE

Für jede Spalte muss ein passender Datentyp festgelegt werden.

In diesem Buch gelten folgende → Namenskonventionen: die Tabellennamen beginnen mit einem Großbuchstaben, die Spaltennamen beginnen mit einem Kleinbuchstaben. In anderen Büchern oder Internetquellen kann dies anders sein.

Man kann ein Tabellenschema auch kompakter aufschreiben:

Smoothie (name: ZEICHENKETTE, preis: KOMMAZAHL, nährwert: ZAHL, hauptzutat: ZEICHENKETTE, größe: ZEICHENKETTE, art: ZEICHENKETTE)

Bei einer stark verkürzten Schreibweise wird dabei teilweise auch auf die Datentypen verzichtet.

Vom Tabellenschema zur Tabelle im Datenbanksystem

Bevor konkrete Werte in einer Datenbank gespeichert werden können, muss man in einer Datenbank eine Tabelle erzeugen. Danach kann für jedes Objekt eine Zeile (**Datensatz**) eingefügt werden. Nachträglich können die Datensätze auch bearbeitet und gelöscht werden. Diese Aufgaben können mit einem **Datenbankmanagementsystem** erledigt werden. Für die Verwaltung der Datenbanken gibt es geeignete Werkzeuge mit grafischer Bedienoberfläche, die diese Arbeiten wesentlich erleichtern.

Zur Erinnerung: Zu den Werkzeugen gibt es Erklärvideos auf www.informatikschulbuch.de

Folgende Begriffe aus dem relationalen Datenmodell (**Tabellenschema**) entsprechen den Begriffen aus dem **objektorientierten Datenmodell**:

Spalte	Attribut
Zeile (Datensatz)	Objekt
Zelle	Attributwert
Tabellenschema	Klasse

Wird für ein Szenario aus der realen Welt eine Datenbank entwickelt, geht man vom objektorientierten Datenmodell aus. Dazu sind folgende Schritte notwendig:

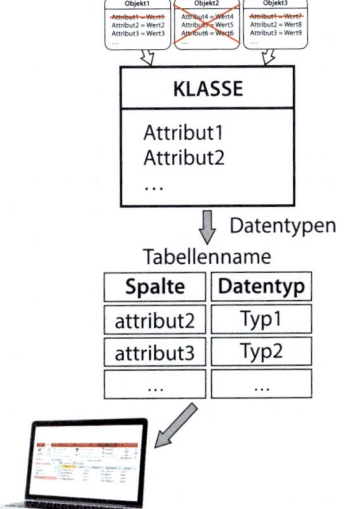

1) relevante Objekte identifizieren und die relevanten Attribute auswählen

2) Struktur der Objekte in einem Klassendiagramm beschreiben

3) passende **Datentypen** für jedes Attribut überlegen

4) Ergebnis als Tabellenschema zusammenfassen: Tabellenname*(attribut2: Typ1, attribut3: Typ2, …)*

5) Tabelle in einem Datenbankmanagementsystem anlegen und Datensätze eintragen

Für die Verwaltung großer Mengen strukturierter Daten gibt es spezielle Werkzeuge, die **Datenbankmanagementsysteme** (Datenbanksysteme). Diese bieten Möglichkeiten, das Tabellenschema in einer Datenbank anzulegen, die Daten in dieser Datenbank zu speichern und zu pflegen sowie die gespeicherten Daten vielfältig abzufragen und auszuwerten.

Aufgaben

1 Buchungssystem
Ein kleines Familienhotel möchte neben der Telefonbuchung eine Online-Buchung etablieren. Gemeinsam mit einem IT-Unternehmen wird das System zunächst modelliert.

a Zeichnen Sie zu jedem der Begriffe in den Sprechblasen ein Objektdiagramm mit passenden Attributen und möglichen Attributwerten.

b Identifizieren Sie die Objekte aus a), welche wichtig für den Buchungsvorgang sind.

c Vergleichen Sie zu zweit Ihre Objektdiagramme. Überlegen Sie gemeinsam, ob Attribute fehlen oder gestrichen werden können. Halten Sie Ihre Überlegungen in einem Klassendiagramm fest.

2 Tourdaten – Erstellen einer Datenbanktabelle

Eine Event-Agentur verwaltet die Tourdaten der Künstler in einer Datenbanktabelle. Diese hat folgendes Schema: Tourdaten(datum, ort, land, location, künstler).

a Überlegen Sie sich passende Datentypen und erstellen Sie die Datenbanktabelle.

b Recherchieren Sie die Tourdaten von Ihrer Lieblingsband und tragen Sie die Tourdaten für dieses Jahr in die Tabelle ein.

3 Reverse engineering: Von der Tabelle zum Objekt

Auf den ersten Blick sind manche Datenbanktabellen unübersichtlich. Um ein Verständnis für die Struktur zu gewinnen, hilft es, die Schritte der Modellierung rückwärts zu durchlaufen. Die Abbildung zeigt einen Ausschnitt aus der Tabelle Serie.

Serie						
titel	originalsprache	sender	startjahr	endjahr	staffeln	episoden
Büro, Büro	Deutsch	ARD	1982	1991	3	85
Café Meineid	Deutsch	ARD	1989	2002	11	147
Dalli Dalli	Deutsch	ZDF	1971	1986	17	153
Flemming	Deutsch	ZDF	2009	2012	3	22
Der Tatortreiniger	Deutsch	NDR Fernsehen	2011	2018	4	31

a Geben Sie das Tabellenschema für die Tabelle Serie mit passenden Datentypen an.

b Zeichnen Sie die Klassenkarte, die dem Tabellenschema zugrunde liegt.

c Zeichnen Sie eine Objektkarte zu einem vorgegebenen Datensatz oder einer Serie Ihrer Wahl.

d Geben Sie zwei zusätzliche Attribute für ein Objekt der Klasse SERIE an, welche in der Umsetzung nicht berücksichtigt wurden.

e Erstellen Sie eine Übersicht, in der Sie die Begriffe Objekt – Klasse – Attribut – Attributwert aus dem objektorientierten Datenmodell den passenden Begriffen aus der Datenbanktabelle zuordnen.

4 Spiele-App mit unbemerktem Datenstrom

Die Pro-Version eines Spiels sieht vor, dass die Spielenden jederzeit unterbrechen und später wieder im gleichen Level weiterspielen können. Dazu müssen Informationen in einer Datenbank gespeichert werden: Alle Spielenden haben einen eindeutigen Namen. Zu jeder Zeit müssen die Punkte sowie das aktuelle Level bekannt sein. Zu Beginn kann der Schwierigkeitsgrad eingestellt werden.

a Zeichnen Sie ein Klassendiagramm mit allen wichtigen Attributen, um das Spiel jederzeit fortsetzen zu können.

b Überlegen Sie sich passende Datentypen. Formulieren Sie damit ein Tabellenschema.

c Setzen Sie das Tabellenschema in eine Datenbank um.

d Viele Apps speichern neben funktionalen Daten weitere Daten, die für die Funktion nicht unmittelbar wichtig sind (z. B. Standort, Spielzeiten, …).

   i Formulieren Sie Vorteile für den App-Hersteller, die sich durch diese Daten ergeben.

   ii Nennen Sie mögliche Nachteile für die Nutzerinnen und Nutzer.

5 Musik-Streaming

Eine Musik-Streaming-Plattform möchte ihr Datenbankdesign der Tabelle Song verbessern. Bisher ist das Tabellenschema Song(titel: ZEICHENKETTE, interpret: ZEICHENKETTE, genre: ZEICHENKETTE, komponist: ZEICHENKETTE, dauer: ZEICHENKETTE, erscheinungsjahr: ZAHL, erscheinungsdatum: ZEICHENKETTE).

a Bewerten Sie das Tabellenschema hinsichtlich Struktur, Spaltennamen und Datentypen. Die abgebildeten Beispieldatensätze können Ihnen helfen.

titel	interpret	genre	komponist	dauer	erscheinungsjahr	erscheinungsdatum
Heaven Bells	Die roten Röcke	heav	A. Rocky, B. Knocky, C. Rider	340	2019	2019-11-13
Nur der Sommer ist e	Lulu und die vier Freunde	schl	Fred Bestair	423	2019	2019-03-05

b Notieren Sie eine verbesserte Version des Tabellenschemas und übertragen Sie es in eine Datenbank.

c Für Schnelle: Tragen Sie Datensätze in die Tabelle ein.

6 Messenger-Dienst

Ein Messenger-Dienst möchte seine Userinnen und User in einer Datenbank erfassen. Die objektorientierte Analyse hat nebenstehendes Klassendiagramm ergeben.

a Überlegen Sie sich passende Datentypen für die Attribute, schreiben Sie das Tabellenschema dazu auf und erstellen Sie die Datenbanktabelle.

b Tragen Sie drei fiktive Datensätze in die Tabelle ein.

c Die Eintragung von Werten muss in der Praxis natürlich nicht von Hand vorgenommen werden. Teilweise werden dafür die Telefonbücher beim ersten Installieren des Dienstes automatisch durchgegangen und alle Kontakte werden auf dem Server der Softwarefirma gespeichert. Dabei werden auch Nicht-Nutzerinnen und Nicht-Nutzer eingetragen. Bereits vorhandene Kontakte werden geprüft und ergänzt. Formulieren Sie Probleme, welche sich aus diesem Vorgehen hinsichtlich des Datenschutzes ergeben.

d Das Amtsgericht Bad Hersfeld hat 2017 entschieden, dass Userinnen und User eines Messenger-Dienstes wegen der automatischen Datenweitergabe einen Rechtsverstoß begehen. Informieren Sie sich über den Inhalt des Beschlusses vom 20.03.2017, F 111/17 EASO.

e Diskutieren Sie in der Gruppe über die Möglichkeit, als Nicht-Nutzer einen Nutzenden anzuzeigen, weil er Ihren Kontakt in seinem Smartphone gespeichert hat. Nehmen Sie dabei verschiedene Sichten ein: private Nutzerin, geschäftlicher Nutzer, Staatsanwältin, Freundin, Geschäftspartner, Anbieter des Messenger-Dienstes.

NUTZER

Vorname
Nachname
TelNummer
E-Mail
Straße
PLZ
Ort
GebDat

Hast du meine Telefonnummer veröffentlicht?

Nein, ich habe mich nur angemeldet.

7 Brücken – Verkehrswege und Baukunst

Die Tabelle zeigt einen Ausschnitt aus einer Datenbanktabelle zu Brücken.

name	land	laenge	spannweite	jahr
Gerüst der Wuppertaler Schwebebahn	D	13300	112	1967
Saale-Elster-Talbrücke	D	6465	110	2013
Lake Pontchartrain Causeway	USA	126122	0	1969
Manchac Swamp Bridge	USA	120440	0	1979

Wuppertaler Schwebebahn

a Nennen Sie sinnvolle Datentypen für die Spalten.

b Erklären Sie, warum sich die Längen der längsten Brücke in den USA und Deutschland fast um den Faktor 10 unterscheiden. Recherchieren Sie ggf. kurz zu diesem Thema die Längenangabe einer amerikanischen Brücke in einem englischsprachigen Online-Lexikon.

c Beschreiben Sie kurz, welche Absprachen für Einträge von Größen in Datenbanktabellen getroffen werden müssen.

1.4 Primärschlüssel: natürlich oder künstlich

Annas Familie möchte gemeinsam einen Film anschauen.

a Finden Sie mit einer passenden Abfrage in der Tabelle Film heraus, an welche Filme die Personen jeweils denken.

b Geben Sie an, welche Werte aus den Spalten titel, jahr, laufzeit, regisseur und genre genannt werden müssen, damit ein Film eindeutig zu identifizieren ist.

c Die Tabelle Film hat eine Spalte id. Stellen Sie eine Vermutung über den Sinn der Spalte auf.

Datensätze eindeutig identifizieren

In der Verwaltung des John-von-Neumann Gymnasiums Infohausen werden alle Schülerinnen und Schüler in einer Datenbank gespeichert. Beim Eintragen in die Datenbank ist ein Fehler passiert: Eine Schülerin wird doppelt aufgeführt.

Schüler					
vorname	**nachname**	**klasse**	**zweig**	**religion**	**...**
Anna	Log	9A	NTG	römisch-katholisch	...
Anna	Bolika	9A	NTG	evangelisch	...
Anna	Bolika	9A	NTG	evangelisch	...
Kai	Sehr	9B	SG	bekenntnislos	...
Karl	Ender	9B	SG	römisch-katholisch	...

Die Datensätze einer Datenbanktabelle müssen jedoch eindeutig identifizierbar sein, d. h., es darf niemals zwei Zeilen geben, deren Werte in allen Spalten übereinstimmen. In der Regel muss man jedoch nicht den kompletten Datensatz betrachten, um ihn eindeutig identifizieren zu können. Bei einer Abfrage ist es angenehm und schnell, wenn man durch Angabe möglichst weniger Spalten den richtigen Datensatz eindeutig finden kann. Teilweise reicht der Wert einer Spalte, manchmal ist eine Kombination von Spalten nötig. Diese Spalte oder Kombination von Spalten, mit welcher jeder Datensatz eindeutig bestimmt werden kann, nennt man **Schlüssel**.

Oft gibt es mehrere Möglichkeiten für einen Schlüssel. Zur Umsetzung in einer Datenbank wählt man einen Schlüssel aus möglichst wenigen Spalten aus und legt ihn als → **Primärschlüssel** der Tabelle fest:

→ primär
erstrangig, grundlegend, wesentlich

Schüler (<u>vorname</u>, <u>nachname</u>, <u>klasse</u>, zweig, religion, …)

Im Tabellenschema wird der Primärschlüssel unterstrichen!

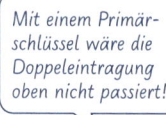
Mit einem Primärschlüssel wäre die Doppeleintragung oben nicht passiert!

Künstlicher Schlüssel

Wenn sich keine Spalte (oder Spaltenkombination) als **natürlicher** Schlüssel anbietet, führt man einen **künstlichen** Schlüssel ein. Dabei wird eine zusätzliche Spalte eingefügt, in der jedem Datensatz eine fortlaufende Nummer oder eine eindeutige Buchstaben-Zahlenkombination zugewiesen wird. Weil diese Spalte keinem Attribut entspricht und die Werte künstlich erzeugt werden, nennt man diesen Schlüssel künstlichen Schlüssel.

Schüler (vorname, nachname, klasse, zweig, religion)

künstlicher Schlüssel

Schüler (id, vorname, nachname, klasse, zweig, religion)

Identifikation von Objekten

Die Schulleitung des John-von-Neumann-Gymnasiums befragt Informatiklehrerin Frau Kluge, wie es passieren konnte, dass die Tabelle Schüler ohne Primärschlüssel erstellt worden ist.

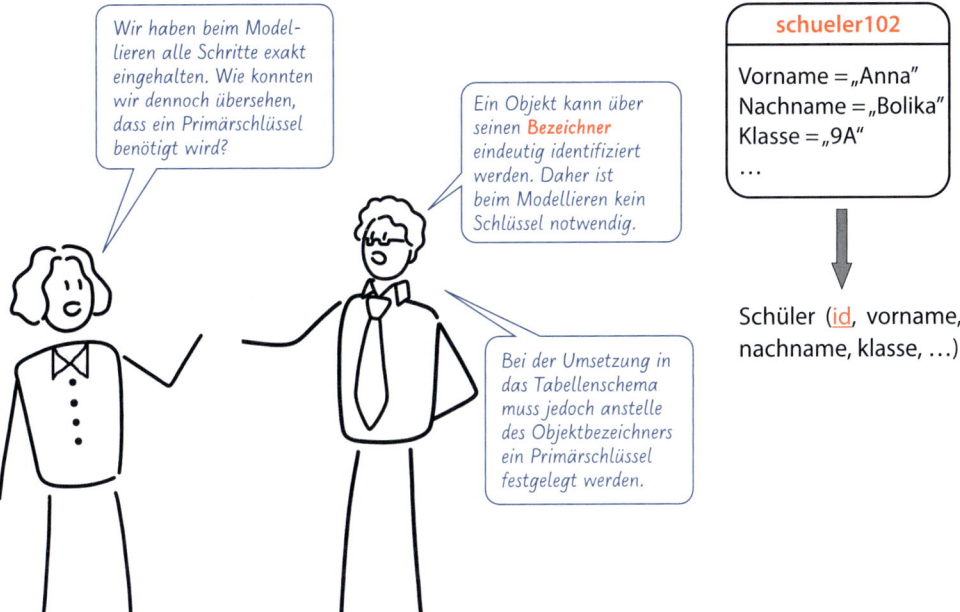

Hinweis: Auf informatikschulbuch.de gibt es Erklärvideos, welche zeigen, wie ein Primärschlüssel in unterschiedliche Werkzeuge umgesetzt wird.

Ein **Primärschlüssel** ist eine Spalte oder eine Kombination von möglichst wenigen Spalten, deren Werte jeweils einen Datensatz in der Tabelle eindeutig identifizieren. Wird eine neue Spalte als Primärschlüssel eingeführt, nennt man sie **künstlicher Schlüssel**.
Bei der Entwicklung eines Tabellenschemas muss immer ein Primärschlüssel festgelegt werden.

Aufgaben

1 Olympische Spiele

Von einer Datenbank zur Organisation der olympischen Spiele sind die Tabellennamen unten bekannt. Ein Vorschlag für einen Schlüssel ist durch Unterstreichung gekennzeichnet. Entscheiden Sie in jedem Fall, ob der angegebene Schlüssel geeignet ist. Geben Sie eine Alternative an, falls der Schlüssel ungeeignet ist. Begründen Sie Ihre Ablehnung mit entsprechenden Beispielwerten.

a Sportler(<u>name</u>, <u>vorname</u>, gewicht, größe, nationalität)

b OlympischeSpiele(<u>austragungsort</u>, jahr, winter/sommer)

c Mannschaft(<u>nationalität</u>, mannschaftskürzel, flagge)

d Wettkampfstaette(<u>name</u>, adresse, zuschauerplaetze)

e Rekord(<u>disziplin</u>, wert, rekordart); wobei es folgende zwei Rekordarten gibt: olympischer Rekord, Weltrekord.

2 Primärschlüssel festlegen

a Unter informatikschulbuch.de finden Sie Videos, die zeigen, wie ein Primärschlüssel in einer Tabelle mit Ihrem Werkzeug festgelegt werden kann. Schauen Sie sich das Video zu Ihrem Werkzeug an.

b Öffnen Sie nun Ihr Werkzeug und wählen Sie eine der Tabellen aus, mit der Sie bisher gearbeitet haben. Vollziehen Sie die wesentlichen Schritte aus dem Video nach.

c Versuchen Sie in die Tabelle mit Primärschlüssel einen identischen Datensatz einzutragen. Erklären Sie die Fehlermeldung.

3 Natürliche Schlüssel gesucht

Geben Sie für folgende Beispiele einen sinnvollen natürlichen Schlüssel an.

a Lehrkraft an Ihrer Schule

b Bahnhof für den Regional- und Fernverkehr

c Fahrten eines Zugs der deutschen Bahn

d Datei auf Ihrem Computer

e Musikstück

f Kurs, z. B. an einem Sprachinstitut, der Volkshochschule, der Universität, …

4 Schlüssel im Alltag

a Recherchieren Sie zu einem der folgenden Schlüssel Aufbau und Anwendungsbereich und geben Sie ein Beispiel an. Ergänzen Sie ggf. die Bedeutung der Abkürzung. Fassen Sie Ihr Ergebnis knapp zusammen und stellen Sie es in Ihrem Kurs vor.

i Rahmennummer	ii Personalausweisnummer	iii MAC-Adresse
iv IBAN	v SWIFT - Code	vi EAN
vii IP-Adresse	viii ISBN-13	

b Finden Sie zu mindestens einer der folgenden Angaben heraus, welchem Schlüssel aus a) der Wert zugeordnet werden kann und was damit eindeutig identifiziert wird:

i AT483200000012345864	ii BYLADEMMXXX
iii 129.187.255.234	iv 978-3-637-02694-0

5 Bundesländer

Informationen zu den Bundesländern sind in einer Tabelle mit folgendem Schema gespeichert:
Bundesland(name, kuerzel, hauptstadt, regierungschef, bundesratsstimmen, flaeche, einwohnerzahl, wappen)

a Entscheiden Sie für jede Spalte, ob sie als Schlüssel verwendet werden kann. Begründen Sie.

b Legen Sie eine der geeigneten Spalten aus a) als Primärschlüssel fest und begründen Sie Ihre Entscheidung.

c Für Schnelle: Spielen Sie zu zweit eine Runde Bundesländer-Quiz: Sie stellen eine Frage, z. B. „Wie heißt die Hauptstadt von Niedersachsen?" und überprüfen dann die Antwort über eine SQL-Abfrage. Dann wechseln Sie die Rolle.

6 Datenbanktabelle ohne Primärschlüssel

In manchen Datenbankmanagementsystemen kann man Tabellen erstellen, ohne dabei einen Primärschlüssel festzulegen. Oft kann man dann auch noch Datensätze in die Tabelle eintragen. Teilweise ist es aber dann nicht mehr möglich, die Werte nachträglich zu ändern.

a Probieren Sie aus, ob dieses Problem in Ihrem Werkzeug auftritt.

b Versuchen Sie in der gegebenen Tabelle einen Primärschlüssel festzulegen und erklären Sie, warum dies nicht immer möglich ist.

c Für Schnelle: Mit passenden SQL-Statements kann man die Werte immer verändern. Informieren Sie sich über SQL-Anweisungen, um Werte in einer Tabelle zu verändern oder zu löschen, und testen Sie sie.

7 Biometrischer Schlüssel

a Recherchieren Sie eine Definition von Biometrie und Anforderungen an biometrische Daten bei Erkennungsverfahren. Nennen Sie drei Beispiele für biometrische Erkennungsverfahren.

b Es gibt regelmäßig öffentliche Diskussionen über Videoüberwachung. Nennen Sie zwei Vor- und zwei Nachteile dieser Überwachungsart.

c Die Technik der Gesichtserkennung hat sich in den letzten Jahren deutlich weiterentwickelt. Dennoch können Systeme zur Gesichtserkennung nie mit einer Sicherheit von 100 % eine Aussage treffen, sondern nur mit hoher Wahrscheinlichkeit. Deshalb gibt es zwei Arten von Fehlern:

- Eine Person A wird nicht erkannt, obwohl Person A auf dem Foto abgebildet ist.
- Es wird die Person B erkannt, obwohl Person A auf dem Foto abgebildet ist.

Nennen Sie mögliche Nachteile für Person B im Rahmen einer Verbrechensbekämpfung.

d Ein Schlüssel dient einerseits zur eindeutigen Identifizierung eines Datensatzes, andererseits bei Gebäuden und Computern als Zugangsberechtigung. Nennen Sie Vor- und Nachteile für die Verwendung des Fingerabdrucks als Zugangsberechtigung an einer Haustür.

e Bei Smartphones kann eine PIN, ein Passwort, ein Wischmuster, Face-ID und der Fingerabdruck als Zugangskontrolle verwendet werden. Recherchieren Sie unter Verwendung von zwei bis drei Quellen, wie die Sicherheit der einzelnen Schlüssel bewertet wird. Fassen Sie das Ergebnis knapp zusammen.

8 Forschungsauftrag: Fingerabdruck

Fingerabdrücke werden häufig bei der Verbrechensbekämpfung und bei Zugangskontrollen eingesetzt.

a Recherchieren Sie, wie ein Vergleich zweier Abdrücke durchgeführt wird. Fassen Sie Ihre Ergebnisse zusammen.

b Finden Sie ein Video oder eine Anleitung, wie man die Zugangskontrolle durch einen Fingerabdruck überlisten kann. Bewerten Sie die gezeigte Umsetzung hinsichtlich der Durchführbarkeit.

c Versuchen Sie eine in b) gezeigte Methode bei einem Ihrer eigenen Geräte anzuwenden.

Fingerabdruck-Sensor

1.5 Abfragen mit Aggregatfunktionen

Die SMV möchte eine Fantasy-Filmnacht organisieren. Dazu wollen die Verantwortlichen herausfinden, wie lange es dauern würde, alle Filme aus der Filmdatenbank des Genres Fantasy hintereinander anzuschauen.

a Diese Information erhält man am besten mit einer Abfrage, welche die Aggregatfunktion SUM(Spalte) verwendet:

```
SELECT SUM(laenge)
FROM Film
WHERE genre1 = "Fantasy"
```

Führen Sie die Abfrage aus und beschreiben Sie das Ergebnis.

b Um die Anzahl der vorhandenen Filme in diesem Genre zu zählen, kann die Aggregatfunktion COUNT(Spalte) verwendet werden. Formulieren Sie eine passende Abfrage und testen Sie diese.

Berechnung in einer Abfrage

Zur Erstellung eines Länderquiz kann die Tabelle mit allen Ländern der Erde hilfreich sein:

Land(laenderkuerzel, name, einwohner, flaeche, hauptstadt, kontinent)

Ähnlich zu vordefinierten Funktionen in Tabellenkalkulationssystemen gibt es auch in SQL Funktionen, mit welchen Berechnungen ausgeführt werden können:

Welche Fläche hat das flächenmäßig größte Land?

```
SELECT MAX(flaeche)
FROM   Land
```

MAX(flaeche)
17075400

Welche Fläche hat das flächenmäßig kleinste Land?

```
SELECT MIN(flaeche)
FROM   Land
```

MIN(flaeche)
1

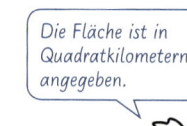

Die Fläche ist in Quadratkilometern angegeben.

Wie viele Länder gibt es in Afrika?

```
SELECT COUNT(laenderkuerzel) AS "Anzahl afrikanischer Länder"
FROM   Land
WHERE  kontinent = "Afrika"
```

Anzahl afrikanischer Länder
55

Wie viele Einwohner hat ein europäisches Land im Durchschnitt?

```
SELECT AVG(einwohner) AS "Einwohnerdurchschnitt Europa"
FROM   Land
WHERE  kontinent = "Europa"
```

Einwohnerdurchschnitt Europa
13.297333

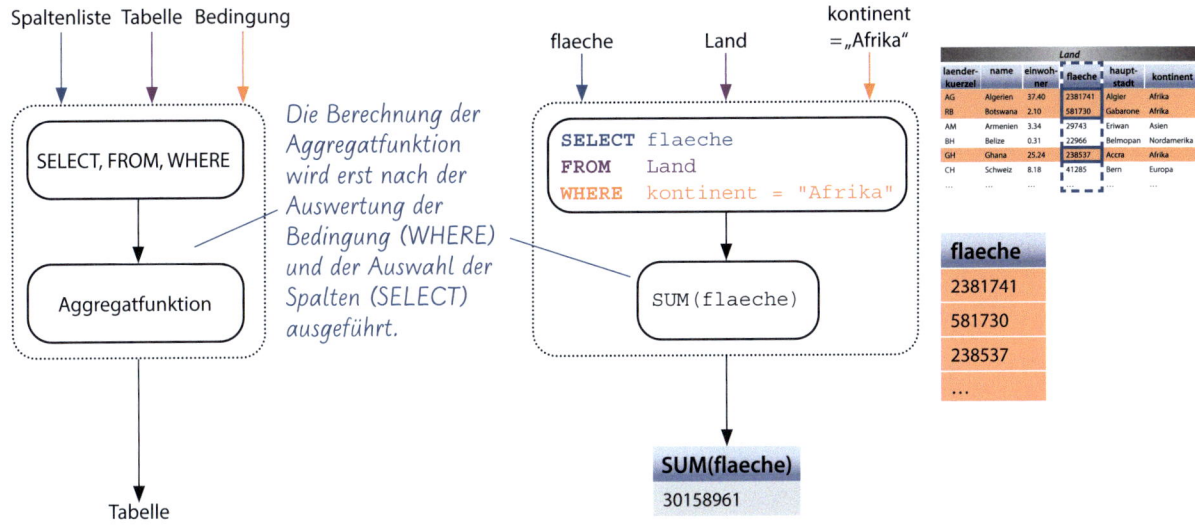

Mit den **Aggregatfunktionen** COUNT, AVG, SUM, MAX oder MIN lassen sich aus den Datensätzen einer Abfrage durch Berechnungen neue Informationen gewinnen.

COUNT(*Spalte*)	Anzahl der Einträge in dieser Spalte
AVG(*Spalte*)	Durchschnitt aller Werte in dieser Spalte
MAX(*Spalte*)	Maximum aller Werte in dieser Spalte
MIN(*Spalte*)	Minimum aller Werte in dieser Spalte
SUM(*Spalte*)	Summe aller Werte in dieser Spalte

Aufgaben

1 Filmnacht

Zur Planung einer Filmnacht sollen einige Informationen aus der Filmdatenbank entnommen werden. Formulieren Sie jeweils eine passende SQL-Abfrage zu den folgenden Fragen. Setzen Sie in allen Abfragen Aliasnamen sinnvoll ein.

a Wie viele Filme hat Ihr Lieblingsregisseur gedreht? (Verwenden Sie George Lucas, falls Sie keinen Lieblingsregisseur haben.)

b Wie lange dauert ein Film im Durchschnitt?

c Wie lange dauern der längste und der kürzeste Film in Ihrem Lieblingsgenre?

d Wie viel Zeit würde man benötigen, um alle Komödien anzuschauen, die in der Datenbank gespeichert sind?

2 Fortsetzung Länderquiz

Weitere Zahlen für ein Länderquiz sind gesucht: Erstellen Sie für die folgenden Aufgaben passende SQL-Abfragen.

a Wie viele Einwohner hat das Land mit der größten Einwohnerzahl?

b Wie viele Einwohner hat das Land mit der niedrigsten Einwohnerzahl?

c Finden Sie durch eine Abfrage mit dem Ergebnis aus b) den Namen des Landes mit der kleinsten Einwohnerzahl heraus.

d Recherchieren Sie in einer anderen Quelle die Einwohnerzahl des Landes. Erklären Sie den Unterschied zwischen der Angabe in der Tabelle und Ihrem Rechercheergebnis!

e Mit folgender Abfrage kann der prozentuale Anteil eines Landes an der Fläche des Kontinents ausgegeben werden:

```
SELECT    name,flaeche /(kontinentFlaeche *10000) AS FlaechenAnteil
FROM      Land
```

Erklären Sie sich die Abfrage gegenseitig. Gehen Sie dabei auch darauf ein, warum die Fläche des Kontinents mit 10 000 multipliziert wird.

f Für Schnelle: Entwickeln Sie mit dem Wissen aus e) eine Abfrage, welche für jedes Land den prozentualen Anteil an Einwohnern des Kontinents anzeigen lässt. Sortieren Sie das Ergebnis nach dem Prozentsatz!

3 Wetterbeobachtungen

Der Deutsche Wetterdienst hat ca. 80 Wetterstationen in ganz Deutschland verteilt. Diese zeichnen täglich Messwerte zur Temperatur, Windstärke oder Sonnenscheindauer auf.

a Schätzen Sie, wie hoch die maximale und minimale Sonnenscheindauer in Deutschland ist. Überprüfen Sie Ihre Schätzung mit einer passenden SQL-Abfrage.

b Schätzen Sie, wie hoch die durchschnittliche Sonnenscheindauer der gespeicherten Werte in der Tabelle ist. Überprüfen Sie Ihre Schätzung mit einer passenden Abfrage.

c Begründen Sie, warum für die mittlere Sonnenscheindauer eines Jahres folgende Abfrage ausgeführt werden muss:

```
SELECT    AVG(sonnenscheindauer)
FROM      Wettermessung
WHERE     datum >= "2021-05-07" AND datum < "2022-05-07"
```

d Führen Sie die Abfrage aus und vergleichen Sie das Ergebnis mit dem Durchschnitt, den Sie bei b) herausgefunden haben.

e Für Schnelle: Recherchieren Sie die durchschnittliche Sonnenscheindauer für Ihre Lieblingsländer und vergleichen Sie die Werte mit dem Wert aus Deutschland.

4 Bundestagsmitglieder

Um Transparenz in der Politik zu erreichen, kann jeder Mensch die Zusammensetzung des Deutschen Bundestags einsehen. In der Tabelle Bundestag sind alle Mitglieder mit ihren Berufen des letzten Deutschen Bundestags gespeichert. Beantworten Sie die Fragen in den Teilaufgaben a) bis e) jeweils durch das Erstellen einer passenden SQL-Abfrage.

a Wie viele Frauen waren im letzten Deutschen Bundestag?

b Wie viele Männer hatten einen Sitz im Bundestag?

c Wie hoch ist das durchschnittliche Alter unter den Frauen?
Tipp: Mit der Funktion `Year(Datum)` bekommen Sie aus einem Datumswert nur das Jahr.

d Wie hoch ist das durchschnittliche Alter unter den Männern? Vergleichen Sie mit c)

e Wie alt war das älteste/jüngste Mitglied?

f Recherchieren Sie das Zahlenverhältnis von Frauen zu Männern in der Gesamtbevölkerung Deutschlands und vergleichen Sie mit den Ergebnissen aus a) und b). Begründen Sie aus Ihrer Sicht knapp, ob ein großer Unterschied Nachteile haben kann.

g Für Schnelle: Recherchieren Sie das Durchschnittsalter der deutschen Bevölkerung und vergleichen Sie mit c) und d). Bewerten Sie den Unterschied.

5 Straftaten richtig zählen

In der Tabelle Straftaten sind in Deutschland verübte Straftaten gespeichert.

a Mit einer SQL-Abfrage soll herausgefunden werden, wie viele unterschiedliche Typen von Straftaten existieren. Folgende Vorschläge sind gegeben:

```
SELECT      COUNT(typ)                SELECT  COUNT(DISTINCT typ)
FROM        Straftaten                FROM    Straftaten
```

Erproben Sie beide Abfragen und erklären Sie, welche Variante das richtige Ergebnis liefert.

b Begründen Sie, warum das Problem aus a) in folgender SQL-Abfrage nicht auftritt:

```
SELECT      COUNT(schluessel)
FROM        Straftaten
```

c Mit der folgenden Abfrage soll die Anzahl aller erfassten Vermögens- und Fälschungs-delikte angezeigt werden:

```
SELECT      COUNT(anzahl)
FROM        Straftaten
WHERE       typ = "Vermögens- und Fälschungsdelikte"
```

Auch diese Abfrage beinhaltet einen logischen Fehler. Finden Sie diesen und berichtigen Sie die Abfrage.

d Entwickeln Sie eine Abfrage, welche Ihnen die Anzahl aller Straftaten mit Einsatz von Schusswaffen ausgibt.

6 Serien zählen

Führen Sie die folgenden Abfragen aus und erklären Sie, warum sie unterschiedliche Ergeb-nisse liefern:

```
SELECT COUNT(*)                    SELECT COUNT(sender)
FROM Serie                         FROM Serie


SELECT COUNT(DISTINCT sender)
FROM Serie
```

7 Forschungsauftrag: Nährwertinformationen mit Unterabfragen

Bei vielen Abfragen wäre es interessant, neben dem Wert der Aggregatfunktion auch noch andere Spalten in der Ergebnistabelle anzeigen zu lassen. Dies ist aber leider nicht ohne wei-teres möglich. Folgende Abfrage zeigt dies:

```
SELECT      MAX(zucker), name
FROM        Naehrwerte
```

a Führen Sie die Abfrage aus und finden Sie durch eine zweite Abfrage den richtigen Namen des Lebensmittels mit dem größten Zuckergehalt heraus.

b Um Aufgabe a) mit einer Abfrage zu lösen, wird eine sogenannte Unterabfrage benötigt:

```
SELECT      name, zucker
FROM        Naehrwerte
WHERE       zucker = (SELECT MAX(zucker) FROM Naehrwerte)
```

Erklären Sie die Funktionsweise dieser Abfrage. Überlegen Sie sich dafür zunächst das Er-gebnis der Unterabfrage in Klammern.

c Formulieren Sie eine Abfrage, welche Ihnen den Namen sowie die enthaltenen Proteine des Lebensmittels mit den meisten Proteinen anzeigt.

d Überlegen Sie selbst eine Fragestellung (für eine Datenbank Ihrer Wahl), die nur mit einer Unterabfrage lösbar ist.

1.6 Ergebnisse durch Gruppierung zusammenfassen

Aaron möchte den nächsten Urlaub am liebsten an einem warmen Ort im Süden verbringen. Seine Eltern wollen jedoch in Deutschland Urlaub machen. Mit Hilfe einer Wetterdatenbank möchte er daher wenigstens den Ort in Deutschland suchen, an dem die Sonnenscheindauer im Durchschnitt am längsten ist. Zunächst will er die durchschnittliche Sonnenscheindauer für den südlichsten Ort der Wetteraufzeichnungen, Oberstdorf, herausfinden.

a Berechnen Sie mithilfe einer Aggregatsfunktion innerhalb einer SQL-Abfrage die durchschnittliche Sonnenscheindauer für Oberstdorf. Notieren Sie sich Ort und Wert (mit zwei Nachkommastellen) auf einem Blatt.

b Ermitteln Sie nach dem gleichen Verfahren die durchschnittliche Sonnenscheindauer von List auf Sylt. Notieren Sie wieder und vergleichen Sie mit Oberstdorf.

c Testen Sie die folgende Abfrage und vergleichen Sie die Zeilen zu Oberstdorf und List mit den Ergebnissen aus a) und b). Interpretieren Sie allgemein die Ergebnistabelle.

```
SELECT    AVG(sonnenscheindauer), standort
FROM      Wettermessung
GROUP BY  standort
```

d Erklären Sie Aaron, warum die höchste durchschnittliche Sonnenscheindauer über das ganze Jahr kein Garant für einen warmen Urlaub ist.

Konzentrat aus mehreren Zeilen durch Gruppierung mit Aggregatfunktion

Am Projekttag stellt die Klasse 9A CO_2-Sensoren in der Schule auf und misst damit für einen Tag die CO_2-Konzentration an verschiedenen Orten. Die Messwerte werden automatisch in eine Datenbanktabelle eingetragen.

Für die Auswertung möchte die Klasse eine Übersicht über die durchschnittlichen Werte aller Stationen. Dazu müssen die Werte nach Orten **gruppiert** werden. Anschließend kann mit einer Aggregatfunktion eine Berechnung auf den gruppierten Werten erfolgen.

Messwert		
ort	**uhrzeit**	**wert**
Aula	09:10:00	144
Raum9A	09:00:00	823
Raum9A	09:35:00	620
Aula	09:20:00	104
Aula	10:20:00	933
Raum9A	10:10:00	410

GROUP BY ort →

Messwert		
ort	**uhrzeit**	**wert**
Aula	09:10:00	144
Aula	09:20:00	104
Aula	10:20:00	933
Raum9A	09:00:00	823
Raum9A	09:35:00	620
Raum9A	10:10:00	410

AVG(wert)

Die vollständige SQL-Abfrage hat folgende Form:

```
SELECT    ort, AVG(wert)
FROM      Messwert
GROUP BY  ort
```

Messwert	
ort	**AVG(wert)**
Aula	393,66
Raum9A	617,66

Folgende Abfrage berechnet die Anzahl aller Messwerte für jeden Ort:

```
SELECT    ort, COUNT(wert) AS anzahlMesswerte
FROM      Messwert
GROUP BY  ort
```

Messwert	
ort	**Anzahl-Messwerte**
Aula	12
Raum9A	11
Turnhalle I	3
Raum9B	12
Lehrerzimmer	2

Das Ergebnis zeigt, dass einige der Sensoren nicht richtig gearbeitet und nur wenig Werte aufgenommen haben. Alle Ergebnisse mit weniger als vier Messwerten sollen gestrichen werden:

ort	Anzahl-Messwerte
Aula	12
Raum9A	11
~~Turnhalle I~~	~~3~~
Raum9B	12
~~Lehrerzimmer~~	~~2~~

```sql
SELECT    ort, COUNT(wert) AS anzahlMesswerte
FROM      Messwert
GROUP BY  ort
HAVING    anzahlMesswerte >= 4
```

ort	Anzahl-Messwerte
Aula	12
Raum9A	11
Raum9B	12

HAVING anzahlMesswerte >= 4

Mit **GROUP BY** können alle Datensätze mit demselben Wert in der angegebenen Spalte gruppiert werden. Anschließend können mit Aggregatfunktionen Berechnungen auf den gruppierten Werten ausgeführt werden. Bedingungen an die so gewonnenen Ergebnisse werden mittels **HAVING** formuliert.

Alle bisher gelernten Bestandteile einer SQL-Abfrage lassen sich wie folgt schematisch in der angegebenen Reihenfolge darstellen:

SELECT	*Spaltenliste*
FROM	*Tabelle*
WHERE	*Bedingung*
GROUP BY	*Spaltenliste*
HAVING	*Bedingung*
ORDER BY	*Spaltenliste*

Aufgaben

1 Olympia-Medaillenspiegel

Der Medaillenspiegel ist ein Maß dafür, wie erfolgreich ein Land bei den Olympischen Spielen ist. Er zeigt an, wie viele Medaillen ein Land gewonnen hat.

a Erstellen Sie eine Abfrage, welche für jedes Land die Anzahl aller Medaillen für die Winterspiele eines Jahres Ihrer Wahl auflistet. Achten Sie darauf, dass für die gewählte Jahreszahl Datensätze in der Tabelle vorhanden sind.

b Fügen Sie in der Abfrage aus a) einen Aliasnamen für die Anzahl hinzu und verwenden Sie diesen, um das Ergebnis nach Anzahl der Medaillen zu sortieren.

c Lassen Sie sich mit einer SQL-Abfrage eine Tabelle anzeigen, in der für Deutschland für das Jahr Ihrer Wahl die gesamte Anzahl aller Gold-, Silber- und Bronzemedaillen stehen.

d Erweitern Sie das Ergebnis aus c) so, dass die Abfrage zwar für alle Länder die Medaillen anzeigt, jedoch nur für eine Medaillen-Anzahl, die größer ist als 15.

e Die Anzahl der Medaillen aus den vorangegangenen Teilaufgaben stimmen meistens nicht mit den offiziellen Medaillenspiegeln überein. Erklären Sie die Abweichungen.
Tipp: Lassen Sie sich alle Goldmedaillen für Kanada in der Sportart Eishockey anzeigen.

2 Länderquiz mit Gruppierungen

Mit Gruppierungen lassen sich noch mehr Informationen aus der Länderdatenbank gewinnen.

a Erstellen Sie eine SQL-Abfrage, deren Ergebnis eine Übersicht über die Anzahl der Länder für jeden Kontinent ist. Sortieren Sie die Datensätze aufsteigend nach Länderanzahl.

b Mit der folgenden Abfrage soll die durchschnittliche Einwohnerzahl sowie die durchschnittliche Fläche aller Länder eines Kontinents anzeigt werden. Benennen Sie die Fehler und korrigieren Sie diese:

```
SELECT      AVG(einwohner), AVG(flaeche) AS durchschnittlicheEinwohnerzahl,
            AS durchschnittlicheFläche kontinent
FROM        Land
ORDER BY    durchschnittlicheEinwohnerzahl
GROUP BY    Kontinent
```

c Formulieren Sie eine SQL-Abfrage, die die durchschnittliche Bevölkerungsdichte aller Länder eines Kontinents ausgibt. Sortieren Sie das Ergebnis nach der Bevölkerungsdichte. Nennen Sie eine Auswirkung der Bevölkerungsdichte auf die Lebensbedingungen der Menschen.

d Recherchieren Sie die Bevölkerungsdichte eines Kontinents. Vergleichen Sie das Rechercheergebnis mit dem Ergebnis aus c) und erklären Sie die Ursache des Unterschieds.

3 Straftaten

In der Datenbanktabelle Straftaten sind statistische Daten zu den in Bayern verübten Straftaten gespeichert.

a Lassen Sie sich mit einer SQL-Abfrage für jeden Typ die Summe der begangenen Straftaten, der versuchten Straftaten sowie aller Straftaten mit Schusswaffengebrauch anzeigen.

b Formulieren Sie eine SQL-Anweisung, die für alle Straftaten mit mindestens einem Einsatz von Schusswaffen die Summe dieser Taten in jeder Oberkategorie auflistet.

c Formulieren Sie eine Aufgabenstellung für folgende SQL-Abfrage:

```
SELECT      SUM(aufgeklaert)/SUM(anzahl) AS anteilAufgeklärt,
            typ, Oberkategorie
FROM        Straftaten
GROUP BY    typ, Oberkategorie
ORDER BY    anteilAufgeklärt
```

4 Gruppierungen im Bundestag

a Stellen Sie eine Vermutung darüber auf, welche Berufe Bundestagabgeordnete häufig ausüben oder ausgeübt haben. Überprüfen Sie Ihre Vermutung, indem Sie nach dem Beruf gruppieren und sich die Anzahl aller Abgeordneten für einen Beruf mit mehr als 10 Einträgen anzeigen lassen.

b Erstellen Sie eine Übersicht zu folgenden Informationen jeweils in einer Ergebnistabelle:

i Anzahl der Frauen und Männer

ii Anzahl der Frauen und Männer aufgeschlüsselt nach unterschiedlichen Parteien

iii Durchschnittliches Alter der weiblichen und männlichen Mitglieder

5 Mit und ohne Gruppierung

Die folgenden beiden SQL-Statements liefern ein identisches Ergebnis:

```
SELECT SUM(laufzeit) FROM Film WHERE genre1 = "Drama"
SELECT SUM(laufzeit) FROM Film GROUP BY genre1 HAVING genre1 = "Drama"
```

a Welche Variante bevorzugen Sie? Begründen Sie Ihre Meinung!

b Finden Sie ein weiteres Beispiel für eine solche Abfrage!

6 Länderquiz: Aggregatfunktionen und Aliasnamen

Für ein Länderquiz sind einige Werte gesucht. Erstellen Sie für die folgenden Aufgaben passende SQL-Abfragen.

a Wie viele Einwohner hat das Land mit der größten Einwohnerzahl?

b Das Land mit der niedrigsten Einwohnerzahl hat 0.00 Einwohner. Bestätigen Sie diese Aussage mit einer passenden SQL-Abfrage und erklären Sie, wie es zu dieser ungewöhnlichen Zahl kommt. Verwenden Sie dazu diese Einwohnerzahl, um mit einer weiteren Abfrage den Namen des Landes herauszufinden.

c Ermitteln Sie mit einer Abfrage die Anzahl der Länder Afrikas. Verwenden Sie einen sinnvollen Aliasnamen.

d Mit folgender Abfrage kann der prozentuale Flächenanteil eines Landes am Kontinent ausgegeben werden:

```
SELECT    name, flaeche/(kontinentFlaeche * 10000) AS FlaechenAnteil
FROM      Land
```

Erklären Sie, warum die Abfrage zur Aufgabenstellung passt. Gehen Sie dabei darauf ein, warum die Fläche des Kontinents mit 10000 multipliziert wird.

e Entwickeln Sie analog zu Aufgabe d) eine Abfrage, welche für jedes Land den prozentualen Anteil an Einwohnern des Kontinents anzeigen lässt.

f Erstellen Sie eine Übersicht über die Anzahl der Länder für jeden Kontinent.

7 Metadaten bei Fotos: Tipps und Tricks bei Abfragen

Kameras speichern bei Fotos nicht nur die Bilddaten in Form von Pixeln, sondern auch – je nach Einstellungen mehr oder weniger – Metadaten. Das Klassendiagramm rechts zeigt, welche Informationen typischerweise dazugehören. Werden Fotos in sozialen Netzwerken hochgeladen, so kann durch eine automatische Auswertung eine entsprechende Datenbanktabelle Foto mit Metadaten erstellt werden; jede Spalte entspricht einem Attribut.

Marius postet in seinem Profil regelmäßig Fotos von Ausflügen und Schnappschüsse von zu Hause.

a Bewerten Sie knapp, unter welchen Voraussetzungen es möglich ist, dass sowohl Sie als auch der Anbieter des sozialen Netzwerks eine Datenbanktabelle Foto mit Informationen über Marios Fotos erstellen können.

FOTO
breite
höhe
…
aufnahmedatum
kamerahersteller
kameramodell
blendenzahl
belichtungszeit
breitengrad
längengrad
dateiname
dateigröße
…

Entwickeln Sie die Abfragen in den folgenden Teilaufgaben auf Basis des Tabellenschemas Foto(breite, hoehe, aufnahmedatum, kamerahersteller, kameramodell, blendenzahl, belichtungszeit, breitengrad, laengengrad, dateiname).

b Formulieren Sie eine SQL-Abfrage, mit der man alle Kameramodelle herausfinden kann, die Marius für seine Fotos verwendet hat.

c Ein Kennzeichen von Ausflügen ist, dass vom gleichen Tag eine größere Anzahl von Fotos existieren (z. B. fünf oder mehr). Erstellen Sie eine SQL-Abfrage, die jeweils das Datum und die Anzahl der Fotos von Tagen mit mehr als fünf Fotos ausgibt.

d Am Sonnwendtag des letzten Jahres wurden zehn Fotos erstellt. Sortieren Sie die Datensätze dieses Tages nach dem Erstellzeitpunkt.

e Für Schnelle: Fertigen Sie auf Basis der GPS-Daten ein Bewegungsprofil des Tages an.

f Beschreiben Sie eine Strategie, mit der Sie den Wohnort von Marius herausfinden könnten.

g Begründen Sie, warum es sich bei den Informationen aus e) und f) um personenbezogene Daten handelt. Beschreiben Sie, welche Chancen (z. B. aus Sicht der Polizei) und Risiken (z. B. durch Stalker) sich durch die Auswertung der Daten ergeben.

Schade, dass nach dem 21.6. die Tage wieder kürzer werden!

1.7 Informationen verknüpfen: Abfragen über mehrere Tabellen

Die Klasse 10A des John-von-Neumann Gymnasiums Infohausen plant am Wandertag den Freizeitpark in der Gemeinde Turing zu besuchen. Die Klassenleitung ist gleichzeitig die Informatiklehrkraft und stellt der Klasse vorab die Aufgabe, mithilfe einer Datenbank den passenden Freizeitpark herauszufinden.

a Finden Sie mit einer SQL-Abfrage den Wert der Spalte schluessel der Gemeinde Turing.

b Formulieren Sie eine Abfrage, mit welcher Sie alle Informationen des Freizeitparks erhalten, der in der Gemeinde Turing ist. Verwenden Sie dazu den Schlüssel aus a).

c Ermitteln Sie jeweils die Anzahl der Einträge in den Tabellen Freizeitpark und Gemeinde.

d Führen Sie folgende Abfragen aus und versuchen Sie anhand der Ergebnistabelle herauszufinden, welche Wirkung die Abfragen haben. Betrachten Sie dazu auch die Anzahl der Zeilen in den Ergebnistabellen.

```
SELECT *
FROM    Freizeitpark, Gemeinde
```

```
SELECT *
FROM    Freizeitpark, Gemeinde
WHERE   gemeindeschluessel = schluessel
```

Tabellen kombiniert: kartesisches Produkt

Die Wahlkurse am John-von-Neumann-Gymnasium sind sehr beliebt, aber rar. Die Tabelle Wahlkurs zeigt einen Ausschnitt der vorhandenen Kurse. Alle Schülerinnen und Schüler dürfen nur einen Wahlkurs wählen. Die Klasse 10A hat eine digitale Anmeldung entwickelt. Nach Abschluss der Anmeldung liegen die Ergebnisse in folgender Form vor:

Schueler			
schueler_nr	name	vorname	kurswahl
4347653	Elmann	Heinz	Big Band
4357451	Diener	Bernhard	Big Band
5643611	Nette	Marion	Bouldern
...	...	...	...

Wahlkurs		
name	ort	lehrer
Bouldern	Turnhalle 1	Hr. Schlaukopf
Big Band	Musiksaal	Fr. Kluge
...	...	...

Im internen Bereich der Homepage soll allen Kursmitgliedern angezeigt werden, wo und bei welcher Lehrkraft der gewählte Wahlkurs stattfindet. Die Schülerinnen und Schüler der 10A versuchen es mit folgender Abfrage:

```
SELECT *
FROM    Schueler, Wahlkurs
```
— *Mehrere Tabellen können mit Komma getrennt angegeben werden.*

Manche Zeilen werden richtig kombiniert, andere aber falsch.

schueler_nr	name	vorname	kurswahl	name	ort	lehrer
4347653	Elmann	Heinz	Big Band	Bouldern	Turnhalle 1	Hr. Schlaukopf
4347653	Elmann	Heinz	Big Band	Big Band	Musiksaal	Fr. Kluge
4357451	Diener	Bernhard	Big Band	Bouldern	Turnhalle 1	Hr. Schlaukopf
4357451	Diener	Bernhard	Big Band	Big Band	Musiksaal	Fr. Kluge
5643611	Nette	Marion	Bouldern	Bouldern	Turnhalle 1	Hr. Schlaukopf
5643611	Nette	Marion	Bouldern	Big Band	Musiksaal	Fr. Kluge
...	...	...	...	...	...	...

6 Zeilen = 3 Zeilen x 2 Zeilen

→ kartesisch: nach dem lateinischen Namen Cartesius des Philosophen Descartes benannt

In der Ergebnistabelle ist jede Zeile aus Schueler mit jeder Zeile aus Wahlkurs kombiniert worden. Das Ergebnis nennt man → **kartesisches Produkt**. Die Anzahl der Zeilen in der Ergebnistabelle eines kartesischen Produkts ist das Ergebnis der Multiplikation der Zeilenanzahlen der angegebenen Tabellen, in diesem Beispiel: 3 Zeilen × 2 Zeilen = 6 Zeilen.

Richtiges Verknüpfen: Verbund

Mit einer Bedingung, welche die Gleichheit der Wahlkursnamen in den beiden Tabellen überprüft, können die gültigen Kombinationen aus Schueler und Wahlkurs ausgewählt werden:

```
SELECT *
FROM   Schueler, Wahlkurs
WHERE  kurswahl = Wahlkurs.name
```

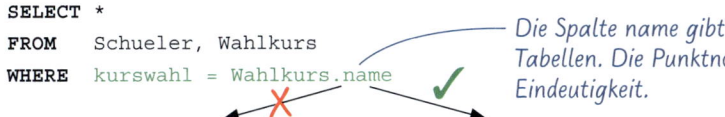

Die Spalte name gibt es in beiden Tabellen. Die Punktnotation verschafft Eindeutigkeit.

schueler_nr	name	vorname	kurswahl	name	ort	lehrer
4347653	Elmann	Heinz	Big Band	Big Band	Musiksaal	Fr. Kluge
4357451	Diener	Bernhard	Big Band	Big Band	Musiksaal	Fr. Kluge
5643611	Nette	Marion	Bouldern	Bouldern	Turnhalle 1	Hr. Schlaukopf
...	...	...	...	...	...	...

Die Verkettung von kartesischem Produkt und einer Bedingung zur Auswahl der zusammengehörigen Zeilen nennt man **Verbund**. Bei der zugehörigen Bedingung spricht man daher von einer **Verbund-Bedingung**.

Statt Verbund wird manchmal auch der Begriff Join verwendet.

Für die Anzeige auf der Homepage sind nicht alle Spalten relevant:

```
SELECT Schueler.name, vorname, Wahlkurs.name AS kurs, ort, lehrer
FROM   Schueler, Wahlkurs
WHERE  kurswahl = Wahlkurs.name
```

name	vorname	kurs	ort	lehrer
Elmann	Heinz	Big Band	Musiksaal	Fr. Kluge
Diener	Bernhard	Big Band	Musiksaal	Fr. Kluge
Nette	Marion	Bouldern	Turnhalle 1	Hr. Schlaukopf
...	...	...	...	...

Um keinen Bestandteil zu vergessen, empfiehlt sich für die Formulierung einer korrekten Abfrage über zwei Tabellen folgendes Vorgehen:

1) Tabellen auswählen, aus welchen die Daten abgefragt werden sollen, und bei FROM mit Komma getrennt angeben.
2) Spalten identifizieren, über welche die beiden Tabellen miteinander verbunden sind, und Verbund-Bedingung formulieren (WHERE-Teil). Bei gleichen Spaltennamen müssen die Spalten mit der Punktnotation eindeutig unterschieden werden.
3) Spalten der Ergebnistabelle mit passendem SELECT-Teil eingrenzen. Auch hier muss ggf. die Punktnotation verwendet werden.
4) Gegebenenfalls Abfrage mit weiteren Bestandteilen vervollständigen (Bedingungen, Aggregatfunktionen, Sortierung, …).

Werden im FROM-Teil einer SQL-Abfrage zwei Tabellen angegeben, so wird jede Zeile der einen Tabelle mit jeder Zeile der anderen Tabelle kombiniert (**kartesisches Produkt**). Ein sinnvolles Ergebnis erhält man über eine Bedingung, welche die zusammengehörigen Zeilen auswählt. Die Verkettung von kartesischem Produkt und dieser **Verbund-Bedingung** nennt man **Verbund**.

Gleiche Spaltennamen in den Tabellen müssen in einer Abfrage mithilfe des vorangestellten Tabellennamens unterschieden werden.

Aufgaben

1 Freizeitaktivitäten

In den Tabellen Freizeitpark, Schwimmbad und Zoo sind unter anderem der Name, die Straße sowie die URL der bayerischen Freizeiteinrichtungen gespeichert. Die Tabelle Gemeinde enthält Informationen zu allen Gemeinden in Bayern.

a Erklären Sie, an welcher Stelle der folgenden Abfrage die Punktnotation notwendig ist und an welcher sie weggelassen werden könnte:

```
SELECT  Gemeinde.name, Schwimmbad.name
FROM    Gemeinde, Schwimmbad
WHERE   Gemeinde.schluessel = Schwimmbad.gemeindeschluessel
```

b Die Tabelle Schwimmbad hat 1601 Einträge. Die Tabelle Gemeinde listet 2230 Gemeinden auf. Berechnen Sie die Anzahl der Zeilen der Ergebnistabelle für folgende Abfragen:

  i Abfrage aus a)

  ii Abfrage aus a) ohne Bedingung

c Finden Sie mit einer SQL-Abfrage heraus, ob es in der Gemeinde Miesbach (bzw. in der Gemeinde Ihres Gymnasiums) ein Schwimmbad (Freizeitpark, Zoo) gibt. Lassen Sie sich dabei den Namen der Gemeinde sowie den Namen und die URL des Schwimmbads (Freizeitparks, Zoos) anzeigen.

d Formulieren Sie zu zweit eine Fragestellung, welche folgende SQL-Abfrage als Lösung hat. Stellen Sie anschließend eine Vermutung über die Anzahl der Einträge in der Ergebnistabelle auf und führen Sie die Abfrage aus.

```
SELECT   Gemeinde.schluessel, COUNT(Schwimmbad.id) AS AnzahlBaeder
FROM     Gemeinde, Schwimmbad
WHERE    Gemeinde.schluessel = Schwimmbad.gemeindeschluessel
GROUP BY Gemeinde.schluessel
HAVING   AnzahlBaeder > 10
```

e Für Schnelle: Finden Sie mit einer SQL-Abfrage für jede Gemeinde mit mindestens einem Schwimmbad heraus, wie viele Einwohner auf ein Schwimmbad kommen.

2 Rollenspiel: kartesisches Produkt

Für diese Aufgabe benötigen Sie: 6 Personen, 6 Zettel, Klebeband und 8 Schnüre.

Notieren Sie auf zwei Zetteln je einen Wahlkurs und auf vier Zetteln je einen Schülernamen. Kleben Sie jeder Person einen Zettel auf die Körpervorderseite. Stellen Sie die Personen nach den Tabellen Wahlkurs und Schueler in Gruppen zusammen.

a Simulieren Sie mit der Schnur das kartesische Produkt, indem die Personen die Schnüre in der Hand halten.

b Stellen Sie anschließend den Verbund dar, indem Sie gemeinsam überlegen, welche Schnüre fallen gelassen werden müssen. Gehen Sie davon aus, dass jeder nur einen Wahlkurs belegen darf.

3 Kartesisches Produkt unter der Lupe

Das kartesische Produkt ist ein Begriff aus der mathematischen Mengenlehre.

schueler_nr	name	vorname	kurswahl
4347653	Elmann	Heinz	Big Band
4357451	Diener	Bernhard	Big Band
5643611	Nette	Marion	Bouldern
...	...	...	...

name	ort	lehrer
Bigband	Musiksaal	Fr. Kluge
Bouldern	Turnhalle 1	Hr. Schlaukopf
...	...	...

Auf Datenbanktabellen übertragen ist jede Tabelle eine Menge. Die Datensätze der Tabelle sind die Elemente der Mengen.

a Schreiben Sie das kartesische Produkt für folgende Mengen in Form einer Tabelle auf:
Vorspeise = {Bärlauchsuppe, Rindercarpaccio, Salat}
Hauptspeise = {Süßkartoffelgulasch, Zanderfilet, Burger}

b Erklären Sie, in welchem Kontext das kartesische Produkt aus a) sinnvoll ist.

c Finden Sie ein weiteres Beispiel aus Ihrem Alltag für zwei Mengen, deren kartesisches Produkt im Kontext Sinn ergibt.

d Das kartesische Produkt kann auch aus mehr als zwei Tabellen gebildet werden. Führen Sie zu zweit die folgende Abfrage aus und erklären Sie sich gegenseitig, wie das kartesische Produkt aus drei Tabellen gebildet wird. Geben Sie die Rechnung an, mit welcher die Anzahl der Zeilen der Ergebnistabelle ermittelt werden kann.

```
SELECT *
FROM   Song, Playlist, Song_in_Playlist
```

e Die in d) verwendeten Tabellen sind Dummy-Tabellen mit wenigen Einträgen. Erklären Sie, warum die Abfrage unter Umständen länger dauern könnte, wenn die Tabellen jeweils mehrere 1000 Datensätze enthalten.

f Für Schnelle: Die Kombination der Tabellen wie in d) ergibt keinen Sinn. Formulieren Sie eine Bedingung, mit welcher die Abfrage sinnvoll wird.

4 Syntax vs. Semantik

Emma behauptet, folgende Abfragen können ausgeführt werden und seien daher richtig. Julius hält dagegen, die Abfragen sind unsinnig und deshalb falsch. Lösen Sie den Streit auf: Überprüfen Sie zunächst, ob die Abfragen korrekt ausgeführt werden können (syntaktische Korrektheit). Überlegen Sie anschließend, warum die Abfragen keinen Sinn ergeben, und geben Sie an, wie sie verändert werden müssten (semantische Korrektheit).

a
```
SELECT *
FROM   Fluggesellschaft, Flug
```

b
```
SELECT schluessel, id
FROM   Gemeinde, Zoo
WHERE  Gemeinde.name = Zoo.name
```

5 Forschungsauftrag: Warum soll ich die gleiche Tabelle mehrmals angeben?

Manche Fragestellungen an Datenbestände lassen sich nur beantworten, wenn man die gleiche Tabelle mehrmals in der Abfrage angibt.

a Die Tabelle Schwimmbad hat 1601 Zeilen und 8 Spalten. Überlegen Sie sich zunächst für folgende Abfrage, welche Spalten und wie viele Zeilen die Ergebnistabelle hat. Überprüfen Sie Ihre Vermutungen, indem Sie die Abfrage anschließend ausprobieren.

```
SELECT *
FROM   Schwimmbad AS s1, Schwimmbad AS s2
```

b Analysieren Sie folgende Abfrage und beschreiben Sie, welches Ziel damit erreicht werden soll.

```
SELECT *
FROM   Schwimmbad AS s1, Schwimmbad AS s2
WHERE  ABS(s1.breitengrad - s2.breitengrad) < 0.08
   AND ABS(s1.laengengrad - s2.laengengrad) < 0.08
   AND s1.id = 549
```

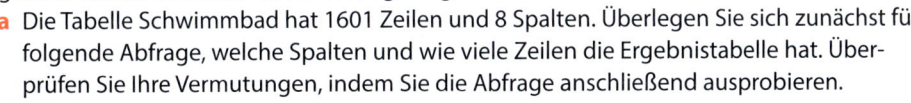

> Mit ABS kann der (Absolut-)Betrag ermittelt werden. Bsp.:
> ABS(-3) = 3

c Führen Sie die Abfrage aus und verändern Sie dann den Vergleichswert für die Differenz der Koordinaten nach unten und oben: Wie groß muss der Wert mindestens sein, damit ein weiteres Schwimmbad in der Ergebnistabelle erscheint? Wie groß darf der Wert maximal sein, damit nicht mehr als zehn weitere Schwimmbäder angezeigt werden?

d Finden Sie die Ortskoordinaten Ihres aktuellen Standortes heraus. Ermitteln Sie anschließend mit einer Abfrage einen Freizeitpark in Ihrer Nähe.

1.8 Daten modellieren: Objekte und ihre Beziehungen

Folgende Liste zeigt die Schulsanitätsdienste am John-von-Neumann-Gymnasium:

name	vorname	klasse	einsatzart	tag	beginn	ende	taschen_id	geprueft_am
Müller	Martha	10b	Regeldienst	10.09.	8:00	13:30		
Müller	Martha	10b	Gottesdienst	17.09.	8:00	9:00	2	05.09.
Müller	Martha	10b	Sportfest	25.09.	11:30	13:30	1	05.09.
Alles	Erkan	9d	Regeldienst	11.09.	8:00	13:30		
Alles	Erkan	9d	Gottesdienst	17.09.	8:00	9:00	2	05.09.
...	...	...	...	...	...	...	...	...

> Grundlagen der Objektorientierten Modellierung finden Sie auf Seite 18.

a Zeichnen Sie mit den Informationen aus der Tabelle eine Objektkarte für den Sanitäter Erkan. Ergänzen Sie ein weiteres Attribut, das im Kontext des Sanitätsdienstes wichtig sein könnte.

b Martha schlägt vor, die Dienste zukünftig in der Teamsitzung über Karteikarten an einer Magnetwand zu planen, weil man die Karten leichter „hin- und herschieben" kann. Strukturieren Sie die Information aus der Tabelle in Objektkarten so, dass auf der Magnetwand ein kurzfristiger Tausch von Einsätzen ohne „Schreibarbeit" leicht angezeigt werden kann. Visualisieren Sie Beziehungen der Objekte durch Verbindungslinien.

c Diskutieren Sie zu zweit Vor- und Nachteile der beiden Darstellungen: tabellarische Liste im Gegensatz zu Objektkarten mit Verbindungslinien.

Daten eines Sportvereins

Der Sportverein Infohausen bietet seinen knapp 2000 Mitgliedern Trainingsmöglichkeiten in über 100 Sportgruppen an. Die Gruppen sind jeweils einer Abteilung zugeordnet, um einerseits unterschiedliche Mitgliedsbeiträge erheben zu können und andererseits konkrete Ansprechpartner zu haben. Folgende Tabelle ist ein kleiner Ausschnitt der Mitgliederverwaltung des Vereins:

vorname	name	strasse	nr	plz	...	sportart	beitrag	...	gruppe	trainer	...
Martha	Pfahl	Sandstr.	5	84242	...	Volleyball	7,00	...	U16_w	Haudrauf	...
Martha	Pfahl	Sandstr.	5	84242	...	Volleyball	7,00	...	Beach	Flieg	...
Axel	Schweiß	Fliederweg	10	84242	...	Volleyball	7,00	...	Beach	Flieg	...
Axel	Schweiß	Fliederweg	10	84242	...	Turnen	9,00	...	Parkour	Spring	...
...	...	...	...	...	...	...	...	...	...	...	...

> → redundant:
> lat. überreichlich;
> Redundanz:
> lat. Überfluss

Trainiert ein Mitglied in mehreren Gruppen, werden in einer solchen Tabelle sowohl Adressdaten als auch Sportartinformationen mehrfach gespeichert. Diese Mehrfachspeicherung, → **Redundanz** genannt, ist in Datenbanken unerwünscht, da Speicherplatz verschwendet wird und z. B. Änderungen der Anschrift in allen Datensätzen der Person korrigiert werden müssen.

> Sollte nicht jede Tabellenzeile einem Objekt entsprechen? Dann reicht aber eine Tabelle nicht!

Informationen objektorientiert strukturieren

Redundanz lässt sich weitgehend durch eine gute Datenmodellierung vermeiden: Zunächst identifiziert man relevante Objekte und Attribute (siehe Objektkarten). Beziehungen der Objekte werden in einem Objektdiagramm durch Verbindungslinien dargestellt. Es kann hilfreich sein, die Beziehungen zu beschriften.

Sportgruppe21

name = "U16_w"
trainer = "Haudrauf"
…

Abteilung1

sportart = "Volleyball"
beitrag = 7,00
…

Mitglied101

vorname = "Martha"
name = "Pfahl"
strasse = "Sandstr."
…

Das folgende Objektdiagramm zeigt einen sehr kleinen Ausschnitt des Vereins:

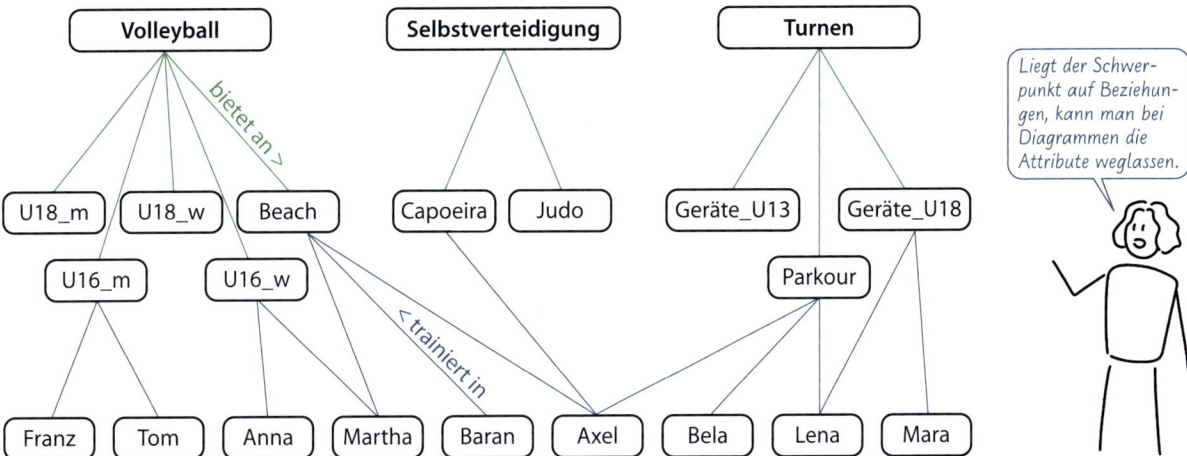

Liegt der Schwerpunkt auf Beziehungen, kann man bei Diagrammen die Attribute weglassen.

Beziehungstypen mit Kardinalitäten festlegen

Vollständige Objektdiagramme werden bei großen Datenbeständen schnell unübersichtlich. Zur Visualisierung der Struktur der Daten ist ein Klassendiagramm geeigneter. Zusammenhänge wie „Eine Abteilung bietet keine, eine oder mehrere Gruppen an." werden dabei als **Beziehungen** eingezeichnet:

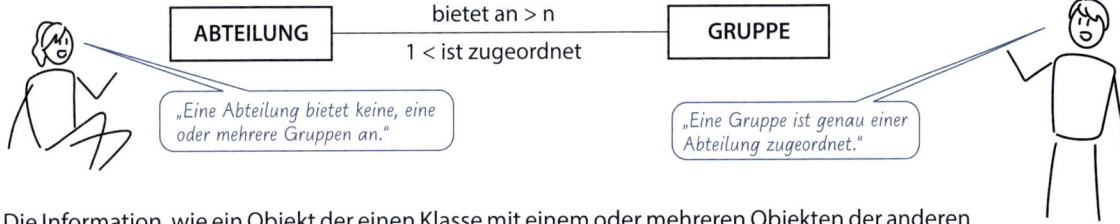

Die Information, wie ein Objekt der einen Klasse mit einem oder mehreren Objekten der anderen Klasse verbunden ist, ist wichtig. Deshalb muss die Beziehungslinie im Klassendiagramm in beide Richtungen mit folgenden drei Informationen beschriftet werden:

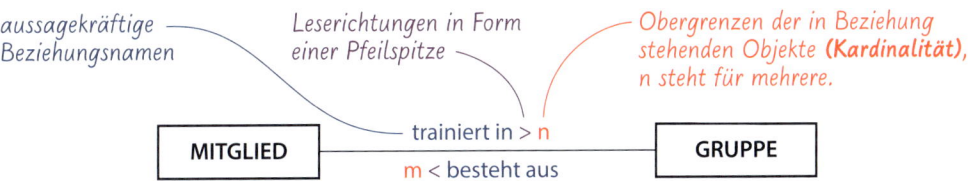

Für das Erstellen von Tabellenschemata ist es wichtig, ob ein Objekt mit einem oder mehreren Objekten in Beziehung steht. Darum werden bei der → **Kardinalität** drei grundlegende Typen unterschieden. In Kurzform werden diese Typen wie folgt genannt:

- 1 : 1
- 1 : n
- n : m

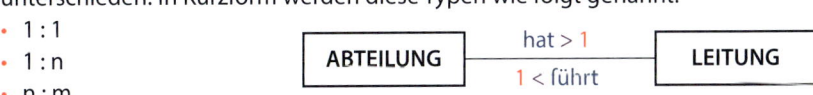

→ numerus cardinalis: spätlateinisch Grundzahlen – gemeint sind damit natürliche Zahlen

Die Umsetzung der Beziehungstypen ist Thema der nächsten beiden Kapitel!

Redundanz bezeichnet die Mehrfachspeicherung von Daten. In Datenbanken sollte Redundanz durch eine gute Datenmodellierung vermieden werden.

Verbindungslinien im Klassendiagramm modellieren **Beziehungen** zwischen Objekten dieser Klassen. Jede Beziehung wird in beiden Richtungen mit einem aussagekräftigen Namen, der Leserichtung und der **Kardinalität** beschrieben. Wichtige Beziehungstypen sind 1:1, 1:n und n:m.

Aufgaben

1 Bücher

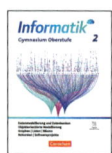

a Nennen Sie zwei Bücher Ihrer Lieblingsautorin bzw. Ihres Lieblingsautors.
Nennen Sie ein Buch, das von einem Autorenteam geschrieben wurde (z. B. dieses Schulbuch). Stellen Sie beide Ergebnisse als Objektdiagramm dar.

b Zeichnen Sie ein Klassendiagramm mit den Beziehungen der Klassen BUCH, AUTOR und VERLAG. Achten Sie auf beide Leserichtungen und drei wesentliche Attribute pro Klasse.

2 Beziehungen bei einer Schulverwaltung

In den folgenden Teilaufgaben sind jeweils zwei Klassen angegeben. Notieren Sie im Klassendiagramm jeweils die Beziehung und die Kardinalität in beiden Leserichtungen. Zeichnen Sie nicht für jede Teilaufgabe separat, sondern ergänzen Sie Ihr Diagramm fortlaufend.

a SCHUELER–SCHULKLASSE **b** RAUM–SCHULKLASSE

c SCHULKLASSE–LEHRKRAFT **d** SCHULE–HAUSMEISTER

e Begründen Sie, warum die Schulleitung nicht als eigene Klasse, sondern in Form einer Beziehung modelliert werden kann.

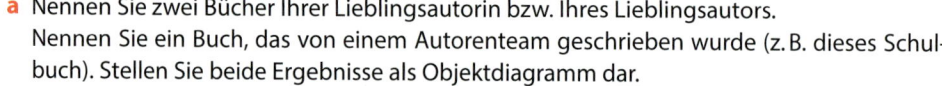

SCHULE	hat als Schulleitung > 1	LEHRKRAFT
	0..1 < ist Schulleiter von	
	beschäftigt > n	
	1 < unterrichtet in	

f Ergänzen Sie im Diagramm Klassensprecher und Klassenleitung.

g Suchen Sie sich einen anderen Kontext als Schule mit Objektbeziehungen unterschiedlicher Typen (1:1, 1:n und n:m). Zeichnen Sie dazu ein Klassendiagramm.

3 Kardinalität genauer betrachtet

Die im Lehrtext beschriebene Kardinalität „n" legt nur fest, dass ein Objekt mit keinem, einem oder mehreren Objekten in Beziehung steht. Man erhält aber keine Information über die konkrete Anzahl.

In vielen Situationen gibt es eine genau festgelegte Minimal- bzw. Maximalzahl. Beispielsweise hat eine Abteilung eine oder zwei Leitungen (da es eine Stellvertretung geben kann) und jede Leitung führt genau eine Abteilung. Dies lässt sich auch in einem Klassendiagramm mit der Notation min..max eintragen:

MITGLIED	trainiert in > 0..n	GRUPPE		ABTEILUNG	hat > 1..2	LEITUNG
	6..30 < besteht aus				1..1 < führt	

a Begründen Sie die Kardinalitäten der Beziehung zwischen MITGLIED und GRUPPE.

b Begründen Sie, warum es sein kann, dass ein Sportvereinsmitglied in keiner Gruppe trainiert.

c Verwenden Sie die min..max-Notation bei zwei Beispielen aus Aufgabe 2 und begründen Sie jeweils die Minimal- bzw. Maximalzahl.

d Erklären Sie den Unterschied zwischen 0..1 und 1..1 jeweils anhand eines Beispiels.

e Überlegen Sie sich ein Beispiel, bei dem die genaue Angabe der Kardinalität wichtig ist. Zeichnen Sie das Klassendiagramm dazu und begründen Sie die Wahl der Kardinalitäten.

4 Redundanzen erkennen und entfernen

Folgende Tabelle ist Teil der Buchhaltung eines kleinen Buchladens.

vorname	name	e_mail	art_nr	art_typ	titel	preis	...	datum	zahlungsform
Gerd	Nehr	g.nehr@beispiel.de	11235	DVD	Karate Kid	5,99	...	21.10.	Rechnung
Wilma	Ruhe	wilma@beispiel.de	11235	DVD	Karate Kid	5,99	...	29.10.	Kreditkarte
Wilma	Ruhe	wilma@beispiel.de	35813	Buch	Löcher	8,99	...	29.10.	Kreditkarte
Gerd	Nehr	g.nehr@beispiel.de	81321	Buch	Charité	12,99	...	13.11.	Rechnung
Wilma	Ruhe	wilma@beispiel.de	89144	Shirt	Helden	17,99	...	15.11.	Kreditkarte
...	...	...	...	...	...	...	...	...	...

a Benennen Sie Redundanzen, die auftreten.

b Identifizieren Sie Objekte und stellen Sie sie in einem Objektdiagramm (ohne Attribute) mit Beziehungen dar.

c Zeichnen Sie ein passendes Klassendiagramm (mit Attributen). Achten Sie auf die vollständige Beschriftung der Beziehungen.

5 Räume mit rekursiver Beziehung

In Exit-Games bzw. Adventure-Spielen gibt es mehrere Räume, in denen man verschiedene Rätsel lösen muss. Wichtig zur Lösung sind „Gegenstände" wie eine Lampe, Bilder usw., die man aber zuerst suchen muss. Folgendes Klassendiagramm modelliert einen Teil eines solchen Spiels.

a Nennen Sie die fehlenden Bestandteile der Beziehungen.

b Eine Freundin fragt über einen Chat nach den Beziehungen zwischen den Klassen. Schreiben Sie ihr für jede Beziehungsrichtung einen Satz als Antwort.

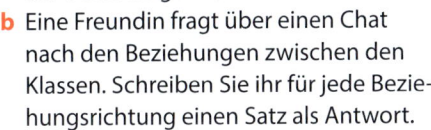

c Die Beziehung „grenzt an" nennt man rekursiv, weil Objekte mit Objekten der gleichen Klasse verbunden sind. Zeichnen Sie mindestens ein weiteres Beispiel von rekursiven Beziehungen.

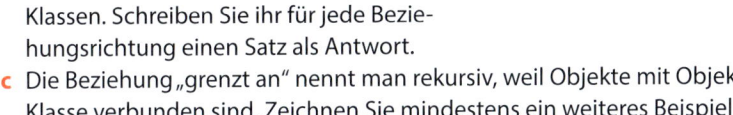

6 Flüsse

a Beschreiben Sie in Worten zur Klasse FLUSS je eine Beziehung mit der Kardinalität 1:n und n:m.

b Zeichnen Sie ein Klassendiagramm mit einer rekursiven Beziehung der Klasse FLUSS.

7 Forschungsauftrag: Vorteilhafte Redundanz

Datensicherheit hat das Ziel, alle Arten von Daten vor Verlust, widerrechtlicher Weitergabe und Manipulation zu schützen.

a Nennen Sie zwei Gefahren, die zum Verlust von Daten auf Ihrem Computer bzw. Handy führen können, und eine mögliche Ursache für die Manipulation von Daten.

b Nennen Sie eine Schutzmaßnahme vor Datenverlust, die Sie selbst treffen können. In welchem zeitlichen Intervall führen Sie diese Schutzmaßnahme durch?

c Begründen Sie, warum durch ein → Back-up eine Redundanz entsteht, diese aber sinnvoll ist.

→ back-up: englisch unterstützen, hier übertragen: Sicherungskopie

Einschub: Entity-Relationship-Modell

Durch ein Entity-Relationship-Modell (kurz ER-Modell) können Objekte (Entitäten) und ihre Beziehungen analysiert und dargestellt werden. Ein ER-Modell besteht aus Entitätstypen (Klassen, die die relevanten Objekte klassifizieren) und beschreibt die Beziehungen. Die ER-Modellierung wurde 1976 von Peter Chen zum Entwurf von relationalen Datenbanken entwickelt.

Chen-Notation

Bis heute wird insbesondere in Vorlesungen zum Thema Datenbanken die nach dem Erfinder der ER-Modellierung benannte Chen-Notation verwendet. Dabei werden Entities (Klassen) in Rechtecken dargestellt, Attribute in Ellipsen und Beziehungen in Rauten. Das Beispiel modelliert einen Ausschnitt aus einer Filmdatenbank.

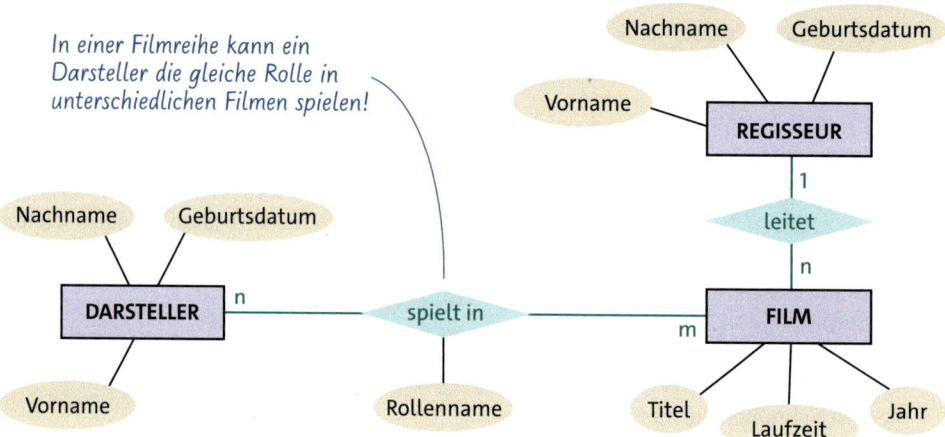

Problematisch ist dabei insbesondere, dass auch Beziehungen Attribute haben können; die Modellierung und auch die anschließende Umsetzung ist dadurch nicht eindeutig, da solche Beziehungen (wie „spielt in" im obigen Diagramm) auch als Entities aufgefasst werden können:

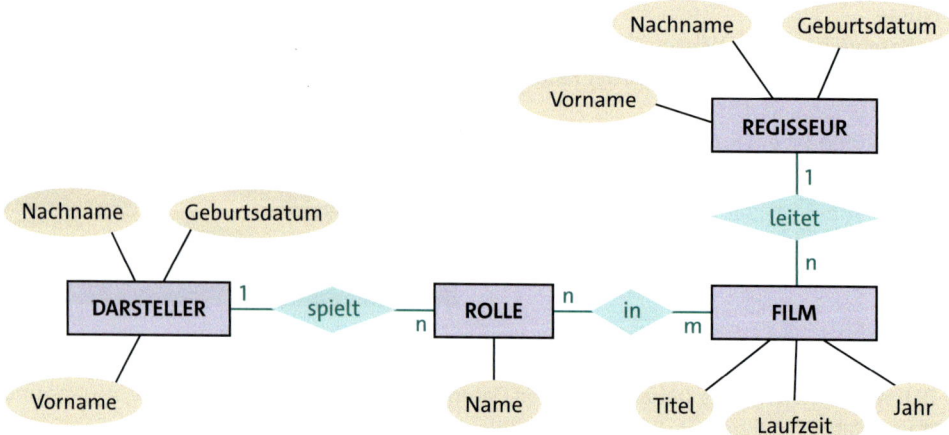

Daneben ist die große Anzahl an Grafikobjekten ungünstig, da sie die Darstellung unübersichtlich machen und auch den Aufwand bei der Erstellung erhöhen. Bedingt durch diese beiden Schwächen hat sich eine Fülle alternativer Notationen für Entity-Relationship-Modelle entwickelt, von denen nun zwei vorgestellt werden:

Krähenfuß-Notation

Die Notation hat ihren Namen von der besonders einprägsamen Darstellung der Kardinalität am Ende der Beziehungslinie:

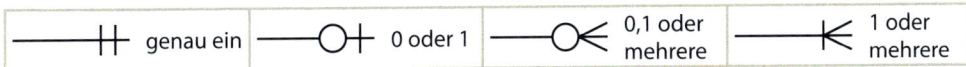

| genau ein | 0 oder 1 | 0,1 oder mehrere | 1 oder mehrere |

Wie bei anderen Varianten der Chen-Notation werden die Attribute in einem Rechteck unterhalb des Klassennamen notiert. Die obige Situation wird in der Krähenfuß-Notation so dargestellt:

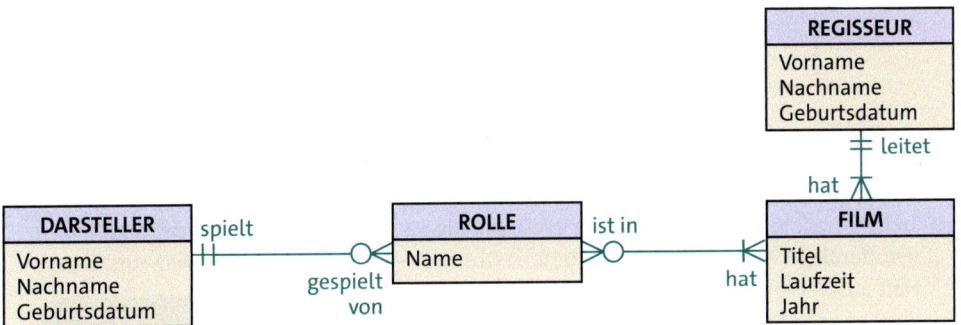

UML-Notation

In diesem Buch werden Klassendiagramme zur Darstellung von ER-Modellen verwendet. Diese sind Teil der standardisierten → Unified Modeling Language (kurz UML). Klassendiagramme werden in der Wirtschaft häufig eingesetzt. Ein Grund dafür ist, dass eine Datenbank häufig als Backend eines Programms dient, das objektorientiert in einem Klassendiagramm entwickelt wird und die Verwendung unterschiedlicher Modellierungstechniken zu Mehraufwand und Inkonsistenzen führen kann.

> vereinheitlichte Modellierungssprache
→ 2

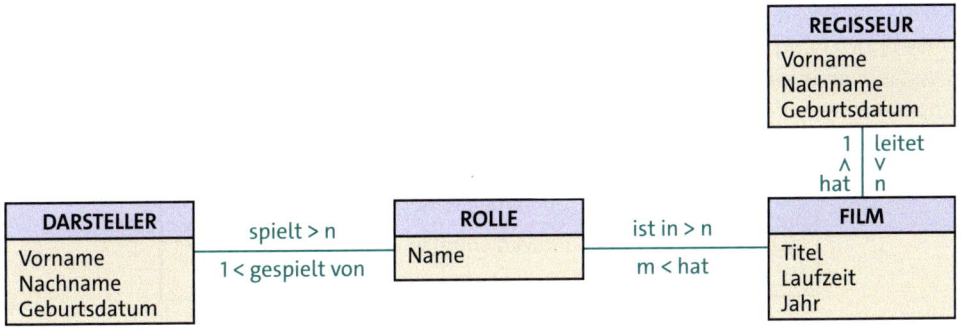

Aufgabe

1 Darstellungen für Entity-Relationship-Modelle

Eine Schulklasse besteht aus mehreren Schülerinnen und Schülern und wird in verschiedenen Fächern von Lehrkräften unterrichtet.

a Modellieren Sie die beschriebene Situation in den verschiedenen grafischen Darstellungsformen. Ergänzen Sie jeweils passende Attribute.

b Diskutieren Sie am Beispiel Vor- und Nachteile der verschiedenen Notationen.

c Zeigen Sie am Beispiel, dass die Chen-Notation nicht eindeutig ist.

d Für Schnelle: Recherchieren Sie weitere Notationen für ER-Modelle (z. B. IDEF1X, Min-Max) und präsentieren Sie diese in Ihrem Kurs.

1.9 Die 1:n-Beziehung umsetzen: Fremdschlüssel

Die AG Schülerzeitung des John-von-Neumann-Gymnasiums plant demnächst auch eine Onlineversion ihrer Zeitung zu veröffentlichen. Dabei soll eine Datenbank nach folgendem objektorientierten Modell zum Einsatz kommen:

AUTOR	verfasst > n	ARTIKEL
benutzerkennung name klasse	1 < ist geschrieben von	titel datum inhalt

a Legen Sie in einer Datenbank die Tabellen Autor und Artikel an, indem Sie für jedes Attribut eine entsprechende Tabellenspalte mit geeignetem Datentyp vorsehen und für jede Tabelle einen geeigneten Primärschlüssel festlegen.

b Tragen Sie folgende Beispieldaten in die Tabellen aus a) ein: Bill Iger aus der Klasse 7A veröffentlicht eine dreiteilige Artikelserie über das Angebot des Pausenverkaufs, Ernst Haft aus der Klasse 9B schreibt über zwei neue Lehrkräfte jeweils ein Portrait. Ergänzen Sie fehlende Daten sinnvoll (Werte zum Attribut inhalt müssen nicht gesetzt werden).

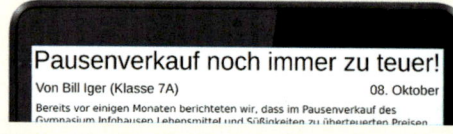

Pausenverkauf noch immer zu teuer!
Von Bill Iger (Klasse 7A) 08. Oktober
Bereits vor einigen Monaten berichteten wir, dass im Pausenverkauf des Gymnasium Infohausen Lebensmittel und Süßigkeiten zu überteuerten Preisen

c Bei jedem Artikel soll stets angegeben sein, von wem der Artikel verfasst wurde. Erklären Sie, warum dies mit der aktuellen Tabellenstruktur nicht umsetzbar ist.

d Erweitern Sie die Tabellenstruktur so, dass das Problem aus c) gelöst wird und zu jedem Artikel angegeben werden kann, wer ihn verfasst hat.

Vom Klassendiagramm zum Tabellenschema

Für die Erforschung der Erderwärmung werden die Messwerte weltweit fest installierter Wettermessstationen in einer Datenbank gesammelt. Ein Klassendiagramm für die Verwaltung dieser Temperaturmessungen könnte dabei wie folgt aussehen:

MESSSTATION	erfasst > n	MESSWERT
ort betreiber	1 < wird erhoben von	temperatur zeitstempel

Ein Zeitstempel besteht in der Regel aus Datum und Uhrzeit und beschreibt somit, wann ein Messwert erfasst wurde.

Legt man zwei Tabellen mit den im Klassendiagramm genannten Attributen als Spalten und je einem künstlichen Schlüssel an, können zwar Messstationen und Messwerte eingetragen werden, die im Klassendiagramm durch die 1:n-Beziehung angegebene Zuordnung von Messstationen und Messwerten bleibt aber unklar. Beziehungen im Klassendiagramm müssen deshalb auch bei der Umsetzung ins Tabellenschema berücksichtigt werden.

Messwert		
id	**temperatur**	**zeitstempel**
134	23.4	2023-07-12 08:00
137	22.7	2023-07-12 08:00
158	21.0	2023-07-12 08:10
...	...	...

Messstation		
id	**ort**	**betreiber**
35	Infohausen West	DWD
36	Infohausen Ost	DWD
...	...	...

Von welcher Messstation stammen die Messwerte?

Ein Fremdschlüssel stellt die Verbindung her

Um jeden Messwert einer Messstation zuordnen zu können, muss in einer zusätzlichen Spalte der Tabelle Messwert festgehalten werden, von welcher Station ein Messwerteintrag stammt. Die jeweilige Messstation muss dabei eindeutig identifiziert werden können. Dazu bietet es sich an, den Primärschlüssel aus der Tabelle Messstation zu verwenden, da dieser per Definition für jede Messstation eindeutig ist.

Messwert				Messstation		
id	temperatur	zeitstempel	station_id	id	ort	betreiber
134	23.4	2020-07-12 08:00	35	35	Infohausen West	DWD
137	22.7	2020-07-12 08:00	36	36	Infohausen Ost	DWD
158	21.0	2020-07-12 08:10	36	...	...	...
...	...	...	...			

Im Tabellenschema wird dies wie folgt dargestellt:

Messwert (<u>id</u>, temperatur, zeitstempel, station_id)   Messstation (<u>id</u>, ort, betreiber)

Die gestrichelte Unterstreichung von station_id kennzeichnet dabei, dass die Werte in dieser Spalte auf die Primärschlüsselwerte einer anderen Tabelle verweisen. Die Spalte station_id in der Tabelle Messwert wird daher auch **Fremdschlüssel** genannt und besitzt den gleichen Datentyp wie der Primärschlüssel, auf den sie verweist.

Den Fremdschlüssel in der richtigen Tabelle ergänzen

Der Primärschlüssel von Messstation wurde als Fremdschlüssel in die Tabelle Messwert eingetragen. Andersherum wäre die Umsetzung der Beziehung auch gar nicht möglich gewesen: Da zu einer Messstation viele Messwerte gehören, müsste man mehrere Messwert-IDs in nur einen Datensatz der Tabelle Messstation eintragen:

Messwert			Messstation			
id	temperatur	zeitstempel	id	ort	betreiber	messwert_id
134	23.4	2020-07-12 08:00	35	Infohausen West	DWD	134
137	22.7	2020-07-12 08:00	36	Infohausen Ost	DWD	137 | 158
158	21.0	2020-07-12 08:10	...	...	...	...
...	...	...				

In Datenbanken werden Werte **atomar** gespeichert, d.h. jeder Eintrag ist unteilbar.

Dies ist aber nicht erlaubt, da in Zellen mit Datentyp ZAHL nur eine einzige Zahl stehen darf. Bei 1:n-Beziehungen gilt deshalb allgemein: Der Schlüssel der „1-Seite" wird als Fremdschlüssel auf der „n-Seite" eingefügt.

Existiert im objektorientierten Datenmodell eine 1:n-Beziehung, wird im Tabellenschema der Primärschlüssel von der „1-Seite" der Beziehung in der Tabelle der „n-Seite" als sogenannter **Fremdschlüssel** hinzugefügt:

Messstation(<u>id</u>, ort, betreiber)
Messwert(<u>id</u>, temperatur, zeitstempel, **station_id**)

MESSSTATION	erfasst > **n**	MESSWERT
	1 < wird erhoben von	

Im relationalen Tabellenschema werden Fremdschlüsselspalten durch eine gestrichelte Unterstreichung gekennzeichnet.

Aufgaben

 **1 Soziales Netzwerk**

Auf der Online-Plattform *Facepalm* kann man eigene Fotos veröffentlichen. Dafür muss man sich zunächst auf der Plattform mit seinem Namen, einer gültigen E-Mail-Adresse und seinem Geburtsdatum registrieren. Beim Login werden die Nutzerinnen und Nutzer dann über ihre E-Mail-Adresse identifiziert. Veröffentlichte Fotos besitzen einen eindeutigen Dateinamen, einen Titel sowie eine kurze Bildunterschrift und können von anderen kommentiert werden. Neben dem Kommentartext wird dabei auch ein Zeitstempel gespeichert, um die Kommentare in chronologischer Reihenfolge anzeigen zu können. Alle diese Informationen sollen in einer Datenbank verwaltet werden.

a Zeichnen Sie das Klassendiagramm für ein objektorientiertes Datenmodell, welches die oben genannten Anforderungen erfüllt.

b Erstellen Sie ein passendes relationales Tabellenschema und kennzeichnen Sie Primär- und Fremdschlüssel entsprechend.

c Skizzieren Sie einen Tabellenausschnitt ähnlich zur Abbildung Seite 47 oben für folgendes Beispielszenario: Ein Nutzer veröffentlicht ein Foto auf der Online-Plattform, welches daraufhin von zwei anderen Nutzerinnen kommentiert wird.

d Für Schnelle: Formulieren Sie eine SQL-Abfrage, mittels welcher alle Kommentare (Kommentartexte) für das in c) verwendete Foto zusammen mit den Namen ihrer Autorinnen in chronologisch aufsteigender Reihenfolge ausgegeben werden können.

 2 Webshop

Neben dem Abwickeln von Bestellungen sollte ein guter Webshop auch ein Kontaktmanagement bieten, das es Kundinnen und Kunden erlaubt, Nachrichten mit Beschwerden oder Rückfragen zu verfassen. Dazu wird eilig eine Tabellenstruktur angelegt, ohne vorher die Datenbankexpertin der Firma um Rat zu fragen:

Nachricht (id, datum, betreff, inhalt)

Kunde (kundennummer, name, e-mail, nachricht_id)

In der Erprobungsphase kommt es jedoch wiederholt zu Problemen: Schickt ein Kunde zwei Nachrichten, so erscheint danach nur die zweite Nachricht in seinem Kundenkonto, obwohl die Tabelle Nachricht beide Nachrichten enthält.

a Erklären Sie, wie es zu diesem Problem kommt.

b Als die Datenbankexpertin von den Problemen hört, behauptet sie, dass diese bei einer sauberen Modellierung nicht aufgetreten wären. Zeichnen Sie selbst ein Klassendiagramm für die Klassen NACHRICHT und KUNDE mit einer geeigneten Beziehung.

c Wandeln Sie das Klassendiagramm aus b) in ein Tabellenschema um und vergleichen Sie es mit dem oben gezeigten Tabellenschema.

  3 1:n-Beziehungen umsetzen

a Erklären Sie an einem selbst gewählten Beispiel, wie man eine 1:n-Beziehung in einer Datenbank umsetzt.

b Begründen Sie knapp, warum Fremdschlüsselspalte(n) und zugehörige Primärschlüsselspalte(n) im Datentyp übereinstimmen müssen.

4 Atomare Werte

In der Sprechblase auf Seite 47 steht „In Datenbanken werden Werte atomar gespeichert, …".

a Nennen Sie (gern auch mit einer kurzen Recherche) die Wortbedeutung von „atomar". In welchen Wissenschaften wird diese Wortbedeutung auch verwendet? Nennen Sie ein Beispiel und erklären Sie daran den Zusammenhang zur Wortbedeutung.

b Ist der Wert „Anna Sophie" in einer Spalte „vorname" ein atomarer Eintrag? Diskutieren Sie zwei Sichtweisen.

c Bei Online-Registrierungen gibt es manchmal ein Eingabefeld für Straße und Hausnummer, manchmal zwei getrennte. Offensichtlich gibt es hier unterschiedliche Vorstellungen von „atomar". Nennen Sie jeweils einen Anwendungsfall, der die unterschiedliche Sicht begründet.

5 Abteilungsleitungen und ihre Stellvertretung

Im Klassendiagramm ist die Beziehung zwischen den Klassen ABTEILUNG und LEITUNG modelliert (vgl. Seite 42, Aufgabe 3).

a Begründen Sie knapp, dass es sich um eine 1:n-Beziehung handelt.

b Überführen Sie die beiden Klassen in Tabellen mit selbst erfundenen Datensätzen. Mindestens zwei Abteilungen müssen enthalten sein. Pro Klasse können Sie sich auf zwei wesentliche Attribute beschränken.

c Kennzeichnen Sie über Farbe (Linien, Markierung) die Beziehung der Datensätze.

d Die Kardinalitäten im Klassendiagramm sind in der min..max-Notation angegeben. Erklären Sie knapp anhand Ihrer bisherigen Ergebnisse, welche Konsequenzen sich daraus für die Datensätze ergeben.

e Für Schnelle: In Datenbanksystemen ist es nicht ohne Weiteres möglich, eine Obergrenze von (verknüpften) Datensätzen festzulegen. Die Obergrenze kann aber mittels einer Methode im Frontend zur Datenbank gesichert werden.

  i Geben Sie die SQL-Abfrage an, die für die Abteilung „Kundenservice" (mit der ID 12, falls Sie als Primärschlüssel eine ID verwenden) die Anzahl der bisher eingetragenen Abteilungsleitungen ausgibt.

  ii Nennen Sie die Kontrollstruktur, die in der Methode verwendet werden muss, um mehr als zwei Einträge zu verhindern. Notieren Sie in Ihrer Programmiersprache die erste Zeile dieser Kontrollstruktur für das Eintragen einer neuen Abteilungsleitung.

6 Die 1:1-Beziehung

Personalabteilungen in größeren Unternehmen nutzen meist eine Datenbank für die Personalakten ihrer Mitarbeiterinnen und Mitarbeiter.

Erhalten diese einen Dienstwagen für regelmäßige Kundenbesuche, so wird auch dies dort verwaltet. Insgesamt ergibt sich das abgebildete Klassendiagramm.

a Die hier vorliegende Beziehung kann als 1:1-Beziehung klassifiziert werden. Diese lassen sich auf ähnliche Weise im relationalen Tabellenschema umsetzen wie 1:n-Beziehungen. Bei der Wahl des Fremdschlüssels gibt es jedoch eine Besonderheit. Formulieren Sie eine allgemeine Regel für die Umsetzung von 1:1-Beziehungen im Tabellenschema und erklären Sie sie beispielhaft anhand der Klassen MITARBEITER und DIENSTWAGEN.

b Im Unterschied zu anderen Beziehungstypen ist es bei 1:1-Beziehungen auch möglich, die Attribute aus beiden beteiligten Klassen in einer gemeinsamen Tabelle zusammenzufassen. Zeichnen Sie ein entsprechendes Tabellenschema mit nur einer Tabelle für die Klassen MITARBEITER und DIENSTWAGEN und überlegen Sie sich einen geeigneten Primärschlüssel.

c Erörtern Sie jeweils, ob die Umsetzungsvariante aus a) oder b) besser geeignet ist, falls:

  i in der Firma nur wenige Beschäftigte einen Dienstwagen haben.

  ii die meisten Mitarbeiterinnen und Mitarbeiter einen Dienstwagen haben.

 **7 Flugverspätungen**

Das amerikanische *Department of Transportation* erhebt bereits seit 1987 Daten zu mittlerweile über 100 Millionen Flügen, wobei jeweils festgehalten wird, ob ein Flug verspätet war oder ausgefallen ist. Um die erhobenen Daten zu speichern, kann eine Datenbank nach folgendem objektorientierten Modell verwendet werden:

FLUG	n < führt durch	FLUGGESELLSCHAFT
datum, flugnr, flugzeug, distanz, abflugzeit_geplant, abflugzeit_tatsaechlich, ankunftszeit_geplant, ankunftszeit_tatsaechlich, ausgefallen_wegen	wird durchgeführt von > 1 / n < ist Startflughafen von / startet auf > 1 / n < ist Zielflughafen von / endet auf > 1	name, abkuerzung / FLUGHAFEN: land, ort, name

a Flughäfen können durch die Angabe von Land, Ort und Name eindeutig identifiziert werden. Erläutern Sie, weshalb es in diesem Fall dennoch sinnvoller ist, für die Tabelle Flughafen einen künstlichen Primärschlüssel zu verwenden.

 b Erstellen Sie ein relationales Tabellenschema (ohne Datentypen) basierend auf dem abgebildeten Klassendiagramm. Analysieren Sie anschließend den Aufbau der Datenbank Flugverspaetungen am Computer und vergleichen Sie deren Struktur mit Ihrem Tabellenschema.

c Soll in einer SQL-Abfrage eine Tabelle mehrmals genutzt werden, z. B. als Teil verschiedener Verbund-Bedingungen, so müssen der Tabelle mittels des Schlüsselwortes AS verschiedene Platzhalternamen zugewiesen werden, z. B.:

`FROM Flughafen AS start, Flughafen AS ziel`

Formulieren Sie auf diese Weise eine SQL-Abfrage, welche eine alphabetisch aufsteigend sortierte Liste aller Städte erzeugt (ohne doppelte Einträge), die laut Datenbank von Flughäfen in „Washington, DC" aus angeflogen wurden.

d Mittels einer Datenbankabfrage sollen die Namen aller Fluggesellschaften ermittelt werden, die Flüge von Deutschland in die USA durchgeführt haben. Formulieren Sie die passende SQL-Abfrage und erklären Sie, weshalb hierfür insgesamt drei Verbund-Bedingungen benötigt werden.

8 Ladestationen für Elektroautos

Die Zahl der Elektroautos auf deutschen Straßen wächst stetig. Um diese laden zu können, werden immer mehr Ladestationen errichtet. Eine öffentliche Ladestation kann dabei aus mehreren Ladesäulen bestehen. Da aber je nach Fahrzeugmodell verschiedene Steckertypen und Ladeverfahren zum Einsatz kommen, verfügen viele Ladesäulen über mehrere Ladesteckdosen. Auf diese Weise können an einer Ladesäule auch mehrere Fahrzeuge gleichzeitig geladen werden. Damit Verkehrsteilnehmer leicht eine für sie geeignete Lademöglichkeit finden können, müssen die Lademöglichkeiten in einer zentralen Datenbank gesammelt werden.

a Zeichnen Sie das Klassendiagramm für das beschriebene Szenario. Überlegen Sie sich dabei auch sinnvolle Attribute für die beteiligten Klassen.

b Erstellen Sie ein relationales Tabellenschema basierend auf Teilaufgabe a).

c Die Bundesnetzagentur veröffentlicht regelmäßig Daten zu Lademöglichkeiten für Elektrofahrzeuge. Analysieren Sie die Struktur der Datenbank Ladepunkte, schreiben Sie sich das zugrunde liegende relationale Tabellenschema auf und vergleichen Sie es mit Ihrer Lösung aus b). Versuchen Sie, festgestellte Unterschiede zu erklären.

d Die Elektroautofahrerin Wilma Strom muss auf ihrer Fahrt in den Urlaub einen Ladestopp in Nürnberg einplanen. Da sie dort nicht unnötig lange warten möchte, sucht sie nach Ladesäulen vom Typ „Schnellladeeinrichtung". Formulieren Sie eine SQL-Abfrage, welche eine Liste aller geeigneten Ladesäulen in Nürnberg ausgibt. Die Ergebnistabelle soll alphabetisch aufsteigend nach den Straßennamen sortiert sein.

e Da Wilma eine Ladesteckdose der Bauart „AC Steckdose Typ 2" benötigt, sollen statt der Ladesäulen Standorte mit passenden Steckdosen angezeigt werden. Passen Sie Ihre Abfrage aus d) entsprechend an, sodass die Ergebnistabelle die Spalten „Betreiber", „Adresse" und „Anzahl geeigneter Steckdosen" enthält.

f Für Schnelle: Formulieren Sie eine SQL-Abfrage, welche die elektrische Energie (in kWh) ermittelt, die benötigt würde, wenn an allen in der Datenbank verzeichneten Ladesteckdosen in München ein Jahr lang jeweils 5 Stunden pro Tag mit der verfügbaren Maximalleistung geladen würde. Vergleichen Sie das Ergebnis mit dem durchschnittlichen Stromverbrauch von Privathaushalten (Internetrecherche).

9 Forschungsauftrag: Datenbanken überall

Öffnen Sie in Ihrer App für SMS einen Gesprächsverlauf – und schon haben Sie eine komplexe Datenbankabfrage durchgeführt. Einfach so.

a Nennen Sie Objekte, die Sie im Screenshot rechts sehen.

b Zeichnen Sie ein Klassendiagramm passend zu a).
Hinweis: In der App gibt es keine Möglichkeit, Gruppen zu erstellen, der Versand erfolgt immer an eine Person.

c Notieren Sie ein Tabellenschema zum Klassendiagramm aus b), nachdem Sie sich geeignete Primärschlüssel überlegt haben.

d Formulieren Sie die SQL-Abfrage, mit der man den Gesprächsverlauf in dem Screenshot anzeigen kann.

e Erstellen Sie (ggf. in Absprache mit Ihrer Lehrkraft) in einer kleinen Gruppe eine entsprechende Datenbank. Füllen Sie die Datenbank mit einigen Gesprächsverläufen. Verwenden Sie als Nutzernamen keine Personen aus Ihrem Kurs bzw. der Schule! Da es sich um fiktive Gespräche handelt, sollen auch die Personen fiktiv sein.

f Erstellen Sie eine Aufgabe zum Üben von SQL-Abfragen auf der Datenbank aus e) für Ihre Klassenkameraden.

1.10 Die n:m-Beziehung umsetzen: Beziehungstabellen

Jochen, Lena und Elin haben in der letzten Informatikstunde gut verstanden, dass zum Umsetzen einer Beziehung ein Fremdschlüssel ergänzt werden muss. Sie üben das Vorgehen mit den Tabellen Film und Schauspieler, kommen aber zu unterschiedlichen Ergebnissen.

Film		
id	**titel**	**laufzeit**
1	Dieses bescheuerte Herz	106
2	Fack ju Göhte	
…	…	
22	SMS für Dich	
…	…	

Schauspieler		
id	**name**	**vorname**
101	Herfurth	Karoline
102	M'Barek	Elyas
103	Riemann	Katja
…	…	…

a Jochen ergänzt die Film-ID in der Tabelle Schauspieler. Bei seinem anschließenden Versuch, über eine Abfrage alle Schauspieler des Films „Fack ju Göhte" aufzulisten, der die Film-ID 2 hat, stößt Jochen allerdings auf ein Problem. Beschreiben Sie das Ergebnis der abgebildeten Abfrage.

```
SELECT  name, vorname
FROM    SchauspielerNeu
WHERE   film_id = 2
```

SchauspielerNeu				
id	**name**	**vorname**	**film_id**	
101	Herfurth	Karoline	2	22
102	M'Barek	Elyas	1	2
103	Riemann	Katja	2	22

— Jochens Vorschlag

b Erklären Sie, warum die Spalte film_id den Datentyp ZAHL haben sollte. Begründen Sie, warum ein Eintrag mit zwei Zahlen dann nicht möglich ist.

c Lenas Lösungsansatz, die Schauspieler-ID in der Tabelle Film zu ergänzen, führt auch nicht zum Ziel. Begründen Sie anhand eines Datensatzes.

d Elin hat Schauspieler_zu_Film als zusätzliche, dritte Tabelle erstellt und dort die Primärschlüsselwerte aus den Tabellen Schauspieler und Film eingetragen. Bewerten Sie Ihren Lösungsansatz. Formulieren Sie eine SQL-Abfrage zur Bestimmung aller Schauspieler des Films „Fack ju Göhte".

Schauspieler_zu_Film	
schauspieler_id	**film_id**
101	2
101	22
102	1
102	2
…	…

Wohin mit dem Fremdschlüssel?

In sozialen Netzwerken und bei Messengerdiensten sind Nutzer in Gruppen organisiert:

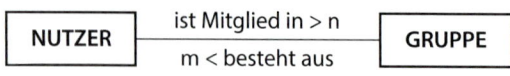

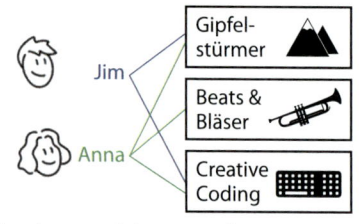

Die Information über die n:m-Beziehung muss in der Datenbank gespeichert werden. Das Verfahren, den Primärschlüssel Gruppen-ID bzw. Telefonnummer als Fremdschlüssel aufzunehmen, schlägt auf beiden Seiten der Beziehung fehl:

→ L1

Nutzer			
vorname	**name**	**telefon_nr**	**gruppen_id**
Jim	Panse	+4917622334	1 | 42
Anna	Nass	+4915976543	1 | 2 | 42

Ich kann nicht nach den Mitgliedern der Gruppe 2 suchen, weil in der Spalte gruppen_id pro Zelle die Einträge nicht atomar sind. Ohnehin sind Einträge der Art „1 | 42" in einer Spalte mit Datentyp ZAHL nicht möglich.

Gruppe			
id	name	gegründet	telefon_nr
1	Gipfelstürmer	2015-09-22	+4917622334
1	Gipfelstürmer	2015-09-22	+4915976543
2	Beats & Bläser	2020-06-10	+4915976543
...			
42	Creative Coding	2021-04-15	+4917622334
42	Creative Coding	2021-04-15	+4915976543

Nur ein Eintrag pro Zeile in der Fremdschlüsselspalte funktioniert auch nicht:
Viel Redundanz ☹ ... und mit dem Primärschlüssel gäbe es auch ein Problem.

Eine Beziehungstabelle setzt eine n:m-Beziehung um. Zur Beziehungstabelle gibt es keine Klasse im Klassendiagramm.

Umsetzung mit einer Beziehungstabelle

Um die Verbindungen zwischen den Nutzern und der Gruppe speichern zu können, benötigt man eine zusätzliche Tabelle, **Beziehungstabelle** genannt: In jeder Zeile der neuen Tabelle Nutzer_zu_Gruppe wird ein Nutzer einer Gruppe zugeordnet und umgekehrt.

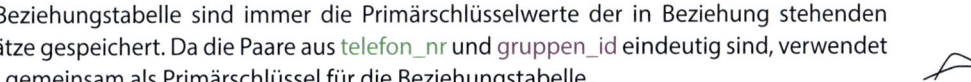

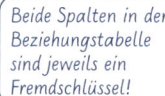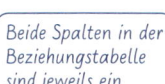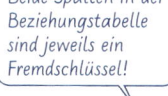

Beide Spalten in der Beziehungstabelle sind jeweils ein Fremdschlüssel!

In der Beziehungstabelle sind immer die Primärschlüsselwerte der in Beziehung stehenden Datensätze gespeichert. Da die Paare aus telefon_nr und gruppen_id eindeutig sind, verwendet man sie gemeinsam als Primärschlüssel für die Beziehungstabelle.

Nutzer(vorname, name, telefon_nr) **Nutzer_zu_Gruppe**(telefon_nr, gruppen_id) **Gruppe**(id, name, gegründet)

Abfragen bei einer n:m-Beziehung

In welchen Gruppen ist Jim Panse Mitglied? Um eine Antwort zu erhalten, müssen drei Tabellen korrekt verknüpft werden. Wie bei einer 1:n-Beziehung sind in Abfragen Verbund-Bedingungen nötig, die für Gleichheit von Primär- und Fremdschlüsselwerten sorgen. Bei drei Tabellen sind dies zwei Verbund-Bedingungen:

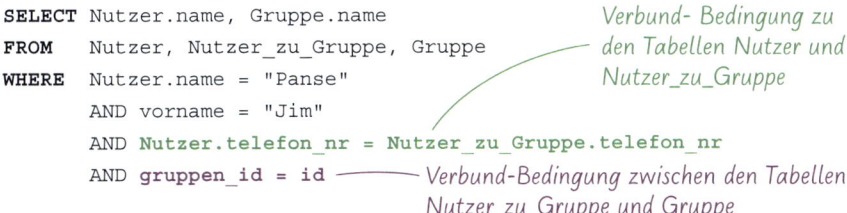

```
SELECT  Nutzer.name, Gruppe.name
FROM    Nutzer, Nutzer_zu_Gruppe, Gruppe
WHERE   Nutzer.name = "Panse"
        AND vorname = "Jim"
        AND Nutzer.telefon_nr = Nutzer_zu_Gruppe.telefon_nr
        AND gruppen_id = id
```

Verbund- Bedingung zu den Tabellen Nutzer und Nutzer_zu_Gruppe

Verbund-Bedingung zwischen den Tabellen Nutzer_zu_Gruppe und Gruppe

---

Eine n:m-Beziehung wird in einer Datenbank über eine zusätzliche **Beziehungstabelle** umgesetzt. Diese Tabelle enthält die Primärschlüssel der zueinander in Beziehung stehenden Tabellen als Fremdschlüssel. Der Primärschlüssel der Beziehungstabelle setzt sich zusammen aus den beiden Fremdschlüsseln.

Abfragen bei n:m-Beziehungen müssen drei Tabellen verknüpfen. Dazu sind zwei Verbund-Bedingungen nötig.

Weitere Informationen speichern

Sollte es im vorigen Beispiel von Interesse sein, seit wann ein Nutzer Mitglied in einer Gruppe ist, bedarf es in der Modellierung einer neuen Klasse zum Verwalten des Attributs seit. Die ursprüngliche n:m-Beziehung teilt sich dadurch in zwei 1:n-Beziehungen auf:

NUTZER	hat > n	MITGLIEDSCHAFT	gehört zu > 1	GRUPPE
telefon_nr vorname name	1 < gehört zu	seit	n < ermöglicht	gruppen_id name gegründet

Im Tabellenschema und bei den Datensätzen ändert sich dagegen wenig: Die ursprüngliche Beziehungstabelle erhält die zusätzliche Spalte seit vom Typ DATUM und wird passend zum Klassennamen in MITGLIEDSCHAFT umbenannt.

Mitgliedschaft(telefon_nr: ZEICHENKETTE, seit: DATUM, gruppen_id: ZAHL)

Nutzer

vorname	name	telefon_nr
Jim	Panse	+4917622334
Anna	Nass	+4915976543

Mitgliedschaft

telefon_nr	seit	gruppen_id
+4917622334	2020-06-10	1
+4917622334	2021-04-16	42
+4915976543	2020-06-12	1
+4915976543	2021-09-21	2
+4915976543	2021-04-15	42

Gruppe

id	name	gegründet
1	Gipfelstürmer	2020-06-10
2	Beats & Bläser	2015-09-22
...		
42	Creative Coding	2021-04-15

Aufgaben

1 „Here comes the sun"

Viele Musiker spielen nicht nur in einer Band, sondern wirken bzw. wirkten in verschiedenen Formationen mit: Skizzieren Sie geeignete Tabellen, in die Sie die Informationen der beiden Musiknerds eintragen.

MUSIKER	spielt in > n	BAND
name	m < besteht aus	name

2 Rad- und Wanderwege

In der Datenbank Bayern sind neben Angaben zu allen bayerischen Gemeinden auch die offiziellen Rad- und Wanderwege im Freistaat verzeichnet.

a Formulieren Sie beide Richtungen der Beziehung zwischen Objekten der Klassen GEMEINDE und WANDERWEG in ganzen Sätzen.

b Ermitteln Sie mit einer SQL-Abfrage die Namen aller Gemeinden, durch die man auf dem „Philosophenweg" wandern kann.

c Apps zur Routenplanung von Radtouren benötigen die Information, in welchen Gemeinden der Weg beginnt und endet. Dies ist in der Datenbank noch nicht enthalten. Zeichnen Sie das Klassendiagramm mit den Klassen GEMEINDE und RADWEG mit allen Beziehungen zwischen den beiden Klassen. Entwickeln Sie daraus das relationale Tabellenschema zur Erweiterung der Datenbank.

d Für Schnelle: Familie Kowalski plant eine Radtour durch Bayern und möchte dabei das Schloss Neuschwanstein (Gemeinde Schwangau), den Kurort Bad Tölz und den Königssee (Gemeinde Berchtesgaden) besuchen. Formulieren Sie eine geeignete SQL-Abfrage, um herauszufinden, ob es einen geeigneten Radweg gibt, der alle diese Orte erreicht.

3 Gruppen bei Messengerdiensten

Setzen Sie die n:m-Beziehung zwischen Nutzer und Gruppe (siehe Klassendiagramm S. 52) in einem Datenbanksystem um. Führen Sie dazu folgende Schritte bei der gegebenen Datenbank MessengerVersion1 durch:

a Erstellen Sie eine Tabelle Nutzer_zu_Gruppe. Achten Sie auf die korrekte Festlegung von Datentypen, Primärschlüssel und Fremdschlüsseln.

b Fügen Sie in die Tabelle Nutzer_zu_Gruppe die fünf Datensätze aus dem Lehrtext ein und testen Sie, indem Sie sich alle Datensätze der Tabelle anzeigen lassen.

c Zeigen Sie über eine SQL-Abfrage alle Gruppennamen an, in denen Anna Nass Mitglied ist. Vergleichen Sie Ihr Ergebnis mit der Abbildung im Lehrtext.

d Versuchen Sie den Datensatz (+49159876543, 5) in die Tabelle Nutzer_zu_Gruppe einzufügen. Notieren Sie die Fehlermeldung und erklären Sie die Ursache.

Erstellen Sie SQL-Anweisungen und testen Sie diese mit der Datenbank MessengerVersion2.

e Erstellen Sie eine Mitgliederliste inkl. Telefonnummern der Gruppe „Creative Coding".

f Erstellen Sie eine aufsteigend nach Mitgliederzahl sortierte Liste der Gruppen.

g Es gibt Gruppen ohne Mitglieder. Nennen Sie die Gruppen und erklären Sie, wie dies zustande kommen kann.

4 Projekttage

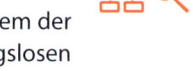

Bei den diesjährigen Projekttagen gibt es wieder ein mannigfaltiges Angebot: An jedem der drei Tage gibt es viele Workshops, keiner wird doppelt angeboten. Um einen reibungslosen Ablauf zu gewährleisten, muss man sich allerdings vorab eintragen. Die SMV hat dafür eine Datenbank erstellt. Aus den Abbildungen ist ersichtlich, wie die Daten aus den beiden gegebenen Tabellen zusammenhängen.

Schueler	
id	name
1	Ronny
2	Johannes
3	Sebastian
4	Tina
5	Ada
...	...

Workshop		
id	name	tag
1	Spontan-Tanz	Mo
2	Schafkopfturnier	Di
3	Easy Cooking	Mi
4	3D-Druck	Mi
...	...	

a Beschreiben Sie die Beziehung zwischen Schülern und Workshops durch ein Klassendiagramm (ohne Attribute).

b Notieren Sie eine Beziehungstabelle, welche die Information in den Tabellen und den Bildern korrekt miteinander verknüpft.

c Formulieren Sie eine SQL-Abfrage, die alle Workshops ausgibt, für die sich Johannes eingeschrieben hat.

5 Nachbargemeinden

Für die Gemeinden der Bayern-Datenbank soll festgehalten werden, an welche Nachbargemeinden eine Gemeinde jeweils grenzt. In der Datenbank dient hierzu die Tabelle Nachbargemeinde.

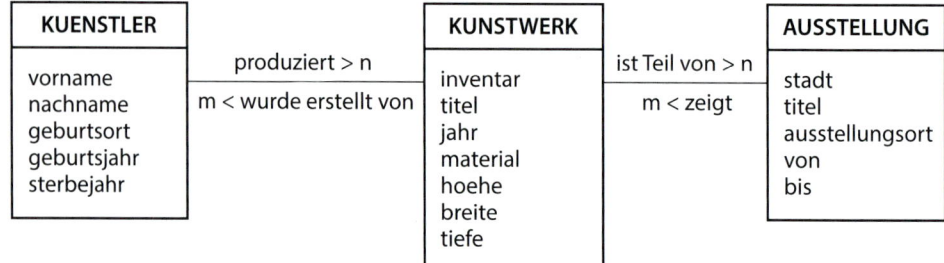

Zusätzlich zum Text rechts im Klassendiagramm:

```
      GEMEINDE
           1
 hat      ∧
          ∨    ist Nachbar
          n    von
  NACHBARGEMEINDE
```

a Sam überlegt sich, welche Art von Beziehung der Datenbank zugrunde liegt. Er meint, dass eine 1:n-Beziehung wie im abgebildeten Klassendiagramm vorliegen müsste. Zeigen Sie Sam, dass er falsch liegt, indem Sie das Klassendiagramm verbessern.

b Bestimmen Sie in der Tabelle Nachbargemeinde die Anzahl der verschiedenen Einträge in der Spalte gemeindeschlüssel_1 und vergleichen Sie den Wert mit der Anzahl der Gemeinden in der Tabelle Gemeinde.

c Formulieren Sie eine SQL-Abfrage, um eine Ergebnistabelle mit den Gemeindenamen und der Anzahl Ihrer jeweiligen Nachbargemeinden zu erzeugen, welche absteigend nach der Anzahl der Nachbargemeinden sortiert ist.

d Für Schnelle: Beim Blick in die Tabelle Nachbargemeinde kritisiert Sam: „Hier gibt es doppelt so viele Einträge wie eigentlich notwendig wären!" Erklären Sie am Beispiel zweier benachbarter Gemeinden, was Sam damit meint, und diskutieren Sie, ob er Recht hat.

6 Beziehungen in einer Datenbank umsetzen

Karl fällt das Umsetzen von Beziehungen schwer. Schreiben Sie für seine Fragen eine kurze Erklärung bzw. Anleitung. Oft hilft beim Erklären auch ein Beispiel.

a Was ist ein Fremdschlüssel?

b Wie setzt man eine 1:n-Beziehung um?

c Wie setzt man eine n:m-Beziehung um?

7 SQL-Island

Als einziger Überlebender eines Flugzeugabsturzes sind Sie auf der Insel SQL-Island gestrandet. Können Sie sich retten und von dieser Insel wieder entkommen?

Hinweis: In diesem textbasierten Abenteuerspiel benötigen Sie die unterschiedlichsten SQL-Befehle. Weite Teile sind deshalb sehr gut zur Wiederholung geeignet. Für „Ihre Rettung von der Insel" müssen Sie 45 bis 60 Minuten einplanen.

8 Informatik ist überall: Kunstsammlung

Die Verantwortlichen der Kunstsammlung „Museum Moderner Kunst Stiftung Ludwig Wien" verwalten Informationen zu Werken, Künstlern und Ausstellungen in einer Datenbank, die nach folgendem Modell aufgebaut ist:

KUENSTLER		KUNSTWERK		AUSSTELLUNG
vorname nachname geburtsort geburtsjahr sterbejahr	produziert > n m < wurde erstellt von	inventar titel jahr material hoehe breite tiefe	ist Teil von > n m < zeigt	stadt titel ausstellungsort von bis

a In einem Brief an die Sammlungsverwaltung schildert ein Kunstbegeisterter, er habe vor vielen Jahren bei einer Ausstellung in Köln ein wunderbares Kunstwerk aus Bronzeguss gesehen und sei seitdem auf der Suche nach weiteren Informationen zu diesem Kunstwerk. Formulieren Sie eine geeignete SQL-Abfrage, um dem Absender des Briefes bei der Identifizierung des beschriebenen Kunstwerks zu helfen.

b Als Teil einer für kommendes Jahr geplanten Ausstellung sollen besonders großformatige Werke noch lebender Künstlerinnen und Künstler gezeigt werden. Erstellen Sie eine SQL-Anweisung, welche die Inventarnummer und den Titel von allen Kunstwerken ermittelt, deren Höhe 5 m übersteigt und an deren Erstellung mindestens ein noch lebender Künstler oder eine noch lebende Künstlerin beteiligt war.

c Formulieren Sie für eine Chronik zum Jahrtausend eine SQL-Abfrage, welche den vollständigen Namen aller Künstler (ohne Duplikate) ausgibt, deren Werke im Jahr 2000 Teil einer Ausstellung waren.

d Erstellen Sie selbst eine Aufgabe und die Lösung dazu. Stellen Sie sich gegenseitig Ihre Aufgaben vor und vergleichen Sie nach der Bearbeitung die Lösungen.

9 Erfahrungsberichte von Klettertouren

Im Verein → Rotpunkt haben sich Kletterbegeisterte zusammengeschlossen, um gemeinsam Touren zu unternehmen. Nach jeder Tour erstellen die beteiligten Mitglieder gemeinsam einen Erfahrungsbericht und stellen ihre Bewertung des Klettergebiets allen anderen mit Hilfe einer Datenbank zur Verfügung. Die Datenbank enthält für diesen Zweck folgende Tabellen:

Mitglied(id, vorname, nachname, e-mail, eintrittsjahr, status)
Klettergebiet(id, name, ort, beschreibung) *kann aktiv oder passiv sein*
Ausflug(id, gebiet_id, datum, erfahrungsbericht, bewertung)
Teilnehmer(ausflug_id, mitglied_id)

→ Rotpunkt ist ein Begehungsstil beim Klettern: Das Meistern einer dem Kletterer bekannten Route im Vorstieg, bei dem das Sicherungsseil nicht belastet werden darf.

a Im Tabellenschema sind die Fremdschlüssel nicht gekennzeichnet. Bestimmen Sie und benennen Sie alle Fremdschlüssel und den zugehörigen Primärschlüssel.

b Gesucht werden alle Kletterer, die dieses Jahr schon im Klettergebiet „Weißenstein" aktiv waren. Formulieren Sie eine entsprechende SQL-Anweisung.

c Jedes Jahr werden unter den aktiven Mitgliedern diejenigen mit der langjährigsten Mitgliedschaft geehrt. Notieren Sie den SQL-Befehl, der die Jahreszahl liefert, für die man ausgezeichnet wird.

d Für die Bewertung von Ausflügen ist lange die Skala sehr gut – gut – durchschnittlich – akzeptabel – wenig empfehlenswert – schlecht (Datentyp ZEICHENKETTE) verwendet worden. Nun wurde dieses System durch Schulnoten (1–6, Datentyp ZAHL) ersetzt. Erläutern Sie, welche zusätzlichen Möglichkeiten sich durch das neue System ergeben und begründen Sie kurz, weshalb dies vorher nicht möglich war.

10 Forschungsauftrag: Datensätze über SQL-Anweisungen einfügen

a Das Einfügen vieler Datensätze über eine Benutzeroberfläche ist meist umständlich. Recherchieren Sie zur SQL-Anweisung INSERT INTO.

    i Formulieren Sie den SQL-Befehl, mit dem Sandra Schneider (ImmerNachOben@beispiel.de) als neues aktives Mitglied in der Datenbank des Vereins Rotpunkt (s. Aufgabe 9) hinzugefügt werden kann.

    ii Testen Sie die INSERT INTO-Anweisung in einer Datenbank, bei der Sie Schreibrechte haben.

b Bei SQL-Anweisungen muss Text immer durch Hochkommas begrenzt werden, damit man auch Leerzeichen, z. B. " " eingeben kann. Was aber, wenn die Zeichenkette selbst ein Hochkomma enthält, beispielsweise *Wie geht's?*.
Recherchieren Sie eine Lösung für eine entsprechende INSERT-Anweisung.

1.11 Anomalie und Inkonsistenz vermeiden: Datenbankdesign

Zahlreiche Informationen zu olympischen Winterspielen sind in der folgenden Tabelle enthalten:

Olympia(jahr, sportart, disziplin, nachname, vorname, geschlecht, platzierung, herkunftsland, austragungsort)

a Die deutsche Skifahrerin Maria Höfl-Riesch ging vor ihrer Heirat mit dem Namen Riesch an den Start. Die Tabelle soll aber immer die aktuellen Namen der Athletinnen und Athleten enthalten. Zwei Zeilen in der Tabelle erfüllen diese Anforderung nicht. Finden Sie diese mit einer passenden SQL-Abfrage heraus und notieren Sie sich die Jahreszahlen aus der Ergebnistabelle.

b Bei vielen olympischen Spielen werden neue Disziplinen eingeführt. Erklären Sie, warum es vor der Austragung der Spiele nicht möglich ist, eine neue Disziplin in die Tabelle Olympia einzutragen.

c Überlegen Sie, wie das Tabellenschema verändert werden könnte, damit das Problem aus b) nicht entsteht.

Schlechtes Design führt zu Problemen

Der Wahlkurs Homepage am John-von-Neumann-Gymnasium programmiert eine Anmeldung für ein Projekt, bei dem gute Schülerinnen und Schüler Nachhilfe für Schwächere geben können. Das Projekt existierte bereits ohne eine Onlineanmeldung. Bisher sind die Daten per Hand in ein Rechenblatt eingetragen worden. Die Struktur des Rechenblatts wird als Basis für den Datenbankentwurf verwendet: Nachhilfe(schueler_name, schueler_tel, lehrkraft_name, lehrkraft_tel, fach)

Der Kurs fügt Beispielwerte ein, um das Tabellenschema genau zu analysieren, und stellt fest, dass Redundanzen (in der Tabelle rot markiert) auftreten. Das schlechte Design der Datenbank kann zudem zu folgenden negativen Effekten führen:

schueler_name	schueler_tel	lehrkraft_name	lehrkraft_tel	fach
Erkan Alles	0176315248	Marion Nette	0178569421	Physik
Anna Gramm	0175843828	Marion Nette	084216899769	Latein
Klara Fall	0174562555	Marion Nette	0178569421	Physik
Bernhard Diener	0171817959	Ann Geber	0176443502	Deutsch
...	...			...

- **Änderungs-Anomalie**

  Ein Problem kann auftreten, wenn der Wert einer Spalte bei vielen Zeilen verändert werden muss. Marion gibt vielen Personen Nachhilfe. Beim Anmelden hat sie zunächst ihre Festnetznummer angegeben. Um besser mit den Nachhilfeschülern kommunizieren zu können, bittet sie den Wahlkurs, nachträglich den Wert in ihre Handynummer zu ändern. Bei der Änderung ist eine Zeile übersehen worden. Die Daten sind in sich nicht mehr stimmig, sie sind inkonsistent. Die → Konsistenz der Datensätze ist verletzt worden. Da dies beim Ändern passiert ist, handelt es sich um eine Änderungs-Anomalie.

  → Konsistenz: Datensatz, der in sich stimmig ist.

- **Einfüge-Anomalie**

  Der Primärschlüssel in der Tabelle Nachhilfe ist die Kombination aus den Spalten schueler_tel, lehrkraft_tel, fach. Die Schülerin Ann Hänger will sich für die Nachhilfe anmelden. Der Versuch, Ann Hänger in die Tabelle einzutragen, scheitert, da noch kein Wert für die Spalten lehrkraft_tel und fach angegeben werden kann. Diesen Fehler bezeichnet man als Einfüge-Anomalie.

- **Lösch-Anomalie**
Der Schüler Bernhard Diener hat sich so sehr verbessert, dass er keine Nachhilfe mehr benötigt. Daher werden alle Zeilen, in welchen er vorkommt, aus der Tabelle gelöscht. Bernhard war der einzige Schüler von Ann Geber. Mit dem Löschen von Bernhard werden auch alle Informationen zu Ann (Name, Telefonnummer und Fach) aus der Tabelle gelöscht. Dieses Problem wird als Lösch-Anomalie bezeichnet.

Gutes Design hilft, schützt aber nicht vor allen Problemen

→ 1.8

Um Redundanzen und Anomalien zu vermeiden, modelliert der Wahlkurs das Szenario zunächst objektorientiert. Dabei ergibt sich verkürzt folgendes Klassendiagramm.

Die Übertragung in ein Datenbankschema ergibt folgende Tabellen:

Schueler(<u>schueler_nr</u>, name, tel)   Lehrkraft(<u>lehrkraft_nr</u>, name, tel)
Nachhilfe(<u>schueler_nr</u>, <u>lehrkraft_nr</u>, <u>fach</u>)

Aber selbst ein guter Datenbankentwurf schützt nicht vor inkonsistenten Daten. Wird beispielsweise Bernhard Diener aus der Tabelle Schueler gelöscht, so existiert in der Tabelle Nachhilfe ein Fremdschlüsselwert, der ins Leere läuft. Beim Einfügen, Verändern oder Löschen eines Datensatzes muss darauf geachtet werden, dass die Werte eines Fremdschlüssels auch als Werte eines Primärschlüssels vorhanden sind. Bei Nichtbeachtung spricht man davon, dass die → **referenzielle Integrität** verletzt wird.

→ Referenz: Verweis; Integrität: Unversehrtheit

schueler_nr	name	tel				schueler_nr	lehrkraft_nr	fach
546	Erkan Alles	0176315248				546	325	Physik
132	Anna Gramm	0175843828				132	325	Latein
113	Klara Fall	0174562555				113	325	Physik
~~652~~	~~Bernhard Diener~~	~~0171817959~~				652	366	Deutsch
...	...					...	...	...

wird gelöscht — *verweist ins Leere* — ?

In vielen Datenbankmanagementsystemen gibt es die Möglichkeit, die referenzielle Integrität überwachen zu lassen.

Im Allgemeinen sind Datensätze konsistent, wenn die sogenannten **Integritätsbedingungen** eingehalten werden. Einige dieser Bedingungen werden in Datenbanksystemen üblicherweise automatisch umgesetzt: Die Bereichsintegrität garantiert, dass Werte im passenden Wertebereich liegen. Die Telefonnummer soll hier z. B. nur Ziffern und keine anderen Zeichen (z. B. Querstriche) enthalten. Die Entitätsintegrität meint, dass Primärschlüssel eindeutig sind. Die logische Konsistenz kann dagegen nicht immer vom Datenbankmanagementsystem überprüft werden. Sie umfasst Bedingungen, die selbst festgelegt werden können. Beispielsweise sollte ein Schüler keine Nachhilfe im gleichen Fach bei unterschiedlichen Lehrkräften besuchen.

Beim Arbeiten mit Datenbanken ist darauf zu achten, dass die Datensätze korrekt und stimmig sind. Wird die **Konsistenz** der Datensätze beim Einfügen, Löschen oder Ändern verletzt, spricht man von (Einfüge-/Lösch-/Änderungs-)**Anomalien**. Durch ein korrektes objektorientiertes Datenmodell können diese Anomalien weitgehend verhindert werden. Ein inkonsistenter Datensatz kann auch entstehen, wenn zu einem Fremdschlüsselwert in der einen Tabelle kein Primärschlüsselwert in der anderen Tabelle vorhanden ist (Verletzung der **referenziellen Integrität**). Datensätze sind in der Regel konsistent, wenn alle **Integritätsbedingungen** erfüllt werden.

Aufgaben

1 Qualitätsprüfung von Tabellen

a Analysieren Sie die folgenden Tabellen dahingehend, ob Redundanzen vorhanden sind und ob Anomalien auftreten können. Beschreiben Sie ggf. auch die Art der Anomalie unter Angabe eines konkreten Beispiels.

   i Olympia   ii Wettermessung
   iii Land   iv Freizeitpark

b Analysieren Sie die Tabellen in a) aus objektorientierter Sicht. Zeichnen Sie für zwei der Tabellen ein Klassendiagramm und geben Sie anschließend das Datenbankschema dafür an. Beurteilen Sie, ob sich die Anomalien durch eine saubere Modellierung vermeiden lassen.

c Überlegen Sie sich ein Tabellenschema, das zu zahlreichen Anomalien führen kann. Stellen Sie das Beispiel Ihrem Kurs vor und geben Sie auch, ausgehend von einem objektorientierten Datenmodell, eine verbesserte Version an.

2 IT-Beratung

Ein mittelständisches Unternehmen ist in den letzten Jahren stetig gewachsen. Viele Prozesse und Datenstrukturen sind immer wieder angepasst, aber nicht von Grund auf neu entwickelt worden. Daher kommt es zu Problemen und Fehlern in Arbeitsabläufen. Das Unternehmen beauftragt deshalb eine IT-Beratung. Nimm die Sicht der Beratungsfirma ein:

a Identifizieren Sie Unstimmigkeiten in den Datensätzen der nebenstehenden Tabelle. Stellen Sie eine Vermutung auf, wie es zu den Inkonsistenzen gekommen sein könnte.

name	vorname	abteilung	gehaltsstufe	abteilungsleiter
Auer	Karl	Entwicklung	Gruppe C	Martha Pfahl
Auer	Karl	Personal	Gruppe A	Kai Sehr
Rein	Ina	Werbung	Gruppe C	Ann Geber
Ter	Lee	Marketing	Gruppe A	Ann Meier
Tross	Albert	Marketing	Gruppe B	Ann Geber

b Die ersten Jahre nach Firmengründung konnten alle Mitarbeiter anhand ihres Namens eindeutig unterschieden werden. Irgendwann war das nicht mehr möglich und der Primärschlüssel der Tabelle wurde auf die Spalten name, vorname und abteilung ausgeweitet. Die Unternehmensphilosophie gibt vor, dass ein Mitarbeiter in den ersten drei Monaten alle Abteilungen kennenlernen soll. Dabei wird er keiner Abteilung zugeordnet. Beschreiben Sie das Problem, welches sich dadurch beim Eintragen eines neuen Mitarbeiters in die Tabelle ergibt.

c Der Abteilungsleiter der Personalabteilung kündigt überraschend. Noch hat die Firma keinen Ersatz. Daher werden die Zeilen gelöscht, welche den Namen des Leiters beinhalten. Geben Sie an, welche Informationen zusätzlich, aber ungewollt verloren gehen.

d Analysieren Sie die Mitarbeiter und Abteilungen aus objektorientierter Sicht und zeichnen Sie ein Klassendiagramm mit passender Beziehung. Geben Sie anschließend das daraus resultierende Tabellenschema an.

3 Fremdschlüsselbedingungen umsetzen

a Schauen Sie sich zu zweit auf informatikschulbuch.de das Video zum Einfügen von Fremdschlüsselbedingungen für Ihr verwendetes Datenbankmanagementsystem an. Setzen Sie die Anweisungen mit selbst gewählten Tabellen parallel an einem zweiten PC um. Die Tabellen sollten bereits einige Einträge haben.

b Fügen Sie nun in eine weitere Tabelle eine Fremdschlüsselbedingung ein, ohne das Video zeitgleich laufen zu lassen.

c Beim Einfügen einer Fremdschlüsselbedingung kann angegeben werden, welche Aktion ausgeführt werden soll, wenn ein Fremdschlüsselwert gelöscht oder verändert wird. Nennen Sie die verschiedenen Möglichkeiten, die Ihr Tool zur Verfügung stellt.

d Testen Sie jede der Möglichkeiten, indem Sie sie einstellen und anschließend einen Fremdschlüsselwert löschen oder ändern.

e Für Schnelle: Finden Sie Beispiele, in welchen die verschiedenen Verhaltensweisen beim Löschen oder Verändern eines Fremdschlüsselwertes sinnvoll sind.

4 Löschung mit Folgen

Die Abbildung zeigt einen Ausschnitt der Tabellen einer Online-Videoplattform. Ein Benutzer kann mehrere Videos erstellen und hochladen.

Die Nutzerin vanLu möchte ihren Account löschen.

Video		
titel	**kategorie**	**user_id**
DIYS: 10 Upcycling Ideen	Trends	1827
How to play Bach	Musik	123
Walktrough Level 1 Age…	Spiele	1827

a Erklären Sie, warum es beim Löschen des passenden Eintrags aus der Tabelle Benutzer zu inkonsistenten Datensätzen kommt.

Benutzer			
id	**benutzername**	**passwort**	**…**
123	wolfi1756	10b43971a8295f3720f38fbcdd9d6ac6	…
1827	vanLu	9ce244cd2524cbc392f3e5aa426491c3	…
…	…	…	…

b Für das Problem aus a) gibt es drei verschiedene Lösungsansätze:

1) Die → referenzierenden Datensätze werden auch gelöscht.
   Hier: alle Videos der Nutzerin entfernen

2) Ein Datensatz, auf den referenziert wird, darf nicht gelöscht werden.
   Hier: die Nutzerin kann nicht gelöscht werden

3) Fremdschlüssel in den referenzierenden Datensätzen werden auf NULL gesetzt.
   Hier: alle Einträge für user_id in Video, die auf vanLu verweisen, auf NULL setzen

Diskutieren Sie zu zweit, welche der angegebenen Möglichkeiten in diesem Beispiel am sinnvollsten ist.

→ referenzierender Datensatz: Datensatz, der auf einen anderen Datensatz verweist.

c Ein Benutzer hat seinen Account gekündigt. Unter einem Video findet sich danach ein alter Kommentar dieses Nutzers. Erklären Sie, welcher Ansatz aus b) hier gewählt worden sein könnte.

> Kommentar von gelöschter Benutzer – vor 4 Monaten
>
> Wow! Ein großartiges Video! Am besten gefällt mir die Stelle bei 3:30.
>
> 👍 421 👎 ANTWORTEN
> ▾ 8 Antworten ansehen

d Diskutieren Sie am Beispiel eines Online-Shops, welche Vorgehensweise zu empfehlen ist, wenn ein Nutzer sich vom Shop abmeldet. Beziehen Sie die Tabelle Bestellung(id, kunden_nr, status) mit in Ihre Überlegungen ein.

id	kunden_nr	status
302	44823	offen
441	7482	geliefert
548	3827	offen
…	…	…

nr	vorname	nachname	a	
3827	Thelonious	Parker	Maistraße 10	83412
44823	Charlie	Monk	Sommerweg 2	81369
…	…	…	…	…

5 Forschungsauftrag: Normalformen und Mehrbenutzerbetrieb

a Recherchieren Sie die Normalformen in Zusammenhang mit Datenbanken und stellen Sie diese anhand von Beispielen Ihrem Kurs vor.

→ L1

b Finden Sie heraus, was hinter folgenden Begriffen steckt: Transaktion, nonrepeatable read, dirty read, Phantomproblem, lost update.

Überlegen Sie anschließend, ob die damit verbundenen Probleme auch im Unterricht bei der Verwendung von Datenbanken auftreten können.

1.12 Verknüpfte Daten analysieren: Chancen und Risiken

Anne Nühm legt großen Wert auf ihre Privatsphäre. Im Internet verwendet sie daher eine E-Mail-Adresse, die keine Rückschlüsse auf ihren Namen erlaubt. Damit registriert sie sich unter anderem bei einem Videoportal, bei dem sie unter einem Pseudonym eigene Videos zum Thema Mode veröffentlicht. Ebenso ist sie Kundin bei verschiedenen Onlineshops, bei denen sie neue Kleidungsstücke für ihre Videos kauft.

In den Nachrichten wird nun von einer neu entdeckten Sicherheitslücke in einer sehr weit verbreiteten Webserver-Software berichtet, die es Unbefugten leicht ermöglicht, vollen Zugriff auf das Datenbanksystem einer Webseite zu erhalten. Kurz darauf klingeln Fans ihrer Videos an ihrer Haustür und bitten um ein Autogramm.

a Formulieren Sie eine Vermutung, wie die Fans an Annes Adresse gelangt sein könnten.

b Beschreiben Sie, wie Anne ihre Privatsphäre besser hätte schützen können.

c Bei vielen Webseiten mit Registrierungsfunktion ist zur Verwaltung der Nutzerdaten in einer Datenbanktabelle die E-Mail-Adresse als Primärschlüssel festgelegt. Erklären Sie, weshalb E-Mail-Adressen für diesen Zweck besonders geeignet sind.

Neue Informationen durch verknüpfte Datenbestände

Die Stadtwerke Infohausen bieten neben der Versorgung mit Gas, Wasser und Strom auch einen Zugang zum Internet an. Die Abrechnung des Stromverbrauchs erfolgt dabei über sogenannte Smart-Meter, die den Stromverbrauch sekundengenau erfassen und die Messwerte automatisch an die Stadtwerke weiterleiten.

Für den Kunden Franz Ohse ergibt sich das folgende Stromverbrauchsprofil:

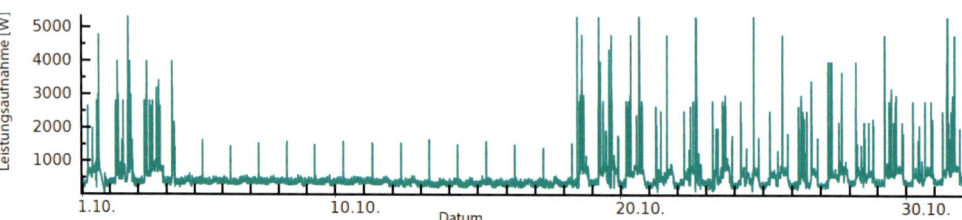

Zunächst kann hier nur vermutet werden, dass Herr Ohse wohl ab dem 4. Oktober für etwa zwei Wochen nicht zu Hause war. Die von den Stadtwerken ebenfalls aufgezeichneten Internetverkehrsdaten (siehe Tabelle unten) lassen wiederum für sich nur den Schluss zu, dass sich Herr Ohse allgemein für Tauchen und mutmaßlich eine Last-Minute-Reise nach Marseille interessiert. Erst die Verknüpfung dieser Daten lässt es naheliegend erscheinen, dass Franz Ohse zwischen dem 4. und 18. Oktober zum Tauchen nach Marseille gereist ist.

datum	uhrzeit	kontaktierter_Server
...	...	...
01. Oktober	13:05:24	www.lastminute.infohausen.de
01. Oktober	14:23:44	www.marseille.example.com
02. Oktober	14:37:12	www.tauchshop.infohausen.de
...	...	...

Gemeinsame Schlüssel ermöglichen die Verknüpfung

→ 1.7

Durch die Verknüpfung von Datenbeständen aus verschiedenen Quellen können oft neue Erkenntnisse gewonnen werden. Dabei werden häufig auch Daten miteinander verknüpft, bei denen dies zunächst gar nicht vorgesehen war. Damit eine Verknüpfung möglich ist, muss ein

Schlüssel (oder ein anderes, ebenso eindeutiges Merkmal) in beiden Datenbanken vorkommen. Ist dies der Fall, können mit wenig zusätzlichem Aufwand Abfragen mit einer entsprechenden Verknüpfungsbedingung formuliert werden. Oft erfolgt dabei die Verknüpfung über natürliche Schlüssel wie E-Mail-Adressen.

e_mail	zeitstempel	breitengrad	laengengrad
post@inf…	2020-12-12 23:42:13	48.1…	11.6…
mail@web…	2020-12-12 23:25:54	48.2…	11.5…
…	…	…	…

e_mail	zeitstempel	suchbegriff
post@inf…	2020-12-12 23:41:09	Dermatologe…
max@inter…	2020-12-12 23:55:16	Fast Food R…
…	…	…

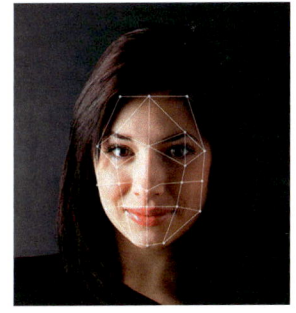

Chancen & Risiken

Viele Wissenschaftler wie z. B. Historiker wissen den Mehrwert von verknüpften Datenbeständen zu schätzen. Oft ergibt sich erst durch die Verknüpfung von Informationen aus vielen alten Dokumenten ein aussagekräftiges Gesamtbild über ein geschichtliches Ereignis. Sind die historischen Daten bereits in Datenbanken digitalisiert, erleichtert dies die Arbeit sehr. Das Beispiel der Stadtwerke Infohausen zeigt aber auch, dass insbesondere die Verknüpfung von personenbezogenen Daten aus Gründen des Datenschutzes problematisch sein kann. Durch eine Verknüpfung der vorhandenen Daten können gegebenenfalls voll automatisiert Persönlichkeitsprofile ohne das Wissen oder die Zustimmung der Betroffenen erzeugt werden. Für die Vermittlung von personalisierter Werbung sind genau solche Persönlichkeitsprofile sehr wertvoll, aber auch Krankenversicherungen könnten beispielsweise ihre Beiträge erhöhen, wenn das Persönlichkeitsprofil einer versicherten Person auf einen ungesunden Lebensstil schließen lässt.

Effektive Verbrechensbekämpfung oder Überwachungsstaat?

Auch die Analyse verknüpfter Datenbestände durch staatliche Stellen wird immer wieder kontrovers diskutiert. Ein Beispiel ist die Videoüberwachung öffentlicher Plätze im Zusammenspiel mit Gesichtserkennungssystemen. Befürworter dieser Systeme argumentieren oft, dass durch einen Abgleich der Videobilder mit Fahndungsfotos der Aufenthaltsort von gesuchten Personen direkt an die Polizei gemeldet werden könne. Gegner derartiger Auswertungen kritisieren hingegen, dass auf diese Weise leicht unschuldige Bürgerinnen und Bürger ins Visier staatlicher Überwachung geraten könnten, wenn ein System fälschlicherweise eine Übereinstimmung mit einem Fahndungsfoto meldet. Auch könnte man die Videoaufnahmen mit einer staatlichen Passfotodatenbank abgleichen und so die Bewegungen jedes Bürgers verfolgen. Weiterhin könnte man die Teilnehmer einer Demonstration leicht identifizieren … es gibt Länder, in denen öffentliche Kritik an der Regierung zu → Repressionen führen kann.

→ Repression: gewaltsame Unterdrückung von Kritik

Daten aus eigentlich unabhängigen Datenbeständen können über Schlüssel wie z. B. Telefonnummern und E-Mail-Adressen miteinander verknüpft werden. Bei personenbezogenen Daten besteht dabei die Gefahr, dass aus einzelnen Informationsfragmenten umfangreiche Persönlichkeitsprofile erstellt werden können.

Aufgaben

1 Datenspuren bei der Polizeiarbeit

Bei der Polizeiarbeit spielt die Suche nach verdächtigen oder vermissten Personen eine wichtige Rolle.

a Entwerfen Sie ein Klassendiagramm und Tabellen-schema für eine Vermisstendatenbank. Überlegen Sie, welche Merkmale einer Person für die Suche und ggf. Identifizierung gespeichert werden sollten.

b Die Datenbank einer Fluggesellschaft enthält unter anderem folgende Tabelle:

Passagier (id, vorname, nachname, geschlecht, geburtsdatum)

Formulieren Sie eine mögliche SQL-Abfrage, mittels welcher überprüft werden kann, ob Personen in der Vermisstendatenbank aus a) in der Passagiertabelle der Fluggesellschaft verzeichnet sind.

c Nennen Sie verschiedene andere Datenbestände, mit denen ein Eintrag in der Datenbank aus a) abge-glichen werden kann, um mehr über eine vermisste Person in Erfahrung zu bringen.

d Informieren Sie sich im Internet über das „Phantom von Heilbronn" und erläutern Sie an diesem Beispiel, wie die Verknüpfung verschiedener Datenbestände zur Erkennung fehlerhafter Daten beitragen kann.

2 Soziales Netzwerk

Der Online-Kurznachrichtendienst *Litter* ermöglicht es seinen Nutzerinnen und Nutzern, kur-ze Textbeiträge zu veröffentlichen und diese mit Schlagworten zu kennzeichnen. Weiterhin können sich Nutzerinnen und Nutzer gegenseitig „folgen". All diese Informationen werden in einer Datenbank verwaltet:

Nutzer (id, benutzername, passwort, geschlecht)

Folgt (nutzer_id, gefolgte_nutzer_id)

Nachricht (id, nutzer_id, inhalt)

Schlagwort (nachricht_id, wort)

a Die Angabe des Geschlechts ist freiwillig und fehlt deshalb für manche Nutzereinträge. Beschreiben Sie, wie der Kurznachrichtendienst die in der Datenbank vorliegenden Daten analysieren könnte, um auch für diese Nutzerinnen und Nutzer das Geschlecht möglichst gut zu bestimmen. Bedenken Sie dabei, dass der Dienst viele Millionen Nutzerinnen und Nutzer hat und das Verfahren daher voll automatisch durchführbar sein muss.

b Um die eigene Plattform attraktiver zu machen, sollen angemeldeten Nutzerinnen und Nutzern nur solche Kurznachrichten gezeigt werden, die sie auch interessieren. Erklären Sie, wie die Betreiber des Kurznachrichtendienstes dies mit den ihnen zur Verfügung ste-henden Daten umsetzen könnten.

c Wägen Sie ab, inwieweit das in b) geschilderte Vorgehen für die Nutzerinnen und Nutzer vorteilhaft ist. Informieren Sie sich dabei ggf. auch über das Phänomen der „Filterblase".

3 Planspiel „Daten im alltäglichen Leben"

Ihre Lehrkraft bereitet für Sie ein zweiteiliges Planspiel vor: Im ersten Teil haben Sie eine berufliche und eine private Rolle. Achten Sie darauf, in Ihrer beruflichen Rolle sorgfältig zu arbeiten, und behalten Sie das Private für sich. Im zweiten Teil müssen Sie dann detektivische Ermittlungsarbeit leisten.

4 Datenanalyse vs. Datenschutz

Beurteilen Sie das Beispiel der Stadtwerke Infohausen aus dem Lehrtext rechtlich aus Sicht des Datenschutzes:

a Erörtern Sie, ob die Stadtwerke Daten über Herrn Ohses Stromverbrauch und Internetaktivitäten erheben und verarbeiten dürfen. Informieren Sie sich gegebenenfalls im Internet über die diesbezüglich gültigen Rechtsvorschriften.

b Um ihren Gewinn zu steigern, möchten die Stadtwerke auch in das Geschäft mit Onlinewerbung einsteigen. Entscheiden Sie, ob die Stadtwerke nach aktuell gültigem Recht die bereits bestehenden Daten über ihre Kunden für diesen Zweck verwenden dürfen. Begründen Sie Ihre Entscheidung.

c Erklären Sie, wie sich die rechtliche Bewertung aus b) ändert, wenn Herr Ohse in der Datenschutzerklärung ein Häkchen setzt und damit die entsprechende Freigabe erteilt.

5 Data-Mining in öffentlichen Daten

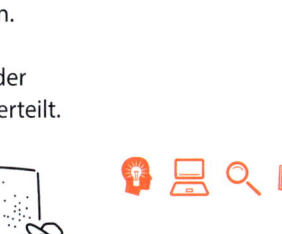

Der Datenwissenschaftler David Kriesel hat in mehreren Vorträgen zu verschiedenen Themen demonstriert, auf welche Weise sich neue Informationen aus frei verfügbaren Daten gewinnen lassen. Sehen Sie sich mindestens die ersten 10 Minuten eines seiner Vorträge an.

a Geben Sie die Quellen an, die benutzt worden sind. Unterscheiden Sie dabei in öffentliche und nicht öffentliche.

b Geben Sie an, welche neuen Informationen durch das Verknüpfen öffentlicher Daten gewonnen wurden.

6 Überwachungsstaaten

Verschiedene Länder gelten als sogenannte Überwachungsstaaten, da dort das tägliche Leben der Bevölkerung auf verschiedenen Wegen vom Staat überwacht wird.

a Verschaffen Sie sich durch eine kurze Internetrecherche einen Überblick darüber, für welche Staaten der Begriff Überwachungsstaat aktuell verwendet wird.

b Bilden Sie Kleingruppen und bereiten Sie pro Gruppe eine Kurzpräsentation mit Hintergrundinformationen zu einem der folgenden Themenbereiche vor:

i Ein Staat (außer Deutschland) aus dem Rechercheergebnis von a)

ii Ein historischer Überwachungsstaat auf deutschem Boden (z. B. DDR oder Deutschland zur Zeit des Nationalsozialismus).

Gehen Sie in Ihrer Präsentation auch auf die folgenden Fragestellungen ein:

• Welche Informationsquellen werden/wurden in diesem Staat zur Überwachung der Bürgerinnen und Bürger herangezogen?

• Mit welchen Vorteilen wird/wurde die staatliche Überwachung gerechtfertigt?

• Welche Nachteile oder Risiken entstehen/entstanden für die Bevölkerung?

Achten Sie auf die Verwendung mehrerer, möglichst objektiver Informationsquellen.

c Diskutieren Sie im Kurs, inwieweit der Begriff Überwachungsstaat auch auf das Deutschland der Gegenwart zutrifft. Recherchieren Sie auch hierzu zunächst entsprechende Hintergrundinformationen.

7 Werbetracker entlarven

Auf vielen kommerziellen Webseiten werden Analysewerkzeuge eingesetzt, um das Surfverhalten der Webseitenbesucher aufzuzeichnen. Wird das Analysewerkzeug eines Anbieters auf verschiedenen Webseiten eingesetzt, so kann der Anbieter erkennen, welche dieser Webseiten ein Nutzer oder eine Nutzerin in welcher Reihenfolge und für wie lange besucht hat. Mittels einer entsprechenden Browsererweiterung können diese webseitenübergreifenden Analysewerkzeuge aufgespürt und visualisiert werden.

a Verwenden Sie einen Webbrowser mit aktivierter Analyseerweiterung und besuchen Sie verschiedene Webseiten Ihrer Wahl (z. B. Schulhomepage, Nachrichtenportale, etc.). Untersuchen Sie, welche externen Inhalte die verschiedenen Webseiten verwenden, und vergleichen Sie Ihre Beobachtungen mit denen von anderen.

b Oft sind die Bereitsteller von Trackingwerkzeugen auch Vermarkter von Werbeanzeigen im Internet. Erklären Sie, weshalb diese Werbevermarkter großes Interesse an Daten über das Surfverhalten der Webseitenbesucher haben.

c Erläutern Sie an einem konkreten Beispiel, wie ein großer Werbevermarkter, dessen Analysewerkzeug auf sehr vielen populären Webseiten zum Einsatz kommt, intime Details über das Leben eines Internetnutzers in Erfahrung bringen kann.

8 Forschungsauftrag: Datenspuren überall!

Bei der Nutzung mobiler Endgeräte (Tablets, vernetzte Uhren und Fitnessgeräte, etc.) fallen unterschiedliche Nutzungsdaten an. Der Hersteller des verwendeten Betriebssystems hat dabei in der Regel einen sehr umfassenden Zugriff auf die anfallenden Daten und kann so leicht verschiedene Nutzungsdaten verknüpfen.

a Informieren Sie sich über ein mobiles Endgerät Ihrer Wahl (z. B. Ihr Smartphone):
- Welches Betriebssystem kommt auf dem Gerät zum Einsatz?
- Welche Nutzungsdaten werden vom Hersteller des Betriebssystems gesammelt (inkl. vom Hersteller bereitgestellter Apps)?
- Durch welche eindeutigen Schlüssel kann der Hersteller die anfallenden Daten verknüpfen und eindeutig einer Person bzw. einem Nutzerkonto zuordnen?
- Welche Möglichkeiten gibt es, die Weiterleitung dieser Nutzungsdaten einzuschränken?

b Paul Maduschen war kürzlich in der Fußgängerzone von Infohausen, um in einer Parfümerie persönlich nach einem Valentinstagsgeschenk für seine Frau Isolde zu suchen. Nun bemerkt er, dass auf vielen Webseiten, die er besucht, Werbeanzeigen für Blumenläden eingeblendet werden. Erklären Sie, wie es dazu gekommen sein könnte, und welche Daten dabei im Hintergrund verknüpft wurden.

c Beschreiben Sie verschiedene potentielle Vor- und Nachteile, die Nutzern/Kunden entstehen können, wenn private Firmen Daten über sie sammeln und verknüpfen, sodass detaillierte Persönlichkeitsprofile entstehen.

d Tauschen Sie sich mit anderen über diese Form der zielgerichteten Werbung aus. Haben Sie selbst bereits ähnliche Situationen erlebt? Wie denken Sie über diese Art der Werbung? Beziehen Sie auch politische Werbung in die Überlegungen ein.

Einschub: InstaHub – Aufgaben im Kontext eines sozialen Netzwerks

Fast alle Menschen nutzen digitale soziale Netzwerke, um mit Befreundeten und Gleichgesinnten in Kontakt zu bleiben. Dadurch, dass teilweise Milliarden Menschen dasselbe soziale Netzwerk nutzen, kommt einzelnen Anbietern eine sehr große Bedeutung zu. Aus technischer Sicht besteht ein soziales Netzwerk aus einem Datenbanksystem und einer speziellen Server-Anwendung („Backend"). Der Nutzer greift entweder per App oder Browser („Frontend") auf die Daten in der Datenbank zu.

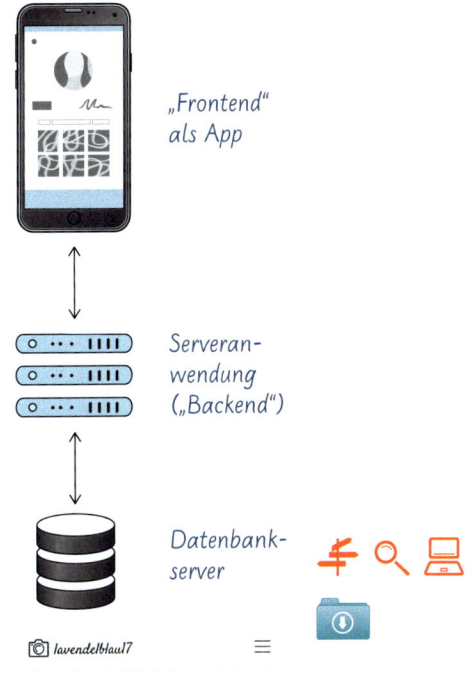

„Frontend" als App

Serveranwendung („Backend")

Datenbankserver

Sie werden Datenbankadmin

Auf einer Party haben Sie ein Teammitglied des jungen Startups InstaHub kennen gelernt. Das Unternehmen möchte ein eigenes soziales Netzwerk gründen. Die Anwendung ist schon fertig. Nur die Datenbank fehlt noch. Sie haben gefragt, ob Sie mitmachen können und schon sind Sie als einer der Datenbankadmins dabei. Holen Sie sich Zugangsdaten bei Ihrer Lehrkraft ab.

1 Nutzerdaten in InstaHub (ab 1.7)

An Ihrem ersten Tag beim Startup InstaHub werden Sie mit folgenden Worten begrüßt: „Herzlich willkommen im Team. Bevor Sie richtig anfangen, müssen Sie erst einmal unsere Datenbank kennenlernen."

a Rufen Sie die Profilseite eines InstaHub-Mitglieds auf. Vergleichen Sie die dort sichtbaren Attribute mit der Gesamtzahl der Attribute im Tabellenschema unten. Begründen Sie für jedes nicht sichtbare Attribut, warum es auf der Profilseite nicht erscheint.

users (id: ZAHL, username: ZEICHENKETTE, email: ZEICHENKETTE, password: ZEICHENKETTE, name: ZEICHENKETTE, bio: ZEICHENKETTE, gender: AUFZÄHLUNG, birthday: DATUM, city: ZEICHENKETTE, country: ZEICHENKETTE, centimeters: ZAHL, avatar: ZEICHENKETTE, role: AUFZÄHLUNG, is_active: WAHRHEITSWERT, remember_token: ZEICHENKETTE, created_at: ZEITSTEMPEL, updated_at: ZEITSTEMPEL)

Beim Datentyp AUFZÄHLUNG sind einzelne, vorher festgelegte Werte erlaubt. Beim Geschlecht sind das hier 'male' und 'female', bei der Rolle 'user' und 'dba'.

b Lassen Sie sich mit einer SQL-Abfrage alle Zeilen und alle Spalten der Tabelle users ausgeben.

c Geben Sie Benutzernamen und Anzeigenamen aller Datensätze aus users aus. Ordnen Sie die Ergebnisse alphabetisch nach dem Benutzernamen.

d Geben Sie die Wohnorte aller Mitglieder aus. Vermeiden Sie dabei Duplikate.

e Bestimmen Sie auf zwei unterschiedliche Arten, wie alt das älteste Mitglied ist.

f Prüfen Sie, ob es Mitglieder gibt, die am gleichen Datum geboren worden sind.

g Wählen Sie alle Einträge aus der Tabelle users aus, bei denen das Geschlecht (gender) weiblich (female) ist.

h Bestimmen Sie die Durchschnittsgröße aller Männer bzw. Frauen.

i Geben Sie alle Kinder und jugendlichen Mitglieder aus.
Hinweis: Jedes Datum hat folgendes Format: "2022-05-28"

„Achtung: Mit IS NULL prüft man fehlende Einträge."

j Listen Sie alle Mitglieder auf, deren (Vor-)Namen mit einem B beginnen.
Tipp: Verwenden Sie die SQL-Anweisung LIKE. Recherchieren Sie gegebenenfalls.

k Geben Sie die Namen aller weiblichen Leipziger Mitglieder aus.

l Ordnen Sie alle Männer, welche mindestens 16 Jahre alt sind, nach ihrer Körpergröße.

m Erstellen Sie eine Liste, in der jedem Wohnort die Anzahl der Mitglieder zugeordnet ist.

n Wählen Sie alle Nutzerinnen mit dem Vornamen Julia aus, die nicht aus München kommen.

o Bestimmen Sie die Anzahl der User, die kein Geburtsdatum angegeben haben.
Tipp: Verwenden Sie IS NULL in der Bedingung. Recherchieren Sie gegebenenfalls.

p Beschreiben Sie knapp weitere Aspekte, die Sie interessieren, und formulieren Sie dazu passende SQL-Abfragen.

2 Fotos ins Datenmodell von InstaHub aufnehmen (ab 1.8)

Sie konnten sich behaupten? Super! Dann lassen Sie uns gemeinsam überlegen, wie wir ausgehend von der Tabelle users die Datenbank so erweitern, dass unsere Mitglieder Fotos hochladen, liken und kommentieren können. Als Hilfe ist schon ein → Mockup für die Ansicht eines typischen Fotoeintrags abgebildet. Fokussieren Sie sich in den folgenden Diagrammen ausschließlich auf die Datenmodellierung. Schaltflächen des Frontends (wie die Sprechblase zum Eintragen von Kommentaren) haben hier keine Bedeutung.

→ Mockup: Vorführmodell ohne Funktionalität, um das Design eines geplanten Produkts zu demonstrieren

a Finden Sie heraus, wo die drei in Objektkarten dargestellten Objekte im Screenshot sichtbar sind. Übertragen Sie dann die Objektkarten in Ihr Heft und ergänzen Sie weitere im Screenshot ersichtliche Objekte. Vervollständigen Sie Ihr Objektdiagramm, indem Sie auch die Beziehungen zwischen den Objekten einzeichnen.

b Erstellen Sie passend zum Objektdiagramm aus a) ein Klassendiagramm. Ergänzen Sie gegebenenfalls weitere Attribute, die Sie für wichtig halten.

c Erstellen Sie das Tabellenschema zu dem Klassendiagramm aus b). Bei den Spalten dürfen Sie sich auf die Primär- und Fremdschlüssel beschränken.
Achten Sie auf aussagekräftige Bezeichner, sodass die Beziehung zwischen Fremdschlüssel und zugehörigem Primärschlüssel deutlich wird.

3 Verknüpfte Daten in InstaHub auswerten (ab 1.9)

Die Foto-Funktionalität ist nun schon einige Zeit online. Verschaffen Sie sich einen kleinen Überblick über eingestellte Daten durch SQL-Abfragen:

a Listen Sie die Links zu allen Fotos von samina369 auf.

b Es soll Werbung an alle Strandurlauber verschickt werden. Finden Sie alle Fotos, die den Hashtag #meer enthalten. Geben Sie den Namen, die E-Mail-Adresse, den Geburtstag und die Stadt der zugehörigen Benutzer aus.

c Geben Sie alle Kommentare und die Namen der Verfasser aus München an.

d Erstellen Sie eine Liste, welche die Nutzer mit den meisten Fotos in absteigender Reihenfolge beinhaltet.

e Ermitteln Sie die URLs aller Fotos, die von aileen2 kommentiert worden sind.

f Bewerten Sie knapp, welche der Abfrageergebnisse aus a) bis e) Sie als öffentliche und welche als private Informationen einstufen.

4 Likes in InstaHub (ab 1.10)

Als Betreiber eines sozialen Netzwerkes ist es interessant zu wissen, welche Trends es gibt. Nutzen Sie Ihren Zugang zur Datenbank, um entsprechende SQL-Abfragen durchzuführen.

a Listen Sie alle URLs der Fotos auf, die ameli490 gelikt hat.

b Ordnen Sie alle Fotos nach ihrer Beliebtheit und geben Sie deren id, url und die Nutzer-id aus.

c Führen Sie die SQL-Abfrage in Teilaufgabe d einmal mit der letzten Zeile und einmal ohne die letzte Zeile aus. Erläutern Sie die unterschiedlichen Ergebnisse.

d Geben Sie die folgende Datenbankabfrage einmal mit der vorletzten Zeile und einmal ohne die vorletzte Zeile ein. Sie erhalten verschiedene Ergebnisse! Erläutern Sie knapp worin der Unterschied liegt.

```
SELECT  photos.id, photos.url, likes.user_id
FROM    photos, likes
WHERE   photos.description like "%#meer%"
AND     photos.id = likes.photo_id
LIMIT   1000
```

e Für Schnelle: Finden Sie das Blumenfoto mit den meisten Likes.

f Für ganz Schnelle: Geben Sie jedem Foto mit dem Hashtag „meer", das noch keine Likes hat, einen Like. (Tipp: Aufgrund der vielen Daten ist ein INSERT-Befehl empfehlenswert.)

5 Die Macht der Daten (ab 1.11)

Sie waren auf der Party der Munich School for gifted Youngsters und hatten eine sehr nette Begegnung. Sie haben über einiges gesprochen, auch, dass Sie beide Mitglied bei Instahub sind. Leider haben Sie sich nicht getraut, nach dem Namen zu fragen. Also beschließen Sie, sich mit Ihren Adminrechten in der Datenbank alle Münchner InstaHub-Benutzer anzusehen.

a Sie können sich erinnern, dass eine Teamkollegin gesagt hat, es gäbe mehr als 27 Mitglieder aus München. Aber Sie können nicht alle finden, auch nicht die nette Bekanntschaft. Forschen Sie nach möglichen Ursachen im Hub.

b Beschreiben Sie für mindestens eine der gefundenen Ursachen einen Ansatz, durch den vermieden werden kann, dass Nutzer nicht gefunden werden.

c Glück gehabt: Da ist das Profil! Aber nun kommen Ihnen Zweifel. Sollten Sie wirklich Ihren Zugriff auf die Datenbank nutzen, um den Kontakt herzustellen? Diskutieren Sie kurz zu zweit verschiedene Sichtweisen.

6 Werbung auf InstaHub (ab 1.12)

Es läuft richtig gut mit dem sozialen Netzwerk. Die User sind begeistert. Sie fotografieren ihr Frühstück, ihren Hund und lustige Szenen auf Partys. Nur möchte keiner für die Plattform bezahlen. Sie müssen also Werbung schalten. Erste Versuche mit einem Baumarkt haben aber gezeigt, dass die User anscheinend keine Blumenzwiebeln und Akkuschrauber kaufen möchten. Sie müssen also mehr über die User erfahren, um passendere Werbung anzeigen zu können.

a Besuchen Sie Ihre Lieblingsseite oder -app, in der Werbung angezeigt wird, die für Einnahmen sorgt. Was wird Ihnen angeboten? Nennen Sie konkrete Produkte.
Notieren Sie eine knappe Einschätzung, ob die Anzeigen zufällig erscheinen oder aufgrund welcher Annahmen Sie genau diese Produkte angeboten bekommen.

b Der Reiseanbieter Truti ist bereit, auf InstaHub für Reisen ans Meer zu werben. Er möchte jedoch nur dafür bezahlen, wenn die Werbung zielgerichtet passenden Nutzern angezeigt wird.

i Ermitteln Sie alle Fotos mit dem Hashtag "reisen".

ii Ermitteln Sie alle User, die ein Foto mit dem Hashtag "reisen" gelikt haben.

7 Tracking auf InstaHub (ab 1.12)

So richtig erfolgreich sind die auf InstaHub geschalteten Werbekampagnen noch nicht, die Auftraggeber sind unzufrieden. Es würde helfen zu wissen, ob ein User nur einmalig auf ein Foto zum Thema Reisen geklickt hat oder ob er sich doch gerade längere Gedanken über seine nächste Urlaubsbuchung macht. InstaHub kann das Verhalten der User überwachen. Dafür gibt es die analytics-Tabelle. Ihre Aufgabe: Loten Sie aus, wie man damit die Werbung besser personalisieren kann.

a Wenn Sie sich als Admin in Instahub bewegen, sind Sie gleichzeitig auch Nutzer. Bewegen Sie sich ein wenig im Netzwerk, liken und kommentieren Sie zwei oder drei Bilder. Betrachten Sie danach die analytics-Tabelle und suchen Sie die neu hinzugekommenen Einträge.

b Analysieren Sie in Form einer Klassenkarte, welche Daten in der analytics-Tabelle erfasst werden. Verwenden Sie als Attributnamen deutsche Begriffe.

c Für Schnelle: Wechseln Sie zu einem anderen Benutzeraccount in Ihrem Hub. (Verwenden Sie einen zweiten Browser, können Sie gleichzeitig mit unterschiedlichen Nutzern im Hub agieren). Suchen Sie gezielt Fotos zum Thema Reisen und klicken Sie mindestens drei an. Wechseln Sie nun wieder zurück zum admin-Account. Lassen Sie sich über eine SQL-Abfrage alle User anzeigen, die sich mindestens drei Fotos zum Thema Reisen angesehen haben.

d Bereiten Sie sich auf ein Telefongespräch mit der Marketingabteilung von Truti vor. Stellen Sie kurz dar, warum das Einbeziehen der analytics-Tabelle für das gezielte Schalten von Werbung ausschlaggebend für eine höhere Erfolgsquote der Werbekampagne sein kann, aber nicht zwingend sein muss.

e Nächste Woche hat die Datenschutzbeauftragte einen Kontrollbesuch angekündigt. Nennen Sie als Vorbereitung für den Termin drei Punkte, bei denen Ihr auf den Datenschutz achtet.

8 Forschungsauftrag: Werbung auf InstaHub für Profis (ab 1.12)

a Einigen Betreibern von großen sozialen Netzwerken reicht es nicht, ihr Verhalten innerhalb ihrer Umgebung zu kennen. Sie möchten auch wissen, was Sie außerhalb ihrer sozialen Netzwerke im Internet machen. Finden Sie heraus, welche Wege sie dazu gefunden haben und welche Daten sie über Sie damit sammeln können.

b Schalten Sie Ihre eigene Werbeanzeige auf InstaHub. Eine Anleitung steht dazu auf informatikschulbuch.de zur Verfügung. Unter dem Menüpunkt „Kampagnen" finden Sie schon eine Vielzahl an Anbietern, die bei uns werben wollen.

i princess – Ihr Shoppingpalast und der Freizeitpark Gützlow wollen speziell Jugendliche Ihres Geschlechts bewerben. Erstellen Sie für eines der beiden Unternehmen Werbeanzeigen, die entweder nur bei Mädchen oder nur bei Jungs angezeigt werden.

ii „Oodel – Besser als Petersilie" bietet Produkte gegen Hautunreinheiten an. Überlegen Sie, welche Zielgruppe interessiert ist, und erstellen Sie für diese eine Werbeanzeige.

iii Sie mögen Schokolade, Sie finden Kraftsport super oder entspannen mit Lavendeltee? Schalten Sie für zwei Ihrer Lieblingsbeschäftigungen oder Produkte je eine Werbeanzeige.

Teste dich selbst

T1 Grundbegriffe

Ordnen Sie die Begriffe aus dem objektorientierten Datenmodell (links) den passenden Begriffen aus der Datenbank (rechts) zu. Zwei Begriffe fehlen rechts, ergänzen Sie!

Objekt	Spalte
Attribut	Eintrag in einer Zelle in der Tabelle
Attributwert	
Klassendiagramm	Datensatz/Zeile
Objektname	

T2 SQL-Abfragen

a Erklären Sie knapp an einem selbst gewählten Beispiel, warum die Ergebnistabelle einer SQL-Abfrage auch aus einer einzigen Zahl bestehen kann.

b Erklären Sie die Begriffe rechts am Beispiel der SQL-Abfrage links. Die Zeilennummern helfen bei der Zuordnung.

```
1 SELECT    AVG(laufzeit)
2           AS LaufzeitDurchschnitt, genre
3 FROM      Film
4 WHERE     laufzeit < 180 AND fsk < 16
5 GROUP BY  genre
6 ORDER BY  LaufzeitDurchschnitt
```

Ergebnistabelle sortieren   Aliasname   Tabelle   logische Funktion   Gruppierung   Vergleich   Bedingung   Aggregatfunktion

c Formulieren Sie eine mögliche Aufgabenstellung, welche die Abfrage aus b) als Lösung hat.

T3 Ungleiche Paare

Grenzen Sie folgende Paare voneinander ab und erklären Sie den Unterschied:

a Objekt – Klasse
b Vergleich – Bedingung
c COUNT – SUM
d WHERE – HAVING

T4 Schlüssel

a Erklären Sie an einem selbst gewählten Beispiel den Begriff Primärschlüssel. Nennen Sie auch eine Spalte, die kein Schlüssel sein kann und begründen Sie dies.

b Beschreiben Sie, wie man in Ihrem Datenbanksystem einen künstlichen Schlüssel für eine Datenbanktabelle anlegen kann.

T5 Lehrkräfte

Folgendes Tabellenschema ist gegeben:

Lehrkraft(vorname, nachname, dienstalter, fach1, fach2, geschlecht)

a Zeichnen Sie das zugehörige Klassendiagramm.
b Geben Sie einen passenden Datentyp für jede Spalte an.
c Suchen Sie einen passenden Schlüssel und notieren Sie dann das Tabellenschema.
d Geben Sie die SQL-Abfrage zu folgenden Aufgabenstellungen an:

   i Listen Sie die Vor- und Nachnamen aller Lehrkräfte auf, die Sport und Religion unterrichten. Sortieren Sie das Ergebnis nach dem Nachnamen.

   ii Lassen Sie sich das durchschnittliche Dienstalter, das höchste und das niedrigste Dienstalter aller Lehrkräfte anzeigen. Verwenden Sie sinnvolle Aliasnamen.

   iii Lassen Sie sich die Anzahl aller Lehrkräfte, gruppiert nach dem Geschlecht, anzeigen.

T6 Richtig oder falsch?

Beurteilen Sie, ob folgende Aussagen richtig oder falsch sind. Begründen Sie Ihre Meinung bei falschen Aussagen und geben Sie eine berichtigte Aussage an:

a Das kartesische Produkt zweier Tabellen mit je vier Einträgen besteht aus vier Zeilen.

b Die Punktnotation bei Abfragen wird verwendet, um die Verbund-Bedingung zu formulieren.

c Eine Beziehung zwischen Objekten wird mit einer Verbindungslinie notiert, auf der ein Name, die Leserichtung sowie die Kardinalität stehen.

d Es gibt genau drei verschiedene Kardinalitäten: 1:1, 1:n und n:m.

e Bei der Umsetzung einer 1:n-Beziehung wird der Primärschlüssel der „n-Seite" auf der „1-Seite" eingefügt.

f Die n:m-Beziehung wird mit einer Beziehungstabelle umgesetzt.

g Referenzielle Integrität sorgt dafür, dass nicht mehrere personenbezogene Daten miteinander zu umfangreichen Persönlichkeitsprofilen verknüpft werden können.

T7 Ich check's, dank deiner Hilfe!

Ferdi hat im Unterricht nicht gut aufgepasst und braucht dringend Ihre Nachhilfe vor der alles entscheidenden letzten Prüfung. Helfen Sie ihm, indem Sie ihm die folgenden Begriffe erklären und an einem Beispiel erläutern (nach Möglichkeit am Rechner, nicht auf Papier!): Punktnotation, Verbund-Bedingung, Kardinalität, 1:n-Beziehung in der Datenbank, Beziehungstabelle.

T8 Notenverwaltung – SQL-Abfragen

Eine Datenbank zur Notenverwaltung einer Lehrerin hat folgende beiden Tabellen.

a Geben Sie eine (beliebige) unsinnige Zeile aus der Ergebnistabelle der Abfrage unten an und erklären Sie unter Verwendung von Fachbegriffen, wie es dazu kommt.

```
SELECT name, vorname, note, typ
FROM Schueler, Noten
```

b Notieren Sie die SQL-Abfrage, die alle Namen und deren Kurzarbeitsnoten auflistet.

c Benennen Sie Spalten, welche gleiche Werte in unterschiedlichen Zeilen enthalten. Erläutern Sie, ob es sich dabei um redundante Daten handelt, die mit einem angepassten Tabellenschema vermieden werden können.

Schueler			
nr	**name**	**vorname**	**klasse**
1	Scott	Abigayle	10c
2	Meier	Tom	10c
…	…	…	…

Note				
id	**schueler_nr**	**note**	**typ**	**fach**
1	1	2	Abfrage	Inf
2	2	4	Unterrichts- beitrag	Inf
3	1	3	Kurzarbeit	Inf
4	2	1	Kurzarbeit	Inf
…	…	…	…	…

T9 Datenbank eines Musikvereins

Miro Schmitt, Mara Huber und Bela Müller sind Mitglieder im Musikverein Infohausen. Miro und Mara haben Instrumentalunterricht. Miro lernt Saxophon bei Lehrer Charly. Mara ist im Trompetenunterricht von Miles. Mara ist zusätzlich noch Mitglied in der Bigband des Vereins, die Charly leitet. Bela singt im Chor. Der Vereinsbeitrag für jeden Instrumentalunterricht ist gleich. Für weitere Angebote wie Chor und Bigband werden andere Mitgliedsbeiträge erhoben, sodass Miro, Mara und Bela unterschiedlich hohe Mitgliedsbeiträge zahlen müssen.

a Erstellen Sie ein objektorientiertes Datenmodell zur Planung einer Datenbank.

b Entwickeln Sie aus a) die Tabellenschemata.

Zusammenfassung

Große Datenmengen können in **relationalen Datenbanken** in Form von **Tabellen** gespeichert werden.

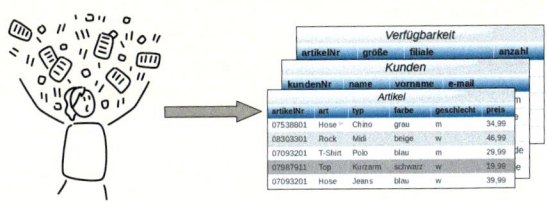

Für die Entwicklung einer Datenbanktabelle geht man vom **objektorientierten Datenmodell** aus. Die Struktur der Objekte wird in einem Klassendiagramm festgehalten. Beim Umsetzen in die Datenbank müssen **Datentypen** und ein **Primärschlüssel** festgelegt werden.

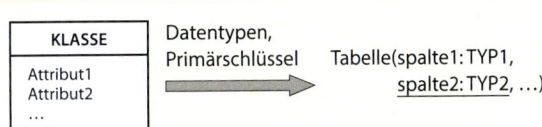

Der Primärschlüssel ...
– ... identifiziert Datensätze eindeutig.
– ... sollte möglichst wenige Spalten haben.
– ... kann künstlich oder natürlich sein.

Mit **SQL-Abfragen** können neue Informationen aus Datenbanktabellen gewonnen werden. Das Resultat einer Abfrage an eine Datenbank ist eine **Ergebnistabelle**.

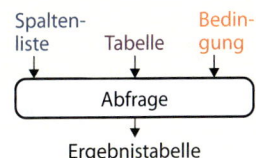

Eine SQL-Abfrage kann folgende Bestandteile haben:

SELECT *Spaltenliste*
- **DISTINCT** *vermeidet Duplikate.*
- *Aggregatfunktionen* (**COUNT, SUM, MAX, MIN, AVG**) *für Berechnungen*
- *SELECT* ***** *für „alle Spalten"*
- **AS** *Aliasname*

FROM *Tabelle*

WHERE *Bedingung*
- *Wird meist mit* **Vergleichen** *formuliert.*
- *Verknüpfung von mehreren Vergleichen mit* **logischen Funktionen** (**AND, OR, NOT**)

GROUP BY *Spaltenliste*

HAVING *Bedingung*

ORDER BY *Spaltenliste*
- **ASC** *für aufsteigend (Standard)*
- **DESC** *für absteigend*

Beispielabfrage bei einer Filmdatenbank

```
SELECT     AVG(laufzeit)
           AS LaufzeitDurchschnitt, genre
FROM       Film
WHERE      laufzeit < 180 AND fsk < 16
GROUP BY   genre
ORDER BY   LaufzeitDurchschnitt
```

Vom Modell zur Datenbank

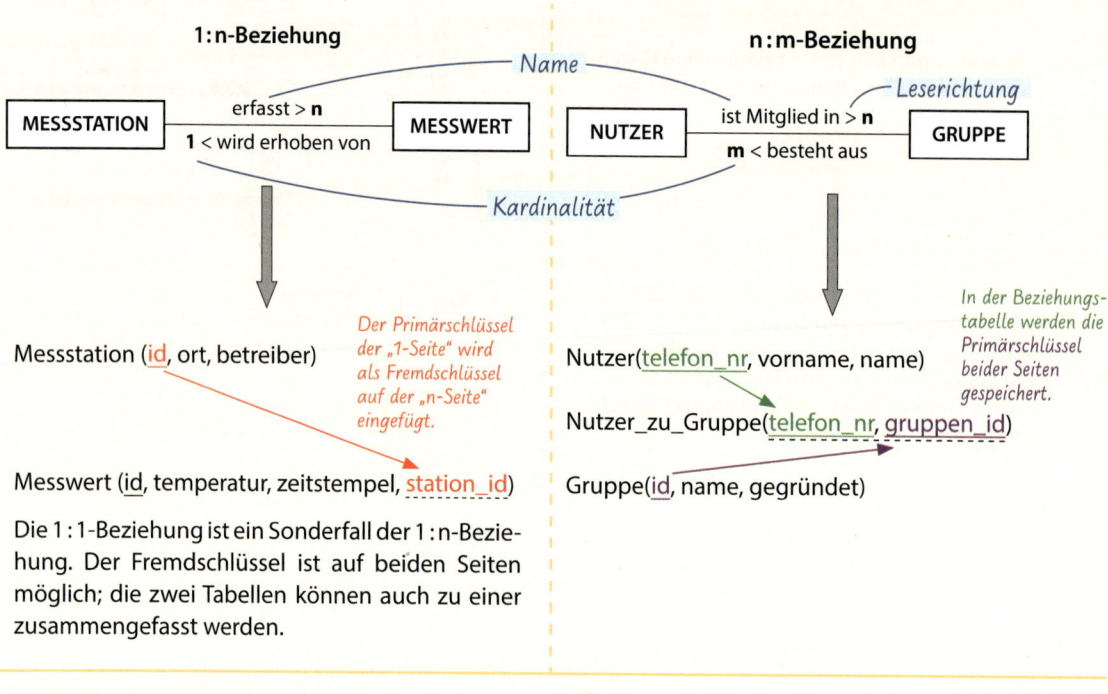

1:n-Beziehung

MESSSTATION — erfasst > **n** — MESSWERT
1 < wird erhoben von

Name
Kardinalität

n:m-Beziehung

NUTZER — ist Mitglied in > **n** — GRUPPE
m < besteht aus

Leserichtung

Messstation (<u>id</u>, ort, betreiber)

Der Primärschlüssel der „1-Seite" wird als Fremdschlüssel auf der „n-Seite" eingefügt.

Messwert (<u>id</u>, temperatur, zeitstempel, station_id)

Die 1:1-Beziehung ist ein Sonderfall der 1:n-Beziehung. Der Fremdschlüssel ist auf beiden Seiten möglich; die zwei Tabellen können auch zu einer zusammengefasst werden.

Nutzer(<u>telefon_nr</u>, vorname, name)

Nutzer_zu_Gruppe(<u>telefon_nr</u>, <u>gruppen_id</u>)

Gruppe(<u>id</u>, name, gegründet)

In der Beziehungstabelle werden die Primärschlüssel beider Seiten gespeichert.

Abfragen über verknüpfte Tabellen

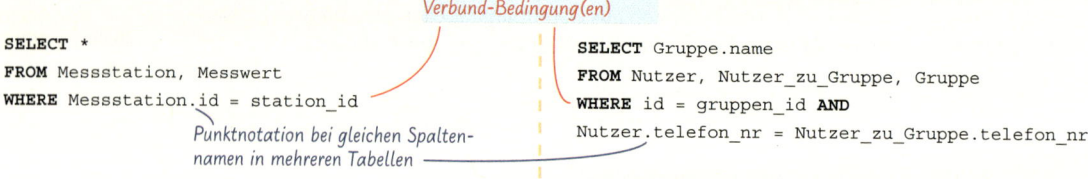

Verbund-Bedingung(en)

```
SELECT *
FROM Messstation, Messwert
WHERE Messstation.id = station_id
```

Punktnotation bei gleichen Spaltennamen in mehreren Tabellen

```
SELECT Gruppe.name
FROM Nutzer, Nutzer_zu_Gruppe, Gruppe
WHERE id = gruppen_id AND
      Nutzer.telefon_nr = Nutzer_zu_Gruppe.telefon_nr
```

Anomalien und Redundanz

Lösch-Anomalie: Beim Löschen eines Datensatzes werden mehr Informationen gelöscht als gewollt.

redundante Datensätze

schueler_name	schueler_tel	lehrer_name	lehrer_tel	fach
Erkan Alles	0176315248	Marion Nette	0178569421	Physik
Anna Gramm	0175843828	Marion Nette	084216899769	Latein
Klara Fall	0174562555	Marion Nette	0178569421	Physik
~~Bernhard Diener~~	~~0171817959~~	~~Ann Geber~~	~~0176443502~~	~~Deutsch~~
Ann Hänger	0171534782	???	???	???

Einfüge-Anomalie: Ein Datensatz kann nicht eingefügt werden, weil Primärschlüsselwerte fehlen.

Änderungs-Anomalie: Beim Ändern sind nicht alle Datensätze berücksichtigt worden.

Referenzielle Integrität

Zu jedem Fremdschlüssel muss ein Primärschlüsselwert in der referenzierten Tabelle vorhanden sein.

Analyse von Datensätzen

Durch die Verknüpfung von natürlichen Schlüsseln wie Telefonnummer und E-Mail-Adresse aus mehreren unabhängigen Datensätzen besteht die Gefahr der Erstellung von umfangreichen Persönlichkeitsprofilen.

Zum Weiterlesen

L1 Normalformen

In den vorangegangenen Teilkapiteln wurde bereits festgestellt, dass es eines „guten" Datenbank-entwurfs bedarf, um Probleme mit widersprüchlichen Daten oder den Verlust noch benötigter Information zu vermeiden. Die bisher aufgestellten Grundregeln zur Datenmodellierung lassen sich formaler fassen. Auf diesem Weg kann man sie auch in nicht so offensichtlichen Fällen über-prüfen und einhalten.

Erfüllt eine Datenbank eine dieser Grundregeln, so sagt man: „Die Datenbank ist in der jeweiligen Normalform." Die Normalformen sind aufsteigend nummeriert, jede höhere Nummer schließt die Ansprüche aller niedrigeren Nummern mit ein.

> **1. Normalform:**
> Eine Tabelle enthält ausschließlich atomare (einelementige) Feldwerte.

Erläuterung mit Beispiel:

→ 1.10

Die 1. Normalform fordert, dass in Tabellen keine zusammengesetzten Werte oder Auf-zählungen vorkommen. Eine Tabelle, in welcher die verschiedenen Gruppen-IDs eines Nutzers in einer Zelle des jeweiligen Datensatzes gespeichert werden würden,

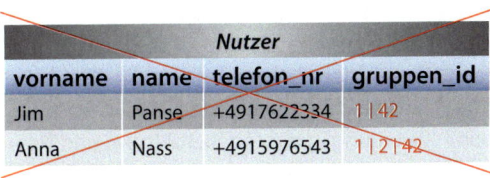

verstieße gegen diese Bedingung. Deshalb wurde z. B. für die Zuordnung der Nutzer zu den Gruppen die zusätzliche Tabelle Nutzer_zu_Gruppe angelegt.

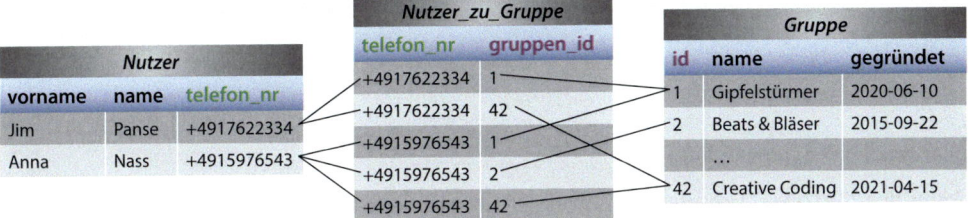

> **2. Normalform:**
> Zusätzlich zur 1. Normalform muss gelten:
> Jedes Nicht-Schlüsselattribut muss vom gesamten Schlüssel abhängen.

Dabei gilt folgende **Definition**:
Ein Attribut Y ist von einem Attribut X abhängig, wenn der Wert von X den Wert von Y festlegt.

Anmerkung:
Besteht der Schlüssel nur aus einer Spalte, ist die Tabelle immer in der zweiten Normalform. Um bei Schlüsseln, die aus mehreren Spalten bestehen, die zweite Normalform zu erreichen, erstellt man für die Teile des Schlüssels, von denen weitere Attribute abhängen, eigene Tabellen und lässt sie dann in der ursprünglichen Tabelle weg.

Erläuterung mit Beispiel:

→ 1.11

In Kapitel 1.11 wurde zunächst die Tabelle Nachhilfe betrachtet. Der Primärschlüssel bestand aus den Spalten schueler_tel, lehrkraft_tel und fach. Die Werte der Spalte schueler_name sind hier beispielsweise nur abhängig von der Spalte schueler_tel, nicht jedoch vom Rest des Schlüssels. Analog gibt es eine Teilabhängigkeit zwischen den Spalten lehrkraft_name und lehrkraft_tel. Diese Art der Abhängigkeit kann man auch an den Redundanzen in der Tabelle erkennen. Es wird deutlich, dass in der Tabelle Nachhilfe die Klassen SCHUELER und LEHRKRAFT fälschlicherweise in einer Tabelle umgesetzt worden sind.

schueler_name	schueler_tel	lehrkraft_name	lehrkraft_tel	fach
Erkan Alles	0176315248	Marion Nette	0178569421	Physik
Anna Gramm	0175843828	Marion Nette	084216899769	Latein
Klara Fall	0174562555	Marion Nette	0178569421	Physik
Bernhard Diener	0171817959	Ann Geber	0176443502	Deutsch
…	…			…

> **3. Normalform:**
> Zusätzlich zur 2. Normalform muss gelten:
> Attribute sind nur vom Schlüssel, nicht voneinander, abhängig.

Erläuterung mit Beispiel:

Ein ähnlicher Konflikt wie in der Tabelle Nachhilfe würde entstehen, wenn ein Streamingdienst die Informationen zu Alben und Interpreten in nebenstehender Form mit der Spalte titel als Primärschlüssel speichern würde. Die Werte der Spalte infos_interpret hängen von den jeweiligen Werten der Spalte interpret ab. Dieser Fall muss ausgeschlossen werden und wird durch eine Aufteilung in die Tabellen Album und Interpret gelöst.

titel	genre	interpret	infos_interpret
Gaslighter	country	The Chicks	Die Chicks sind eine amerikanische Country …
March March	country	The Chicks	Die Chicks sind eine amerikanische Country …
Wavin' Flag	world	K'naan	Keinan Abdi Warsame, besser bekannt als …
Try	country rock	Neil Young	Neil Young wurde am 12. November 1945 in …
…	…	…	…

Album		
titel	**genre**	**interpret**
Gaslighter	country	The Chicks
March March	country	The Chicks
Wavin' Flag	world	K'naan
Try	country rock	Neil Young
…	…	…

Interpret	
name	**infos**
The Chicks	Die Chicks sind eine amerikanische Country …
K'naan	Keinan Abdi Warsame, besser bekannt als …
Neil Young	Neil Young wurde am 12. November 1945 in …
…	…

Anmerkung: In dieser Umsetzung kann ein Album nicht von mehreren Interpreten veröffentlicht werden. Möchte man diesen Fall berücksichtigen, müsste man die Beziehung über eine Beziehungstabelle umsetzen.

L2 Hacken für Anfänger: SQL-Injection-Angriffe

Viele Webseiten verwenden als Teil ihres Backends ein Datenbanksystem, mittels welchem z. B. Seiteninhalte nach Bedarf abgerufen oder Login-Daten verwaltet und abgeglichen werden können. Unter dem Begriff *SQL-Injection* versteht man das „Einschleusen" eigener SQL-Kommandos durch einen (oft böswillig agierenden) Hacker, um so Informationen auszuspähen oder gar Datenbankinhalte zu manipulieren. Bei schlecht gesicherten Webseiten kommt es häufig vor, dass Nutzereingaben auf der Webseite ungeprüft in SQL-Ausdrücke übernommen werden, wodurch es einem Angreifer möglich wird, durch geschickte, vom Webseitenbetreiber nicht vorgesehene Eingaben beinahe beliebige SQL-Befehle und Abfragen auszuführen.

Eine schlecht gesicherte Webseite mit Anmeldefunktion könnte beispielsweise eine Datenbanktabelle Nutzer verwenden, mit der die beim Login eingegebenen Zugangsdaten abgeglichen werden.

benutzername	passwort	rolle	e_mail	geburtsdatum	telefonnr
admin1	1337!	Administrator	admin@…	23.12.1978	0160 9…
kunde2834	passwOrt	Kunde	post@…	22.07.1965	0151 4…
…	…	…	…	…	…

Durch eine eingeschleuste SELECT * Abfrage auf diese Tabelle könnten hier persönliche Daten und Passwörter geklaut werden; aber auch eine Manipulation der Daten (z. B. kunde2834 macht sich selbst zum Administrator) oder rein zerstörerische Aktionen wie das Löschen der gesamten Datenbank sind durch eingeschleuste SQL-Befehle möglich.

Beim Login-Versuch eines Nutzers muss das System intern das in der Nutzertabelle gespeicherte Passwort für den Vergleich mit der Passworteingabe abfragen. Folgende Abfrage wäre denkbar:

```
SELECT passwort
FROM    Nutzer
WHERE   benutzername = "eingegebener Benutzername"
```

Gibt man als Benutzername beim Login nun folgendes ein:

kunde2834"; UPDATE Nutzer SET rolle = "Administrator" WHERE benutzername = "kunde2834

so führt das Datenbanksystem insgesamt folgendes aus:

```
SELECT passwort
FROM    Nutzer
WHERE   benutzername = "kunde2834";
UPDATE Nutzer
SET rolle = "Administrator"
WHERE benutzername = "kunde2834" ;
```

Neben dem eigentlichen Passwortabgleich wird so zusätzlich dem Benutzerkonto von kunde2834 die Rolle eines Administrators zugewiesen.

SQL-Injections selbst ausprobieren

Da bereits durch einen versuchten SQL-Injection-Angriff ein Schaden für den Webseitenbetreiber entstehen kann, darf nur bei Webseiten, die dies ausdrücklich erlauben, mit solchen Angriffen experimentiert werden. Andernfalls ist bereits der Versuch einer SQL-Injection strafbar! Auf der speziell für diesen Zweck eingerichteten Seite www.dbiu.de/schule einer fiktiven Schule, dürfen Sie versuchen, mittels SQL-Injections unerlaubt an Informationen zu gelangen.

Die Webseite verwendet ein sogenanntes *Content Management System* (CMS), bei dem die Inhalte der einzelnen Seiten in einer Datenbanktabelle verwaltet werden. Die Startseite ist dabei z. B. unter der URL www.dbiu.de/schule/index.php?page_id=0 erreichbar, wobei der Parameter page_id=0 angibt, welche Seite geladen werden soll. Es liegt also nahe, dass der Seiteninhalt mittels einer Abfrage wie rechts dargestellt abgerufen wird.

```
SELECT ???
FROM ???
WHERE page_id=0
```

Durch einen recht einfachen „Hack" können Sie nun versuchen, die Notenlisten der Schule abzurufen, welche nur sehr schlecht gegen unerlaubten Zugriff geschützt sind.

Mit einem etwas anspruchsvolleren Angriff kann außerdem Zugriff auf die Login-Daten aus der Nutzertabelle erlangt werden. Hierzu muss zunächst die genaue Struktur der Datenbank ermittelt werden. Das verwendete Datenbanksystem bietet hierzu die SQL-Befehle **SHOW TABLES** und **DESCRIBE** *Tabellenname* an, welche durch eine SQL-Injection ausgeführt werden können. Kennt man die Tabellenstruktur, können mittels beliebiger eingeschleuster **SELECT**-Befehle weitere Daten abgerufen werden.

L3 Biometrische Daten als Schlüssel

Um den Zugang zu Räumen, wertvollen Gegenständen oder Daten zu sichern, werden in der Regel Schlüssel verwendet. Dies können „normale" Sicherheitsschlüssel sein, aber auch Zahlenkombinationen oder Kennwörter für einen Computer. Zunehmend werden auch persönliche Eigenschaften wie der Fingerabdruck, das Gesicht, die Venen am Handrücken und das Muster der Iris verwendet.

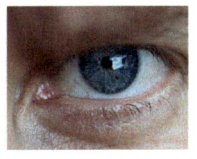

→ Biometrie ist zu-
sammengesetzt aus
den griechischen
Wörtern βίος *bíos*
„Leben" und μέτρον
métron „Maß,
Maßstab"

Diese Merkmale nennt man biometrische Eigenschaften, die Technik ihrer Erkennung → Biometrie. Sie haben den Vorteil, dass nur berechtigte Personen einen Zugang erhalten und nicht der
aktuelle Besitzer des Schlüssels.

In der Biometrie wird bei der Registrierung einer Person ein Muster einer Eigenschaft erfasst und
in digitaler Form verschlüsselt gespeichert. Bei Fingerabdrücken sind dies beispielsweise Enden,
Verzweigungen und Formen der Hautlinien, Minutien genannt. Beim nächsten Kontakt wird das
Merkmal erneut aufgenommen und mit dem gespeicherten Muster verglichen. Beim Vergleich
wird man selten eine vollständige Übereinstimmung mit dem Muster erreichen, denn beispielsweise beim Fingerabdruck können beim Auflegen des Fingers auf den Sensor durch Schweiß
bzw. Verunreinigungen am Finger oder durch kleine Hautabschürfungen geringfügige Abweichungen auftreten. Es ist somit eine gewisse Toleranz gegenüber Abweichungen notwendig. Je
geringer die Wahrscheinlichkeit für die Abweisung eines Berechtigten ist, desto höher ist aber
auch die Wahrscheinlichkeit für die Zulassung eines Unberechtigten. Bei sehr niedriger Toleranz-
schwelle ist die Zulassung eines Unberechtigten unwahrscheinlich, aber leicht können auch Berechtigte abgewiesen werden. Die beiden beim Fingerabdruck erwähnten Fehlermöglichkeiten
zeigen deutlich die Grenzen biometrischer Überprüfung der Identität. Bei Fingerabdrücken liegt
derzeit die Zulassungsrate Unberechtigter bei weniger als 0,00001 % und die Abweisungsrate
Berechtigter bei 10 %. Auch wenn biometrische Verfahren Vorteile bringen, haben Datenschützer
und Datenschützerinnen ein kritisches Auge darauf. Seit 2007 werden biometrische Merkmale
auch im Personalausweis gespeichert. Eine digitalisierte Fotografie des Gesichts und ein Fingerabdruck werden dort gesichert. Da es sich beim Personalausweis um personenbezogene Daten
handelt, ist es den Datenschutzbeauftragten wichtig, dass die Daten nicht ohne Kenntnis des
Eigentümers ausgelesen werden können. Da der Ausweis drahtlos ausgelesen werden kann,
müssen spezielle Sicherheitsmaßnahmen getroffen werden.

Zudem können die biometrischen Daten nicht zurückgesetzt werden. Das wird zum Problem,
wenn weitere personenbezogene Daten wie beispielsweise Einkommen, Krankheiten oder Erbanlagen gesammelt und mit den biometrischen Daten verknüpft werden. Dann besteht die Gefahr des „gläsernen Menschen", dessen Lebensweise und Bedürfnisse durchschaubar sind. Auf
den ersten Blick hätte dies die positive Konsequenz, dass dadurch besser auf die Bedürfnisse des
Individuums eingegangen wird. Man bekommt z. B. nur noch 100 % maßgeschneiderte Werbe-
angebote. Auf der anderen Seite könnten dadurch z. B. Krankenkassen ihre Tarife abhängig von
den Erbanlagen individuell gestalten oder Kaufhausketten ihre Preise abhängig vom Wohnort
der Kaufenden festlegen. Eine Privatsphäre ist damit nicht mehr gewährleistet.

L4 Aus der Praxis: Große Datenbank

„Mein Name ist Karlo Kugi und ich bin für die Datenbanken eines
Online-Versandhändlers mit 15 000 Angestellten, mehr als
450 000 Artikeln von 15 000 verschiedenen Marken sowie mehr
als 29 Millionen aktiven Kunden zuständig. In unseren Datenbanken sind viele Terabytes Informationen gespeichert, zum Beispiel
alle Informationen zu den Artikeln, wie die Marke, der Preis, die
Verfügbarkeit aber auch wie oft ein Artikel in der letzten Zeit gekauft wurde und wer ihn gekauft hat.

Meine langjährige Praxiserfahrung hat mich gelehrt, dass der „Anfang" einer Datenbank, die
Modellierung der zu speichernden Informationen, die wichtigste Phase ist. Hierfür muss man sich
Zeit nehmen und mit Sorgfalt arbeiten, denn eine schlechte Konzeption rächt sich später mit
zeitaufwendigen und damit teuren Korrekturen. Ein gutes Modell lässt auch nachträgliche, nicht
vorhersehbare Änderungen ohne großen Aufwand zu. Wenn wir zum Beispiel neue Artikel einer
Marke in unseren Shop mitaufnehmen, sind diese meist bereits mit einer Artikelnummer versehen. Die Artikelnummer ist ein Schlüssel und muss daher eindeutig sein. Da die Artikelnummern
verschiedener Hersteller jedoch identisch sein können, erzeugen wir neue Artikelnummern.

2 Objektorientierte Modellierung und Programmierung

In diesem Kapitel werden Sie ...

... vorhandene Klassen nutzen und selbst Klassen entwickeln.

... Abläufe analysieren und exakt beschreiben.

... eigene Programme erstellen.

2.1 Vorbereitung aufs Programmieren: Arbeiten mit Objekten

Ein Computerspiel spielen, das kennt man. Möchte man aber selbst ein solches Spiel objektorientiert programmieren, muss man eine andere Sicht einnehmen: Zur Planung muss man analysieren, welche Objekte Teil des Spiels sind, welche Eigenschaften und Fähigkeiten sie haben usw.

a Benennen Sie mindestens fünf Objekte, die Sie auf dem Bild rechts sehen. Ordnen Sie sie geeigneten Klassen zu. Geben Sie auch an, welche Attribute und Methoden die Klassen haben könnten. Die Schnipsel unten helfen Ihnen dabei.

b Finden Sie weitere Attribute und Methoden, die nicht im Kasten stehen.

Das hatten wir doch schon!

geist1   Gehen()   krümel1

winkel   Drehen(winkel)

GEIST   KRÜMEL   x   Fressen()

geist2   krümel2   y

Übersicht durch Objekt- und Klassendiagramme

Einen guten Überblick über die Strukturen in Software geben Objekt- und Klassendiagramme. Die folgende Abbildung zeigt je ein Beispiel passend zur gelben Figur.

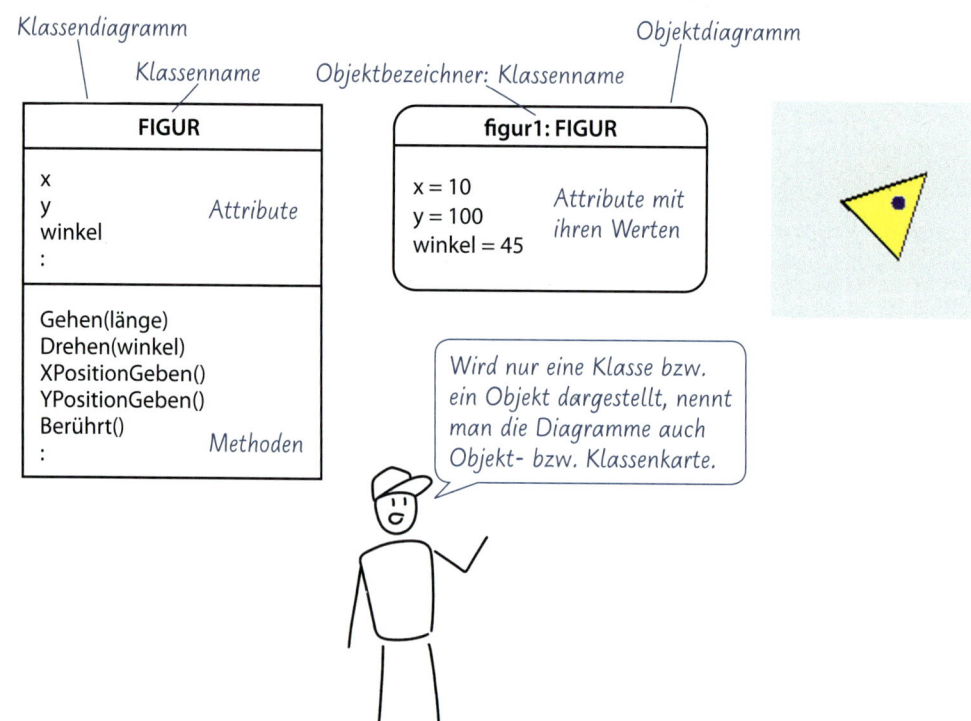

Klassendiagramm

Klassenname

Objektbezeichner: Klassenname

Objektdiagramm

FIGUR
x
y   Attribute
winkel
:
Gehen(länge)
Drehen(winkel)
XPositionGeben()
YPositionGeben()
Berührt()
:   Methoden

figur1: FIGUR
x = 10   Attribute mit
y = 100   ihren Werten
winkel = 45

Wird nur eine Klasse bzw. ein Objekt dargestellt, nennt man die Diagramme auch Objekt- bzw. Klassenkarte.

Programmiersprachen und Entwicklungsumgebungen

Kern der objektorientierten Modellierung/ Programmierung ist das Schreiben von Klassen (Baupläne für Objekte). Dafür gibt es spezielle **Programmiersprachen**, mit denen man die Baupläne mit ihren Attributen und Methodenbeschreibungen (**Quelltext**) formulieren kann. Sie haben exakt festgelegte Regeln für den Aufbau und die Schreibweise von Quelltexten (**Syntax**). Um Quelltext in eine für den Computer ausführbare Form zu bringen, werden Werkzeuge benötigt, die den für uns lesbaren Text in maschinenausführbare Form **übersetzen** (→ **compilieren**) und mit anderen Klassen zu einem fertigen Programm vereinen (→ **linken**).

Diese beiden Aufgaben werden zusammen mit der Verwaltung der Quelltexte von einer sogenannten **Entwicklungsumgebung** (IDE → Integrated Development Environment) erledigt.

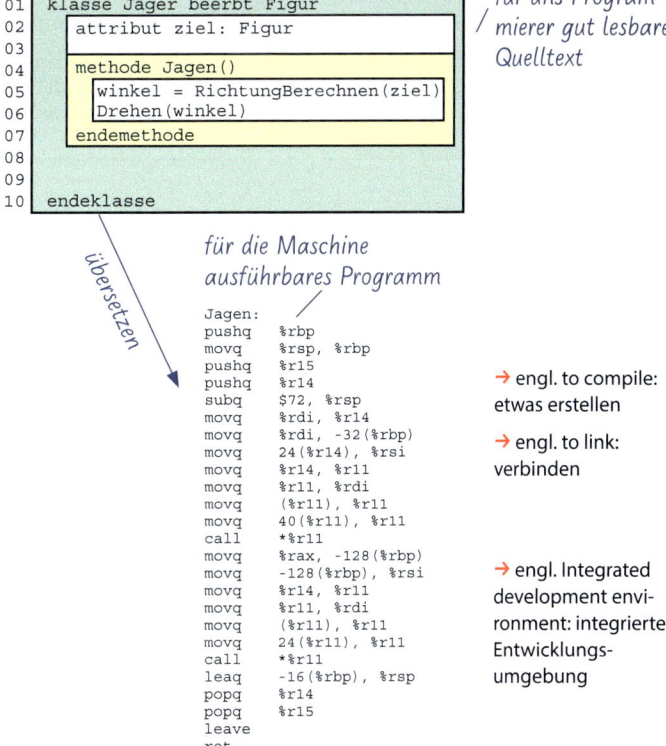

für uns Programmierer gut lesbarer Quelltext

für die Maschine ausführbares Programm

→ engl. to compile: etwas erstellen

→ engl. to link: verbinden

→ engl. Integrated development environment: integrierte Entwicklungsumgebung

Erkunden Sie Ihre Entwicklungsumgebung anhand des bereitgestellten Materials.

a Erstellen Sie je ein Objekt figur1 und figur2 der Klasse FIGUR.

b Bewegen Sie eine der Figuren, indem Sie abwechselnd die Methoden *Gehen* und *Drehen* aufrufen.

c Lassen Sie sich nach jedem Methodenaufruf die Werte der Attribute Ihres Objekts anzeigen.

Zwei Objekte nach dem gleichen Bauplan erschaffen.

Objekte erstellen und ihnen Botschaften schicken

Die Syntax für das Erzeugen von Objekten und Aufrufen von Methoden ist bei allen Programmiersprachen ähnlich. Der Methodenaufruf hat die bekannte Form der Punktnotation. Folgende Abbildung zeigt Beispiele für vier unterschiedliche Sprachen.

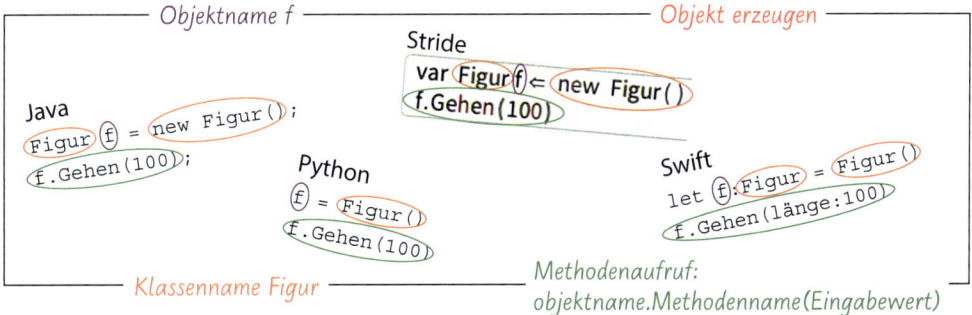

Zur Beschreibung von Klassen (Baupläne für Objekte) werden spezielle **Programmiersprachen** verwendet. Diese haben streng festgelegte Schreibregeln (**Syntax**).
Zum Erstellen der Klassen werden **integrierte Entwicklungsumgebungen** (**IDE**s) verwendet. Diese erlauben auch das Erzeugen von Objekten und Senden von Botschaften an diese Objekte.

Aufgaben

1 Fit in den Grundlagen?
Entscheiden Sie zu jeder Aussage, ob sie richtig oder falsch ist. Erklären Sie knapp anhand eines Beispiels.

a *Eine Klassenkarte ist einfach zu zeichnen: zuerst der Name der Klasse, dann die Attribute und Attributwerte und als letztes die Methoden. Und das alles in einem Rechteck mit Kanten.*

b *Mein Hund Benno hat die Attribute bewegungsfreudig, flauschig und kinderlieb.*

c *Zwei Objekte der gleichen Klasse können unterschiedliche Attributwerte haben.*

d *Methodenaufrufe funktionieren nicht immer. Beispiel: Jan.UnsichtbarWerden()*

e *Jede Methode hat ein Klammerpaar, obwohl manchmal auch nichts innerhalb der Klammern steht.*

f *Die erste Zeile einer Klassenkarte hat die Form: Objektbezeichner: Klassenname*

2 Informatik ist überall – Steuerung eines elektronischen Krans
Container werden für den Weitertransport von Schiff1 auf Schiff2 verladen. Dabei soll die Anordnung der Container beibehalten werden, damit am Zielort das Entladen in der richtigen Reihenfolge geschehen kann. Zum Umsortieren darf zusätzlich die Rampe zwischen den Schiffen verwendet werden. Zur Steuerung des Krans stehen die Methoden aus dem Klassendiagramm zur Verfügung.

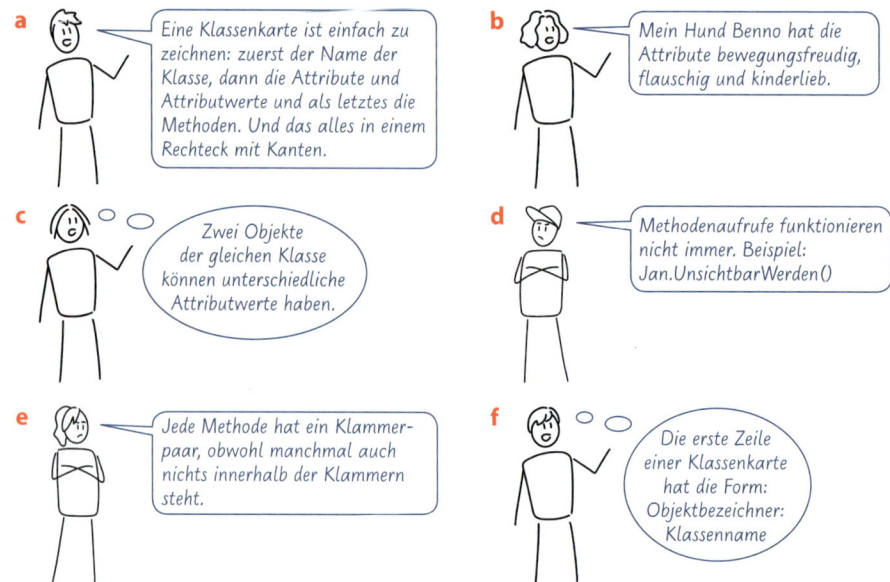

KRAN
position
Links() Rechts() Runter() Hoch() Zugreifen() Loslassen()

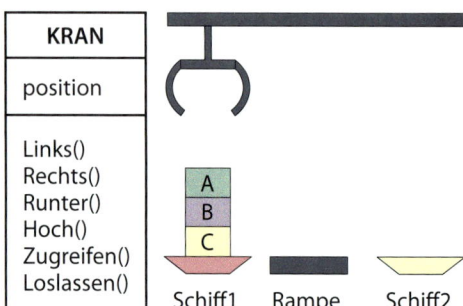

Schiff1   Rampe   Schiff2

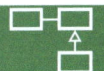

a Notieren Sie die Methodenaufrufe, um die Container passend umzuladen.

b Begründen Sie, warum Aufgabe a) nicht ohne die Rampe als Zwischenablage lösbar ist.

c Für Schnelle: Laden Sie so um, dass wegen der sensiblen Fracht in Container A und B die alphabetische Reihenfolge der Container auf jedem Stapel erhalten bleibt.

3 Einstieg in die Entwicklungsumgebung

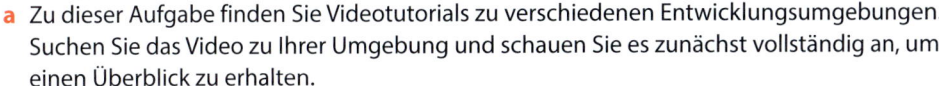

a Zu dieser Aufgabe finden Sie Videotutorials zu verschiedenen Entwicklungsumgebungen. Suchen Sie das Video zu Ihrer Umgebung und schauen Sie es zunächst vollständig an, um einen Überblick zu erhalten.

b Öffnen Sie nun in Zweierteams die Entwicklungsumgebung und vollziehen Sie die wesentlichen Schritte aus dem Video nach. Wenn Sie merken, dass Sie nicht weiterkommen (aber nur dann!), dürfen Sie auf dem zweiten Rechner auch noch einmal kurz im Video „spicken".

c Variieren Sie das Einstiegsbeispiel und erproben Sie selbstständig weitere Methodenaufrufe.

d Für Schnelle: Betrachten Sie ein Video zu einer weiteren Entwicklungsumgebung. Formulieren Sie Gemeinsamkeiten und Unterschiede zu Ihrem Werkzeug.

4 Programmiersprachen – Gemeinsamkeiten und Unterschiede

Vergleichen Sie über den Codeschnipsel auf S. 81 die im Unterricht verwendete Programmiersprache mit einer anderen. Nennen Sie mindestens einen Unterschied und mindestens zwei Gemeinsamkeiten.

5 Zeichnen mit der Turtle

Die Turtle (Schildkröte) ist eine Figur, die am Schwanzende einen Stift hält, mit dem sie zeichnen kann.

a Erstellen Sie ein Objekt t1 der Klasse TURTLE. Erkunden Sie, welche Methoden die Klasse außer *Gehen* und *Drehen* noch zur Verfügung stellt. Probieren Sie insbesondere die Wirkung der Methodenaufrufe *StiftHeben* und *StiftSenken* aus.

b Erstellen Sie ein weiteres Objekt t2 der Klasse TURTLE. Zeichnen Sie anschließend ein passendes Objektdiagramm. Finden Sie dazu heraus, wie Sie die Attributwerte des TURTLE-Objekts angezeigt bekommen. Führen Sie nun für das neue Objekt t2 die Methode *Gehen(100)* aus. Geben Sie konkret an, wie Sie die Botschaft mit dem Methodenaufruf an das zweite Objekt adressiert haben. Überlegen Sie sich, welcher Attributwert sich verändert, und tragen Sie in das Objektdiagramm den Wert für die neue Position mit Farbe ein. Überprüfen Sie mit Hilfe der Entwicklungsumgebung.

c Die Methoden *Gehen* und *FarbeSetzen* haben Parameter. Finden Sie heraus, von welchem Datentyp diese Parameter sind. Geben Sie an, wodurch sich die Schreibweise der Werte unterscheidet, die Sie jeweils für die Parameter angeben können.

d Die Methode *XPositionGeben* gibt einen Wert zurück. Stellen Sie eine Vermutung auf, welchen Datentyp dieser Wert haben könnte, und überprüfen Sie Ihre Vermutung.

e Erzeugen Sie zusätzlich zum TURTLE-Objekt ein Objekt der Klasse RECHTECK und bewegen Sie Ihr TURTLE-Objekt so, dass die Methode *Berührt* den Wert WAHR zurück gibt.

f Überlegen Sie sich, welche Methoden Sie aufrufen müssen, damit die Turtle ein Sechseck zeichnet. Notieren Sie diese Aufrufe in der bekannten Punktnotation.

g Zeichnen Sie mit dem erstellten TURTLE-Objekt Figuren wie ein Rechteck, einen Stern oder einen Lastwagen. Vergleichen Sie die Notation der notwendigen Methodenaufrufe in Ihrer Programmiersprache mit der in f) erstellten Punktnotation.
Verwenden Sie die Methoden *StiftHeben* und *StiftSenken*, um mehrere Figuren getrennt zu zeichnen.

6 Einfache Grafiken für Spiele entwerfen

a Erstellen Sie je ein Objekt der Klassen RECHTECK, DREIECK, KREIS und TEXT. Erkunden Sie mit Methodenaufrufen, welche Methoden diese Objekte besitzen und was diese tun.

b Erstellen Sie mit Hilfe von Objekten der Klassen KREIS und DREIECK einen Regentropfen.

c Erstellen Sie die beiden rechts abgebildeten Monster-Figuren. Überlegen Sie sich, warum die Figuren nicht ganz optimal gezeichnet werden können. Tauschen Sie sich zu zweit darüber aus.

d Erstellen Sie ein (einfaches) Schild mit der Aufschrift „Computerraum". Erproben Sie, welche Attribute Ihnen zur Ausgestaltung der Schrift zur Verfügung stehen.

e Erstellen Sie aus einem rotem und einem schwarzen Rechteck einen roten Ziegelstein mit schwarzem Rand. Beobachten Sie, was passiert, wenn Sie die Objekte in einer anderen Reihenfolge erzeugen. Erklären Sie aus dieser Beobachtung, wofür die Methoden *NachVornBringen()* und *NachHintenBringen()* benötigt werden. Überprüfen Sie Ihre Erklärung durch Anwenden der Methoden.

f Für Schnelle: Erstellen Sie weitere, selbst designte Figuren.

7 Hausbau

a Listen Sie auf, welche Objekte Sie benötigen, um das rechts abge-bildete Haus zu erstellen, und welche Methoden Sie aufrufen müssen, um das gewünschte Aussehen zu erreichen.

b Erstellen Sie nun die Objekte und führen Sie deren Methoden so aus, dass ein Haus ähnlich wie das rechts abgebildete entsteht.

c Vergleichen Sie zu zweit Ihre Ergebnisse. Welche Unterschiede können Sie feststellen? Überlegen Sie, worauf diese Unterschiede zurückzuführen sind.

d Zeichnen Sie für das Haus, das Dach und ein Fenster die Objektkarten.

e Erstellen Sie nun den abgebildeten Apfelbaum. Sie können das Aussehen auch variieren.

f Zeichnen Sie für einen der Äpfel die Objektkarte.

g Lassen Sie über dem Haus auch eine Sonne ähnlich wie rechts dargestellt aufgehen.

8 2D-Spielwelt (Teil 1)

Welten von zweidimensionalen Spielen sind häufig quadratisch. Mit der Anzahl der Zellen und deren Abmessungen kann man die Größe der Welt und damit auch die Komplexität des Spiels beeinflussen. In dieser Aufgabe beginnt alles sehr klein.

a Öffnen Sie das Projekt und erzeugen Sie Objekte unterschiedlicher Klassen. Erkunden Sie deren Methoden, indem Sie sie aufrufen.

b Setzen Sie das Projekt auf den Anfangsstand zurück. Erzeugen Sie ein Objekt der Klasse KLEINEWELT. Die Welt ist unvollständig. Ergänzen Sie sie passend durch weitere Objekte. Gegebenenfalls müssen die Objekte über Methodenaufrufe angepasst werden.

c Erzeugen Sie nun ein Objekt der Klasse DREIECK als Spielfigur. Bewegen Sie es über Methodenaufrufe von Feld zu Feld in der 2D-Welt. Gegebenenfalls muss das Objekt über Methodenaufrufe angepasst werden.

Notieren Sie knapp, mit welchen Methodenaufrufen die Bewegung erfolgt und welche Verbesserungen bzw. Ergänzungen an der Bewegung wünschenswert wären.

9 Robot Karol

a Der Roboter Karol (Objekt der Klasse ROBOTER) kann sich in einer für ihn geschaffenen Welt (Objekt der Klasse WELT) bewegen. Überlegen Sie sich, welches der beiden Objekte Sie zuerst erzeugen müssen, und erzeugen Sie dann die Objekte. Erkunden Sie weiter, wie Sie angeben können, wo der Roboter zu Beginn steht.

b Überlegen Sie sich, welche Methoden Sie aufrufen müssen, damit der Roboter von der normalen Startposition aus die nebenstehende Welt erzeugt, und notieren Sie die notwendigen Methodenaufrufe in Punktnotation.

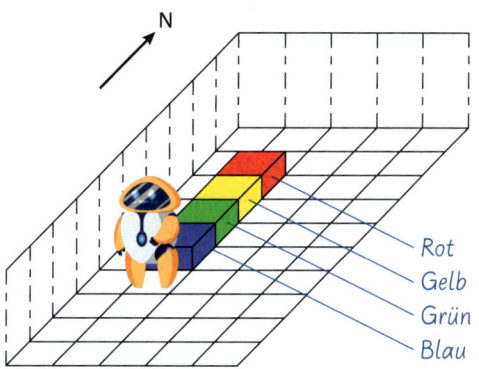

c Rufen Sie die Methoden in Ihrer Entwicklungsumgebung auf und überprüfen Sie, ob das Ergebnis der Vorlage entspricht. Vergleichen Sie auch die Notation der notwendigen Methodenaufrufe in Ihrer Programmiersprache mit der in b) erstellten Punktnotation.

d Zeichnen Sie die Objektkarte für den Roboter an der Stelle, an der er in der Abbildung steht. Überprüfen Sie mit Hilfe Ihrer Entwicklungsumgebung, ob Ihre Attributwerte korrekt sind.

e Die Methode *IstWand* gibt einen Wert zurück. Überlegen Sie, welchen Datentyp dieser Rückgabewert haben sollte, und überprüfen Sie Ihre Überlegungen mit Hilfe der Entwicklungsumgebung. Erzeugen Sie dann in zwei passenden Situationen verschiedene Rückgabewerte.

10 Wichtige Begriffe

Die folgende Übersicht listet sechs zentrale Begriffe der Objektorientierung auf.

Klasse:	ein Bauplan für Objekte
Objekt:	konkretes Exemplar, das nach dem Bauplan erstellt ist
Attribut:	Merkmal eines Objekts
	(alle Objekte der gleichen Klasse haben die gleichen Attribute)
Attributwert:	konkreter Wert eines Attributs bei einem Objekt
Methode:	(schlummernde) Fähigkeit eines Objekts
Methodenaufruf:	Botschaft an ein Objekt, seine Methode auszuführen

Veranschaulichen Sie die Begriffe einmal durch ein nicht digitales Beispiel (z. B. durch Sie als Objekt) und einmal durch ein digitales (z. B. durch ein Turtle-Objekt).

11 Entwicklungsumgebungen unterstützen beim Programmieren

Testen bzw. recherchieren Sie für Ihre Entwicklungsumgebung die folgenden hilfreichen Funktionalitäten beim Programmieren. Notieren Sie zu jeder Frage eine knappe Antwort so, dass damit eine Mitschülerin oder ein Mitschüler die entsprechende Funktionalität der Entwicklungsumgebung nutzen kann.

a Wie lässt sich ein Objekt erzeugen?

b Wie lässt sich eine Auswahl möglicher Methodenaufrufe anzeigen und eine Methode aufrufen?

c Wie lässt sich der Quelltext anzeigen? Wie werden Schlüsselwörter, z. B. für eine Klassenbeschreibung, hervorgehoben?

2.2 Erste eigene Klasse – Methoden in Unterklassen schreiben

Lasercutter werden heute zum exakten Ausschneiden oder zum Gravieren vieler Werkstücke aus Holz oder Metall verwendet. Sie benötigen zum Brennen nur die grundlegenden Methoden *Gehen* und *Drehen*. Für viele Anwendungen wäre es vorteilhaft, wenn sie auch Methoden für öfter benötigte Figuren wie Sterne bereitstellen würden. Dafür muss die Klasse LASERSTEUERUNG um neue Methoden ergänzt werden.

Den muss man aber genau steuern!

a Die Klasse TURTLE hat die gleichen Methoden wie ein Lasercutter. Erkunden Sie im Projekt Lasercutter, wie und wo die neuen Methoden ergänzt werden.

b Erkunden Sie im Projekt, wie die Lasercutter-Turtle ein Sechseck mit fester Seitenlänge zeichnet. Erstellen Sie nach dieser Vorlage eine Methode *RechteckZeichnen()*.

c Im Projekt gibt es auch eine Methode zum Zeichnen eines Sechsecks, bei der die Kantenlänge angegeben werden kann. Erkunden Sie, welche Stelle im Programmtext diese Angabe ermöglicht und wie die Längeninformation verwendet wird.

d Für Schnelle: Schreiben Sie eine Methode zum Zeichnen einer weiteren Figur.

Möglichkeiten von Klassen erweitern – Geometrieturtle

Man sagt auch: die Oberklasse ist eine Generalisierung (Verallgemeinerung) der Unterklasse.

Für das Beschreiben einer neuen Methode *DreieckZeichnen()* muss kein vollständig neuer Bauplan, also keine vollständig neue Klasse, erstellt werden. Es genügt, die Beschreibung einer Klasse zu formulieren, welche die Klasse TURTLE um die neue Methode erweitert. Solche Ergänzungen, man sagt: **Spezialisierungen**, treten bei objektorientierter Modellierung oft auf; zu ihrer Umsetzung wurde das Konzept der **Vererbung** entwickelt.

Im Klassendiagramm wird die Vererbung durch eine neue Beziehung „ist ein" (oft gesprochen als „erbt von" oder „beerbt") mit einem speziellen Pfeil ——▷ dargestellt. Vererbung bedeutet, dass die erbende Unterklasse von der Oberklasse alle Attribute und Methoden erbt (und damit verwenden kann). Die Unterklasse kann auch neue Attribute und Methoden ergänzen. Nur diese neuen Teile werden im Klassendiagramm der Unterklasse angegeben.

Oberklasse

TURTLE
x y winkel
Gehen(schritte) Drehen(winkel)

erbt von

GEOTURTLE
DreieckZeichnen()

Unterklasse

Die Klassenbeschreibung sieht in jeder Sprache ähnlich aus:

Die erste Methode

Methoden sind Teil der Klassenbeschreibung. Jede Methode benötigt einen innerhalb der Klasse eindeutigen Namen sowie eine Beschreibung, ob und wenn ja welche Parameter die Methode benötigt. Weiter muss in den meisten Programmiersprachen angegeben werden, ob die Methode einen Wert zurück liefert. Diese Angaben nennt man den **Methodenkopf**. Im Anschluss folgen die Anweisungen, welche die Methode ausführen soll. Diese **Sequenz** (Folge) von Anweisungen wird als **Methodenrumpf** bezeichnet.

Eine erste Methode *DreieckZeichnen()* soll keine Parameter haben; sie zeichnet immer ein gleichseitiges Dreieck der gleichen Größe. Diese Methode gibt auch keine Information zurück, sondern führt nur die angegebene Folge von Anweisungen aus.

```
methode DreieckZeichnen() ——— Methodenkopf
    selbst.Gehen(100)
    selbst.Drehen(120)
    selbst.Gehen(100)
    selbst.Drehen(120)        Methodenrumpf
    selbst.Gehen(100)
    selbst.Drehen(120)
endemethode
```

```
Java
void DreieckZeichnen()
{
    this.Gehen(100);
    ...
    this.Drehen(120);
}
```

```
Stride
public void DreieckZeichnen()
    this.Gehen(100)
    •••
    this.Drehen(120)
```

```
Python
def DreieckZeichnen(self):
    self.Gehen(100)
    ...
    self.Drehen(120)
```

```
Swift
func RechteckZeichnen()
{
    self.Gehen(länge:100)
    ...
    self.Drehen(grad:120)
}
```

→ engl. void: Leere; hier für kein Rückgabewert

→ def Abkürzung für engl. definition: Festlegung

→ func Abkürzung für engl. function: hier Methode

Anmerkung: In den Sprachen Java, Stride und Swift kann der Bezeichner für das eigene Objekt auch weggelassen werden; in diesem Fall ist der Bezeichner grau dargestellt.

Parameter

Wenn eine Methode gleichseitige Dreiecke beliebiger Seitenlänge zeichnen soll, braucht sie Zusatzinformation, sie braucht einen Parameter. Parameter haben immer einen Namen; meist muss auch noch angegeben werden, von welchem Datentyp sie sind. Der Parameter für die Seitenlänge ist -hier- ganzzahlig.

> In Java, Stride und Swift können zwei Methoden den gleichen Namen haben, wenn sie sich in der Parameterliste unterscheiden.

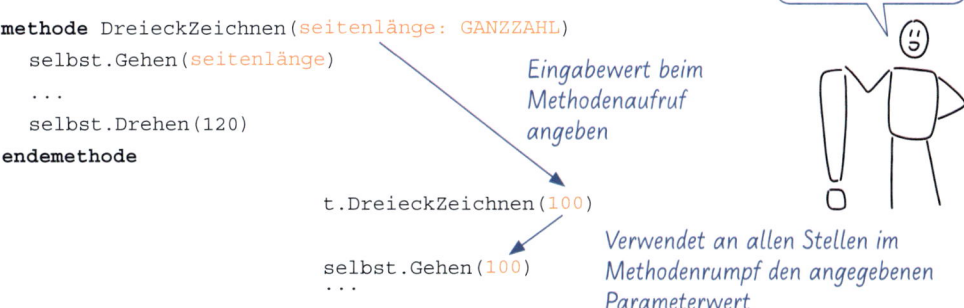

```
methode DreieckZeichnen(seitenlänge: GANZZAHL)
    selbst.Gehen(seitenlänge)
    ...
    selbst.Drehen(120)
endemethode
```

Eingabewert beim Methodenaufruf angeben

```
t.DreieckZeichnen(100)
```

```
selbst.Gehen(100)
...
```

Verwendet an allen Stellen im Methodenrumpf den angegebenen Parameterwert

Durch das Konzept der **Vererbung** können Klassen (Baupläne der Objekte) erweitert werden: **Unterklassen** erben von **Oberklassen** alle Attribute und Methoden und können selbst neue Attribute und Methoden ergänzen (**Spezialisierung**).
Methodenbeschreibungen bestehen aus dem **Methodenkopf** mit Namen der Methode, Parametern und gegebenenfalls dem Typ des Rückgabewerts sowie dem **Methodenrumpf**, einer **Sequenz** von Anweisungen, welche die Methode ausführt.

Aufgaben

1 Informatik ist überall: Fahrzeugverleih

Ein Mobilitätsanbieter verleiht unterschiedliche Arten von Fahrzeugen an Kunden. Für alle Fahrzeuge werden die GPS-Koordinaten in zwei Zahlen und der Preis pro Kilometer gespeichert. Spezielle Fahrzeuge sind E-Scooter, für die zusätzlich der Ladestand der Batterie und die Versicherungsnummer angegeben sind. Daneben gibt es Kraftfahrzeuge, deren Kennzeichen und erforderliche Führerscheinklasse notiert werden.

FAHRZEUG
xKoordinate yKoordinate preisProKm
SchlossÖffnen() KDNummerWeiterleiten(kdNr) Starten()

a Erstellen Sie ein Klassendiagramm mit den Vererbungsbeziehungen und den angegebenen Attributen der beschriebenen Klassen.

b Notieren Sie in allgemeiner Schreibweise oder in Ihrer Programmiersprache für die Klasse FAHRZEUG eine Methode *FahrzeugInBetriebNehmen(kundennummer),* die die Kundennummer an die Zentrale weiterleitet, das Schloss öffnet und das Fahrzeug startet.

2 Von Motten und Quietscheentchen

Fehler werden im Informatik-Slang Bugs (engl. Ungeziefer) genannt. Dieser Ausdruck wird oft in Beziehung gesetzt zur Computerpionierin Grace Hopper, die im Jahr 1945 in einem Bauteil eines Computers eine echte Motte fand, die eine Fehlfunktion auslöste.

Je nach Programmiersprache begegnen Ihnen in diesem Jahr unterschiedliche Arten von Bugs, insbesondere Syntaxfehler (Verstöße gegen die Schreibregeln der Sprache) und logische Fehler.

First actual case of bug being found

a Bei der Berichtigung von Syntaxfehlern hilft Ihnen der Compiler. Er zeigt Ihnen mehr oder weniger genau die Stelle, an der der Fehler auftritt, und gibt Ihnen unter Umständen sogar Hinweise zur Lösung des Problems. Öffnen Sie das gegebene Projekt und beseitigen Sie die Fehler. Notieren Sie in einer Tabelle, die Sie später als Nachschlagewerk nutzen können, jeweils die Fehlermeldung und wie Sie den Fehler beseitigt haben.

b Danach sind die logischen Fehler dran: Rufen Sie die Methode zum Zeichnen eines Dreiecks auf. Eine praktische Methode zum Aufdecken von Fehlern kann das „Rubberduck Debugging" (Quietscheenten-Debugging) sein. Erklären Sie einem (imaginären oder realen) Quietscheentchen Zeile für Zeile, was das Programm tun soll und ob der Code das leistet. Im Beispiel hilft Ihnen ein reales Quietscheentchen vielleicht sogar dabei, den Bewegungsablauf nachzustellen! Berichtigen Sie auch den Fehler beim Zeichnen des Hauses!

3 Turtle zeichnet geometrische Grundfiguren

Mit einem Objekt der Klasse TURTLE kann man verschiedene Formen zeichnen. Um bestimmte, wiederkehrende Aufgaben wie das Zeichnen eines Rechtecks schneller zu erledigen, soll eine Unterklasse GEOTURTLE entwickelt werden, die entsprechende Methoden bereitstellt.

a Erstellen Sie eine Methode *RechteckZeichnen()*, welche die Turtle ein Rechteck der Breite 100 und der Höhe 30 zeichnen lässt. Testen Sie die neue Methode und vergewissern Sie sich auch, dass die bisher verwendeten Methoden der Oberklasse weiterhin zur Verfügung stehen.

b Ergänzen Sie in der Klasse GEOTURTLE eine weitere Methode *RechteckZeichnen(breite, höhe)*, mit der die Turtle ein Rechteck beliebiger Größe zeichnen kann. Achten Sie gegebenenfalls auf die Datentypen der Parameter.

c Geben Sie für Ihre Methode *RechteckZeichnen(breite, höhe)* an, woraus Methodenkopf und Methodenrumpf bestehen.

d Ergänzen Sie noch eine weitere Methode, bei der auch die Randfarbe des Rechtecks angegeben werden kann.

e Zeichnen Sie das Klassendiagramm für die Klassen TURTLE und GEOTURTLE. Bei der Klasse TURTLE kann auf die Angabe von Attributen und Methoden verzichtet werden.

f Entwickeln Sie Methoden für weitere Grundfiguren wie gleichseitiges Dreieck oder Parallelogramm oder eigene Logos etc.

4 Ein Ball als bewegter Kreis

a Erstellen Sie eine Klasse BALL, die von der Klasse KREIS erbt und diese um eine Methode *BewegenNachOben()* ergänzt. Diese Methode soll den Ball durch den Aufruf von *Verschieben* um 10 Einheiten nach oben bewegen. Testen Sie die neue Methode und vergewissern Sie sich, dass die bisher verwendeten Methoden der Oberklasse weiterhin zur Verfügung stehen.

b Ergänzen Sie entsprechend eine Methode *BewegenNachUnten()* und testen Sie wieder.

c Ergänzen Sie in der Klasse BALL zwei weitere Methoden *BewegenNachOben(länge)* und *BewegenNachUnten(länge)*, mit denen der Ball um beliebige Strecken nach oben bzw. unten bewegt werden kann.

d Zeichnen Sie für die Klassen KREIS und BALL das Klassendiagramm. Bei der Klasse KREIS kann auf die Angabe von Attributen und Methoden verzichtet werden.

5 Figuren entwerfen

Objekte der Klasse FIGUR können sich mit den gleichen Methoden bewegen wie Objekte der Klasse TURTLE. Sie können nicht zeichnen, dafür können Sie ihr Aussehen verändern. Dazu können Sie durch wiederholten Aufruf der Methoden *FigurteilFestlegenRechteck(x, y, breite, höhe, farbe)*, *FigurteilFestlegenEllipse(x, y, breite, höhe, farbe)* und *FigurteilFestlegenDreieck(x1, y1, x2, y2, x3, y3, farbe)* ein eigenes Aussehen für Ihre Figur festlegen. Wofür die Parameter im Einzelnen stehen, kann in der Methodenbeschreibung, die in der Klasse FIGUR steht, nachgelesen werden. Alle Werte beziehen sich auf das abgebildete Quadrat.

Quadrat, in dem die Figur entwickelt wird

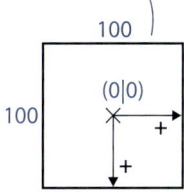

a Nebenstehende Figur wurde durch die drei folgenden Methodenaufrufe erstellt. Skizzieren Sie die Figur in Ihr Heft (kariertes Papier, 1 Kästchen entspricht 10 Einheiten) und tragen Sie alle Parameterwerte in die Zeichnung ein.

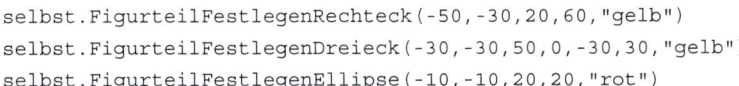

```
selbst.FigurteilFestlegenRechteck(-50,-30,20,60,"gelb")
selbst.FigurteilFestlegenDreieck(-30,-30,50,0,-30,30,"gelb")
selbst.FigurteilFestlegenEllipse(-10,-10,20,20,"rot")
```

b Erstellen Sie eine Klasse MEINEFIGUR, die von FIGUR erbt. Erstellen Sie in der neuen Klasse eine Methode *FigurAutoFestlegen()*, die der Figur das rechts dargestellte Aussehen gibt.

c Zeichnen Sie das Klassendiagramm für die Klassen FIGUR und MEINEFIGUR. Bei der Klasse FIGUR kann auf die Angabe von Attributen und Methoden verzichtet werden.

d Sie können sich auch noch weitere Figuren ausdenken und dafür eigene Methoden entwerfen.

Dabei kann es zu seltsamen Effekten kommen, z. B. zu nebenstehendem Bild, das eigentlich nur ein Monster als Figur zeigen sollte. Erkunden Sie, welche Methode vor dem Vereinbaren der zweiten Figur hätte aufgerufen werden müssen, und ergänzen Sie Ihre eigenen Figuren um diesen Aufruf, so dass automatisch die gewünschte Figur korrekt dargestellt wird.

e Für Schnelle: Das Aussehen der Figuren lässt sich auch schön ausgestalten. Analysieren Sie, mit welchen Figurteilen die rechts stehende Figur erzeugt wurde. Überprüfen Sie Ihre Überlegungen durch Implementieren. Entwerfen Sie selbst „künstlerische" Figuren.

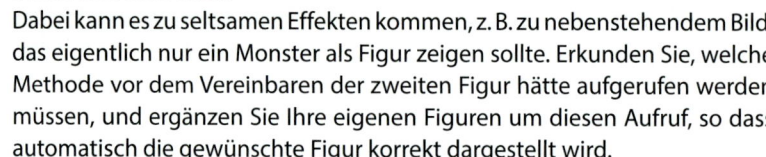

6 2D-Spielwelt (Teil 2): Spielfigur im 2D-Spiel bewegen

→ lat. florus: blühend, glänzend, prächtig

In 2D-Spielen müssen Figuren auf einem Spielfeld bewegt werden. Das gegebene Projekt ist erst in der Anfangsphase: Es gibt eine Klasse BLUMENWELT mit Blumen, die die Spielfigur → Florian zu einem späteren Zeitpunkt einsammeln soll. Ziel der Aufgabe ist es, den Aufbau der Welt zu verstehen und die Bewegung von Florian zu programmieren.

a Öffnen Sie das Projekt und erzeugen Sie ein Objekt der Klasse BLUMENWELT. Erkunden Sie die Größe der Zellen (in Pixel).

Hinweis: Blicken Sie dazu in die Dokumentation, in den Quelltext oder verändern Sie den Quelltext leicht und beobachten Sie die Auswirkungen.

b Bisher ist in der Blumenwelt eine Blume. Erzeugen Sie zuerst eine weitere so, dass diese direkt neben der bereits existierenden Blume liegt. Verändern Sie dann die Klasse BLUMENWELT so, dass die zweite Blume beim Erzeugen der Welt automatisch erzeugt und positioniert wird.

c Verändern Sie die Welt so, dass passend zu einer Wiese der Hintergrund grün ist.

d Erzeugen Sie ein Objekt Florian und lassen Sie sich von Ihrer Entwicklungsumgebung die Attributwerte anzeigen. Rufen Sie die Methode zum Setzen des Winkels in der Oberklasse mit den Eingabewerten 0, 90, 180 und 270 auf. Ordnen Sie die Winkel den Himmelsrichtungen zu.

e Testen Sie die Methode *LinksDrehen*. Korrigieren Sie den enthaltenen Fehler.

f Ergänzen Sie die Methoden *NachSüdenGehen*, *NachNordenGehen*, *NachWestenGehen* und *RechtsDrehen*.

g Für Schnelle: Geben Sie der Spielwelt noch Ihre persönliche Note.

7 Regentropfen (Teil 1)

Die Klasse REGENTROPFEN erbt von der Klasse FIGUR.

a Erstellen Sie in der Klasse REGENTROPFEN eine Methode *FigurTropfenFestlegen()*, die der Figur das Aussehen eines Regentropfens gibt. Der Tropfen wird sich später nach unten bewegen.

b Erstellen Sie eine weitere Methode *FlachWerden()*, die den Tropfen flach werden lässt (Aufprall auf den Boden).

c Erstellen Sie eine dritte Methode *PfützeWerden()*, die den Regentropfen als Pfütze (blaues Rechteck) auf dem Boden darstellt.

8 Krümel und Monster (Teil 1)

Eine Klasse MONSTER erbt von der Klasse FIGUR. Das Monstersymbol wechselt immer zwischen „Mund geschlossen" und „Mund offen"; es kann „fressen".

a Erstellen Sie in der Klasse MONSTER eine Methode *Schließen()*, die der Figur das Aussehen des Monstersymbols mit geschlossenem Mund gibt.

Tipp: Denken Sie daran, die alte Figur zu Beginn der Methode zu löschen.

b Erstellen Sie in der Klasse MONSTER eine *Methode Öffnen()*, die der Figur das Aussehen des Monstersymbols mit offenem Mund gibt.

c Sie können Ihre Monsterfigur auch weiter ausgestalten, das Öffnen des Mundes in Zwischenschritten darstellen usw. Erstellen Sie weitere Monsterfiguren, bei denen man einen Mund zum Fressen sieht.

9 Robot Karol

Der Roboter Karol hat schon sehr viele Methoden; er kann viel. Trotzdem können Sie ihm in einer Unterklasse ROBOTBESSER noch einiges beibringen, das Sie später gut brauchen können.

a Ergänzen Sie eine Methode *Umdrehen()*, bei der sich der Roboter umdreht. Vergleichen Sie Ihre Lösungen in der Klasse. Wie viele verschiedene, aber korrekte Lösungen haben Sie gefunden?

b Ergänzen Sie eine Methode *SchrittZurück()*, die den Roboter einen Schritt nach hinten machen lässt. Diese Methode kann die Methode *Umdrehen* verwenden.

c Ergänzen Sie eine Methode *ZiegelLinksLegen()*, bei der Karol einen (roten) Ziegel links neben sich legt.

d Ergänzen Sie eine Methode *ZiegelLinksLegen(farbe)*, bei der Sie die Farbe des Ziegels angeben können.

e Ergänzen Sie eine Methode *ZiegelUnterSichLegen()*, bei der der Roboter einen Ziegel genau dahin legt, wo er steht. Verwenden Sie dazu soweit sinnvoll bisher schon ergänzte Methoden. Ergänzen Sie auch die Methode *ZiegelUnterSichLegen(farbe)*, mit der die Farbe des Ziegels angegeben werden kann.

f Für alle zusätzlichen Methoden können Sie mit der Methode *VerzoegerungSetzen(msec)* dafür sorgen, dass die Einzelschritte Ihrer eigenen Methoden nicht sichtbar sind. Probieren Sie aus, was diese Methode genau bewirkt, und ergänzen Sie Ihre eigenen Methoden so, dass sie ihre Aufgabe ohne die Anzeige der Zwischenschritte erledigen.

10 Entwicklungsumgebungen unterstützen beim Programmieren

Testen bzw. recherchieren Sie für Ihre Entwicklungsumgebung folgende Hilfestellungen für das Implementieren. Notieren Sie zu jeder Frage eine Antwort so, dass damit eine Mitschülerin oder ein Mitschüler die entsprechende Funktionalität der Entwicklungsumgebung nutzen kann.

a Über welchen Menüpunkt kann man die Anzeige der Zeilennummern aktivieren bzw. deaktivieren?

b Wann wird automatisch eingerückt bzw. wie kann man manuell (ohne Leertaste!) einrücken?

c Wie lässt sich ein unvollständiger Methodenaufruf automatisch vervollständigen?

d Wie erhält man bei Syntaxfehlern Hinweise auf den Fehlerort (Zeilennummer) und die Fehlerart?

11 Forschungsauftrag: Vorschriften und Konventionen

a Finden Sie durch eine Recherche heraus, wie gültige Namen (von Methoden) in Ihrer Programmiersprache aufgebaut sein dürfen.

b Testen Sie Ihre Recherche, indem Sie einen ungültigen Namen für eine Methode verwenden.

c "Alle Methodennamen sollten in lowerCamelCase geschrieben werden!" Finden Sie die Bedeutung des Begriffs lowerCamelCase (kleineKamelHöckerSchreibweise) heraus.

d Oft werden solche allgemeingültigen Konventionen für die Schreibweise von Namen angegeben. Manche Programmierer halten sich an gar keine Konventionen. Andere überlegen sich eigene Konventionen. Erörtern Sie Vor- und Nachteile dieser Vorgehensweisen.

2.3 Abläufe steuern: Kontrollstrukturen mit Bedingung

Ein Mähroboter fährt so lange geradeaus, bis er auf ein Hindernis trifft. Dann dreht er sich zufällig und mäht wieder, bis er auf ein Hindernis trifft …

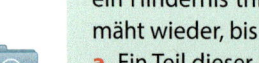

a Ein Teil dieser Aufgabe ist es, bis zum nächsten Hindernis zu mähen. Erkunden Sie, wie dies in der Methode *BisZaunMähen()* gelöst wurde. Beschreiben Sie allgemein den Aufbau der enthaltenen bedingten Wiederholung.

b Die Methode *GrundstückMähen()* soll so lange arbeiten, wie der Batteriestand größer als 50 ist, damit der Akku nicht kaputtgeht. Dafür stellt der Mähroboter eine Methode *BatteriestandGeben()* bereit. Ergänzen Sie die Methode um eine bedingte Wiederholung.

c Erkunden Sie, wie die Methode *Drehen* arbeitet. Beschreiben Sie allgemein den Aufbau einer bedingten Anweisung.

d Auf dem ersten Wegstück des Mähers befindet sich eine kleine rote Blume. Ergänzen Sie die Methode *AktionAusführen()* der Blume um eine bedingte Anweisung so, dass die Blume entfernt wird, wenn sie die Farbe cyan des Mähers berührt.

Bedingungen

Bedingungen können die Werte WAHR oder FALSCH annehmen. In objektorientierten Sprachen können Methoden einen Wahrheitswert zurückgeben, z. B. beim Testen, ob eine Figur eine bestimmte Farbe berührt mit dem Aufruf *Berührt("cyan")*.

Logische Operatoren können auch and, or und not sein.

Außerdem lassen sich Bedingungen über Vergleiche formulieren. Die folgenden Vergleichsoperatoren sind üblich für objektorientierte Programmiersprachen:

<	kleiner		>=	größer oder gleich
>	größer		==	gleich
<=	kleiner oder gleich		!=	ungleich

Bedingte Wiederholung

Ein Objekt soll in kurzen Schritten so lange gehen, wie nicht ein anderes berührt wird: Für eine solche Anforderung verwendet man die **bedingte Wiederholung.** Die Beschreibung der Steuerung des Objekts sieht dann so aus:

Die Methode Berührt() testet, ob irgendein anderes Objekt berührt wird.

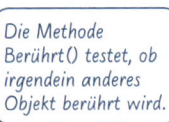

Programmtext

Wiederholung   *Bedingung*

```
wiederhole solange (nicht Berührt())
  Gehen(10)
endewiederhole
```

Blocksprache

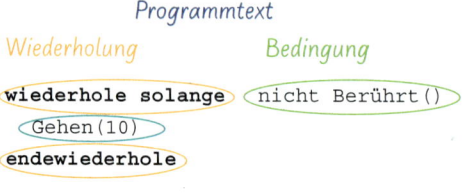

zu wiederholende Anweisungen

Struktogramm

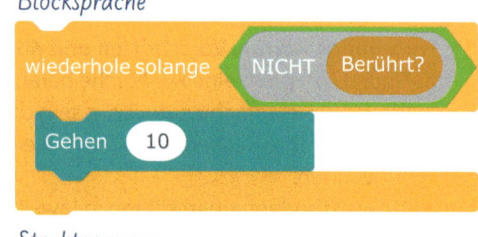

Wiederholungen und weitere Kontrollstrukturen sind immer Teil eines Methodenrumpfs, wie die folgenden Beispiele aus verschiedenen Programmiersprachen zeigen.

Zur Erinnerung: this oder self sind typische Bezeichner für das Objekt, für das die Methode gerade aufgerufen wurde.

Java
```
void ZuObjektGehen()
{
    while (!this.Berührt())
    {
        this.Gehen(10);
    }
}
```

Stride
```
public void ZuObjektGehen()
    while ( ! this.Berührt() )
        this.Gehen(10)
```

Swift
```
func ZuObjektGehen()
{
    while !self.Berührt()
    {
        self.Gehen(10)
    }
}
```

Python
```
def ZuObjektGehen(self):
    while not self.Berührt():
        self.Gehen(10)
```

Bedingte Anweisung

Eine Figur soll einen vorsichtigen Schritt machen, d. h., falls die Figur ein Hindernis berührt, dreht sie sich um 90° und bewegt sich nur wenig; ansonsten geht die Figur einen großen Schritt. Die Beschreibung dazu sieht folgendermaßen aus:

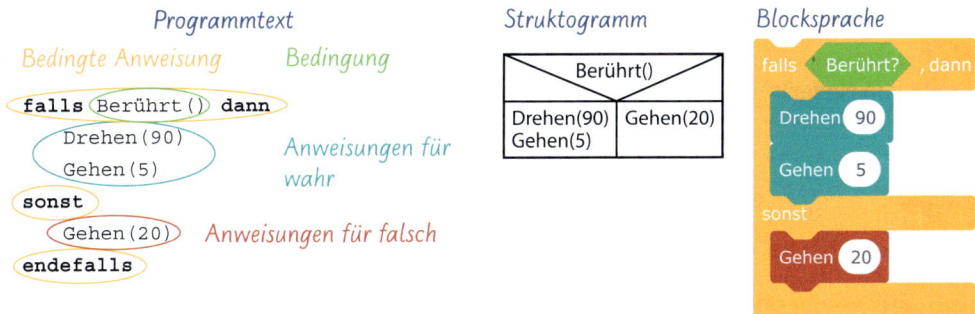

Programmtext

Bedingte Anweisung — *Bedingung*

```
falls Berührt() dann
    Drehen(90)
    Gehen(5)
sonst
    Gehen(20)
endefalls
```

Anweisungen für wahr
Anweisungen für falsch

Struktogramm

Berührt()	
Drehen(90) Gehen(5)	Gehen(20)

Blocksprache

```
falls  Berührt?  , dann
    Drehen  90
    Gehen  5
sonst
    Gehen  20
```

Umsetzung in verschiedenen Programmiersprachen:

Java
```
void VorsichtigerSchritt()
{
    if (this.Berührt())
    {
        this.Drehen(90);
        this.Gehen(5);
    }
    else
    {
        this.Gehen(20);
    }
}
```

Swift
```
func VorsichtigerSchritt()
{
    if self.Berührt()
    {
        self.Drehen(90)
        self.Gehen(5)
    }
    else
    {
        self.Gehen(20)
    }
}
```

Stride
```
public void VorsichtigerSchritt()
    if ( this.Berührt() )
        this.Drehen(90)
        this.Gehen(5)
    else
        this.Gehen(20)
```

Python
```
def VorsichtigerSchritt(self):
    if self.Berührt():
        self.Drehen(90)
        self.Gehen(5)
    else:
        self.Gehen(20)
```

Viele Programmiersprachen erlauben auch das Weglassen von „sonst", wenn die Sequenz für falsch leer ist.

Ablauf kontrollieren

Anweisungen wie die bedingte Anweisung und die bedingte Wiederholung nennt man Kontrollstrukturen, da sie kontrollieren, ob oder wie oft eine Sequenz ausgeführt wird. Sie können an beliebigen Stellen im Rumpf von Methoden eingesetzt und auch verschachtelt werden.

Eine **Bedingung** ist ein Ausdruck, der ausgewertet WAHR oder FALSCH ergibt.
Die **bedingte Wiederholung** wird verwendet, wenn eine Sequenz wiederholt werden soll, solange eine Bedingung wahr ist.
Will man abhängig von einer Bedingung eine von zwei verschiedenen Sequenzen ausführen, so verwendet man die **bedingte Anweisung.**

Aufgaben – Bedingte Wiederholung

1 **Informatik ist überall: Getränkeautomat**
   a Beschreiben Sie den Zahlvorgang an einem Getränkeautomaten mit einer geeigneten bedingten Wiederholung.
   b Finden Sie ein weiteres Beispiel, bei dem eine Wiederholung mit Bedingung sinnvoll zum Verständnis ist. Illustrieren Sie das Beispiel durch ein Struktogramm.

2 **Bedingungen**
   a Formulieren Sie in eigenen Worten, was folgende Bedingungen überprüfen und wofür Sie sie verwenden könnten:
      i   In einem Instantmessenger sind neue Nachrichten da und ich habe Zeit.
      ii Es regnet nicht und es ist noch nicht Abendessenszeit.
   b Überlegen Sie sich weitere ähnliche Bedingungen wie in a) aus Ihrem täglichen Leben. Versuchen Sie, diese Bedingungen so formal wie möglich zu notieren.
   c Erläutern Sie die grafische Bedeutung dessen, was die folgenden Bedingungen für ein Objekt figur der Klasse FIGUR prüfen:
      i   figur.Berührt("gelb")
      ii figur.XKoordinateGeben() < 0
      iii (figur.XKoordinateGeben() >= 0) **und** (figur.YKoordinateGeben() >= 0)
      Erzeugen Sie in Ihrer Entwicklungsumgebung ein Objekt der Klasse FIGUR und überprüfen Sie Ihre Überlegungen.
   d Geben Sie für ein Objekt figur der Klasse FIGUR eine Bedingung an, die überprüft, ob das Objekt noch innerhalb der Grenzen des sichtbaren Bereichs ist (der größte erlaubte x-Wert ist 800, der größte erlaubte y-Wert ist 550).
      Testen Sie die Bedingung mit Ihrer Entwicklungsumgebung.

3 **Weg aus dem Labyrinth**
   a Die rote Spielfigur soll aus dem Labyrinth bewegt werden. Ergänzen Sie dazu vier Methoden *NachLinksBewegen()*, *NachObenBewegen()*, *NachRechtsBewegen()*, *NachUntenBewegen()*, die die Spielfigur jeweils solange in die Richtung bewegen, wie keine schwarze Linie berührt wird. Anschließend muss die Spielfigur immer ein kleines Stück zurückbewegt werden (solange die schwarze Linie berührt wird).

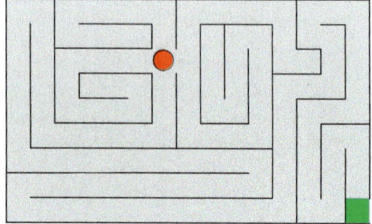

b Verbessern Sie die Bedingung in den Wiederholungen, so dass die Spielfigur am Ziel (grünes Rechteck) stoppt.

4 Turtle verlegt Parkett

a Die Turtle Trödelliese verlegt ein Parkett. Analysieren Sie das gegebene Projekt und geben Sie an, wozu die bedingten Wiederholungen und die Methoden dienen. Variieren Sie die Zahlenwerte in den Bedingungen und die Farben und beobachten Sie die Veränderung.

b Entwickeln Sie eine alternative Grundfigur für das Parkett und setzen Sie es in der Klasse PARKETTTURTLE um. Lassen Sie die Turtle damit ein Parkett bauen.

5 2D-Spielwelt (Teil 3): Blumenwelt

Öffnen Sie das Projekt und erzeugen Sie ein Objekt der Klasse BLUMENWELT. In der Welt befindet sich eine horizontale Reihe von fünf Blumen. Erkunden Sie den entsprechenden Quelltextabschnitt und verändern Sie ihn entsprechend der folgenden Vorgaben:

a eine horizontale Reihe mit acht Blumen

b eine vertikale Reihe mit fünf Blumen

c eine Blumenwelt Ihrer Wahl

Aufgaben – Bedingte Anweisung

6 Informatik ist überall: Ampelschaltung

Eine Ampelsteuerung verfügt über die gegebenen Methoden. Eine Methode *Weiterschalten()* ist dafür verantwortlich, entsprechend der Grafik korrekt in die nächste Ampelphase zu wechseln.

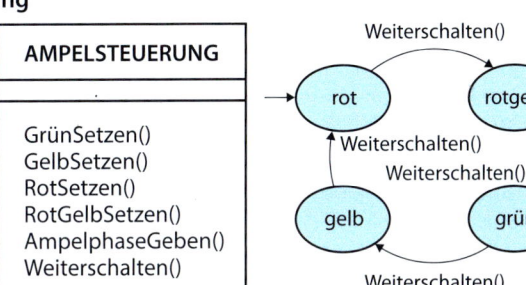

a Im Struktogramm ist die Arbeitsweise der Methode *Weiterschalten* beschrieben. Anna ist der Meinung, dass ein Fehler vorliegt, da trotz der vier Ampelphasen im Struktogramm nur drei Überprüfungen stattfinden.

Analysieren Sie anhand des Struktogramms, wie die Methode *Weiterschalten* arbeitet, und beziehen Sie auch zu Annas Einwand Stellung.

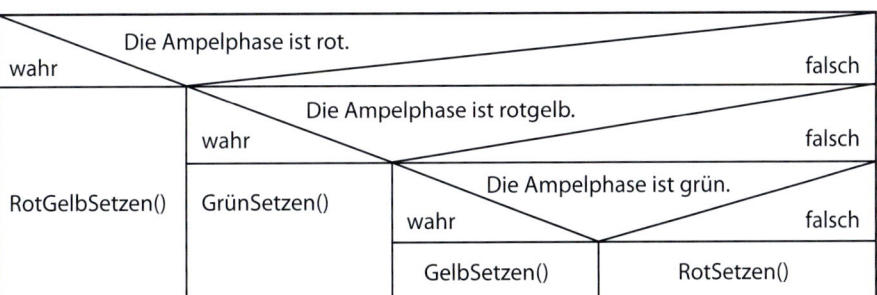

b Formulieren Sie den Algorithmus der Methode *Weiterschalten* im vorgegebenen Projekt. Achten Sie darauf, die Strukturen entsprechend der Schachtelung im Struktogramm übersichtlich einzurücken.

7 Taschenlampe

Eine Taschenlampe verfügt nur über einen einzigen Knopf. Das Drücken des Schalters soll durch den Aufruf der Methode *SchalterDrücken()* simuliert werden.

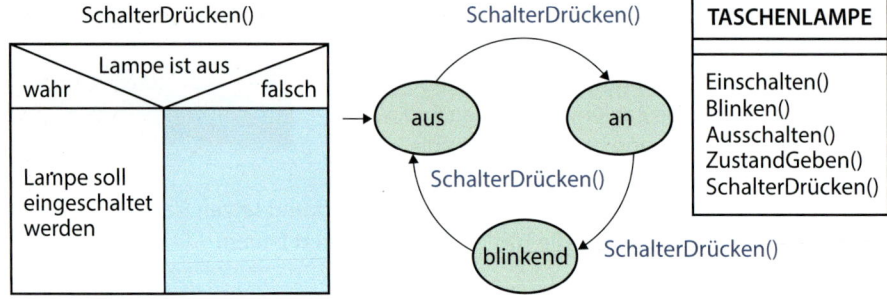

a Zeichnen Sie den fehlenden (blau markierten) Teil des Struktogramms in Ihr Heft.
Die Methode *ZustandGeben()* liefert den aktuellen Zustand der drei Zustände der Taschenlampe (vgl. Diagramm).

b Implementieren Sie die Methode *SchalterDrücken()* anhand des Struktogramms übersichtlich im vorgegebenen Projekt.

c Wo haben Sie im Quelltext Bedingungen formuliert? Betrachten Sie Ihren Code, grenzen Sie die Bedingungen exakt vom Rest ab und vergleichen Sie zu zweit.

8 FIGUR

Eine Klasse CHAMÄLEON hat die Methoden *BlauSetzen()*, *RotSetzen()*, *GrünSetzen()* und *SchwarzSetzen()*, welche das Chamäleon in der angegebenen Farbe darstellen.

a Erstellen Sie eine Methode *Umfärben()*, welche das Chamäleon rot darstellt, wenn eine andere Grafikfigur berührt wird, sonst schwarz.

b Wenn nur eine Farbe berührt wird, bewirkt das Ausführen der beiden durch Struktogramme beschriebenen Algorithmen bei einem Objekt der Klasse CHAMÄLEON genau das Gleiche. Beschreiben Sie, was die Algorithmen in den Struktogrammen leisten. Vergleichen Sie den Aufbau, entscheiden Sie sich, welche Version Ihnen besser erscheint, und begründen Sie Ihre Wahl.

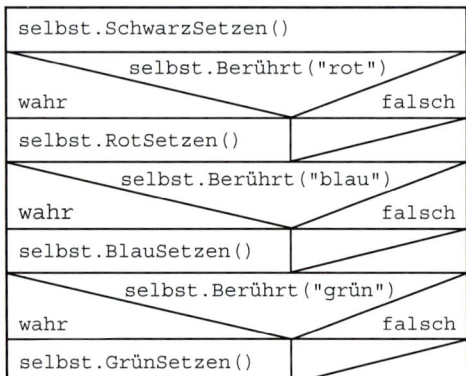

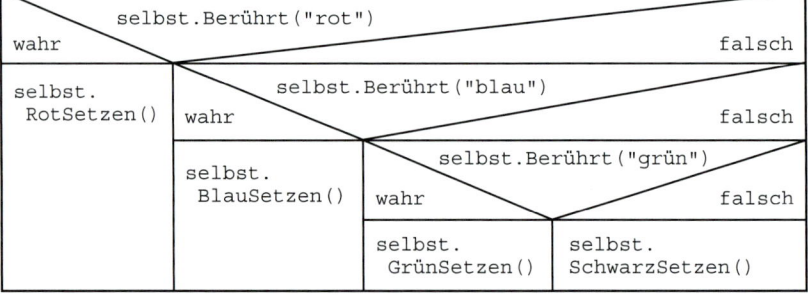

c Implementieren Sie die Methode *UmfärbenBesser()* anhand des von Ihnen in b) gewählten Struktogramms und testen Sie an verschiedenen Beispielen.

9 Krümel und Monster (Teil 2)

In der Klasse MONSTER gibt es bereits die Methoden *GeschlossenGelb()*, *GeschlossenOrange()*, *GeschlossenRot()* und *GeschlossenGrün()*, die das Monstersymbol mit geschlossenem Mund in der jeweiligen Farbe darstellen.

a Überlegen Sie, was das Ausführen des nebenstehenden Struktogramms bei einem Objekt der Klasse MONSTER bewirkt. Überlegen Sie weiter, von welcher Annahme dabei ausgegangen wird.

b Erstellen Sie in der Klasse MONSTER eine Methode *Schließen(farbe : ZEICHENKETTE)*, deren Rumpf das Struktogramm aus a) ausführt.

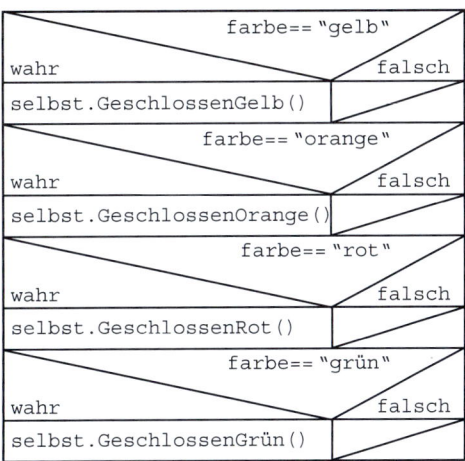

c Testen Sie die Methode *Schließen* mit verschiedenen Farben. Wählen Sie dabei auch „nicht vorgesehene" Farben und beobachten Sie, was die Methode dann bewirkt.
Erklären Sie das Resultat.

d Für Schnelle: In der Klasse MONSTER gibt es auch die Methode *Offen(farbe : ZEICHENKETTE)*, die das Monstersymbol mit offenem Mund in der jeweiligen Farbe darstellt. Entwerfen Sie eine Methode *Öffnen(farbe : ZEICHENKETTE)*, die mit Hilfe von *Offen* das Monstersymbol mit geöffnetem Mund darstellt und zusätzlich absichert, dass nur die Farben gelb, rot, orange und grün zugelassen werden. Implementieren Sie die Methode.

e Für ganz Schnelle: Vergleichen Sie den Aufbau der Methoden *Schließen* und *Öffnen* und nennen Sie jeweils einen Vorteil für die Vorgehensweise.

10 Forschungsauftrag: Codeanalyse

In der Klasse FUßGÄNGERAMPEL gibt es die Methode *Umschalten()*. Der Aufruf der Methode soll bewirken, dass die Ampel von Rot auf Grün bzw. von Grün auf Rot umschaltet. Entscheiden Sie bei jeder Variante, ob diese Funktionalität erfüllt wird. Begründen Sie Ihre Entscheidung.

```
methode Umschalten()
  falls ampelphase == "grün" dann
   selbst.RotSetzen()
  endefalls
  falls ampelphase == "rot" dann
    selbst.GrünSetzen()
  endefalls
endemethode
```

```
methode Umschalten()
  falls ampelphase == "grün" dann
    selbst.RotSetzen()
  sonst
    selbst.GrünSetzen()
  endefalls
endemethode
```

```
methode Umschalten()
  falls ampelphase == "grün" dann
    selbst.RotSetzen()
  sonst ampelphase == "rot"
    selbst.GrünSetzen()
  endefalls
endemethode
```

Hinweis: In den Methoden GrünSetzen() und RotSetzen() wird auch der Wert der Ampelphase jeweils entsprechend aktualisiert.

2.4 Methoden anpassen

Beim Spiel „Don't touch" muss der rote Ball durch die Pfeiltasten gesteuert werden, so dass er nicht gegen die verschiedenartigen Hindernisse stößt.

Ganz schön heftig!

a Erproben Sie das Spiel und beobachten Sie das unterschiedliche Aussehen und Bewegungsverhalten insbesondere von Schlagbaum und Quadrat. Vergleichen Sie Ihre Beobachtung mit dem Code der Klassen SCHLAGBAUM und QUADRAT.

b Erstellen Sie ein Klassendiagramm zu den Klassen HINDERNIS, QUADRAT und SCHLAGBAUM mit den jeweiligen Methoden.

c Der Kopf der Methoden *Bewegen* und *Zeichnen* in der Klasse QUADRAT bzw. SCHLAGBAUM hat in den meisten Programmiersprachen ein neues Syntaxelement. Erkunden Sie die Bedeutung des englischen Begriffs und versuchen Sie dann zu erklären, was bei den betrachteten Methoden gemeint ist.
Tipp: Werfen Sie zum Vergleich auch einen Blick in die Klasse HINDERNIS.

d Erstellen Sie selbst eine neue Unterklasse von HINDERNIS mit neuem Aussehen und Bewegungsverhalten.

Überschreiben von Methoden

In einer Unterklasse können nicht nur neue Methoden und Attribute vereinbart werden, sondern es kann auch für jede Methode der Oberklasse in der Unterklasse eine neue Wirkungsweise festgelegt werden. Beispielsweise kann in der Unterklasse TURTLEBREIT eine Methode *Gehen* geschrieben werden, die im Gegensatz zur gleichnamigen Methode in der Oberklasse eine dicke Linie zeichnet. Wird nun die Methode *Gehen()* eines Objekts der Klasse TURTLEBREIT aufgerufen, wird die Linie dick gezeichnet. Deshalb sagt man, dass die Methode der Oberklasse **überschrieben** wurde.

Die überschreibende Methode muss genau die gleichen Parameter haben wie die überschriebene Methode.

Überschreiben

```
überschreibe methode Gehen(länge: GANZZAHL)
    super.Gehen(länge)
    selbst.Drehen(90)
    super.Gehen(1)
    selbst.Drehen(90)
    super.Gehen(länge)
    selbst.Drehen(90)
    super.Gehen(2)
    selbst.Drehen(90)
    super.Gehen(länge)
    selbst.Drehen(90)
    super.Gehen(1)
    selbst.Drehen(-90)
endemethode
```

überschriebene Methode

überschreibende Methode

Nutzen der überschriebenen Methode

TURTLE
...
...
Gehen(länge)
...

TURTLEBREIT
...
Gehen(länge)

→ super, lat. oberhalb, hier: auf die Oberklasse bezogen

Für den Aufruf der ursprünglichen Oberklassenmethode wird ein spezieller Bezeichner verwendet, in der Regel das Schlüsselwort → super.

Swift
```swift
override func Gehen(länge: Double)
{
    super.Gehen(länge: länge)
    self.Drehen(90)
    ...
    super.Gehen(länge: 1)
    self.Drehen(-90)
}
```

Stride
```
public void Gehen(double länge) overrides method from Turtle
    super.Gehen(länge)
    this.Drehen(90)
    ...
    super.Gehen(1)
    this.Drehen(-90)
```

Java
```java
@Override void Gehen(double länge)
{
    super.Gehen(länge);
    this.Drehen(90);
    ...
    super.Gehen(1);
    this.Drehen(-90);
}
```

Python
```python
def Gehen(self, länge):
    super().Gehen(länge)
    self.Drehen(90)
    ...
    super().Gehen(1)
    self.Drehen(-90)
```

Nutzen vorbereiteter Funktionalität

Eine häufig genutzte Möglichkeit des Überschreibens von Methoden ist, dass eine Klasse Methoden bereitstellt, die erst durch Überschreiben in der Unterklasse genutzt werden.

So kann die Steuerung eines Chips für Wetterbeobachtungen eine Methode *TemperaturGeändert()* haben, die immer aufgerufen wird, wenn sich die Temperatur ändert. Je nachdem, ob der Chip z. B. in einer Heimwetterstation mit Anzeige verbaut ist oder in einer im Freien stehenden Wetterstation zur Klimabeobachtung mit Datenaufzeichnung, wird sie in einer Unterklasse der Steuerung überschrieben und sorgt dann entweder für eine geänderte Anzeige oder für die Speicherung des neuen Wertes.

> *Temperatur-Geändert() aktualisiert die Anzeige.*

Die Klassen FIGUR und TURTLE haben eine Methode *AktionAusführen()*, die in dieser Klasse nichts tut. In der Unterklasse können Sie diese Methode überschreiben, um die Figur oder die Turtle zu animieren.

> *Wow, die Figur bewegt sich jetzt automatisch!*

```
überschreiben methode AktionAusführen()
  selbst.Gehen(10)
endemethode
```

> *Temperatur-Geändert() zeichnet den Wert auf.*

Unterklassen können von der Oberklasse geerbte Methoden neu festlegen, um ihnen neue Funktionalitäten zu geben. Dadurch werden die Methoden der Oberklasse **überschrieben**. In der Unterklassenmethode ist es weiterhin möglich, die überschriebene Oberklassenmethode zu nutzen. In der Regel wird dafür der Bezeichner **super** verwendet.

Aufgaben

 **1 Informatik ist überall: Ofensteuerung**

OFEN
eingestellteGradzahl
AufTempEinstellen(sollTemp) TemperaturHalten(dauerMinuten) Einschalten() Ausschalten()

Viele Küchengeräte werden heutzutage von Algorithmen ganz oder zum Teil gesteuert. Im Folgenden soll eine (vereinfachte) Ofensteuerung entwickelt werden.

Wird der Ofen eingeschaltet, so wird er auf die eingestellte Temperatur aufgeheizt, die im entsprechenden Attribut gespeichert ist. Dann wird die Temperatur sechs Stunden lang gehalten (außer, er wird per Hand schon eher wieder ausgeschaltet).

Anschließend schaltet er sich dann aus Sicherheitsgründen automatisch vollständig aus.

a Formulieren Sie die Methode *Einschalten()*.

b Für einen Aufpreis ist auch ein Gerät mit erweitertem Funktionsumfang erhältlich (OFENPLUS): Dieses überprüft beim Einschalten, ob der Wert eines zusätzlichen Attributs spezialProg auf 1 gesetzt ist (Standard: 0); dann führt es anstelle des normalen Betriebs ein besonderes Bratenprogramm (Ablauf in der Abb. dargestellt) aus. Ansonsten arbeitet der Ofen wie gewohnt.

Modellieren Sie die Vererbungsbeziehung und überschreiben Sie die Methode *Einschalten()* so, dass sie den geschilderten Ablauf ausführt.

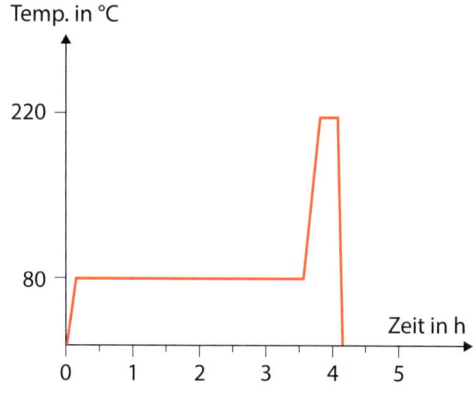

c Für Schnelle: Geben Sie den gesamten Code der Klasse OFENPLUS an.

 **2 Don't touch – Level 2**

a Das Spiel „Don't touch" aus der Einstiegsaufgabe soll im Level 2 noch abwechslungsreicher werden. Dazu ist geplant, zwei Unterklassen von QUADRAT zu schreiben, deren Objekte genauso aussehen wie die bestehenden Quadrate, sich aber unterschiedlich verhalten: Die einen werden beim Kontakt mit einer anderen Figur gelöscht (LÖSCHQUADRAT), die anderen löschen sich beim Kontakt mit einer anderen Figur (VERDOPPLERQUADRAT) und erzeugen zwei normale Quadrate. Das eine neu entstandene Quadrat soll am gleichen Ort starten wie das vorhandene und auch den gleichen Winkel haben, das andere soll ebenfalls am gleichen Ort starten, sich aber in eine andere Himmelsrichtung bewegen. Implementieren Sie die genannten Klassen und testen Sie damit das erweiterte Spiel.

b Für Schnelle: Formulieren Sie noch eine weitere Idee zur Weiterentwicklung. Setzen Sie diese um.

3 TurtleBreit – die Spezialisten für dicke Linien

a Erstellen Sie eine Klasse TURTLEBREIT, die von der Klasse TURTLE erbt und die Methode *Gehen* so ergänzt, dass Linien der Dicke 3 gezeichnet werden. Testen Sie die neue Methode.

b Für Schnelle: Begründen Sie, wieso bei schrägen Linien das Resultat der in a) erstellten Methode nicht befriedigend ausfällt. Überlegen Sie sich Maßnahmen zur Verbesserung und testen Sie eine davon.

4 Einfache Grafik

Für viele Darstellungen ist ein grobes Raster der Elemente z. B. von 10 Punkten günstiger. Dazu muss die Einheit in Positions- und Längenangaben 10 Punkte bedeuten.

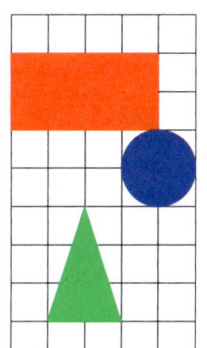

a Erstellen Sie eine Klasse RASTERRECHTECK, die von RECHTECK erbt, und ergänzen Sie die Methode *PositionSetzen* so, dass als Koordinaten nur ganzzahlige Vielfache von 10 verwendet werden, d. h., der Parameter 5 für x bedeutet jetzt die fünfte Rasterlinie; die Spitze des grünen Dreiecks rechts hat die Position (2 | 5). Testen Sie die neue Methode.

b Ergänzen Sie in der Klasse RASTERRECHTECK die Methode *Größe-Setzen* so, dass als Breite und Höhe nur ganzzahlige Vielfache von 10 verwendet werden; die neuen Parameter geben also Breite und Höhe in Kästchen an. Testen Sie wieder.

c Benennen Sie Situationen, in denen diese grobe Rasterung der Positionen und Größen sinnvoll ist. Analysieren Sie dann alle Methoden der Klasse RECHTECK und überprüfen Sie, welche noch überschrieben werden müssen, um das Kästchenraster vollständig zu unterstützen.

d Betrachten Sie nun auch die Klassen KREIS und DREIECK. Erstellen Sie zwei Klassen RASTERDREIECK und RASTERKREIS, in denen Sie alle Methoden entsprechend überschreiben, die an das 10er-Raster angepasst werden müssen.

e Erstellen Sie mit den neuen Klassen eine kleine Grafik und prüfen Sie, dass die Einzelfiguren gut zusammenpassen.

5 Turtle: Tastaturgesteuert!

a Überschreiben Sie zunächst in einer Klasse TASTATURTURTLE die Methode *SonderTasteGedrückt(taste)* so, dass jeder Tastendruck die Turtle um 10 Einheiten nach vorn bewegt. Geben Sie auch die Nummer der Taste auf dem Bildschirm aus.

b Überschreiben Sie nun in der Klasse TASTATURTURTLE die Methode *SonderTasteGedrückt(taste)* so, dass

- ein Drücken der Taste „↑" die Turtle um 10 Einheiten nach vorn bewegt,
- ein Drücken der Taste „→" die Turtle um 90˚ nach rechts dreht,
- ein Drücken der Taste „←" die Turtle um 90˚ nach links dreht und
- ein Drücken der Taste „↓" die Turtle um 180˚ dreht.

Testen Sie die Methode und beschreiben Sie, welche Art von Figuren auf diese Weise gezeichnet werden kann.

c Überschreiben Sie in der Klasse TASTATURTURTLE die Methode *MausGeklickt(x, y, anzahl)* so, dass die Turtle jedes Mal mit *PositionSetzen* an der Stelle des Klicks platziert wird.

> *Verwenden Sie in der Python-Variante die Methode TasteGedrückt.*

6 Regentropfen (Teil 2)

Regentropfen sollen selbstständig nach unten fallen. Überschreiben Sie in der Klasse REGEN-TROPFEN die Methode *AktionAusführen* so, dass

i der Winkel der Regentropfenfigur sicher auf 270° gesetzt wird,

ii die Figur 10 Einheiten fällt, wenn sie noch mehr als 20 Einheiten über dem Boden ist (Probieren Sie aus, welche Höhe der Boden hat!), ansonsten

iii flach wird und nur noch 5 Einheiten fällt, wenn sie mehr als 5 Einheiten über dem Boden ist, und ansonsten

iv zur Pfütze wird und nicht mehr fällt.

7 Krümel und Monster (Teil 3)

a Überschreiben Sie in der Klasse MONSTER die Methode *SonderTasteGedrückt(taste)* zunächst so, dass jeder Tastendruck die Monster-Figur um 10 Einheiten nach vorn bewegt.

b Überschreiben Sie nun in der Klasse MONSTER die Methode *SonderTasteGedrückt(taste)* so, dass

• ein Drücken der Taste „↑" die Monster-Figur nach Norden ausrichtet,

• ein Drücken der Taste „→" die Monster-Figur nach Osten ausrichtet,

• ein Drücken der Taste „←" die Monster-Figur nach Westen ausrichtet und

• ein Drücken der Taste „↓" die Monster-Figur nach Süden ausrichtet.

c Überschreiben Sie in der Klasse MONSTER die Methode *AktionAusführen* so, dass die Monster-Figur um 10 Einheiten nach vorn geht.

d Ergänzen Sie die Methode *AktionAusführen* so, dass die Figur den sichtbaren Bereich der Zeichenfläche nicht überschreitet.

e Für Schnelle: Erstellen Sie auch eine weitere Unterklasse KRÜMEL von FIGUR, deren Objekte die Eigenschaft haben zu verschwinden, wenn sie vom Monster berührt werden.
Tipp: Sie müssen dort ebenfalls die Methode *AktionAusführen* überschreiben.

f Für Schnelle: Um das Spiel zu zweit spielen zu können, können Sie eine zweite Monsterklasse ergänzen. Das zweite Monster wird z. B. über die Tasten „a", „s", „w" und „d" gesteuert. Die Aufgabe könnte dann sein

i für jeden, möglichst viele Krümel zu fressen oder

ii zusammen möglichst viele Krümel zu fressen oder

iii dass ein Monster das andere frisst, ehe es die Krümel abgeräumt hat.

8 Figur – Verrückte Reise (Teil 1)

Ein Objekt der Klasse FIGUR soll sich beim Bewegen über die Zeichenfläche mit den Pfeiltasten „→" und „←" steuern lassen.

a Überschreiben Sie in einer Klasse SPIELFIGUR die Methode *AktionAusführen* so, dass sich die Figur bei jedem Aufruf um 15 Einheiten geradeaus bewegt.

b Überschreiben Sie die Methode *SonderTasteGedrückt(taste)* so, dass
– ein Drücken der Taste „→" die Figur um 5° im Uhrzeigersinn und
– ein Drücken der Taste „←" die Figur um 5° gegen den Uhrzeigersinn dreht.

9 2D-Spielwelt (Teil 4): Tastaturgesteuert durch die Blumenwelt

a Ergänzen Sie die Methode *Gehen* so, dass Florian abhängig von seiner Blickrichtung (festgelegt durch das Attribut winkel) in die passende Himmelsrichtung geht.

b Implementieren Sie durch Überschreiben entsprechender Methoden der Klasse FIGUR, dass Florian nach einem Klick auf den Start-Schaltknopf geht und über die Cursortasten gedreht werden kann.

10 Robot Karol

In der Klasse ROBOTER sind mehrere Methoden vereinbart, die nicht immer fehlerfrei ausführbar sind. Dazu gehören die Methoden *Schritt*, *Aufheben* und *Hinlegen*.

a Geben Sie für jede der drei Methoden an, unter welchen Bedingungen sie eine Fehlermeldung erzeugen müssen, statt ihre Arbeit machen zu können.

b Überschreiben Sie die drei Methoden in einer Klasse MEINROBOTER so, dass jeweils die Fehlergründe geprüft werden. Wenn es geht, soll die vorgesehene Arbeit gemacht werden, sonst soll einfach nichts getan werden. Testen Sie Ihre neuen Methoden.

c Überlegen Sie in verschiedenen Situationen, ob es da hilfreich ist, die Fehlermeldung zu sehen, oder ob die neuen Methoden besser wären. Tauschen Sie sich zu zweit aus.

11 Geometrische Grundfiguren – anders implementiert

Nebenstehendes Klassendiagramm ist ein Ausschnitt aus einer möglichen Implementierung von geometrischen Figuren. Hier ist ein Rechteck eine Spezialisierung einer allgemeinen Klasse GEOMETRISCHE_FIGUR. Bei der Klasse RECHTECK bezieht sich die Position (x|y) auf die linke obere Ecke des Rechtecks.

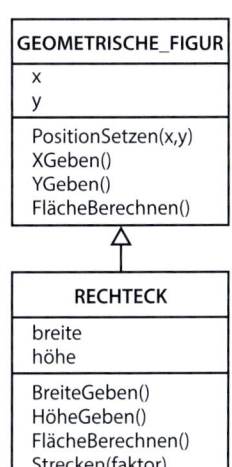

a Beschreiben Sie die Klassen und verwenden Sie dabei die Begriffe erben, überschreiben und ergänzen.

b Ergänzen Sie im Klassendiagramm eine Klasse KREIS, die ebenfalls von GEOMETRISCHE_FIGUR erbt, und beschreiben Sie kurz Ihren Implementierungsansatz.

c Geben Sie den Methodenrumpf der Methode *FlächeBerechnen* in allen drei Klassen an.

d Beschreiben Sie in Worten einen Lösungsansatz zur Methode *Strecken*.

e Für Schnelle: Ergänzen Sie eine weitere Klasse für eine geometrische Figur Ihrer Wahl.

12 An die Grenzen

Joscha hat beim Überschreiben der Methode *Gehen* in der Klasse TURTLEBREIT (siehe Aufgabe 3) nicht konzentriert genug gearbeitet und einen Fehler gemacht.

```
01   überschreiben methode Gehen(länge: GANZZAHL)
02     super.Gehen(länge)
03     selbst.Drehen(90)
04     super.Gehen(1)
05     selbst.Drehen(90)
06     selbst.Gehen(länge)
07     selbst.Drehen(90)
08     super.Gehen(2)
09     selbst.Drehen(90)
10     super.Gehen(länge)
11     selbst.Drehen(90)
12     super.Gehen(1)
13     selbst.Drehen(-90)
14   endemethode
```

a Implementieren Sie die Methode in Ihrer Entwicklungsumgebung und stellen Sie durch einen Aufruf der Methode fest, was passiert. Betrachten Sie die Fehlermeldung genau und stellen Sie fest, ob Sie einen Hinweis auf die fehlerhafte Stelle bekommen.

b Geben Sie die Zeilennummer des Fehlers an und berichtigen Sie diese.

2.5 Daten speichern und zurückgeben

Bei einem elektronisch gesteuerten Wasserkocher kann man eine Zieltemperatur angeben, auf die man das Wasser erhitzen möchte. Da das Produkt international vermarktet wird, kann man zwischen den Temperatureinheiten Celsius und Fahrenheit wählen.

a Untersuchen Sie, welche Information für ein Objekt der Klasse WASSERKOCHERSTEUE-RUNG dauerhaft gespeichert ist. Lassen Sie sich diese Information anzeigen.

b Die Methoden *TemperaturGeben* und *TemperaturAusgeben* leisten Ähnliches. Vergleichen Sie zunächst den Quellcode, stellen Sie eine Vermutung über das jeweilige Verhalten an und überprüfen Sie diese jeweils durch Aufruf der Methoden. Entwickeln Sie analoge Methoden für die anderen Attribute.

c *ZieltemperaturSetzen* erlaubt die Festlegung einer neuen Temperatur, auf die das Wasser erhitzt werden soll. Untersuchen und erproben Sie die Methode und begründen Sie, weshalb hier neben dem Parameter eine zweite Variable benötigt wird. Entwickeln Sie eine analoge Methode für die aktuelle Temperatur.

d Die Methode *TemperatureinheitWechseln(einheitNeu)* erlaubt den Wechsel auf eine neue Temperatureinheit. Stellen Sie eine Vermutung an, wie es sich auswirkt, dass die Variablen faktor und summand innerhalb der Methode vereinbart wurden.

Variablen

Variablen sind allgemein eine Möglichkeit, Daten zu speichern. Man kann sich eine Variable vor-

stellen wie eine Schachtel, in der man einen Wert eines bestimmten Datentyps (z. B. GANZZAHL, KOMMAZAHL, ZEICHEN, WAHRHEITSWERT) speichern kann. Über eine Wertzuweisung oder einen geeigneten Methodenaufruf lässt sich der Wert verändern.

In der objektorientierten Programmierung gibt es Variablen unterschiedlicher Lebensdauer und Funktion: **Attribute**, **Parameter** und **lokale Variable**.

```
klasse TIMER beerbt EREIGNISBEHANDLUNG
  //Attribute
  zeitInSek: GANZZAHL
  istGestartet: WAHRHEITSWERT
```

Attribute dienen der dauerhaften Speicherung von Information. Solange ein Objekt existiert, hat jedes Attribut einen bestimmten, veränderlichen Wert. Attribute werden üblicherweise außerhalb einer Methode am Beginn einer Klasse deklariert, d. h. Name und Datentyp werden vereinbart.

Um die Anfangswerte der Attribute eines Objekts sinnvoll zuzuweisen (Initialisierung), haben alle Klassen eine spezielle Methode, die automatisch beim Erzeugen eines neuen Objekts aufgerufen wird. Diese Methode heißt **Konstruktor.** Sie hat in allen Programmiersprachen einen besonderen Namen, um zu verhindern, dass der Konstruktor als „normale" Methode aufgerufen werden kann. Der Aufruf super() ruft in einer Unterklasse den Konstruktor der Oberklasse auf.

```
konstruktor()
  super()
  zeitInSek = 0
  istGestartet = FALSCH
endekonstruktor
```

Mit dem Zeichen „=" wird einem Attribut ein neuer Wert zugewiesen (Zuweisung).

```
methode StartenMitWert(restNeu: GANZZAHL)
  zeitInSek = restNeu
  istGestartet = WAHR
endemethode
```

Parameter dienen als Platzhalter für Eingabewerte der flexiblen Eingabe von Daten beim Aufruf der Methode. Sie werden in der Kopfzeile einer Methode vereinbart und sind nur verfügbar, solange die Methode ausgeführt wird.

```
überschreibe methode TaktImpulsAusführen()
  zeitInSek = zeitInSek - 1
  min: GANZZAHL
  sek: GANZZAHL
  min = zeitInSek /60
  sek = zeitInSek - 60* min
  Ausgabe("Noch "+min+":"+sek)
endemethode
```

Lokale Variablen werden innerhalb einer Methode deklariert. Wie Parameter existieren Sie nur, solange die Methode ausgeführt wird. Werden sie innerhalb einer Kontrollstruktur definiert, so sind sie nur innerhalb dieser verfügbar. Lokale Variablen dienen als Hilfsvariablen innerhalb der Methode, im Beispiel für Werte, die nur für die Anzeige berechnet und nicht dauerhaft gespeichert werden müssen.

„/" berechnet den Wert des Quotienten bei der ganzzahligen Division, z. B. 17/5 = 3.

Die folgende Übersicht zeigt, wie der Konstruktor in verschiedenen Programmiersprachen umgesetzt wird.

```
Java
Timer()
{
  super();
  zeitInSek = 0;
  istGestartet = false;
}

Python
def __init__(self):
  super().__init__()
  self.zeitInSek = 0
  self.istGestartet = False
```

```
Swift
init()
{
  super.init()
  self.zeitInSek = 0
  self.istGestartet = false
}
```

```
Stride
public Timer()
  super()

  zeitInSek ← 0
  istGestartet ← false
```

In Java und Stride beginnt der Konstruktor mit dem Klassennamen. In Python und Swift heißt der Konstruktor init.

Methoden mit Rückgabewert

Methoden können auch einen Wert zurückgeben. Solche speziellen Methoden mit Rückgabewert nennt man auch **Funktionen.**

```
methode RestStundenGeben() -> GANZZAHL        Typ des Rückgabewerts
    return zeitInSek/3600
endemethode
```

Java
```java
int RestStundenGeben()
{
    return zeitInSek/3600;
}
```

Python
```python
def RestStundenGeben(self):
    return zeitInSek/3600
```

Swift
```swift
func RestStundenGeben() -> Int
{
    return zeitInSek/3600
}
```

Stride
```
public int RestStundenGeben()
    return zeitInSek / 3600
```

Spezielle Methoden mit Rückgabewert sind die sogenannten **Getter-Methoden.** Sie liefern den Wert eines Attributs zurück (z. B. *ZeitInSekGeben()* oder *IstGestartetGeben()*). Als **Setter-Methoden** bezeichnet man Methoden, die das Setzen eines Attributwerts ermöglichen und für die Klasse kontrollierbar machen: In einer Methode *TimerSetzenAuf(wert)* könnte z. B. sichergestellt werden, dass nur positive Werte zugelassen werden.

Variablen sind allgemein eine Möglichkeit, Werte zu speichern. In Klassen unterscheidet man:
– **Attribute** zur Speicherung von Werten auf die Lebensdauer des Objekts
– **Parameter** zur Eingabe von Werten in eine Methode
– **lokale Variablen** innerhalb einer Methode
Methoden, die einen Wert zurückgeben, bezeichnet man als **Funktionen. Getter-** und **Setter-Methoden** erlauben den kontrollierten Zugriff auf Attribute.

Aufgaben

1 Timer-App
 a Entwickeln Sie passend zum Lehrtext in der von Ihnen verwendeten Programmiersprache einen Timer.
 b Ergänzen Sie weitere sinnvolle Methoden.

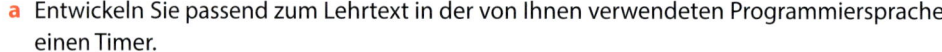

2 Datentypen in Ihrer Sprache
 a Erkunden Sie, ob in Ihrer Programmiersprache Datentypen für Attribute angegeben werden müssen. Wenn ja, geben Sie die Namen für GANZZAHL, KOMMAZAHL, WAHR-HEITSWERT, ZEICHEN und ZEICHENKETTE in Ihrer Programmiersprache an.
 b Erkunden Sie, welche Methoden Objekte der Klasse ZEICHENKETTE in Ihrer Programmiersprache haben. Finden Sie insbesondere heraus, wie Sie
  i   zwei Zeichenketten zu einer verbinden (konkatenieren) können und
  ii   die Länge einer Zeichenkette bestimmen können.

3 2D-Spielwelt (Teil 5): Florian sammelt Blumen

Florian muss jetzt Blumen in möglichst wenigen Schritten sammeln.

a Ergänzen Sie ein Attribut schritte zum Speichern der Anzahl der Schritte von Florian.

b Entwickeln Sie das Spiel weiter, so dass Blumen bei einer Berührung verschwinden und die bereits von Florian gesammelten Blumen in einem Attribut gezählt werden.

c Für Schnelle: Ergänzen Sie einen Cheat, z. B. einen Sprung von einem Eck ins andere.

4 Regentropfen (Teil 3)

a Ergänzen Sie die Klasse REGENTROPFEN um einen Konstruktor, in dem der Tropfen in Tropfenform dargestellt und in geeigneter Fallhöhe mit Bewegungsrichtung nach unten positioniert wird.

b Schöner als an einer gedachten Linie aufzuprallen ist es, wenn der Regentropfen am Boden aufprallt. Erstellen Sie eine Klasse BODEN als Unterklasse von RECHTECK, die ein schwarzes, fünf Einheiten hohes Rechteck an der Position des Bodens erzeugt. Ändern Sie die Methode *AktionAusführen* in der Klasse REGENTROPFEN so ab, dass der Regentropfen zur Pfütze wird und nicht mehr fällt, wenn er den (schwarzen) Boden berührt.

Vorboden

c Auch das Flachwerden des Regentropfens lässt sich noch einbauen, indem Sie ein flaches (fünfzehn Einheiten hohes), weißes – also fast unsichtbares – Rechteck direkt über dem Boden erzeugen (Klasse VORBODEN) und den Tropfen beim Berühren dieses „Vorbodens" flach werden lassen.

d Um nicht immer drei Objekte erzeugen zu müssen, können Sie die Objekte der Klasse BODEN und VORBODEN auch im Konstruktor des Regentropfens erstellen.

5 Regentropfen (Teil 4)

a Ändern Sie den Konstruktor der Klasse REGENTROPFEN so ab, dass er den Regentropfen zufällig in geeigneter Höhe und an beliebiger x-Koordinate platziert.

b Ergänzen Sie in Ihrem Projekt eine Klasse REGEN, in welcher – statt wie bisher in REGEN-TROPFEN – die Bodenelemente platziert und dann 30 Regentropfen erzeugt werden.

c Die Klasse REGEN soll nun von EREIGNISBEHANDLUNG erben. In der (überschriebenen) Methode *TaktimpulsAusführen* soll jeweils ein neuer Regentropfen erzeugt werden. Der Konstruktor der Klasse REGEN soll keine Regentropfen mehr erzeugen, dafür aber den Takt starten. Finden Sie heraus, welche Methode der Klasse EREIGNISBEHANDLUNG dazu aufgerufen werden muss.

d Für Schnelle: Überschreiben Sie nun auch die Methode *MausGeklickt*. Erzeugen Sie jeweils einen Regentropfen an der Stelle, an der die Maus geklickt wurde. Hinweis: Sie müssen dafür einen weiteren Konstruktor in der Klasse REGENTROPFEN ergänzen.

6 Einfache Grafik – Haus mit Fertigteilen

Beim Erstellen des nebenstehenden Hauses müssen vier Rechtecke gleicher Größe und Farbe (Fenster) erzeugt werden.

a Erstellen Sie eine Klasse FENSTER, die von der Klasse RECHTECK erbt, und in ihr einen Konstruktor, der Fenster mit der Größe 30 × 30 und der Farbe „gelb" erzeugt.

b Wie alle Methoden können auch Konstruktoren Parameter haben. Ergänzen Sie in FENSTER einen weiteren Konstruktor, der zusätzlich die Position des Fensters angeben lässt.

c Überschreiben Sie die Methode *FarbeSetzen* so, dass die Farbe des Fensters damit nicht verändert werden kann. Ergänzen Sie zwei weitere *Methoden NachtSetzen()* bzw. *TagSetzen()*, die ein Fenster schwarz bzw. gelb einfärben.

7 Krümel und Monster (Teil 4)

a Das Monster soll die Krümel zählen, die es gefressen hat. Ergänzen Sie dazu in der Klasse MONSTER ein Attribut anzahl, das Sie im Konstruktor auf den Wert 0 setzen und zu dem Sie in der Methode *AktionAusführen* nach dem Gehen jedesmal den Wert 1 addieren, wenn ein Krümelobjekt berührt wird.

Tipp: Die Anweisung für das Hochzählen lautet `anzahl = anzahl + 1`

b Erstellen Sie eine Unterklasse GEWONNEN der Klasse TEXT, bei der im Konstruktor der Text „Du hast das Spiel gewonnen" gesetzt wird und die den Text an der linken, oberen Ecke des Spielfelds erscheinen lässt. Erzeugen Sie in der Methode *AktionAusführen* ein Objekt der Klasse GEWONNEN, sobald das Monster den zehnten Krümel gefressen hat. Zum einfacheren Erzeugen der Krümel können Sie die Klasse KRÜMEL um einen Konstruktor erweitern, der die Position und die Figur festlegt.

c Um das Spiel schwieriger zu gestalten, können Sie die Randüberwachung in *Aktion-Ausführen* so ändern, dass ähnlich wie in Aufgabe b) der Text „Du hast verloren" an der rechten oberen Ecke des Spielfelds erscheint.

d Damit das Monster wirklich „frisst", muss der Mund des Monsters abwechselnd offen und geschlossen sein. Ergänzen Sie ein Attribut mundIstZu, welches angibt, ob der Mund zu ist (wahr) oder offen (falsch). Ergänzen Sie die Methode *AktionAusführen* so, dass zu Beginn die Monsterfigur abhängig von mundIstZu offen oder geschlossen dargestellt wird und das Attribut den passenden Wert erhält.

8 Einfache Grafik – Pflastern

a Erstellen Sie eine Klasse PFLASTERSTEIN als Unterklasse von RECHTECK. Dem Konstruktor kann die Position als Spalten- und Zeilennummer übergeben werden. Der Konstruktor soll die Farbe des Pflastersteins als „rot" und seine Größe als Quadrat der Seitenlänge 20 festlegen. Die Position soll so gesetzt werden, dass der Stein die angegebene Spalten- und Zeilenposition einnimmt; zwischen den Steinen soll eine Fuge der Breite 2 sein.

b Erstellen Sie ein Klasse PFLASTERUNG, die im Konstruktor einen Weg erzeugt, der 20 Steine lang und der 5 Steine breit ist.

c Erweitern Sie die Klassen PFLASTERSTEIN und PFLASTERUNG so, dass dem Konstruktor von PFLASTERUNG die Farbe und Größe der Pflastersteine sowie Länge und Breite des Wegs übergeben werden können.

9 Besseres Rechteck

Erstellen Sie eine Klasse BESSERESRECHTECK, die die Klasse RECHTECK um die folgenden Methoden ergänzt.

a **methode** *BreiteGeben()* → GANZZAHL

b **methode** *HöheGeben()* → GANZZAHL

c **methode** *FlächeninhaltGeben()* → GANZZAHL

d **methode** *BreiteSetzen(wert: GANZZAHL)*

Hinweis: Nutzen Sie die Methode *GrößeSetzen* in Verbindung mit der in b) entwickelten Methode.

e **methode** *IstQuadratGeben()* → WAHRHEITSWERT

Gibt zurück, ob ein Rechteck ein Quadrat ist oder nicht.

10 Jäger und Beute – Maussteuerung

Ein Beuteobjekt (roter Kreis) bewegt sich zufallsgesteuert über das Spielfeld. Der Jäger (blaues Quadrat mit gelbem Pfeil) muss das Beuteobjekt berühren. Seine Richtung kann durch Mausklicks gesteuert werden: Jeder Mausklick dreht den Jäger genau in Richtung des Klicks.

a Die Klasse BEUTE im Projekt JägerUndBeuteStart erbt von FIGUR. Ergänzen Sie in der Klasse BEUTE den Konstruktor so, dass die Beute das von Ihnen gewünschte Aussehen bekommt. Beim Berühren wird die Methode *Umfärben* aufgerufen. Ergänzen Sie die Methode, so dass sich das Aussehen der Beute passend verändert.

b Ergänzen Sie den Konstruktor der Klasse JÄGER so, dass der Jäger das von Ihnen gewünschte Aussehen bekommt.

c Erweitern Sie die Klasse JÄGER um einen Zufallsgenerator (Sie können in der Klasse BEUTE nachsehen.) und sorgen Sie dafür, dass der Jäger mit zufälliger Startposition und zufälligem Winkel beginnt.

d Analysieren Sie in der Klasse JÄGER, wie ein Mausklick verarbeitet wird. Beschreiben Sie dabei insbesondere die Aufgabe der Methode *RichtungGeben*, ohne dabei auf deren Implementierung einzugehen. Geben Sie die Bedeutung der einzelnen Teile des Kopfs dieser Methode an und nennen Sie die Anweisung, mit der das Ergebnis zurückgegeben wird.

e Ergänzen Sie in der Klasse JÄGER ein Attribut zum Zählen der Berührungen von Jäger und Beute.

f Ergänzen Sie die Klasse BEUTE so, dass die Beute an einen neuen, zufällig bestimmten Ort wechselt, wenn sie berührt wurde.

g Ergänzen Sie die Klasse BEUTE so, dass das Umfärben der Beute nach z. B. 10 Taktimpulsen rückgängig gemacht wird.

h Für Schnelle: Recherchieren Sie im Internet die Bedeutung der Funktion Arcustangens. Geben Sie mit Hilfe dieser Beschreibung an, wie die Methode *RichtungGeben* ihre Aufgabe erfüllt.

11 Forschungsauftrag: Zahlenraten

Wie schnell können Sie eine Zahl erraten? Programmieren Sie folgendes Spiel und testen Sie sich dann selbst. Das Programm erzeugt eine Zufallszahl im Bereich von 1 bis 100. Über den Aufruf der Methode *RatezahlEingeben(neueZahl)* haben Sie die Möglichkeit, eine Zahl einzugeben. Durch die Farbe eines Kreises wird zurückgemeldet, ob die geratene Zahl zu niedrig (blau) oder zu hoch (rot) ist oder ob die Zahl erraten wurde (grün). Jeder Rateversuch wird mitgezählt und die Anzahl der Versuche wird am Ende ausgegeben. Programmieren Sie das Spiel.

Für Schnelle: Achten Sie auf eine gute Benutzerfreundlichkeit. Zu Spielbeginn soll eine kleine Spielbeschreibung ausgegeben werden und bei falschen Eingaben – Zahlen, die nicht im Bereich 1 bis 100 liegen – soll der Nutzer einen entsprechenden Hinweis bekommen.

2.6 Vielseitig einsetzbar: Weitere Kontrollstrukturen

Am John-von-Neumann-Gymnasium ist Abiturfeier! Die Schülerinnen und Schüler dürfen über einen Laufsteg zur Schulleitung gehen, um sich die Zeugnisse abzuholen. Der Laufsteg besteht aus Glaswürfeln, die farbig leuchten, mit durchlaufenden Farben oder in den Lieblingsfarben der jeweiligen Abiturienten.

Das Technikteam hat vorab eine Simulation erstellt, um die Steuerung zu testen.

Endlich Abi!

a Erkunden Sie, wie im Projekt Catwalk die Festlegung der nächsten Farbe realisiert ist.

b Erproben Sie, wie eine alternative Lösung mit bedingten Anweisungen möglich wäre.

c Erkunden Sie, wie die Beleuchtung des Catwalks gesteuert wird.

d Erproben Sie eine Beleuchtung in Ihren Lieblingsfarben.

Die Zählwiederholung

In der Unterstufe wurde für Wiederholungen, bei denen die Anzahl der Durchläufe bekannt war, die Wiederholung mit fester Anzahl verwendet. Bei vielen Aufgabenstellungen benötigt man aber die Information, zum wievielten Mal man eine zu wiederholende Sequenz ausführt. Daher stellen die meisten Programmiersprachen als weitere Kontrollstruktur eine erweiterte Form der Wiederholung mit fester Anzahl bereit, bei der eine Variable mitgeführt wird, die für jeden Durchlauf hoch- oder heruntergezählt wird, die **Zählwiederholung**.

Mit Hilfe der Zählwiederholung kann eine Methode *SpiraleZeichnen()* der Turtle sehr einfach und übersichtlich formuliert werden.

Die Schrittweite 1 kann bei manchen Programmiersprachen weggelassen werden.

*Zählvariable (**lokale Variable**, d.h. eine Variable, die nur innerhalb einer Methode bzw. hier innerhalb der Wiederholung existiert)*

Startwert   Endwert   Schrittweite

```
zähle nummer von 1 bis 8 schritt 1
    selbst.Gehen(nummer*50)
    selbst.Drehen(90)
endezähle
```

```
zähle nummer von 1 bis 8 schritt 1

    selbst.Gehen(nummer*50)
    selbst.Drehen(90)
```

```
Java
void SpiraleZeichnen()
{
    for (int nummer = 1; nummer <= 8; nummer = nummer + 1)
    {
        this.Gehen(nummer*50);
        this.Drehen(90);
    }
}

Python
def SpiraleZeichnen(self):
    for nummer in range(1, 9):
        self.Gehen(nummer*50)
        self.Drehen(90)
```

```
Swift
func SpiraleZeichnen()
{
    for nummer in 1 ... 8
    {
        self.Gehen(länge:nummer*50)
        self.Drehen(winkel:90)
    }
}
```

Stride
```
public void SpiraleZeichnen()

for each ( int nummer in 1 .. 8)
    this.Gehen(nummer * 50)
    this.Drehen(90)
```

Die Mehrfachauswahl

Einfacher und übersichtlicher als die bedingte Anweisung ist bei mehreren zu unterscheidenden Fällen die Kontrollstruktur **Mehrfachauswahl**. Damit kann zum Beispiel für ein Objekt einer Unterklasse von TURTLE strukturierter notiert werden, wie es in der Methode *TasteGedrückt* auf verschiedene Tasten reagiert.

> *Als Datentyp für den Auswahlwert sind ganze Zahlen und Zeichen möglich. Auch Zeichenketten sind oft erlaubt.*

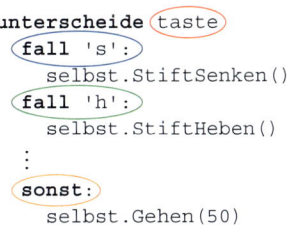

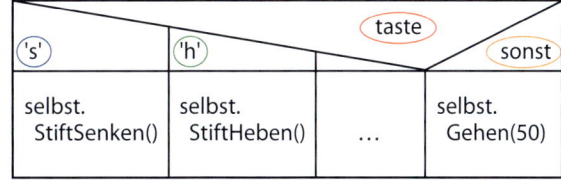

```
unterscheide (taste)
    fall 's':
        selbst.StiftSenken()
    fall 'h':
        selbst.StiftHeben()
    ⋮
    sonst:
        selbst.Gehen(50)
endeunterscheide
```

Auswahlwert

Wert für den 1. Fall   *Wert für den 2. Fall*

Fall für alle anderen Werte

Java
```
@Override
void TasteGedrückt(char taste)
{
    switch (taste)
    {
        case 's':
            this.StiftSenken();
            break;
        case 'h':
            this.StiftHeben();
            break;
        ⋮
        default:
            this.Gehen(50);
    }
}
```

Swift
```
override
func TasteGedrückt(taste: Character)
{
    switch taste
    {
        case "s":
            self.StiftSenken()
        case "h":
            self.StiftHeben()
        ⋮
        default:
            self.Gehen(50)
    }
}
```

Stride
```
public void TasteGedrückt(char taste)

    switch (taste)
        case ('s')
            this StiftSenken()
            break
        case ('h')
            this StiftHeben()
            break
        ...
        default
            this Gehen(50)
```

Python
```
def TasteGedrückt(self, taste):
    if taste == 's':
        self.StiftSenken()
    elif taste == 'h':
        self.StiftHeben()
    ⋮
    else: self.Gehen(50)
```

Falls – wie in Python – eine Mehrfachauswahl nicht möglich ist, kann man oft eine vereinfachte Form der geschachtelten bedingten Anweisung verwenden.

```
falls taste == 's' dann
    selbst.StiftSenken()
sonstfalls taste == 'h' dann
    selbst.StiftHeben()
    ⋮
sonst
    selbst.Gehen(50)
endefalls
```

Die **Zählwiederholung** wird verwendet, wenn bereits vor Eintritt in die Wiederholung feststeht, wie oft wiederholt werden muss.

zähle nummer **von** anfangswert **bis** endwert **schritt** weite

    Sequenz

endezähle

zähle nummer von startwert bis endwert schritt weite
Sequenz

Die Mehrfachauswahl erlaubt abhängig von einem Wert aus beliebig vielen Alternativen zu wählen.

unterscheide auswahlwert

    fall wert1:

        Sequenz 1

    fall wert2:

        Sequenz 2

    ⋮

    sonst:

        Sequenz sonst

endeunterscheide

		auswahlwert	
wert1	wert2		sonst
Sequenz 1	Sequenz 2	...	Sequenz sonst

Aufgaben

1 Informatik ist überall: Smoothiemaker

MIXERSTEUERUNG
ausgewählterFeinheitsgrad
Mixen()

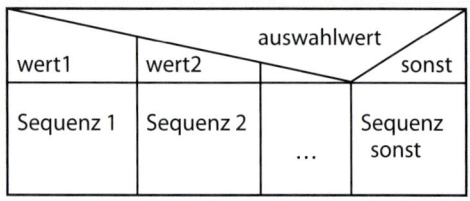

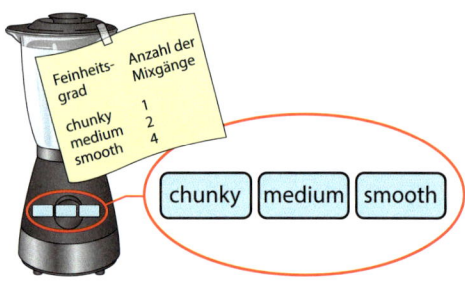

An einer Smoothiebar kann man auswählen, wie fein püriert man sein Getränk serviert bekommt. Ein Mixgang hat eine feste Dauer. Je nach Auswahl können mehrere Mixgänge nötig sein. Drei Schnellwahltasten sind so belegt wie auf der Haftnotiz angegeben.

a Die aktuelle Auswahl ist im Attribut gespeichert. Formulieren Sie einen Algorithmus, der die korrekte Anzahl an Mixgängen in einem Attribut mixgänge festlegt.

b Ergänzen Sie den Algorithmus so, dass die korrekte Anzahl an Mixgängen auch durchgeführt wird.

2 Turtle – Mit Zählwiederholung besser

a Erstellen Sie in einer Klasse GEOTURTLE eine Methode *Sechseck()*, welche die Turtle mit Hilfe der Zählwiederholung ein Sechseck mit der Seitenlänge 100 zeichnen lässt.
Tipp: Der Drehwinkel ist 360/6.

b Erstellen Sie in der Klasse GEOTURTLE eine Methode *Achteck()*, welche die Turtle ein Achteck zeichnen lässt. Wenn das Achteck ebenfalls die Seitenlänge 100 bekommt, wird es größer als das Sechseck. Erklären Sie diese Beobachtung. Probieren Sie aus, welche Seitenlänge das Achteck bekommen muss, damit es etwa gleich groß wie das Sechseck wird.

c Erstellen Sie nun eine Methode *Hundertzwanzigeck()*, welche die Turtle ein 120-Eck zeichnen lässt. Finden Sie heraus, welche Seitenlänge Sie wählen müssen, damit die neue Figur
auch wieder ungefähr die Größe des Sechsecks hat. Geben Sie an, welcher geometrischen
Form sich die Vielecke immer mehr annähern, wenn die Eckenzahl immer größer wird.

3 Mehrfachauswahl

Manche Programmiersprachen erlauben es, den Sonst-Teil der Mehrfachauswahl wegzu-
lassen. Nennen Sie Beispiele, wann dies möglich ist, und überlegen Sie Gründe dafür, dass
andere Programmiersprachen den Sonst-Teil immer verlangen.

4 Krümel und Monster (Teil 5) – Mehrfachauswahl
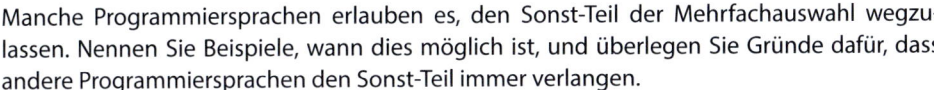

a Überschreiben Sie in der Klasse MONSTER die Methode *SonderTasteGedrückt(taste)* so,
dass

- ein Drücken der Taste „↑" die Monsterfigur um 10 Einheiten nach vorn bewegt,
- ein Drücken der Taste „→" die Monsterfigur um 90° nach rechts dreht,
- ein Drücken der Taste „←" die Monsterfigur um 90° nach links dreht und
- ein Drücken der Taste „↓" die Monsterfigur um 180° dreht.

Verwenden Sie dafür die Mehrfachauswahl. Begründen Sie, warum der Sonst-Teil der Mehrfachauswahl keine Anweisungen enthält.

b Ergänzen Sie die Klasse MONSTER weiter so, dass bei einem Drücken der Leertaste (Leerzeichen: „␣") die Monsterfigur sich um 50 Einheiten nach vorn bewegt.

c Ergänzen Sie in Ihrem Krümel-und-Monster-Projekt eine Klasse RAHMEN, deren Konstruktor automatisch 40 Krümel mit zufälliger Position sowie die Monster-Figur erzeugt.

d Lassen Sie die Klasse RAHMEN von EREIGNISBEHANDLUNG erben und starten Sie den
Taktgenerator beim Anlegen des Rahmenobjekts.

e Sie können in der Klasse RAHMEN auch einen richtigen Monster-Parcours aufbauen,
indem Sie graue Rechtecke als Hindernisse erzeugen und die Krümel gezielt in den freien
Plätzen zwischen den Hindernissen platzieren. Damit die Monsterfigur nicht in ein Hindernis hineinläuft, können Sie sie automatisch einen Schritt zurückgehen lassen, wenn sie
ein Hindernis berührt. Ergänzen Sie Ihre Klassen entsprechend.

5 Figur – Verrückte Reise (Teil 2)

Ein Objekt der Klasse FIGUR soll sich beim Bewegen über die Zeichenfläche von den dort
vorhandenen Grafikfiguren beeinflussen lassen. Insbesondere sollen schwarze Ränder dafür
sorgen, dass die Figur die Zeichenfläche nicht verlässt.

a Überschreiben Sie in einer Klasse SPIELFIGUR die Methode *AktionAusführen* so, dass sich
die Figur
- um 180° dreht und 40 Einheiten weit geht, falls sie eine schwarze Fläche berührt,
- um 5° dreht und 5 Einheiten weit geht, falls sie eine rote Fläche berührt,
- um −10° dreht und 5 Einheiten weit geht, falls sie eine grüne Fläche berührt,
- um 15° dreht und 10 Einheiten weit geht, falls sie eine blaue Fläche berührt und
- um −5° dreht und 10 Einheiten weit geht, falls sie eine gelbe Fläche berührt.

Ansonsten geht sie 15 Einheiten geradeaus.

b Begründen Sie, warum Sie für diese Aufgabe keine Mehrfachauswahl verwenden können,
sondern dafür bedingte Anweisungen in geeigneter Form verwenden müssen.

c Erzeugen Sie nun passende Rand- und Ablenkobjekte. Testen Sie, ob die Ablenkobjekte
eher groß oder eher klein sein sollten, um verschlungene Wege zu erhalten.

Für die verrückte Reise der Figur können Sie in einer Klasse RAHMEN alle Hilfsflächen automatisch erzeugen.

d Erstellen Sie je eine Klasse RECHTECKBESSER, KREISBESSER und DREIECKBESSER als Unterklasse von RECHTECK, KREIS, bzw. DREIECK, deren Konstruktor es jeweils erlaubt, die Grafikfigur gleich mit gewünschter Größe, Position und Farbe anzulegen.

e Erstellen Sie eine Klasse RAHMEN, deren Konstruktor alle benötigten Hilfsflächen und das Figur-Objekt anlegt.

6 Abiturparty

Nach der Zeugnisverleihung ist am John-von-Neumann-Gymnasium große Abiparty. Die Würfel des Laufstegs werden von der Technikgruppe so umgestellt und ergänzt, dass sie als Tanzfläche genutzt werden können.

a Analysieren Sie die vorgegebene Klasse DANCEFLOOR und beschreiben Sie, wie sie arbeitet. Überprüfen Sie anschließend Ihre Überlegungen durch Ausprobieren.

b Überlegen Sie sich eine eigene Beleuchtung für die Tanzfläche und setzen Sie sie unter Verwendung der Zählwiederholung in einer eigenen Klasse um.

7 Wachsender Baum

Trickfilme wurden früher mühsam Bild für Bild von Hand gezeichnet. Moderne computeranimierte Trickfilme nutzen bei ihrer Erstellung auch die Kontrollstrukturen, um Abläufe zu steuern und eine Abfolge von Bildern zu erzeugen. Im Beispiel soll ein einfacher Trickfilm erzeugt werden, der einen Baum im Laufe der Jahreszeiten und über die Jahre hinweg simuliert.

a Experimentieren Sie im vorgegebenen Projekt mit der Klasse BAUM und finden Sie heraus, was die gegebenen Methoden leisten.

b Erstellen Sie eine Unterklasse WACHSENDERBAUM. Überschreiben Sie die Methode *AktionAusführen* so, dass der Baum mit Hilfe einer Mehrfachauswahl je nach aktueller Jahreszeit in die nachfolgende Jahreszeit überführt wird. Im Frühling soll der Baum zudem wachsen.

c Ergänzen Sie Ihren Film um eigene Ideen (z. B. Baum kippt nach 200 Jahren um) oder erstellen Sie selbst einen eigenen Film.

8 Druckaufträge

Benötigt man ein Bild oder einen Text mehrfach, kann man beim Druckauftrag eine Anzahl angeben – der Drucker wiederholt passend zur Eingabe den Druckvorgang.

a Erkunden Sie im Projekt Drucker, mit welcher Kontrollstruktur das wiederholte Drucken umgesetzt wurde, und führen Sie den "Druckauftrag" einmal aus.

b Ändern Sie den Quelltext so, dass das Bild acht Mal ausgedruckt wird.

c Verbessern Sie die Methode *Drucken()* so, dass über einen Parameter die Anzahl der Ausdrucke eingegeben werden kann.

d Ergänzen Sie einen weiteren Parameter zur Auswahl des zu druckenden Motivs. Zum Beispiel wird mit dem Methodenaufruf *Drucken(5, 'K')* die Katze fünfmal gedruckt.

9 2D-Spielwelt (Teil 6): Achtung Florian, die Pilze sind giftig!

In der Blumenwelt gibt es nicht nur Blumen, sondern auch giftige Pilze. Wenn Florian einen verspeist, wird er krank und als Strafe erhöht sich die Anzahl der Schritte um 10.

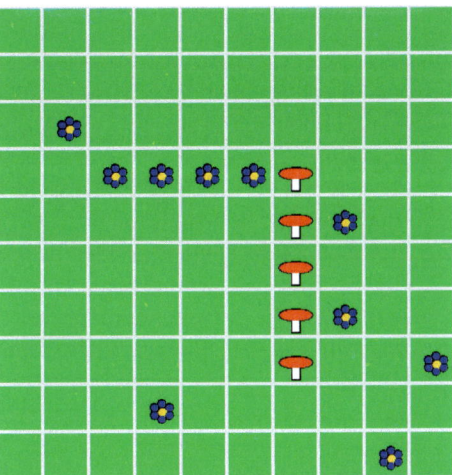

a In dem Projekt wurde eine neue Klasse FLIEGENPILZ ergänzt. Erweitern Sie die Klasse BLUMENWELT mit Hilfe einer Zählwiederholung so, dass eine vertikale Reihe mit 5 Fliegenpilzen erzeugt wird.

b Ergänzen Sie die Klasse FLORIAN so, dass er eine Strafe bei der Berührung eines Pilzes erhält.

c Programmieren Sie das Spielende: Wenn alle Blumen gepflückt sind, endet die automatische Bewegung und die Anzahl der gegangenen Schritte wird angezeigt. Hinweis: Ihre Lehrkraft gibt Ihnen zwei Codeschnipsel, die Ihnen bei der Anzeige und dem Ende der automatischen Bewegung helfen.

d Überlegen Sie sich eine zusätzliche Funktionalität oder eine andere individuelle Gestaltung für das Spiel und setzen Sie sie um. Eine Möglichkeit wäre, über andere Objekte auf der Wiese Bonuspunkte zu sammeln.

e Für Schnelle: Dass Florian nach dem Verspeisen eines Pilzes krank wird, sollte man ihm ansehen. Ergänzen Sie Ihr Programm so, dass sich das Aussehen von Florian für fünf Schritte verändert. Danach hat er sich wieder regeneriert.

f Für ganz Schnelle: Vergrößern Sie die Welt von Florian z. B. auf 20 mal 20 Zellen, damit das Spiel anspruchsvoller wird. Beachten Sie: Es ist nicht ausreichend, nur die Anzahl der Zellen zu erhöhen. Weitere Anpassungen, beispielsweise bei den Grafiken, sind auch nötig.

g Gestalten Sie das Spiel variantenreicher, indem z. B. fünf Blumen und drei Pilze beim Erzeugen der Blumenwelt dort an zufälligen Positionen verteilt werden.

h Überlegen Sie sich eine Erweiterung des Spiels und setzen Sie sie um. Beispielsweise könnten Sie Hindernisse programmieren, die Florian den Weg versperren.

2.7 Objekte kommunizieren miteinander: Referenzen

Warum geht die Tür nicht auf?

Am John-von-Neumann-Gymnasium sollen die normalen Türen durch Schiebetüren als Eingang und Ausgang ersetzt werden, die per Lichtschranke gesteuert werden. Lilly und Robina haben für eine Vorstudie im Rahmen ihres P-Seminars eine Simulation entwickelt, in der jede von den beiden eine Klasse für eine Lichtschranke geschrieben hat. Lillys Lichtschranke ist links, Robinas ist rechts.

a Erproben Sie die Simulation, indem Sie die Figur mittels Mausklicks durch die Türen steuern, bis ein Fehler auftritt.

b Vergleichen Sie in Zweierteams jeweils die Lichtschranken-Klassen von Lilly und Robina und formulieren Sie Unterschiede sowie eine Vermutung zur Ursache des Problems.

c Verbessern Sie gemeinsam Robinas Klasse, damit sich auch ihre Tür öffnet.

In einem einfachen Computerspiel muss ein Vögelchen, das mit der Tastatur nach oben und unten bewegt werden kann, Bergen ausweichen und kleine Insekten fangen. Berge und Insekten bewegen sich von rechts nach links; verschwinden sie links, so tauchen sie rechts wieder auf. Berührt der Vogel ein Insekt, so erhält der Spieler einen Punkt; wird dagegen der Berg berührt, so endet das Spiel. Um das zu realisieren, benötigt man in diesem komplexeren Programm neben den einzelnen Spielfiguren ein Objekt der Klasse SPIEL, das die Gesamtsteuerung übernimmt. Dieses steht mit allen fünf Objekten in Beziehung, wie im Klassendiagramm skizziert.

Um eine solche Beziehung in einem Programm umzusetzen, muss man in mehreren Schritten vorgehen, die im Folgenden exemplarisch an der Beziehung „Das Objekt Spiel steuert Insekt Nummer 1" erläutert werden.

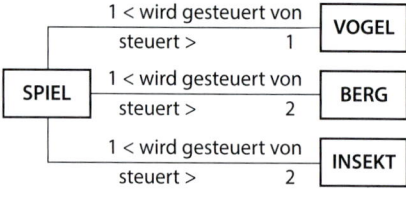

Auf Klassenebene ist die Kardinalität der Beziehung zwischen SPIEL und INSEKT 1:2. Auf Objektebene steht jedes Spiel-Objekt also mit zwei einzelnen Insekten in Beziehung.

1. Schritt der Umsetzung: Vereinbarung

Zunächst ist zu klären, welches Objekt an das andere Botschaften in Form von Methodenaufrufen schicken muss. Im Beispiel steuert das Spiel den Ablauf, indem es über Methodenaufrufe einzelne Bewegungsschritte der anderen Objekte anstößt und je nach Berührung Punkte gutschreibt oder das Ende anzeigt. Umgekehrt muss das Insekt keine Botschaften aktiv an das Spiel senden. Damit das Spiel das Insekt-Objekt „kennt", benötigt man ein spezielles Attribut, ein sogenanntes **Referenzattribut**. Dieses enthält anders als die Attribute der bisher behandelten Datentypen – sogenannte primitive Datentypen (GANZZAHL, ZEICHEN, …) – keinen unmittelbaren Wert, sondern eine → **Referenz** (eine Art Zeiger) auf ein anderes Objekt.

→ referre: lat. zurückführen, sich auf etwas beziehen

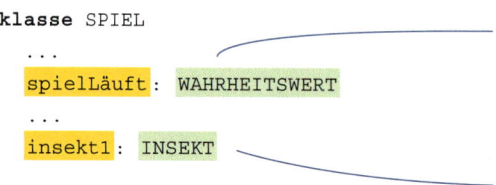

```
klasse SPIEL
    ...
    spielLäuft: WAHRHEITSWERT
    ...
    insekt1: INSEKT
```

Die Vereinbarung (Deklaration) aller Attribute erfolgt typischerweise vor dem Konstruktor; sie enthält jeweils Bezeichner *und* Datentyp*.*

Bei Referenzattributen ist der Datentyp *der Name der Klasse, von der das referenzierte Objekt ist.*

Nach diesem Schritt existiert noch kein Objekt der Klasse INSEKT, nur eine Referenz „ins Leere". Man kann sich so ein Referenzattribut vorstellen wie eine Schachtel, die einen Pfeil („Lasso") mit einem darin fixierten Fuß enthält, an dessen Spitze man ein anderes Objekt anbinden kann. Das Lasso liegt jedoch noch ungenutzt in der Schachtel. Das primitive Attribut enthält den Wert dagegen unmittelbar.

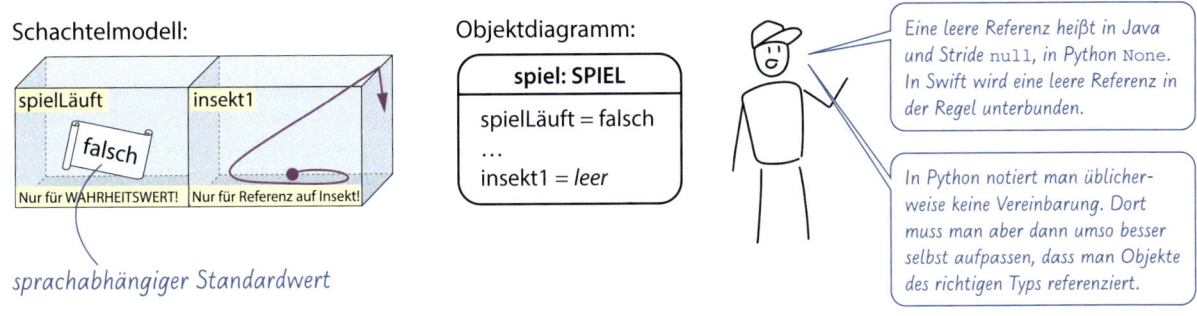

Schachtelmodell:

Objektdiagramm:

Eine leere Referenz heißt in Java und Stride null, in Python None. In Swift wird eine leere Referenz in der Regel unterbunden.

In Python notiert man üblicherweise keine Vereinbarung. Dort muss man aber dann umso besser selbst aufpassen, dass man Objekte des richtigen Typs referenziert.

sprachabhängiger Standardwert

2. Schritt: Initialisierung
Das referenzierende SPIEL-Objekt muss nun ein passendes INSEKT-Objekt erzeugen und mit dem Referenzattribut verbinden. Diese Initialisierung des Referenzattributs geschieht typischerweise im Konstruktor. Dadurch wird das Referenzattribut initialisiert.

```
konstruktor()
  ...
  spielLäuft = wahr
  ...
  insekt1 = neu INSEKT()
```

Lies die Zuweisung wie immer von rechts nach links: Erst wird das Objekt erzeugt und dann eine Referenz darauf dem Referenzattribut zugewiesen.

Nach Ausführung des Konstruktors sieht die Situation dann wie folgt aus:

Schachtelmodell:

Objektdiagramm:

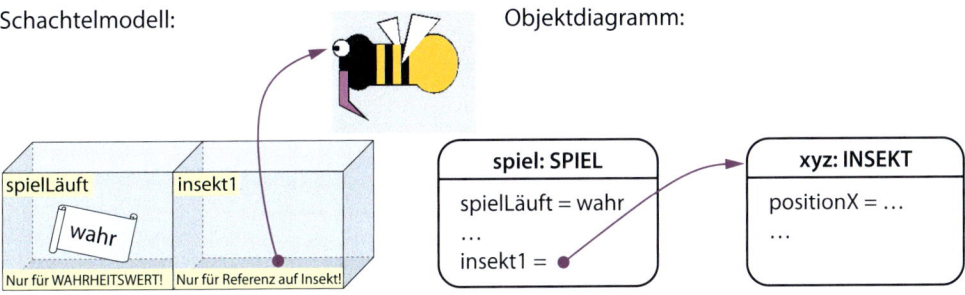

Während der Wert eines primitiven Attributs direkt gespeichert ist, ist das Insekt ein eigenständiges Objekt, das über die gespeicherte Referenz „angesprochen" werden kann.

3. Schritt: Nutzung der Objektreferenz zur Kommunikation zwischen Objekten
Die Objektreferenz ist jetzt vollständig. Das Objekt, das die Referenz besitzt, kann nun mit dem referenzierten Objekt kommunizieren; es kann ihm Botschaften schicken, auf die das referenzierte Objekt geeignet reagiert.

Klasse SPIEL, Auszug aus der zentralen Methode *TaktImpulsAusführen*:

```
berührt: WAHRHEITSWERT
berührt = insekt1.Berührt(vogel)
falls berührt
  insekt1.PositionSetzen(800,300)
```

Insekt verschwindet und taucht als „neues"
Insekt rechts wieder auf

Zunächst wird die Methode *Berührt* aufgerufen und dabei dem Insekt eine Referenz auf den Vogel übergeben. Das Insekt überprüft, ob er das referenzierte Objekt (den Vogel) berührt, und gibt im Anschluss den passenden Wert zurück.

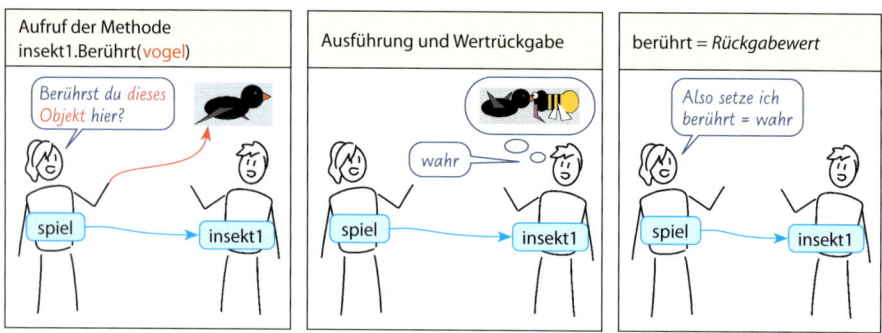

Ausführung der Zeile berührt = insekt1.Berührt(vogel) im Rollenspiel

Die Methode *PositionSetzen* ist dagegen eine Methode ohne Rückgabewert. Nach Aufruf durch das Spiel führt das Insekt die Methode aus und erhält eine neue Position als scheinbar neues Insekt. Danach arbeitet das Spiel weiter.

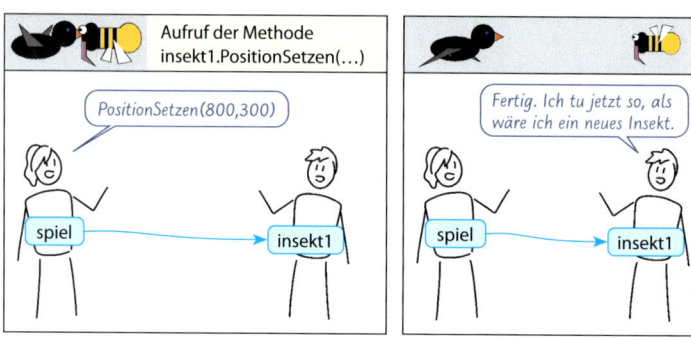

Ausführung der Zeile insekt1.PositionSetzen(800,300)

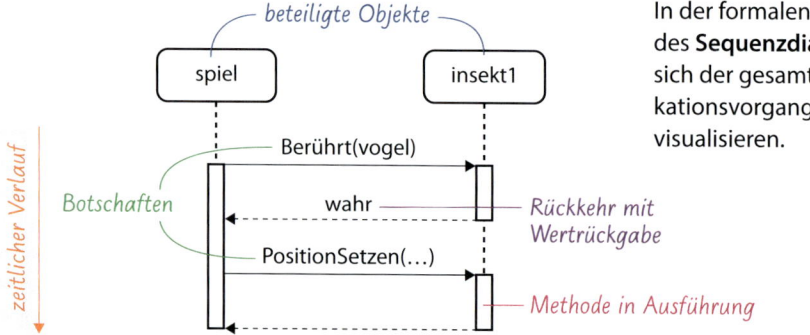

Ausführung der Zeile insekt1.PositionSetzen(800,300)

In der formalen Darstellung des **Sequenzdiagramms** lässt sich der gesamte Kommunikationsvorgang strukturiert visualisieren.

Referenzattribute sind Attribute, die eine **Referenz** (Zeiger) auf ein anderes Objekt enthalten können. Ein Objekt benötigt eine Referenz auf ein anderes Objekt, um ihm Botschaften in Form von Methodenaufrufen schicken zu können.

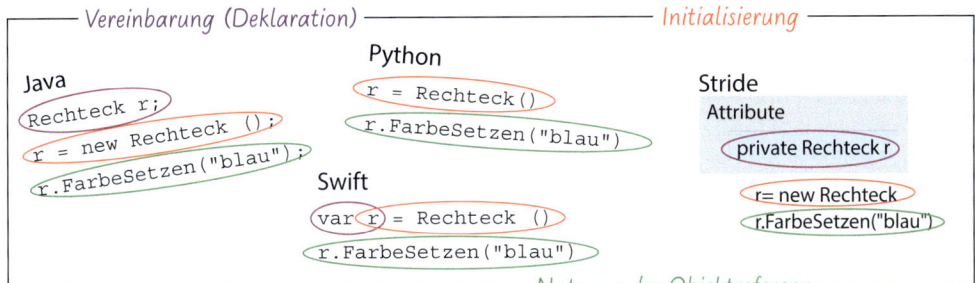

Aufgaben

1 Informatik ist überall: Schiffe verwalten (a, b nach Abitur 2018/II)

Die Bayerische Verwaltung der staatlichen Schlösser, Gärten und Seen (kurz: Bayerische Schlösserverwaltung) ist unter anderem für den Betrieb der auf dem Königssee, Ammersee, Starnberger See und Tegernsee eingesetzten Passagierschiffsflotte zuständig. Jedes Schiff der Flotte ist dabei einem dieser Seen zugeteilt und hat neben seinem Namen eine Reihe von bauartbedingten Eigenschaften. Die Zentralverwaltung in München beabsichtigt, auf ein neues Softwaresystem umzustellen, das alle für die Organisation relevanten Aspekte berücksichtigt.

a Modellieren Sie für den Neuentwurf des Systems die oben beschriebene Situation als Klassendiagramm unter Verwendung der Klassen SCHIFF, SEE und ANLEGESTELLE. Ergänzen Sie für jede Klasse mindestens zwei sinnvolle Attribute.

b Aufgrund von Unterschieden in Betrieb und Wartung lässt sich der Flottenbestand in Elektroboote, Dieselmotorschiffe und mit Dieselmotoren ausgestattete Schaufelraddampfer gliedern. Passen Sie den betreffenden Teil Ihres Klassendiagramms so an, dass die unterschiedlichen Eigenschaften und Funktionalitäten der Schiffstypen berücksichtigt werden können.

c Skizzieren Sie ein Objektdiagramm mit einem See sowie je einem Elektro- und Dieselschiff und vergleichen Sie mit dem Klassendiagramm. Begründen Sie, weshalb man im Objektdiagramm Vererbungsbeziehungen im Gegensatz zu anderen Beziehungen nicht erkennen kann.

d Die Software soll auch die Dienstpläne der Mitarbeiter verwalten. Dennis formuliert: „Zu einem festen Zeitpunkt haben n Schiffe m Mitarbeiter an Bord. Also handelt es sich um eine n:m-Beziehung." Erklären Sie Dennis, welchen Denkfehler er macht und worauf er bei der Formulierung von Beziehungen achten muss.

2 Doppelt gemoppelt

a Im gegebenen Projekt finden Sie eine Klasse zu Teilaufgabe a). Analysieren und erproben Sie diese. Versuchen Sie, die Rechtecke durch Ergänzung der Methode *WeiterÄndern* zu verändern. Zeichnen Sie danach ein passendes Objektdiagramm ohne Attribute.

b Ergänzen Sie in der Klasse zu Teilaufgabe b) die Methode *WeiterÄndern* um Methodenaufrufe (*PositionSetzen, FarbeSetzen* …) mithilfe der beiden Referenzattribute. Zeichnen Sie ein passendes Objektdiagramm.

3 Suche nicht nach Fehlern, suche nach Lösungen!

a Für einen Fahrradverleih soll eine neue Software entwickelt werden. Darin haben sich Fehler eingeschlichen, die Sie berichtigen müssen, bevor Sie das Programm ausführen können (sog. Kompilierzeitfehler). Berichtigen Sie diese; notieren Sie sich auch neue Fehler und Tipps zur Beseitigung in Ihrem Heft.

b Nach dem Übersetzen können Sie nun für den Fahrradverleih die Methode *Ausleihen* mit einer Fahrradnummer zwischen 1 und 3 und einer Kundennummer von 1 bis 2 aufrufen. Dabei tritt ein Fehler zur Laufzeit des Programms (**Laufzeitfehler**) auf. Analysieren Sie den Fehler durch Untersuchung der Attributwerte. Finden und beseitigen Sie die Ursache im Konstruktor und testen Sie!

c Als Entleiher wird bei jedem Entleihvorgang der Name „Karl Kopf" ausgegeben, der gar nicht Kunde des Fahrradverleihs ist. Finden und beseitigen Sie die Ursache dieses **logischen Fehlers**.

d Begründen Sie, weshalb es kein Fehler ist, dass in der Methode *FahrradZeichnen* nur eine lokale Referenzvariable vom Typ KREIS vereinbart ist, obwohl vier Kreise erzeugt werden.

e Für Schnelle: Das Programm weist darüber hinaus weitere konzeptionelle Schwächen auf. Benennen Sie Aspekte, warum es so nicht praxistauglich ist.

Auftragsbestätigung

Entleiher: Karl Kopf
Anschrift: Ameisenstraße 1, Turing
Fahrradtyp: Mountainbike
Farbe: blau

4 Diagramme

a Erzeugen Sie eine Grafik in den dargestellten Schritten. Testen und vergleichen Sie nach jedem Schritt die aktuellen Attributwerte im Programm. Beide Rechtecke sollen am Ende die Position (200, 200) haben und gelb sein.

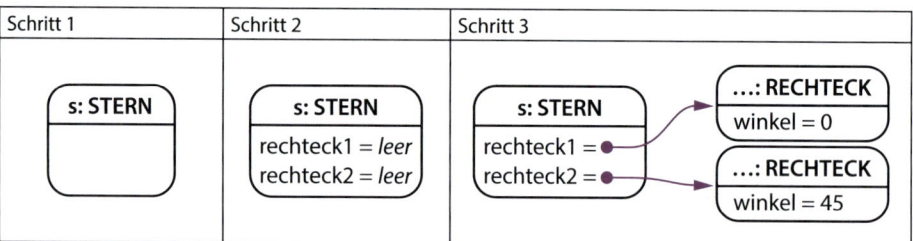

b Skizzieren Sie das zugrundeliegende Klassendiagramm mit der Beziehung zwischen den Klassen. Begründen Sie, weshalb es in der Regel genügt, die zweiseitige Beziehung eines Klassendiagramms nur in eine Richtung umzusetzen.

c Skizzieren Sie ein Sequenzdiagramm ab dem Zeitpunkt, zu dem alle Objekte erzeugt sind.

5 Pep up my house!

Für die Doku-Soap „Pep up my house" soll ein Animationsfilm als Trailer erstellt werden, bei dem ein durcheinandergeratenes Haus aufgemöbelt wird.

a Betrachten Sie die Klasse BÜHNE und untersuchen Sie, wie darin die verschiedenen Objekte erzeugt werden.

b Ergänzen Sie die unvollständigen Methoden jeweils auf Basis der Beschreibung in den Kommentaren. Testen Sie!

c Die Sonne wird zwar angezeigt, kann aber nicht verändert werden. Untersuchen Sie im Konstruktor, was hier schiefgelaufen ist! Korrigieren Sie!

d Erweitern Sie den Film um zusätzliche Objekte.

6 Bienen- und Vogel-Spiel

Für das Spiel, das im Lehrtext beschrieben ist, sind die Figuren bereits vorgegeben. Auch der Vogel fliegt schon und ist steuerbar mit der ↑-Taste.

a Ergänzen Sie Berge und Insekten um eine Methode *Bewegen*, die die Objekte ein kleines Stück nach links bewegt und sie wieder ganz nach rechts bringt, wenn sie am linken Bildschirmrand verschwunden sind.

b Entwickeln Sie die Klasse SPIEL als Unterklasse von EREIGNISSTEUERUNG mit Referenzattributen und steuern Sie die Objekte, indem Sie in den Methoden *TaktImpulsAusführen* und *SondertasteGedrückt* die Methoden aus a) geeignet aufrufen.

c Erweitern Sie das Projekt um eigene Ideen (z.B. zufälliges Herumschwirren der Insekten, Punktestand, weitere Figuren …).

7 Akkustandanzeige

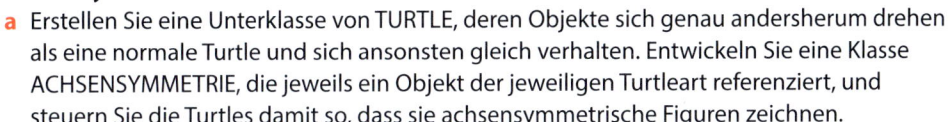

a Zeichnen Sie ein Klassendiagramm zu einer Akkustandanzeige mit Balken und begründen Sie knapp, warum zur Umsetzung Referenzattribute nötig sind.

b Analysieren Sie das gegebene Projekt. Es enthält Fehler und ist nicht vollständig. Verbessern bzw. ergänzen Sie zu einer funktionierenden Akkustandanzeige, die auf orange bei einem Ladezustand unter 30 % und auf rot unter 10 % schaltet.

c Beschreiben Sie stichwortartig Verbesserungsmöglichkeiten der Lösung aus b). Für Schnelle: Setzen Sie die Verbesserungen um.

8 Turtles symmetrisch

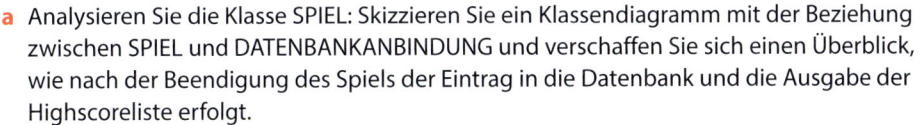

a Erstellen Sie eine Unterklasse von TURTLE, deren Objekte sich genau andersherum drehen als eine normale Turtle und sich ansonsten gleich verhalten. Entwickeln Sie eine Klasse ACHSENSYMMETRIE, die jeweils ein Objekt der jeweiligen Turtleart referenziert, und steuern Sie die Turtles damit so, dass sie achsensymmetrische Figuren zeichnen.

b Entwickeln Sie analog eine Klasse für Punktsymmetrie.

c Turtles als Synchronschwimmer: Vier Turtles werden zentral gesteuert und starten im gleichen Punkt um jeweils 90 Grad gedreht mit den gleichen Übungen. Experimentieren Sie und seien Sie kreativ.

9 Forschungsauftrag: Wer knackt den Highscore? – Datenbankverbindung

Nach der Beendigung eines Programms gehen die Daten normalerweise verloren. Um aus einem Programm heraus Daten dauerhaft zu speichern, auf die man später zurückgreifen will, kann man die Anbindung an eine Datenbank verwenden. Im Projekt 1_7_A09_Vorlage finden Sie ein (triviales!) Spiel, das mit einer Klasse DATENBANKANBINDUNG verbunden ist.

a Analysieren Sie die Klasse SPIEL: Skizzieren Sie ein Klassendiagramm mit der Beziehung zwischen SPIEL und DATENBANKANBINDUNG und verschaffen Sie sich einen Überblick, wie nach der Beendigung des Spiels der Eintrag in die Datenbank und die Ausgabe der Highscoreliste erfolgt.

b Das Projekt 1_7_A09_Aufgabe liefert Ihnen ein anderes Spiel. Realisieren Sie für dieses Spiel eine Datenbankanbindung nach dem Beispiel aus a).

10 Forschungsauftrag: Objektkommunikation

a Untersuchen Sie, ob Sie mit einem Referenzattribut auch Objekte „fremder" Klassen referenzieren können (z.B. ein Dreieck im Attribut vom Typ KREIS).

b Recherchieren Sie zu Sequenzdiagrammen (vgl. S. 118) und finden Sie weitere Elemente, die darin enthalten sein können. Stellen Sie diese in einem Kurzreferat vor.

2.8 Objekte schützen: Sichtbarkeit und Kapselung

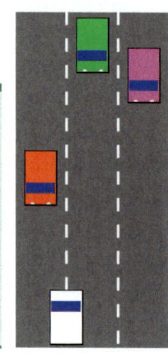

Im Spiel „Alles Geisterfahrer" müssen Sie im weißen Auto durch Drücken der Pfeiltasten den entgegenkommenden Fahrzeugen ausweichen. Allerdings gibt es noch Probleme: Das grüne Auto fährt nicht und das weiße lässt sich nur nach rechts bewegen, nicht nach links.

a Untersuchen Sie das Programm und beseitigen Sie die Fehler.

b Begründen Sie, weshalb es zu keiner Fehlermeldung, aber zu einem fehlerhaften Verhalten kam.

Kapselungsprinzip

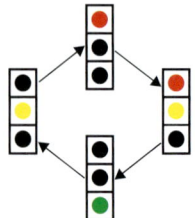

Eine Ampel hat vier Phasen, die zyklisch in fester Reihenfolge durchlaufen werden: rot – rotgelb – grün – gelb. Die Ampel entscheidet nicht selbst, wann sie die Phase wechselt. Sie wird gesteuert von einem zentralen Objekt steuerung, das allen Ampeln der Anlage sagt, wann sie in die nächste Phase wechseln.

Stefan und Amelie erproben das in einer Simulation und parallel dazu im Rollenspiel:

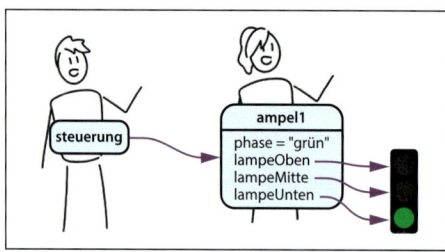

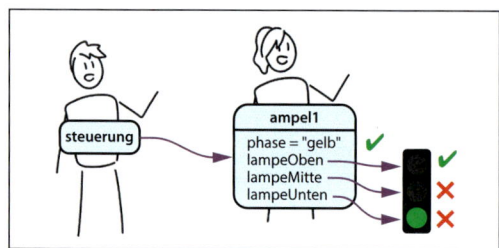

Stefan sendet als Botschaft die Zuweisung:

```
ampel1.phase = "gelb"
```

Dadurch ändert sich zwar das Attribut *phase* der Ampel auf den neuen Wert. Da Stefan die Klasse AMPEL aber nicht gut genug kennt, hat er übersehen, dass auch die von der Ampel referenzierten Lampen über die Änderung informiert werden müssen. Solche Fehler passieren leicht: Wenn ein Objekt unmittelbar auf die Attribute eines anderen Objekts zugreift und diese verändert, besteht die Gefahr, dass dabei notwendige Nebeneffekte, z. B. sonstige Werte, die geändert werden müssen, übersehen werden. Deshalb gibt es in der objektorientierten Programmierung den Grundsatz der **Datenkapselung**: Dieser besagt, dass nur ein Objekt selbst unmittelbaren Zugriff auf seine Daten (d. h. Attributwerte) haben sollte. Der Zugriff von außen soll nur über passende Methoden erfolgen, die vom aufgerufenen Objekt bereitgestellt werden. Im Beispiel braucht die Ampel eine Methode *GelbSetzen*, die nicht nur den Attributwert setzt, sondern auch bei den Lampen die folgenden Methoden aufruft:

```
lampeOben.Ausschalten()
lampeMitte.Anschalten()
lampeUnten.Ausschalten()
```

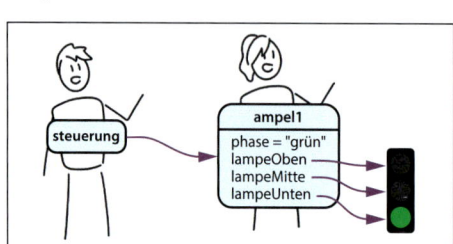

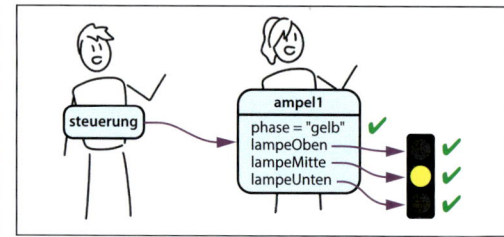

Das nebenstehende Bild veranschaulicht das Kapselungsprinzip: Die Attribute und Referenzattribute in der Mitte sind geschützt durch eine Hülle, die keinen unmittelbaren Zugriff erlaubt. Der Zugriff darf nur über passende Methoden erfolgen, z. B. über Getter („…*Geben*")- und Setter („…*Setzen*")-Methoden.

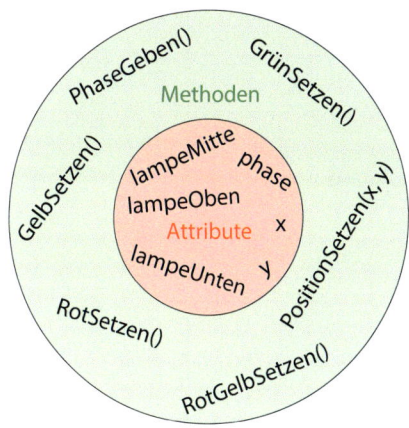

An der Schule ist es ähnlich: Ich darf zum Schutz Ihrer Privatsphäre nicht in Ihre Schultasche langen, aber ich kann bei Ihnen die Methode „Bitte geben Sie mir Ihr Matheheft!" aufrufen.

Zugriffsrechte

Um den Zugriff auf Klassen, Attribute und Methoden zu regulieren, stellen viele objektorientierte Programmiersprachen **Zugriffsmodifikatoren** zur Verfügung. Wenn man ein Attribut als **privat** kennzeichnet, kann nur das Objekt selbst (oder ein anderes Objekt der Klasse mit einer Referenz darauf) lesend und schreibend darauf zugreifen. Dadurch schützen Programmierer die Objekte ihrer Klassen vor Zugriff von anderen Programmierern, die die Klassen nicht genau kennen. Ebenso können private Methoden nur innerhalb der Klasse aufgerufen werden; dies ist sinnvoll bei Hilfsmethoden, auf die von außen nicht zugegriffen werden soll, um Fehler zu vermeiden. Üblicherweise werden Methoden aber als **öffentlich** gekennzeichnet, wodurch sie für alle anderen Objekte – auch außerhalb des aktuellen Projekts – verwendbar sind. Als weiteres Zugriffsrecht gibt es noch **geschützt**, das je nach Sprache für einen engeren Kreis von Klassen Zugriff gewährt.

Die Bezeichnungen und Bedeutungen variieren in verschiedenen Sprachen. Informieren Sie sich im Zweifel genauer!

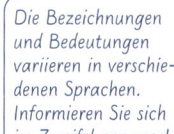

	privat	öffentlich	geschützt	ohne Kennzeichnung
Java	private	public	protected	innerhalb des Pakets
Stride	private	public	protected	
Swift	private fileprivate	open public	internal	wie internal
Python	keine echten Zugriffsmodifikatoren; interne Methoden werden durch vorangestellten Unterstrich gekennzeichnet (*_methode*); dies wird jedoch nicht vom Interpreter beachtet. Umso besser muss man selbst auf das Kapselungsprinzip achten! Ein doppelter führender Unterstrich *__methode* verhindert unmittelbaren Zugriff von außen.			

Datenkapselung verhindert den direkten Zugriff auf Attribute. Es gilt der Grundsatz, dass Attribute nur über Methoden gelesen und verändert werden sollen.
Programmiersprachen unterstützen das Kapselungsprinzip durch **Zugriffsrechte**.

```
Java
public class Quadrat
{
    private int seitenlänge;
    ...
    public int SeitenlängeGeben()
    ...
```

```
Python
#Keine Zugriffsrechte.
#Nur Festlegung für
#interne Hilfsmethoden:
def _geheim(self):
    ...
```

```
Swift
open class Quadrat
{
    private var seitenlänge = 0
    ...
    open func SeitenlängeGeben()
    ...
```

Stride:

classQuadrat
Attribute
private int seitenlänge
Methoden
public int **SeitenlängeGeben()**

Aufgaben

1 Informatik ist überall

Bei einer Onlinebank gibt es auf Seiten des Kunden eine App, die das zugehörige Kontoobjekt auf Seiten der Bank referenziert. Der Kunde kann für sein Konto eine Überweisung beauftragen, wobei er eine IBAN, einen Betrag und einen Verwendungszweck angeben muss. Das serverseitige Konto hat einen Kontostand und eine IBAN, die der Kunde zwar abrufen, aber nicht direkt verändern kann. Spezielle Konten sind Girokonten und Sparkonten, die direkten Zugriff auf den Kontostand haben, aber die IBAN nur lesen können.

Skizzieren Sie ein Klassendiagramm und geben Sie bei allen beschriebenen Methoden zusätzlich passende Zugriffsmodifikatoren an. Ergänzen Sie je zwei weitere sinnvolle Attribute und Methoden.

2 Kontrolle alter Projekte

a Untersuchen Sie die Projekte aus dem letzten Kapitel auf fehlende Zugriffsrechte: Wo könnte man möglicherweise Unfug durch direkten Zugriff auf Attribute anrichten? Testen, korrigieren und ergänzen Sie Zugriffsrechte.

b Testen Sie im Anschluss, wie das System reagiert, wenn Sie weiterhin versuchen, direkt auf die Attribute zuzugreifen.

3 Ampel

Eine Ampel besteht aus drei Lampen; die Phasen rot – rotgelb – grün – gelb wiederholen sich zyklisch.

a Vervollständigen Sie die Klasse AMPEL um das fehlende Referenzattribut und die weiteren Methoden für die Ampelphasen.

b Vergeben Sie in den Klassen AMPEL und LAMPE passende Zugriffsrechte für Attribute und Methoden.

c Momentan besteht die Gefahr, dass die Ampel durch eine fehlerhafte Botschaft von außen in eine falsche Phase umschaltet (z.B. direkt von rot nach grün). Definieren Sie eine Methode *Weiterschalten*, die abhängig von der aktuellen Phase in die korrekte Folgephase schaltet (Tipp: Mehrfachauswahl). Verhindern Sie durch die Vergabe von Zugriffsrechten, dass Methoden für die einzelnen Phasen direkt aufgerufen werden können.

4 Countdown und Uhr – Zeitanzeige in Teile zerlegen

Anzeigen einer Digitaluhr gibt es in vielen Anwendungen. In dieser Aufgabe sollen Sie selbst einen Countdown programmieren.

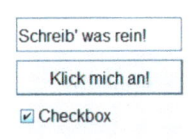

a Beschreiben Sie zu zweit knapp Unterschiede und Gemeinsamkeiten einer Uhr und eines Countdowns (s. z. B. Abbildung rechts). Analysieren Sie die Bestandteile einer Zeitanzeige. Gehen Sie in Ihrer Begründung auch auf Wertebereiche ein.

b Testen und analysieren Sie die Klasse UHR. Sie ist für die Anzeige der Tageszeit (noch) nicht geeignet. Ergänzen Sie die Klasse entsprechend.

c Implementieren Sie eine Klasse COUNTDOWN. Achten Sie darauf, dass der Benutzer einen Startwert wählen kann und der Countdown bei 0 stoppt.

d Implementieren Sie eine weitere Klasse UHR2, die keine Sekundenanzeige hat. Überprüfen Sie, ob sich das Vererbungskonzept gewinnbringend einsetzen lässt.

e Überprüfen Sie, ob in allen Uhr- und Countdownklassen die Zugriffsrechte passend gesetzt sind.

f Für Schnelle: Überlegen Sie sich eine weitere Anwendung, bei der man die bisherigen Bestandteile gut verwenden kann, und setzen Sie sie um.

5 Grafische Benutzeroberflächen, selbst gemacht!

Von der Smartphone-App bis zur Textverarbeitung: In praktisch allen Anwendungen, die Sie tagtäglich nutzen, interagieren Sie mittels grafischer Benutzeroberflächen (GUIs) und ihren Komponenten (Buttons, Textfelder, …) mit dem System.

→ Features:
Merkmale,
Fähigkeiten

a Testen und analysieren Sie in Partnerarbeit die Klasse TEXTFELD. Ergänzen Sie passende Zugriffsrechte. Benennen Sie → Features, die ein ausgereiftes Textfeld bietet und die hier noch fehlen.

b Testen und analysieren Sie auch die Klasse BUTTON und begründen Sie das verwendete Zugriffsrecht bei der Methode *AufMausklickReagieren*.

c Testen und analysieren Sie die Klasse GUI, die ein Textfeld und einen Button verbindet. Beschreiben Sie, wie und warum die Methode *AufMausklickReagieren* hier überschrieben wird.

d Überprüfen Sie, ob in allen GUI-Klassen die Zugriffsrechte passend gesetzt sind.

e Variieren/ergänzen Sie die GUI mit eigenen Ideen, evtl. auch weiteren Buttons und Textfeldern.

f Implementieren und testen Sie eine weitere Komponente (z. B. Checkbox, Radiobutton).

6 Dorianland – Level 1

Im Dorianland müssen die Welten so gebaut werden, dass Dorian das cyanfarbene Ziel des Levels erreichen kann. Die Koordinaten der Objekte sind der Einfachheit halber in der Darstellung der Welt mit angegeben.

a Erkunden Sie die Darstellung von Level 1, indem Sie ein passendes Dorianland-Objekt erstellen; machen Sie sich auch mit der Steuerung von Dorian vertraut; setzen Sie in der Klasse DORIAN passende Zugriffsrechte.

b Level 1 ist noch nicht vollständig: Ergänzen Sie einen Stahlträger, sodass Dorian das grüne Untier umgehen kann, und einige Kisten, über die er zum Endpunkt klettern kann.

c Für Schnelle: Erstellen Sie ein eigenes Extralevel. Vergessen Sie nicht, es auch in die Mehrfachauswahl der Methode *LevelSetzen(levelNr)* der Klasse DORIANLAND aufzunehmen.

7 Verkehrssimulation (Teil 1)

Um die Ampelschaltung in einer großen Stadt zu optimieren, soll zunächst in einer Verkehrssimulation erkundet werden, welche Umschaltzeiten der Ampeln bei einer bestimmten Fahrzeugdichte den größten Durchsatz an Fahrzeugen ermöglichen. Im vorbereiteten Projekt für eine Verkehrssimulation wird zunächst mit einer Fahrbahn und einer Ampel begonnen. Vorläufig sind maximal zwei Fahrzeuge auf dem Fahrbahnabschnitt um die Ampel unterwegs.

a Starten Sie die Simulation (Objekt der Klasse SIMULATION) und beobachten Sie das Verhalten der Fahrzeuge. Beschreiben Sie insbesondere, wie sich der Abstand der Fahrzeuge verändert, wenn sie an der roten Ampel abbremsen und wenn sie losfahren, sobald die Ampel grün wird.

b Analysieren Sie, mit welchen Objekten ein Objekt der Klasse FAHRBAHN kommunizieren muss, um die korrekte Steuerung der Fahrzeuge zu gewährleisten.

c Stellen Sie die Kommunikationsvorgänge der Methode *Bewegen* in einem Sequenzdiagramm dar, unter der Bedingung, dass sich nur ein Fahrzeug auf der Fahrbahn befindet, das noch vor der Ampel ist.

d Setzen Sie in den Klassen der Simulation alle sinnvollen Zugriffsrechte.

e Ergänzen Sie die Fahrbahn um die Verwaltung eines dritten Fahrzeugs.

f Für Schnelle: Physik des Anfahrens: Beim Anfahren beschleunigen die Fahrzeuge mit konstanter Beschleunigung bis zum Erreichen der Maximalgeschwindigkeit von 50 km/h.
Da sich deshalb innerhalb der Taktzeit von 1 s die Beschleunigung ändert, wird die Berechnung des zurückgelegten Wegs nach der Methode der kleinen Schritte in kürzeren Intervallen vorgenommen:

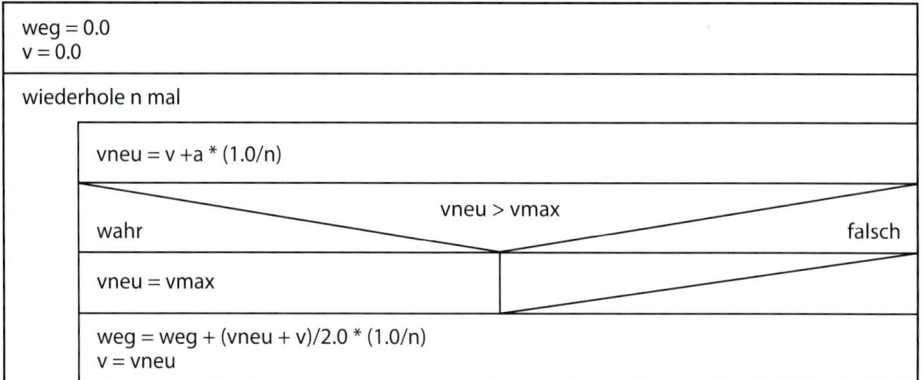

Im Rechenblatt in der Vorlage sind v und weg für eine Beschleunigung von a = 4.0 m/s^2 und ein Zeitintervall von 0.1 s (n = 10) berechnet. Variieren Sie das Zeitintervall und beobachten Sie, wie sich der nach 5 Sekunden zurückgelegte Weg verändert. Begründen Sie, warum die Programmierer das Zeitintervall 0.1 s verwenden.

8 Snake Prototyp 1

Beim Spiel Snake muss der Spieler eine Schlange über ein Spielfeld bewegen und dabei aufpassen, dass die Schlange nicht an den Rand oder sich selbst anstößt. Da die Schlange im Verlauf des Spiels immer länger wird, wird die Aufgabe mit zunehmender Zeit immer schwieriger.

Vorerst besteht die Schlange nur aus dem Kopf und zwei Rumpfelementen.

a Starten Sie das Spiel und steuern Sie die Schlange umher. Beobachten Sie, was passiert, wenn Sie mit der Schlange an den Rand stoßen oder die Schlange sich selber beißt.

b Analysieren Sie, mit welchen Objekten ein Objekt der Klasse SCHLANGE kommunizieren muss, um die Schlange zu bewegen (Methode: *Bewegen*). Stellen Sie den Kommunikationsablauf als Sequenzdiagramm dar.

c Setzen Sie in allen Klassen des Spiels sinnvolle Zugriffsrechte.

d Ergänzen Sie den Schlangenrumpf um ein drittes Element.

e Für Schnelle: Begründen Sie, warum das Hinzufügen weiterer Rumpfelemente immer schwieriger wird und warum es im gegebenen Programm nicht möglich ist, die Schlange während des Spiels automatisch wachsen zu lassen.

9 Smart Home Prototyp 1

In einem „Smart Home" lassen sich viele Geräte über einen Computer (Handy, Tablet, Laptop, Desktop-PC …) steuern. Zur Entwicklung einer solchen Steuerung wird zunächst eine Simulation für die notwendigen Komponenten wie Sensoren, Lampen und Rollläden entwickelt.

a Im Projekt SmartHome sind bereits mehrere Sensoren und zu steuernde Geräte vorgegeben. In der Klasse HAUS ist die Steuerung für einen Heizkörper exemplarisch eingebaut. Erzeugen Sie ein Objekt dieser Klasse und erproben Sie die Wirkung der verschiedenen Methoden.

b Erzeugen Sie die notwendigen Objekte, um einen Rollladen zu steuern (Reihenfolge beachten!), und testen Sie auch hier die Wirkung der vorhandenen Methoden.

c Stellen Sie den Kommunikationsvorgang für die Methode *WertSetzen* des Objekts der Klasse WINDSENSOR in einem Sequenzdiagramm dar, unter der Bedingung, dass der Rollladen auf Automatik gesetzt ist und der neue Wert der Windstärke die Stellung des Rollladens verändert.

d Ergänzen Sie den Rollladen in der Klasse HAUS.

e Setzen Sie in allen Klassen der Simulation sinnvolle Zugriffsrechte; insbesondere darf auf die Attribute nicht mehr von außerhalb der Klasse zugegriffen werden können. Begründen Sie, warum Sie dazu neue Methoden einführen müssen, und geben Sie an, was diese bewirken sollen.

f Für Schnelle: Ergänzen Sie auch die Steuerung einer Lampe.

g Für ganz Schnelle: Der Kühlschrank hat noch kein Symbol. Ergänzen Sie dieses und bauen Sie den Kühlschrank in die Simulation ein.

10 Forschungsauftrag: Entwurfsmuster Singleton

Beim Entwurfsmuster „Singleton" ist der Konstruktor privat. Informieren Sie sich über den typischen Aufbau des Musters und die Vorteile bei seinem Einsatz. Finden Sie heraus, wo das Muster im Projekt Graphics and Games zur Anwendung kommt. Stellen Sie die Information in einem kurzen Referat der Klasse vor.

Entwurfsmuster sind bewährte, wiederverwendbare Lösungen für häufig auftretende Problemstellungen.

2.9 Viele Objekte effizient und geordnet verwalten: Das Feld

→ Controller: Mini-Computer zur Steuerung

Mit LED-Lichtbändern kann man das Ambiente im eigenen Zimmer gestalten. Dank programmierbarer → Controller können sogar individuelle Beleuchtungsschemata umgesetzt werden. Eine Steuerungsklasse verwaltet dabei die einzelnen Leuchten. Mit der Methode *Einschalten()* können sie in ihrer Grundfarbe gelb aktiviert werden.

Im vorliegenden Beispiel verwaltet die Klasse LEDBAND die vielen LED-Objekte zusammen in der Datenstruktur Feld.

a Analysieren Sie, wie das Feld vereinbart, erzeugt und mit LED-Objekten befüllt wird. Verändern Sie den Quellcode, so dass statt 7 insgesamt 11 LED-Objekte verwaltet werden. Testen Sie!

b Analysieren Sie, wie das Beleuchtungsschema in der Methode *MidnightMood()* umgesetzt wird.

c Erstellen Sie auf dieselbe Weise ein regenbogenfarbenes Schema in einer Methode *LoveAndPeace()*.

Das Konzept des Feldes wird in den verschiedenen Programmiersprachen unter verschiedenen Bezeichnungen umgesetzt (vgl. Programmiersprachensalat). Sowohl die Bezeichnung „array" als auch die Bezeichnung „list" beschreibt eine Aneinanderreihung von Objekten. Entscheidend für die Einordnung als Feld ist, dass mittels eines Index direkt auf die einzelnen Elemente zugegriffen werden kann. (Dies ist auch bei den in der 11. Klasse verwendeten Datenstrukturen der Fall!)

Mehrere Objekte in einer Datenstruktur

Belana hat eine App programmiert, in der sie all ihre Notizen organisieren kann. Zur Umsetzung der 1:n-Beziehung („eine Notizapp verwaltet n Notizen") hat sie die Datenstruktur **Feld** (Array) verwendet. Dabei handelt es sich um eine durch einen Index geordnete Datenstruktur zur Organisation beliebig vieler, gleichartiger Objekte. So erspart sie sich nicht nur eine Menge einzelner Referenzattribute, sondern kann auch noch eine Vielzahl von Methoden, die das Feld anbietet, zur Verwaltung der Notizen nutzen.

```
┌─────────────┐   verwaltet > 1        ┌──────────────────────┐   verwaltet > n        ┌────────┐
│  NOTIZAPP   │────────────────────────│         FELD         │────────────────────────│ NOTIZ  │
└─────────────┘  1 < wird verwaltet von ├──────────────────────┤  1 < wird verwaltet von └────────┘
                                        │ Hinzufügen(element)  │
                                        │ Leeren()             │
                                        │ …                    │
                                        └──────────────────────┘
```

Nach der Deklaration eines Feldattributs und der Erzeugung des Felds können Notizen hinzugefügt werden. Die Feldelemente werden automatisch mit dem Index durchnummeriert.

Feldattribut vereinbaren …   `notizen: FELD<NOTIZ>`   *… für NOTIZ-Objekte*

(leeres) Feld erzeugen   `notizen = neu FELD<NOTIZ>()`

bereits vorhandene Objekte hinzufügen   `notizen.Hinzufügen(notiz1)`

`notizen.Hinzufügen(notiz2)`

`notizen.Hinzufügen(neu NOTIZ("Physikref.", 3))`

Objekt wird erst direkt vor dem Hinzufügen erstellt

In manchen Sprachen gibt es auch Felder, deren Länge einmalig festgelegt werden muss und nachträglich nicht mehr verändert werden kann.

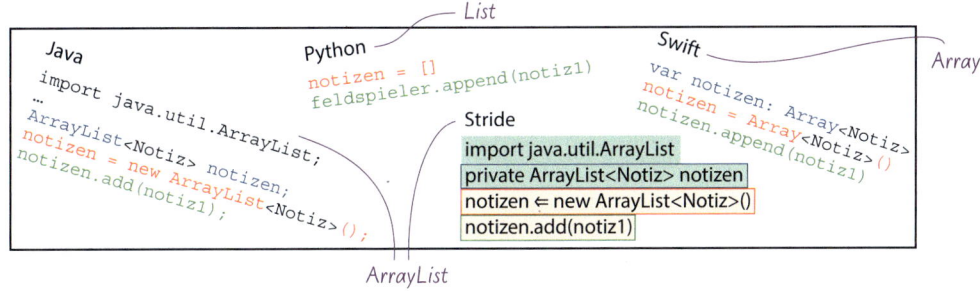

Belanas Notizenprogramm steuert nun nur ein Objekt vom Typ FELD, das die Notizen verwaltet:

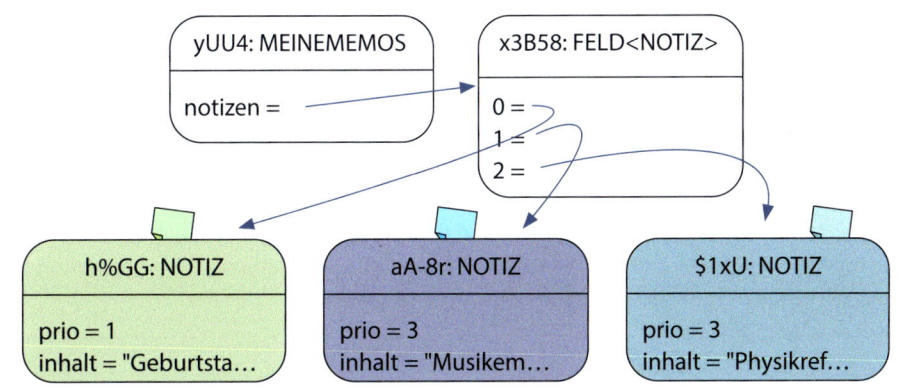

Die Feld-Methoden erlauben einen gezielten Zugriff auf bestimmte Feldelemente sowohl via Index als auch mittels einer Objektreferenz:

Methodenaufruf	Auswirkung (schematisch)	Beschreibung
notizen.Hinzufügen(↗)	0 1 2 3	fügt das neue Element am Ende ein
notizen.Hinzufügen(2, ↗)	0 1 2 3 4	fügt das neue Element an der angegebenen Position ein (folgende Elemente rücken nach hinten)
notizen.LängeGeben()		liefert die Anzahl der Elemente im Feld: 5
notizen.ElementGeben(4)		gibt eine Referenz auf das Feldelement an der angegebenen Position zurück:
notizen.Entfernen(↗)		entfernt das angegebene Element (folgende Elemente rücken auf)
notizen.Entfernen(0)		entfernt das Element an der angegebenen Position (folgende Elemente rücken auf)
notizen.IstEnthalten(↗)		gibt zurück, ob das angegebene Element enthalten ist: WAHR
notizen.Leeren()		entfernt alle Elemente aus dem Feld

In vielen Sprachen beginnen die Feldindizes bei 0, dann hat der größte Index den Wert „notizen.LängeGeben()-1"!

Effizient auf Feldelemente zugreifen

Um etwa alle Notizen aus der App herunterzuladen, eignet sich eine Wiederholung für alle Elemente. Soll nur auf einen bestimmten Teil der Elemente zugegriffen werden oder sollen die Elemente in einer bestimmten Reihenfolge angesprochen werden, kann eine Zählwiederholung verwendet werden. Im Beispiel sollen die ersten zehn Notizen dargestellt werden; dazu wird die Zählvariable mit dem kleinsten Index initialisiert und dann bei jedem der zehn Wiederholungsschritte um 1 erhöht.

Der Index kann außerdem dazu verwendet werden, individuelle Werte für die einzelnen Feldelemente zu berechnen, hier z. B. die jeweils unterschiedlichen y-Koordinaten der Notizen auf dem Bildschirm.

Diese Zählwiederholung verursacht einen Fehler, wenn im Feld weniger als zehn Elemente verwaltet werden.

```
zähle index von 0 bis 9 schritt 1
    notizen.ElementGeben(index).Darstellen()
    notizen.ElementGeben(index).PosSetzen(50, index * 100)
endezähle
```

1:n-Beziehungen kann man in einem Programm mit Hilfe der Datenstruktur **Feld** umsetzen: In einem Feld können viele **gleichartige** Objekte effizient verwaltet werden.

Verschiedene Methoden des Feldes erlauben den **gezielten Zugriff** auf ein einzelnes Feldelement. Werden die Methoden innerhalb von Wiederholungsstrukturen genutzt, können mehrere Feldelemente nacheinander angesprochen werden.

Aufgaben

1 Wichtige Methoden eines Feldes

Im Lehrtext werden die zentralen Methoden eines Feldes vorgestellt. Notieren Sie sich in Ihr Heft, wie die Methoden in Ihrer Programmiersprache heißen und was sie leisten.

2 Informatik ist überall: Stauforschung

Um die Ursachen von Staus besser zu verstehen und mögliche Gegenmaßnahmen auszuprobieren, werden Verkehrsströme in großen Simulationen beobachtet.

a Begründen Sie, warum der Einsatz eines Feldes zur Umsetzung der Beziehung besser geeignet ist als die Verwendung von einzelnen Referenzattributen.

b Damit bei Beginn der Simulation alle Fahrzeuge losfahren, muss für alle die Methode *Start()* aufgerufen werden. Geben Sie den Quellcode dafür in Ihrer Programmiersprache an. (Hinweis: Sie können davon ausgehen, dass das Feld fahrzeuge bereits angelegt und erzeugt wurde und alle PKW hinzugefügt wurden.)

c Gelegentlich muss die Simulation zurückgesetzt werden, dabei werden alle Referenzen auf PKW-Objekte aus dem Feld entfernt. Geben Sie den Quellcode einer Methode *Zurücksetzen()* an, der das Beschriebene leistet.

d Mit der Methode *FahrzeugAufnehmen(pkw)* werden Fahrzeuge in die Simulation aufgenommen. Dabei muss allerdings sichergestellt werden, dass nicht schon eine Referenz auf den aufzunehmendem PKW im Feld enthalten ist. Nur dann wird eine neue Referenz aufgenommen. Geben Sie den Quellcode der beschriebenen Methode an. Recherchieren Sie dazu im Internet.

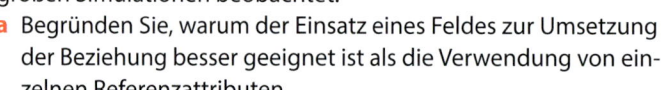

SIMULATION

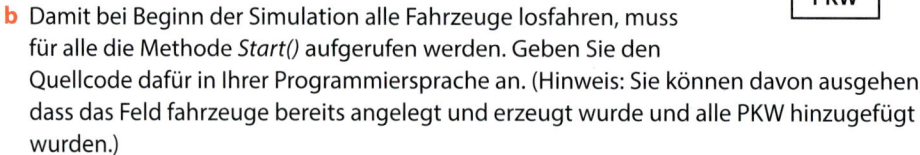

| 1 |
| ∧ verwaltet |
| wird ∨ |
| verwaltet n |
| von |

PKW

3 Steinzeit: Quellcode kürzen
Wenn Sie den Quellcode des Spiels Steinzeit anschauen, wird Ihnen auffallen, dass man die Klasse STEINZEIT kürzer, eleganter und flexibler programmieren kann!

a Überarbeiten Sie den Quellcode: Verwenden Sie anstelle der Referenzattribute ein Feld und fügen Sie diesem die neuen Objekte mit Hilfe einer Zählwiederholung hinzu. Kürzen Sie den Quelltext weiter, indem Sie wo möglich eine Wiederholung über alle Elemente verwenden.

b Anstelle von nur zehn sollen nun zwölf Steinfresser ihre Kreise ziehen. Nehmen Sie die entsprechenden Änderungen vor und bewerten Sie, inwieweit die Datenstruktur Feld hierbei von Vorteil ist.

4 Notizapp
Im Programm MyMemo sollen Notizen verwaltet werden können:

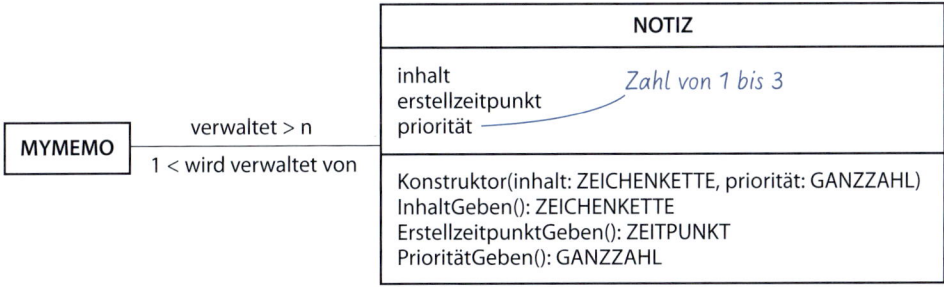

NOTIZ
inhalt erstellzeitpunkt · · · · · *Zahl von 1 bis 3* priorität
Konstruktor(inhalt: ZEICHENKETTE, priorität: GANZZAHL) InhaltGeben(): ZEICHENKETTE ErstellzeitpunktGeben(): ZEITPUNKT PrioritätGeben(): GANZZAHL

MYMEMO — verwaltet > n / 1 < wird verwaltet von

a Erstellen Sie die beschriebene Klasse NOTIZ. Recherchieren Sie, wie Sie (im Konstruktor) den aktuellen Zeitpunkt in Ihrer Programmiersprache abfragen können, und speichern Sie diesen für jede Notiz im Attribut erstellzeitpunkt.

b Setzen Sie die Klasse MYMEMO sowie die 1:n-Beziehung in Ihrer Programmiersprache geeignet um.

c Erstellen Sie in MYMEMO eine Methode zum Hinzufügen einer Notiz.

d Ergänzen Sie in MYMEMO eine Methode *AlleAusgeben()*, bei deren Aufruf alle verwalteten Notizen in der Form „<Zeitpunkt> - <Priorität> - <Inhalt>" ausgegeben werden. (Hinweis: Dazu müssen die einzelnen Attributwerte abgefragt und zu einer Zeichenkette verbunden werden.)

> *Höhere Programmiersprachen bieten Funktionen zur Abfrage und Möglichkeiten zur Formatierung der aktuellen Systemzeit an. (Die Uhrzeit, die im Betriebssystem des Computers eingestellt ist.)*

5 Smart Home Prototyp 2
Die einzelnen Messgeräte und Komponenten der Smart-Home-App sollen nun besser verwaltet werden.

a Alle Rollläden des Hauses sollen zusammen geöffnet, geschlossen bzw. auf Automatikbetrieb gestellt werden können. Erstellen Sie dazu ein geeignetes Feld und die passenden Methoden.

b Alle Lampen des Wohnzimmers 2 sollen zusammen eingeschaltet, ausgeschaltet bzw. auf Automatikbetrieb gestellt werden können. Erstellen Sie auch dazu ein geeignetes Feld und die passenden Methoden.

c Die Lampen im Wohnzimmer 2 schalten sich leicht unterschiedlich ein und aus, weil jede durch einen eigenen Sonnensensor und einen eigenen Bewegungsmelder gesteuert wird. Besser wäre es, wenn nur ein Sonnensensor und ein Bewegungsmelder nötig wären, die ihre Information an alle Lampen weitergeben. Ersetzen Sie dazu in jedem Sensor das Attribut zum Speichern der Referenz auf eine Lampe durch ein entsprechendes Feld. Verändern Sie die Methode *BeobachterRegistrieren(l: LAMPE)*, mit der sich eine Lampe registrieren kann, um über Änderungen informiert zu werden, geeignet. Stellen Sie durch Überprüfung auch in der Klasse LAMPE sicher, dass sich diese im Konstruktor bei all ihren Sensoren registriert.

d Für Schnelle: Ändern Sie auch die Steuerung der Rollläden so ab, dass alle von einem Windsensor und einer Uhr gesteuert werden.

6 Verkehrssimulation (Teil 2)

Die Klasse FAHRBAHN kann bisher nur maximal drei Fahrzeuge verwalten. In der Realität können aber mehr als drei Fahrzeuge auf einer Fahrbahn sein.

a Erstellen Sie ein Klassendiagramm der Klassen FAHRZEUG und FAHRBAHN (nur Klassennamen und Beziehung) und begründen Sie anhand dessen, dass es nicht sinnvoll ist, weitere Fahrzeuge mit einzelnen Attributen zu verwalten, sondern dass ein Feld benötigt wird.

b Ersetzen Sie die drei Attribute fahrzeug1 bis fahrzeug3 durch ein Feld mit dem Namen fahrzeuge und passen Sie alle Methoden entsprechend an.

c Testen Sie Ihre neue Version mit verschiedenen Fahrzeugabständen.

7 Aus Fehlern wird man klug

Ein typischer Fehler im Umgang mit Feldern ist in den folgenden Pseudocodeschnipsel eingebaut, der alle Spielfiguren im Feld figuren zu einem Schritt veranlassen soll. Erklären Sie, wo der Fehler liegt, und finden Sie heraus, wie er sich in Ihrer Programmiersprache äußert. Geben Sie auch eine Verbesserung der fehlerhaften Stelle an.

```
zähle index von 0 bis figuren.ElementanzahlGeben() schritt 1
    figuren.ElementGeben(index).Schritt()
endezähle
```

8 Startpositionen berechnen mit dem Index

Bevor ein Dompteur seine Turtles mit viel Mühe auf bestimmte Kunststücke dressiert, probiert er bestimmte Startformationen erst am Computer aus. Dabei sollen die individuellen Positionen der sechs Turtles im Feld turtles in einer Zählwiederholung abhängig vom aktuellen Wert der Zählvariablen berechnet werden:

```
zähle index von 0 bis turtles.ElementanzahlGeben() - 1 schritt 1
    turtles.ElementGeben(index).PositionSetzen(???, ???)
endezähle
```

Bestimmen Sie jeweils den Wert bzw. die Formel für die x- und y-Koordinate. Überprüfen Sie, indem Sie Ihre Lösung in *AufstellungEinnehmen()* der Klasse DOMPTEUR eintragen.

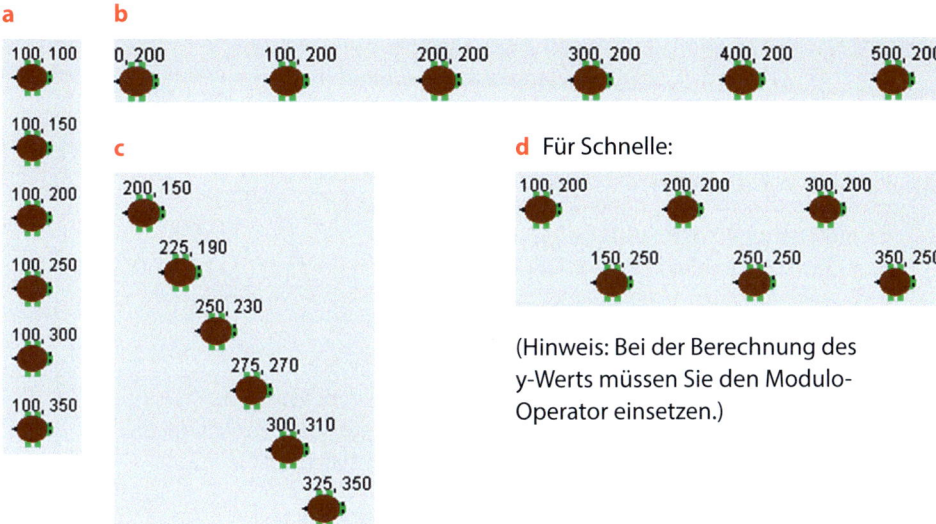

d Für Schnelle:

(Hinweis: Bei der Berechnung des y-Werts müssen Sie den Modulo-Operator einsetzen.)

9 Konzertbeleuchtung

Beim Konzert einer Band soll die Stimmung durch verschiedene Leuchtmuster der Scheinwerfer untermalt werden. In einer Simulation wird die Steuerung von der Lichttechnikfirma vorab getestet. Die Strahler werden dabei in einem Feld verwaltet.

a Probieren Sie die Methoden *ScheinwerferAufstellen()* und *AnlageEinschalten()* der Klasse BÜHNENBELEUCHTUNG aus. Erstellen Sie dann eine Methode *AnlageAusschalten()*, die alle Scheinwerfer deaktiviert.

Mittels *LichtfarbeSetzen(farbe)* kann der gelbe Farbton eines Scheinwerfers variiert werden.

b Setzen Sie eine Methode *Happy()* um, die dafür sorgt, dass alle Strahler abwechselnd in den Farben gelb und orange leuchten. (Tipp: Der Modulo-Operator liefert Ihnen den ganzzahligen Rest einer Division; wenn beispielsweise die Division durch 2 keinen Rest hat, ist der Dividend geradzahlig.) Testen Sie für verschiedene Scheinwerferzahlen.

Wenn die Band eine Ballade spielt, müssen die Deckenstrahler so eingestellt werden, dass sie alle auf die Sängerin gerichtet sind. (Der Winkel eines Strahlers muss also ein Stück kleiner sein als der seines Vorgängers.)

c Setzen Sie die Anzahl der erstellten Strahler im Konstruktor wieder auf fünf und erstellen Sie dann eine Methode *SpotlightErzeugen()*, in der die Scheinwerfer etwa wie in der Grafik positioniert und gedreht werden, damit sie auf der Bühne einen „Spot" erzeugen. Verwenden Sie eine Zählwiederholung.

d Für Schnelle: Lassen Sie BÜHNENBELEUCHTUNG von EREIGNISBEHANDLUNG erben und erstellen Sie ein Beleuchtungsschema mit sich drehenden Scheinwerfern, indem Sie die Methode *TaktImpulsAusführen()* geeignet überschreiben.

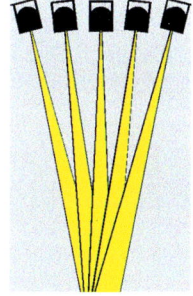

10 Dorianland – Level 2

  a Die Treppenstufen im Dorianland sind unvollständig und zudem ist der Quellcode ziemlich ineffizient. Verbessern Sie den Quelltext mit Hilfe einer Zählwiederholung so, dass alle zehn Stufen mit der richtigen Höhe erstellt und korrekt positioniert werden.

  b Erstellen Sie nach demselben Prinzip eine zweite Treppe, die Dorian zur cyanfarbenen Zielmarkierung führt.

2.10 Gleiches nur einmal implementieren: Generalisierung

(Vorlage des Klassendiagramms zum Download)

Eine Verkehrssimulation ist um verschiedene Fahrzeugtypen erweitert worden, um die Realität besser abzubilden, insbesondere die Platz- und Anfahrsituation an der Ampel.

a Erkunden Sie die neuen Klassen und ergänzen Sie im Klassendiagramm anhand des Codes die Attribute und Methoden der Unterklassen von FAHRZEUG.

b Begründen Sie anhand Ihres Klassendiagramms, warum es sinnvoll war, die Klasse FAHRZEUG einzuführen (Tipp: Welchen Umfang hätten die Unterklassen, wenn diese Klasse nicht eingeführt worden wäre?).

c Um das Programm noch weiter zu vereinfachen, können Sie für die Klassen PKW und SPORTWAGEN eine gemeinsame Oberklasse erstellen. Ändern Sie Ihr Klassendiagramm von a) entsprechend ab und ergänzen Sie diese Klassen in der zweiten Vorlage.

d Für Schnelle: Verfahren Sie ebenso mit den Klassen LKW und LKWMITANHÄNGER. Erklären Sie knapp, warum es nicht sinnvoll ist, ein Objekt der Klasse FAHRZEUG zu erstellen.

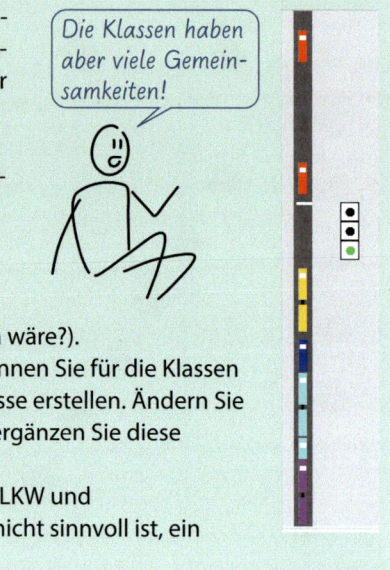

Die Klassen haben aber viele Gemeinsamkeiten!

Vereinfachung durch Generalisierung

In der Programmierabteilung einer Firma, die Computerspiele entwickelt, erhalten Fiona und Tom den Auftrag, für das geplante Fantasy-Spiel „Adventure" das Klassendiagramm zu erstellen.

Im Spiel muss der Spieler in einem Gewölbe aus vielen Räumen drei Schlüssel finden, um damit den Ausgang öffnen zu können. Die Räume werden von Monstern bewohnt, die besiegt werden müssen; dazu findet man in den Räumen auch Schätze wie Waffen und Zaubersprüche, die alle ein Gewicht haben. Zaubersprüche sind magische Möglichkeiten, die den Geist belasten (Mentalgewicht haben) und z. B. beim Heilspruch auch noch „Zutaten" beinhalten, die nur eine begrenzte Anzahl von Anwendungen erlauben.

Fiona und Tom stellen sofort fest, dass die als Beispiel vorgegebenen Zaubersprüche eine Reihe gemeinsamer Attribute und Methoden besitzen; dadurch wird der Code umfangreich und aufwendig zu ändern. Hier ist es deshalb sinnvoll, Oberklassen zu erstellen, die diese Gemeinsamkeiten zusammenfassen: Methoden, die in allen Unterklassen vorkommen, werden nur einmal in der Oberklasse implementiert und können dann durch die Vererbung in allen Unterklassen verwendet werden. So ist der Quelltext übersichtlicher und kann schneller erstellt werden. Weiterhin ist die Wartung einfacher, weil Änderungen nur an einer Stelle nötig sind. Dieser Vorgang wird als **Generalisierung** oder Verallgemeinerung bezeichnet.

Langer, unübersichtlicher Code wird auch als Spaghetticode bezeichnet!

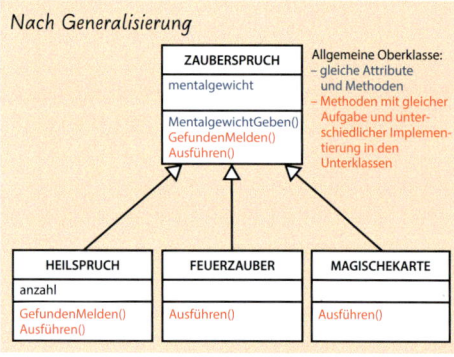

Generalisierung ist beim Modellieren der umgekehrte Weg zur schon bekannten Spezialisierung, bei der von vorhandenen Oberklassen neue Unterklassen mit speziellen Möglichkeiten wie zusätzlichen Attributen und/oder zusätzlichen bzw. veränderten Methoden erstellt werden. Beide Wege werden mit Hilfe des Konzepts der Vererbung umgesetzt.

Generalisierungshierarchien
Als Fiona und Tom die bisherigen Klassen des Spiels nach weiteren möglichen Verallgemeinerungen analysieren, entsteht ein umfangreicher Baum von generalisierten Oberklassen, eine **Generalisierungshierarchie**.

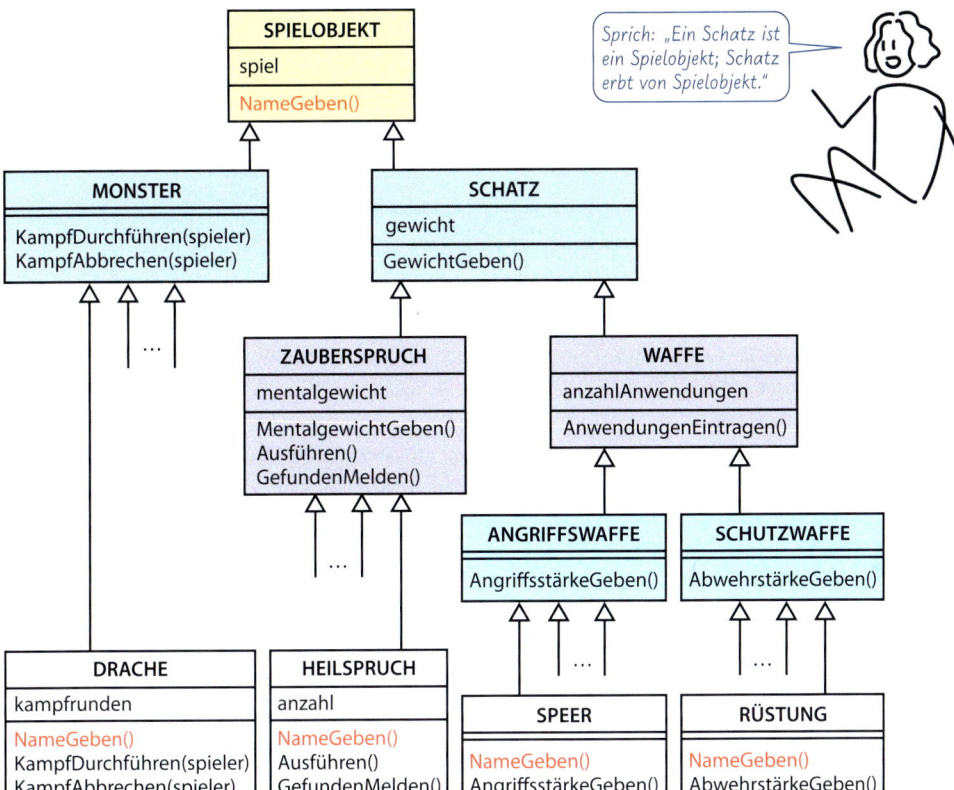

In der Regel werden von generalisierten Oberklassen keine Objekte erzeugt.

Oberklassen können auch eingeführt werden, um die inhaltliche Zusammengehörigkeit ihrer Unterklassen zu dokumentieren.

Manche Methoden, wie hier die Methode *NameGeben* (rot hervorgehoben), kommen in allen ursprünglichen Klassen (DRACHE, HEILSPRUCH, SPEER, …) vor und wandern bei der Generalisierung bis in die oberste Ebene der Hierarchie, ohne dass ihnen in den generalisierten Klassen dazwischen eine neue Bedeutung gegeben wird. Nur in den ursprünglichen Klassen, von denen Objekte instanziiert werden (wie DRACHE, der selbst entscheidet, ob er sich zu erkennen gibt oder einen falschen Namen meldet), kann ein echter Name zurückgegeben werden.

Bei der **Generalisierung** werden gemeinsame Attribute und Methoden von Klassen zu neuen Oberklassen zusammengefasst (verallgemeinerte Klassen). Dadurch wird der Quelltext übersichtlicher und kann besser gewartet werden. Bei der Spezialisierung werden dagegen vorhandene Klassen mittels Unterklassen an spezielle Anforderungen angepasst.

Aufgaben

1 Informatik ist überall: Bankkonten

Eine kleine Bank bietet drei Arten von Konten an: Girokonten, Sparkonten und Geschäfts-konten. Alle drei Kontoarten haben die Methoden *Einzahlen*, *Abheben* und *KontostandGeben* sowie die Attribute kontostand und kontonummer. Sparkonten haben einen Zinssatz und eine Methode *Verzinsen*, die den Jahreszins zum Guthaben addiert. Maximalbetrag beim Abheben ist der aktuelle Kontostand. Girokonten können um 2000 € überzogen werden (Dispokredit). Bei Geschäftskonten gibt es einen variablen Dispokredit, festgelegt über die Methode *DispokreditSetzen*; beim Einrichten des Kontos wird der Startwert für den Dispokredit festgelegt.

SPARKONTO
kontostand
kontonummer
zinssatz
Einzahlen(betrag)
Abheben(betrag)
KontostandGeben()
Verzinsen()

GIROKONTO
kontostand
kontonummer
Einzahlen(betrag)
Abheben(betrag)
KontostandGeben()

GESCHÄFTSKONTO
kontostand
kontonummer
dispokredit
Einzahlen(betrag)
Abheben(betrag)
KontostandGeben()
DispokreditSetzen(wert)

a Analysieren Sie die Gemeinsamkeiten und Unterschiede zwischen den Kontoarten. Begründen Sie damit, warum es sinnvoll ist, eine Klasse KONTO als oberste Klasse einer Generalisierungshierarchie einzuführen.

b Entwerfen Sie gemäß der Überlegungen von a) ein Klassendiagramm für die vier Klassen KONTO, GIROKONTO, SPARKONTO und GESCHÄFTSKONTO.

c Implementieren Sie die Klassen in einem eigenen Projekt. Testen Sie!

d Für Schnelle: Ergänzen Sie eine Klasse zur Verwaltung der Konten. Diese Klasse soll auch Methoden zum Abheben und Einzahlen auf eine angegebene Kontonummer bereitstellen.

2 Urlaubsverwaltung

In der Personalabteilung einer Firma werden die Urlaubstage der Mitarbeiter mit Objekten der Klasse URLAUB verarbeitet. Der Urlaubsanspruch jedes Einzelnen wird als Objekt mit dem Attribut resttage realisiert. Startwert für die noch verfügbaren Tage ist der Jahresurlaub von 25 Tagen.

Die Klasse hat zwei Methoden:

- *UrlaubNehmen*: Die in Anspruch genommenen Urlaubstage werden vom Urlaubskonto subtrahiert. Das Urlaubskontingent darf aufgrund der Gleitarbeitsregelung bis zu zwei Tage überzogen werden.

- *MehrarbeitEintragen*: Fügt zusätzlich gearbeitete Tage dem Urlaubsanspruch hinzu.

Familienväter bzw. -mütter erhalten entsprechend ihrer Kinderzahl (Attribut!) pro Tag Mehr-arbeit zusätzlich je 0,2 Urlaubstage. Sie werden in Objekten einer spezialisierten Klasse URLAUBSPEZIAL verwaltet.

a Analysieren Sie zu zweit anhand der Aufgabenstellung, welche Methoden der Klasse URLAUB in der Klasse URLAUBSPEZIAL überschrieben werden müssen und welche gleich bleiben.

b Geben Sie für die Klassen URLAUB und URLAUBSPEZIAL das Klassendiagramm an.

c Implementieren Sie die Klasse URLAUB in einem neuen Projekt.

d Fügen Sie die Klasse URLAUBSPEZIAL in diesem Projekt ein. Nutzen Sie bei der Implementierung die Methoden der Oberklasse, soweit das möglich ist.

e Für Schnelle: Überlegen Sie sich weitere Sondersituationen (z. B. für Auszubildende, ältere Mitarbeiter) und ergänzen Sie entsprechende Klassen.

3 Krümel und Monster (Teil 6)

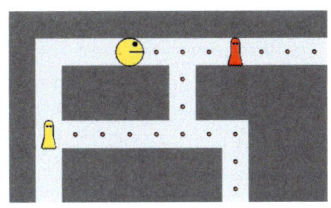

Das Spiel Krümel und Monster wurde um Gespenster erweitert, die versuchen, das Monster zu fangen. Sie haben dazu verschiedene Strategien.

a Erkunden Sie das Projekt und erstellen Sie ein Klassendiagramm mit den Klassen HINDERNIS und KRÜMEL sowie den Gespensterklassen CHAOT, FALLENSTELLER und JÄGER.

b Führen Sie eine Klasse GESPENST als Oberklasse der Gespensterklassen ein, um das Programm zu vereinfachen. Ergänzen Sie diese Klasse zuerst im Klassendiagramm und implementieren Sie sie dann; passen Sie auch die Gespensterklassen entsprechend an.

c Erkunden Sie die Gespensterklassen nach der Strategie, mit der die Gespenster jeweils versuchen, das Monster zu erreichen, und beschreiben Sie die Strategien jeweils mit eigenen Worten. Tauschen Sie sich dazu zu zweit oder in Kleingruppen aus.

d Für Schnelle: Denken Sie sich selbst eine Strategie für die Verfolgung des Monsters aus und erstellen Sie dafür eine vierte Gespensterklasse. Integrieren Sie das vierte Gespenst in das Spiel; achten Sie dabei insbesondere auf eine geeignete Startposition.
Für ganz Schnelle zum Weiterdenken: Suchen Sie im Internet nach „Pac-Man Dossier".

4 Snake Prototyp 2

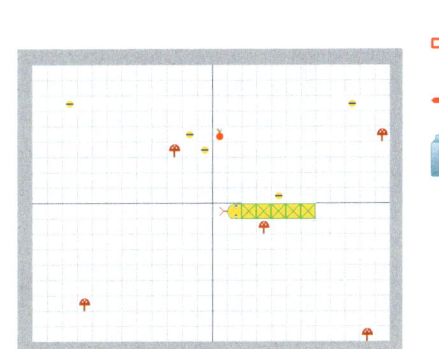

In den meisten Varianten von Snake gibt es mehrere Arten von Sonderfeldern. Diese können die verschiedensten Arten von Aktionen auslösen, positive wie Punktestand erhöhen, Geschwindigkeit verlangsamen oder Schlange verkürzen, aber auch negative wie Schlange verlängern, Geschwindigkeit erhöhen oder Spiel beenden. Sie können die ganze Zeit an einem festen Ort sein, bei Berührung wandern, bei Berührung verschwinden oder kurzzeitig auftauchen und dann wieder verschwinden, auch wenn sie nicht berührt worden sind. Folgende Objekte („Sonderfelder") sollen eingebaut werden:

APFEL
spiel symbol
XPositionGeben() YPositionGeben() Aktion()

PILZ
spiel symbol
XPositionGeben() YPositionGeben() Aktion()

MINUS
spiel symbol
XPositionGeben() YPositionGeben() Aktion()

• Apfel: Es gibt zu jeder Zeit genau einen; wird er berührt (und damit gefressen), so wird der Punktestand um 200 erhöht und der Apfel taucht an einem neuen Platz auf.

• Minuszeichen: Das Minuszeichen soll die Geschwindigkeit der Schlange eine bestimmte Zeit (z. B. 100 Schritte) verlangsamen (damit man durchatmen kann). Zu Beginn gibt es 5 Minuszeichen. Jedes verschwindet, sobald es genutzt worden ist.

- Fliegenpilz: Er sorgt dafür, dass die Schlange schneller wächst, und zwar für die nächsten 10 Schritte um jeweils ein Feld. Das automatische Wachsen der Schlange kann während dieser Zeit auch noch passieren. Zu Beginn gibt es 5 Pilze, bei Berührung wechseln sie ihren Platz.

a Fassen Sie in einer generalisierten Klasse SONDERFELD alle Gemeinsamkeiten zusammen. Erstellen Sie dazu das Klassendiagramm.

b Implementieren Sie die neuen Klassen.
   Tipp: In der Klasse SPIEL sind bereits mehrere nützliche Hilfsmethoden vorhanden.

c Integrieren Sie die Sonderfelder in das Spiel. Dazu muss in der Klasse SPIEL ein Feld mit den Sonderfeldern angelegt werden; nach jeder Bewegung der Schlange muss festgestellt werden, ob der Kopf eines der Sonderfelder erreicht hat, und gegebenenfalls dessen Aktion ausgeführt werden. Auch eine Methode zum Entfernen eines Sonderfeldes wird benötigt.

d Für Schnelle: Entwerfen Sie ein eigenes Sonderfeld und ergänzen Sie damit das Spiel.

5 Adventure (Teil 1)

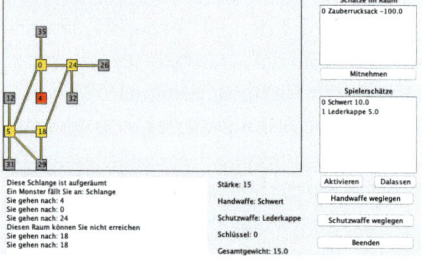

kurz nach Beginn

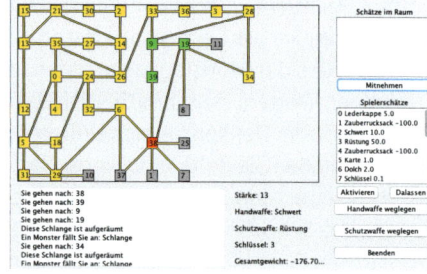

Suche nach dem Ausgang

Für das Fantasyspiel „Adventure" ist eine erste Version erstellt worden, um den Spielablauf und die Spielbarkeit (zu schwer oder zu leicht, genügt die angezeigte Information, ist die Bedienung zielgerichtet?) zu testen.

a Starten Sie das Spiel durch Erzeugen eines Objekts der Klasse ADVENTURE und erkunden Sie, wie man es spielt.

b Wenn Sie die vorhandenen Klassen genauer anschauen, werden Sie feststellen, dass es außer ZAUBERSPRUCH und WAFFE noch weitere Klassen gibt, die von der Klasse SCHATZ erben. Erstellen Sie ein Klassendiagramm der Klasse SCHATZ mit ihren direkten Unterklassen. Die Attribute und Methoden brauchen nicht eingetragen zu werden. Begründen Sie, warum die neu gefundenen Klassen direkt von der Klasse SCHATZ erben und warum Objekte dieser Klassen trotzdem ihre Funktion erfüllen.

c Erkunden Sie in der Klasse SCHATZ, wie die Schätze erzeugt werden. Erklären Sie, warum manche Schätze häufiger erzeugt werden.

d Erstellen Sie selbst eigene Schätze und Monster, um das Spiel abwechslungsreicher zu machen. Ergänzen Sie sie passend bei der Erstellung. Achten Sie dabei darauf, dass das Spiel weder zu einfach noch zu schwierig wird.

e Für Schnelle: Erzählen Sie sich gegenseitig von Ihren Ergänzungen und bewerten Sie sie. Sie können die Ergänzungen auch in einer „Superversion" zusammenfassen.

6 Smart Home Prototyp 3

Der aktuelle Prototyp der Smart-Home-App hat Schwächen, weil bei den Geräten viele identische Methoden mehrfach vorhanden sind. Zur Verbesserung sollen generalisierte Oberklassen erstellt werden: Für alle Sensoren eine Oberklasse MESSGERÄT, für alle Geräte des Hauses eine Oberklasse HAUSGERÄT und für alle Geräte eine gemeinsame Oberklasse SMARTKOMPONENTE.

a Auf dem zur Aufgabe gehörenden Arbeitsblatt finden Sie die Klassenkarten aller Geräte. Kennzeichnen Sie mit Farbe alle Attribute und Methoden, die bis in die Klasse SMARTKOMPONENTE verallgemeinert werden können, und mit einer anderen Farbe alle, die in die Klasse MESSGERÄT verallgemeinert werden können. Kennzeichnen Sie mit einer dritten Farbe alle Attribute und Methoden, die in die Klasse HAUSGERÄT verallgemeinert werden können. Vergleichen Sie abschließend die Anzahl der wegfallenden Methoden in den Unterklassen mit der Anzahl der Methoden in den neuen Oberklassen.

b Für das Attribut name muss eine Designentscheidung getroffen werden. Es kann als privates Attribut vereinbart werden, dann muss der Wert über die Aufrufe der Oberklassenkonstruktoren übergeben werden, oder es kann als geschützt vereinbart werden, dann kann jede Unterklasse den Wert setzen. Nennen Sie mindestens je einen Vorteil der beiden Varianten. Diskutieren Sie Ihre Ergebnisse zu zweit.

c In Ihrer Projektvorlage ist ein Teil der notwendigen Änderungen schon vorgegeben; die Klassen THERMOMETER, BEWEGUNGSMELDER, SONNENSENSOR, LAMPE und HEIZKÖRPER sind bereits umgebaut. Vergleichen Sie die Umbauten mit Ihren Überlegungen aus den Teilaufgaben a) und b) und bewerten Sie mögliche Unterschiede.

d Die Methoden *Einschalten*, *Ausschalten* und *AutomatikAktivieren* sind in den Klassen HEIZKÖRPER und LAMPE unterschiedlich ausgeführt. Beschreiben Sie die Unterschiede und diskutieren Sie zu zweit Vor- und Nachteile der beiden Arten.

e Ändern Sie nun auch die Klassen WINDSENSOR, UHR, WAAGE, ROLLLADEN und KÜHLSCHRANK entsprechend ab. Nennen Sie Vor- und Nachteile dieser nachträglichen Generalisierung.

f Erstellen Sie eine Klasse ZIMMERVERWALTUNG, mit der alle Geräte eines Zimmers verwaltet werden können.

g Eine besondere Rolle bei der Generalisierung spielen die Methoden zum Melden einer Werteänderung in einem Sensor an den Beobachter. Analysieren Sie das Projekt und geben Sie an, warum zwei Methoden *WertänderungMelden(zahlenwert, sensor)* und *WertänderungMelden(wahrheitswert, sensor)* in der Klasse HAUSGERÄT nötig sind. Geben Sie weiter an, wozu der jeweils zweite Parameter benötigt wird.

h Für Schnelle: Erstellen Sie auch für die Klassen der Hausgerätesymbole eine generalisierte Oberklasse.

7 Dorianland – Level 3

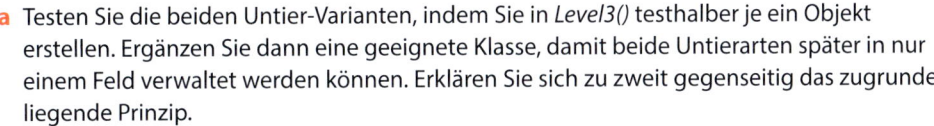

Level 3 von Dorianland soll sich ganz um Untiere drehen. Im Projekt finden Sie Klassen für zwei verschiedene Untierarten: GLEITER und SPRINGER.

a Testen Sie die beiden Untier-Varianten, indem Sie in *Level3()* testhalber je ein Objekt erstellen. Ergänzen Sie dann eine geeignete Klasse, damit beide Untierarten später in nur einem Feld verwaltet werden können. Erklären Sie sich zu zweit gegenseitig das zugrunde liegende Prinzip.

b Ergänzen Sie ein entsprechendes Feld in der Methode *Level3* von DORIANLAND. Befüllen Sie es in einer Wiederholungsanweisung mit zwei Gleitern und zwei Springern.

c Platzieren Sie die Untiere in einer Wiederholungsanweisung unter Verwendung eines Zufallsgenerators zufällig im Bereich von 200 bis 700. Testen Sie dann, ob Sie das Level schaffen können. Ergänzen Sie ggf. weitere Kisten und Stahlträger als Hilfe für Dorian.

d Für Schnelle: Kreieren Sie eine dritte Untier-Ausprägung und nehmen Sie sie in Ihr Level auf. (Hinweis: Damit es Dorian schaden kann, muss das Untier grün sein und sollte weder schwarze noch weiße Figurenteile enthalten.)

2.11 Unterschiedliche Gestalten ermöglichen: Polymorphie

Ein Bildschirmschoner stellt ein Aquarium dar. Darin schwimmen Fische verschiedener Art (je eine Klasse); die Referenzen werden alle in einem Feld der Oberklasse FISCH gespeichert. In regelmäßigen Abständen wird den Fischen die Botschaft „Schwimmen" geschickt, auf die sie mit der Ausführung der Methode *Schwimmen()* reagieren.

a Erstellen Sie ein Klassendiagramm der Klasse FISCH mit ihren Unterklassen.

b Erkunden Sie das Schwimmverhalten der Clownfische und Piranhas (also die Veränderung von x-Position und Höhe pro Taktschlag) im Quellcode und begründen Sie kurz, ob zu einem korrekten Verhalten der Fische die Methode *Schwimmen* der Klasse FISCH oder die Methode *Schwimmen* der jeweiligen Unterklasse ausgeführt werden muss.

c Überprüfen Sie durch Ausführen des Programms, ob das Programm Ihr Ergebnis von b) umsetzt oder nicht.
Tipp: Fügen Sie vorher geeignete Ausgaben ein.

d Für Schnelle: Erkunden Sie, was passiert, wenn in der Klasse FISCH die Methode *Schwimmen* gelöscht wird, und versuchen Sie, Ihre Beobachtungen zu erklären.

Auch Referenzen auf Unterklassenobjekte sind möglich

Bei einem Abenteuerspiel kann ein Spieler einen im Attribut aktuellerSpruch referenzierten Spruch ausführen.

Da Unterklassen alle Attribute und Methoden ihrer Oberklasse erben, ist es erlaubt, mit Referenzattributen einer bestimmten Oberklasse auch Objekte all ihrer Unterklassen zu referenzieren. Ein Referenzattribut der Klasse ZAUBERSPRUCH kann also auch auf ein Objekt der Klasse HEILSPRUCH verweisen. Allerdings können nur die in der Oberklasse vereinbarten Attribute und Methoden verwendet werden. Diese Eigenschaft nennt man

→ **Polymorphismus**, weil ein Referenzattribut nicht nur Objekte der als Datentyp angegebenen Klasse (ZAUBERSPRUCH) referenzieren kann, sondern auch Objekte aller Unterklassen zu dieser Klasse. Die referenzierten Objekte können also „viele Gestalten" haben.

→ griechisch: Vielgestaltigkeit

Bei nichttypisierten Sprachen funktioniert das genauso, auch wenn es nicht so deutlich auffällt.

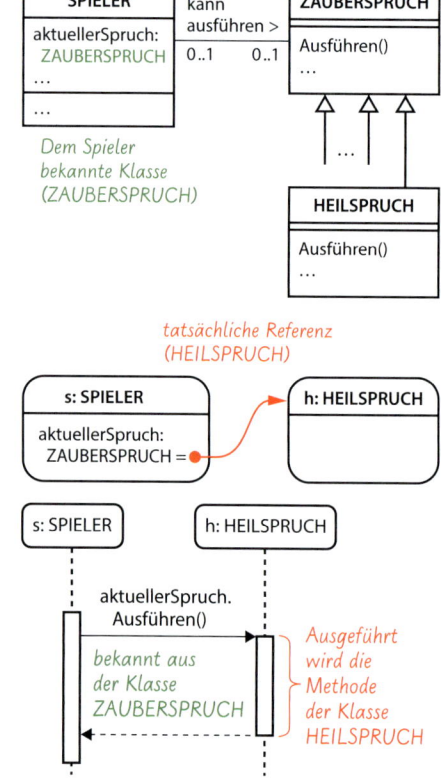

Die richtige Methode muss aufgerufen werden

Wenn ein Heilspruch angewendet werden soll, würde die Methode *Ausführen* der allgemeineren Klasse ZAUBERSPRUCH die falsche Leistung erbringen. Notwendig ist, dass die Methode *Ausführen* der spezialisierten Klasse HEILSPRUCH ausgeführt wird. Da jedes Objekt „weiß", zu welcher Klasse es gehört, kann es beim Eintreffen einer Botschaft die zu seiner Klasse gehörende Methode ausführen. Das bedeutet, dass Objekte verschiedener Unterklassen auf die gleiche Botschaft unterschiedlich reagieren können.

Erkennen und Verwenden der Unterklasse

Manchmal ist es praktisch zu wissen, zu welcher Unterklasse ein referenziertes Objekt tatsächlich gehört. Wenn ein Objekt aktuellerSchatz der Klasse SCHATZ aktiviert wird, dann muss ein Zauberspruch ausgeführt werden, eine Rüstung als Schutzwaffe angezogen werden oder eine Angriffswaffe in die Hand genommen werden.

Allgemein schreibt man mit dem Operator **istein** als Test auf die Klassenzugehörigkeit:

istein liefert wahr, wenn das Objekt zu der angegebenen Klasse oder einer Unterklasse davon gehört.

```
falls        aktuellerSchatz istein ZAUBERSPRUCH dann
             aktSpruch = aktuellerSchatz als ZAUBERSPRUCH
             aktSpruch.Ausführen()
sonstfalls aktuellerSchatz istein ANGRIFFSWAFFE dann
             handwaffe = aktuellerSchatz als ANGRIFFSWAFFE
sonstfalls aktuellerSchatz istein SCHUTZWAFFE dann
             schutzwaffe = aktuellerSchatz als SCHUTZWAFFE
endefalls
```

Die Abfrage auf die Klassenzugehörigkeit ist in den meisten Programmiersprachen eine Bedingung. Die Interpretation von aktuellerSchatz als Referenz auf ein Objekt der Klasse ZAUBERSPRUCH (Typanpassung, oft auch als type casting bezeichnet) wird sehr unterschiedlich geschrieben.

```
Stride
if (aktuellerSchatz<:Zauberspruch)
    method-name( (Zauberspruch)aktuellerSchatz).Ausführen()

Java
if (aktuellerSchatz instanceof Zauberspruch)
{
    ((Zauberspruch) aktuellerSchatz).Ausführen();
}

Python
if isinstance(aktuellerSchatz, Zauberspruch):
    aktuellerSchatz.Ausführen()

Swift
if aktuellerSchatz is Zauberspruch
{
    (aktuellerSchatz as! Zauberspruch).Ausführen()
}
```

Polymorphismus bezeichnet die Eigenschaft, dass ein Referenzattribut nicht nur Objekte der als Datentyp angegebenen Klasse referenzieren kann, sondern auch Objekte aller zu dieser Klasse existierenden Unterklassen. Wird ein Objekt einer Unterklasse referenziert, so führt es beim Empfangen von Botschaften über dieses Referenzattribut die Methoden so aus, wie sie in seiner Klasse bekannt sind (und nicht die überschriebenen Methoden der Oberklasse).

Um die Klasse eines referenzierten Objekts zu bestimmen, existieren in allen Sprachen entsprechende Vergleichsoperatoren (**istein**) oder Testmethoden. Der Datentyp der Referenz kann dann an diesen Typ angepasst werden.

Aufgaben

1 Informatik ist überall: Feriendomizile

Ein Reiseanbieter bietet Hotelzimmer, Ferienwohnungen und Ferienhäuser an. Alle Unterkünfte werden gemeinsam verwaltet, da Urlauber oft zuerst nach einer Unterkunft in einer bestimmten Gegend suchen.

HOTELZIMMER	FERIENWOHNUNG	FERIENHAUS
ort größe hotel wlan pool strandentfernung frühstück halbpension …	ort größe wlan strandentfernung zimmeranzahl anzahlwohnungen …	ort größe wlan pool strandentfernung zimmeranzahl außenküche …
Buchen() InformationAusgeben() …	Buchen() InformationAusgeben() …	Buchen() InformationAusgeben() …

a Erstellen Sie eine Oberklasse UNTERKUNFT und damit ein neues Klassendiagramm der vorhandenen Klassen.

b Begründen Sie, warum sowohl die Oberklasse als auch die Unterklassen die Methode *InformationAusgeben()* implementieren sollten und warum sich die Unterklassen auf die Implementierung in der Oberklasse abstützen können.

c Begründen Sie, warum zur gemeinsamen Verwaltung der Unterkünfte ein Feld mit Elementen der Klasse UNTERKUNFT sinnvoll ist.

d Stellen Sie den Ablauf beim Aufruf von *InformationAusgeben* für das erste Feldelement als Sequenzdiagramm dar.

2 Verkehrssimulation (Teil 3) – Vorteile durch Polymorphismus

Die Methode *Fahren* ist für die Klassen LANGSAMESFAHRZEUG und SCHNELLESFAHRZEUG individuell ausgeprägt. Ergänzen Sie die Methodenrümpfe von *Fahren* in diesen Klassen um geeignete Ausgaben und kontrollieren Sie so, dass diese Methoden auch aufgerufen werden. Ergänzen Sie auch die Methode *Fahren* der Klasse FAHRZEUG um eine passende Ausgabe und überprüfen Sie dadurch, dass diese Methode nie aufgerufen wird.

3 Adventure (Teil 2)

Der Kampf des Spielers mit einem Monster wird bei Adventure durch drei Methoden des Monsters gestaltet:

- Die Methode *KampfBeginnen* wird am Anfang jedes Monsterkampfes einmal aufgerufen.
- Die Methode *KampfDurchführen* ist der eigentliche Kampf, sie entscheidet über Gewinn oder Verlust und kann mehrfach aufgerufen werden.
- Die Methode *KampfAbbrechen* wird aufgerufen, wenn der Spieler einen verlorenen Kampf beendet.

a Betrachten Sie den Quelltext der Klasse MONSTER und geben Sie an, was bei einem Aufruf der Methoden in der generalisierten Oberklasse MONSTER ausgeführt wird.

b In dem betretenen Raum r ist ein Monster der Klasse DIEB. Über das Attribut monster dieses Raums wird nun die Botschaft „monster.KampfBeginnen(spieler)" an das Monster geschickt. Geben Sie in Form eines Sequenzdiagramms an, welche Methoden im Verlauf der Ausführung von *KampfBeginnen* noch aufgerufen werden. Geben Sie auch an, welche Fälle Sie dabei unterscheiden müssen.

c Im Projekt Adventure ist eine Klasse ADVENTURETEST, mit der Sie ein Testspiel erhalten, das nur Diebe enthält und in dem der Spieler über Waffen verfügt. Ergänzen Sie nun die Klassen MONSTER und DIEB um Ausgaben, so dass Sie die in b) überlegten Abläufe angezeigt bekommen.

4 Medienverwaltung

In einer einfachen Medienverwaltung werden Filme und Songs gespeichert. Von allen Medien wird der Name gespeichert, von Songs zusätzlich der Künstler, von Filmen der Regisseur. Alle Medien werden in einem Feld mit Elementen der Klasse MEDIUM verwaltet.

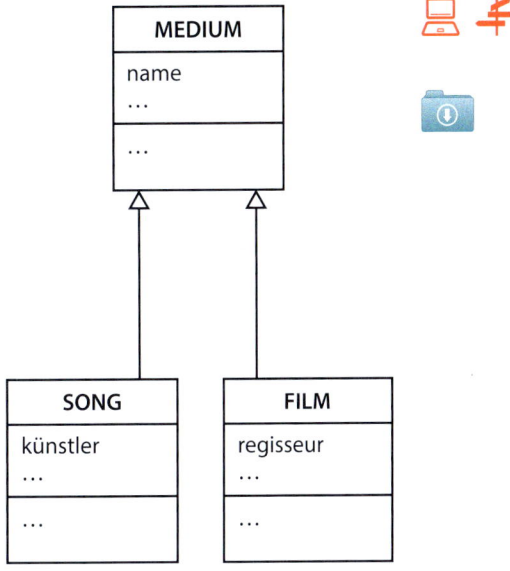

a Erstellen Sie entsprechend der Beschreibung eine Klasse MEDIENVERWALTUNG und fügen Sie im Konstruktor mehrere Medien ein. Ergänzen Sie eine Methode *StatusAusgeben()*, welche die Anzahl der Songs und die Anzahl der Filme ermittelt und ausgibt.

b Erweitern Sie die Medienverwaltung um die Speicherung von Hörbüchern. Hier soll zusätzlich zum Namen der Autor gespeichert werden. Ändern Sie die Methode *StatusAusgeben* so ab, dass auch die Anzahl der Hörbücher korrekt angezeigt wird.

c Für Schnelle: Bei allen Medien soll nun auch die Abspieldauer gespeichert werden. Ergänzen Sie das Projekt entsprechend. Erweitern Sie speziell die Methode *StatusAusgeben* so, dass sie auch die Summe der Abspieldauern für die drei Mediengruppen mit ausgibt.

5 Forschungsauftrag: Typtest und Typanpassung

a Finden Sie durch eine Recherche heraus, wie Typtest und Typanpassung in verschiedenen objektorientierten Sprachen (mindestens Java, Stride und Swift) umgesetzt sind und wie es z. B. in Swift möglich ist, das Beispiel aus dem Lehrtext übersichtlicher zu gestalten.

b Man findet regelmäßig die Aussage: „Typtest und Typanpassung sind ein Hinweis auf schlechtes objektorientiertes Design". Nehmen Sie zu dieser Aussage Stellung. Recherchieren Sie dazu mit passenden, englischen Suchbegriffen (z. B. „downcasting bad"). Finden Sie selbst je ein Beispiel, wo Sie Typtest/Typanpassung verwenden würden, und eines, wo Sie Polymorphismus als Lösung vorziehen würden.

2.12 Unvollständige Baupläne erlauben: Abstrakte Klassen

In Swift geht es. Untersuchen Sie, welches Problem dabei auftritt.

Im Spiel Krümel und Monster erben alle Gespenster von einer Klasse GESPENST. Deren Methode *Bewegen* kann nichts Sinnvolles tun, da ja nur die konkreten Gespensterklassen (JÄGER, …) festlegen, wie sie sich bewegen sollen.

Der fehlende Teil kommt später.

a Erkunden Sie, wie die Methode *Bewegen* in der Klasse GESPENST des Beispielprojekts implementiert wurde. Geben Sie an, was hier neu ist, und interpretieren Sie die neuen Elemente.

b Erkunden Sie weiter, ob im Kopf dieser Klasse noch andere, neue Elemente zu finden sind, und geben Sie sie gegebenenfalls an.

c Versuchen Sie, ein Objekt der Klasse GESPENST zu erzeugen. Untersuchen Sie, weshalb es nicht geht.

Abstrakte Klassen

In einer Adressbuchsoftware werden für jede Person als Kontaktdaten Telefonnummern, E-Mail-Adressen, URLs und Anschriften verwaltet. Ein Aufruf der Methode *Kontaktieren* bewirkt dann entweder einen Anruf, das Erstellen einer E-Mail, das Aktivieren des Browsers usw.

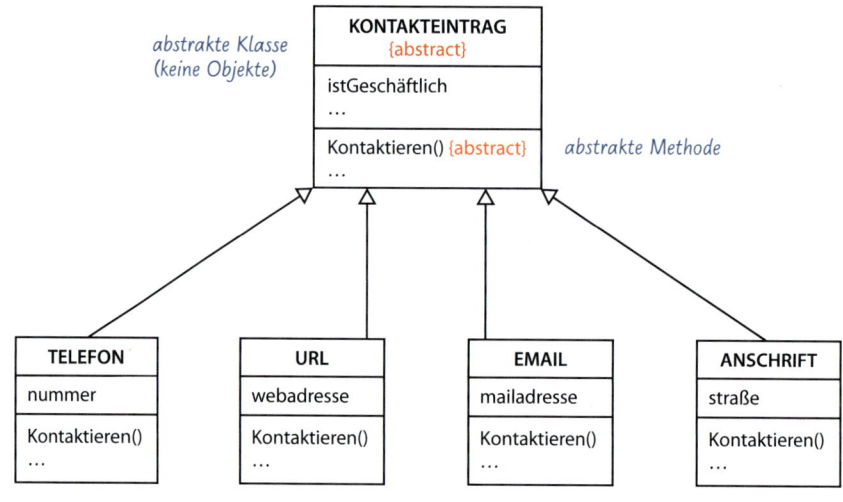

→ abstrakt: verallgemeinern von lat. abstrahere – wegziehen, trennen (vom Konkreten, Besonderen)

In der Adressbuchsoftware gibt es jedoch keine konkreten Objekte der Klasse KONTAKTEINTRAG. Es ist daher nicht sinnvoll, Objekte von dieser Klasse zu erzeugen. Solche durch Generalisierung entstandenen Klassen nennt man → **abstrakte Klassen**.

Abstrakte Methoden

Abstrakte Methoden kann es nur in abstrakten Klassen geben.

Die konkrete Aufgabe der Methode *Kontaktieren* kann nur für die jeweiligen Unterklassen von KONTAKTEINTRAG implementiert werden. Der Bauplan (die Klasse) KONTAKTEINTRAG kann daher nicht vollständig sein: Nur der Methodenkopf (und damit wie die Methode aufgerufen wird) ist festgelegt, der Rumpf für die Methode *Kontaktieren* fehlt. Daher wird die Methode *Kontaktieren* als **abstrakte Methode** bezeichnet.

Das Konzept abstrakter Klassen und Methoden wird in den verschiedenen Programmiersprachen in unterschiedlicher Art und mit unterschiedlichem Umfang umgesetzt.

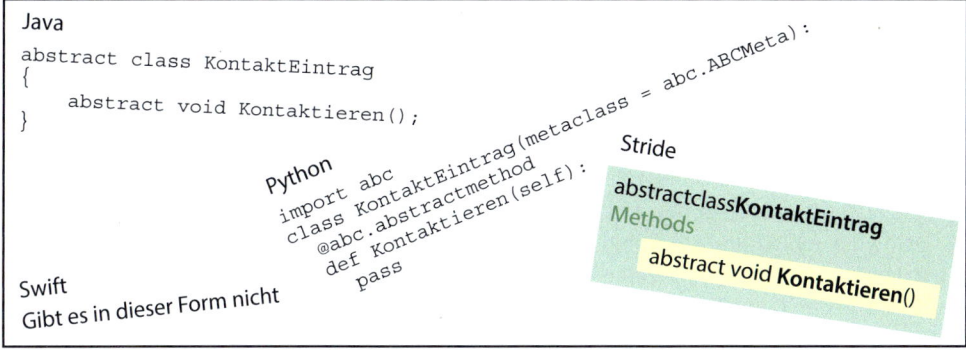

```
Java

abstract class KontaktEintrag
{
    abstract void Kontaktieren();
}
```

```
Python
import abc
class KontaktEintrag(metaclass = abc.ABCMeta):
    @abc.abstractmethod
    def Kontaktieren(self):
        pass
```

```
Stride
abstractclass KontaktEintrag
Methods
    abstract void Kontaktieren()
```

```
Swift
Gibt es in dieser Form nicht
```

Klassen werden als **abstrakte Klassen** bezeichnet, wenn von ihnen keine Objekte erzeugt werden. In abstrakten Klassen können außer normalen Methoden auch Methoden vereinbart werden, deren Methodenrumpf erst in Unterklassen festgelegt wird. Solche Methoden werden **abstrakte Methoden** genannt.

Aufgaben

1 Informatik ist überall: Bibliothek

In einer Präsenzbibliothek werden Bücher, Tageszeitungen und Magazine verwaltet. Alle Objekte können reserviert und freigegeben werden; über jedes Medium kann Information (Werte der Attribute) eingeholt werden. Bücher erlauben auch eine Reservierung über mehrere Tage. Bei Tageszeitungen kann nicht nur das einzelne Exemplar, sondern auch ein Erscheinungszeitraum reserviert werden. Alle Medien haben einen Titel, eine ISBN und einen Verlag. Bücher haben einen Autor und ein Erscheinungsjahr, Tageszeitungen ein Erscheinungsdatum, Magazine ein Erscheinungsjahr und eine laufende Nummer.

a Erstellen Sie ein generalisiertes Klassendiagramm.

b Begründen Sie, ob die generalisierte Klasse eine abstrakte Klasse sein sollte. Nennen Sie insgesamt mindestens drei Kriterien (dafür und/oder dagegen).

c Bei der Methode für die Ausgabe der Information kann ein Teil der Arbeit in die generalisierte Oberklasse ausgelagert werden. Beschreiben Sie die Aufteilung am Beispiel der Bücher.

d Für Schnelle: Implementieren Sie Ihre Klassen. Sie müssen dazu noch Attribute ergänzen.

2 Abstrakte Klassen kriteriengeleitet bestimmen

a Nennen Sie Kriterien zur Identifikation von Kandidaten für abstrakte Klassen.

b Nennen Sie die drei Informationen, die durch den Methodenkopf festgelegt werden.

c Bestimmen Sie nun ebenso Kriterien, mit denen Sie Kandidaten für abstrakte Methoden identifizieren können.

d Tauschen Sie sich in Ihrem Kurs über Ihre Überlegungen aus und stellen Sie so einen Kriterienkatalog zusammen.

3 Abstrakte Klassen verwenden

Identifizieren Sie in den bereits bearbeiteten Projekten jeweils die Kandidaten für abstrakte Klassen. Zeichnen Sie das Klassendiagramm für den zugehörigen Teil der Generalisierungshierarchie (abstrakte Klasse mit ihren Unterklassen). Markieren Sie durch Ergänzung von "{abstract}" gegebenenfalls auch abstrakte Methoden. Begründen Sie kurz Ihre Entscheidung. Setzen Sie anschließend Ihre Überlegungen im Projekt um.

Teste dich selbst

T1 Richtig oder falsch?

Beurteilen Sie, ob folgende Aussagen richtig oder falsch sind. Begründen Sie Ihre Meinung bei falschen Aussagen und geben Sie eine berichtigte Aussage an:

a Eine Unterklasse erbt nur die Attribute der Oberklasse.

b Der Konstruktor legt den Anfangszustand eines Objekts fest.

c Mit den logischen Funktionen UND sowie ODER können Bedingungen formuliert werden.

d In einer Oberklasse kann eine Methode der Unterklasse überschrieben werden.

e Die beiden Bedingungen `IstSichtbar() == WAHR` und `IstSichtbar()` sind gleichwertig.

f Ein Referenzattribut kann man sich vorstellen wie eine Schachtel, in der ein Wert gespeichert ist.

g Nach dem Kapselungsprinzip sollte der direkte Zugriff auf Attribute und Methoden verhindert werden.

h Eine 1:n-Beziehung sollte immer mittels eines Feldes umgesetzt werden.

i Die Wiederholung über alle Elemente ermöglicht auch den gezielten Zugriff auf einzelne Objekte des Feldes.

j Bei der Generalisierung betrachtet man zuerst die Oberklasse.

k Polymorphismus bedeutet, dass man in einem Attribut mit dem Typ einer Klasse KLASSE auch Referenzen auf ein Objekt einer Oberklasse zu KLASSE speichern kann.

l Abstrakte Methoden können nur in abstrakten Klassen vorkommen.

T2 Veränderter Zustand

Die beiden Abbildungen zeigen zwei unterschiedliche Zustände des Objekts figur.

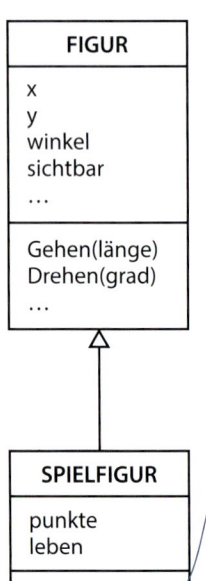

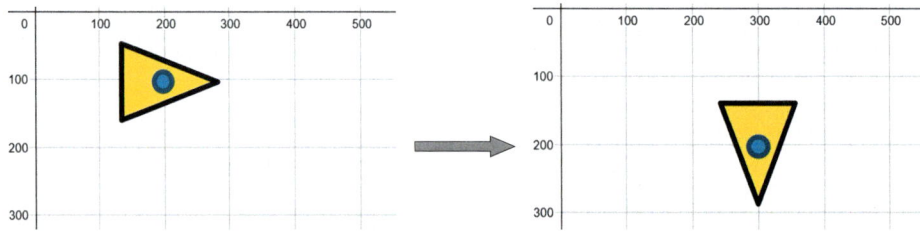

a Zeichnen Sie ein Objektdiagramm für die beiden Zustände. Beschränken Sie sich dabei auf die links im Klassendiagramm der Klasse FIGUR angegebenen Attribute.

b Geben Sie die Methodenaufrufe an, die das Objekt vom linken Zustand in den rechten überführen.

T3 Programmieren

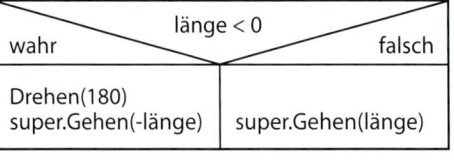

Schreiben Sie den vollständigen Quelltext für die Klasse SPIELFIGUR in Ihrer Programmiersprache auf. Setzen Sie im Konstruktor die Attribute punkte und leben auf einen sinnvollen Startwert.

T4 Ich check's, dank deiner Hilfe!

Ferdi hat im Unterricht nicht gut aufgepasst und braucht dringend Ihre Nachhilfe vor der alles entscheidenden letzten Prüfung. Helfen Sie ihm, indem Sie ihm die folgenden Begriffe erklären und an einem Beispiel aus Ihrer Programmiersprache (am besten am Rechner, nicht auf Papier!) zeigen, wie man damit umgeht: Referenzattribut, Zugriffsrechte, Feld, Generalisierung, Polymorphismus, abstrakte Klasse.

Zusammenfassung

Die **bedingte Wiederholung** wird verwendet, wenn eine Sequenz wiederholt werden soll, solange eine Bedingung wahr ist.
Zum Erstellen von Bedingungen können folgende Vergleichsoperatoren verwendet werden:
<, >, <=, >=, ==, !=
Bedingungen können mit logischen Operatoren verknüpft werden:
&& bzw. and (UND), || bzw. or (ODER), ! bzw. not (NICHT)

wiederhole solange Bedingung
Sequenz

Die **Zählwiederholung** wird verwendet, wenn bereits vor Eintritt in die Wiederholung feststeht, wie oft wiederholt werden muss.

zähle nummer von startwert bis endwert schritt weite
Sequenz

Die **bedingte Anweisung** wird verwendet, um abhängig von einer Bedingung eine von zwei verschiedenen Sequenzen auszuführen.

wahr	Bedingung	falsch
Sequenz_wahr		Sequenz_falsch

Eine **einseitige bedingte Anweisung** wird verwendet, um eine Sequenz abhängig von einer Bedingung auszuführen.

wahr	Bedingung	falsch
Sequenz		

Die **Mehrfachauswahl** erlaubt es, abhängig von einem Wert aus beliebig vielen Alternativen zu wählen.

		auswahlwert	
wert1	wert2		sonst
Sequenz 1	Sequenz 2	…	Sequenz sonst

Durch das Konzept der **Vererbung** können Klassen (Baupläne der Objekte) erweitert werden: **Unterklassen** erben von **Oberklassen** alle Attribute und Methoden und können neue Attribute und Methoden ergänzen.
Methodenbeschreibungen bestehen aus dem **Methodenkopf** mit Namen der Methode, Parametern und gegebenenfalls dem Typ des Rückgabewerts sowie dem **Methodenrumpf**, einer **Sequenz** von Anweisungen, welche nach Aufruf der Methode ausgeführt wird.

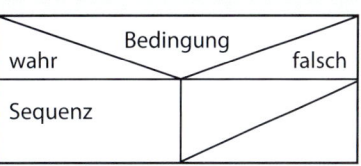

Oberklasse

TURTLE
x y winkel
Gehen(schritte) Drehen(winkel)

erbt von

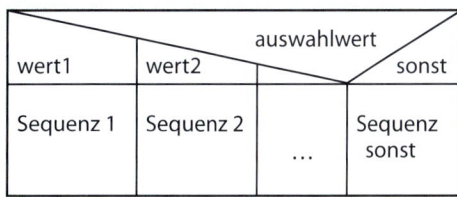

GEOTURTLE
DreieckZeichnen()

Unterklasse

Eine **Variable** ist allgemein eine Möglichkeit, Werte zu speichern. Dazu gehören **Attribute**, **Parameter** und **lokale Variablen**.
Durch eine Zuweisung erhält eine Variable einen neuen Wert.

```
breite = breite + 1
```
neuer Wert   alter Wert

Der **Konstruktor** ist eine besondere Methode, die beim Erzeugen eines Objekts automatisch aufgerufen wird und in der den Attributen sinnvolle Anfangswerte zuwiesen werden.
Typische **Datentypen** einer Variablen sind **GANZZAHL**, **KOMMAZAHL**, **WAHRHEITSWERT**, **ZEICHEN** und **ZEICHENKETTE**.

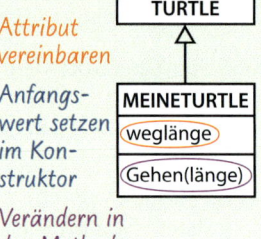

Attribut vereinbaren

Anfangswert setzen im Konstruktor

Verändern in den Methoden

Datenkapselung verhindert den direkten Zugriff auf Attribute. Grundsatz: Attribute sollen nur über Methoden gelesen und verändert werden.
Programmiersprachen unterstützen das Kapselungsprinzip durch **Zugriffsrechte**.
privat: nur das Objekt selbst hat Zugriff
öffentlich: jedes Objekt hat Zugriff
geschützt: je nach Sprache, z. B. Zugriff für Unterklassen oder für Klassen innerhalb des Projekts

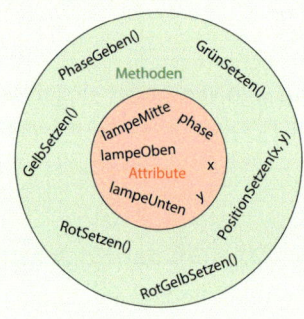

Referenzattribute sind Attribute, die eine **Referenz** (Zeiger) auf ein anderes Objekt enthalten können. Referenzattribute werden in Objekten benötigt, die anderen Objekten Botschaften (z. B. in Form von Methodenaufrufen) schicken müssen.

```
klasse SCHULKLASSE
  //Vereinbarung(Deklaration)
  attribut infLehrkraft: LEHRKRAFT

konstruktor()
  //Initialisierung
  infLehrkraft = neu LEHRKRAFT("Fr. Mai")
```

Eine 1:n-Beziehung kann mit Hilfe der Datenstruktur **Feld** umgesetzt werden. In einem Feld können viele **gleichartige** Objekte effizient verwaltet werden. Für den gezielten Zugriff auf ein Feldelement stehen verschiedene Methoden (Hinzufügen, Entfernen, …) zur Verfügung.

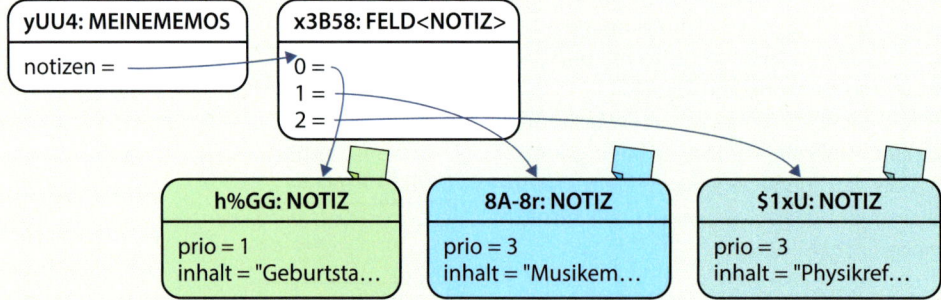

Vererbung

Bei der **Generalisierung** werden gemeinsame Attribute und Methoden von Klassen zu neuen Oberklassen zusammengefasst (verallgemeinerte Klassen).

Bei der Spezialisierung werden dagegen vorhandene Klassen mittels Unterklassen an spezielle Gegebenheiten angepasst.

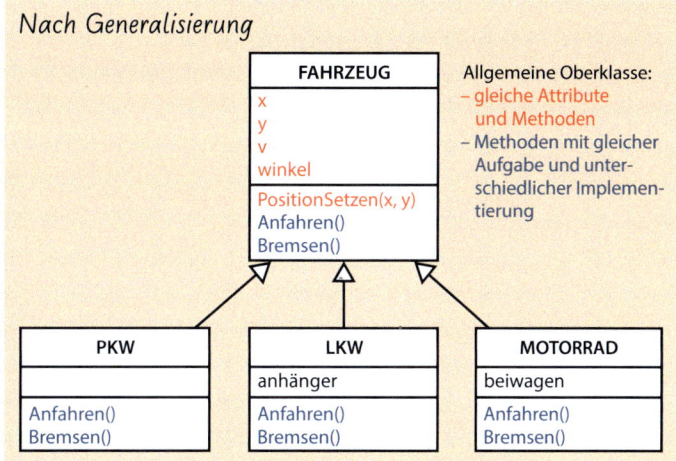

Unterklassen können von der Oberklasse geerbte Methoden neu definieren, sie können diese **überschreiben**.

In der Unterklassenmethode ist es weiterhin möglich, die überschriebene Oberklassenmethode zu nutzen.

```
überschreibe methode Saugen()
    selbst.Kehren()
    super.Saugen()
endemethode
```

Polymorphismus bezeichnet die Eigenschaft, dass ein Referenzattribut nicht nur Objekte der als Datentyp angegebenen Klasse referenzieren kann, sondern auch Objekte aller zu dieser Klasse existierenden Unterklassen.

Um die Klasse eines referenzierten Objekts zu bestimmen, existieren in allen Sprachen entsprechende Vergleichsoperatoren (**istein**) oder Testmethoden.

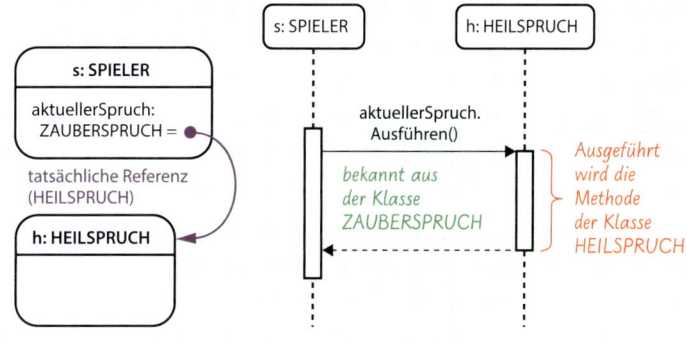

Klassen werden als **abstrakte Klassen bezeichnet**, wenn von ihnen keine Objekte erzeugt werden. In abstrakten Klassen können auch **abstrakte Methoden** vereinbart werden, deren genaue Bedeutung erst in Unterklassen festgelegt wird.

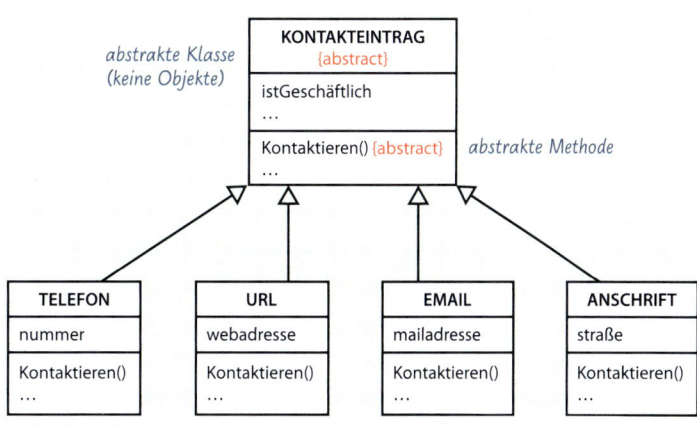

Zum Weiterlesen

L5 Auch Profis machen Fehler!

Statistiken gehen bei professionell entwickelter Software von durchschnittlich 2,5% fehlerhaften Programmzeilen aus. Diese Fehler machen oft umfangreiche Nachbesserungsarbeiten erforderlich.

Als am 27. März 2008 das neue Terminal 5 des Londoner Flughafens Heathrow in Betrieb genommen wurde, war das System zur Gepäckabfertigung fehlerhaft. An Großflughäfen verwaltet ein solches System ein dichtes Netz von Fließbändern mit einer Gesamtlänge von vielen Kilometern. Die Planung der Wege der einzelnen Gepäckstücke, die automatisch gelenkt werden, erfolgt über eine komplexe Software, das Gepäckleitsystem, in dessen Kern ein Routenplaner steckt. Bei der Inbetriebnahme führte gleich eine Reihe von Fehlern zum Zusammenbruch des Flugbetriebs. Unter anderem war die Software nicht in ausreichendem Maß getestet worden:

- Bei der Ankunft eines Gepäckstücks am Flugzeug wird von einem Kontrollsystem überprüft, ob alle Koffer das richtige Flugzeug erreicht haben. Durch eine fehlerhafte Referenz auf das Gepäckleitsystem wurden dorthin keine Daten mehr übertragen. Außerdem mussten Gepäckstücke aussortiert werden, weil sie irrtümlich mit dem Vermerk „fehlende Sicherheitsüberprüfung" versehen worden waren.
- In der Testphase war der Austausch von Gepäckstücken zwischen den Terminals erprobt worden. Um den laufenden Betrieb in den anderen Terminals nicht zu stören, wurden die Referenzen zwischen den Terminals entfernt, um die Kommunikation zu unterbinden. Diese Referenzen wurden vor der Inbetriebnahme nicht neu gesetzt, sodass die betroffenen Gepäckstücke manuell sortiert werden mussten, was einen enormen Stau verursachte.
- Auch nach Beseitigung dieses Fehlers funktionierte der Transfer von Gepäckstücken zwischen Terminal 5 und den anderen Terminals noch nicht reibungslos, da die Beziehungen zwischen den Systemen nicht sauber definiert waren. Ein Teil der Gepäckstücke wurde nicht erkannt. Das Problem wurde durch mangelnde Speicherkapazität noch verschlimmert.
- Insgesamt stauten sich so immer mehr Gepäckstücke auf, die nicht pünktlich zum Flugzeug gelangten und auf nachfolgende Flüge umgebucht werden mussten. Das Gepäckleitsystem stürzte schließlich ab, da zu viel Rechnerkapazität vom Umbuchungssystem blockiert wurde. Das Umbuchungssystem wurde daraufhin abgeschaltet, was den Stau weiter vergrößerte.

Die Softwareprobleme wurden durch weitere Probleme verschärft:

- Das Verladepersonal konnte sich nicht am System anmelden und musste die Gepäckstücke von Hand kontrollieren, was zu Verspätungen führte.
- Netzwerkprobleme bei der Abfertigung sorgten für Verzögerung bei der Einbuchung der Gepäckstücke.
- Fehlende Parkplätze für Mitarbeiter, defekte Aufzüge, mangelnde Einarbeitung des Personals sorgten für weitere Verzögerungen. Insgesamt wurden etwa 250 Flüge storniert und 28 000 Gepäckstücke nicht korrekt abgefertigt.

3 Vernetzte Strukturen – Graphen

In diesem Kapitel werden Sie …

… komplexe Beziehungsgeflechte
mit Graphen übersichtlich
darstellen.

… Zusammenhänge in solchen
Beziehungsgeflechten aus der
Darstellung ableiten.

… Algorithmen entwickeln, die
schnellste Wege von A nach B
finden.

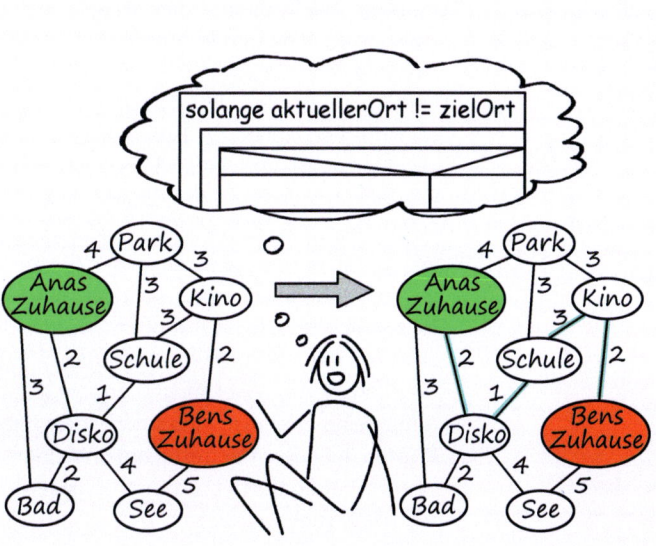

3.1 Beziehungsgeflechte übersichtlich darstellen: Graphen

 In sozialen Netzwerken stehen User in Beziehungen, z. B. „Sam ist befreundet mit Lina." oder „Lina hat das Bild von Sam kommentiert." Damit ein Computer sie verarbeiten kann, müssen solche Zusammenhänge abstrahiert und reduziert modelliert werden.

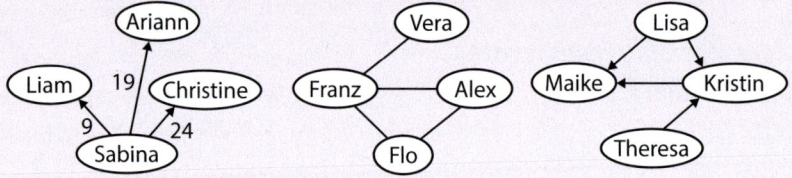

a In den Abbildungen werden Freundschaften, Freundschaftsanfragen und vergebene Likes für geteilte Inhalte eines anderen Mitglieds dargestellt.
Ordnen Sie jede Abbildung einem Kontext zu und begründen Sie Ihre Zuordnung.

b Skizzieren Sie auf Basis der Abbildungen aus a) drei weitere Abbildungen, die folgende Beziehungen darstellen:

   i „folgt"   **ii** „stammt aus derselben Stadt"   **iii** „hat 8 gemeinsame Freunde mit"

c Für Schnelle: Gruppen, in denen jeder mit jedem befreundet ist, können spezielle private Chatrooms nutzen. Geben Sie an, wie viele einzelne Verbindungen zwischen Mitgliedern bestehen müssen, bevor einer Gruppe aus drei (vier, fünf) Mitgliedern ein solcher Chat ermöglicht wird. Ermitteln Sie auch eine allgemeine Formel für die Verbindungsanzahl bei n Mitgliedern.

Eine vereinfachte Karte

Fiona und Tom wollen nach dem Abitur in Südfrankreich eine Hausbootreise unternehmen. Von ihrem Bootsverleih erhalten sie eine Karte mit den für sie wichtigen Angaben. Im Wesentlichen bestehen solche Karten aus zwei Elementen: wichtigen Punkten (Ortschaften, Anlegestellen, …) mit Eigenschaften wie Name, Größe, Einkaufsmöglichkeiten etc. sowie Linien zwischen den Punkten, die Verbindungen, Beziehungen oder Ähnliches ausdrücken und Information über Weglänge, Zeitbedarf, maximale Bootsgröße etc. bereitstellen.

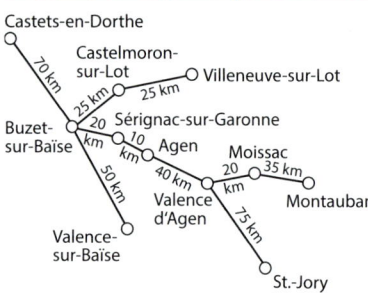

> *Die Lage der Knoten und die Länge der Kanten müssen bei so einem Modell nicht mit der Realität übereinstimmen, oft wird aber versucht, Knoten entsprechend der geografischen Lage anzuordnen.*

Für einen schnellen Überblick möchte sich Tom auf die wesentlichen Punkte der Karte konzentrieren und fertigt eine Zeichnung an, die er an das Steuerrad klemmen kann. Er kopiert nur den für seine Strecke notwendigen Teil und auch dort nur die notwendigen Informationen. Die Flussverläufe abstrahiert er zu einfachen Linien und die Anlegestellen zu einfachen Kreisen, die mit dem jeweiligen Namen beschriftet sind. Die Information bei den Fahrtstrecken reduziert er auf Kilometerangaben. Zusammengefasst kommen in seiner Karte nur noch Objekte zweier Klassen vor: Die Anlegestellen und die Wege. Allgemein nennt man eine solche Informationsstruktur **Graph**. Sie besteht aus einer Menge von **Knoten** (hier den Anlegestellen) und einer Menge von **Kanten** (hier den Fahrtstrecken). Graphen werden häufig durch Diagramme visualisiert, bei denen die Knoten als Kreise, die Kanten als Linien dargestellt werden.

Eigenschaften von Graphen

Tom hat bei seiner Version der Karte die Weglängen bei den Kanten eingetragen. Einen solchen Graphen nennt man **gewichtet**, die Weglängen nennt man die **(Kanten-)gewichte**. Hätte er die Wege als Linien eingetragen, ohne die Weglängen zu notieren, würde man den Graphen **ungewichtet** nennen.

gewichteter Graph *ungewichteter Graph* *Zyklus*

Als Fiona die Übersichtskarte des Hausbootanbieters genauer betrachtet, fallen ihr noch ein paar Besonderheiten auf: In manchen Verleihzonen sind Rundfahrten möglich, d. h. von manchen Anlegestellen aus gibt es Wege, die wieder zu dieser Anlegestelle zurückführen. In Graphen nennt man solche Rundwege **Zyklen**. In anderen Verleihzonen sind nur Hin- und Herfahrten möglich, die zugehörigen Graphen sind **zyklenfrei**. Die meisten Verleihzonen sind durch Wasserstraßen verbunden, sie sind **zusammenhängend**. Man sagt auch: Zu je zwei Knoten gibt es (mindestens) einen **Pfad** (Weg, Kantenzug), der sie verbindet. Andere Teile sind völlig isoliert. Der Gesamtgraph ist daher **nicht zusammenhängend**.

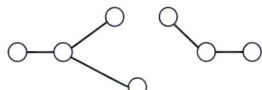

nicht zusammenhängender, zyklenfreier Graph

Gerichtete Graphen

Als Fiona die Karte nochmal genau anschaut, fällt ihr ein interessantes Detail auf. An einem großen Abschnitt wurde zur Umfahrung ein Kanal gebaut. Auf dem Fluss darf man hier nur flussabwärts fahren, auf dem Kanal in die Gegenrichtung. Die Kanten für den Fluss gehen nur in eine Richtung, die für den Kanal in die andere Richtung. Der Graph ist **gerichtet**.

Auch gerichtete Graphen können gewichtet sein, sie können Zyklen enthalten und sie können **stark** oder **schwach** oder nicht **zusammenhängend** sein.

Bei Straßenkarten können die meisten Straßen in beide Richtungen befahren werden, es gibt nur wenige Einbahnstraßen. Streng genommen müsste hier ein vollständig gerichteter Graph gezeichnet werden. Zur Vereinfachung werden aber die in beiden Richtungen befahrbaren Straßen als eine ungerichtete Kante gezeichnet.

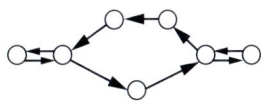

gerichteter Graph

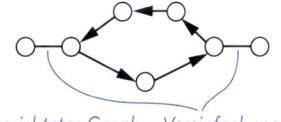

gerichteter Graph – Vereinfachung

> *Ein gerichteter Graph ist **stark zusammenhängend**, wenn es von jedem Knoten zu jedem anderen einen gerichteten Pfad gibt, **schwach zusammenhängend**, falls der zugehörige ungerichtete Graph zusammenhängend ist. Jeder Graph, der stark zusammenhängend ist, ist auch schwach zusammenhängend.*

Ein **Graph** besteht aus einer endlichen Menge von **Knoten** und einer endlichen Menge von **Kanten**; eine Kante ist eine Verbindung zwischen zwei Knoten. Bei **gerichteten Graphen** hat jede Kante eine Richtungsangabe. Eine Folge von Kanten, die zwei Knoten verbindet, heißt **Pfad**, wenn jeder Knoten nur ein Mal besucht wird. Bei **gewichteten Graphen** wird jeder Kante ein Wert zugeordnet, das **Gewicht**. Bei **zusammenhängenden Graphen** gibt es von jedem Knoten einen Pfad zu jedem anderen Knoten; bei gerichteten Graphen spricht man von **stark zusammenhängend**, von **schwach zusammenhängend**, wenn nur der zugrunde liegende ungerichtete Graph zusammenhängend ist. Gibt es mindestens einen Knoten, von dem aus ein Pfad wieder zu ihm zurückführt, heißt der Graph **zyklisch**.

Graphen können als Diagramme mit Knoten als Kreisen und Kanten als Verbindungslinien dargestellt werden.

> *Die abstrakte Datenstruktur Graph und deren graphische Darstellung (Visualisierung) sind zwei verschiedene Dinge.*

Aufgaben

1 Informatik ist überall: ICE-Verbindungen

Erkundigen Sie sich im Internet nach den ICE-Verbindungen innerhalb Deutschlands.

- **a** Erstellen Sie einen gewichteten, ungerichteten Graphen für die ICE-Verbindungen zwischen 10 Städten Ihrer Wahl. Als Knotenbezeichner verwenden Sie die Kfz-Kennzeichen der Städte. Die Gewichtungen der Kanten sollen die Fahrzeiten in Minuten sein. Benutzen Sie zur Darstellung des Graphen das bereitgestellte Programm. Hinweis: Sollten Sie Verbindungen mit unterschiedlichen Zeiten finden, nehmen Sie immer die kürzeste Zeit.
- **b** Nennen Sie weitere Gewichtungen des ICE-Graphen, die ebenfalls sinnvoll wären.
- **c** Für Schnelle: Erläutern Sie, welches Problem mit den vereinfachten Knotenbezeichnern auftritt, wenn man Städte wie München oder Berlin genauer darstellen will.

2 Fluglinie

Informieren Sie sich im Internet über die Flugrouten einer (nicht zu kleinen) Fluggesellschaft.

- **a** Erstellen Sie einen ungewichteten, ungerichteten Graphen für die Flugrouten. Als Knotenbezeichner verwenden Sie die international gebräuchlichen Abkürzungen für die Flughäfen. Der Graph sollte etwa 20 Knoten enthalten. Benutzen Sie zur Darstellung des Graphen das bereitgestellte Programm.
  Tipp: Starten Sie dazu in einer Stadt Ihrer Wahl und recherchieren Sie dann Schritt für Schritt Verbindungen in andere Städte.
- **b** Ergänzen Sie den Graphen aus Teilaufgabe a) zu einem gewichteten Graphen, indem Sie die Flugdauer in Minuten eintragen. Achten Sie bei den Zeitangaben in den Flugplänen der Fluggesellschaft darauf, dass es sich dabei oft um Angaben in Ortszeiten des jeweiligen Flughafens handelt.
- **c** Für Schnelle: Begründen Sie, warum die Verwendung eines ungerichteten, gewichteten Graphen für die Flugrouten ungeeignet ist. Geben Sie die Ursache für die unterschiedlichen Flugzeiten an. Arbeiten Sie in den Graphen aus Aufgabe b) die Unterschiede für Kanten ein, bei denen Hin- und Rückflugzeiten sich um mehr als fünf Minuten unterscheiden.

3 Europareise mit dem FlinkBus

Im Graphen rechts sind einige europäische Busverbindungen des Unternehmens FlinkBus dargestellt. Nehmen Sie zur folgenden Aussage begründet Stellung.

„Der Graph ist völlig falsch, weil weder die geographische Lage noch die Entfernungen zwischen den Städten korrekt sind."

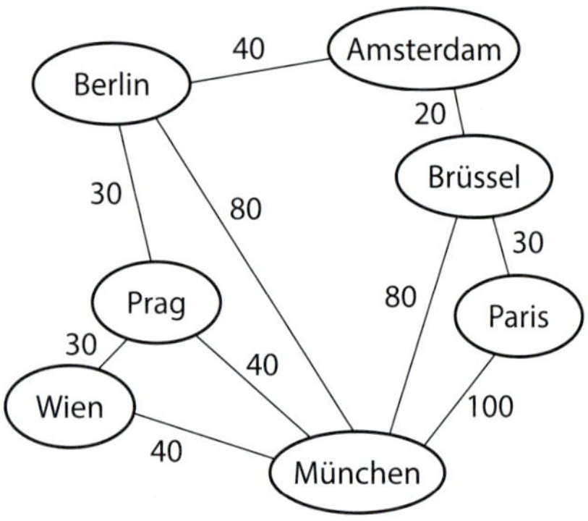

4 Richtig oder falsch

- **a** Ein Graph wird durch seine Knoten beschrieben.
- **b** Ein gerichteter Graph ist immer zusammenhängend.
- **c** Ein zusammenhängender Graph mit 4 Knoten benötigt mindestens 4 Kanten.
- **d** Ein Graph mit 4 Knoten und 5 Kanten hat mindestens einen Zyklus.
- **e** Ein gewichteter Graph ist immer gerichtet.

5 Londoner U-Bahn

Rechts sehen Sie einen Ausschnitt des Londoner U-Bahn-Netzes.

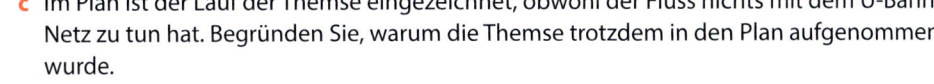

a Erstellen Sie einen ungerichteten Graphen für die Verbindungen. Als Knotenbezeichner verwenden Sie die Namen der Haltestellen. Beschränken Sie sich auf die durch Kreise dargestellten Bahnhöfe.

b Geben Sie an, welche Vereinfachungen Sie vorgenommen haben, und begründen Sie diese Änderungen.

c Im Plan ist der Lauf der Themse eingezeichnet, obwohl der Fluss nichts mit dem U-Bahn-Netz zu tun hat. Begründen Sie, warum die Themse trotzdem in den Plan aufgenommen wurde.

6 Graphen – gleich und doch nicht gleich

Welche der vier Diagramme stellen denselben Graphen dar? Begründen Sie Ihre Aussage.

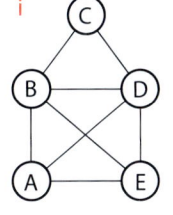 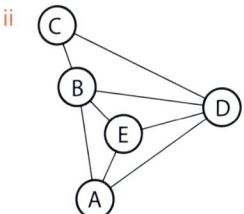 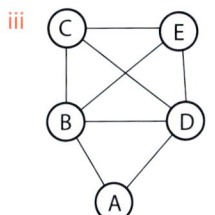 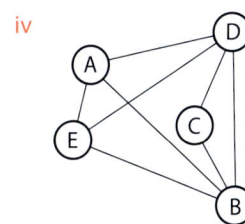

7 Königsberger Brückenproblem

Dem Mathematiker Leonhard Euler wurde 1736 folgendes Problem gestellt: „Durch Königsberg fließt der Pregel, der sich teilt und zwei Inseln umfließt. Gibt es einen Rundweg, bei dem man alle sieben Brücken über den Pregel genau einmal überquert und wieder zum Ausgangspunkt gelangt?"

a Stellen Sie das Königsberger Brückenproblem als Graph dar. Die Stadtteile A bis D bilden die Knoten, die Brücken sind die Kanten. Versuchen Sie einen Rundweg entsprechend der Vorgaben zu finden. Geben Sie an, woran dies scheitert.

b Finden Sie einen Rundweg zum Graphen mit den Knoten A–F in der Abbildung rechts.

c Geben Sie den wesentlichen Unterschied der Graphen von Aufgabe 7a) und 7b) an, der beim zweiten Graphen einen Rundweg ermöglicht.

Tipp: Bei den Graphen im Bild rechts ist einmal ein Rundweg möglich, einmal nicht.

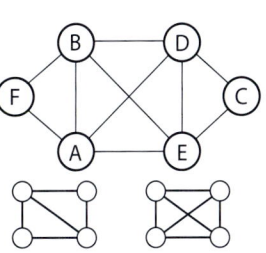

8 Turniere

a Fünf Freundinnen wollen ein Tennisturnier durchführen, bei dem jede gegen jede einmal spielt. Stellen Sie diese Situation als Graph dar, mit den Teilnehmerinnen als Knoten und den Spielen als Kanten zwischen den beteiligten Spielerinnen.
Geben Sie an, wie viele Kanten (Spiele) es gibt.

b Einen Graphen, bei dem von jedem Knoten zu jedem anderen Knoten eine direkte Verbindung vorliegt, nennt man einen vollständigen Graphen.
Überlegen Sie allgemein, wie viele Kanten ein vollständiger Graph mit n Knoten hat, und geben Sie die Anzahl als von n abhängigen Term an. Beachten Sie, dass eine Verbindung von A nach B und von B nach A nur einmal als Kante zählt.
Tipp: Wie viele Kanten gehen vom ersten Knoten aus, wie viele zusätzliche vom zweiten usw.?

c Berechnen Sie unter Verwendung der Formel aus Teilaufgabe b) die Anzahl der Spiele in der Hinrunde der Fußball-Bundesliga der Männer (18 Vereine).

9 Teiler

Ein Graph hat die Zahlenwerte 1 bis 9 als Knoten, die über die Beziehung „ist echter Teiler von" gerichtet verbunden sind.

> Die echten Teiler einer Zahl sind alle Teiler dieser Zahl außer der Zahl selbst.

a Zeichnen Sie den Graphen und nennen Sie die Anzahl der Kanten.

b Geben Sie an, welcher Knoten entfernt werden muss, damit der Graph nicht mehr zusammenhängend ist.

c Geben Sie an, wie sich der Graph ändert, wenn die Beziehung „ist Teiler von" lautet.

10 Umfüllprobleme Teil 1

Wenn man eine bestimmte Menge Flüssigkeit benötigt und mehrere Gefäße bekannter Größe, aber nicht der passenden Größe hat, kann man versuchen, durch Umfüllen (nicht Wegschütten) der Flüssigkeit doch noch die benötigte Menge abzumessen. Damit man Lösungen solcher Probleme anschaulich und gut nachvollziehbar ermitteln kann, ist die Modellierung mit einem Graphen oft hilfreich.

> Tipp: Es sind insgesamt 14 Knoten notwendig. Zeichnen Sie die Platzhalter dafür zunächst in einem großen 14-Eck.

a Beim bekanntesten Problem dieser Art ist ein volles Gefäß mit 8 l Inhalt vorhanden, zusätzlich zwei weitere, leere Gefäße mit je 4 l bzw. 3 l Inhalt. Es sollen 2 l abgemessen werden. Übernehmen Sie den gegebenen Teil des Graphen in Ihr Heft und ergänzen Sie zu einem (gerichteten) Graphen, der von jedem Knoten aus eine Kante für jede mögliche Umfüllung hat. Bei jedem Knoten wird die Füllmenge der drei Gefäße angegeben. Markieren Sie am Ende den Knoten, bei dem ein Gefäß die gesuchte Menge von 2 l Flüssigkeit enthält, und markieren Sie auch den Weg (d. h. die Umfüllvorschriften) vom Ausgangsknoten zu diesem Knoten.

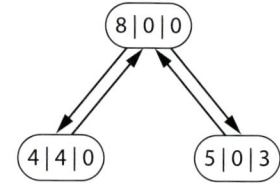

b Bei einem ähnlichen Problem sind ein volles Gefäß mit 8 l Inhalt, ein mit 2 l gefülltes Gefäß der Größe 7 l sowie ein leeres Gefäß der Größe 6 l gegeben. Zeichnen Sie auch hier den Graphen aller Umfüllmöglichkeiten und lesen Sie daran ab, welche Flüssigkeitsmengen sie abmessen können.

c In einer leicht abgewandelten Fragestellung läuft aus einer Quelle beliebig viel Wasser. Sie haben ein (leeres) Gefäß mit 4 l und ein Gefäß mit 3 l Fassungsvermögen. Bestimmen Sie auch hier durch Zeichnen des Graphen, wie Sie 2 l Wasser abmessen können.
Tipp: Sie können die Gefäße nicht nur beliebig oft füllen, Sie können die Gefäße auch in den Abfluss der Quelle ausleeren.

11 Komplizierte Überfahrt

a Ein Mann will mit einem kleinen Boot einen Fluss überqueren. Er hat einen Wolf, eine Ziege und einen Kohlkopf dabei. In dem Boot kann er immer nur einen „Passagier" mitnehmen. Wenn der Mann aber den Wolf mit der Ziege allein zurücklässt, frisst der Wolf die Ziege. Bleiben Ziege und Kohlkopf allein, frisst die Ziege den Kohlkopf.
Zeichnen Sie einen Graphen, bei dem in den Knoten die auf jedem Ufer vorhandenen „Passagiere" dargestellt werden (z. B. (-|WZK) für den Startknoten) und an dessen Kanten markiert ist, welcher „Passagier" gerade im Boot mitgenommen wird. Einer Kante, die zu einem Verlust führt, brauchen Sie nicht weiter nachzugehen. Lesen Sie aus diesem Graphen ab, wie der Mann ohne Verluste an sein Ziel kommt.

b Ein ähnliches Problem haben drei Gesangscoaches mit ihren Schützlingen: Für die Fahrt in ein Studio haben sie nur einen kleinen Wagen, der nur zwei Personen fasst. Außerdem hüten die Coaches ihre Schützlinge so eifersüchtig, dass sie es nicht erlauben, dass einer zusammen mit einem anderen Coach im Hotel/im Studio oder im Auto ist, wenn sie nicht selbst dabei sind. Bestimmen Sie mit Hilfe des zugehörigen Graphen eine Lösung für die Transferfahrt.

c Vier Studenten kommen nachts von einem Fest heim. Sie müssen in der Dunkelheit einen engen Steg überqueren. Zum Glück hat wenigstens eines ihrer Handys genügend Akku-Ladung, so dass sie mit der Lampen-App noch eine Weile leuchten können. Aber der Schein des Handys reicht nur so weit, dass immer nur zwei Leute gemeinsam gehen können. Und da der Akku des Handys schon ziemlich leer ist, müssen sie eine schnelle Lösung suchen. Sven braucht für die Überquerung 5 Minuten, Olaf benötigt 10. Jan ist etwas unsicher und benötigt 20 Minuten, Hein sogar 25.
Erstellen Sie einen Graphen für die Überquerungsmöglichkeiten und lesen Sie daraus ab, wie lange die Überquerung mindestens dauert.

12 Forschungsauftrag: Wer kennt wen

Das Kleine-Welt-Phänomen beschreibt eine Hypothese, nach der jeder Mensch auf der Welt mit jedem anderen über eine sehr kurze Kette von maximal 5 oder 6 Bekanntschaftsbeziehungen verbunden ist.

a Stellen Sie Bekanntschaftsbeziehungen als Graph dar. Beschränken Sie sich auf 15 Personen, die aber nicht alle Ihre Bekannten sind. Fragen Sie Ihre Bekannten, wen diese kennen, den Sie nicht kennen.

b Ein Internetphänomen ist das Kevin-Bacon-Orakel: In dieser Spezialisierung wird das Problem auf die Frage reduziert, welche Schauspielerin oder welcher Schauspieler über wie viele Bekanntschaftsbeziehungen mit dem Schauspieler Kevin Bacon bekannt ist. Als Bekanntschaftsbeziehungen wird hier festgelegt: Eine Schauspielerin oder ein Schauspieler ist mit einer oder einem anderen bekannt, wenn sie oder er in einem gleichen Film mitgewirkt hat. Die Anzahl der nötigen Bekanntschaftsbeziehungen wird auch als Bacon-Zahl (Bacon number) bezeichnet.
Ermitteln Sie für fünf verschiedene Schauspielerinnen bzw. Schauspieler die Bacon-Zahl und zeichnen Sie den Teil des Bekanntheitsgraphen.
Tipp: Mit der Sucheingabe „calculate bacon number" finden Sie geeignete Seiten.

c Begründen Sie, warum die Bacon-Zahl typischerweise deutlich kleiner ist als 5 bis 6.

3.2 Beziehungen tabellarisch darstellen: Die Adjazenzmatrix

Im „Zeittauschverein" der Gemeinde Infohausen unterstützen sich die Mitglieder gegenseitig mit dem, was sie gut können, und stärken dadurch das soziale Miteinander: Roy babysittet für Moss, der mäht den Rasen von Delina, die wiederum Roys Computerprobleme löst usw. Ziel ist es, dass sich die Summe der investierten Zeiten für alle ausgleicht.

	Roy	Moss	Jen	Delina	Terry
Roy		$8\frac{1}{2}$	4		13
Moss				$9\frac{1}{2}$	
Jen		$2\frac{1}{2}$		8	
Delina	12				5
Terry			$9\frac{1}{2}$		

a Lesen Sie aus der Tabelle ab, wie viel Zeit Moss bisher für Delina aufgewendet hat und wie viele Stunden Moss insgesamt noch „im Minus" ist. Erklären Sie, was festgelegt sein muss, damit die „Zeittabelle" auch für Außenstehende eindeutig ist.

b Alle fünf sind im sozialen Netzwerk Vitamin angemeldet. Dort ist Roy mit allen außer Moss „befreundet" und Jen neben Roy noch mit Delina. Erstellen Sie eine Tabelle wie in a), die dies beschreibt. Geben Sie an, inwiefern sich die Tabellen aus a) und b) in ihrer Struktur unterscheiden.

c Die Tabellen aus a) und b) sind eine Möglichkeit zur Darstellung von Graphen. Übertragen Sie beide jeweils in die bekannte Diagrammdarstellung. Diskutieren Sie dann zu zweit, aus welcher Darstellungsform die verschiedenen Grapheneigenschaften jeweils einfacher abgelesen werden können.

Eine Tabelle für die Weginformation

Laura und Dario möchten nach dem Abitur vier Wochen lang mit ihrem Interrailticket durch Europa fahren. Einige Streckenabschnitte haben sie bereits geplant, aber der Beginn von Deutschland über Österreich nach Italien ist noch offen. Bei ihrer Suche nach möglichen Routen haben sie sowohl Diagrammdarstellungen als auch Tabellen gefunden. Nach kurzem Vergleich wird ihnen klar, dass die Diagrammdarstellung einen besseren Überblick über die gesamte Situation ermöglicht, denn häufig werden die Knoten abstrahierter Landkarten entsprechend der geografischen Lage angeordnet. Die Tabelle dagegen reduziert die Information auf die Entfernungsangaben.

Entfernung in km	Bologna	Innsbruck	München	Nürnberg	Salzburg	Venedig	Verona
Bologna							140
Innsbruck			150				270
München		150		170	145		
Nürnberg			170				
Salzburg			145			450	
Venedig					450		110
Verona	140	270				110	

Die tabellarische Form ist eine geeignete Modellierung eines Graphen, wenn die Entfernungsangaben in einem Programm ausgewertet werden sollen, z. B., um kürzeste Wege zu ermitteln.

Adjazenzmatrix – 2-dimensionale Felder

Für die Umsetzung einer Entfernungstabelle in einem Programm, mit dem sich dann auch Fahrtrouten errechnen lassen, kann ein Feld von Feldern (ein sogenanntes zweidimensionales Feld) verwendet werden. Allerdings können die Knotennamen nicht als Feldindizes benutzt werden; hierfür werden Zahlen benötigt. Um diese Zahlen festzulegen, wird zuerst ein Feld mit den Knoteninformationen erstellt. Dort hat jeder Knoten einen eindeutigen Index. Dieser Index wird auch verwendet, um die Information in dem zweidimensionalen Feld anzusprechen. Der erste Index ist der Index des Startknotens, der zweite Index ist der Index des Zielknotens.

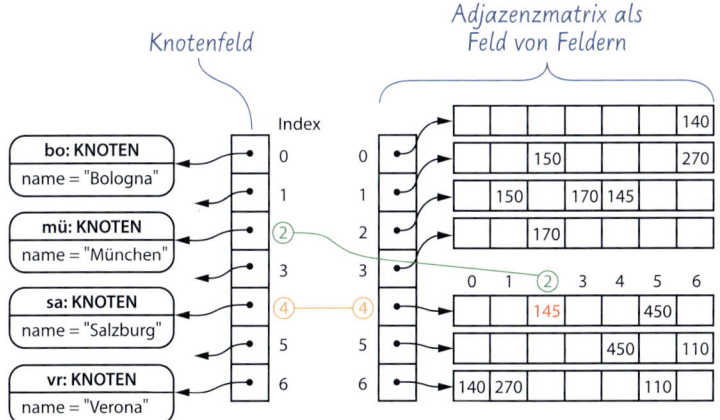

Weglänge von Salzburg nach München:
matrix.ElementGeben(4).ElementGeben(2) hat den Wert 145

Für das Ablesen der Werte aus der Matrix merke ich mir „Zeile zuerst, Spalte später".

Ein anderer typischer Wert, um „keine Kante" anzuzeigen, ist ∞.

In dieses zweidimensionale Feld tragen Laura und Dario nun die Werte für die direkten Verbindungen ein, d. h. die Gewichte der Kanten, so wie sie im Graph zu sehen sind. Die restlichen Feldelemente besetzen sie mit dem Wert −1, um anzuzeigen, dass hier keine direkte Verbindung besteht, es hier also keine entsprechende Kante gibt. Die diesem Feld entsprechende Tabelle nennt man →**Adjazenzmatrix** des Graphen.

→ lat. adjacere: benachbart sein

lat. matrix: öffentliches Verzeichnis, Stammrolle

Sowohl ein Diagramm als auch eine Tabelle sind mögliche Darstellungen der Datenstruktur Graph.

Eine **Adjazenzmatrix** ist eine spezielle Tabelle, deren Zeilen- und Spaltenindizes jeweils durch die Knoten und deren Reihenfolge festgelegt sind. In den Zellen der Tabelle werden passend zu den Knotenindizes die Informationen zu den Kanten gespeichert: Falls eine Kante zwischen den Knoten existiert, wird bei ungewichteten Graphen eine 1 eingetragen, bei gewichteten Graphen das Kantengewicht.

Eine Adjazenzmatrix kann durch ein zweidimensionales Feld implementiert werden.

Aufgaben

Zuordnung von Knoten zu Indizes nicht vergessen!

1 Informatik ist überall: Entfernungstabellen

Suchen Sie z. B. im Internet oder in Atlanten verschiedene Arten von Entfernungstabellen.

a Beschreiben Sie die Intention, warum die Entfernungen in Tabellenform dargestellt werden. Geben Sie an, warum diese Tabelle keine Adjazenzmatrix ist.

b Geben Sie für eine dieser Tabellen die Rolle der Knoten des zugrunde liegenden Graphen an und beschreiben Sie kurz die Schritte, um eine Adjazenzmatrix zu erstellen.

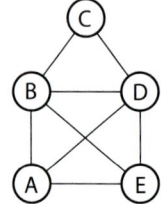

2 Adjazenzmatrix erstellen

Erstellen Sie für „Das Haus vom Nikolaus" die Adjazenzmatrix.

3 Adjazenzmatrix vorgegeben

Für die folgenden Teilaufgaben ist jeweils eine Adjazenzmatrix vorgegeben. Zeichnen Sie dazu das Diagramm des Graphen. Begründen Sie jeweils, ob es sich um einen gewichteten bzw. gerichteten Graphen handelt, und stellen Sie eine allgemeine Regel auf, wie an einer Adjazenzmatrix schnell erkannt werden kann, ob ein Graph gewichtet bzw. gerichtet ist. Bearbeiten Sie auch die jeweiligen Zusatzaufgaben bei den Teilaufgaben.

a

	A	B	C	D	E
A		1	1	1	1
B	1		1	1	1
C	1	1		1	1
D	1	1	1		1
E	1	1	1	1	

Es entsteht ein vollständiger Graph. Geben Sie eine allgemeine Definition für einen vollständigen Graphen an.

b

	A	B	C	D	E
A		1	1	1	1
B	1				
C	1				
D	1				
E	1				

Zeichnen Sie den Knoten A in die Mitte. Geben Sie für diese Art von Graphen einen sprechenden Namen an.

c

	A	B	C	D	E
A		1			1
B	1		1		
C		1		1	
D			1		1
E	1			1	

Geben Sie für diese Art von Graphen einen sprechenden Namen an.

d

	A	B	C	D	E
A		1			
B			1		
C				1	
D					1
E	1				

Geben Sie für diese Art von Graphen einen sprechenden Namen an, der auch von der Struktur aus Aufgabe c) abgrenzt.

e

	A	B	C	D	E
A		5	8		1
B	5		1	2	2
C	8	1		8	
D		2	8		
E		2			

4 Richtig oder falsch

Geben Sie an, welche Aussagen für den mit der Tabelle dargestellten Graphen wahr bzw. falsch sind.

	A	B	C	D
A	1	1	1	
B			1	
C		1	1	1
D	1			

- **a** Ein Zyklus ist vorhanden.
- **b** Alle Knoten haben eine Kante auf sich selbst.
- **c** Es existiert ein Pfad von A nach D.
- **d** Es existiert ein Pfad von D nach C via B.
- **e** Es gibt einen Pfad von C nach D und wieder zurück, ohne einen weiteren Knoten zu besuchen.
- **f** Der Graph ist gerichtet.
- **g** Der Graph ist nicht zusammenhängend.
- **h** Es gibt einen einfachen Pfad, auf dem man alle Knoten des Graphen besucht. (Einfacher Pfad: Pfad, der jeden Knoten höchstens einmal enthält.)

5 Klasse GRAPHMATRIX mit Adjazenzmatrix

Implementieren Sie einen mittels Adjazenzmatrix dargestellten Graphen in der Klasse GRAPHMATRIX.

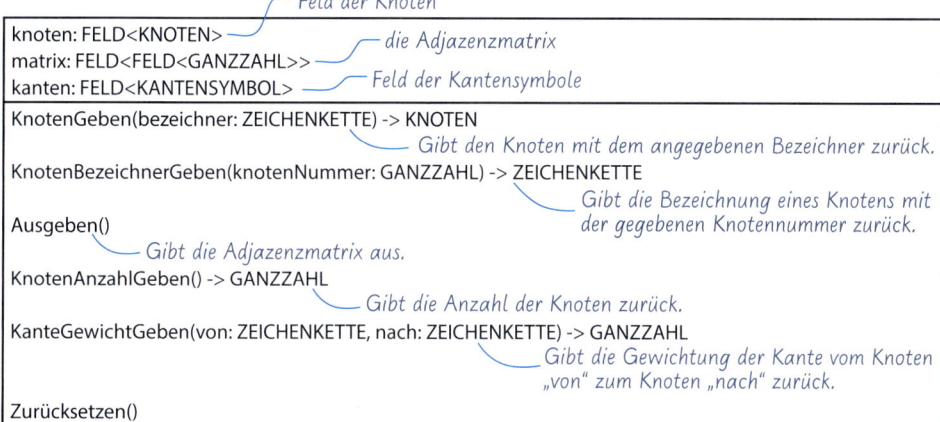

Verwenden Sie die in Kapitel 1.1 erzeugten Daten.

Ergänzen Sie dazu das gegebene Projekt wie in den folgenden Teilaufgaben beschrieben. Nutzen Sie die oben beschriebenen Attribute und Methoden.

- **a** Ergänzen Sie im Konstruktor die Initialisierung der (zunächst leeren) Felder.
- **b** Ergänzen Sie den Rumpf der Methode
  KnotenEinfügen(bezeichner, x, y) nach folgender Strategie:
  - Hinzufügen eines neuen Knotens mit den gegebenen Daten an das Feld der Knoten,
  - Erweitern aller Zeilen der Adjazenzmatrix um ein Element („eine weitere Spalte") mit dem Wert –1 (keine Kante) und
  - Hinzufügen einer neuen Zeile an die Adjazenzmatrix.
  Die Zeile muss die gleiche Elementzahl erhalten wie die bisherigen Zeilen jetzt haben; die Elemente der neuen Zeile sollen ebenfalls den Wert –1 erhalten.

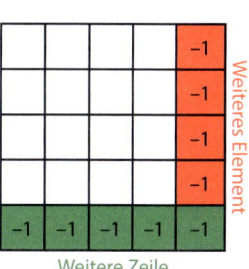

c Für eine Methode zum Einfügen von Kanten wird zunächst eine interne Hilfsmethode *KnotenNummerGeben* benötigt, die den Index zu einer gegebenen Knotenbezeichnung ermittelt (und –1 zurück gibt, falls dieser nicht existiert). Implementieren Sie die Methode gemäß dem gegebenen Struktogramm.

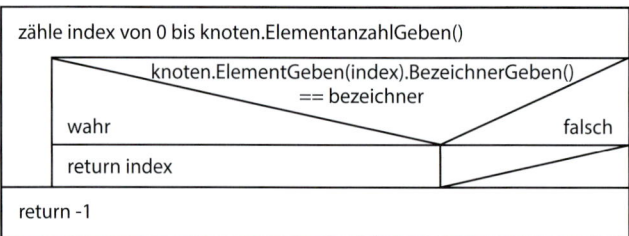

d Ergänzen Sie den Rumpf der Methode *KanteEinfügen(von, nach, gewichtung)* gemäß dem gegebenen Pseudocode.

```
vonNummer = selbst.KnotenNummerGeben(von)
nachNummer = selbst.KnotenNummerGeben(nach)
falls (vonNummer!=-1) und (nachNummer!=-1) und
       (vonNummer!=nachNummer) dann
   matrix.ElementGeben(vonNummer).
         ElementSetzen(nachNummer, gewichtung)
   matrix.ElementGeben(nachNummer).
         ElementSetzen(vonNummer, gewichtung)
   kante.Hinzufügen(neu KantenSymbol(
       knoten.ElementGeben(vonNummer).SymbolGeben(),
       knoten.ElementGeben(nachNummer).SymbolGeben(),
       falsch, gewichtung, 3, "blau"))
endefalls
```

e Beschreiben Sie die Fehlerfälle, welche die bedingte Anweisung abfängt, im Sachzusammenhang.

f Testen Sie nun die bisher erstellten Methoden, indem Sie mit Hilfe der Methode *KnotenEinfügen* zwei Knoten z. B. mit den Daten „Ulm, 100, 50" und „München, 300, 200" sowie mit der Methode *KanteEinfügen* die Kanten von Ulm nach München mit Gewicht 110 einfügen und verifizieren, dass die Graphik Ihren Angaben entspricht.

g Mit einem solchen Programm können nun Straßenkarten, U-Bahn-Netzpläne oder Anlegestellen für eine Hausboottour verwaltet und angezeigt werden. Einige Beispiele wurden bereits angelegt. Testen Sie damit die Gesamtfunktion Ihrer Klasse GRAPHMATRIX. Erstellen Sie dazu ein Objekt der Klasse BEISPIELE und rufen Sie die Methode *AusführenAbiturfahrt()* auf. Kontrollieren Sie stichprobenartig, dass die ausgegebene Adjazenzmatrix mit den in der Lehrtextgrafik angezeigten Gewichten und der Tabelle im Lehrtext übereinstimmt.

h Ergänzen Sie nun auch die Rümpfe der folgenden Methoden und testen Sie damit ebenfalls. Sie können dafür natürlich Ihre in Kapitel 3.1 erstellten Graphen verwenden.
  i Methode *AusführenAutobahn()* mit „Autobahnen.grdb"
  ii Methode *AusführenFlug()* mit „Fluglinien.grdb"
  iii Methode *AusführenICE()* mit „ICENetz.grdb"
  iv Methode *AusführenSUBahn()* mit „SUBahn.grdb"

i Für Schnelle: Testen Sie Ihre Implementierung mit selbst erstellten Beispielen. Sie können in die Datenbank auch Fehler einbauen (z. B. falsche Knotenbezeichner) und ausprobieren, wie Ihr Programm reagiert.

j Für ganz Schnelle: Die Graphendaten können auch in einer Textdatei gespeichert werden. Das Programm zum Erstellen der Graphen kann auch in eine solche Datei speichern; die entsprechende Lesemethode *LesenDatei(name)* ist in der Klasse LESEN bereits vorbereitet. Testen Sie auch mit dieser Variante (die Dateinamen enden auf .grph). Vergleichen Sie die beiden Lesemethoden und geben Sie begründet an, welche Variante Sie vorziehen.

6 Zwei- und mehrdimensionale Felder

Mehrdimensionale Felder sind keine eigenständigen Datenstrukturen, sondern nur eine spezielle Anwendung von Feldern. Das erste Feld hat als Datenelemente wieder Felder usw. Erst die Elemente des letzten (innersten) Feldes enthalten die eigentlichen Daten.

a Erstellen Sie eine Multiplikationstabelle, d. h. ein zweidimensionales Feld, dessen Elemente das Produkt aus Zeilen- und Spaltenindex enthalten. Geben Sie den Inhalt des Feldes auf der Konsole aus.

b Bei der Speicherung ungerichteter Graphen in Adjazenzmatrizen wird durch Redundanz viel Speicherplatz „verschwendet", da ja alle Information bereits im Dreieck unterhalb der Diagonalen (siehe Bild rechts) enthalten ist. Es genügt also, nur diese sogenannte untere Dreiecksmatrix zu speichern. Das Feld der ersten Zeile hat dann die Länge 1, das Feld der zweiten Zeile die Länge 2

	0	1	2	3	4
0		143		64	78
1	143		63		121
2		63			
3	64				98
4	78	121		98	

usw. Nur das Feld der letzten Zeile hat die volle Länge n. Der abgebildete Graph stellt ausschnittsweise dar, wie viele Beiträge in einem sozialen Netzwerk von diesen beiden Usern kommentiert wurden.

i Erstellen Sie diese Dreiecksmatrix mit der Vorbesetzung −1 für alle Feldelemente und weisen Sie dann die Gewichte für die verbundenen Knoten zu.

ii Geben Sie den Inhalt auf der Konsole aus.

iii Für Schnelle: Implementieren Sie eine Methode, die bei Angabe von Zeilen- und Spaltenindex (in beliebiger Reihenfolge!) den entsprechenden Wert aus der Dreiecksmatrix ausgibt.

	0	1	2	3	4
0	−1				
1	143	−1			
2	...				
4	78	121	−1	98	−1

c Für Schnelle: Erstellen Sie ein Pascalsches Dreieck der Höhe 10 und anschließend eine Pascalsche Pyramide der Höhe 10. Letztere benötigt dreidimensionale Felder.

7 Klasse GRAPHLISTE mit Adjazenzlisten – Version 1

Gibt es in einem Graphen viele Knoten, aber nur relativ wenige Kanten, so äußert sich das in Form von vielen „leeren" Zellen in der Adjazenzmatrix. Man spricht dann von einem „dünnen" Graphen. Bei der Speicherung des Graphen mit Hilfe einer Adjazenzmatrix wird in diesen Fällen sehr viel Speicherplatz verschwendet.

Eine Möglichkeit, mit dieser Situation speichersparend umzugehen, ist die Verwendung sogenannter Adjazenzlisten. Hier wird bei jedem Knoten ein Feld mit den von diesem Knoten ausgehenden Kanten gespeichert; als Kantenattribute sind in diesem Fall nur das Gewicht der Kanten und eine Referenz auf deren Zielknoten nötig.

a Implementieren Sie die für diese Darstellung nötigen Klassen GRAPHLISTE, KNOTEN und KANTE.

b Für Schnelle: Erweitern Sie die Klasse GRAPHLISTE um eine Methode *Umwandeln(FELD<FELD<GANZZAHL>>)*, die aus einem übergebenen Objekt der Klasse GRAPHMATRIX die Adjazenzmatrix ausliest und damit die Adjazenzlisten aufbaut.

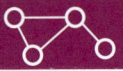

3.3 Die Knoten systematisch besuchen: Breitensuche

Für eine Show platziert ein Feuerwerker Raketen in (nummerierten) Abschussrohren; je größer die Nummer, desto größer die Rakete. Manche Raketen sind untereinander mit immer gleich langen Zündschnüren verbunden. Der Abschuss einer Startrakete führt dazu, dass alle direkt verbundenen Raketen ausgelöst werden („Welle I"), dann all deren direkte Nachbarn („Welle II") usw. Zur Sicherheit werden teilweise mehrfache Verbindungen gelegt, falls eine Zündschnur nicht funktionieren sollte.

a Beantworten Sie die folgenden Fragen:
  i Wie viele Raketen starten in Welle I, wenn 1 die Startrakete ist?
  ii In welcher Welle wird Rakete 11, in welcher 22 und in welcher 14 gezündet, wenn 1 die Startrakete ist?
  iii Nennen Sie die Startrakete, wenn in Welle III u. a. die Raketen 11 und 24 starten.

b Der Auszubildende Klaus möchte herausfinden, wie lange es dauert, bis eine Zündschnur abbrennt. Er kennt die Dauer ab dem Abschuss der Startrakete 1 bis zum Start von Rakete 23. Beziehen Sie zu Klaus' Vermutung Stellung.

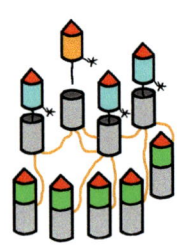

> 18 Sekunden! Da der Weg von 1 via 25 und 11 zu 23 über 3 Kanten führt, dauert das Abbrennen einer Zündschnur doch 6 Sekunden, oder?

c Für Schnelle: Für eine Choreografie wird die Längen der Zündschnüre variiert, was ein verändertes Startverhalten zur Folge hat:
  - Innerhalb einer Gruppe von Nachbarraketen (von 1 z. B. 9, 12, 20, 25) starten die Raketen nacheinander in aufsteigender Reihenfolge. Während eine Gruppe von Nachbarraketen startet, starten keine anderen Raketen.
  - Die Gruppen starten nacheinander in der Reihenfolge, in der zuvor auch ihre „Mutterraketen" gestartet sind.

  Geben Sie die Reihenfolge an, in der die Raketen bei Startrakete 1 nun starten würden.

Grundidee für kurze Wege

In vielen Anwendungen werden Algorithmen verwendet, die den kürzesten Weg von einem Ort zu einem anderen Ort suchen: Navigationsgeräte in Autos, die Kartenapp auf dem Handy, Online-Kartendienste und auch Computerspiele, bei denen der Computer die Gegner steuert. Dilara und Sven wollen herausfinden, wie ein solcher Algorithmus funktionieren könnte, der in einem Graphen (der Landkarte) den kürzesten Weg von einem Knoten zu einem anderen findet.

Zuerst zeichnen sie sich einen hinreichend großen Graphen, an dem sie ihre Ideen durchspielen können, und markieren willkürlich einen Start- und einen Zielknoten (J bzw. S).

Sie überlegen: alle Knoten, die man vom Startknoten aus erreichen kann, sind genau eine Kante weit weg. Wenn man von diesen Knoten aus wieder alle weiteren erreichbaren sucht, sind diese genau zwei Kanten weit weg. Setzt man dieses Vorgehen so lange fort, bis man den Zielknoten erreicht, erhält man den Pfad mit den wenigsten Kanten.

Im ersten Schritt sind vom Startknoten J aus (rot als aktueller Knoten markiert) die Knoten C, I und K direkt erreichbar.

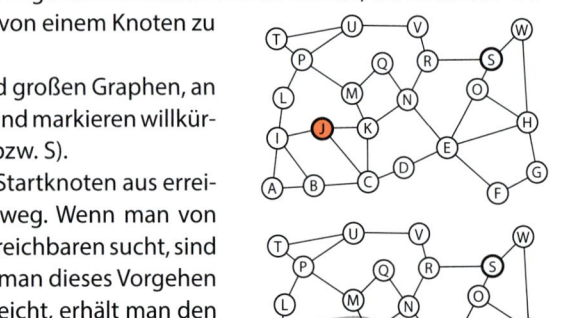

Diese Knoten markieren sie gelb und merken sie sich zusätzlich in einer „To-Do-Liste", damit sie später nicht vergessen, auch all deren Nachbarn in der richtigen Reihenfolge zu besuchen. J ist fertig behandelt.

Danach wählen sie C und sehen, dass von dort aus die Knoten B und D erreichbar sind (Bild unten links). Der Reihe nach betrachten sie nun auch die Nachbarn der Knoten I und K. Damit sind alle Knoten abgearbeitet, die über eine Kante vom Start aus erreichbar sind. Wie erwartet stehen nun in der To-Do-Liste genau die Knoten, die von J aus zwei Kanten entfernt sind (Bild unten Mitte).

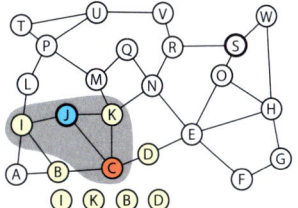
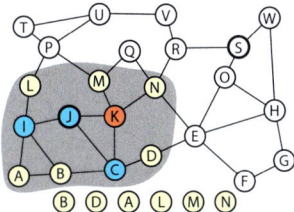
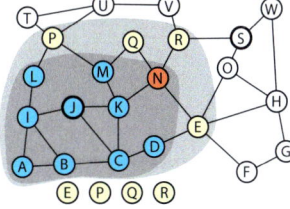

Beim weiteren Abarbeiten ihrer To-Do-Liste stellen Dilara und Sven fest, dass von B aus gar kein neuer Knoten erreichbar ist, und dass meist nur wenige Knoten neu erreichbar sind. Als sie den Knoten N fertig bearbeitet haben, ist die To-Do-Liste kaum größer als zu Beginn (Bild oben rechts).

Eifrig machen sie so lange weiter, bis der Knoten S der aktuelle Knoten wird. Ihre Arbeit ist damit beendet.

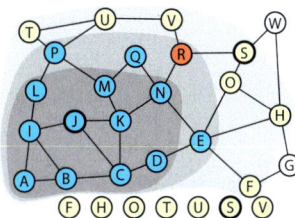
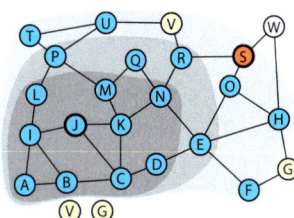

Da der Algorithmus die Knoten →konzentrisch um den Startknoten in immer breiteren Bereichen abarbeitet (siehe Bilder), wird dieser Algorithmus **Breitensuche** genannt.

→ konzentrisch: um eine gemeinsame Mitte angeordnet

Der Algorithmus zusammengefasst

Da Dilara und Sven nun sicher sind, dass ihre Vorgehensweise funktioniert, formulieren sie den zugehörigen Algorithmus unter der Voraussetzung, dass die Kanteninformation in einer Adjazenzmatrix abgespeichert ist. Zur Umsetzung der Warteliste und zur Kennzeichnung der fertigen Knoten verwenden sie passende Felder.

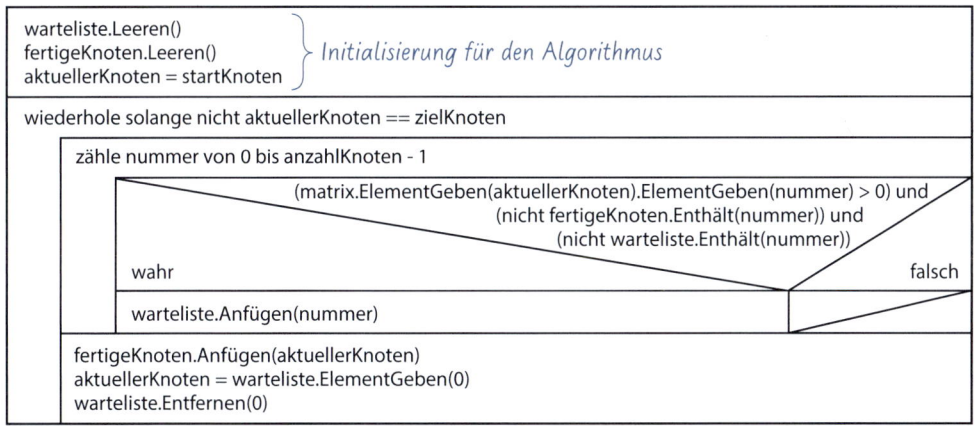

Andere Ergebnisse

Dilara und Sven überlegen weiter, was passiert, wenn der Zielknoten gar nicht erreichbar ist. In diesem Fall wäre die Warteliste leer, noch ehe der Zielknoten gefunden ist. Das müsste im Algorithmus noch überprüft werden.

Mit einer leeren Warteliste als Endbedingung kann der Algorithmus auch überprüfen, ob ein Graph zusammenhängend ist: Es muss dann nur noch überprüft werden, ob die Anzahl der fertigen Knoten gleich der Gesamtzahl der Knoten ist.

Statt eines fest vorgegebenen Zielknotens kann auch nach einem Knoten mit bestimmten Eigenschaften gesucht werden (Es gibt dort ein Freibad, in dem Kino läuft ein bestimmter Film etc.). Der Algorithmus liefert dann den Knoten mit dieser Eigenschaft, der über die wenigsten Kanten erreichbar ist (oder eine leere Referenz, wenn kein Knoten mit der gewünschten Eigenschaft erreichbar ist).

Die **Breitensuche** besucht von einem Startknoten aus systematisch in konzentrischen Bereichen um den Startknoten alle (erreichbaren) Knoten eines Graphen.

Mit der Breitensuche kann auch ein bestimmter Knoten gesucht werden; dieser Knoten wird auf dem Pfad mit der geringsten Kantenanzahl gefunden. Es kann außerdem geprüft werden, ob ein Graph zusammenhängend ist.

Aufgaben

1 Informatik ist überall: Ich kenne jemanden, der jemanden kennt …

a Begründen Sie, warum Sie mit Hilfe der Breitensuche in sozialen Medien optimal nach einer Person mit einer bestimmten Eigenschaft (hat ein bestimmtes Hobby, wohnt an einem bestimmten Ort …) suchen können. Geben Sie dazu an, welcher Wert hier optimiert wird.

b Bei der Ermittlung der Bacon-Zahl in Kapitel 1.1, Aufgabe 12b) kann die Breitensuche gut verwendet werden. Erstellen Sie aus den Ergebnissen von 12b) den Bekanntheitsgraphen und ermitteln Sie mit Hilfe der Breitensuche die Bacon-Zahl eines von Ihnen gewählten Schauspielers.

2 Breitensuche durchführen

Gegeben ist der nebenstehende Teil des Münchner Schnellbahnnetzes. Ermitteln Sie mit Hilfe der Breitensuche, wie viele Stationen auf dem Weg vom Sendlinger Tor zum Innsbrucker Ring mindestens erreicht werden. Führen Sie die Breitensuche zu zweit mit Papier und Bleistift aus. Nutzen Sie dabei eine Tabelle wie auf der nächsten Seite als Beispiel angegeben; achten Sie dabei insbesondere auf eine sorgfältige Notation der To-Do-Liste. Eine Person führt die Suche durch, die zweite beobachtet und stoppt bei eventuellen Fehlern (wie beim Pair-Programming). In einem zweiten Durchgang wechseln Sie Ihre Aufgaben und ermitteln die Bahnhofsanzahl vom Sendlinger Tor nach Moosach.

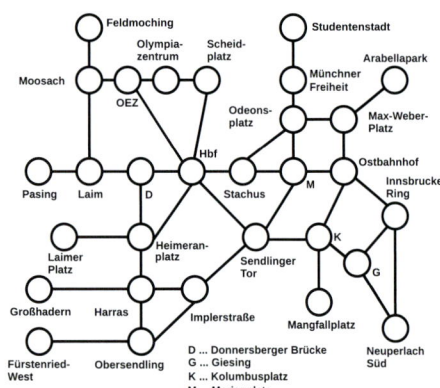

Schritt	Station	Anzahl	TO-DO-Liste
1	Obersendling	0	Fürstenried-West(1), Harras(1), Implerstraße(1)
2	Fürstenried-West	1	Harras(1), Implerstraße(1)
3	Harras	1	Implerstraße(1), Großhadern(2), Heimeranplatz(2)
4	Implerstraße	1	Großhadern(2), Heimeranplatz(2), Sendlinger Tor(2)
5	Großhadern	2	Heimeranplatz(2), Sendlinger Tor(2)
6	Heimeranplatz	2	Sendlinger Tor(2), Donnersberger Brücke(3), Hbf(3), Laimer Platz(3)

Beispiel: Mindestanzahl von Stationen bei der Fahrt von Obersendling zum Heimeranplatz

3 Breitensuche implementieren

Ergänzen Sie das gegebene Projekt um den Algorithmus zur Breitensuche. Die Teilaufgaben geben dabei Details vor.

a Ergänzen Sie die Felder für die Warteliste und die Verwaltung der fertigen Knoten.

b Ergänzen Sie die Methode *BreitensucheAusführen(startKnoten: GANZZAHL, zielKnoten: GANZZAHL)*. Verwenden Sie dazu den im Lehrtext gegebenen Algorithmus.

c Testen Sie den Algorithmus zunächst mit einem Graphen, der einen geeigneten Zielknoten enthält.

d Testen Sie den Algorithmus nun mit einem Graphen, der keinen geeigneten Zielknoten enthält. Überlegen Sie dabei zuerst, welches „Ergebnis" Sie erwarten, und vergleichen Sie das beobachtete Ergebnis mit Ihren Überlegungen.

e Für Schnelle: Ergänzen Sie den Algorithmus so, dass auch für den Testfall aus Teilaufgabe d) kein Fehler mehr auftritt und dass die Methode *BreitensucheAusführen* einen Wahrheitswert zurückgibt, der genau dann wahr ist, wenn ein Zielknoten gefunden wurde.

4 Breitensuche und Test auf Zusammenhang

In einer leicht abgewandelten Form in der Wiederholungsbedingung testet die Breitensuche, ob ein Graph zusammenhängend ist. Ergänzen Sie das gegebene Projekt um diesen Algorithmus. Die Methode *ZusammenhangTesten()* soll keine Parameter besitzen und als Ergebnis WAHR zurück melden, wenn der Graph zusammenhängend ist.

5 Knoten mit einer bestimmten Eigenschaft suchen

Navigationsgeräte oder Online-Kartendienste sind auch in der Lage, den Weg zur nächstgelegenen Tankstelle, zu einem Schnellimbiss usw. zu finden. Dazu muss nur die Wiederholungsbedingung der Breitensuche angepasst werden: Statt zu wiederholen, bis der aktuelle Knoten gleich dem Zielknoten ist, muss wiederholt werden, bis der aktuelle Knoten eine bestimmte Eigenschaft hat.

Im gegebenen Projekt ist bei den Knoten zusätzlich das Attribut tankstelleVorhanden mit den Werten WAHR oder FALSCH gespeichert sowie eine Methode *IstTankstelleVorhanden()* ergänzt, die den Wert dieses Attributs zur Verfügung stellt.

a Ändern sie in der Methode *BreitensucheAusführen* der Klasse GRAPHMATRIX die Wiederholungsbedingung so ab, dass die Suche beendet wird, wenn ein Knoten mit Tankstelle gefunden wurde.

b Testen Sie Ihre Lösung mit der Suche von verschiedenen Startpunkten aus.

c Für Schnelle: Ergänzen Sie in der Datenbank und im Programm noch ein weiteres Knotenattribut (z. B. Schnellimbiss), so dass auch der kürzeste Weg zu einem Knoten mit dieser Eigenschaft ermittelt werden kann.

6 Umfüllprobleme Teil 2

In Aufgabe 10 in Kapitel 1.1 wurden verschiedene Umfüllprobleme betrachtet und der Graph jeweils so weit erstellt, bis eine gesuchte Lösung erreicht wurde. Wenn der vollständige Graph für das jeweilige Problem erstellt wird, kann mit Hilfe der Breitensuche ermittelt werden, ob eine bestimmte Flüssigkeitsmenge erreicht werden kann.

a Das bereitgestellte Projekt enthält die Klassen GRAPHA bzw. GRAPHB, welche die Struktur für die Graphen der Teilaufgaben a) bzw. b) der Aufgabe 10 in Kapitel 1.1 aufbauen und anzeigen. Ergänzen Sie die Klasse KNOTEN um eine Methode
IstFüllmengeVorhanden(füllmenge:GANZZAHL)->WAHRHEITSWERT,
die genau dann WAHR zurückmeldet, wenn einer der drei Eimer in diesem Zustand die gewünschte Füllmenge enthält.

b Ergänzen Sie in der Klasse GRAPHMATRIX eine Methode zur Breitensuche in der Form, dass sie mit Rückgabewert WAHR beendet wird, wenn ein Knoten gefunden wurde, bei dem ein Eimer die gewünschte Füllmenge enthält. Wird kein solcher Knoten gefunden, wird FALSCH zurückgegeben.

c Für Schnelle: Geben Sie an, welche Füllmengen prinzipiell erreicht werden können, und ergänzen Sie die Klassen GRAPHA bzw. GRAPHB und eine Methode *AllesPrüfen()*, die prüft, ob diese Füllmengen auch tatsächlich erreicht werden können.

7 Breitensuche optimieren

Es kostet Rechenzeit, um nachzusehen, ob ein Knoten schon fertig bearbeitet ist, genauso wie nachzusehen, ob ein Knoten in der Warteliste (TO-DO-Liste) ist. Eine mögliche Alternative ist, beim Knoten ein Statusattribut mit den Werten „unbearbeitet", „inWarteliste", „fertig" und „aktuell" anzulegen.

a Begründen Sie, warum die Warteliste trotzdem weiter nötig ist.

b Ändern Sie den Algorithmus zur Breitensuche in Ihrem Projekt entsprechend ab.

c Begründen Sie, warum ein solches Attribut Rechenzeit spart.

d Für Schnelle: Der Test, ob der Graph zusammenhängend ist, kann nun nicht mehr direkt über die Länge des Feldes der fertigen Knoten angegeben werden. Beschreiben Sie eine mögliche Alternative und implementieren Sie diese.

8 Klasse GRAPHLISTE mit Adjazenzlisten – Version 2

Übertragen Sie die Implementierung der Breitensuche auf die Darstellung des Graphen durch Adjazenzlisten. Bewerten Sie, ob Ihnen die Darstellung über die Adjazenzmatrix oder die Darstellung über Adjazenzlisten geeigneter erscheint.

9 Signalfeuer (nach Informatik-Biber 2013)

Vor langer Zeit hatten die Samurai in Japan ein Netz von Signalstationen aufgebaut. Um im Notfall das ganze Land zu alarmieren, konnten auf den Stationen Signalfeuer entzündet werden. Im Bild rechts sind die Signalstationen als Kreise gezeichnet. Stationen, die mit einer Linie verbunden sind, sind Nachbarn.

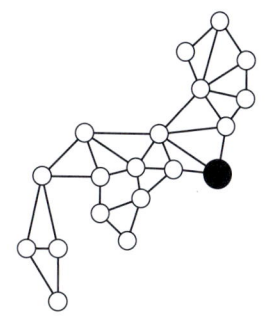

Wird auf einer Station ein Signalfeuer entzündet, sehen die Nachbarn das Feuer nach einer Minute und zünden selbst sofort ein Signalfeuer an. Nach einer weiteren Minute zünden also auch die Nachbarn der Nachbarn ein Signalfeuer an. Und so geht es weiter, bis auf allen Stationen ein Signalfeuer entzündet ist. Eines Tages wird auf der Station im Hauptquartier (der größere schwarze Kreis) ein Signalfeuer entzündet.

a Nennen Sie die Dauer in Minuten, bis auf allen Signalstationen ein Signalfeuer entzündet wurde.

b Erklären Sie den Zusammenhang der Aufgabe zur Breitensuche und begründen Sie damit Ihr Ergebnis aus a).

c Begründen Sie, dass sich durch eine Verlegung des Hauptquartiers die maximale Signaldauer (d. h. die Zeit, bis auch auf der letzten Signalstation ein Feuer entzündet wird) verringern lässt. Nennen Sie die minimale Dauer und die dazu passende(n) Position(en) des Hauptquartiers.

10 Rasenmähroboter

Rasenmähroboter mähen eine Grasfläche mit zufälligen Bewegungen ab. Damit das funktioniert, muss die zu mähende Fläche zusammenhängend sein, denn der Roboter kann nicht über Wege fahren oder Büsche durchdringen.

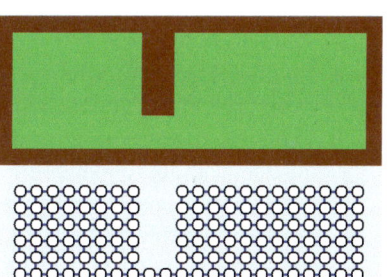

Um zu testen, ob ein gegebener Rasen gemäht werden kann, unterteilt man die ganze Fläche in Quadrate in der Größe des Mähers. Grüne Quadrate stellen Rasen dar, braune Quadrate Hindernisse wie Büsche, Wege usw. Aus diesen Quadraten bildet man nach dem folgenden Ansatz einen Graphen:

- Jedem grünen Quadrat entspricht ein Knoten.
- Sind zwei grüne Quadrate benachbart, wird im Graph eine Kante zwischen den entsprechenden Knoten eingetragen.

a Öffnen Sie das Vorlagenprojekt und lassen Sie sich die gegebene Rasenfläche Rasen1.txt sowie den zugehörigen Graph durch Erzeugen eines Objekts der Klasse RAHMEN anzeigen. Der Dateiname wird im Konstruktor angegeben.

b Ergänzen Sie in der Klasse GRAPHMATRIX den Rumpf der Methode *ZusammenhangTesten()*. Ergänzen Sie weiter in der Klasse RAHMEN eine Methode *ZusammenhangPrüfen()*, die mit Hilfe der Methode *ZusammenhangTesten()* prüft, ob die Rasenfläche vollständig gemäht werden kann, und eine entsprechende Meldung ausgibt.

c Testen Sie Ihre Lösung mit den Dateien Rasen1.txt und Rasen2.txt. Die erste Fläche ist zusammenhängend, die zweite nicht.

d Für Schnelle: Entwerfen Sie eigene Rasenflächen – Sie können die Dateien direkt in der Entwicklungsumgebung editieren – und testen Sie damit Ihre Lösung.

11 Workshops mit Zulassungsvoraussetzung

Die Schule bietet unter dem Motto „Digitale Wochen" jede Woche kleine Video-Workshops zu spannenden Themen wie Graphikbearbeitung, Videoerstellung, Animationserstellung, Drohnenprogrammierung usw. an.

Die Zulassungsbeschränkung mancher Workshops ist durch die gerichteten Kanten modelliert: Um den Workshop absolvieren zu dürfen, muss man mindestens einen der Vorgängerworkshops besucht haben; und dies muss bereits in einer Vorwoche und nicht erst in derselben Woche geschehen sein. Mit gültiger Zulassung können beliebig viele Workshops innerhalb einer Woche besucht werden.

Workshop1 kann man beispielsweise sofort besuchen und in derselben Woche auch noch W13. W4 kann man erst ab Woche 2 besuchen und muss vor dieser Woche entweder W1 oder W13 (oder beide) als Zulassungsvoraussetzung absolviert haben.

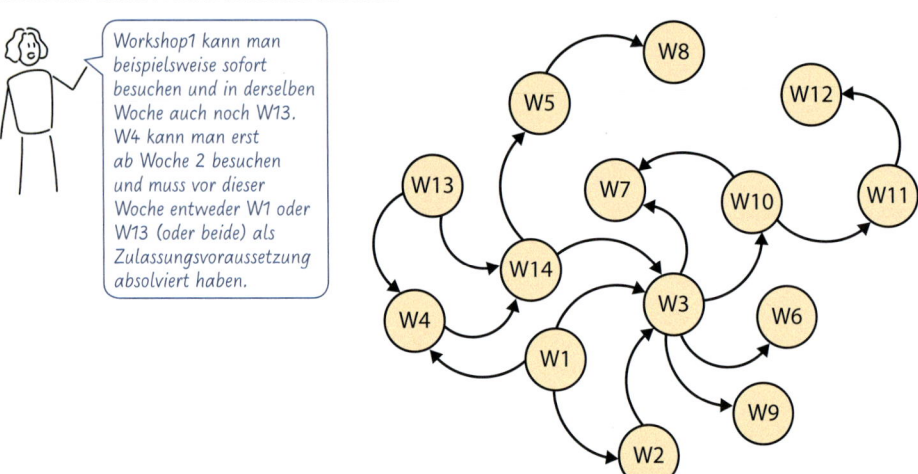

a Martina besucht Workshop 3. Geben Sie alle möglichen Abfolgen an, wie sie hierfür Workshops in den Vorwochen besucht haben könnte.

b Finden Sie heraus, wie lange die digitalen Wochen sinnvollerweise mindestens dauern müssen, und begründen Sie Ihr Ergebnis.

c Geben Sie die jeweiligen Längen der kürzesten Pfade zu den fünf „Endknoten" an. Erklären Sie, welche Bedeutung das Maximum der Werte im Sachzusammenhang hat.

d Für Schnelle: Durch zusätzliche Zulassungsvoraussetzungen können Zyklen im Graph entstehen. Ergänzen Sie eine beliebige Kante, die zu einem Zyklus führt, so, dass …

i … trotzdem noch alle Workshops absolviert werden können.

ii … nicht mehr alle Workshops absolviert werden können.

12 Labyrinth durch Abstraktion lösen

In einem Rätselheft ist der Bauplan eines dreistöckigen Labyrinths abgebildet. Die weißen Felder bilden die Gänge. Auf den Feldern mit Pfeil geht man zum nächsten Feld in Richtung des Pfeils.

Weiterhin existieren besondere Wegknotenpunkte:

Symbol	Bedeutung
○ ⊙	Man fällt durch ein Loch zum darunterliegenden Feld eine/zwei Etagen tiefer.
◇ ◈	Man fährt mit dem Aufzug zum darüberliegenden Feld eine/zwei Etagen höher.
■	Stahltür, dort geht es nicht weiter

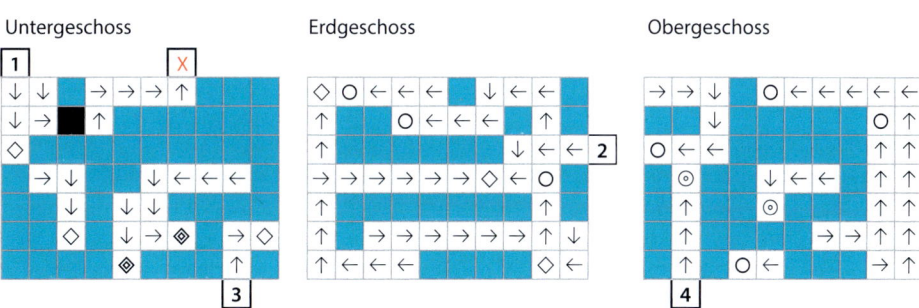

Der Bauplan zeigt vier nummerierte Eingänge und in der unteren Etage einen rot dargestellten Ausgang, allerdings ist dieser nur von einem Eingang aus erreichbar.

Die Lösung in der Darstellung des Rätselhefts zu finden ist mühsam. Abstrahieren Sie die gesamte Darstellung zu einem einzigen Graphen und ermitteln Sie damit, welcher Eingang der ist, der auch wieder hinaus führt.

Hinweise:

- Modellieren Sie nur die oben beschriebenen Wegknotenpunkte als Knoten.
- Einzelne aufeinanderfolgende Pfeile können zu einer Kante zusammengefasst werden.

3.4 Mit Graphen Probleme lösen: Anwendungen der Breitensuche

Beim Nim-Spiel haben die Spieler „Weiß" und „Schwarz" fünf beliebige Gegenstände vor sich. „Weiß" beginnt immer. Die Spieler nehmen im Wechsel entweder einen oder zwei Gegenstände weg. Wer den letzten Gegenstand wegnimmt, hat verloren.

a Spielen Sie das Spiel zu zweit fünfmal.

Der Graph rechts stellt alle möglichen Spielverläufe dar. A ist der Startknoten, alle 5 Gegenstände sind noch da, „Weiß" zieht.

b Diskutieren Sie anhand des Graphen, ob es eine sichere Gewinnstrategie für „Weiß" gibt. (Für Schnelle: auch für „Schwarz")

c Josephine möchte mit einem Programm Gewinnstrategien für „Weiß" ermitteln und dazu den Graphen mit einer Breitensuche durchlaufen. Damit sie nachträglich für einen gefundenen „Gewinnknoten" die zugehörige Spielstrategie ableiten kann, muss sie
- für jeden Knoten eine Überprüfung vornehmen, damit klar ist, ob es sich überhaupt um einen Gewinnknoten handelt,
- und für jeden Knoten eine zusätzliche Information speichern, damit der zugehörige Pfad ermittelt werden kann.

Geben Sie an, woran ein Gewinnknoten im Programm erkannt werden kann und welche Information zusätzlich gespeichert werden muss.

Den Weg markieren

Im nächsten Schritt wollen Dilara und Sven ihren Algorithmus zur Suche des Zielknotens nun so ergänzen, dass er nicht nur den Zielknoten findet, sondern auch den Pfad dorthin angibt. Dilara meint, dazu müsste nur bei jedem Knoten gespeichert werden, von welchem Knoten aus man zu diesem Knoten gekommen ist. Wenn man den Zielknoten erreicht hat, geht man einfach nur diese Vorgänger zurück zum Startknoten.

Dieses Verfahren probieren die zwei in ihrem Beispiel aus, indem sie beim Knotennamen auch noch den Vorgängernamen notieren. Auch die Anzahl der Knoten bis zum Startknoten (Entfernung) geben sie mit an. Nachdem sie die Knoten, die vom Startknoten J aus direkt erreichbar sind, abgearbeitet haben, ergibt sich das obere Bild. Die Situation kurz bevor der gesuchte Knoten erreicht wird, ist im unteren Bild gezeigt. An den Entfernungsangaben ließe sich auch ohne die eingezeichneten Kreise gut erkennen, dass die Breitensuche „kreisförmig" arbeitet.

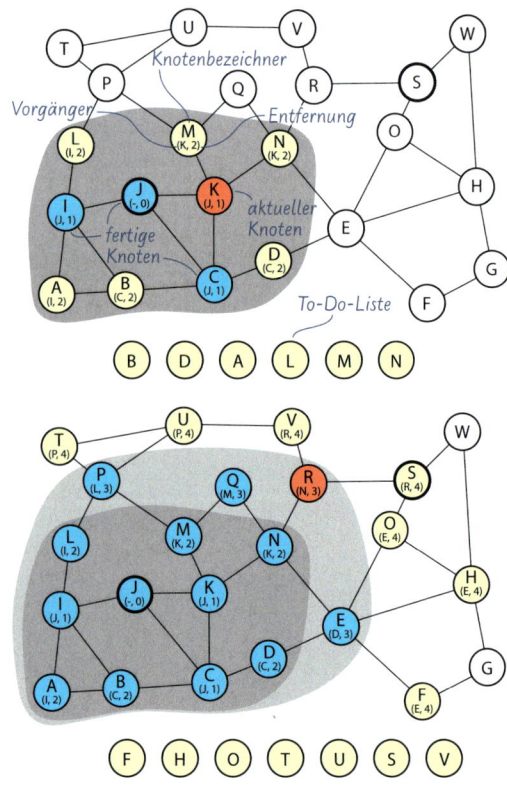

Den Weg angeben

Mit Hilfe der gespeicherten Vorgängerknoten lässt sich der Pfad vom Knoten mit
der gewünschten Eigenschaft zum Startknoten leicht ablesen:

S – R – N – K – J

Dilara und Sven erhalten also das Ergebnis,
das sie benötigen, nämlich die genaue
Fahrstrecke.

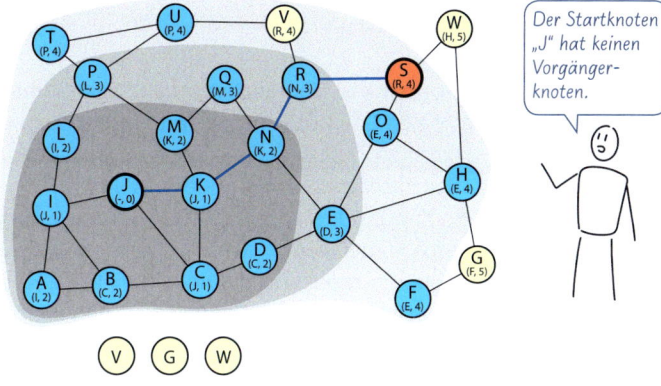

*Der Startknoten
„J" hat keinen
Vorgänger-
knoten.*

Der Algorithmus

Mit den bisherigen Überlegungen können Dilara und Sven nun den vervollständigten Algorithmus angeben. Dabei setzen sie voraus, dass ein Knoten zwei zusätzliche Attribute besitzt:

- **länge** zur Angabe der Weglänge bis zu diesem Knoten und
- **Vorgänger** für die Nummer des Vorgängerknotens, wobei –1 für „hat keinen Vorgänger"
  steht.

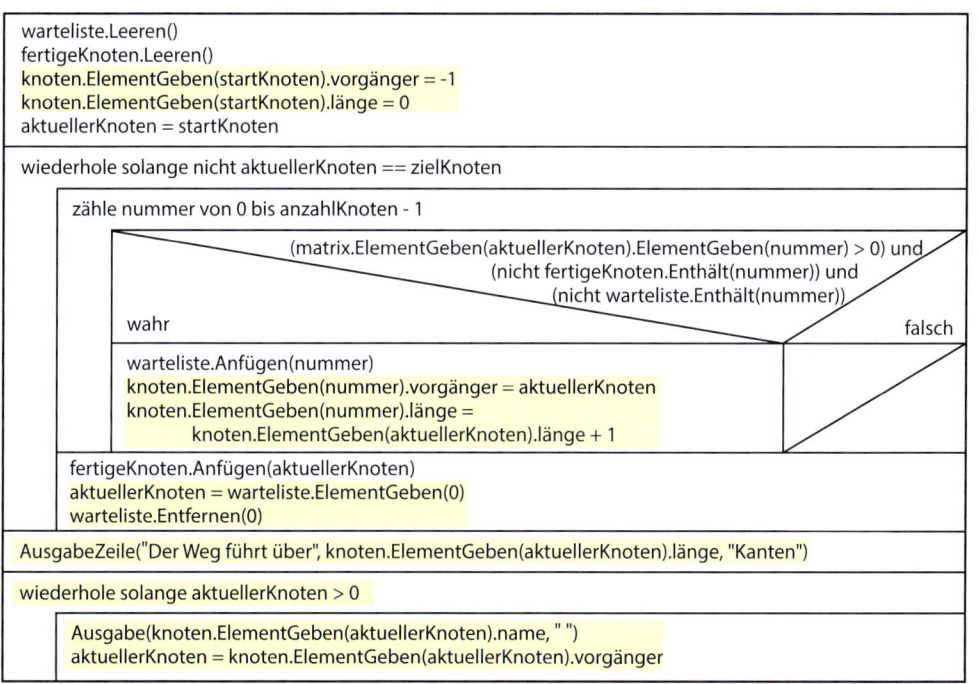

*Nur die gelb
hinterlegten
Teile sind
neu.*

Mit einer erweiterten Breitensuche kann man sowohl die Länge des Pfads (als Anzahl der
auf dem Weg durchlaufenen Kanten) von einem Startknoten zu einem Knoten mit einer
gewünschten Eigenschaft angeben als auch die Folge der Knoten auf diesem Pfad.

173

Aufgaben

1 Informatik ist überall: Breitensuche in Computerspielen

In vielen Computerspielen werden die Computergegner taktgesteuert (also nach einem bestimmten Zeitintervall) in einer Welt aus quadratischen Kästchen bewegt – pro Zug ein Kästchen nach links, rechts, oben oder unten. Für die Bewegung wird jedem betretbaren Kästchen ein Knoten zugeordnet und die Knoten verbundener, direkt benachbarter Kästchen werden durch Kanten verbunden.

In diesem Spiel sind die hellbraunen Kästchen Land und können von den Figuren betreten werden; geht die Kante zwischen zwei Kästchen über Land, so sind diese Kästchen verbunden, z. B. von der Stadt A aus können alle vier benachbarten Kästchen erreicht werden, von der Stadt B aus kann eine Figur nur nach Norden oder Westen gehen. Weiter gibt es in diesem Spiel „Schnellverbindungen": von jedem der rot markierten

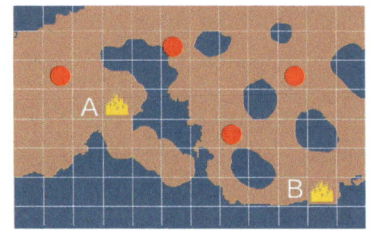

Kästchen aus kann eine Figur auch in einem Zug in ein anderes Kästchen mit einer roten Markierung gelangen.

a Erstellen Sie den Graphen für die Bewegung einer Figur an Land. Verwenden Sie kariertes Papier und markieren Sie die Landelemente als Kreise, die Sie dann mit passenden Linien verbinden können.

b Ermitteln Sie per Breitensuche einen kürzesten Weg von A nach B für eine Figur.

c Für Schnelle: Ermitteln Sie einen kürzesten Weg von A nach B ohne Benutzung der Schnellverbindungen.

2 Erweiterte Breitensuche durchführen

Führen Sie methodisch analog zur Aufgabe 2 aus Kapitel 1.3 die erweiterte Breitensuche aus. Ermitteln Sie damit (analog zum unten gegebenen Beispiel) den Weg vom Sendlinger Tor zum Innsbrucker Ring bzw. nach Wechsel ihrer Aufgaben vom Sendlinger Tor nach Moosach. Die Tabelle müssen Sie dazu um eine Spalte Vorgänger ergänzen (und diesen Vorgänger auch in der TO-DO-Liste mitführen).

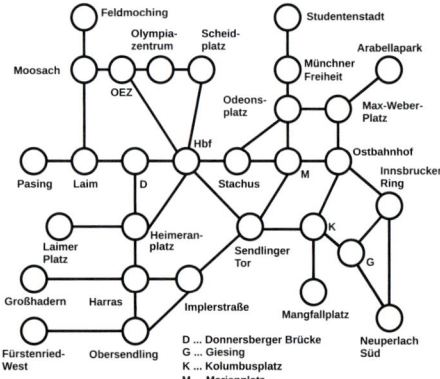

Schritt	Station	Anz.	Vorg.	TO-DO-Liste
1	Obersendling	0	–	Fürstenried-West (1, OS), Harras (1, OS), Implerstraße (1, OS)
2	Fürstenried-West	1	OS	Harras (1, OS), Implerstraße (1, OS)
3	Harras	1	OS	Implerstraße (1, OS), Großhadern (2, Har), Heimeranplatz (2, Har)
4	Implerstraße	1	OS	Großhadern (2, Har), Heimeranplatz (2, Har), Sendlinger Tor (2, IS)
5	Großhadern	2	Har	Heimeranplatz (2, Har), Sendlinger Tor (2, IS)
6	Heimeranplatz	2	Har	Sendlinger Tor (2, IS), Donnersberger Brücke(3, HP), Hbf (3, HP), Laimer Platz (3, HP)

Beispiel: Mindestanzahl von Stationen bei der Fahrt von Obersendling zum Heimeranplatz mit gespeicherten Vorgängern

3 Wegesuche im Labyrinth

Bei einem Labyrinth in einer 2D-Spielewelt ist der Zusammenhang zwischen Welt und Graph besonders einfach. Die Welt besteht aus Quadraten, gespeichert in einem zweidimensionalen Feld. Weiße Quadrate sind begehbar, schwarze Quadrate sind Wände. Das Ziel ist grün dargestellt (linkes Bild). Im entsprechenden Graphen ist jedem begehbaren Feld ein Knoten zugeordnet und je zwei benachbarten Knoten eine Kante.

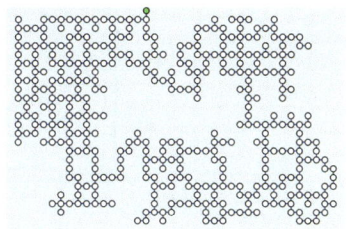

a Starten Sie das Programm durch Erzeugen eines Objekts der Klasse TEST. Blenden Sie abwechselnd Labyrinth und Graph ein und aus (*GraphAnzeigen()* bzw. *LabyrinthAnzeigen()*), um die Korrespondenz der beiden Darstellungen zu überprüfen.

b Erkunden Sie die Klasse RAHMEN. Beschreiben Sie insbesondere, wie die Methode *BreitensucheAusführen* verwendet wird.

c Ergänzen Sie in der Klasse GRAPHMATRIX den Rumpf der Methode *BreitensucheAusführen*.

d In einem Mythos der Antike fand Theseus mit Hilfe eines Fadens den Weg aus dem Labyrinth des Minotaurus. Testen Sie für mehrere Startpositionen den Weg von Theseus aus dem Labyrinth durch den Aufruf der Methode *TheseusPositionieren()* und *FluchtwegBerechnen()*.

e Für Schnelle: Bei den einzelnen Methoden wird noch nicht abgeprüft, ob sie in der richtigen Reihenfolge ausgeführt werden. Ergänzen Sie die entsprechenden Tests sowie eine Methode *FluchtAusführen()*, die Theseus positioniert und den Fluchtweg ermittelt.

4 Wer A kauft, müsste doch auch B kaufen …

Onlineversandhändler erzeugen oft Anzeigen wie „Wer diesen Artikel gekauft hat, hat auch … gekauft." Für die Anzeige wird ausgewertet, wie oft die Artikel zusammen gekauft wurden, wie eng also die Kopplung der beiden Artikel ist.

a Mit Hilfe dieses Kopplungsgraphen lässt sich nun eine „Kopplungsbeziehung" zwischen zwei Artikeln definieren: Zwei Artikel sind miteinander gekoppelt, wenn sie überdurchschnittlich oft miteinander verkauft wurden; diese Artikel haben Kopplungsgrad 1. Reduzieren Sie den gegebenen Graphen auf den Kopplungsgraphen, d. h. einen Graphen, der genau dann eine Kante zwischen zwei Knoten hat, wenn die beiden Artikel Kopplungsgrad 1 haben. Hinweis: Der Durchschnittswert ist 235,6.

b Zwei Artikel A und C haben Kopplungsgrad 2, wenn A mit B und B mit C gekoppelt ist, aber nicht A mit C. Implementieren Sie die Methode *BreitensucheAusführen(startknoten: GANZZAHL)* so, dass zu einem gegebenen Startknoten für alle anderen Knoten der Kopplungsgrad angezeigt wird.

c Für Schnelle: Geben Sie an, wie die Methode *BreitensucheAusführen* leicht modifiziert werden könnte, um das gewünschte Ergebnis auch mit der ursprünglichen Adjazenzmatrix berechnen zu können.

d Für ganz Schnelle: Wenden Sie das Vorgehen der Teilaufgaben a) und b) auf die Ermittlung der Bacon-Zahl (Aufgabe 12b) aus Kapitel 3.1) an.

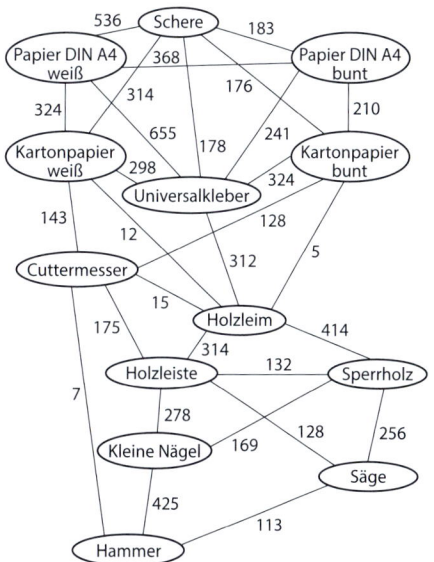

3.5 Den optimalen Weg bestimmen: Der Dijkstra-Algorithmus

a Erklären Sie, wie Theresa und Burkhard bei der Diskussion ihrer Wanderroute zum Gipfel zu ihren Meinungen kommen und wer von beiden Recht hat.

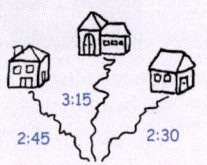

Als nächstes steht eine Gletschertour an. Nach Recherche haben sie drei Routen zu drei verschiedenen Basislagern ermittelt. Über die jeweiligen Anschlussrouten zum Gletscher ist ihnen allerdings noch gar nichts bekannt. Insgesamt möchten die beiden eine möglichst kurze Zeit gehen.

Da wir noch nicht wissen, wie es von dort aus jeweils weitergeht, ist es völlig egal, für welches Basislager wir uns entscheiden.

Warum sollten wir dann nicht für weitere Wegrecherchen erst einmal vom aktuell günstigsten Wegpunkt ausgehen?!

b Beziehen Sie Stellung zu den geäußerten Meinungen.
c Nach erneuter Recherche haben die beiden weitere Informationen gesammelt: Der Graph zeigt durchschnittliche Gehzeiten zu verschiedenen Einstiegspunkten in Kletterpassagen und zu verschiedenen Hochlagern.

Suchen wir doch vom günstigsten Hochlager aus weiter!

Hat immer noch keinen Vorteil, wir müssen doch sowieso alle Varianten zum Gipfel herausfinden!

Was, wenn wir von dort aus einen Weg zum Gipfel finden, der die Untersuchung von zumindest einem anderen Hochlager aus überflüssig macht?

Reflektieren Sie Ihren Standpunkt aus b) für die neue Situation.
Geben Sie außerdem eine mögliche Wegdauer vom günstigsten Hochlager zum Gipfel an, die Burkhards These stützt.

Wenige Kanten heißt nicht immer kurz

Laura und Ivan möchten die kürzeste Wegstrecke zwischen zwei Orten herausfinden. Mit der Breitensuche funktionierte das bei ihren bisherigen Versuchen oft, aber nicht immer: Im nebenstehenden Beispiel findet die Breitensuche den Pfad mit vier Kanten $J \rightarrow K \rightarrow N \rightarrow R \rightarrow S$ mit Weglänge 14 als Lösung, der kürzeste Weg ist aber der Pfad $J \rightarrow C \rightarrow D \rightarrow E \rightarrow O \rightarrow S$ über fünf Kanten mit der Weglänge 13.

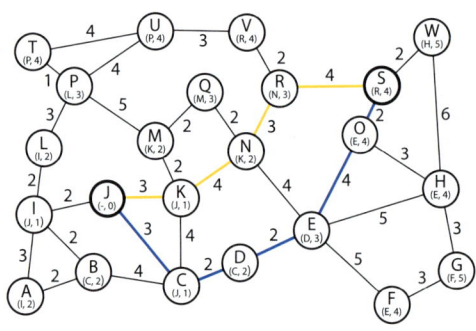

Laura und Ivan ist schnell klar, was sie ändern müssen:
- Beim Übergang zu einem neuen Knoten muss die tatsächliche Weglänge (allgemein: das Gewicht der Kante) zur vorigen Länge addiert werden.

- Es wird nicht einfach der erste Knoten aus der Warteliste genommen, sondern der, der den bisher insgesamt geringsten Abstand zum Startknoten (die geringste Weglänge) hat.

Kürzeste Wege wählen

Nach der Bearbeitung des Startknotens J muss die Wegesuche dementsprechend nicht mit Knoten C (Länge 3), sondern mit Knoten I (Länge 2) fortgesetzt werden (linkes Bild).

Bei der Bearbeitung des Knotens R wird der Zielknoten S erstmals erreicht; die Gesamtweglänge ist 14 (rechtes Bild). Aufgrund der Vorüberlegungen muss sich aber noch ein kürzerer Weg der Länge 13 ergeben.

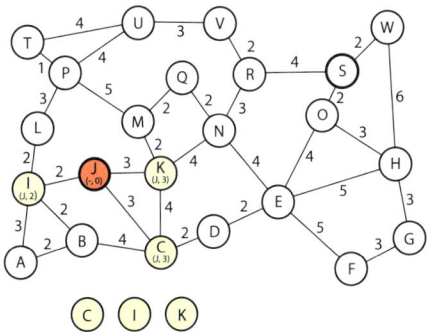
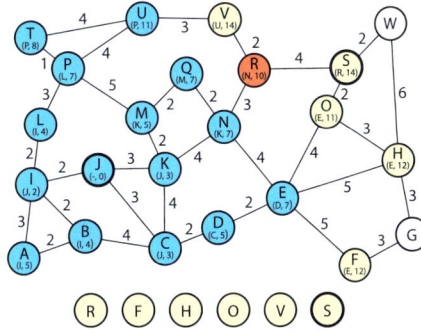

Man nimmt nun nicht mehr wie bei der allg. Breitensuche den ersten Knoten (hier C) aus der Warteliste, sondern den, dessen Entfernung zum Startknoten am geringsten ist (hier: I).

Der kürzere Weg wird bei der Bearbeitung des Knotens O (linkes Bild) gefunden. O (Weglänge 11) wird erst nach R (Weglänge 10) bearbeitet; der Weg von O nach S ist aber deutlich kürzer als der Weg von R nach S. Schließlich wird der Knoten S ohne weitere Verbesserungen zum aktuellen Knoten (rechtes Bild, Anmerkung: für den Knoten W könnte jetzt die kürzere Weglänge 15 eingetragen werden).

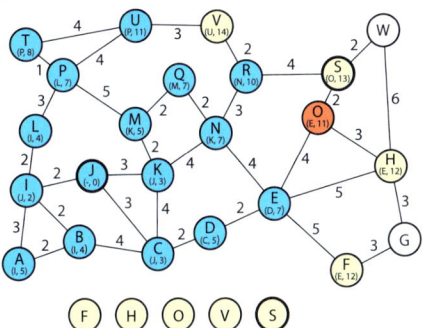
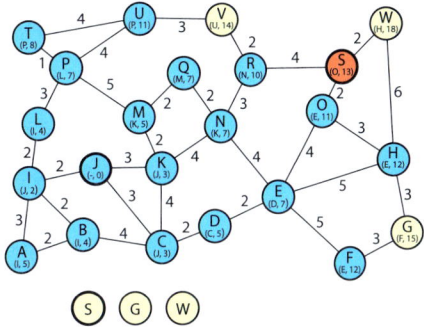

Der Dijkstra-Algorithmus ermittelt nur dann sicher den kürzesten Weg, wenn alle Kantengewichte positiv sind.

Der Algorithmus

Der so modifizierte Algorithmus zur Breitensuche wird – da es keinen schnelleren Algorithmus gibt – in allen Apps für die Berechnungen kürzester Pfade in einem gewichteten Graphen verwendet. Er wird nach seinem Entwickler, dem niederländischen Informatiker Edsger Wybe Dijkstra, der **Dijkstra-Algorithmus** genannt.

Der **Dijkstra-Algorithmus** ermittelt den **kürzesten Pfad** von einem Startknoten zu einem Zielknoten in einem gewichteten Graphen, d. h. den Pfad mit der minimalen Summe von Kantengewichten.

Er modifiziert die Breitensuche, indem er:

- die Summe der Kantengewichte bis zu jedem Knoten berechnet und
- als nächsten zu untersuchenden Knoten denjenigen wählt, der die kleinste Summe von Kantengewichten hat.

Aufgaben

1 Informatik ist überall: Navigationsgeräte und mehr

Außer in Navigationsgeräten wird der Dijkstra-Algorithmus auch in vielen Programmen auf Desktopcomputern und Mobilgeräten zur Wegesuche verwendet (Tipp: ÖPNV, Tankstellen etc.). Erkunden Sie mindestens drei Anwendungen und ermitteln Sie, was diese Programme für unterschiedliche Einsatzmöglichkeiten anbieten, insbesondere, welches Optimalitätskriterium außer dem kürzesten Weg in der Regel auch angeboten wird.

2 Dijkstra-Algorithmus und alle Wege im Vergleich

a Ermitteln Sie alle möglichen Wege von A nach D mit ihrer Länge.

b Ermitteln Sie den kürzesten Weg von A nach D nach dem Dijkstra-Algorithmus.

c Vergleichen Sie den Aufwand bei a) und b). Begründen Sie, weshalb der Dijkstra-Algorithmus erst bei vielen Knoten überlegen ist.

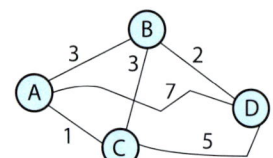

3 Dijkstra-Algorithmus durchführen

Für den Weg von München nach Venedig gibt es inzwischen ein gut ausgebautes Fernradwegenetz. Die Abbildung rechts zeigt daraus einen Ausschnitt. Ermitteln Sie nach dem Dijkstra-Algorithmus den kürzesten Weg von München nach Venedig. Geben Sie den Pfad und seine Länge an. Arbeiten Sie wie bei der Aufgabe 2 aus Kapitel 1.4 in Partnerarbeit – nach dem Rollentausch ermitteln Sie den kürzesten Weg von Treviso nach Wasserburg.

Die Form der Tabelle aus Kapitel 1.4 können Sie entsprechend übernehmen, nur dass Sie statt der Anzahl der Knoten die Weglänge notieren müssen. Achten Sie auch darauf, ob Sie in der To-Do-Liste eine Entfernung überprüfen müssen (siehe unten); im Beispiel sind Salzburg und Tolmezzo beim Erreichen auf einem zweiten Weg überprüft worden.

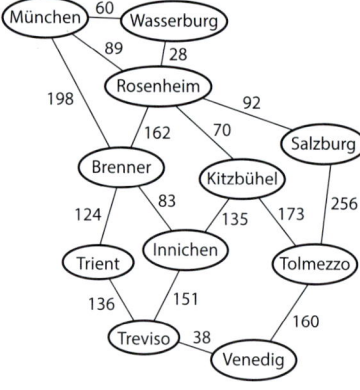

Schritt	Ort	Länge	Vorg.	TO-DO-Liste
1	Wasserburg	0	-	München (60, WB), Rosenheim (28, WB)
2	Rosenheim	28	WB	München (60, WB), Brenner (190, RO), Kitzbühel (98, RO), Salzburg (120, RO)
3	München	60	WB	Brenner (190, RO), Kitzbühel (98, RO), Salzburg (120, RO)
4	Kitzbühel	98	RO	Brenner (190, RO), Salzburg (120, RO), Innichen (233, KB), Tolmezzo (271, KB)
5	Salzburg	120	RO	Brenner (190, RO), Innichen (233, KB), Tolmezzo (271, KB)
6	…	…	…	…

4 Passende Halskette (nach Informatik-Biber 2013)

Kim hat sich aus bunten Perlen eine Halskette geknüpft. Die Zahlen geben in Zentimetern die Länge der Schnüre zwischen den Perlen an. Links und rechts sieht man die Verschlüsse.

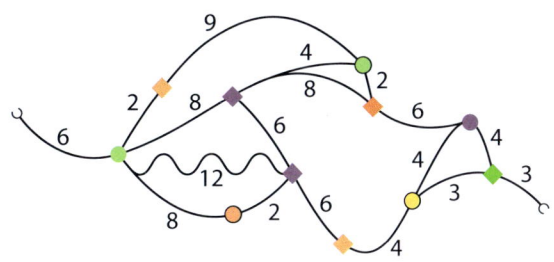

Welchen Umfang darf mein Hals höchstens haben, damit die Kette noch herum passt?

Beschreiben Sie, wie sich Kims Problem auf ein bekanntes berechenbares Problem übertragen lässt, und ermitteln Sie algorithmisch die Antwort auf Kims Frage.

5 Ganz schön viele Wege!

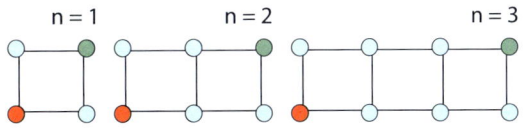

a Bestimmen Sie die Anzahl der Wege vom roten zum grünen Knoten für die drei Graphen. Jede Kante darf nur einmal durchlaufen werden.

b Geben Sie eine Formel an für die Anzahl der Wege abhängig von n (Anzahl der Ebenen ohne die Grundebene).

c Prozessoren sind etwa im Nanosekundentakt getaktet. Schätzen Sie ab, bei wie vielen Knoten die Berechnung aller Wege länger dauern würde als das Alter des Universums in Nanosekunden ($4{,}4 \cdot 10^{25}$), wenn jeder Weg in nur einer Nanosekunde bestimmt werden könnte.

d Beschreiben Sie, weshalb der Dijkstra-Algorithmus hier sehr viel schneller arbeiten würde.

6 Von München nach Hamburg

a Ermitteln Sie den kürzesten Weg von München nach Hamburg mit dem Dijkstra-Algorithmus.

b Erklären Sie begründet, wann die Suche nach dem kürzesten Weg beendet werden kann.

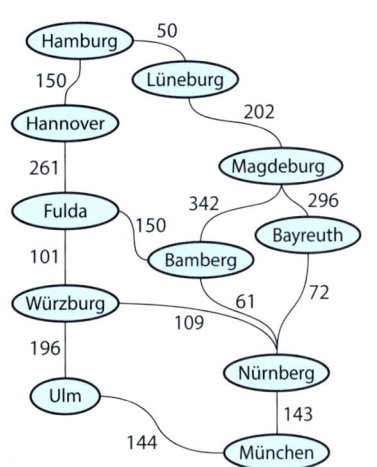

 **7 Dijkstra-Algorithmus erläutern**

Das unten stehende Struktogramm fasst den vollständigen Dijkstra-Algorithmus zusammen. Farbig hinterlegt sind die im Vergleich zur Breitensuche neuen Elemente.

```
warteliste.Leeren()
fertigeKnoten.Leeren()
knoten.ElementGeben(startKnoten).vorgänger = -1
knoten.ElementGeben(startKnoten).länge = 0
aktuellerKnoten = startKnoten
```

wiederhole solange nicht aktuellerKnoten == zielKnoten

  zähle nummer von 0 bis anzahlKnoten - 1

    längeNeu =matrix.ElementGeben(aktuellerKnoten).ElementGeben(nummer)

    (längeNeu > 0) und (nicht fertigeKnoten.Enthält(nummer))

    wahr / falsch

      warteliste.Enthält(nummer)

      wahr / falsch

wahr-Zweig:
```
kn = knoten.ElementGeben(nummer)
knoten.ElementGeben(aktuellerKnoten).länge + längeNeu < kn.länge
  wahr / falsch
  wahr:
    kn.länge = knoten.ElementGeben(aktuellerKnoten).länge + längeNeu
    kn.vorgänger = aktuellerKnoten
```

falsch-Zweig:
```
warteliste.Anfügen(nummer)
knoten.ElementGeben(nummer).vorgänger = aktuellerKnoten
knoten.ElementGeben(nummer).länge = knoten.ElementGeben(aktuellerKnoten).länge + längeNeu
```

fertigeKnoten.Anfügen(aktuellerKnoten)

indexOptimalerKnoten = 0

zähle nummer von 1 bis warteListe.LängeGeben() -1

  warteListe.ElementGeben(indexOptimalerKnoten).länge > warteListe.ElementGeben(nummer).länge

  wahr / falsch

  indexOptimalerKnoten = nummer

```
aktuellerKnoten = warteliste.ElementGeben(indexOptimalerKnoten)
warteliste.Entfernen(indexOptimalerKnoten)
```

AusgabeZeile("Der Weg hat die Länge ", knoten.ElementGeben(aktuellerKnoten).länge)

wiederhole solange aktuellerKnoten > = 0

```
Ausgabe(knoten.ElementGeben(aktuellerKnoten).name, " ")
aktuellerKnoten = knoten.ElementGeben(aktuellerKnoten).vorgänger
```

a Die gelb hinterlegten Teile holen und verwenden den Gewichtswert der Adjazenzmatrix. Geben Sie an, welcher Wert hier bei der Breitensuche impliziert wurde und warum die Variable längeNeu in der Breitensuche nicht verwendet wurde.

b Die beiden orange hinterlegten Bedingungen waren in der Breitensuche zu einer Bedingung zusammengefasst. Begründen Sie kurz, welche neu hinzugekommene Möglichkeit diese Aufteilung nötig macht.

c Geben Sie an, welche Aufgabe der rot hinterlegte Algorithmusteil erledigt, und erläutern Sie die Bedeutung jeder Codezeile.

d Der grün hinterlegte Teil des Algorithmus bestimmt den neuen aktuellen Knoten. Erläutern Sie die Vorgehensweise.

8 Für Schnelle: Dijkstra-Algorithmus implementieren

Ergänzen Sie in dem gegebenen Projekt die Methode *BreitensucheAusführen* zum vollständigen Dijkstra-Algorithmus und benennen Sie die Methode entsprechend um. Die Teilaufgaben geben dabei die notwendigen Schritte an. Nutzen Sie auch das in Aufgabe 7 angegebene Struktogramm.

a Ergänzen Sie in der Zählwiederholung das Attribut längeNeu und setzen Sie es auf den korrekten Wert (gelbe Hinterlegung).

b Erweitern Sie die Bedingung der bedingten Anweisung und fügen Sie die zweite bedingte Anweisung ein (orange Hinterlegung).

c Ergänzen Sie den wahr-Teil der zweiten bedingten Anweisung, in dem überprüft wird, ob der Knoten mit dem aktuellen Knoten auf einem kürzeren Weg erreicht werden kann und in dem dann der neue Vorgänger und die neue Länge gesetzt werden (rote Hinterlegung).

d Der neue aktuelle Knoten ist nun nicht mehr einfach der erste Knoten der To-Do-Liste, sondern der Knoten, der bisher auf dem kürzesten Weg erreicht werden kann. Ergänzen Sie auch diesen Teil (grüne Hinterlegung).

e Testen Sie den Algorithmus mit dem gegebenen Beispiel aus Aufgabe 2.

f Für Schnelle: Erstellen Sie den Graphen für Aufgabe 3 als Datenbank und testen Sie damit wieder.

9 Schnelle Flussüberquerung

In der Aufgabe 11c) aus Kapitel 1.1 müssen vier Studenten einen Fluss überqueren. Ergänzen Sie das gegebene Projekt, so dass mit Hilfe des Dijksta-Algorithmus sowohl die Schritte zur kürzesten Flussüberquerung als auch die kürzeste Überquerungszeit ermittelt werden.

10 Klasse GRAPHLISTE mit Adjazenzlisten – Version 4

a Implementieren Sie den Dijkstra-Algorithmus auch für die Darstellung des Graphen über Adjazenzlisten.

b Für ganz Schnelle: Der Graph kann auch nach der Grundmodellierung aus Kapitel 1.1 (je ein Feld mit Referenzen auf Objekte der Klassen KNOTEN bzw. KANTE) implementiert werden.
Führen Sie diese Implementierung durch. Bewerten Sie anschließend die drei Implementierungsvarianten bezüglich Speicherbedarf, vermuteter Programmlaufzeit und Einfachheit/Übersichtlichkeit der Umsetzung im Programm.

Teste dich selbst

T1 Richtig oder falsch?

Beurteilen Sie, ob folgende Aussagen richtig oder falsch sind. Begründen Sie Ihre Meinung bei falschen Aussagen und geben Sie eine berichtigte Aussage an:

a Ein Graph wird durch Kanten und Knoten vollständig beschrieben.

b Ein gerichteter Graph kann nicht gewichtet sein.

c Mit der Breitensuche kann nach einem erreichbaren Knoten mit bestimmten Eigenschaften gesucht werden.

d Die Breitensuche ermittelt den kürzesten Weg zu einem gegebenen Knoten.

e Bei der Breitensuche wird immer in Richtung zum Zielknoten gearbeitet.

f Der Dijkstra-Algorithmus basiert auf der Breitensuche.

g Der Dijkstra-Algorithmus ist nur für gewichtete Graphen verwendbar.

T2 Eine gute Erklärung ist alles!

Jan war in der letzten Stunde krank und braucht daher eine gute Erklärung, was genau sich beim Dijkstra-Algorithmus gegenüber der Breitensuche geändert hat. Erläutern Sie ihm detailliert,

- warum die Breitensuche nicht notwendigerweise den kürzesten Weg in einem gewichteten Graphen findet,
- an welcher Stelle im Algorithmus berücksichtigt werden muss, dass das Kantengewicht anstelle der Anzahl der Kanten verwendet wird, und
- wie der nächste Knoten aus der To-Do-Liste ausgewählt wird.

T3 Programmieren

Gegeben ist der rechts stehende Graph.

a Erstellen Sie eine Klasse, in der der Graph mit Hilfe einer als zweidimensionales Feld realisierten Adjazenzmatrix gespeichert wird.

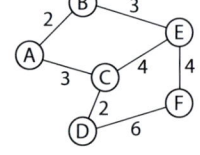

b Ergänzen Sie eine Methode *BreitensucheDurchführen(start, ziel)*, die einen Weg vom Start- zum Zielknoten findet und ausgibt, wie viele Kanten benutzt werden.

c Ergänzen Sie die Methode *BreitensucheDurchführen* so, dass der gefundene Weg als Knotenfolge ausgegeben wird.

d Ändern Sie den Graphen so ab, dass er nicht mehr zusammenhängend ist. Sie können dazu Knoten ergänzen und/oder Kanten entfernen. Ändern Sie Ihre Methode *BreitensucheDurchführen* so ab, dass im Fall eines vom Startknoten aus nicht erreichbaren Zielknotens eine entsprechende Meldung statt des Wegs ausgegeben wird.

Zusammenfassung

Graphen und Bezeichnungen

Ein **Graph** besteht aus einer endlichen Menge von **Knoten** und einer endlichen Menge von **Kanten**; eine Kante ist eine Verbindung zwischen zwei Knoten. Graphen können als Diagramme mit Knoten als Kreisen und Kanten als Verbindungslinien dargestellt werden.

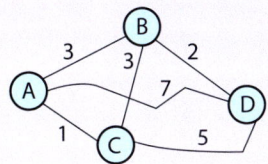

Bei **gewichteten Graphen** wird jeder Kante ein Wert zugeordnet, das **Gewicht**. Bei **zusammenhängenden Graphen** gibt es von jedem Knoten einen Pfad zu jedem anderen Knoten. Gibt es mindestens einen Knoten, von dem aus ein Pfad wieder zu ihm zurückführt, heißt der Graph **zyklisch**.
Bei **gerichteten Graphen** hat jede Kante eine Richtungsangabe.

gewichteter Graph

ungewichteter Graph

Zyklus

gerichteter Graph

*nicht zusammenhängender,
zyklenfreier Graph*

Die Adjazenzmatrix

Eine **Adjazenzmatrix** ist eine spezielle Tabelle, deren Zeilen- und Spaltenindizes jeweils durch die Knoten und deren Reihenfolge festgelegt sind. In den Zellen der Tabelle werden die Kanten vermerkt.
Verbindet eine Kante zwei Knoten, so wird in der zugehörigen Zelle bei ungewichteten Graphen eine 1 eingetragen und bei gewichteten Graphen die Gewichtung der Kante.

Entfernung in km	Bologna	Innsbruck	München	Nürnberg	Salzburg
Bologna					
Innsbruck			150		
München		150		170	145
Nürnberg			170		
Salzburg			145		

Tabellarische Darstellung der Entfernungen

Eine Adjazenzmatrix kann durch ein zweidimensionales Feld implementiert werden.

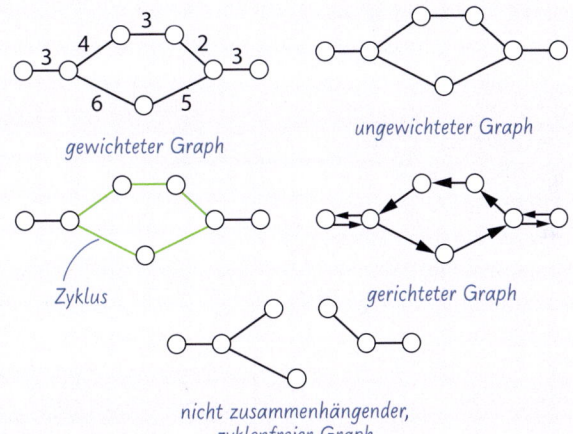

Weglänge von Salzburg nach München:
matrix.ElementGeben(4).ElementGeben(2) hat den Wert 145

Breitensuche

Die **Breitensuche** besucht von einem Startknoten aus systematisch in konzentrischen Bereichen um den Startknoten alle (erreichbaren) Knoten eines Graphen.

Mit der Breitensuche kann ein bestimmter Knoten gesucht werden; dieser Knoten wird auf dem Weg mit der geringsten Kantenanzahl gefunden. Es kann auch geprüft werden, ob ein Graph zusammenhängend ist.

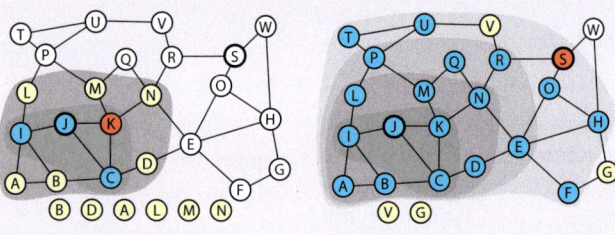

Mit einer **erweiterten Breitensuche** kann man sowohl die Länge des Pfads (als Anzahl der auf dem Weg durchlaufenen Kanten) von einem Startknoten zu einem Knoten mit einer gewünschten Eigenschaft angeben, als auch die Folge der Knoten auf diesem Pfad.

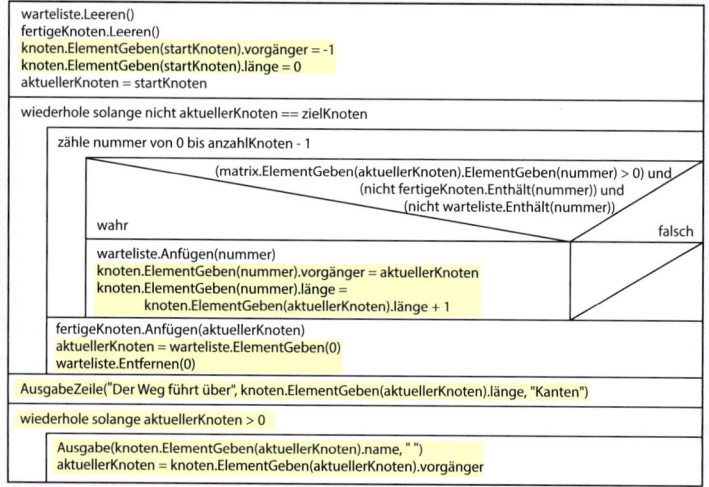

Dijkstra-Algorithmus

Der **Dijkstra-Algorithmus** ermittelt den kürzesten Pfad von einem Startknoten zu einem Zielknoten in einem gewichteten Graphen, d. h. den Pfad mit der minimalen Summe von Kantengewichten.

Er modifiziert die Breitensuche, indem er die Summe der Kantengewichte bis zu jedem Knoten berechnet und als nächsten zu untersuchenden denjenigen wählt, der die kleinste Summe der Kantengewichte hat.

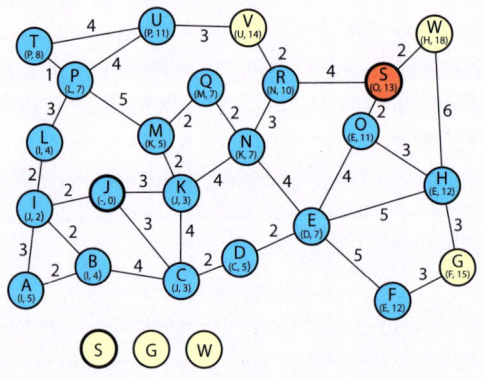

Zum Weiterlesen

L6 Navigationssysteme

Als →Navigation bezeichnet man das Bestimmen der geografischen Position und das Halten des Kurses. Das Angebot an Navigationssystemen ist riesig und reicht von der Schiffs- oder Flugzeugnavigation bis hin zum Einsatz beim Autofahren, Radfahren oder Zufußgehen. Bei allen Systemen kann die Navigation in drei Teilschritte unterteilt werden:

- Berechnung einer Route zwischen Start und Ziel,
- Bestimmung der aktuellen Position,
- Führung des Fahrzeugs oder der Person zum Ziel.

→ lat. navigare: segeln

Routenplanung

Um den Weg von einem Startpunkt zu einem Zielpunkt zu finden, muss zunächst das gesamte Netz in ein geeignetes Modell übertragen werden, zum Beispiel in einen gewichteten Graphen mit Straßenstücken (Kanten) und Kreuzungen (Knoten). Der Graph des deutschen Verkehrsnetzes umfasst circa 5 Millionen Kreuzungen und 6 Millionen Straßen.

Als Gewichtung der Kanten kommen durchschnittliche Fahrzeit bzw. Entfernung infrage und für jede Kante werden unter anderem Straßenart, Name der Straße und Fahrspurenanzahl vermerkt. Die Knoten bekommen Zusatzinformationen: Ortsname, geografische Koordinaten, Art der Kreuzung, ...

Nach der Eingabe von Start und Ziel (jeweils Straße, Hausnummer, Ortschaft) wird in einer Datenbank nach dem passenden Start- und Zielknoten gesucht. Bei der Suche nach dem Weg werden verschiedene Algorithmen verwendet, wie etwa der Dijkstra-Algorithmus. Eine Abwandlung davon ist der A*-Algorithmus, der die Anzahl der untersuchten Knoten mithilfe →heuristischer Überlegungen möglichst klein hält. Bei sehr großen Graphen wird der Dijkstra-Algorithmus weiter optimiert, indem das Netz hierarchisch eingeteilt wird. So werden z. B. bei Straßennetzen erst Autobahnen, dann Bundesstraßen und dann Landstraßen betrachtet. Das Ergebnis einer Routenplanung ist eine textuelle Beschreibung des Fahrweges (siehe Abbildung).

Ihre Route: 579,26 km

» Rosenheimer Straße 147
81671 München

X Mecklenburgische Straße 53   579,26 km
14197 Berlin   05:51 h

Beschreibung

» Sie starten in der **Rosenheimer Straße** in **München** und fahren 80 m in Richtung Anzinger Straße.

↰ Verlassen Sie die **Rosenheimer Straße** und biegen scharf rechts in die **Anzinger Straße** ein. Folgen Sie dem Straßenverlauf 474 m.   1 min   554 m

↑ Verlassen Sie die **Anzinger Straße** und fahren weiter geradeaus auf die **Anzinger Straße, Bad-Schachener-Straße**. Folgen Sie dem Straßenverlauf für 18 m.   1 min   572 m

↰ Verlassen Sie die **Anzinger Straße, Bad-Schachener-Straße** und biegen links in die **Aschheimer Straße, Melusinenstraße** …

→ gr. εὑρίσκειν *heurískein*: auffinden, entdecken; Lösungsstrategie auf der Basis unvollständiger Information mit logisch begründeten Annahmen

Digitalisierte Karten

Für die Berechnung einer Route spielt die geometrische Anordnung der Kanten und Knoten eines Graphen keine Rolle. Die Benutzer einer Routenplanungssoftware möchten jedoch ihre Route auf einer Landkarte dargestellt sehen. Hierzu muss die Landkarte in digitalisierter Form vorliegen: Die Straßen und Kreuzungen müssen mit Ortskoordinaten versehen sein. Um die Umgebung möglichst wiedererkennbar anzuzeigen, muss zusätzlich die Nutzungsart der Flächen zwischen den Straßen erfasst sein (geografisches Informationssystem, Kurzform GIS).

Lokalisation

Die aktuelle Position eines Objektes kann auf vielfältige Weise ermittelt werden. Neben historischen Instrumenten wie dem Sextanten sind heute vor allem funk- und satellitengestützte Systeme im Einsatz. Das GPS (Global Positioning System) basiert auf 24 Satelliten, die die Erde umkreisen und dabei ständig ihre Position und ihre Uhrzeit senden. Der GPS-Empfänger empfängt diese Daten und berechnet aus den Positionsangaben und Signallaufzeiten von mindestens vier Satelliten seine eigene geografische Position. Die aktuelle Position des Objekts kann auf der Basis dieser geografischen Koordinaten in das digitale Kartenmaterial eingetragen werden.

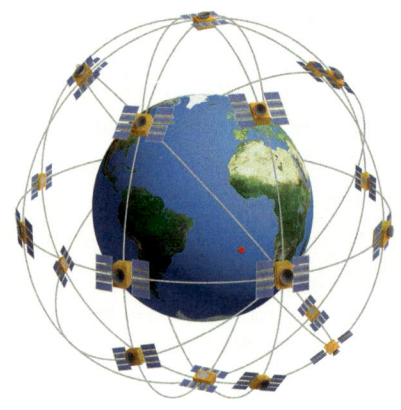

Führung zum Ziel

Mittels der aktuellen Position und des digitalen Wissens über den Straßenverlauf kann das Navigationssystem jederzeit Auskunft über den weiteren Verlauf der Fahrt geben. Diese Information wird grafisch in einem Display angezeigt und oft von einer Stimme akustisch unterstützt. Um für optimale Verständlichkeit und wenig Ablenkung zu sorgen, ist diese Stimme möglichst angenehm gehalten.

4 Die rekursive Datenstruktur Liste

In diesem Kapitel erfahren Sie, ...

... wie die Liste als rekursive Datenstruktur umgesetzt werden kann.

... wie rekursive Methoden helfen, mit der Liste zu arbeiten.

... wie aus Prototypen ein immer besseres Produkt entsteht.

4.1 Prototyp 1: Die rekursive Warteschlange

In einer Arztpraxis soll die Verwaltung der wartenden Patienten mit Hilfe eines Programms neu gestaltet werden.

a Erproben und analysieren Sie, wie das Problem im Projekt „Lösung mit Feld" gelöst wurde.

b Beschreiben Sie, wie in der „Lösung ohne Feld" die 1:n-Beziehung zwischen Praxis und Patienten umgesetzt ist.

c Analysieren Sie das Einfügen am Ende der Warteschlange in der „Lösung ohne Feld" und begründen Sie, weshalb die Lösung ohne Feld wesentlich kürzer ist.

d Entwickeln Sie für die Lösung ohne Feld eine Methode zum Entfernen des ersten Patienten aus der Warteschlange.

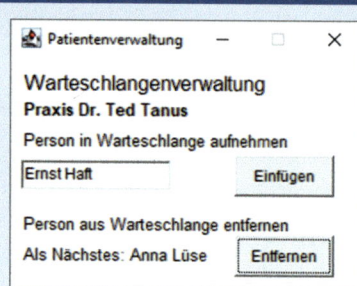

Prinzip der Warteschlange

Die Datenstruktur **Warteschlange** (auch: Schlange, Queue, Puffer) begegnet uns im Alltag an vielen Stellen, ob beim Arzt im Wartezimmer, beim Anruf in einem Callcenter, bei der Playlist eines Audioplayers oder als Warteschlange eines Druckers. Neben dem Feld bietet sie eine weitere Möglichkeit zur Realisierung einer 1:n-Beziehung.

Anfang   Ende
Entfernen   Einfügen

→FIFO, Abkürzung für engl. first in, first out

In der Warteschlange werden die Elemente nach dem sogenannten →FIFO-Prinzip verwaltet:
- Neue Elemente werden am Ende der Warteschlange eingefügt.
- Entfernt wird immer das Element ganz vorne in der Warteschlange.

Für diese beiden Anforderungen benötigt die Warteschlange jeweils eine Methode *Einfügen(patientNeu)* und *Entfernen() -> PATIENT*.

Darüber hinaus gibt es weitere wichtige Forderungen, die eine Warteschlange erfüllen soll:
- Die Anzahl der verwalteten Elemente soll prinzipiell unbeschränkt sein.
- Die Anzahl der reservierten, aber unbesetzten Speicherplätze soll möglichst gering sein. Optimal ist es, wenn es keinen unbesetzten Platz gibt.

Um die Reihenfolge der Elemente abzubilden, müssen die Elemente geeignet strukturiert werden. Die Ordnung kann dadurch hergestellt werden, dass jedes Element seinen Nachfolger kennt. Die Beziehung zwischen einem Element und seinem Nachfolger bleibt auch dann erhalten, wenn weiter vorne ein Patient die Warteschlange verlässt. Im Unterschied zur Verwendung eines Feldes lassen sich hier aufwendige Methoden zum Aufrücken vermeiden.

Modellierung der Warteschlange

In der Arztpraxis besteht die Warteschlange aus Patienten. Jeder Patient trägt seine spezifischen Informationen. Im Beispiel soll dies nur der Name sein; in der Realität werden hier viele weitere Patientendaten wie die Krankenkasse oder gespeicherte Behandlungsdaten hinzukommen.

Jeder Patient „merkt" sich außerdem seinen Nachfolger. Die Arzthelfer greifen über die Warteschlange nur auf den ersten und den letzten Patienten zu, um Patienten in den Wartebereich einzufügen und von dort zu holen.

Im Objektdiagramm lassen sich diese Zusammenhänge folgendermaßen veranschaulichen:

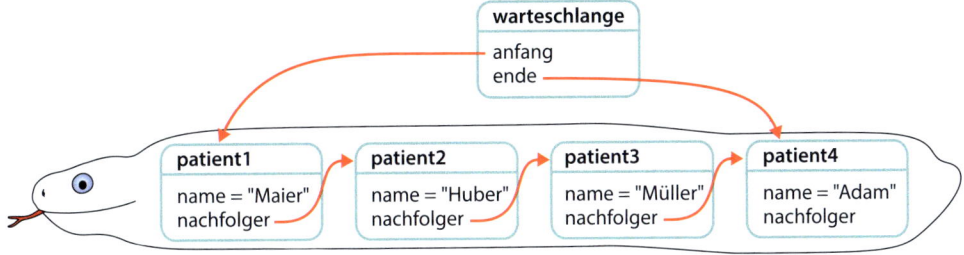

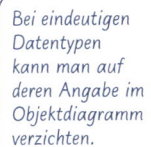

Bei eindeutigen Datentypen kann man auf deren Angabe im Objektdiagramm verzichten.

Eine rekursive Beziehung

Die Warteschlange hat zwei Beziehungen zu Patienten: Sie verwaltet eine Referenz auf den ersten und auf den letzten Patienten. Ein Patient hat als Nachfolger keinen oder einen Patienten. Zwischen zwei Patienten gibt es also die „hat als Nachfolger"-Beziehung. Eine solche Beziehung zurück zu einem Objekt der gleichen Klasse nennt man →**rekursive Beziehung**. Auf diese Weise kann eine beliebige und prinzipiell unbeschränkte Anzahl an Patienten verwaltet werden. Die Warteschlange ist eine **rekursive Datenstruktur**.

→lat. recurrere: zurückgehen

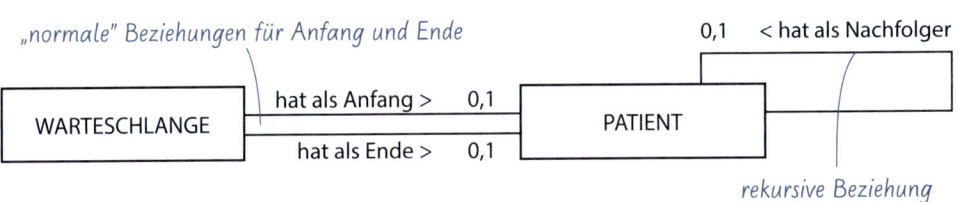

Zur Umsetzung der Beziehungen benötigt die Klasse WARTESCHLANGE zwei Referenzattribute anfang und ende vom Typ PATIENT. In der Klasse PATIENT benötigt man ein Referenzattribut nachfolger zur Umsetzung der rekursiven Beziehung. Das Klassendiagramm, in dem zusätzlich die Referenzattribute und die Datentypen mit angegeben sind, hat die folgende Form:

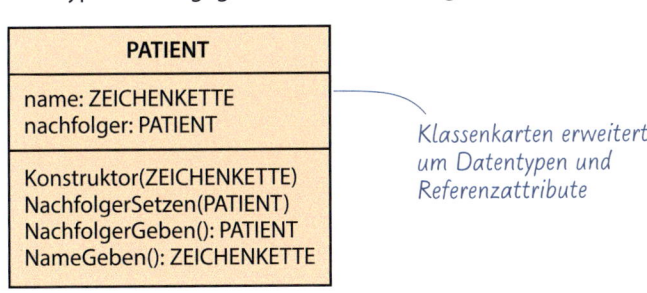

Klassenkarten erweitert um Datentypen und Referenzattribute

Die Datenstruktur **Warteschlange** stellt eine Möglichkeit zur Realisierung einer 1:n-Beziehung mit unbeschränktem Wert für n dar. Bei einer Warteschlange ist das Einfügen von Elementen ausschließlich am Ende und das Entfernen nur am Anfang möglich.

Eine Beziehung zwischen Objekten der gleichen Klasse nennt man **rekursive Beziehung**. Zwischen den Elementen der Warteschlange besteht die rekursive Beziehung „hat als Nachfolger". Über das Referenzattribut nachfolger werden die Objekte miteinander verkettet.

Aufgaben

1 Einfach oder kompliziert?
Julia und Gianna haben für das Einfügen und das Entfernen in die Warteschlange der Arztpraxis jeweils unterschiedliche Methoden in Pseudocode entworfen. Begründen Sie, welche Fälle bei der kürzeren Version jeweils nicht berücksichtigt werden, indem Sie ein Objektdiagramm vor und nach dem Methodenaufruf zeichnen. Erläutern Sie auch, weshalb die längere Version korrekt arbeitet.

a

Klasse WARTESCHLANGE Methode Einfügen(patientNeu)
| ```
ende.NachfolgerSetzen(patientNeu)
ende = patientNeu
``` |

Klasse WARTESCHLANGE Methode Einfügen(patientNeu)
| ```
falls ende != leer dann
  ende.NachfolgerSetzen(patientNeu)
sonst
  anfang = patientNeu
endefalls
ende = patientNeu
``` |

b

Klasse WARTESCHLANGE Methode Entfernen() -> PATIENT
| ```
p: PATIENT
p = anfang
anfang = anfang.NachfolgerGeben()
return p
``` |

Klasse WARTESCHLANGE Methode Entfernen() -> PATIENT
| ```
p: PATIENT
p = anfang
falls anfang != leer dann
  anfang = anfang.NachfolgerGeben()
  falls anfang == leer dann
   ende = leer
  endefalls
endefalls
return p
``` |

2 Diashow/Audioplayer/Videoplayer
Mit der Klasse BILDANZEIGE in der Vorlage kann man ein Bild anzeigen, das über seinen Namen identifiziert ist und im Unterordner „Bilder" des Projekts liegt. Ziel ist die Entwicklung eines Programms, das eine Folge vorher festgelegter Bilder nacheinander anzeigt (Analog könnte ein Audio- oder Videoplayer entwickelt werden).
a Entwickeln Sie eine Klasse BILD, die den Namen mit Pfad des Bildes verwaltet und analog zur Klasse PATIENT aus dem Lehrtext eine Referenz auf das nachfolgend anzuzeigende Bild verwaltet.
b Entwickeln Sie eine Klasse WARTESCHLANGE, die das Einfügen und Entfernen der Bilder analog zum Beispiel aus dem Lehrtext für Bilder erlaubt. Wird ein Bild aus der Warteschlange entfernt, so soll es angezeigt werden.

3 Anwendungen der Warteschlange
Beschreiben Sie neben den im Lehrtext erwähnten Beispielen weitere Anwendungen, die das Prinzip der Warteschlange nutzen.

4 Feld oder Warteschlange – was ist besser?
a Die Patientenverwaltung in einer Arztpraxis kann über ein Feld oder über eine Schlange erfolgen. Erörtern Sie Vor- und Nachteile der beiden Lösungsansätze.

Entscheiden und begründen Sie bei den folgenden Teilaufgaben, ob ein Feld oder eine Schlange für die Problemlösung geeignet ist.

b System zur Festlegung der Startreihenfolge bei einem Ski-Weltcuplauf

c System zur Erfassung der Ergebnisse bei einem Ski-Weltcuplauf

d System zur Aufnahme der Ergebnisse bei einem Marathonlauf

e Ablaufplan für ein Tischtennisturnier nach dem K.-o.-Prinzip: Es soll angezeigt werden, welche zwei Spieler als nächstes gegeneinander antreten. Der Gewinner gelangt in die nächste Runde.

5 Snake – Level 1 (Projektmöglichkeit)

Snake ist ein einfaches Computerspiel, das um 1978 entwickelt wurde. In einer Gitterwelt bewegt sich eine Schlange und sucht das nächste Futterstück. Findet sie eines, so wird sie am Ende um ein Element länger und ein neues Futterstück wird gesetzt. Das Spiel endet, wenn der Kopf auf den Körper der Schlange oder auf den Rand trifft.

a Analysieren Sie in der Klasse SCHLANGE, wie die 1:n-Beziehung für den Rumpf über ein Feld realisiert ist.

b Realisieren Sie diese 1:n-Beziehung stattdessen unter Verwendung der Klasse WARTESCHLANGE, die Objekte der Klasse RUMPFSYMBOL verwaltet. Auch die Vorgänger-Nachfolger-Beziehung für Rumpfsymbole muss dabei umgesetzt werden.

c Begründen Sie, ob eine Highscore-Liste über die Datenstruktur Schlange sinnvoll verwaltet werden kann.

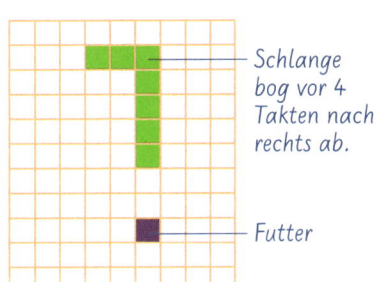

Schlange bog vor 4 Takten nach rechts ab.

Futter

6 Hochregallager (aus Abitur 2013)

Die effiziente Lagerung von Waren erfolgt in großen Lagerzentren oft in Hochregallagern. Wird ein Regal prinzipiell immer von der gleichen Seite mit Waren bestückt, während die Entnahme der vorher eingelagerten Waren stets von der anderen Seite erfolgt, spricht man von einem

Durchlaufregal. Das in dieser Aufgabe betrachtete Durchlaufregal besteht aus drei übereinander liegenden, zehn Meter langen Fächern mit geneigten Böden. Darin werden rollfähige Container unterschiedlicher Länge gelagert. Die Fächer sind – beginnend mit 1 – von unten nach oben durchnummeriert.

In Produktbeschreibungen von Hochregallager-Herstellern kann man lesen: „Die Lagerung in Durchlaufregalen erfolgt nach dem FIFO-Prinzip. Dieses für die Warenlagerung grundlegende Prinzip geht davon aus, dass Artikel, die zuerst eingelagert werden, auch als erste verbraucht bzw. weiterverarbeitet werden (First In – First Out)."

a Geben Sie eine spezielle Datenstruktur an, die sich zur Implementierung eines Faches nach dem FIFO-Prinzip eignet, und beschreiben Sie kurz die grundlegenden Methoden dieser Struktur. Hinweis: Eine Implementierung ist nicht notwendig.

b Erläutern Sie an einem konkreten Beispiel, warum das FIFO-Prinzip für das Hochregal als Ganzes nicht zwingend gelten muss.

c Eine andere Datenstruktur ist der Stapel. Beschreiben Sie eine Lagervariante, die mithilfe eines Stapels modelliert werden kann.

Wie aus der Alltagssprache bekannt, ist der Stapel eine Struktur, bei der das zuletzt eingefügte Element als erstes wieder entnommen wird.

4.2 Prototyp 2: Trennung von Struktur und Daten

a Analysieren und erproben Sie im Team das gegebene Projekt zur Verwaltung eines Handballspiels.
b Begründen Sie, weshalb das gegebene Projekt unübersichtlich und das Ergänzen von Funktionalitäten an unterschiedlichen Stellen durch mehrere Entwickler schwierig ist.
c Skizzieren Sie einen Vorschlag für ein Klassendiagramm zur besseren Strukturierung der Situation.

Verschiedene Aufgaben, verschiedene Klassen

Im Prototyp 1 der Warteschlange muss sich ein Objekt der Klasse PATIENT momentan um zwei verschiedene Aufgaben kümmern: Einerseits verwaltet es die Referenz auf den Nachfolger, andererseits die Daten eines Patienten, die im Beispiel zur Vereinfachung nur aus dem Namen des Patienten bestehen, in der Realität aber viel komplexer sind (Patientendaten, Krankheiten etc.). Während aber die Daten des Patienten auf längere Zeit in der Arztpraxis gespeichert werden sollten, verliert die Referenz auf den Nachfolger ihre Bedeutung, sobald der Patient das Wartezimmer verlässt.

Ein Ziel der objektorientierten Programmierung ist es, komplexe Systeme in einfachere Bestandteile zu zerlegen, indem jede Klasse für einen **abgegrenzten Aufgabenbereich** zuständig ist. Die Trennung in verschiedene Aufgabenbereiche schafft nicht nur Übersichtlichkeit und macht das Projekt dadurch leichter **wartbar**, sondern begünstigt auch die **Wiederverwendbarkeit**; so lässt sich etwa die Grundstruktur der Warteschlange auf viele ähnliche Situationen übertragen, von denen die Patientenverwaltung nur ein Spezialfall ist.

Für die Warteschlange der Arztpraxis soll deshalb zwischen zwei Klassen differenziert werden:

→ „Knoten" im Sinne eines Verbindungspunktes

- eine Klasse →KNOTEN, die eine Referenz auf den Nachfolger sowie eine Referenz auf den zugehörigen Patienten verwaltet
- eine Klasse DATENELEMENT, die die eigentlichen Objekte verwaltet (hier: PATIENT).

vorher

PATIENT
Verwaltung von:
- Patientendaten
- Referenz auf Nachfolger

zwei unabhängige Aufgaben

nachher

PATIENT
Verwaltung von:
- Patientendaten

in sich geschlossene Aufgaben

KNOTEN
Verwaltung von:
- Referenz auf Patienten
- Referenz auf Nachfolger

Die Warteschlange referenziert dann nur den ersten und den letzten Knoten.

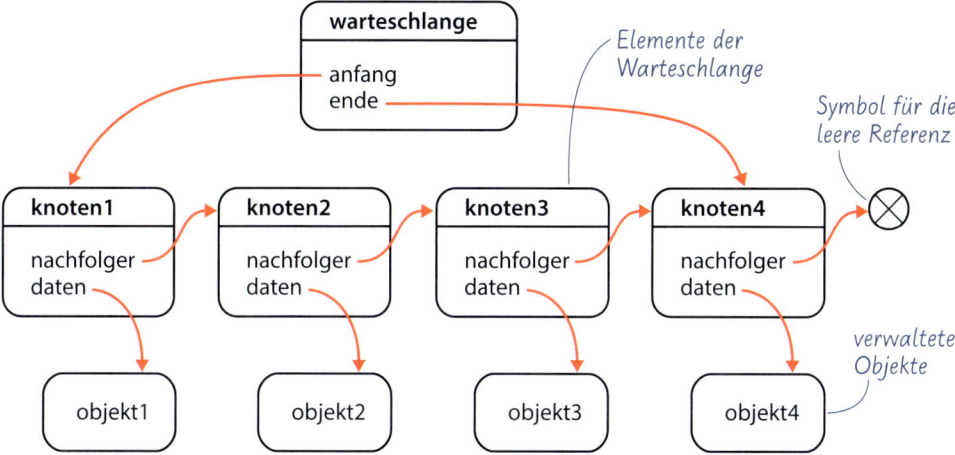

Aus diesen Überlegungen ergibt sich folgendes Klassendiagramm für die Beziehungen zwischen den Klassen:

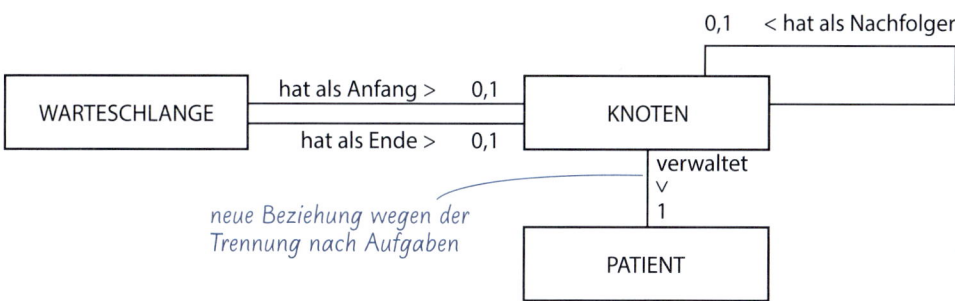

Auch die Methoden müssen dann auf Knoten und Patienten aufgeteilt werden: Der Knoten erhält die Methoden, die für die Verwaltung der Struktur notwendig sind (*NachfolgerSetzen*, *NachfolgerGeben* sowie die zusätzliche Methode *DatenelementGeben*, um das Datenelement (hier: den Patienten) zurückzugeben). Der Patient erhält die Methoden zur Verwaltung der Patientendaten (im vereinfachten Beispiel eine Methode *InformationAusgeben* zur Ausgabe des Namens).

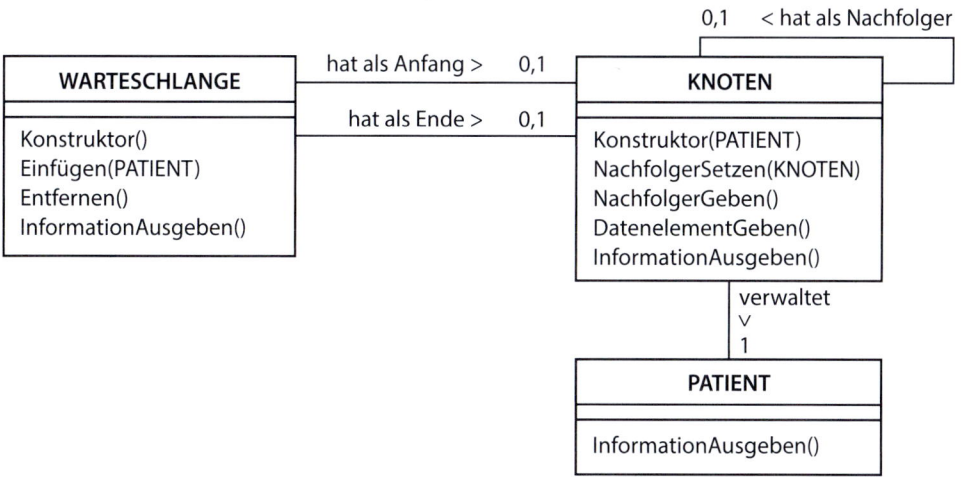

Die Methoden des Knotens und der Warteschlange werden im Folgenden beschrieben:

Klasse KNOTEN **Konstruktor(d: PATIENT)**
Erhält eine Referenz auf ein Objekt der Klasse PATIENT und erzeugt ein Warteschlangenelement, das diese Referenz im Attribut daten und eine leere Referenz im Attribut nachfolger speichert.

```
nachfolger = leer
daten = d
```

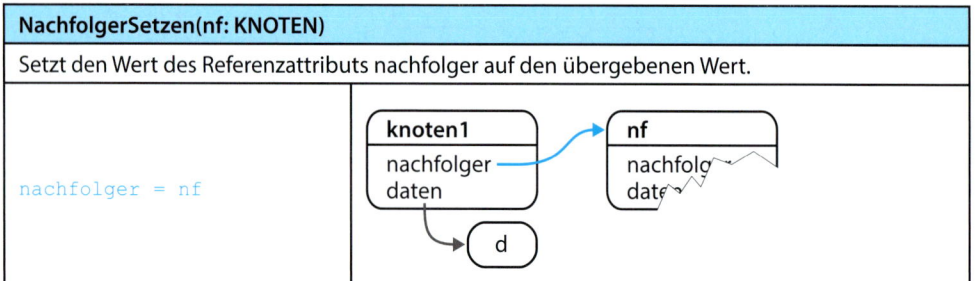

NachfolgerSetzen(nf: KNOTEN)
Setzt den Wert des Referenzattributs nachfolger auf den übergebenen Wert.

```
nachfolger = nf
```

NachfolgerGeben() -> KNOTEN
Gibt die Referenz auf den Nachfolger zurück.

DatenelementGeben() -> PATIENT
Gibt die Referenz auf das Datenelement (hier: Patient) zurück.

InformationAusgeben()
Ruft die Methode *InformationAusgeben* für das Referenzattribut daten auf.

Klasse WARTESCHLANGE **Konstruktor()**
Erzeugt eine leere Warteschlange.

```
anfang = leer
ende = leer
```

Einfügen(d: PATIENT)

Reiht ein Objekt am Ende der Warteschlange ein.

```
neuerKnoten: KNOTEN
neuerKnoten = neu KNOTEN(d)
falls ende != leer dann
 ende.NachfolgerSetzen(neuerKnoten)
sonst
 anfang = neuerKnoten
endefalls
ende = neuerKnoten
```

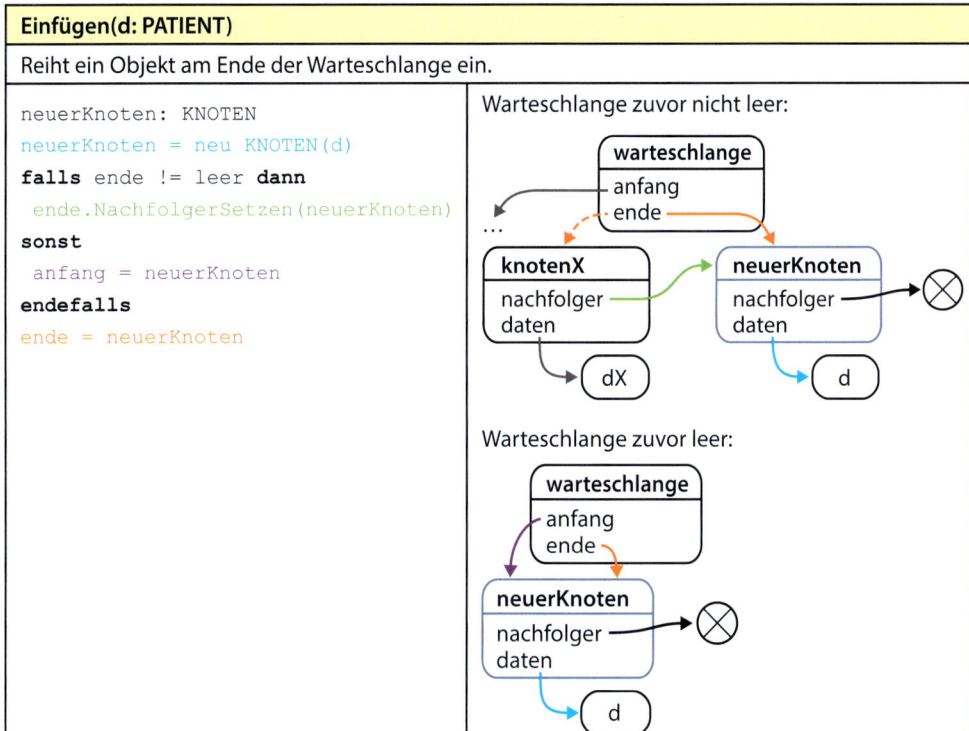

Entfernen() -> PATIENT

Entfernt den ersten Knoten aus der Warteschlange und gibt das zugehörige Datenelement (hier: PATIENT) zurück.

```
ausgabe: PATIENT
ausgabe = leer
falls anfang != leer dann
 ausgabe=anfang.DatenelementGeben()
 anfang=anfang.NachfolgerGeben()
 falls anfang == leer dann
  ende = leer
 endefalls
endefalls
return ausgabe
```

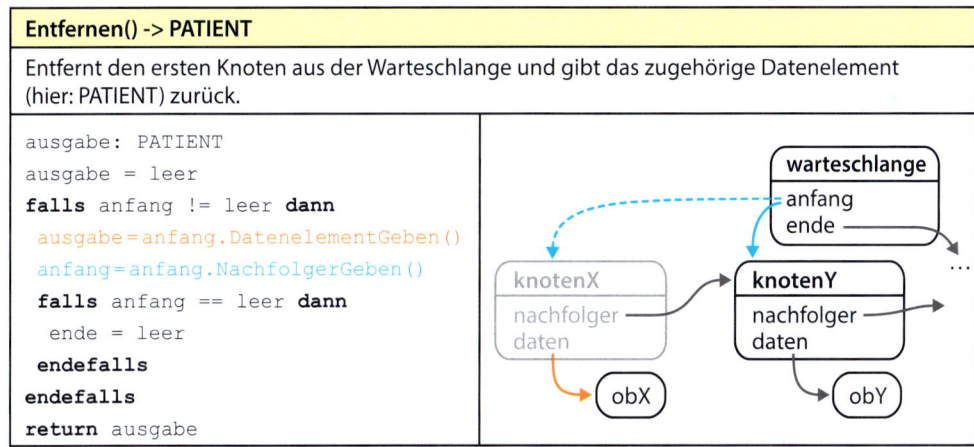

InformationAusgeben()

Ruft die Methode *InformationAusgeben* für den ersten Knoten auf.

Jede Klasse sollte zur besseren **Wartbarkeit** und **Wiederverwendbarkeit** nach Möglichkeit nur einen **Aufgabenbereich** haben. Aus diesem Grund wird bei der Warteschlange eine Klasse KNOTEN eingeführt, die nur die Referenzen auf ein Datenelement und den Nachfolgerknoten verwaltet.
Die **Daten** werden in einer eigenen Klasse verwaltet.

195

Aufgaben

 **1 Rollenspiel**

Im Rollenspiel lassen sich gut die Struktur und die Kommunikation der Objekte analysieren und besser verstehen.

a Bilden Sie eine Warteschlange, die drei Patienten verwaltet und die Trennung von Struktur und Daten berücksichtigt. Zur Darstellung der Referenzen kann man selbstgebastelte Schnüre mit Pfeilspitzen verwenden oder den referenzierten Objekten eine Hand auf die Schulter legen.

b Erproben Sie das Einfügen eines neuen Patienten in die Warteschlange der Arztpraxis. Die Schülerinnen und Schüler, die nicht aktiv am Rollenspiel teilnehmen, beobachten, ob das Spiel der Beschreibung im Lehrtext entspricht. Diskutieren Sie die Unterschiede zum Lehrtext und verbessern Sie das Spiel in weiteren Durchläufen.

c Verfahren Sie ebenso beim Entfernen eines Patienten.

d Diskutieren Sie, wie das Rollenspiel ohne Trennung von Struktur und Daten ablaufen würde.

e Erproben Sie ein Rollenspiel für eine Arztpraxis mit „echten Menschen". Formulieren Sie Gemeinsamkeiten und Unterschiede zur objektorientierten Umsetzung.

  2 Umsetzung einer Warteschlange

a Planen Sie, wie Sie das Projekt aus Kapitel 4.1 möglichst effizient umbauen können, ohne den Code komplett neu schreiben zu müssen, um die Trennung von Struktur und Daten zu realisieren. Setzen Sie die Planung um.

b Testen Sie die Methoden der Warteschlange in verschiedenen Anwendungssituationen (Warteschlange zuvor leer; ein Patient in der Warteschlange; mehrere Patienten in der Warteschlange). Verbessern Sie das Programm bei Bedarf.

  3 Trennung nach Aufgabenbereichen

Für die Datenbank einer Schulbibliothek wird eine Tabelle Entleihvorgang erstellt mit den Spalten buchtitel, buchautor, verlag, jahr, autor1, autor2, entleihername, entleiherklasse, entleihdatum, rückgabedatum.

a Benennen Sie Gründe, die gegen eine solche Umsetzung sprechen. Geben Sie verschiedene Aufgaben der Tabelle an.

b Erstellen Sie ein Klassendiagramm, das sorgfältig auf eine Trennung nach Aufgabenbereichen achtet.

 4 Analyse alter Projekte

a Analysieren Sie arbeitsteilig anhand von Projekten aus dem Vorjahr, wie Sie die Trennung nach Aufgabengebieten bei der Erstellung Ihrer Klassen praktiziert haben.

b Überprüfen Sie, inwieweit dort bereits eine Trennung von Struktur und Daten stattgefunden hat, wenn im Projekt die Datenstruktur Feld verwendet wurde.

5 Kinoverwaltung (aus Abitur 2020)

Das Kino „Altstadtklotz" benötigt ein Verwaltungssystem und gibt dazu eine Software in Auftrag. […]

Nach einem Jahr Produktivbetrieb will „Altstadtklotz" seine Software um ein Bewertungssystem erweitern lassen. Kunden sollen zu einem Film, den sie gesehen haben, einen kurzen Bewertungstext schreiben und einen bis fünf Bewertungssterne vergeben können. Es wird vorgeschlagen, zur Verwaltung der Bewertungen in einer gemeinsamen Liste für alle Filme folgendes Klassendiagramm zugrunde zu legen:

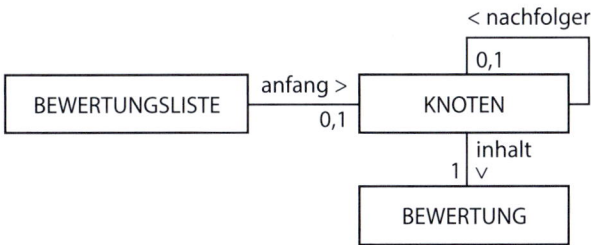

Die Entwickler entschieden sich, die Bewertungseinträge nicht direkt, sondern über eine zusätzliche Klasse KNOTEN zu verketten. Nennen Sie das zugrunde liegende Konzept sowie zwei damit verbundene Vorteile.

6 Grafische Benutzeroberfläche für das Projekt

  a Skizzieren Sie für Ihr Projekt aus Aufgabe 5 eine passende grafische Benutzeroberfläche.

  b Erstellen Sie eine Klasse, die die grafische Benutzeroberfläche realisiert.

  c Stellen Sie die Verbindung zwischen der grafischen Benutzeroberfläche und dem Projekt her. Testen Sie ausführlich!

7 Forschungsauftrag: Entwurfsmuster Model – View – Controller (MVC)

  a Das Entwurfsmuster MVC beschreibt den effizienten Aufbau von Projekten mit einer grafischen Benutzeroberfläche. Informieren Sie sich über den Aufbau des Musters.

  b Beschreiben Sie, inwieweit darin das Konzept der Trennung nach Aufgabenbereichen zum Tragen kommt.

8 Alles klar?

  a Beschreiben Sie, welchen Vorteil es allgemein hat, wenn man Klassen so konzipiert, dass sie jeweils nur einen Aufgabenbereich haben.

  b Begründen Sie, weshalb dies bei der Warteschlange sinnvoll eingesetzt werden kann.

4.3 Prototyp 2+: Bessere Trennung hilft beim Recycling

> In der Vorlage erhalten Sie ein Projekt für eine Warteschlange von Autos in einer Waschstraße. Bauen Sie das Projekt so um, dass es stattdessen die Bürger im Einwohnermeldeamt einer Gemeinde verwalten kann, die auf eine Dienstleistung (z. B. Anmeldung, Ausstellung eines neuen Ausweises, ...) warten. Zählen Sie, an wie vielen Stellen in den Klassen WARTESCHLANGE und KNOTEN Sie Änderungen durchführen müssen.

Mit der bisherigen Konstruktion der Warteschlange lassen sich nur Objekte einer bestimmten Klasse (z. B. PATIENT) verwalten. Damit die Warteschlange aber in anderen Sachzusammenhängen auch andere Objekte verwalten kann, sollte möglichst eine größere Unabhängigkeit von den verwalteten Daten erreicht werden:

- Die in Warteschlangen verwalteten Datenelemente können ganz unterschiedlich sein: Patienten bei einem Arzt können ebenso verwaltet werden wie Aufträge einer Druckerwarteschlange. Die verwalteten Objekte haben also unterschiedliche Attribute und Methoden – eine Klasse PATIENT z. B. für die Verwaltung spezifischer Patientendaten.
- Daneben haben die verwalteten Objekte Methoden, die sie in ihre Rolle als Teil der Warteschlange beschreiben. In dieser Rolle müssen alle Arten von Datenelementen zumindest eine Methode *InformationAusgeben* zur Verfügung stellen, die zu Kontrollzwecken im Terminalfenster Informationen über das Datenelement ausgibt.

Um diesen Anforderungen gerecht zu werden, muss in Form einer **Schnittstelle** DATENELEMENT ein geeignetes Verbindungsglied bereitgestellt werden, das es Objekten unterschiedlicher Klassen erlaubt, als Teil der Datenstruktur Warteschlange verwendet zu werden. In den Klassen WARTESCHLANGE und KNOTEN treten dann die konkreten Anwendungsklassen nicht mehr als Datentypen auf, sondern nur noch die Schnittstelle.

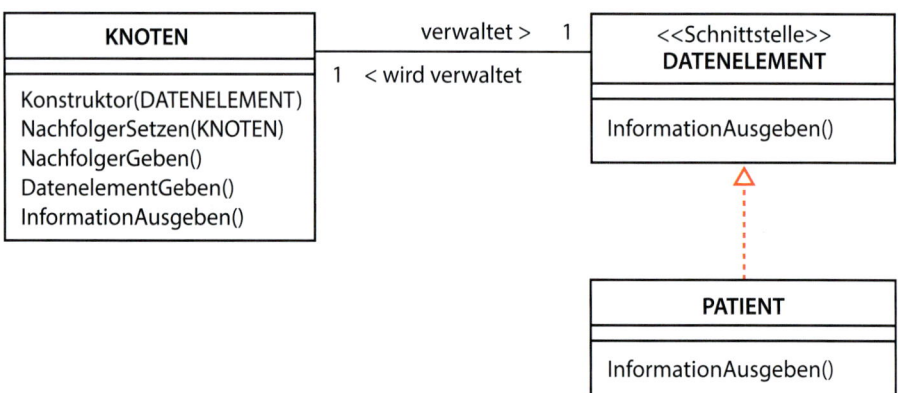

Die Umsetzung einer solchen Schnittstelle ist abhängig von den Möglichkeiten, die die Programmiersprache bietet. So gibt es beispielsweise in Java ein spezielles Interface-Konzept.

```
interface DATENELEMENT
{
   void InformationAusgeben();
}
```

```
class PATIENT implements DATENELEMENT
{
   ...
   void InformationAusgeben()
   {
      ...
   }
   ...
}
```

In Python dagegen gibt es kein spezielles Interface. Hier kann eine Vererbungsbeziehung zur Umsetzung genutzt werden, man kann aber mittels „pass" Methoden ohne Rumpf definieren. Eine Umsetzung mittels Vererbung wiederum wäre in Java unmöglich, wenn die Klasse der verwalteten Objekte bereits Unterklasse einer anderen Klasse ist, weil Java im Gegensatz zu Python Mehrfachvererbung unterbindet.

Durch die Verwendung einer geeigneten **Schnittstelle** lässt sich die Datenstruktur Warteschlange in unterschiedlichen Anwendungskontexten ohne Anpassungsarbeiten verwenden.

Aufgaben

1 Schnittstellen
  a Informieren Sie sich, wie sich in der von Ihnen verwendeten Programmiersprache Schnittstellen realisieren lassen.
  b Stellen Sie die Konzepte Vererbung, Vererbung mit abstrakten Klassen und – falls in Ihrer Programmiersprache vorhanden – Interface gegenüber. Geben Sie jeweils ein Beispiel an und beschreiben Sie sinnvolle Einsatzszenarien.

2 Schnittstellen- und Vererbungsbeziehungen
  Eine Schnittstellenbeziehung ist etwas schwächer als eine Vererbungsbeziehung. Beispiele: „Ein Bernhardiner **ist ein** Hund." beschreibt eine **Vererbung**sbeziehung. „Ein Patient kann Teil einer Warteschlange sein (es ist aber nicht seine zentrale Aufgabe)." beschreibt eine Schnittstellenbeziehung. Geben Sie weitere Beispiele für Vererbungs- und Schnittstellenbeziehungen an.

3 Anpassung der Projekte
  a Setzen Sie ein Projekt aus dem letzten Kapitel mit Hilfe einer Schnittstelle um. Verwenden Sie diese Schnittstelle auch in den nächsten Kapiteln weiter. Da die Verwendung einer Schnittstelle nicht abiturrelevant ist, wird dies in den nächsten Kapiteln nicht verlangt, auch wenn die Implementierung dadurch eleganter wäre. Sie dürfen dies natürlich weiterhin anwenden, wenn Sie möchten!
  b Zeigen Sie durch die Verwendung einer anderen Anwendungsklasse, dass durch die Verwendung der Schnittstelle der Code in den Klassen WARTESCHLANGE und KNOTEN unverändert bleibt.

4 Änderungen im Rollenspiel: Fehlanzeige
  Begründen Sie, warum in einem Rollenspiel (siehe S. 196, Aufgabe 1) durch die neue Schnittstelle keine Änderung zu beobachten ist.

5 Forschungsauftrag: Schnittstelle
  Der Begriff „Schnittstelle" taucht in der Informatik in unterschiedlicher Bedeutung auf. Entwickeln Sie eine erläuternde Übersicht.

4.4 Prototyp 3: Rekursive Methoden der Liste

Bei dem beigefügten Projekt zur Warteschlange fehlt die Referenz auf das Ende.
a Testen Sie das Programm. Zeigen Sie, dass dennoch Elemente hinten einfügbar sind.
b Analysieren Sie in Zweierteams den Code und finden Sie heraus, wie die Methoden zum Einfügen am Ende hier arbeiten.

Erweiterte Anforderungen trotz Vereinfachung der Datenstruktur

In der Arztpraxis von Herrn Dr. Sommer weiß man von der gut funktionierenden Warteschlangenverwaltung bei Dr. Ted Tanus. Allerdings hat man zusätzliche Anforderungen:

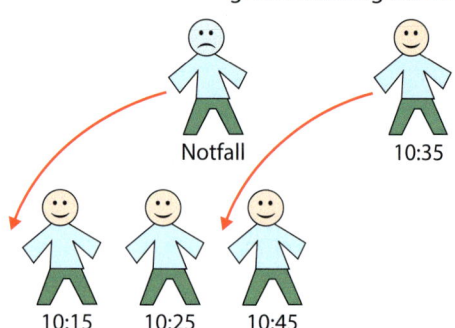

- Die Patienten sollen nach den geplanten Terminen und nicht nach ihrer Ankunftszeit an der passenden Stelle der Warteschlange einsortiert werden, und Notfälle sollen ganz nach vorne rücken können.
- Patienten fragen oft nach: „Wie viele sind noch vor mir?" Besonders Ungeduldige lassen sich oft einen Ersatztermin geben und verlassen nach einiger Zeit das Wartezimmer wieder.
- Da es die Arzthelfer bei viel Betrieb gelegentlich auch mal versäumen, jemanden einzutragen, soll geprüft werden können, ob ein Patient überhaupt aufgenommen wurde.

Diese Anforderungen gehen über das hinaus, was die Warteschlange bietet. Wieder müssen Objekte in einer bestimmten Reihenfolge verwaltet werden. Neu ist die Forderung, auf alle verwalteten Knoten zugreifen zu können.

Eine Datenstruktur, die die gewünschten Anforderungen erfüllt, heißt **einfach verkettete Liste** (im Folgenden auch kurz: **Liste**).

Wie die Einstiegsaufgabe zeigt, ist es leicht möglich, diesen Anforderungen gerecht zu werden. Und dabei vereinfacht sich sogar noch die Datenstruktur, weil die Referenz auf das Ende nicht mehr notwendig ist und man über die Nachfolger zum Ende gelangen kann. Objekt- und Klassendiagramm modellieren die neue Datenstruktur.

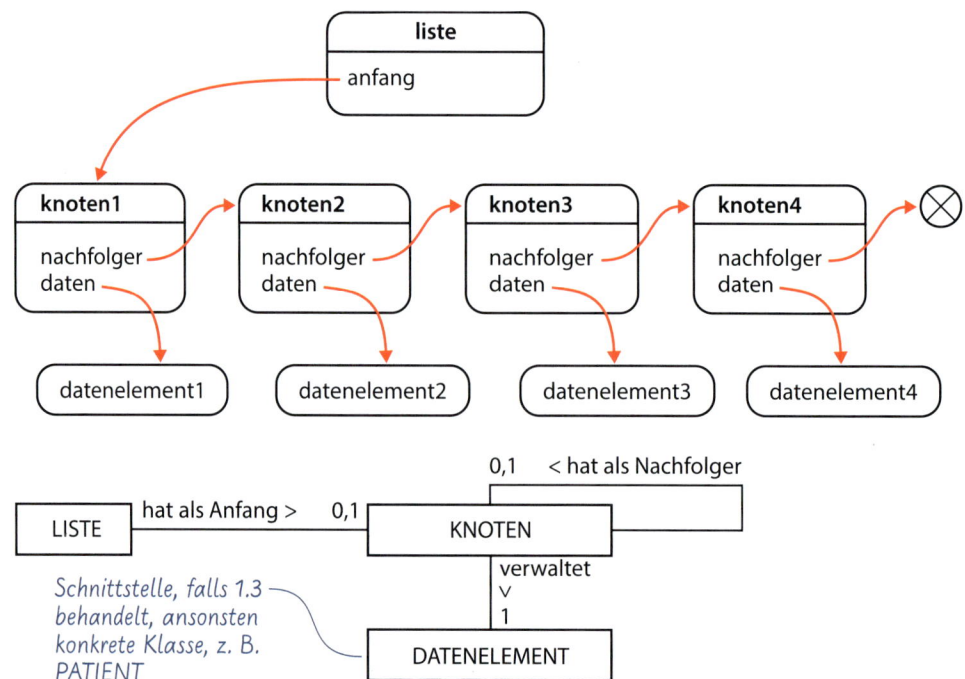

Methoden, die sich selbst aufrufen

Es ist nicht direkt feststellbar, wie viele Datenelemente in der Liste sind, denn das Objekt der Klasse LISTE hat nur auf das erste Element direkten Zugriff. Weder die Liste selbst noch die einzelnen Knoten tragen Information über die Anzahl der Datenelemente (kurz: Länge) der Liste. Ein eigenes Attribut bei der Liste wird auch nicht gewünscht, da die Zahl eine untergeordnete Bedeutung für die Liste hat und die notwendigen Änderungen am Attributwert den Code der betroffenen Methoden unnötig verlängern.

Jeder Knoten hat nur Sicht auf seinen unmittelbaren Nachfolger. Auf die Frage „Wie viele Knoten sind hinter mir?" kann kein Knoten direkt eine Antwort geben – außer dem letzten Knoten, der weiß, dass er keinen Nachfolger hat. Der Zugriff auf die Knoten über die Liste erfolgt aber über den ersten Knoten. Dieser kann die Frage also – wenn er nicht gleichzeitig der letzte ist – nicht direkt beantworten. Er kann die Frage aber an den Nachfolger weiterleiten und so lange warten, bis von diesem eine Antwort kommt.

Kennt auch der Nachfolger die Antwort nicht, kann dieser nichts anderes tun als weiterzufragen. Dies geht so lange, bis der letzte Knoten erreicht ist. Der letzte Knoten kann erkennen, dass er selbst keinen Nachfolger hat, und liefert den Wert 1 an seinen auf Antwort wartenden Vorgänger zurück. Der Vorletzte erhöht den ihm mitgeteilten Wert um eins auf 2 und meldet „2" an den Drittletzten zurück. Dieser zählt wieder eins dazu und gibt „3" als Antwort an den wartenden Vorgänger zurück. Der Vorgang wiederholt sich so lange, bis schließlich der vorderste Knoten die Länge der Liste zurückgibt.

Um bei der Klasse LISTE eine Funktion *LängeGeben* zu erhalten, muss man also zunächst in der Klasse KNOTEN eine Funktion *RestlängeGeben* implementieren. Diese arbeitet nach dem folgenden Schema: Hat das Attribut nachfolger eine leere Referenz, wird der Wert 1 zurückgegeben. Ansonsten wird die Funktion *RestlängeGeben* für den Nachfolger aufgerufen und der Wert, den diese Funktion liefert, wird um eins erhöht.

Die Funktion *LängeGeben* unterscheidet sich von *RestlängeGeben* nur im Referenzattribut und in den Zahlenwerten.

> Als Funktion bezeichnet man eine Methode mit Rückgabewert.

Klasse LISTE
Methode LängeGeben() -> GANZZAHL

```
falls anfang == leer dann
        return 0
sonst
        return anfang.RestlängeGeben()
endefalls
```

Klasse KNOTEN
Methode RestlängeGeben() -> GANZZAHL

```
falls nachfolger == leer dann ——————— Abbruchbedingung
        return 1 ——— Rekursionsende (Abbruchbedingung wahr)
sonst
        return nachfolger.RestlängeGeben()+1 ——— rekursiver Aufruf
endefalls                                     (Abbruchbedingung falsch)
```

Bemerkenswert an der Funktion *RestlängeGeben* ist, dass im Methodenrumpf wiederum ein Aufruf der Methode *RestlängeGeben* notiert ist – die Methode ruft sich selbst (auf einem anderen Objekt) auf. Diese Vorgehensweise nennt man **rekursiv**.

Das Prinzip einer solchen **Rekursion** besteht darin, dasselbe Verfahren auf eine gleichartige Problemsituation anzuwenden (**Rekursionsschritt**), die sich durch jede Anwendung immer stärker vereinfacht (hier: eine immer kürzere Teilliste). Im Verlauf der Abarbeitung wird eine **Abbruchbedingung** erfüllt (hier: `nachfolger == leer`); das **Rekursionsende** ist erreicht und die Lösung (hier: 1) kann direkt zurückgegeben werden.

Im Beispiel wird die Funktion *RestlängeGeben* für immer kürzere Listenteile aufgerufen, bis schließlich der letzte Knoten (ein Listenteil der Länge 1) erreicht ist. Die Abbildung unten zeigt diese Aufrufsequenz. Auf der Basis der direkt lösbaren Problemsituation am Ende der Liste können dann auch die vorherige Situation und im Anschluss daran alle anderen vorhergehenden Situationen (hier jeweils durch Erhöhung des Rückgabewertes um 1) sukzessive gelöst werden.

Grundlegendes zum Sequenzdiagramm ist im Abschnitt „Startklar" beschrieben.

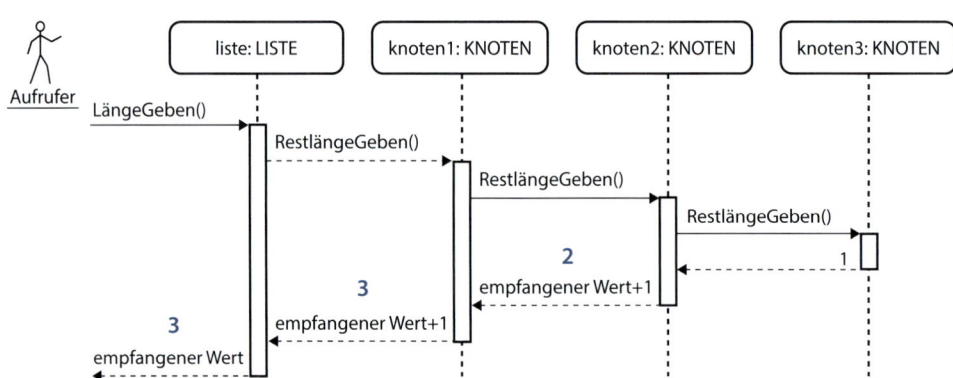

Bemerkung: Rekursion birgt die Gefahr, dass ein Methodenaufruf niemals endet, wenn nicht auf die schrittweise Vereinfachung der Problemsituation geachtet wird.

Eine Liste ist eine verkettete Folge von Knoten, die Referenzen auf den Nachfolger und das verwaltete Datenelement enthalten.

Rekursive Methoden rufen sich selbst so lange auf (**Rekursionsschritt**), bis eine **Abbruchbedingung** erfüllt ist (**Rekursionsende**). Mit jedem Schritt wird dabei ein Problem auf ein gleiches Problem in einer einfacheren Situation übertragen, bis es schließlich lösbar wird. Durch rekursive Methoden ist es möglich, elegant auf alle Elemente der Liste zuzugreifen und die Liste zu verändern.

Aufgaben

1 Hinten einfügen
Die Vorlage der Einstiegsaufgabe liefert die Lösung für die Methode *HintenEinfügen*.
  a Erproben Sie die Objektkommunikation in einem selbst geplanten Rollenspiel bzw. zeichnen Sie einen Comic wie im Lehrtext.
  b Skizzieren Sie ein Sequenzdiagramm für eine Liste, die bereits zwei Elemente enthält.

2 Bestimmung der Länge der Liste
  a Erproben Sie die Objektkommunikation zu der Methode aus dem Lehrtext in einem selbst geplanten Rollenspiel.
  b Implementieren Sie die Methode im Projekt aus der Einstiegsaufgabe des Kapitels.

3 Überblick gewinnen
  a Erstellen Sie ein Klassendiagramm (erweitert auch um Referenzattribute) für die Klassen der Listenstruktur mit allen im Unterricht behandelten Methoden einschließlich Parametern und Rückgabetyp.
  b Ergänzen Sie die Methoden zum Suchen passend zum unten abgebildeten Comic.

4 Suchen in der Liste
Der Comic zeigt das Suchen in Pseudocode-Schreibweise. Analysieren Sie ihn und implementieren Sie die Suche in Ihrem Projekt aus der Aufgabe 2 bzw. 3.

Einschub: Programme Testen

Jede Person, die programmiert, weiß es: Der erste Implementierungsversuch ist selten fehlerfrei, geschweige denn perfekt. Schon in den letzten Jahren haben Sie Kompetenzen in diesem Bereich erworben zur Beseitigung von Kompilierzeitfehlern, Laufzeitfehlern und logischen Fehlern, die im Laufe der Programmentwicklung auftreten. Häufig sind die logischen Fehler am schwierigsten zu finden, da bei ihnen keine Fehlermeldung auftritt.

In den letzten Kapiteln haben Sie wahrscheinlich auch viel getestet: Sie haben einzelne Objekte erzeugt, diese in die Liste eingefügt und dann z. B. über die Objektbeziehungen geprüft, ob die Objekte passend über Referenzen verbunden sind und die Methoden korrekt arbeiten. Möglicherweise kam es dabei zu einem Fehler wie hier:

```
l: LISTE
l = neu LISTE()
l.HintenEinfügen(neu PATIENT("Rainer Zufall"))
l.HintenEinfügen(neu PATIENT("Kurt Zarbeit"))
```

Beim Testen einer **Methode mit Rückgabewert (Funktion)** überlegt man sich vorab, wie die Funktion auf die Eingabe bestimmter Werte korrekt antworten sollte. Stimmt dann beim Ablauf des Tests das Ergebnis der Funktion mit der erwarteten Antwort überein, so gilt der Test als bestanden. In der Regel wird nicht nur ein einziger Methodenaufruf ausgeführt, sondern die Methode für verschiedene Eingabewerte, auch z. B. für den Sonderfall einer leeren Liste getestet.

Tests automatisieren

Es ist mühsam und ermüdend, beim Testen von Hand immer wieder mehrere Objekte zu erzeugen sowie Methoden dieser Objekte aufzurufen, bis alle Fehler beseitigt sind. Um hier Zeit und Mühe zu sparen, kann man je nach Sprache Klassen bzw. Skripte schreiben, die den Testvorgang übernehmen. Die Tests können dann nach jeder Änderung durchgeführt werden, um zu prüfen, ob eine Änderung am Code nicht einen neuen Fehler eingefügt hat. Die folgende Abbildung zeigt eine beispielhafte Testklasse für die obigen von Hand durchgeführten Tests.

Klasse LISTENTEST
Referenzattribut
`l: LISTE`
Methode TestFürLängeGeben()

```
l = neu LISTE()
Konsolenausgabe("Test: Kein Patient in Liste:")
l.InformationAusgeben()
Konsolenausgabe("Test: Länge korrekt?: "+l.LängeGeben()==0)
Konsolenausgabe("Test: Ein Patient in Liste:")
l.HintenEinfügen(neu PATIENT("Rainer Zufall"))
l.InformationAusgeben()
Konsolenausgabe("Test: Länge korrekt?: "+l.LängeGeben()==1)
l.HintenEinfügen(neu PATIENT("Kurt Zarbeit"))
...
```

Konkrete Infos für Ihre Umgebung finden Sie in Videos zum Buch!

Weitere Tipps zum Testen finden Sie im Kapitel 7.4.

Einschub: Prototyping

In den bisherigen Kapiteln haben wir von der Warteschlange ausgehend in mehreren Schritten eine Liste entwickelt. Jedes Zwischenergebnis war ein getestetes und lauffähiges Produkt, jedoch haben Schritt für Schritt die Funktionalitäten zugenommen. Solche funktionsfähigen Zwischenergebnisse bezeichnet man als Prototypen. In der Softwareentwicklung ist Prototyping ein Prozess, bei dem in mehreren Schritten (Iterationen) ein ausgereiftes Produkt entsteht. Dabei fokussiert man sich in jedem Schritt auf die neu zu erstellende Funktionalität und vermeidet unnötige Details. Dadurch entstehen schnell sichtbare Fortschritte, die (auch vom Kunden) getestet werden können.

Prototyp 1
Prototyp 2
Prototyp 3

Vorteile von Prototyping:
- schnell vorzeigbare Zwischenergebnisse
- Feedback (z. B. durch den Kunden) und Neupriorisierung für den nächsten Prototypen möglich
- Durch Tests fallen Fehler in der Konzeption früh auf und sind leichter zu beseitigen, weil das Programm noch kürzer ist.
- Blick auf das Wesentliche!
- Ein abstraktes Ziel wird frühzeitig konkret!
- Verschiedene Ideen können in kurzer Zeit erprobt werden.

4.5 Endprodukt: Liste mit Entwurfsmuster Kompositum

Im beigefügten Projekt wurden alle denkbaren Methoden der Liste umgesetzt.
a Erzeugen Sie ein Objekt der Klasse LISTE und erproben Sie mehrere Methoden, die Sie noch nicht selbst eingesetzt haben.
b Analysieren Sie den Quelltext verschiedener Methoden und formulieren Sie Gemeinsamkeiten der Methoden. Begründen Sie, weshalb es diese Gemeinsamkeiten gibt.

Echt das Letzte!

Bei vielen Methoden aus LISTE und KNOTEN muss man mit bedingten Anweisungen arbeiten: Je nachdem, ob das Ende der Liste erreicht ist oder nicht, reagieren die Methoden unterschiedlich. Um häufige Fallunterscheidungen bezüglich des letzten Elements überflüssig zu machen, bedient man sich eines einfachen, aber wirkungsvollen Tricks: Damit man nicht immer überprüfen muss, ob die Referenz auf den Anfang der Liste oder die Referenz auf den Nachfolger eines Knotens den Wert leer hat, definiert man speziell für das Ende der Liste eine eigene Klasse ABSCHLUSS. Alle anderen Knoten lassen sich weiterhin einheitlich durch die Klasse KNOTEN beschreiben. Der Abschluss verwaltet keine Referenzen, auch nicht auf ein Datenelement.

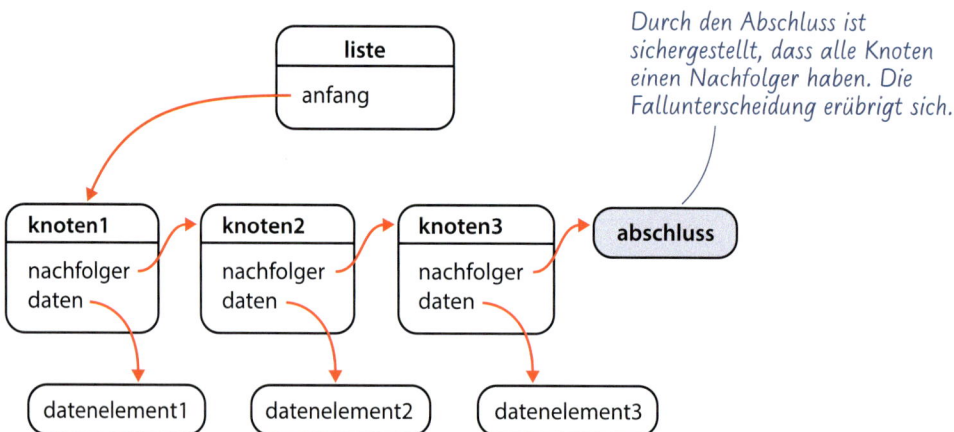

Durch den Abschluss ist sichergestellt, dass alle Knoten einen Nachfolger haben. Die Fallunterscheidung erübrigt sich.

ABSCHLUSS soll nach außen hin die gleichen Methoden wie KNOTEN zur Verfügung stellen; nur im Inneren der Methoden wird der Unterschied zwischen den beiden Klassen erkennbar: Die Methoden der Klasse ABSCHLUSS haben einzig die Aufgabe, zu regeln, was zu tun ist, wenn das Ende der Liste erreicht ist. Diese Aufgabe fällt bei den Methoden der Klasse KNOTEN nun weg.

Um die gemeinsame Struktur der Methoden herauszustellen und zu verwalten, erhalten KNOTEN und ABSCHLUSS eine gemeinsame abstrakte Oberklasse LISTENELEMENT. Der Abschluss bleibt Bestandteil der Liste, auch wenn die Liste leer ist. In diesem Fall referenziert das Attribut anfang den Abschluss. Da der Nachfolger eines Knotens ein Knoten oder ein Abschluss sein kann, führt die rekursive Beziehung von Knoten zu Listenelement.

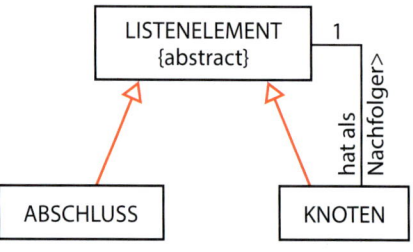

Nicht nur bei der Liste, auch bei vielen anderen Problemstellungen, die elementare Objekte zu größeren Strukturen zusammensetzen, ist diese Strukturierung in zwei Klassen mit einer gemeinsamen abstrakten Oberklasse sinnvoll. Zum Umgang mit solchen immer wiederkehrenden Aufgabenstellungen der Softwareentwicklung gibt es eine Reihe von bewährten Standardlösungen,

sogenannte **Entwurfsmuster** (design patterns). Der beschriebenen Aufteilung liegt das Entwurfsmuster **Kompositum** (composite pattern) zugrunde. Die Grundidee des Kompositums ist, in einer abstrakten Klasse primitive Objekte (hier: Abschluss) und Objekte zusammenzufassen, die wieder mit Objekten in Beziehung stehen, die von der abstrakten Klasse abgeleitet sind. Die beiden Arten von Objekten können dadurch einheitlich behandelt werden.

LängeGeben viel einfacher!

Die veränderte Datenstruktur ermöglicht deutlich einfacheren Code bei vielen Methoden der Liste. Bei der Methode *LängeGeben* der Liste wird etwa die bedingte Anweisung überflüssig, weil auch eine leere Liste ein Abschluss-Listenelement hat und von diesem den Wert 0 erhält.

Auch ein Knoten braucht keine bedingte Anweisung mehr – die rekursiv aufgerufene Methode *RestlängeGeben* referenziert am Ende auf den Abschluss, der als Restlänge immer 0 zurückgibt. Der Knoten kann bei der Restlänge immer 1 addieren, auch als letzter Knoten in der Liste.

Die folgende Tabelle zeigt den deutlich einfacheren Aufbau dieser beiden Methoden, der sich aus der Verwendung der neuen Datenstruktur ergibt.

ohne Kompositum

Klasse LISTE
Methode LängeGeben() -> GANZZAHL

```
falls anfang == leer dann
  return 0
sonst
  return anfang.RestlängeGeben()
endefalls
```

Klasse KNOTEN
Methode RestlängeGeben()-> GANZZAHL

```
falls nachfolger == leer dann
  return 1
sonst
  return nachfolger.RestlängeGeben()+1
endefalls
```

mit Kompositum

Klasse LISTE
Methode LängeGeben() -> GANZZAHL

```
return anfang.RestlängeGeben()
```

Klasse KNOTEN
Methode RestlängeGeben()-> GANZZAHL

```
return nachfolger.RestlängeGeben()+1
```

Klasse ABSCHLUSS
Methode RestlängeGeben()-> GANZZAHL

```
return 0
```

Die Objektkommunikation mit Kompositum zeigt das folgende Sequenzdiagramm für eine Liste der Länge 2:

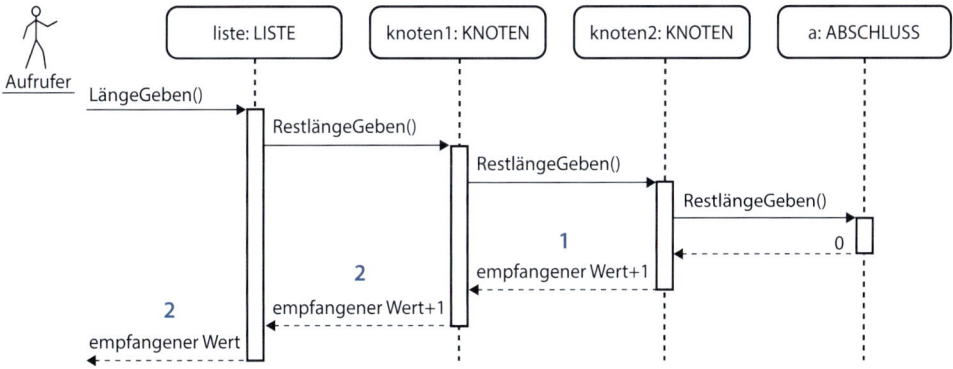

Ein weiteres Beispiel: Entfernen des letzten Knotens

Ein weiteres, komplexeres Beispiel ist das Entfernen des letzten Knotens verbunden mit der Rückgabe des zugehörigen Datenelements. Diese Aufgabe lässt sich in zwei Teile zerlegen:

1 Das Datenelement des letzten Knotens wird ausgehend von der Liste gesucht und an die Liste zurückgegeben.

2 Die Liste lässt den Knoten entfernen, dessen Datenelement es im ersten Schritt empfangen hat und gibt danach das Datenelement zurück.

Beim ersten Schritt gibt es die Schwierigkeit, dass der letzte Knoten nicht weiß, dass er der letzte Knoten ist. Der Abschluss muss diese Aufgabe übernehmen und dafür sorgen, dass die Referenz des letzten Knotens nach vorne durchgereicht wird.

Nach diesen Überlegungen wird der Code selbst aber wieder sehr einfach:

Klasse KNOTEN
Methode EndeGeben(d: DATENELEMENT) -> DATENELEMENT

```
return nachfolger.EndeGeben(daten)
```

Klasse ABSCHLUSS
Methode EndeGeben(d: DATENELEMENT) -> DATENELEMENT

```
return d
```

Der zweite Schritt ist das Entfernen des Knotens, dessen Datenelement die Liste gerade erhalten hat, denn dieses kam vom letzten Knoten. Zurückgeliefert wird jeweils der neue Nachfolger. Jeder Knoten liefert sich selbst zurück, damit er in der Liste bleibt. Nur der letzte Knoten, identifiziert durch sein Datenelement, liefert seinen Nachfolger zurück.

Klasse KNOTEN
Methode KnotenEntfernen(d: DATENELEMENT) -> LISTENELEMENT

```
falls daten == d
dann
 return nachfolger
sonst
 nachfolger = nachfolger.KnotenEntfernen(d)
 return selbst
endefalls
```

Die folgende Abbildung illustriert das Verfahren im Comic:

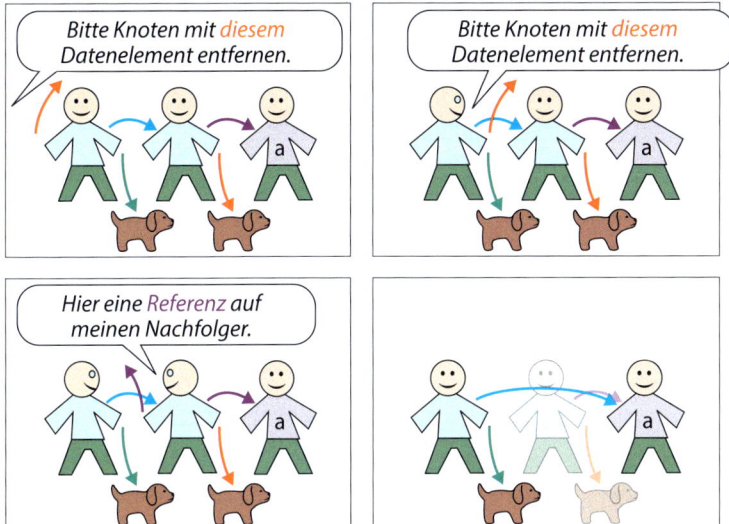

Das folgende Sequenzdiagramm fasst die Objektkommunikation für das Beispiel einer Liste mit zwei Knoten zusammen:

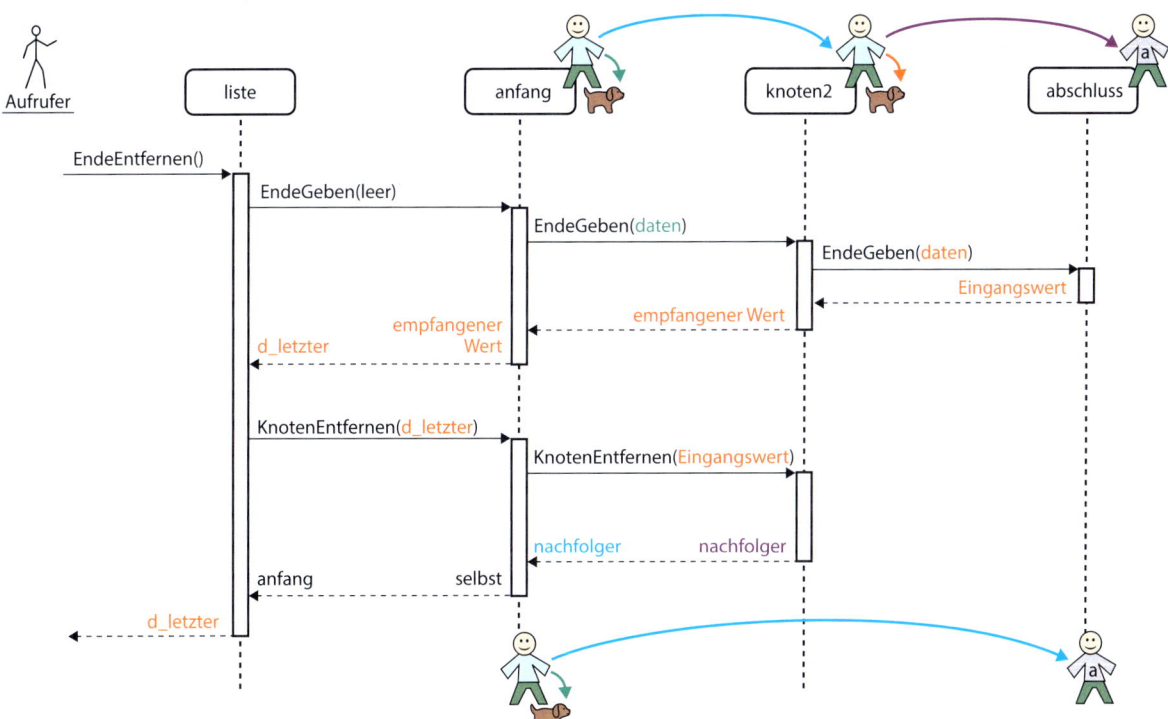

Wenn der letzte Knoten aus einer leeren Liste entfernt werden soll, wird die Methode *KnotenEntfernen* des Abschlusses aufgerufen. In diesem Fall übergibt der Abschluss einfach eine Referenz auf sich selbst und alles bleibt wie gewünscht beim Alten!

Weitere Methoden in der Umsetzung

Das nachfolgende Klassendiagramm, erweitert um Referenzattribute und Datentypen, zeigt die Gesamtstruktur mit weiteren häufig benutzten Methoden der Liste.

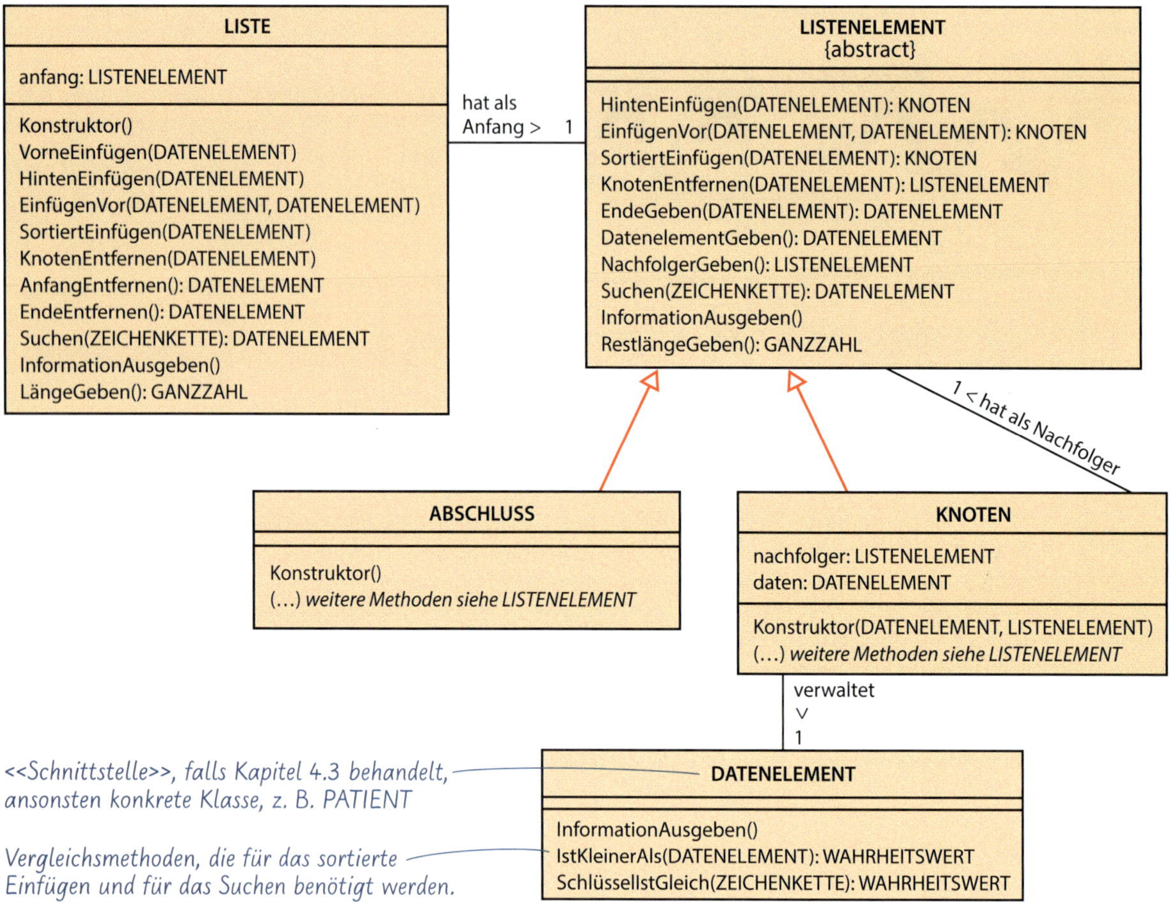

LISTE
anfang: LISTENELEMENT
Konstruktor()
VorneEinfügen(DATENELEMENT)
HintenEinfügen(DATENELEMENT)
EinfügenVor(DATENELEMENT, DATENELEMENT)
SortiertEinfügen(DATENELEMENT)
KnotenEntfernen(DATENELEMENT)
AnfangEntfernen(): DATENELEMENT
EndeEntfernen(): DATENELEMENT
Suchen(ZEICHENKETTE): DATENELEMENT
InformationAusgeben()
LängeGeben(): GANZZAHL
hat als Anfang > 1
LISTENELEMENT {abstract}
HintenEinfügen(DATENELEMENT): KNOTEN
EinfügenVor(DATENELEMENT, DATENELEMENT): KNOTEN
SortiertEinfügen(DATENELEMENT): KNOTEN
KnotenEntfernen(DATENELEMENT): LISTENELEMENT
EndeGeben(DATENELEMENT): DATENELEMENT
DatenelementGeben(): DATENELEMENT
NachfolgerGeben(): LISTENELEMENT
Suchen(ZEICHENKETTE): DATENELEMENT
InformationAusgeben()
RestlängeGeben(): GANZZAHL
1 < hat als Nachfolger
ABSCHLUSS
Konstruktor()
(...) weitere Methoden siehe LISTENELEMENT
KNOTEN
nachfolger: LISTENELEMENT
daten: DATENELEMENT
Konstruktor(DATENELEMENT, LISTENELEMENT)
(...) weitere Methoden siehe LISTENELEMENT
verwaltet
v
1
<<Schnittstelle>>, falls Kapitel 4.3 behandelt, ansonsten konkrete Klasse, z. B. PATIENT
DATENELEMENT
InformationAusgeben()
IstKleinerAls(DATENELEMENT): WAHRHEITSWERT
SchlüsselIstGleich(ZEICHENKETTE): WAHRHEITSWERT
Vergleichsmethoden, die für das sortierte Einfügen und für das Suchen benötigt werden.

Wird das Ende einer Liste von einem Objekt der Klasse ABSCHLUSS markiert, gelingt eine besonders einfache Umsetzung der Methoden. Bewährte Standardlösungen in der Softwareentwicklung werden **Entwurfsmuster** genannt. Das Entwurfsmuster **Kompositum** hat für die Listenstruktur die nebenstehende Form.

LISTENELEMENT {abstract}
1
hat als Nachfolger>
ABSCHLUSS
KNOTEN

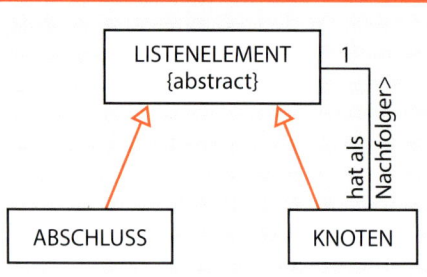

Aufgaben

1 Von der Warteschlange zur Liste
Die Prototypen in Kapitel 4.1 – 4.4 waren Vorbereitung für das zentrale abiturrelevante Kapitel 4.5, in dem die Liste voll ausgebaut ist. Stellen Sie die wesentlichen Denkschritte geeignet zusammen (z. B. Cheatsheet oder Mindmap).

2 Kompositum in anderen Anwendungen
Das Entwurfsmuster Kompositum lässt sich auch in anderen Kontexten anwenden.
Zeichnen Sie jeweils ein passendes Klassendiagramm:
- **a** Ein Geschenkartikelhersteller produziert Geschenkartikel und auch Kartons zur Verpackung. Sowohl Geschenkartikel als auch Kartons sind also Produkte.
- **b** Dateisystem mit den Klassen DATEISYSTEMELEMENT, ORDNER, DATEI
- **c** Beschreiben Sie den Sachkontext der nachfolgenden Grafik. Begründen Sie, an welchen Stellen abstrakte Klassen gewählt werden sollten. Erläutern Sie, wo das Entwurfsmuster Kompositum zu finden ist.

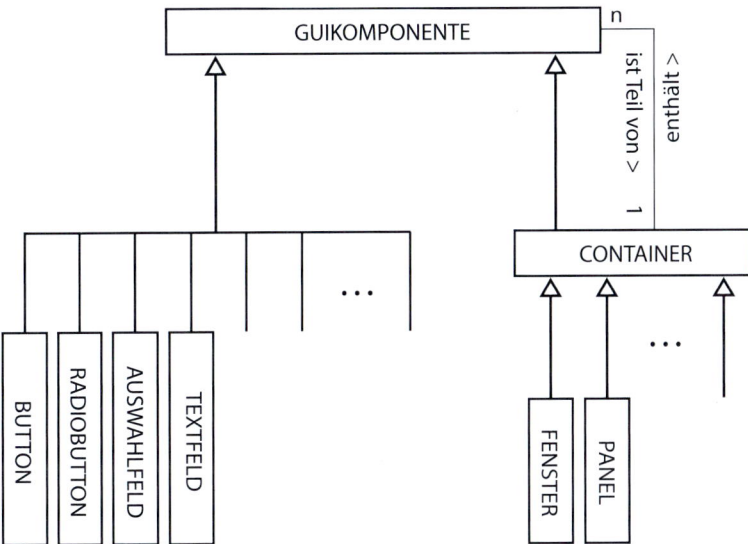

Das Verständnis der Liste mit Kompositum ist zentral für die Weiterarbeit im Kapitel 2 und auch für die Vorbereitung auf das Abitur. Es lohnt sich daher besonders, die zentralen Aufgaben 3 – 11 selbständig (gerne auch im Pair Programming) und konzentriert zu bearbeiten. Nutzen Sie dabei die Chance, offene Fragen mit Mitschülerinnen und Mitschülern und der Lehrkraft zu diskutieren! Wenn Sie schnell sind, suchen Sie nach alternativen Implementierungen.

3 Grundstruktur des Kompositums
- **a** Implementieren Sie die Grundstruktur der Liste nach dem Entwurfsmuster Kompositum mit allen Konstruktoren ohne weitere Methoden. Orientieren Sie sich dabei am Klassendiagramm auf der Vorseite. Die leere Liste erhält schon im Konstruktor einen Abschluss als Anfang der Liste. Wählen Sie ein geeignetes Anwendungsszenario (z. B. Arztpraxis).

b Implementieren Sie die (besonders einfache, weil nichtrekursive) Methode *VorneEinfügen(DATENELEMENT d)*. Diese wird nur in der Klasse LISTE implementiert. Die LISTE erzeugt einen neuen Knoten, der den bisherigen Anfang der Liste als Nachfolger und das übergebene d als Daten erhält. Dieser Knoten wird als neuer Anfang gesetzt.

c Erstellen Sie eine Testklasse mit mindestens drei Knoten und testen Sie damit, ob die Methode *VorneEinfügen* korrekt arbeitet.

4 Bestimmung der Länge der Liste

a Erproben Sie die Objektkommunikation zu der im Lehrtext beschriebenen Längenbestimmung in einem selbst geplanten Rollenspiel.

b Implementieren Sie die Methoden im Projekt aus Aufgabe 3. Testen nicht vergessen!

c Skizzieren Sie ein Sequenzdiagramm für eine Liste mit zwei Knoten beim Aufruf von *LängeGeben*.

5 Ende entfernen

a Erproben Sie die Objektkommunikation zu der im Lehrtext beschriebenen Methode *EndeEntfernen* in einem selbst geplanten Rollenspiel.

b Implementieren Sie die Methoden im Projekt aus Aufgabe 3. Testen nicht vergessen!

c Für Schnelle: Formulieren Sie eine alternative Implementierung unter Nutzung von *LängeGeben()*.

6 Anfang entfernen

a Zur Vorbereitung der Methode *AnfangEntfernen() -> DATENELEMENT* benötigen Sie die Standard-Getter-Methoden *DatenelementGeben()* und *NachfolgerGeben()* in der Klasse KNOTEN. Der ABSCHLUSS benötigt diese Methoden auch; es können leer-Werte zurückgegeben werden. In der Oberklasse sind die Methoden abstrakt. Implementieren Sie die Methoden.

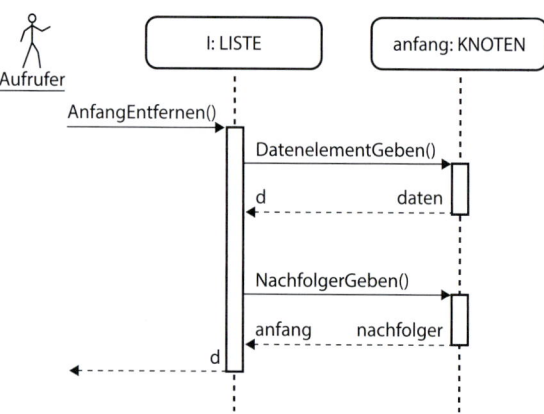

b Diskutieren Sie die durch nebenstehendes Sequenzdiagramm beschriebene Objektkommunikation. Begründen Sie, welche der auftretenden Variablen Referenzattribute, welche lokale Variablen sind.

c Implementieren Sie die Methode *AnfangEntfernen* und testen Sie, auch im Fall einer leeren Liste.

7 Information ausgeben

Die Methode *InformationAusgeben()* der Liste soll dafür sorgen, dass auf rekursivem Wege über die Knoten für alle Datenelemente die gleichnamige Methode aufgerufen wird, die auf der Konsole die Attributwerte ausgibt.

a Skizzieren Sie ein Sequenzdiagramm für eine Liste mit zwei Knoten und Datenelementen. Abschluss nicht vergessen!

b Implementieren Sie *InformationAusgeben* in allen beteiligten Klassen. Testen Sie!

c Variieren Sie die Methode so, dass die Information in umgekehrter Reihenfolge der Knoten ausgegeben wird. Tipp: Es genügt, zwei Codezeilen zu vertauschen.

8 Hinten einfügen

a Am Ende der Liste soll ein neues Datenelement eingefügt werden. Gegeben ist der nachfolgende Pseudocode in der Klasse ABSCHLUSS. Geben Sie an, was der Vorgänger des Abschlusses mit dem Rückgabewert machen muss.

> **Klasse ABSCHLUSS**
> **Methode HintenEinfügen(d: DATENELEMENT) -> KNOTEN**
>
> ```
> return neu KNOTEN(d, selbst)
> ```

b Die Klasse KNOTEN benötigt den gleichen Methodenkopf wie ABSCHLUSS. Begründen Sie, was der Knoten zurückgeben muss.

c Planen Sie ein Rollenspiel für die Objektkommunikation und führen Sie dieses durch.

d Implementieren Sie die Methode *HintenEinfügen* in allen Klassen der Listenstruktur.

9 Einfügen vor einem bestimmten Datenelement

Der folgende Comic zeigt die Objektinteraktion, wenn ein Datenelement vor einem bestimmten anderen in die Liste aufgenommen werden soll. Der Abschluss ist der Einfachheit halber weggelassen.

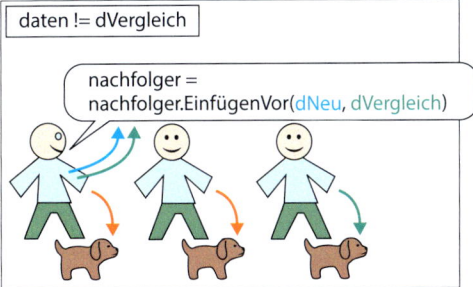
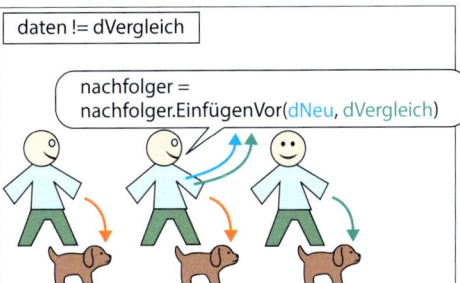
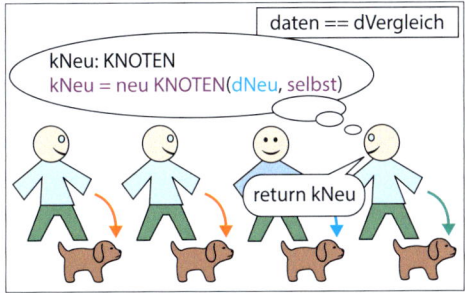

a Erarbeiten Sie (z. B. nach dem Verfahren Think – Pair – Share) den Pseudocode der Klasse KNOTEN und legen Sie eine geeignete Strategie fest, wenn die Methode für das Abschlussobjekt aufgerufen wird.

b Implementieren Sie die erforderlichen Methoden in allen Klassen der Listenstruktur.

10 Suche

Die Methode *Suchen(ZEICHENKETTE schlüssel) -> DATENELEMENT* sucht ein Datenelement mit einem bestimmten Schlüsselwert und gibt dieses zurück. Ein Datenelement muss dazu eine passende Vergleichsmethode *SchlüsselIstGleich(ZEICHENKETTE schlüssel) -> WAHRHEITSWERT* bereitstellen. Implementieren Sie die passenden Methoden.

11 Sortiertes Einfügen

Das sortierte Einfügen funktioniert ähnlich wie das Einfügen vor einem bestimmten Datenelement, nur die Vergleichsmethode ist eine andere. Das Datenelement benötigt eine Methode *IstKleinerAls(DATENELEMENT) -> WAHRHEITSWERT,* die den Vergleich zweier Datenelemente ermöglicht.

> java.lang.String:
> ```
> int compareTo(String)
> "Alm".compareTo("Zoo")=-25<0
> "Udo".compareTo("Udo")=0
> "Zug".compareTo("Zahn")=20>0
> ```
> Python, Swift:
> übliche Vergleichsoperatoren

Für Zahlenwerte ist der Vergleich mit dem üblichen Vergleichsoperator „<" möglich. Für Zeichenketten stellen die Programmierbibliotheken geeignete Vergleichsmethoden bzw. Operatoren bereit (Beispiele siehe Kasten).

Implementieren Sie die Methoden in der Listenstruktur.

12 Wechsel des Anwendungsbeispiels

→ 4.3

Erproben Sie die erstellte Liste in einem anderen Anwendungskontext, den Sie bereits genutzt haben (Diashow, Audio- bzw. Videoplayer, Snake...). Vereinfachen Sie den Wechsel ggf. durch Verwendung einer Schnittstelle.

13 Ärztliche Gemeinschaftspraxis

In einer ärztlichen Gemeinschaftspraxis kann man entscheiden, ob man zu einem bestimmten Arzt oder einer bestimmten Ärztin will oder ob es egal ist, von wem man behandelt wird. Beim Aufrufen des nächsten Patienten werden nur diejenigen berücksichtigt, die nicht zu anderen Ärztinnen und Ärzten wollen.

Entwerfen Sie ein Programm unter Verwendung der Grundstruktur (nach Aufgabe 11).

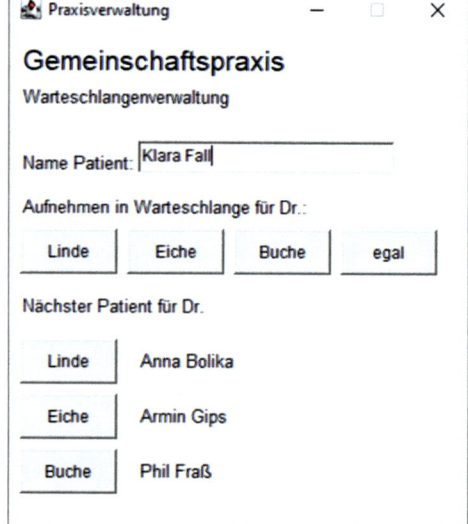

14 Lotto

Im beigefügten Projekt soll eine sortierte Liste mit Lottozahlen erzeugt werden. Korrigieren Sie vorhandene Fehler und diskutieren Sie auch, welche Möglichkeiten zur Vereinfachung des Projekts bestehen und welche Vor- und Nachteile diese haben.

15 Klassenliste

Erstellen Sie auf der Basis der Grundstruktur (nach Aufgabe 11) ein Programm zum Erfassen und Ändern einer Klassenliste. Die Liste soll zuerst nach Nachname, dann nach Vorname sortiert werden.

16 Fußball-Bundesliga

In der Fußball-Bundesliga erhält eine Mannschaft für einen Sieg drei Punkte, für ein Unentschieden einen Punkt. Erstellen Sie ein Programm auf der Basis der Grundstruktur (nach Aufgabe 11), mit dem es möglich ist, den Punktestand jeder Mannschaft zu speichern und die Punkte eines neuen Spieltages hinzuzurechnen. Nach jeder neuen Eingabe soll die Liste sortiert sein.

17 Snake – Level 2 (Projektaufgabe)

Im Level 2 des Spiels Snake laufen Mäuse über den Bildschirm und werden von der Schlange als neue Glieder aufgenommen, wenn sie an beliebiger Stelle auf das Tier treffen. Daneben fahren auch Autos über das Spielfeld und können den hinteren Teil der Schlange entfernen; der vordere Teil bewegt sich weiter.

Entwerfen Sie in Gruppen ein Modell auf der Basis von Level 1 (siehe S. 191, Aufgabe 5) und setzen Sie dieses um. Konkretisieren Sie dabei die Aufgabenstellung, wo dies notwendig erscheint.

18 Nachträgliches Sortieren durch Einfügen

Eine unsortierte Liste soll nachträglich sortiert werden. Der rekursive Algorithmus *NachträglichSortieren* arbeitet nach dem folgenden Prinzip:

- Eine Liste der Länge 1 ist immer sortiert.
- Von einer längeren Liste wird das vordere Datenelement entfernt. Für die verbleibende Liste wird *NachträglichSortieren* aufgerufen. Ist dies geschehen, wird das zuvor entfernte Element sortiert eingefügt.

Setzen Sie den beschriebenen Algorithmus um und testen Sie!

19 Forschungsauftrag: Liste – iterativ!

a Der folgende Pseudocode zeigt eine iterative Formulierung der Methode *LängeGeben*. Implementieren Sie die Methode in Ihrer Listen-Grundstruktur. Vergleichen Sie die Methode mit der rekursiven Methode *LängeGeben* und erörtern Sie Vor- und Nachteile beider Implementierungen.

```
Klasse LISTE
Methode LängeGeben2() -> GANZZAHL

i: GANZZAHL
i = 0
nächster: KNOTEN
nächster = anfang
solange nicht (nächster istein Abschluss)
  i = i + 1
  nächster = nächster.NachfolgerGeben()
endesolange
return i
```

b Erstellen Sie bei weiteren Methoden eine alternative iterative Lösung.

20 Forschungsauftrag: Weitere Datenstrukturen

Neben den bereits bekannten bzw. demnächst behandelten Datenstrukturen Feld, Warteschlange, Liste und Baum gibt es zahlreiche weitere. Informieren Sie sich über Hash Maps und Dictionaries (Struktur, Einsatzgebiete, Stärken/Schwächen, ...) und stellen Sie die Erkenntnisse zusammen (z. B. Cheatsheet, Präsentation, ...).

4.6 Stapel und Warteschlange: Spezialformen der Liste

 Im beigefügten Projekt finden Sie eine Implementierung der Warteschlange von Grund auf sowie eine Implementierung unter Nutzung der Liste.

a Korrigieren und ergänzen Sie die Implementierung unter Nutzung der Liste, so dass sie korrekt arbeitet.

b Testen Sie die beiden Varianten und überzeugen Sie sich, dass sie identisch arbeiten.

c Vergleichen Sie den Code und diskutieren Sie Vor- und Nachteile beider Implementierungen.

Methoden lassen sich stapeln

Rekursive Methodenaufrufe wurden als eleganter Weg bei der Arbeit mit Listen vorgestellt.

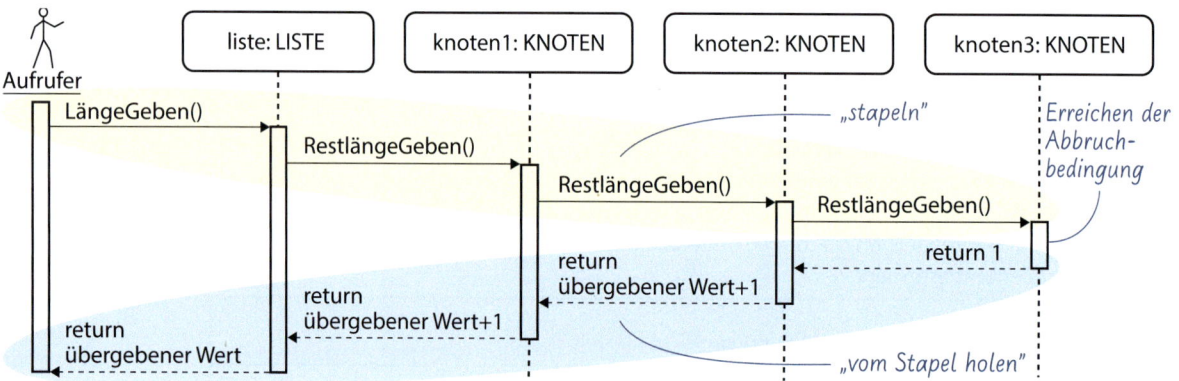

In der Abbildung, die eine Aufrufsequenz aus Kapitel 1.4 beschreibt, ruft die Liste die Methode *RestlängeGeben* für knoten1 auf. Dann muss sie auf Antwort von knoten1 warten, um nach Erhalt dieser Antwort die Methode *LängeGeben* zu beenden. Ebenso ergeht es knoten1, wenn er auf die Rückmeldung seines Nachfolgers wartet.

Man kann sich dies so vorstellen: Nacheinander werden die aufgerufenen Methoden mit allen zugehörigen Informationen oben auf einen **Stapel** gelegt (Abbildung unten). Eine aufrufende Methode verharrt so lange inaktiv auf dem Stapel, bis die darüberliegende aufgerufene Methode ihre Arbeit beendet hat. Dann ist die aufrufende Methode selbst wieder ganz oben auf dem Stapel und kann ihre Ausführung fortsetzen.

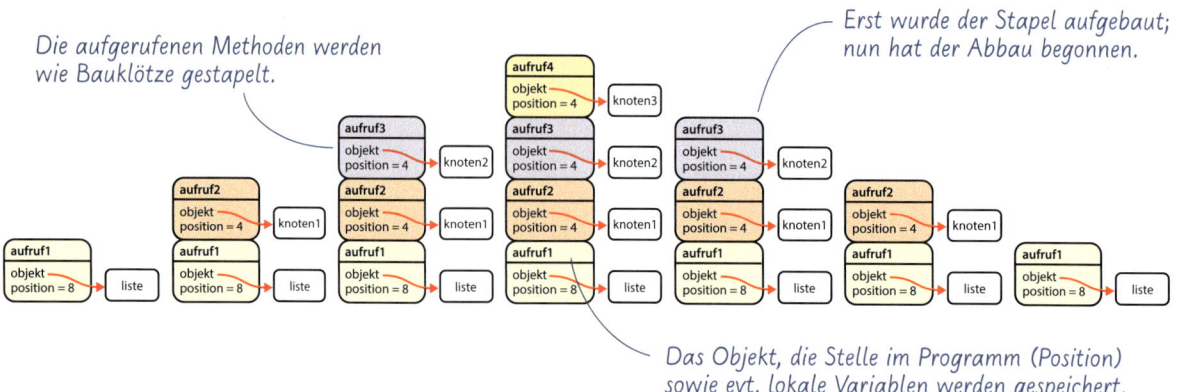

Damit diese Fortsetzung korrekt funktionieren kann, muss gespeichert sein, welches Objekt die Methode ausführt und an welcher Stelle (d. h. in welcher Zeile) der Methode die Ausführung unterbrochen wird. Nutzt die Methode lokale Variablen, so muss auch deren Zustand festgehalten werden. Erst wenn die ursprünglich als erstes aufgerufene Methode vollständig ausgeführt ist, verschwindet auch diese vom Stapel.

Diese stapelartige Abarbeitung lässt sich bei allen geschachtelten Methodenaufrufen beobachten, nicht nur bei rekursiven: Erst muss die aufgerufene Methode beendet werden, dann kann die aufrufende Methode ihre Tätigkeit fortsetzen.

→L7

Weitere Anwendungen von Stapelstrukturen

Stapel werden immer dann benötigt, wenn die Ausgabe von Objekten in umgekehrter Reihenfolge zur Aufnahme der Objekte erfolgt (→LIFO-Prinzip). Typische Beispiele sind:

→LIFO: last in, first out

- Verwaltung eines Lagers, bei dem Artikel auch real übereinandergestapelt werden.
- Organisation eines Rangierbahnhofs, bei dem Waggons auf Abstellgleisen geeignet sortiert werden müssen
- Stapel werden auch benötigt, wenn ein Term mit Klammerausdrücken ausgewertet oder auf Korrektheit geprüft werden soll. Zum Weiterlesen 1 beschreibt dies an einem Beispiel.

→L7

Umsetzung des Stapels

Die Umsetzung eines Stapels in eine geeignete Datenstruktur ist nicht wesentlich komplizierter als im betrachteten Modell: Man benötigt eine Referenz, die auf das oberste Element des Stapels zeigt. Jedes Stapelelement referenziert das darunter liegende. Zum Zugriff auf den Stapel sind nur einfache Methoden erforderlich, die es erlauben, ein Element oben auf den Stapel zu legen und dieses wieder vom Stapel zu entfernen.

Ein Stapel könnte ähnlich realisiert werden wie die Warteschlange in den ersten Kapiteln. Der einzige Unterschied wäre, dass das Einfügen nun am Anfang und nicht am Ende benötigt würde und dass man deshalb keine Referenz auf das Ende braucht. Der Aufwand für die Umsetzung bliebe aber im Wesentlichen der gleiche.

Eine wesentliche Arbeitsersparnis ergibt sich dagegen bei einem Rückgriff auf die Liste. Vergleicht man die benötigten Methoden von Stapel und Liste, so erkennt man, dass die Methoden des Stapels eine echte Teilmenge der Methoden der Liste sind. Der Stapel ist somit eine Spezialform der Liste. Dies lässt sich am einfachsten realisieren, indem der Stapel ein Referenzattribut vom Typ LISTE nutzt und in den benötigten Methoden die entsprechenden Methoden des Listenobjekts aufruft.

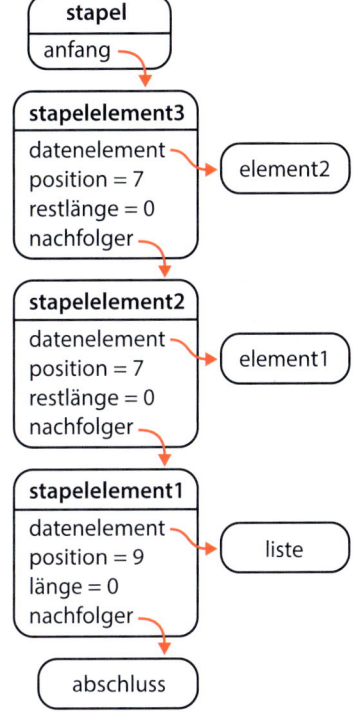

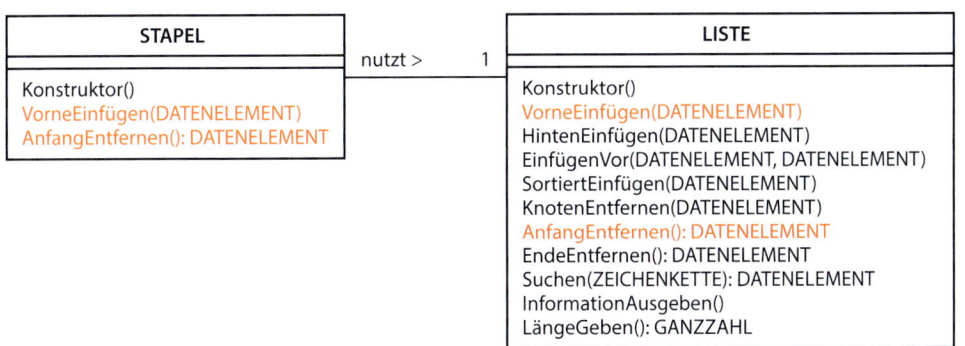

In analoger Weise kann bei vorhandener Implementierung der Liste die Warteschlange erstellt werden, die die Methoden *HintenEinfügen* und *AnfangEntfernen* bereitstellt.

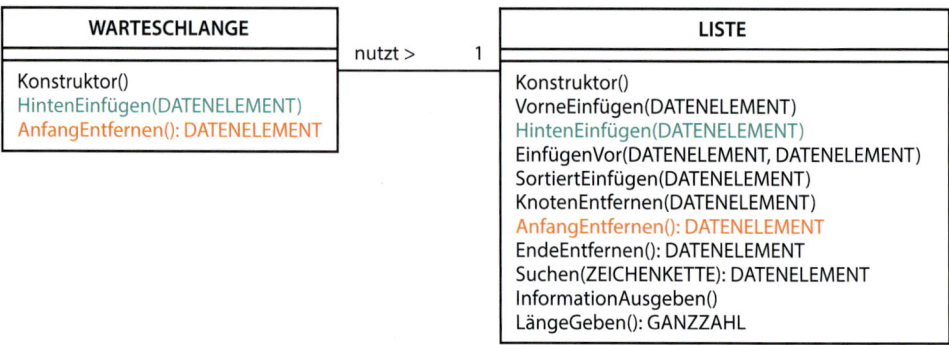

Die Datenstruktur **Stapel** kann Objekte aufnehmen und in entgegengesetzter Reihenfolge zur Aufnahme ausgeben.

Unter Nutzung der Datenstruktur Liste können Warteschlange und Stapel sehr einfach implementiert werden.

Aufgaben

1 Methoden lassen sich stapeln

Die folgende Methode wird für ein Objekt fakultätsberechnung mit dem Wert 4 aufgerufen. Entwickeln Sie ein Stapelmodell wie in der unteren Abbildung auf Seite 42.

```
1   methode Fak(x: GANZZAHL): GANZZAHL
2     falls x == 1 dann
3         return 1
4     sonst
5         return Fak(x-1)*x
6     endefalls
7   endemethode
```

2 Termauswertung

Lesen Sie Zum Weiterlesen 1.

Zur Berechnung einer Zufallszahl zwischen 1 und 6 dient die Formel:

SUMME(GANZZAHL(PRODUKT(ZUFALLSZAHL();6));1)

Skizzieren Sie den Verlauf von Operanden- und Operatorenstapel unter der Annahme, dass ZUFALLSZAHL() den Wert 0,3 liefert.

→ L7

3 Arztpraxis mit elektronischer Patientenakte

Bisher wurde von den Patienten vereinfachend nur der Name gespeichert. In der elektronischen Patientenakte sollen nun außerdem alle Behandlungsdaten gespeichert werden.

a Begründen Sie, weshalb das Speichern der Behandlungsdaten in einem Stapel aus Sicht des Behandelnden besonders geeignet ist, um einen schnellen Überblick über den Patienten zu gewinnen.

b Erweitern Sie das Projekt so, dass der Patient über eine elektronische Patientenakte verfügt, die auch komplett (z. B. auf der Konsole) ausgegeben werden kann.

4 Güterbahnhof

Auf einem Rangierbahnhof befinden sich drei Abstellgleise, auf denen Züge aus Waggons zusammengestellt werden können. Wichtigste Information zu jedem Waggon ist sein Zielbahnhof.

a Begründen Sie, weshalb ein Stapel ein geeignetes Modell für ein Abstellgleis ist.

b Entwickeln Sie ein Programm, das es erlaubt, neue Waggons zu erzeugen, Waggons wahlweise auf eines der drei Abstellgleise zu schieben und Waggons von dort zu entfernen.

c (Projektmöglichkeit) Gestalten Sie eine geeignete Benutzerumgebung für das Programm. Überlegen Sie sich selbst sinnvolle Erweiterungen und setzen Sie diese um.

5 Cheese-Champions (aus 17. Bundeswettbewerb Informatik)

Prof. Grips will die Durchsetzungsfähigkeit einzelner Mäuse einer Mäusekolonie feststellen. Dazu hat er die folgende Versuchsanordnung entworfen: Ausgehend von einem unterirdischen Gang gräbt er in einem spitzen Winkel einen Ausgang zur Oberfläche, an dessen Ende er ein Stück duftenden Käse deponiert. Die Mäuse der Kolonie kommen direkt hintereinander von links in den unterirdischen Gang und wollen durch den Abzweig zum Käse. Da der Gang zum Käse in einem spitzen Winkel abzweigt, muss jede Maus erst über den Abzweig hinaus weiter in den Gang hineinlaufen. Dann dreht sie sich um und hat möglicherweise ein Problem: Sie stößt auf die nachfolgende Maus, die ebenfalls in den rechten Abschnitt möchte.

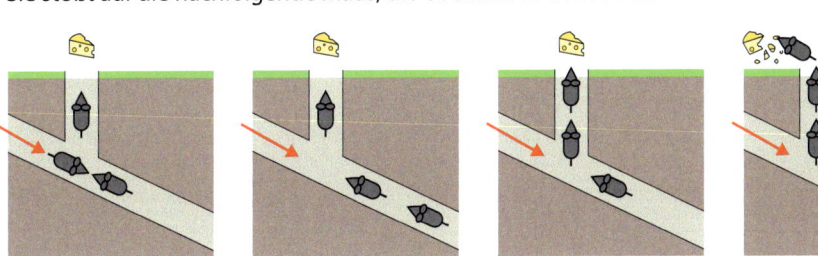

Präziser gelten die folgenden Regeln für das Erreichen des Käses:

- Jede Maus muss zuerst an der Abzweigung vorbei.
- Wenn sie im rechten Teil nach der Abzweigung ist, kann sie entweder den Zweikampf gegen die nachfolgende Maus gewinnen und so in die Abzweigung gelangen oder sie wird weiter in den unterirdischen Gang geschoben. Die nachfolgende Maus wird dann in einen Zweikampf mit der ihr nachfolgenden Maus verwickelt.

Prof. Grips nummeriert die Mäuse in der Reihenfolge, in der sie in den Gang hineinlaufen, mit 1, 2, 3, ... und beobachtet, in welcher Reihenfolge sie beim Käse ankommen.

a Schreiben Sie ein Programm, das aus der beobachteten Reihenfolge, in der die Mäuse beim Käse ankommen, die Anzahl der gewonnenen Zweikämpfe für jede Maus berechnet und ausgibt.

b Zusätzlich soll Ihr Programm nicht realisierbare Austrittsreihenfolgen erkennen und zurückweisen (wie z. B. die Austrittsreihenfolge 3, 1, 2).

Teste dich selbst

T1 Richtig oder falsch?
Beurteilen Sie, ob folgende Aussagen richtig oder falsch sind. Begründen Sie Ihre Meinung bei falschen Aussagen und geben Sie eine berichtigte Aussage an:
a Durch eine Liste lässt sich eine 1:n-Beziehung realisieren.
b Eine Datenstruktur ist immer dann rekursiv, wenn sie rekursive Methoden besitzt.
c Die Trennung von Struktur und Daten geschieht durch Aufteilung der Klasse KNOTEN in KNOTEN und ABSCHLUSS.
d Im Entwurfsmuster Kompositum besitzt die abstrakte Oberklasse LISTENELEMENT die gleichen Methoden wie KNOTEN und ABSCHLUSS: Alle diese Methoden sind in der Oberklasse abstrakt.
e Das Stapelprinzip an sich ist unnötig, weil es ungerecht ist. Wenn man sich irgendwo als Erster anstellt, will man ja auch nicht als Letzter bedient werden.

T2 Ich check 's, dank deiner Hilfe!
Ferdi hat im Unterricht nicht gut aufgepasst und braucht dringend Ihre Nachhilfe vor der alles entscheidenden letzten Prüfung. Helfen Sie ihm, indem Sie ihm die folgenden Begriffe erklären und zeigen, wie man damit umgeht: Liste, Warteschlange, Trennung von Struktur und Daten, rekursive Methode, Entwurfsmuster Kompositum, Stapel.

T3 Schulverwaltungssoftware (aus Abitur 2022)
Die Schule bietet verschiedene Wahlkurse an, die als Objekte der folgenden Klasse WAHL-KURS verwaltet werden:

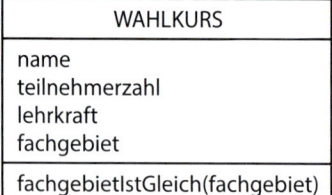

Die Methode *fachgebietIstGleich(fachgebiet)* gibt *wahr* zurück, wenn das als Parameter übergebene Fachgebiet mit dem Wert des Attributs *fachgebiet* übereinstimmt, ansonsten *falsch*.

Die Wahlkurse werden in einer einfach verketteten Liste gemäß folgendem Klassendiagramm verwaltet:

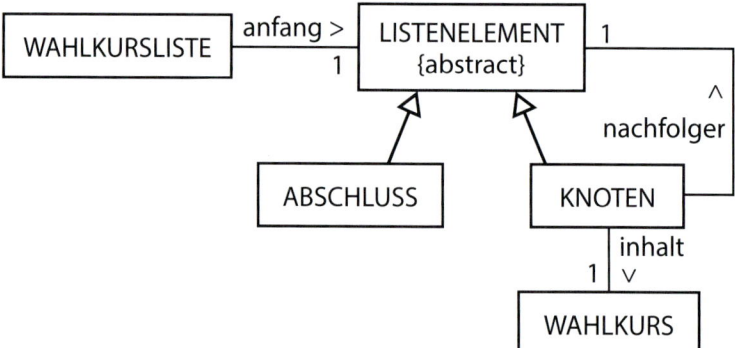

a […] Erläutern Sie […], warum es sinnvoll ist, dabei das Entwurfsmuster Kompositum zu verwenden, und stellen Sie dar, inwiefern bei der gegebenen Umsetzung die Trennung von Struktur und Daten berücksichtigt wurde.
b In der Klasse WAHLKURSLISTE sollen folgende Methoden zur Verfügung stehen:
• *anzahlKurseGeben(fachgebiet)* gibt die Anzahl der Wahlkurse des übergebenen Fachgebiets zurück.

- *zuKleineKurseLoeschen(minTeilnehmerzahl)* entfernt sämtliche Wahlkurs-Objekte aus der Liste, deren Teilnehmerzahl unter der übergebenen Mindestteilnehmerzahl liegt.

Notieren Sie […] eine Implementierung aller Klassen der Listenstruktur sowie eine mögliche Implementierung der beiden oben aufgeführten Methoden und aller dazu nötigen Methoden in der Listenstruktur (ohne Konstruktoren). Verwenden Sie so weit wie möglich das Prinzip der Rekursion.

Dabei können Sie davon ausgehen, dass die oben gegebene Klasse WAHLKURS einschließlich der Methoden zum Geben und Setzen der Attributwerte bereits vollständig implementiert ist.

c Die Schulverwaltungssoftware ermöglicht es, dass verschiedene Personen Wahlkurslisten gemäß der gegebenen Listenstruktur erstellen, die anschließend in eine Gesamtliste zusammengeführt werden. Dazu soll eine rekursive Methode *hintenEinfuegen(wahlkursliste)* zur Verfügung stehen, welche die in der übergebenen Liste *wahlkursliste* enthaltenen Wahlkurse hinten an jene Liste anhängt, von der die Methode ausgeführt wird.

Stellen Sie für eine mögliche Implementierung den Ablauf des Methodenaufrufs *wkliste1.hintenEinfuegen(wkliste2)* in einem Sequenzdiagramm dar, wobei *wkliste1* zwei Knoten *knoten1* und *knoten2* verwaltet. Sie können davon ausgehen, dass Methoden zum Geben und Setzen von Attributwerten zur Verfügung stehen.

T4 Burning Man (aus Abitur 2021)

Um die Veranstaltungen des Festivals zeitlich gut aufeinander abstimmen zu können, sind pro Tag vier feste, sich nicht überlappende Zeitfenster vorgegeben, in denen Veranstaltungen stattfinden. Die Tage des Festivals sind von 1 bis 9 durchnummeriert, die Zeitfenster von 1 bis 4. Besucher des Festivals können Veranstaltungen online buchen. Die von einem Besucher gebuchten Veranstaltungen werden in einer sortierten Liste gespeichert, wobei die Sortierung zunächst aufsteigend nach Tag und dann aufsteigend nach Zeitfenster erfolgt. Es ist nicht ausgeschlossen, dass mehrere Veranstaltungen gebucht werden, die gleichzeitig stattfinden. Die Liste basiert auf folgendem Klassendiagramm:

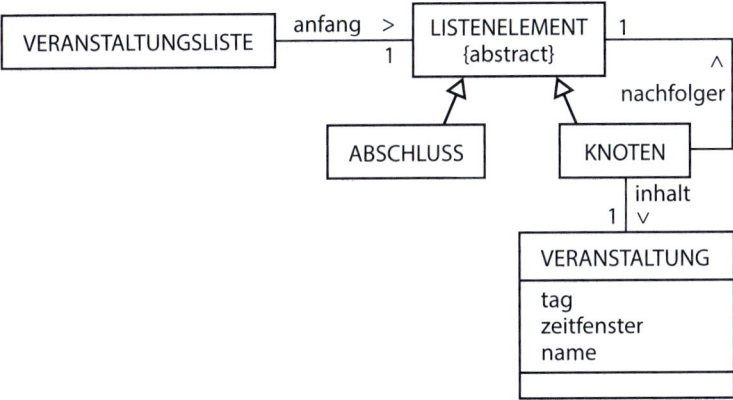

Die Klasse VERANSTALTUNG kann einschließlich der Standardmethoden zum Lesen und Setzen von Attributwerten als implementiert vorausgesetzt werden.

a Die Klasse VERANSTALTUNGSLISTE soll folgende Methoden besitzen:
- *sortiertEinfuegen(veranstaltungNeu)*: fügt eine Veranstaltung in die Liste gemäß obiger Sortierung ein,
- *anzahlGeben(tag, zeitfenster)*: gibt die Anzahl der Veranstaltungen zurück, die der Besucher an diesem Tag im angegebenen Zeitfenster gebucht hat, um ihn so gegebenenfalls darüber zu informieren, dass er Veranstaltungen besuchen will, die gleichzeitig stattfinden.

Notieren Sie […] eine Implementierung der beiden angegebenen sowie der dafür nötigen Methoden aller Klassen der Listenstruktur. Wenden Sie dabei jeweils das Prinzip der Rekursion an.

b Folgendes Objektdiagramm zeigt die Veranstaltungsliste eines Besuchers, der mehrere Veranstaltungen gebucht hat, die gleichzeitig stattfinden.

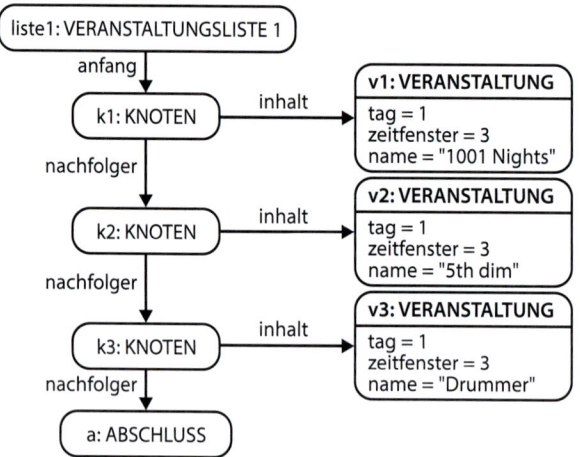

Gegeben sind folgende Methoden:

In der Klasse VERANSTALTUNGSLISTE:

```
methode m()
   anfang = anfang.m(0, 0)
endemethode
```

In der abstrakten Klasse LISTENELEMENT:

```
abstrakte Methode m(tag, zeitfenster)
```

In der Klasse KNOTEN:

```
methode m(tag, zeitfenster)
  meinTag = inhalt.tagGeben()
  meinZeitfenster = inhalt.zeitfensterGeben()
  nachfolger = nachfolger.m(meinTag, meinZeitfenster)
  falls tag ist gleich meinTag und zeitfenster ist gleich meinZeitfenster
  dann
     gib nachfolger zurück
  sonst
     gib Referenz auf ausführendes Objekt zurück
  endefalls
endemethode
```

In der Klasse ABSCHLUSS:

```
methode m(tag, zeitfenster)
   gib Referenz auf ausführendes Objekt zurück
endemethode
```

Stellen Sie in einem Sequenzdiagramm den Ablauf dar, der durch einen Aufruf der Methode m für das Objekt liste1 ausgelöst wird. Beschränken Sie sich auf die Objekte der Klassen VERANSTALTUNGSLISTE, KNOTEN und ABSCHLUSS. Beschreiben Sie zudem, welche Funktionalität die Methode m allgemein hat.

Zusammenfassung

Rekursive Beziehung bei der Warteschlange mit Trennung von Struktur und Daten

Eine Beziehung zwischen Objekten der gleichen Klasse nennt man **rekursive Beziehung**. Zwischen den Elementen, die in der Warteschlange verwaltet werden, besteht die rekursive Beziehung „hat als Nachfolger". Über ein Referenzattribut nachfolger werden die Objekte miteinander verkettet.

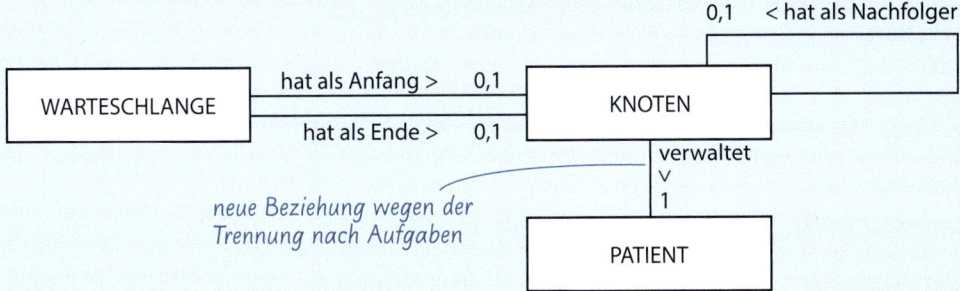

Zur besseren **Wartbarkeit** und **Wiederverwendbarkeit trennt** man zwischen **Struktur** (verwaltet in der Klasse KNOTEN mit Referenzen auf Daten und Nachfolger) und **Daten**. Durch Verwendung einer Schnittstelle <<DATENELEMENT>> lässt sich die Wiederverwendbarkeit noch weiter erhöhen.

Rekursive Methoden der Liste – Entwurfsmuster Kompositum

Rekursive Methoden rufen sich selbst so lange auf, bis eine **Abbruchbedingung** erreicht ist, so dass die Selbstaufrufe zu einem Ende kommen. Die rekursive Datenstruktur der Liste ermöglicht den Zugriff auf die Elemente durch rekursive Methoden. Bei Verwendung des **Entwurfsmusters Kompositum** entfallen ansonsten notwendige bedingte Anweisungen zur Überprüfung, ob das Ende der Liste erreicht ist.

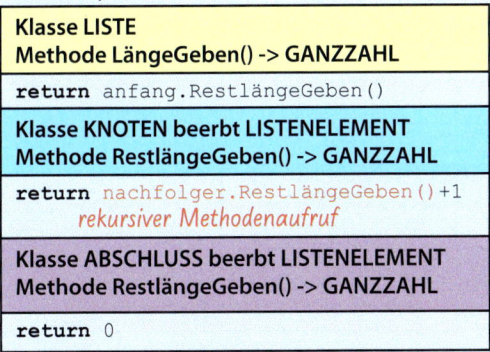

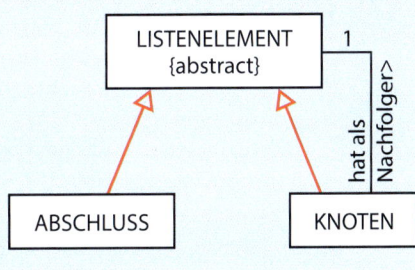

Warteschlange und Stapel als Spezialform der Liste

Warteschlange (**LIFO**-Speicher) und **Stapel** (**FIFO**-Speicher) können unter Nutzung der Liste einfach implementiert werden.

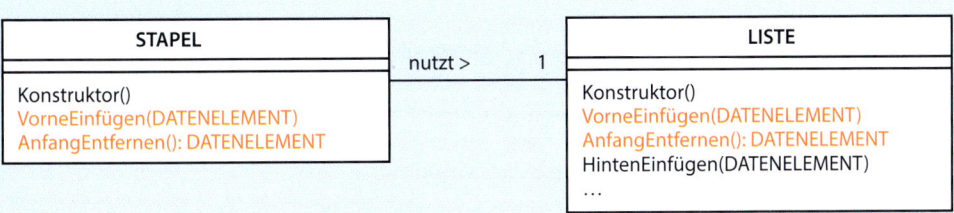

223

Zum Weiterlesen

L7 Termauswertung

	A	B	C	D
1	Schulaufgabe			
2	13			
3	kleine Leistungsnachweise			
4	11	8	9	10
5	Note			
6	11			

Zur Berechnung einer Halbjahresleistung mit einem Tabellenkalkulationsprogramm wird der Durchschnittswert aus der Punktzahl der Schulaufgabe sowie aus dem Durchschnitt der Punktzahlen der kleinen Leistungsnachweise ermittelt. Das Ergebnis wird gerundet.

Unter Verwendung der konkreten Werte aus der obigen Abbildung und der vordefinierten Funktionen aus dem Tabellenkalkulationsprogramm kann man diesen Mittelwert mit dem folgenden Term berechen:

RUNDEN(MITTELWERT(13;MITTELWERT(11;8;9;10));0)

Die Abarbeitung dieses Terms erfolgt mit einem Operanden(Zahlen)-Stapel und einem Operatoren(Funktionen)-Stapel. (Zur Abkürzung dienen M für „Mittelwert" und R für „Runden"):

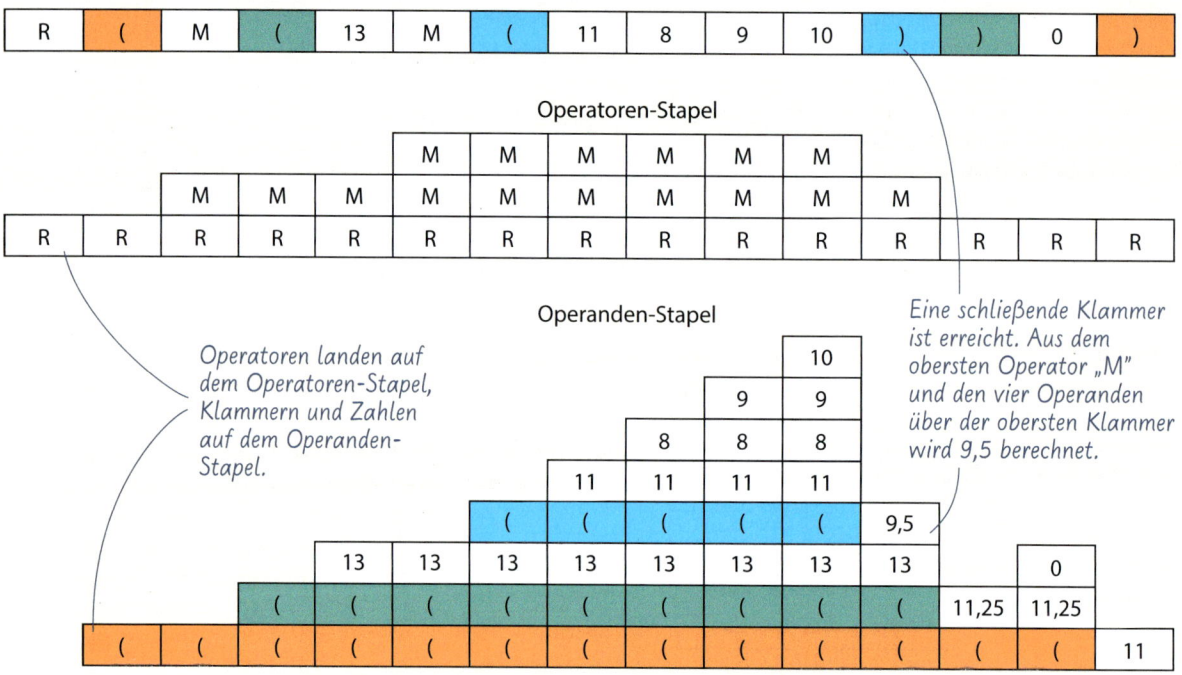

Operatoren landen auf dem Operatoren-Stapel, Klammern und Zahlen auf dem Operanden-Stapel.

Eine schließende Klammer ist erreicht. Aus dem obersten Operator „M" und den vier Operanden über der obersten Klammer wird 9,5 berechnet.

Nach und nach werden Funktionen, Klammern und Zahlen eingelesen und auf den jeweiligen Stapel gelegt. Bei einer schließenden Klammer werden die oberste Funktion vom Operatoren-Stapel und die Zahlen bis zur obersten öffnenden Klammer vom Operanden-Stapel geholt. Die Funktion wird ausgewertet und das Ergebnis wieder auf den Stapel gelegt, bis der Term abgearbeitet ist.

5 Die rekursive Datenstruktur Baum

In diesem Kapitel erfahren Sie, ...

... warum die Datenstruktur geordneter Binärbaum eine effektive Suche in umfangreichen Daten ermöglicht.

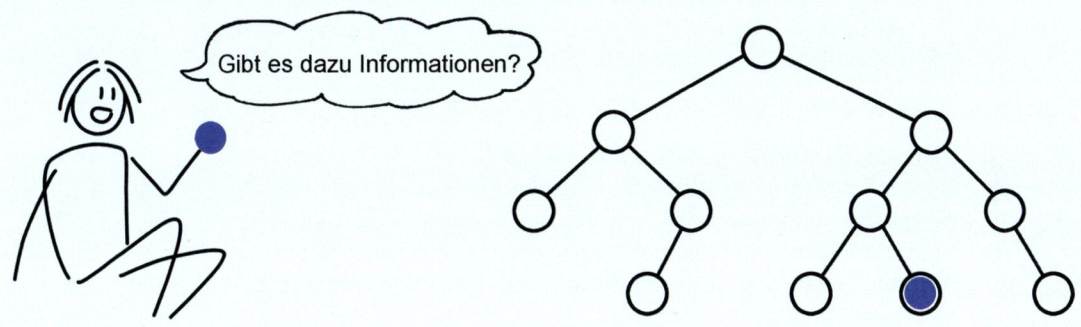

... wie der Binärbaum als rekursive Datenstruktur umgesetzt werden kann.

... wie rekursive Methoden helfen, mit der Datenstruktur Baum zu arbeiten.

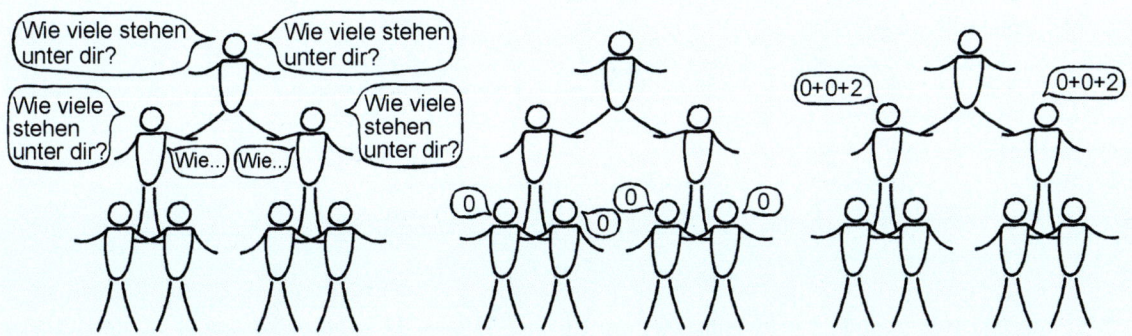

5.1 Effiziente Suchen unterstützen: Datenstruktur Baum

Aylin und Theo spielen folgendes Ratespiel: Aylin denkt sich eine Zahl zwischen 1 und 100 aus. Theo hat maximal sieben Versuche, die Zahl zu erraten. Bei jedem Fehlversuch sagt ihm Aylin, ob seine Zahl zu groß oder zu klein ist.

a Theos Strategie ist es, immer mit seinem Alter (17) zu beginnen und dann in 5er Schritten nach oben bzw. unten zu gehen, um sich so der Zahl anzunähern. Begründen Sie, bei welchen der Zahlen 5, 42, 50 und 90 Theo Erfolg hat.

b Entwickeln Sie eine alternative Strategie, die bei allen unter a) genannten Zahlen zum Erfolg führt. Denken Sie daran, dass Theo maximal sieben Versuche hat.

c Für Schnelle: Begründen Sie für Ihre Antwort aus b), ob für alle Zahlen von 1 bis 100 sieben Rateversuche ausreichend sind.

Hierarchische Ordnung – Baumdiagramme

→ Die Richtlinienkompetenz nach Artikel 65 des Grundgesetzes stärkt die Macht des Bundeskanzlers, der in diesem Rahmen etwa Gesetzesvorhaben in den untergeordneten Ressorts anstoßen kann.

Bei der Ordnerstruktur in der Dateiverwaltung, bei der →Richtlinienkompetenz der Bundeskanzlerin oder des Bundeskanzlers oder auch bei Leitungsfunktionen in Organisationen ist eine eindeutige Rangfolge von übergeordneten und untergeordneten Elementen festgelegt. Solche Strukturen nennt man hierarchisch.

Hierarchische Strukturen lassen sich als Baumdiagramme darstellen, siehe z. B. der Aufbau von URLs unten. Baumdiagramme bestehen aus **Knoten** und **Kanten.** Dabei hat jeder Knoten genau einen Vorgänger, nur die **Wurzel** als „oberster Knoten" hat keinen. Jeder Knoten kann beliebig viele Nachfolger haben. Knoten ohne Nachfolger werden als **Blätter** bezeichnet, alle anderen als **innere Knoten.**

Als einen **Pfad** zwischen zwei Knoten A und B bezeichnet man die Folge der (verschiedenen) Knoten, die aufeinanderfolgend durch Kanten miteinander verbunden sind.

„bundestag → de → bayern → schule" ist also der Pfad von „bundestag" nach „schule".

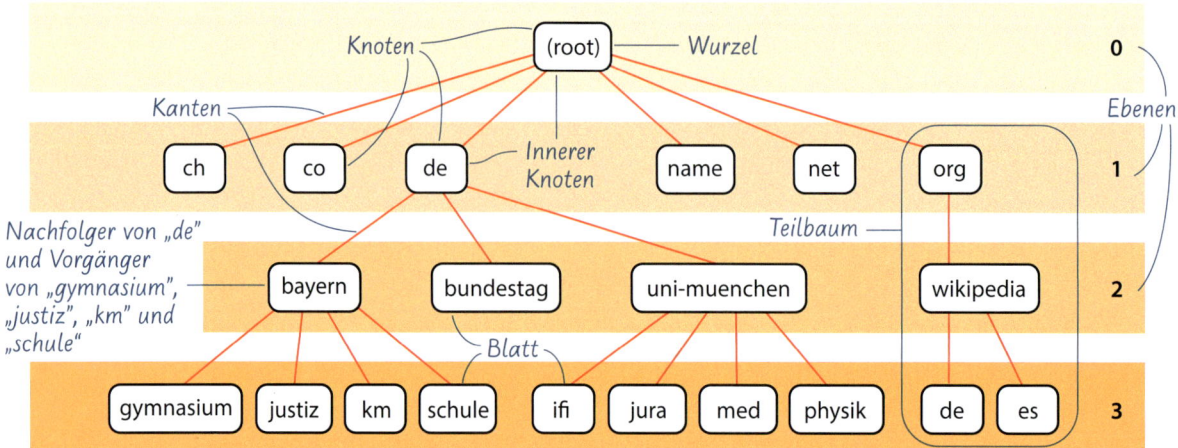

Die **Tiefe** eines Knotens K ergibt sich aus der Anzahl der Kanten, die beim Durchlaufen des Pfades von der Wurzel zum Knoten K überschritten werden. Alle Knoten mit gleicher Tiefe bilden eine **Ebene**. Die **Höhe** eines Baumes ist die Tiefe des Knotens, der am weitesten von der Wurzel entfernt ist. Der Baum im Beispiel mit den URLs hat die Höhe 3.

Implementierung eines Wörterbuchs: Prototyp 1 mit der Datenstruktur Liste

Die Vorteile der Baumstruktur für bestimmte Anwendungen zeigen sich sehr gut im Vergleich zur bereits behandelten Datenstruktur „Liste". Daher soll als Beispiel ein simples, digitales eng-lisch-deutsches Wörterbuch zu-nächst mit Hilfe einer sortierten Liste implementiert werden. Als Vereinfachungen für einen ersten Prototypen wird die Übersetzungs-richtung von Englisch auf Deutsch eingeschränkt, so dass jedem eng-lischen Wort auch mehrere, durch

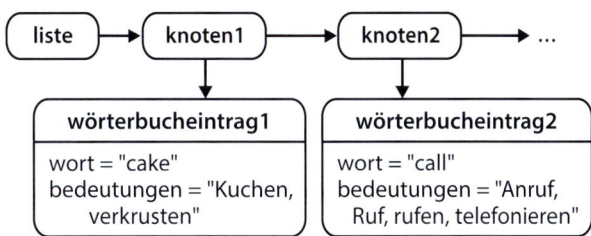

ein Komma getrennte, deutsche Bedeutungen zugeordnet werden können. Die Einträge sind abhängig vom Schlüsselattribut wort →lexikographisch sortiert.

In den folgenden Abbildungen werden Knoten und Wörterbucheinträge verkürzt nur durch das Schlüsselwort dargestellt. Hier ein Ausschnitt der Liste mit 15 aufeinanderfolgenden Einträgen:

→ alphabetische Ordnung wie bei Einträgen in einem Lexikon

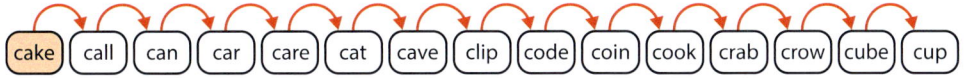

Um in diesem Teil der Liste ein Wort zu finden, benötigt man im besten Fall („cake") einen Ver-gleich, im schlechtesten Fall („cup") 15 Vergleiche, im Mittel also 8 Vergleiche.

Den Suchaufwand reduzieren

Um im ungünstigsten Fall nicht alle Elemente einer sortierten Liste abfragen zu müssen, sollte die Suche in der Mitte der Liste beginnen. Je nachdem, ob das gesuchte Wort lexikographisch kleiner oder größer als das Wort in der Listenmitte ist, werden anschließend nur die Elemente in den Teillisten links oder rechts vom mittleren Element durchsucht.

1 Vergleich für „clip", 2 für „cake", „code", usw. bis hin zu 8 Vergleichen für „cave" und „cup". Das macht im Mittel 71/15 ≈ 4,73 Vergleiche.

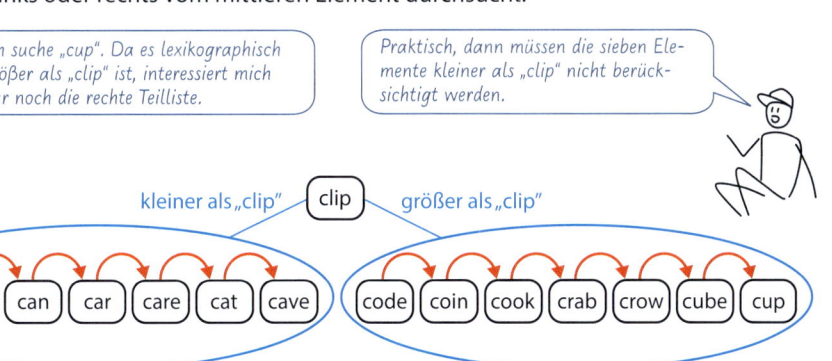

Im besten Fall benötigt man einen Vergleich, im schlechtesten Fall nur noch 8 Vergleiche, im Mittel ca. 4,73 Vergleiche.

Das gleiche Verfahren kann man auch auf die Teillisten anwenden. Die Anzahl der Vergleiche sinkt weiter (Maximal 5, im Mittel 3,53 Vergleiche):

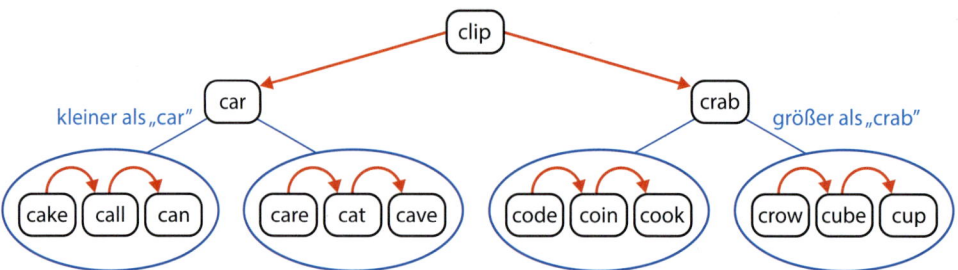

Die Umstrukturierung lässt sich so lange fortführen, bis jede neue Teilliste nur noch aus einem einzigen Element besteht. Im Beispiel verkleinert sich die Anzahl der Vergleichsoperationen für die Suche nach dem Wort „cup" auf maximal 4; im Mittel sind es 3,26 Vergleiche.

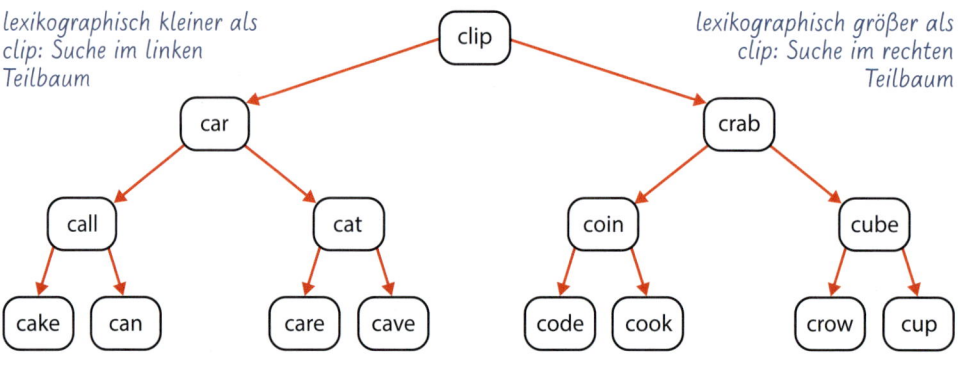

Ist der Schlüssel eine Zahl, dann verwendet man eine numerische Ordnungsrelation.

Datenstruktur geordneter Binärbaum

Durch die Umstrukturierung im vorigen Abschnitt ist ein Baum mit jeweils maximal zwei Nachfolgern bei jedem Knoten entstanden, ein sogenannter **Binärbaum.**
Bezogen auf die lexikographische Ordnung sind im linken Teilbaum alle Datenelemente kleiner als das Datenelement

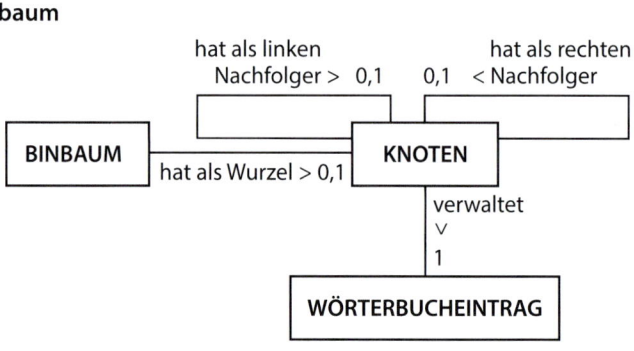

der Wurzel, im rechten Teilbaum hingegen größer. Man spricht daher von einem **geordneten Binärbaum**.

Bei der Suche in einem Wörterbuch wurde oben die Reduzierung der maximal notwendigen Vergleichsoperationen von 15 auf 4 gezeigt. Bei großen Datenmengen – in Wörterbüchern liegt die Anzahl typischerweise in der Größenordnung von 100 000 – macht sich der geringere Aufwand deutlich bemerkbar:

Die Suche in einem geordneten Binärbaum ist effizienter als in einer sortierten Liste. Die hier vorgestellte Art zu suchen nennt man binäre Suche. Die Suche ist rekursiv, denn es wird immer dasselbe Ver-

Datenstruktur mit 100 000 Knoten	maximaler Suchaufwand	mittlerer Suchaufwand
Liste	100 000	50 000,5
optimal geordneter Binärbaum	17	15,61

fahren angewendet, allerdings auf immer kürzere (Teil-)Bäume, bis die (Teil-)Bäume nur noch aus einem Element bestehen.

Anzahl der Elemente im Binärbaum

In der Tabelle rechts ist die maximale Anzahl der Knoten in einem Binärbaum abhängig von der Anzahl der Ebenen dargestellt. Daraus ergibt sich, dass mit n Ebenen **maximal $2^n - 1$** Knoten gespeichert werden können. Ist diese maximale Knotenzahl erreicht, nennt man den Binärbaum **vollständig**.

Anzahl der Ebenen	max. Anzahl der Knoten
1	1
2	3
3	7
4	15
…	…
n	2^n-1

Da nicht jeder Binärbaum vollständig ist, gilt für n Ebenen:

$$\text{Knotenzahl} <= 2^n-1 \quad | +1$$
$$\text{Knotenzahl} + 1 <= 2^n \quad | \log_2$$
$$\log_2(\text{Knotenzahl} + 1) <= n$$
$$\text{bzw. } n >= \log_2(\text{Knotenzahl} + 1)$$

Für einen Binärbaum mit einer bestimmten Knotenzahl gilt somit: Die Anzahl der Ebenen ist immer mindestens $\log_2(\text{Knotenzahl} + 1)$ Ebenen.

Effektive Suche nur in balancierten Binärbäumen

Wenn sich die Höhe im linken und rechten Teilbaum eines Knotens stark unterscheidet, ist die Suche nicht effizient. Im Extremfall kann ein Baum auch zu einer Liste **entartet** sein. Ein geringer Suchaufwand ist bei einem **balancierten** Binärbaum gegeben. Dort unterscheiden sich die linken und rechten Teilbäume eines jeden Knotens in der Höhe um maximal eins.

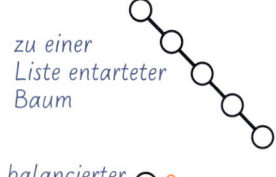
zu einer Liste entarteter Baum

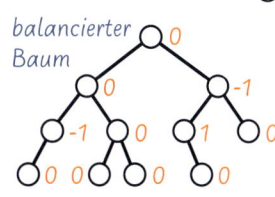
balancierter Baum

Höhendifferenz =
Höhe (rechter Teilbaum) -
Höhe (linker Teilbaum)

In balancierten Bäumen ist die Höhendifferenz in jedem Knoten 0, 1 oder -1.

Der **Baum** ist eine Datenstruktur, die aus **Knoten** und **Kanten** besteht. Jeder Knoten außer der **Wurzel** hat genau einen **Vorgänger**. Bei den Knoten wird zwischen **Blättern** und **inneren Knoten** unterschieden. Die **Tiefe** eines Knotens ist ein Maß für die Länge des Pfades bis zur Wurzel. Alle Knoten mit gleicher Tiefe bilden ein **Ebene**. Die **Höhe** eines Baumes ist die Tiefe des Knotens, der am weitesten von der Wurzel entfernt ist.

Ein **Binärbaum** ist ein Baum, bei dem jeder Knoten höchstens zwei Nachfolger hat. In einem Binärbaum mit n Ebenen können **maximal $2^n - 1$ Knoten** gespeichert werden.

Ein **geordneter Binärbaum** ist ein Binärbaum, bei dem im linken Teilbaum jedes Knotens nur kleinere und im rechten Teilbaum nur größere Datenelemente bezüglich einer Ordnungsrelation stehen (oder umgekehrt). So entsteht eine effiziente Datenstruktur für die Suche in großen Datenbeständen, wenn er nicht **entartet**, sondern möglichst **vollständig** oder **balanciert** ist.

Aufgaben

1 Ratespiel

Im Ratespiel aus der Einstiegsaufgabe wird der mögliche Zahlenbereich von [1;100] auf [1;1000] verzehnfacht. Begründen Sie durch Berechnung der minimalen Ebenen-Anzahl, dass sich die maximale Anzahl der nötigen Rate-Versuche nicht verzehnfacht.

2 Eine Liste umstrukturieren

  a Strukturieren Sie ähnlich zu den Abbildungen im Lehrtext die folgende Liste zu einem Binärbaum um.

  b Beschreiben Sie knapp, an welchen Stellen das Vorgehen „schwieriger" als im Lehrtext ist und wie Sie diese Schwierigkeit lösen.

  c Nennen Sie die Anzahl der Vergleiche bei der Suche nach „honest" in Liste und Binärbaum.

  d Führen Sie die interaktiven Übungen in dem Lernpfad zu den ersten beiden Kapiteln durch.

3 Besondere Binärbäume oder nicht?

  a Entscheiden Sie begründet, ob die folgenden Bäume geordnete Binärbäume sind.

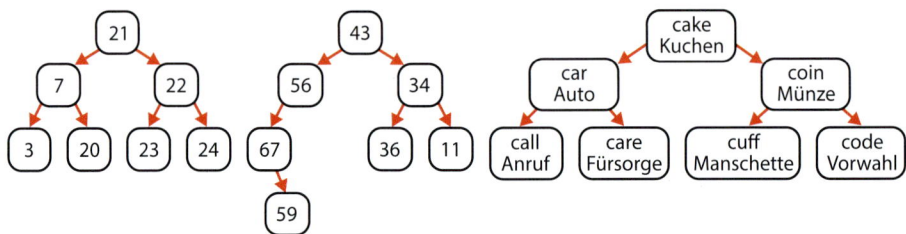

  b Entscheiden Sie begründet, welche der Bäume rechts und aus a) jeweils entartet, vollständig bzw. balanciert sind.

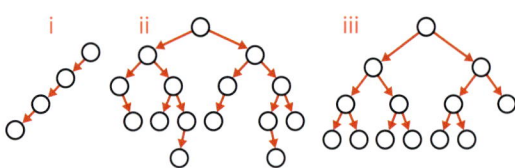

4 Wörterbuch als geordneter Binärbaum

Gegeben sind folgende zwei Suchbäume für die gleichen Einträge in einem Wörterbuch.

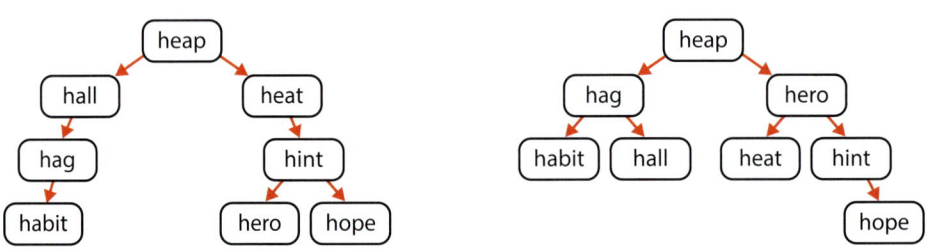

  a Bestimmen Sie jeweils die Anzahl der inneren Knoten, Blätter und Ebenen.

  b Nennen Sie die Tiefe der Knoten heap und hope.

  c Nennen Sie je einen Knoten, der Wurzel, innerer Knoten bzw. Blatt ist.

  d Erläutern Sie, warum beim Suchaufwand nicht nur die Anzahl der Ebenen, sondern auch die Anzahl der Knoten in der untersten Ebene eine Rolle spielt.

  e Notieren Sie die Pfade von den Knoten hag zu heat in beiden Bäumen.

  f Zeichnen Sie einen geordneten Binärbaum mit den gleichen Einträgen wie oben, in dem hope aber die Tiefe 5 hat.

5 Richtig oder falsch

Entscheiden Sie zu jeder Aussage, ob sie richtig oder falsch ist. Begründen Sie Ihre Entscheidungen und berichtigen Sie bei falschen Aussagen.

a Jeder Baum ist eine Liste.

b Jeder Knoten in einem Baum hat genau einen übergeordneten Knoten.

c Die Anzahl der inneren Knoten ist immer größer als die Anzahl der Blätter.

d Jeder Baum mit k Knoten hat genau k-2 Kanten.

e Jeder Baum ist ein Graph.

6 Knotenanzahl pro Ebene bei Binärbäumen

a Erstellen Sie eine Tabelle mit zwei Spalten. Tragen Sie in der linken Spalte die Nummer der Ebene ein (0, 1, 2, 3,…, n) und in der rechten Spalte die maximale Anzahl der Knoten in dieser Ebene.

b Begründen Sie, warum es sinnvoll ist der obersten Ebene die Zahl 0 und nicht die Zahl 1 zuzuordnen.

7 WWW-Adressen

Gegeben ist folgende Webadresse:

stadtrat.infohausen.de/mitglieder/wahlperiode2025/bayer.html

a Erklären Sie knapp, warum in der URL zwei unterschiedliche Hierarchien enthalten sind.

b Geben Sie zwei weitere URLs an, die auch eine Unterdomäne enthalten. Zeichnen Sie von den drei Domänen die Domänenstruktur als Baum.

c Begründen Sie, warum bei Internet-Domänen eine hierarchische Struktur sinnvoll ist.

d Für Schnelle: Erklären Sie, warum auch wikipedia.de zu einem erfolgreichen Seitenaufbau führt, obwohl die Adresse nach der Abbildung im Lehrtext de.wikipedia.org heißen müsste. Recherchieren Sie, falls nötig.

8 Suchaufwand

In einem noch recht jungen sozialen Netzwerk sind eine halbe Millionen User registriert. Zur Neuanmeldung werden alle User in einem geordneten Binärbaum in den Arbeitsspeicher des Servers geladen, um schon während der Eingabe überprüfen zu können, ob der Benutzername existiert.

a Schätzen Sie ab, wie lange das Überprüfen eines Benutzernamens maximal dauert. Gehen Sie davon aus, dass der Binärbaum ausgeglichen ist und dass ein Vergleich $3*10^{-6}$ s dauert.

b Begründen Sie, warum die in a) berechnete Zeit oft unterschritten wird.

c Erläutern Sie knapp, warum die Datenstruktur Liste in diesem Anwendungsfall für die User nicht akzeptabel ist.

9 Kinoverwaltung Teil 1 (aus Abitur 2020)

Eine Kinosoftware verwaltet die Kundendaten in einem geordneten Binärbaum, wobei als Schlüssel die Kundennummer dient, die sich aus den zwei Anfangsbuchstaben sowohl des Vor- als auch des Nachnamens sowie einer fortlaufenden Zahl zusammensetzt. Die Sortierung erfolgt lexikographisch. Die Kunden […] sollen in einen […] Binärbaum so eingefügt werden, dass der entstehende Binärbaum möglichst wenig Ebenen besitzt: […]

a Gehen Sie nun davon aus, dass der Binärbaum aus neun Ebenen besteht und 295 Kunden enthält. Berechnen Sie unter der Bedingung, dass die Anzahl der Ebenen gleich bleiben soll, wie viele Kunden darin im besten Fall noch Platz finden.

b Geben Sie zusätzlich für die oben beschriebene Bedingung einen Term an, der in Abhängigkeit von der Ebenenanzahl n und der Anzahl k der gespeicherten Kunden die Anzahl der freien Plätze beschreibt.

5.2 Suchen und Einfügen: Rekursion im geordneten Binärbaum

Um einen geordneten Binärbaum zu erzeugen, muss man neue Elemente in einen (am Anfang leeren) Baum richtig einfügen. Der abgebildete Binärbaum enthält schon einige Datenelemente. Das Schlüsselattribut, nach dem geordnet wird, besteht aus den angegebenen Zahlen.

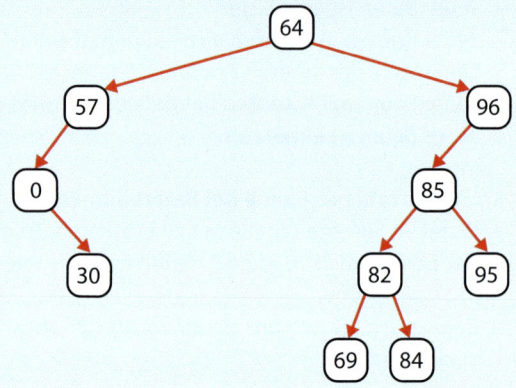

a Nennen Sie einen Anwendungszusammenhang für größere Daten mengen, bei denen der Schlüssel eine Zahl ist.

b Starten Sie eine App zum Visualisieren von Methodenaufrufen beim Baum.
Stellen Sie einen schrittweisen Ablauf ein und fügen Sie einen neuen Knoten ein. Beschreiben Sie auf Basis Ihrer Beobachtungen den Algorithmus zum Einfügen in einem geordneten Binärbaum.

c Im Programm werden zur Veranschaulichung Farben verwendet. Nennen Sie zu jeder Farbe deren Bedeutung im Ablauf beim Einfügen.

Rekursives Einfügen in einen geordneten Binärbaum

Um einen geordneten Binärbaum zur Datenspeicherung nutzen zu können, müssen schrittweise Knoten mit Daten eingefügt werden. Dabei werden Knoten immer an „freien" Stellen eingefügt, d. h. der eingefügte Knoten wird ein Blatt. Beim Einfügen muss darauf geachtet werden, dass die Ordnung des Binärbaums erhalten bleibt. Es ist somit wichtig, den Baum an der richtigen Stelle um einen Knoten zu erweitern. Voraussetzung dafür sind Vergleichsoperationen, die prüfen, ob ein Datenelement größer als ein anderes ist oder ob sie gleich groß sind. Diese werden in einer rekursiven Methode *Einfügen(datenNeu: DATENELEMENT)* genutzt.

Als Beispiel zeigt die folgende Bildsequenz den Ablauf beim Einfügen des Wortes "cook" in den Datenbestand eines Wörterbuchs, der in einer Binärbaumstruktur verwaltet wird.

wurzel.Einfügen("cook")
Daten sind gleich? nein
Sind eigene Daten größer als die neuen Daten? nein
Gibt es einen rechten Nachfolger? ja
Beauftrage rechten Nachfolger mit dem Einfügen.

Beschreibung des Ablaufs: Anweisungen, Auswertung von Bedingungen

rechter Nachfolger

wurzel.rechterNf.Einfügen("cook")
Daten sind gleich? nein
Sind eigene Daten größer als die neuen Daten? ja
Gibt es einen linken Nachfolger? ja
Beauftrage linken Nachfolger mit dem Einfügen.

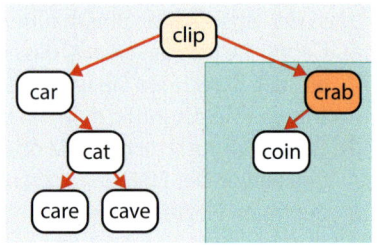

linker Nachfolger

wurzel.rechterNf.linkerNf.Einfügen("cook")
Daten sind gleich? nein
Sind eigene Daten größer als die neuen Daten? nein
Gibt es einen rechten Nachfolger? nein

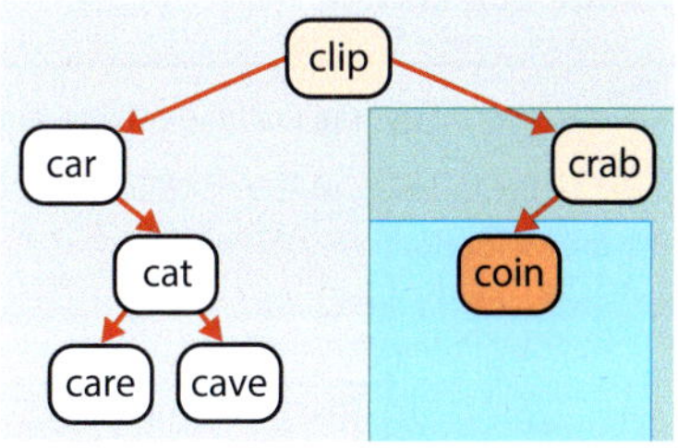

Erzeuge einen neuen Knoten mit Referenz auf das neue
Datenelement mit dem Schlüssel "cook" und weise ihn
als rechten Nachfolger zu.
//fertig

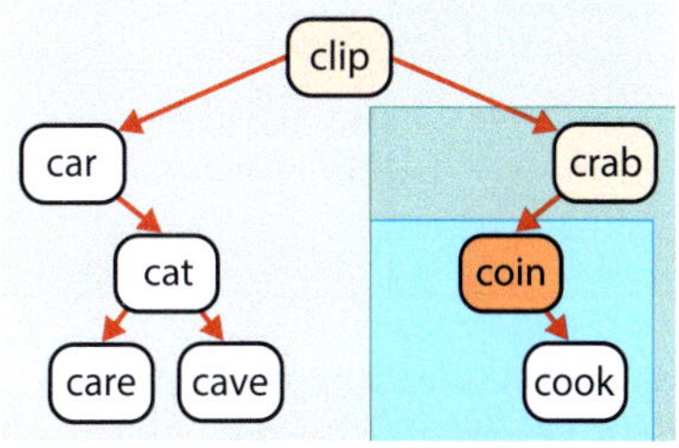

//fertig

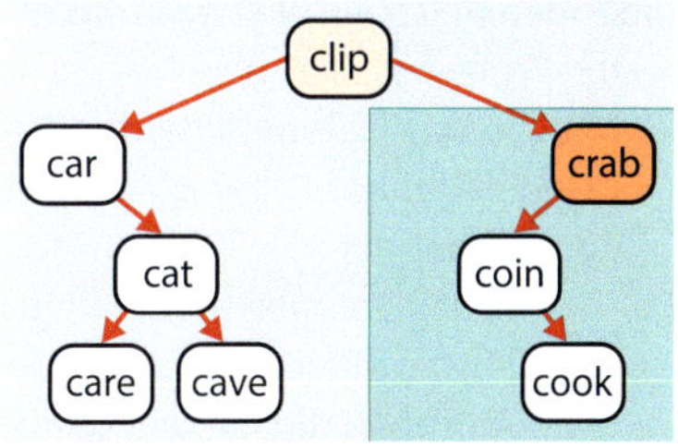

//fertig

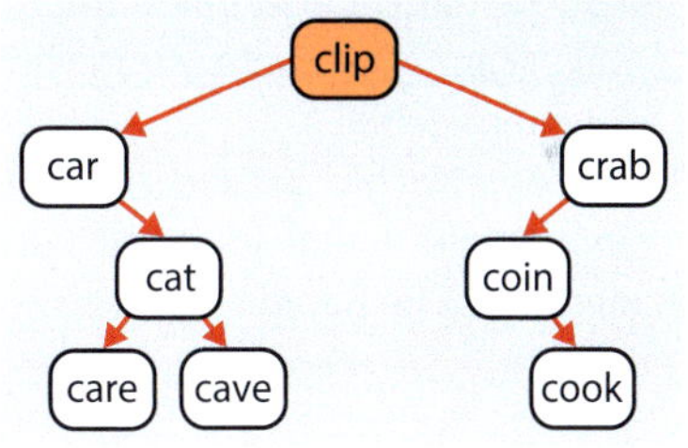

Der Ablauf zeigt, dass beim Aufruf der Methode *Einfügen* eines Knotens drei Vergleichsfälle unterschieden werden müssen:

(1) Die Datenelemente sind gleich: Eine Abbruchbedingung ist erfüllt, da das Datenelement schon vorhanden ist und es hier nicht erlaubt ist, dass ein Schlüssel mehrfach vorkommt. Das Einfügen wird beendet.

(2a) Das eigene Datenelement ist größer als die neu einzufügenden Daten: Der Einfügeauftrag wird durch einen rekursiven Aufruf an den linken Nachfolger weitergeleitet.

(3a) Das eigene Datenelement ist kleiner als die neu einzufügenden Daten: Der Einfügeauftrag wird durch einen rekursiven Aufruf an den rechten Nachfolger weitergeleitet.

Bevor jedoch ein Nachfolger mit dem Einfügen beauftragt wird, muss überprüft werden, ob er vorhanden ist. Wenn es den betreffenden Nachfolger nicht gibt, ist eine Abbruchbedingung der Rekursion erfüllt: Es wird ein neuer Knoten mit dem einzufügenden Datenelement erzeugt und als neuer Nachfolger in den Baum „eingehängt" (2b) bzw. (3b).

Rekursion macht es mir hier wieder leicht: Egal, welche Daten schon im Baum enthalten sind, genau die richtigen Knoten werden beauftragt.

Einfügen(datenNeu)

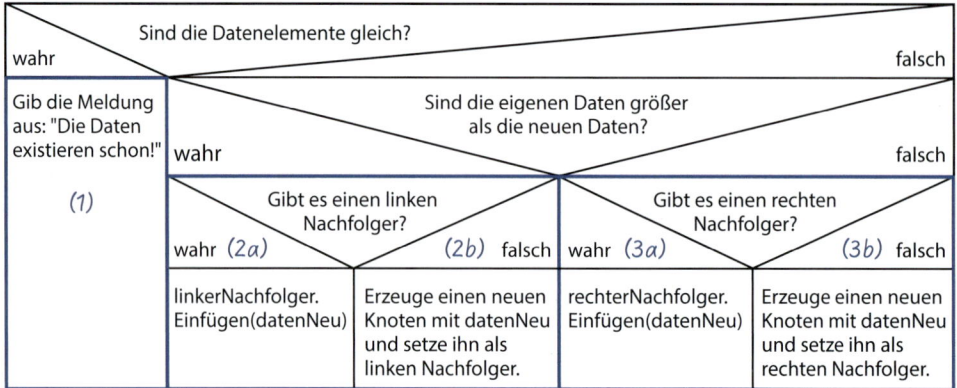

Sind die Datenelemente gleich?				
wahr				**falsch**
Gib die Meldung aus: "Die Daten existieren schon!" *(1)*	Sind die eigenen Daten größer als die neuen Daten?			
	wahr			**falsch**
	Gibt es einen linken Nachfolger?		Gibt es einen rechten Nachfolger?	
	wahr *(2a)*	*(2b)* falsch	wahr *(3a)*	*(3b)* falsch
	linkerNachfolger. Einfügen(datenNeu)	Erzeuge einen neuen Knoten mit datenNeu und setze ihn als linken Nachfolger.	rechterNachfolger. Einfügen(datenNeu)	Erzeuge einen neuen Knoten mit datenNeu und setze ihn als rechten Nachfolger.

Suche mit rekursiven Aufrufen

Auch bei der Suche gibt es die gleichen drei Fälle. Ausgangspunkt des folgenden Beispiels ist jeweils ein Aufruf der Methode *Suchen(suchschlüssel)* bei der Wurzel im Baum rechts.

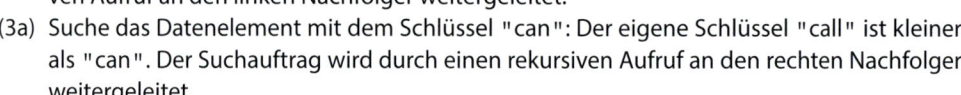

(1)   Suche das Datenelement mit dem Schlüssel "call": Die Schlüssel der Datenelemente sind gleich. Das Suchen wird beendet und die Daten zurückgegeben.

(2a) Suche das Datenelement mit dem Schlüssel „cake": Der eigene Schlüssel "call" ist größer als "cake". Der Suchauftrag wird durch einen rekursiven Aufruf an den linken Nachfolger weitergeleitet.

(3a) Suche das Datenelement mit dem Schlüssel "can": Der eigene Schlüssel "call" ist kleiner als "can". Der Suchauftrag wird durch einen rekursiven Aufruf an den rechten Nachfolger weitergeleitet.

Gibt es den Nachfolger nicht, der mit dem Suchen beauftragt werden soll, ist eine Abbruchbedingung der Rekursion erfüllt und es wird rückgemeldet, dass das entsprechende Datenelement nicht im Baum enthalten ist (2b) bzw. (3b).

Wichtige Methoden der Datenstruktur geordneter Binärbaum sind das **Suchen** und das **Einfügen** von Datenelementen. Beide Methoden arbeiten rekursiv. Eine Abbruchbedingung ist erfüllt, wenn das Datenelement gefunden wurde oder kein Nachfolger mehr existiert. Ansonsten erfolgt ein rekursiver Aufruf.

Aufgaben

1 Entstehung eines Baumes

a Geben Sie jede mögliche Reihenfolge der Elemente des geordneten Binärbaums rechts an, in der sie eingefügt worden sein könnten.

b Zeichnen Sie den Baum, der entsteht, wenn zusätzlich die Elemente mit den Zahlen 6300, 5888 und 5788 nacheinander eingefügt werden.

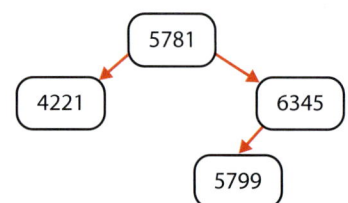

2 Rekursive Methode Suchen

a Erarbeiten Sie sich anhand des Lernpfads den Algorithmus zum Suchen im Binärbaum. Fassen Sie wesentliche Ergebnisse knapp zusammen. Wie bei der Methode *Einfügen* im Lehrtext ist Pseudoquelltext ausreichend, die Implementierung erfolgt im nächsten Kapitel.

b Skizzieren Sie ein Struktogramm zur Methode *Suchen(suchschlüssel)*. Markieren Sie mit Farben Abbruchbedingungen, rekursive Aufrufe sowie Rekursionsenden.

3 Ablauf rekursiver Aufrufe

Beschreiben Sie für jeden Methodenaufruf den daraus folgenden Ablauf. Verwenden Sie dabei den Baum und die Schreibweise aus der Abbildung im Lehrtext.

a wurzel.Suchen("cube")
b wurzel.Suchen("coin")
c wurzel.Einfügen("cube")
d wurzel.Einfügen("care")

4 Netzwerkgeräte

In einem Netzwerk eines großen Unternehmens werden alle Geräte durch eine Buchstaben-Zahlen-Kombination eindeutig identifiziert: R steht für Router, N für Notebook, P für Drucker. Die Daten zu den Geräten werden in einem geordneten Binärbaum verwaltet, der lexiko-graphisch sortiert ist.

a Zeichnen Sie den Baum, der sich ergibt, wenn Daten mit den folgenden Schlüsseln in der angegebenen Reihenfolge in einen leeren Binärbaum eingefügt werden.
N202, R273, N304, P114, N111, R212, N264

b Geben Sie die Tiefe des Baums aus a) an und berechnen Sie, wie viele Ebenen für 2000 Geräte mindestens nötig sind.

c Bewerten Sie das Vorgehen, alle Geräte geordnet nach Typ und Nummer einzufügen.

5 Mitgliederverwaltung in einem sozialen Netzwerk (aus Abitur 2018)

Um eine Alternative zu bestehenden sozialen Netzwerken zu bieten, entwickelt ein Team […] das Netzwerk Abi18Net. […] Um alle Mitglieder zu verwalten, wird […] ein geordneter Binär-baum verwendet. Als Schlüssel dient dabei eine für jedes Mitglied eindeutige Mitglieds-nummer.

a Es wird zunächst vorgeschlagen, die Mitgliedsnummern in aufsteigender Reihenfolge gemäß der Anmeldung zu vergeben. Nehmen Sie zu diesem Vorschlag im Kontext der vorgesehenen Datenverwaltung Stellung.

b Für Schnelle: Die Softwareentwickler beschließen abweichend vom Vorschlag aus a), dass die Mitgliedsnummern zufällige, noch nicht vergebene natürliche Zahlen sein sollen. Beschreiben Sie einen Algorithmus, der eine derartige Mitgliedsnummer findet, wenn Methoden zum Erzeugen einer Zufallszahl und zum Suchen einer Mitgliedsnummer im Binärbaum bereits zur Verfügung stehen.

c Zeichnen Sie den entstehenden Binärbaum, wenn die Mitglieder mit den in Klammern angegebenen Mitgliedsnummern in dieser Reihenfolge in einen zunächst leeren Binär-baum eingefügt werden: Karla (3257), Alexej (66013), Bert (116), Dagmar (5485), Holger (2485), Jörg (833271), Paula (73680). Vereinfachend kann jeder Knoten durch die zuge-hörige Mitgliedsnummer bezeichnet werden.

5.3 Entwurfsmuster nutzen: Binärbaum implementieren

Moritz hat eine Nutzerverwaltung als geordneten Binärbaum umgesetzt.

a Analysieren Sie die Struktur seines Programms und fassen Sie Ihr Ergebnis als Klassendiagramm zusammen. Bei der Klasse USER ist es ausreichend, das Schlüsselattribut zu notieren, Methoden können Sie weglassen.

b Korrigieren Sie den Fehler bei den Referenzattributen in der Klasse KNOTEN.

c Testen Sie unterschiedliche Fälle der Methode *Einfügen* der Klasse KNOTEN. Nutzen Sie dazu die vorhandenen Objekte der Testumgebung im Projekt.

d Alternativ zur Vorlage lässt sich die Datenstruktur Binärbaum auch mit dem Entwurfsmuster Kompositum umsetzen. Zeichnen Sie ein entsprechendes Klassendiagramm.

e Für Schnelle: Beschreiben Sie am Beispiel von d), wie Polymorphismus im Entwurfsmuster genutzt wird.

Mehr Objekte in der Implementierung des Wörterbuchs – Prototyp 2

In den letzten beiden Kapiteln lag der Fokus auf den Daten. Deshalb wurden in den Abbildungen vereinfacht nur die Knoten mit dem Schlüssel des Datenelements (Wörterbucheintrag) beschriftet. Bei der Implementierung muss man beachten, dass es deutlich mehr Objekte gibt:

→ 4.2

- Wegen der Trennung von Struktur und Inhalt haben Knoten-Objekte einerseits Referenzen auf Nachfolger, andererseits auch auf die Datenelemente.
- Ein Objekt der Klasse BINBAUM bietet Schnittstellen nach außen an. Es hat eine Referenz auf die Wurzel des Baumes.

→ 4.5

- Setzt man den geordneten Binärbaum mit dem Entwurfsmuster Kompositum um, ist eine besonders einfache Implementierung der rekursiven Methoden möglich. Bestandteil des Entwurfsmusters ist, dass als Nachfolger eines Knotens nicht nur Knoten-Objekte, sondern auch Abschluss-Objekte referenziert werden können.

vereinfachtes Objektdiagramm ohne Knoten und Abschlüsse

ausführliches Objektdiagramm zur Planung der Implementierung mit Kompositum

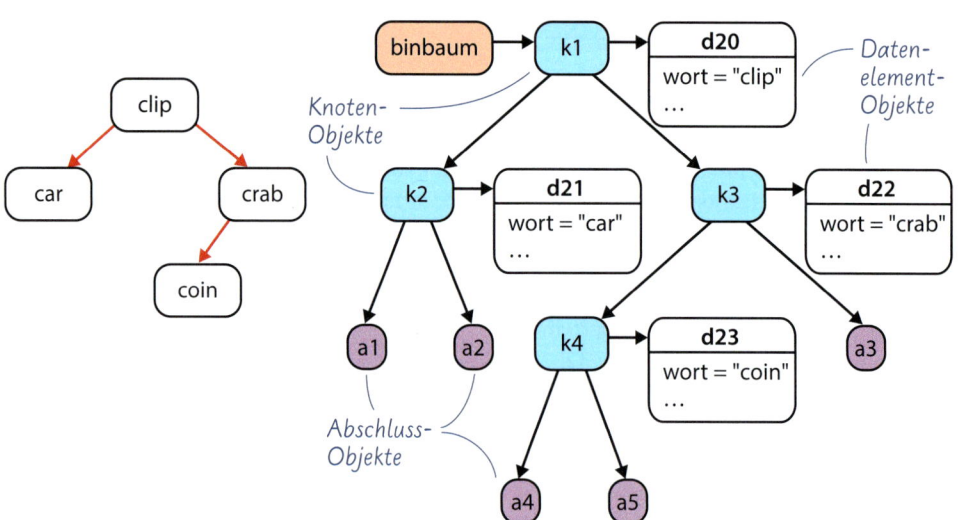

Grundstruktur eines geordneten Binärbaumes

Das Klassendiagramm der Datenstruktur Liste mit Entwurfsmuster Kompositum und Trennung von Struktur und Inhalt lässt sich einfach auf den Binärbaum übertragen. Neben sinnvollen Namensanpassungen ändert sich nur die Kardinalität in der rekursiven Beziehung zwischen BAUMELEMENT und KNOTEN: Jeder Knoten hat genau zwei Nachfolger, nicht genau einen wie bei der Liste. Das Entwurfsmuster Kompositum ist im Klassendiagramm durch eine blaue Linienfarbe hervorgehoben.

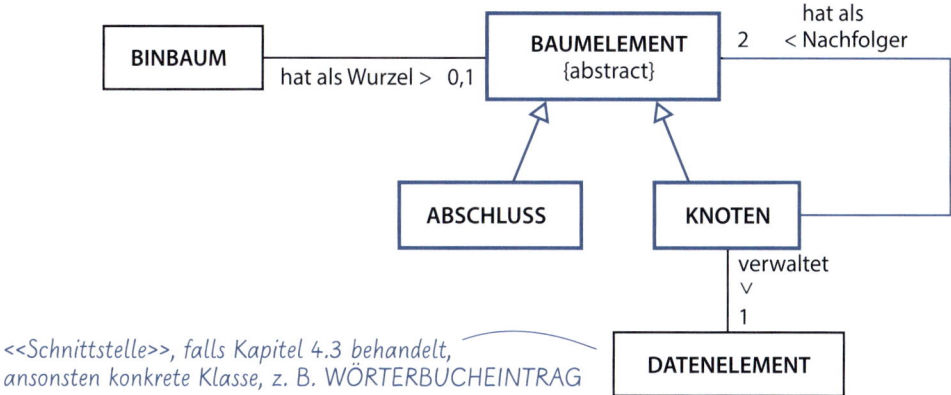

<<Schnittstelle>>, falls Kapitel 4.3 behandelt,
ansonsten konkrete Klasse, z. B. WÖRTERBUCHEINTRAG

Implementierung des Binärbaums – Teil 1: Attribute und Konstruktoren

Im ersten Schritt der Umsetzung werden nur die Attribute und Konstruktoren betrachtet. Folgendes schrittweises Vorgehen ist sinnvoll:

- Die Klasse BAUMELEMENT hat keine Attribute. Somit müssen im Konstruktor keine Anweisungen ausgeführt werden, der Rumpf ist leer.
- Die Klasse ABSCHLUSS hat keine Attribute. Wiederum müssen im Konstruktor keine Anweisungen ausgeführt werden. Daher muss nur der Konstruktor der Oberklasse aufgerufen werden.
- Die Klasse KNOTEN hat Referenzen auf den rechten und linken Nachfolger und ein Datenelement wie beispielsweise einen Wörterbucheintrag. Die Nachfolger sind vom Datentyp BAUMELEMENT.
  Der Konstruktor soll das Datenelement als Parameter übergeben bekommen. Die Nachfolger sollen für einen neuen Knoten Objekte der Klasse ABSCHLUSS sein, die hier erzeugt werden müssen.

Implementiere Schritt für Schritt! Die Struktur (Teil 1) muss umgesetzt und erfolgreich getestet sein, bevor die Methode Einfügen (Teil 2) umgesetzt wird.

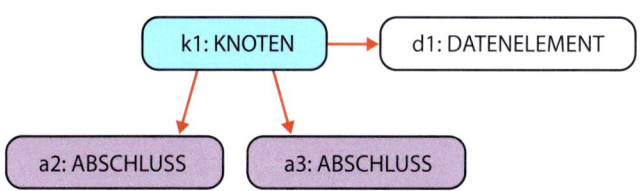

- Die Klasse BINBAUM hat ein Referenzattribut wurzel mit dem Datenyp BAUMELEMENT. Beim Aufruf des Konstruktors wird ein leerer Baum erzeugt, d. h. als Wurzel wird ein Objekt der Klasse ABSCHLUSS erzeugt und referenziert.

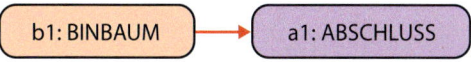

Implementierung des Binärbaums – Teil 2: Einfügen

Bisher kann nur ein leerer Binärbaum erzeugt werden. Über Methodenaufrufe soll nun das Einfügen von Datenelementen ermöglicht werden. Dabei muss die Methode *Einfügen* **jede** der folgenden Anforderungen erfüllen:

(1) Der Binärbaum muss immer geordnet bleiben.

(2) Als Parameter werden Datenelemente (konkret: Wörterbucheinträge o. Ä.) verwendet.

(3) Es ist nicht erlaubt, ein Datenelement einzufügen, dessen Schlüssel im Binärbaum schon enthalten ist. Wird es versucht, muss eine Fehlermeldung ausgegeben werden.

Bei der Umsetzung ist folgendes schrittweises Vorgehen sinnvoll:

- Klasse ABSCHLUSS

  Das Einfügen wird wie bei der Liste mit rekursiven Methoden umgesetzt. Beim geordneten Binärbaum findet das Einfügen immer am Ende eines Astes statt, d. h. bei einem Abschluss-Objekt. Das Abschluss-Objekt wird ersetzt durch einen neuen Knoten. Dieser neue Knoten referenziert das einzufügende Datenelement und zwei Objekte der Klasse ABSCHLUSS. Die folgende Abbildung verdeutlicht dies am Beispiel des Einfügens eines Datenelements mit "cake" als Schlüssel.

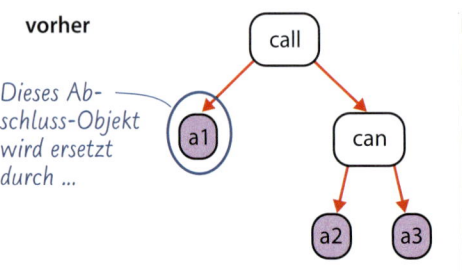

vorher

Dieses Abschluss-Objekt wird ersetzt durch ...

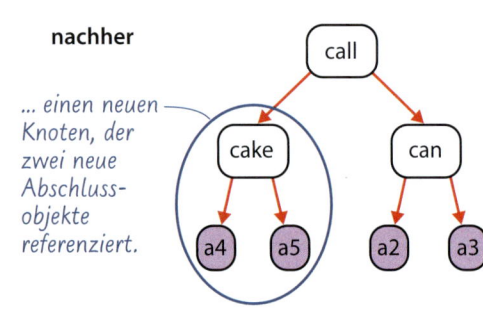

nachher

... einen neuen Knoten, der zwei neue Abschlussobjekte referenziert.

Wieder der gleiche Trick wie bei der Liste: Kommunikation mit dem Aufrufer über den Rückgabewert.

Wie schon bei der Liste mit Entwurfsmuster Kompositum ist bei einem Einfügen am Ende das Abschluss-Objekt aktiv. In diesem Beispiel muss a1 den neuen Knoten "cake" erzeugen. Dabei weiß das Objekt "call" beim Beauftragen seines linken Nachfolgers noch nicht, dass es einen neuen linken Nachfolger erhalten wird. Da a1 keine Referenz auf seinen Aufrufer, das Objekt "call", hat, muss es ihn durch einen Rückgabewert über den neuen Nachfolger informieren. Die Methode *Einfügen* der Klasse ABSCHLUSS muss somit als Rückgabe eine Referenz auf ein Baumelement haben.

Super, wie kurz und übersichtlich die Methodenrümpfe durch das Entwurfsmuster Kompositum sind.

Klasse ABSCHLUSS
Methode Einfügen(datenNeu: DATENELEMENT) -> BAUMELEMENT

```
return new KNOTEN(datenNeu)
```

- Da beim Entwurfsmuster Kompositum Abschlüsse und Knoten Unterklassen von BAUMELEMENT sind, wird der Rückgabewert der Methode *Einfügen* auch in der abstrakten Klasse BAUMELEMENT festgelegt …

- … und muss auch in der Klasse KNOTEN so überschrieben werden.

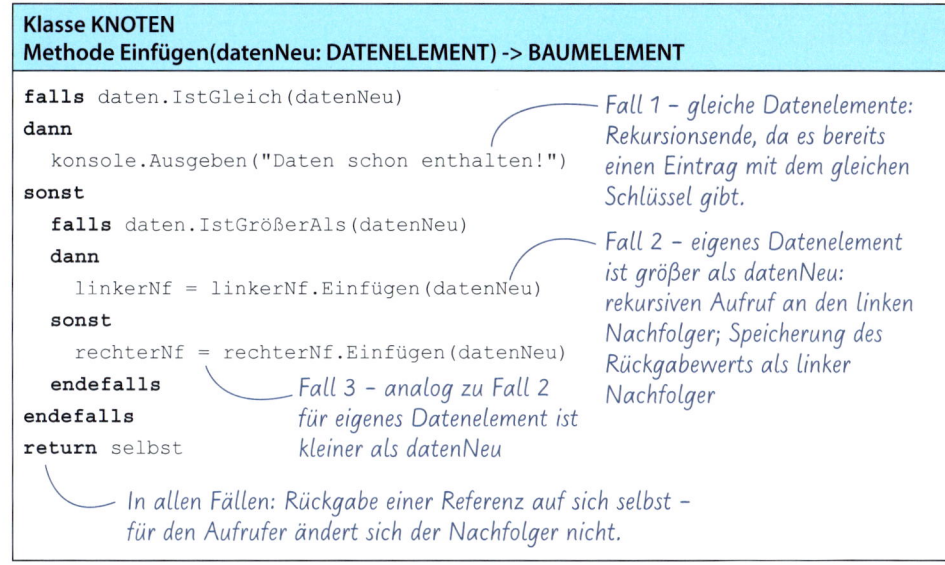

Klasse KNOTEN
Methode Einfügen(datenNeu: DATENELEMENT) -> BAUMELEMENT

```
falls daten.IstGleich(datenNeu)
dann
  konsole.Ausgeben("Daten schon enthalten!")
sonst
  falls daten.IstGrößerAls(datenNeu)
  dann
    linkerNf = linkerNf.Einfügen(datenNeu)
  sonst
    rechterNf = rechterNf.Einfügen(datenNeu)
  endefalls
endefalls
return selbst
```

Fall 1 – gleiche Datenelemente: Rekursionsende, da es bereits einen Eintrag mit dem gleichen Schlüssel gibt.

Fall 2 – eigenes Datenelement ist größer als datenNeu: rekursiven Aufruf an den linken Nachfolger; Speicherung des Rückgabewerts als linker Nachfolger

Fall 3 – analog zu Fall 2 für eigenes Datenelement ist kleiner als datenNeu

In allen Fällen: Rückgabe einer Referenz auf sich selbst – für den Aufrufer ändert sich der Nachfolger nicht.

- Dank des Entwurfsmusters Kompositum referenziert das Attribut wurzel in der Klasse BINBAUM immer ein Objekt – beim leeren Baum einen Abschluss, sonst den Wurzel-Knoten. Deshalb besteht der Rumpf der Methode *Einfügen* nur aus einer Zeile:

Klasse BINBAUM
Methode Einfügen(datenNeu: DATENELEMENT)

```
wurzel = wurzel.Einfügen(datenNeu)
```

Implementierung des Binärbaums – Teil 3 Suchen
Die Algorithmik beim Suchen ist sehr ähnlich zu der beim Einfügen. Unterschiede gibt es im Methodenkopf: Der Parameter der Suche ist ein Schlüsselwert und die Rückgabe ist das gesuchte Datenelement bzw. null, wenn die Suche erfolglos war.

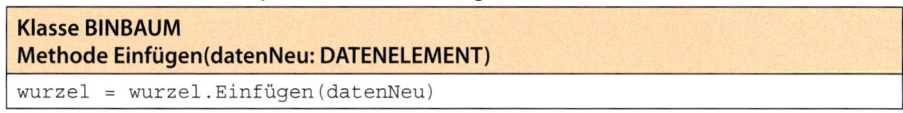

Methode Suchen(suchschlüssel: ZEICHENKETTE) -> DATENELEMENT

Implementierungs-details zum Suchen finden Sie in Aufgabe 2.

Bei der Implementierung eines geordneten Binärbaums ist die **Trennung von Struktur und Inhalt** wichtig. Da über zwei Nachfolgerbeziehungen die Ordnung umgesetzt wird, sind in den **rekursiven Methoden Einfügen** und **Suchen** entsprechende Fallunterscheidungen nötig. Der Einsatz des **Entwurfsmusters Kompositum** sorgt für kompakte Methodenrümpfe.

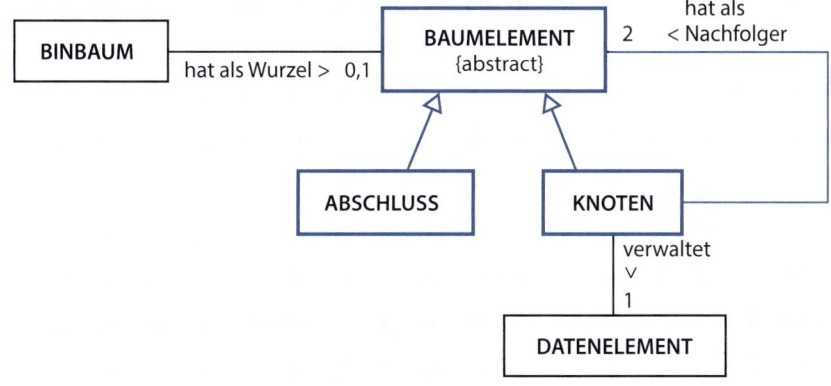

Aufgaben

1 Rollenspiel

Planen Sie ein Rollenspiel zur Veranschaulichung der Implementierung der Methode *Einfügen* mit Entwurfsmuster Kompositum in einem Wörterbuch, das mit einem Binärbaum umgesetzt ist. Aktuell ist ausschließlich das Wort „clip" enthalten.

a Nennen Sie die Anzahl der Objekte inklusive der Klassenzugehörigkeit, die in der Startsituation von Schülerinnen und Schülern als Rolle übernommen werden müssen.

b Nennen Sie die Anzahl der Objekte, die bei einem Aufruf der Methode *Einfügen* hinzukommen.

c Führen Sie das Rollenspiel für das Einfügen zweier unterschiedlicher Wörter durch. Achten Sie bei der Wortauswahl auf unterschiedliche Fälle im Einfügevorgang.

2 Entwurfsmuster Kompositum

Vergleichen Sie die folgenden beiden Umsetzungsvarianten der Methode *Suchen*.

Binärbaum ohne Entwurfsmuster Kompositum

Binärbaum mit Entwurfsmuster Kompositum

Klasse KNOTEN **Methode Suchen(suchschlüssel: ZEICHENKETTE)** **->DATENELEMENT**	**Klasse KNOTEN** **Methode Suchen(suchschlüssel: ZEICHENKETTE)** **->DATENELEMENT**

```
falls daten.SchlüsselIstGleich(suchschlüssel)
dann
  return daten       ①
sonst
  falls daten.SchlüsselIstGrößerAls(↵
                        suchschlüssel)
  dann
   falls linkerNachfolger != null
   dann
    return linkerNachfolger.↵   ②
                  Suchen(suchschlüssel)
   sonst
    return null  ③
   endefalls
  sonst
   falls rechterNachfolger != null
   dann
    return rechterNachfolger.↵   ④
                  Suchen(suchschlüssel)
   sonst
    return null  ⑤
   endefalls
  endefalls
endefalls
```

```
falls daten.SchlüsselIstGleich(suchschlüssel)
dann
  return daten       Ⓐ
sonst
  falls daten.SchlüsselIstGrößerAls(↵
                        suchschlüssel)
  dann
   return linkerNachfolger.↵   Ⓑ
                  Suchen(suchschlüssel)
  sonst
   return rechterNachfolger.↵   Ⓒ
                  Suchen(suchschlüssel)
  endefalls
endefalls
```

Klasse ABSCHLUSS **Methode Suchen(suchschlüssel: ZEICHENKETTE)** **->DATENELEMENT**

```
return null  Ⓓ
```

a Ordnen Sie die zueinander passenden gekennzeichneten Bereiche zu und geben Sie jeweils an, ob es sich um ein Rekursionsende oder einen rekursiven Aufruf handelt.

b Geben Sie für beide Varianten die Abbruchbedingungen an.

c Begründen Sie, warum es in der Variante mit Kompositum zwei Fälle weniger gibt.

d Stellen Sie die Quelltexte der Methode *Suchen* der Klasse BINBAUM in den beiden Variationen mit bzw. ohne Entwurfsmuster Kompositum gegenüber.

e Vorteile des Entwurfsmusters Kompositum sind einerseits ein kompakter, gut lesbarer Quelltext, andererseits ein jeweils gleiches Verhalten der Objekte. Nennen Sie zwei Nachteile der Umsetzung mit Kompositum.

3 Wörterbuch als geordneter Binärbaum – Teil 1: Struktur, Einfügen und Suchen

a Analysieren Sie in der Klasse WÖRTERBUCHEINTRAG die Umsetzung der Vergleichsmethoden. Erklären Sie sich in Partnerarbeit wechselseitig die Arbeitsweise der Methoden mit einem Datenelement als Eingabe bzw. mit einer Zeichenkette.

b Implementieren Sie einen geordneten Binärbaum mit Wörterbucheinträgen als Datenelemente. Gehen Sie dazu schrittweise wie im Lehrtext beschrieben vor.
Als Überblick finden Sie unten das erweiterte Klassendiagramm.

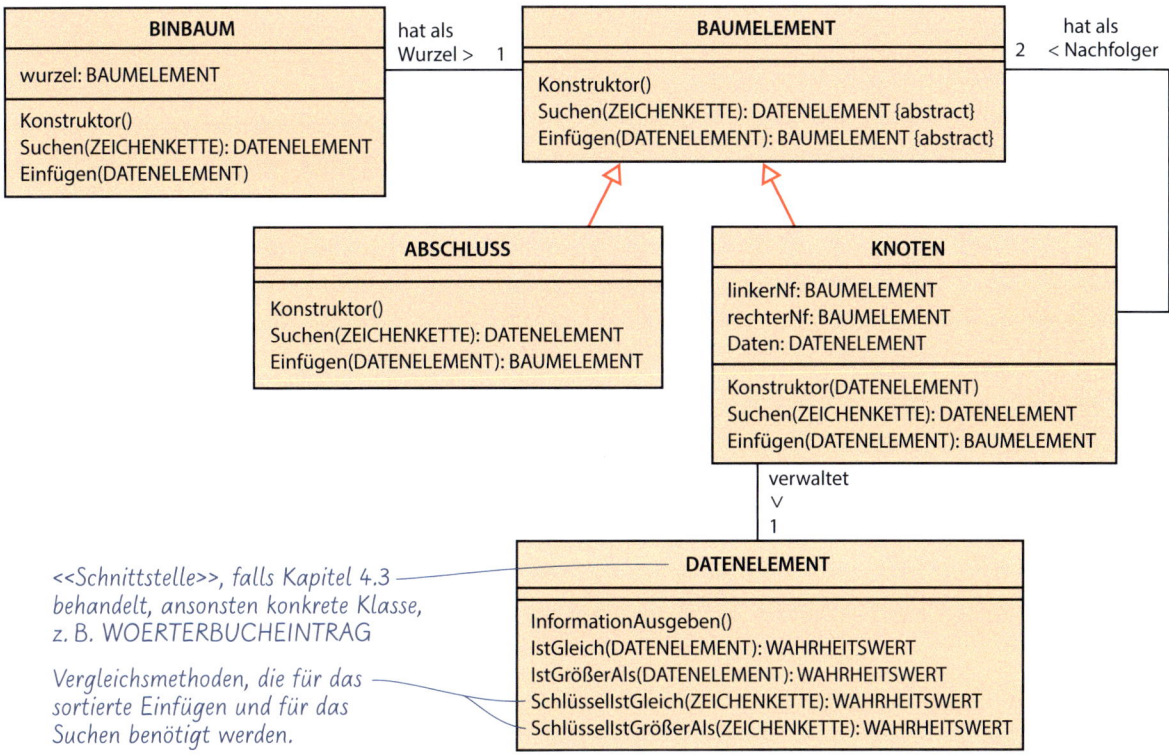

c Bewerten Sie an Hand der unterschiedlichen Fälle beim Suchen bzw. Einfügen, ob der Baum rechts zum Testen geeignet ist. Erstellen Sie in Ihrem Projekt einen geeigneten Testbaum, um die Methode *Suchen* einfach testen zu können.

d Erweitern Sie die Klassen um eine Methode *IstVorhanden(suchschlüssel: ZEICHENKETTE),* welche nur dann WAHR zurückgibt, wenn ein Datenelement mit dem Suchschlüssel enthalten ist.

e Erweitern Sie die Klassen um eine Methode *HöheGeben(),* welche die Höhe des Baums berechnet.

f Für Schnelle: Die Methode *TiefeGeben()* soll abhängig von einem eingegebenen Suchschlüssel die Tiefe des entsprechenden Knotens bestimmen.

   i Notieren Sie den passenden Methodenkopf.

   ii Nennen Sie einen geeigneten Rückgabewert für den Fall, dass der Suchschlüssel nicht gefunden wird.

   iii Setzen Sie die Methode in Ihrem Projekt um.

4 Nutzerverwaltung eines Onlinespiels (aus Abitur 2019)

Die persönlichen Daten aller registrierten Nutzer [des Onlinespiels „Achtung Falle"] werden in einer Datenbank gespeichert. Zur Neuanmeldung werden alle vergebenen Benutzernamen in einem lexikographisch geordneten Binärbaum in den Arbeitsspeicher geladen. Schon während der Eingabe des gewünschten Benutzernamens kann bei jedem Tastendruck überprüft werden, ob der im Textfeld stehende Name bereits vergeben ist. [...]

a Erläutern Sie, warum in einem für Suchanfragen optimal aufgebauten geordneten Binärbaum nicht nur die Anzahl der Ebenen möglichst gering sein sollte, sondern zusätzlich in der untersten Ebene möglichst wenige Knoten sein sollten. [...]

b Bei „Achtung Falle" sind ungefähr 150 000 Nutzer registriert. Der Binärbaum zum Überprüfen von Benutzernamen hat somit ungefähr 150 000 Einträge. Gehen Sie davon aus, dass nach jeder Aufnahme eines neuen Nutzers dieser Baum gegebenenfalls umstrukturiert wird, sodass er für die Suche immer optimal aufgebaut ist.

Schätzen Sie ab, wie lange das Überprüfen eines eingegebenen Benutzernamens maximal dauert. Nehmen Sie an, dass im Rahmen der Überprüfung ein ganzer Rekursionsschritt mit Vergleich $5 \cdot 10^{-6}$ s benötigt. Beurteilen Sie zudem, ob es eine spürbare Verzögerung für den neuen Nutzer bedeutet, wenn während der Eingabe des gewünschten Benutzernamens nach jedem Tastendruck eine Überprüfung durchgeführt wird.

Der Binärbaum zur Verwaltung der Benutzernamen ist unter Verwendung des Softwaremusters Kompositum gemäß dem abgebildeten Klassendiagramm realisiert.

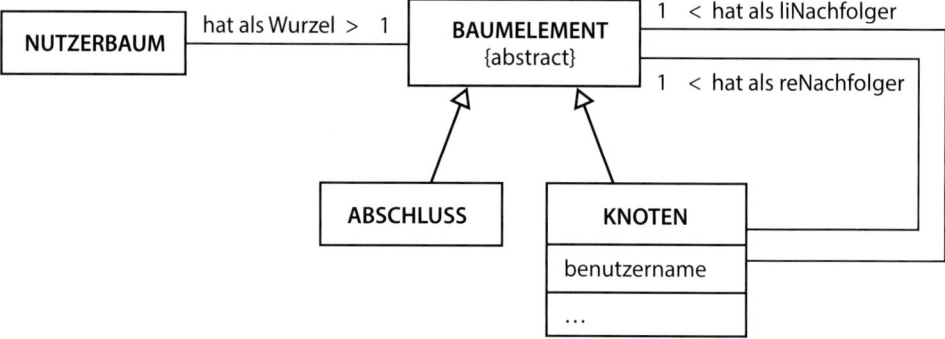

c Die Klasse NUTZERBAUM soll die Methode *istFrei(benutzername)* besitzen, welche genau dann falsch zurückgibt, wenn das übergebene ZEICHENKETTE-Objekt bereits als Benutzername im Binärbaum vorkommt.

Implementieren Sie diese Methode und alle dazu nötigen Methoden in der Baumstruktur. Verwenden Sie dabei so weit wie möglich das Prinzip der Rekursion und nutzen Sie die Vorteile des geordneten Binärbaums.

Hinweis: Als bereits implementiert vorausgesetzt werden darf eine Methode *vergleichenMit(zk)* der Klasse ZEICHENKETTE, die

• eine negative ganze Zahl zurückgibt, wenn das ausführende Objekt lexikographisch kleiner als die übergebene Zeichenkette zk ist,

• eine positive ganze Zahl zurückgibt, wenn das ausführende Objekt lexikographisch größer als die übergebene Zeichenkette zk ist,

• die Zahl 0 zurückgibt, wenn die Zeichenketten übereinstimmen.

d In der Klassenstruktur des Binärbaums werden die Methoden *m1* und *m2* implementiert. LISTE ist eine Klasse zur Verwaltung einfach verketteter Listen. Die Klasse LISTE verfügt über die Methode *hintenEinfuegen(zk)*, mit der eine übergebene Zeichenkette hinten eingefügt werden kann. Beschreiben Sie, was bei dem Methodenaufruf *m1('s')* zurückgegeben wird.

In der Klasse NUTZERBAUM:

```
methode LISTE m1(ZEICHEN z)
    liste = neues leeres LISTE-Objekt
    wurzel.m2(z, liste)
    gib liste zurück
endemethode
```

In der Klasse KNOTEN:

```
methode m2(ZEICHEN z, LISTE liste)
    ZEICHEN z1 = erstes Zeichen von benutzername
    falls z alphabetisch vor z1 steht
    dann
        liNachfolger.m2(z, liste)
    sonst
        falls z alphabetisch nach z1 steht
        dann
            reNachfolger.m2(z, liste)
        sonst
            liNachfolger.m2(z, liste)
            liste.hintenEinfuegen(benutzername)
            reNachfolger.m2(z, liste)
        endefalls
    endefalls
endemethode
```

5 Nutzerverwaltung optimieren

  a Bei der Einstiegsaufgabe wird als Schlüssel für das Einordnen der Nachname verwendet. Beschreiben Sie knapp, warum dies zu Problemen führen kann.

  b Überlegen Sie sich eine Strategie, die Problematik aus a) zu vermeiden. Optimieren Sie entsprechend das Projekt der Einstiegsaufgabe.

  c Optimieren Sie das Projekt der Einstiegsaufgabe weiter, indem Sie eine Methode *Suchen* ergänzen und auf eine Implementierung mit dem Entwurfsmuster Kompositum umstellen.

6 Kinoverwaltung Teil 2 (aus Abitur 2020)

Bei der Implementierung des geordneten Binärbaums kommt das Entwurfsmuster Kompositum zum Einsatz.

Beschreiben Sie in Worten den rekursiven Algorithmus, den ein Knoten zum Einfügen eines neuen Kunden ausführt. Gehen Sie zudem kurz auf die Rolle des Abschlusses ein.

5.4 Binärbäume durchlaufen: Information aller Daten abfragen

Die Firmenleitung möchte eine Liste aller ihrer Nutzer ihrer neuen App haben. Pia hat dazu eine Methode *InorderAusgeben* geschrieben. Diese durchläuft alle Knoten des Baums und gibt die Namen aller gespeicherten Personen aus.

a Analysieren Sie zuerst die Testumgebung und zeichnen Sie den Baum, der dadurch erzeugt wird. Eine vereinfachte Darstellung nur mit den Schlüsselwerten ist ausreichend.

b Rufen Sie nun die Methode *InorderAusgeben* auf und ordnen Sie jedem Knoten in a) durch eine Zahl zu, ob seine Daten als erstes, zweites, drittes usw. ausgegeben wurden.

c Analysieren Sie die Methode *InorderAusgeben*. Begründen Sie, warum im Gegensatz zu den Methoden *Suchen* und *Einfügen* der Klasse KNOTEN keine bedingte Anweisung nötig ist. Erklären Sie auch, warum der Methodenname mit der Vorsilbe „in" beginnt.

d Die Methode *PreorderAusgeben* der Klasse KNOTEN unterscheidet sich von *InorderAusgeben* passend zur Bedeutung „vor" der Vorsilbe pre. Erschließen Sie sich die Reihenfolge der drei Methodenaufrufe im Rumpf von *PreorderAusgeben* und nennen diese.

e Notieren Sie mit einer anderen Farbe als in b) die Reihenfolge der Preorder-Ausgabe bei dem Baum aus a).

Bäume unterschiedlich traversieren

Häufig möchte man einen Überblick über die Gesamtheit von Daten, auch wenn sie in einem Binärbaum gespeichert sind, beispielsweise alle Nutzer als sortierte Liste oder die hierarchische Ordnerstruktur in der Dateiverwaltung. Die folgenden Abbildungen zeigen zwei unterschiedliche Ausgaben unserer Wörterbucheinträge:

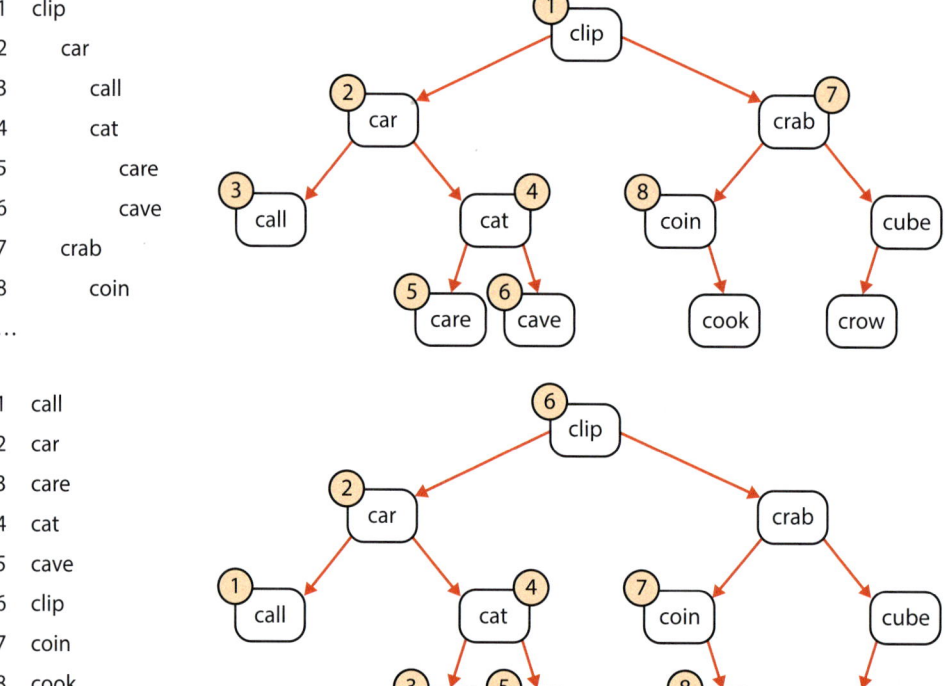

1 clip
2   car
3   call
4   cat
5   care
6   cave
7   crab
8   coin
...

1 call
2 car
3 care
4 cat
5 cave
6 clip
7 coin
8 cook
...

Bei der Ausgabe der Daten werden alle Knoten eines Baums erreicht. Man spricht auch von einer Traversierung (franz. Durchquerung) des Baums.

Die Angabe der Durchlaufposition (Nummern) in den Abbildungen oben verdeutlicht, dass die Daten der Baumelemente in den beiden Varianten in unterschiedlichen Reihenfolgen ausgegeben werden.

Sortierte Ausgabe mithilfe eines Inorder-Durchlaufs

Die Ausgabe der Baumelemente mithilfe eines **Inorder-Durchlaufs** ergibt eine sortierte Liste (untere Abbildung auf der Vorseite). Sie hat in der Klasse KNOTEN folgende drei Bestandteile:

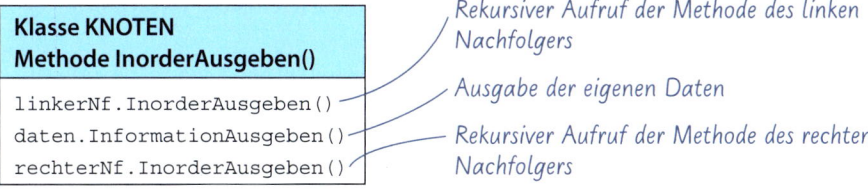

Klasse KNOTEN **Methode InorderAusgeben()**	
`linkerNf.InorderAusgeben()`	*Rekursiver Aufruf der Methode des linken Nachfolgers*
`daten.InformationAusgeben()`	*Ausgabe der eigenen Daten*
`rechterNf.InorderAusgeben()`	*Rekursiver Aufruf der Methode des rechten Nachfolgers*

Objekte der Klasse ABSCHLUSS haben weder Daten noch Nachfolger. Deshalb müssen Sie beim Aufruf dieser Methode nichts tun, der Methodenrumpf ist leer.

In der Klasse BINBAUM wird nur die Methode *InorderAusgeben()* der Wurzel aufgerufen.

Klasse ABSCHLUSS **Methode InorderAusgeben()**
`// tue nichts`

Klasse BINBAUM **Methode InorderAusgeben()**
`wurzel.InorderAusgeben()`

Anwendungen des Preorder-Durchlaufs

Beim →**Preorder-Durchlauf** werden vor den rekursiven Aufrufen die eigenen Daten ausgegeben.

→ lat. prae-: vor (als Vorsilbe)

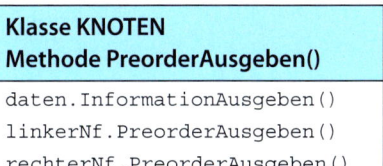

Klasse KNOTEN **Methode PreorderAusgeben()**
`daten.InformationAusgeben()`
`linkerNf.PreorderAusgeben()`
`rechterNf.PreorderAusgeben()`

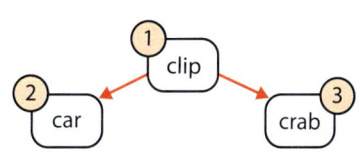

Die ausgegebene Liste – im Beispiel clip, car, crab – eignet sich zum sequenziellen Abspeichern von Bäumen: Denn werden die Elemente nacheinander in dieser Reihenfolge wieder eingefügt, wird der ursprüngliche Baum wieder aufgebaut.

Wird beim Preorder-Durchlauf noch eine Einrücktiefe passend zur Tiefe des Knotens ergänzt, veranschaulicht die Ausgabe die hierarchische Struktur. Da kein Knoten seine eigene Tiefe kennt, die Ausgabe aber von den Knoten ausgelöst wird, muss ihnen diese Information durch einen Eingabewert mitgeteilt werden. Bei jedem Aufruf wird tiefe um 1 erhöht.

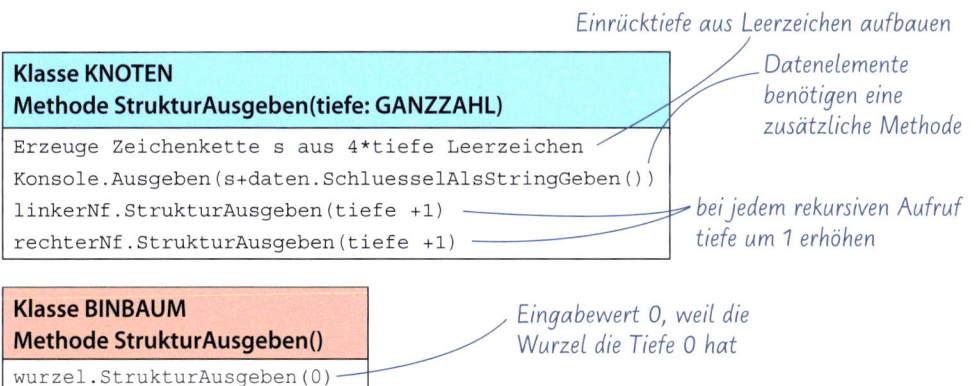

Einrücktiefe aus Leerzeichen aufbauen

Datenelemente benötigen eine zusätzliche Methode

Klasse KNOTEN **Methode StrukturAusgeben(tiefe: GANZZAHL)**
`Erzeuge Zeichenkette s aus 4*tiefe Leerzeichen`
`Konsole.Ausgeben(s+daten.SchluesselAlsStringGeben())`
`linkerNf.StrukturAusgeben(tiefe +1)`
`rechterNf.StrukturAusgeben(tiefe +1)`

bei jedem rekursiven Aufruf tiefe um 1 erhöhen

Klasse BINBAUM **Methode StrukturAusgeben()**
`wurzel.StrukturAusgeben(0)`

Eingabewert 0, weil die Wurzel die Tiefe 0 hat

Das Implementieren der Postorder-Ausgabe ist Thema der Aufgabe 3.

Neben dem Preorder- und Inorder- ist eine weitere Möglichkeit der **Postorder-Durchlauf**, bei dem die Ausgabe der eigenen Daten nach den beiden rekursiven Aufrufen stattfindet.

Sowohl über den **Preorder-**, den **Inorder-** als auch den **Postorder-Durchlauf** werden alle Knoten eines Binärbaums erreicht. Die Durchlaufarten (Traversierungen) unterscheiden sich darin, ob der eigene Inhalt **vor**, **zwischen** oder **nach** den rekursiven Aufrufen an den linken und rechten Nachfolger ausgegeben werden.
Typische Anwendungen für den Preorder-Durchlauf sind eine Ausgabe der hierarchischen Struktur bzw. das sequenzielle Abspeichern eines Baumes. Der Inorder-Durchlauf wird eingesetzt, um die Daten sortiert auszugeben.

Aufgaben

1 Binärbäume durchlaufen

  a Nennen Sie die Ausgabe durch einen Preorder- bzw. Inorder-Durchlauf für den Stammbaum und den Baum mit Identifikationsnummern.

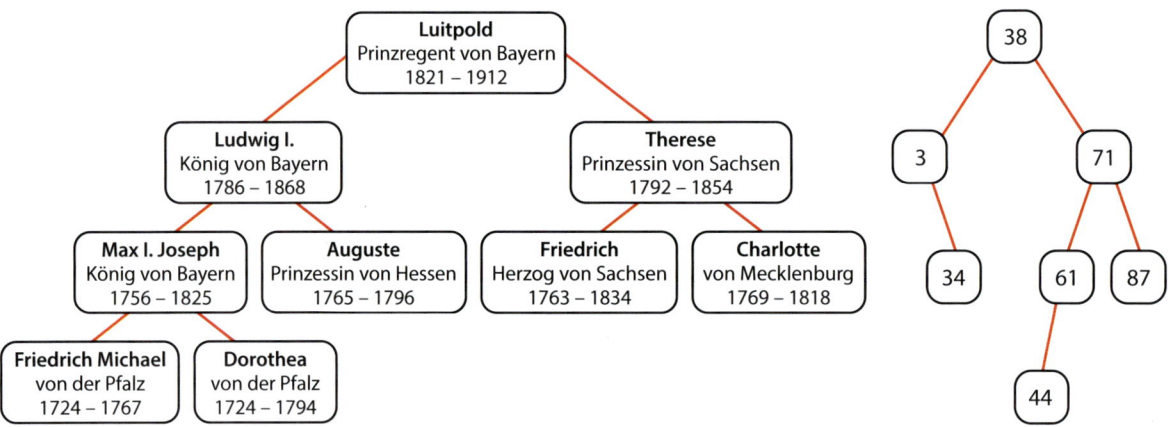

  b Zeichnen Sie zwei Bäume nach folgenden Vorgaben: Nehmen Sie die beiden Ausgaben des Preorder- und Inorder-Durchlaufs (vgl. Teilaufgabe a) für den Baum mit den Identifikationsnummern und fügen Sie die Elemente in dieser Reihenfolge jeweils in einen leeren Baum ein.
    Erklären Sie knapp, warum das Ergebnis zwei sehr unterschiedliche Bäume sind.

  c Begründen Sie knapp, welche Durchlaufart zum Speichern eines Baumes genutzt werden kann.

2 Visualisierung des Ablaufs verschiedener Durchlaufarten
Experimentieren Sie mit unterschiedlichen Methoden für den Baumdurchlauf. Erklären Sie sich in Partnerarbeit wechselseitig die Ergebnisse verschiedener Durchlaufarten.

3 Postorder-Durchlauf
Neben dem Preorder- und Inorder-Durchlauf gibt es noch einen Postorder-Durchlauf.
  a Überlegen Sie anhand des Namens, wie dieser Durchlauf arbeitet, und beschreiben Sie Ihr Ergebnis knapp.
  b Überprüfen Sie Ihr Ergebnis aus a) anhand von zwei Internet-Quellen.
  c Nennen Sie für die beiden Bäume aus Aufgabe 1 das Ergebnis eines Postorder-Durchlaufs.

4 Wörterbuch als geordneter Binärbaum – Teil2: Baumdurchläufe

Nehmen Sie als Ausgangsbasis ihr Wörterbuch-Projekt aus dem letzten Kapitel.

a Ergänzen Sie in den Klassen des Entwurfsmusters Kompositum und der Klasse BINBAUM die Methoden *InorderAusgeben, PreorderAusgeben* und *PostorderAusgeben*. Testen Sie mit einem geeigneten Beispielbaum!

b Ergänzen Sie in der Klasse WOERTERBUCHEINTRAG (ggf. auch DATENELEMENT falls Kapitel 1.3 behandelt wurde) die Methode *SchlüsselAlsStringGeben*, die als Rückgabewert den Schlüssel als Zeichenkette ausgibt.

c Implementieren Sie weiterhin die Methode *StrukturAusgeben* entsprechend den Erläuterungen in diesem Kapitel.

d Erläutern Sie, warum die beiden Binärbäume in der folgenden Abbildung beim Aufruf der Methode *StrukturAusgeben* auf der Konsole die gleiche Ausgabe erzeugen.

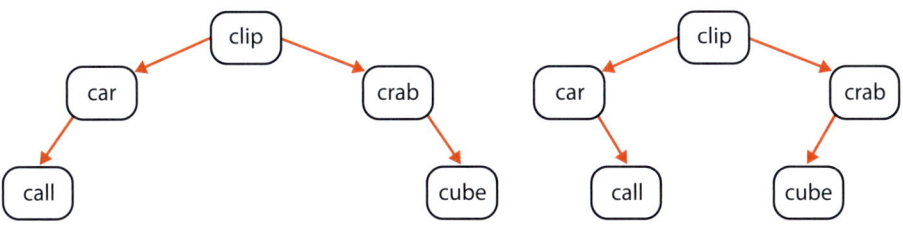

e Erstellen Sie eine Methode *StrukturAusgeben2*, bei der auch ABSCHLUSS-Objekte entsprechend der Hierarchie eine Ausgabe erzeugen, z. B. „a" für Abschluss.

5 Termbäume

a Notieren Sie das Ergebnis des Preorder-, Inorder- und Postorder-Durchlaufs für den nebenstehenden Term-baum.

b In allen Fällen von a) ist eine Ergänzung des Terms durch Klammern übersichtlicher. Ergänzen Sie pas-sende Klammern. (Damit zwei aufeinander folgende Ziffern nicht als eine Zahl gelesen werden, sollten Sie einen deutlichen Abstand zwischen den Ziffern lassen oder Strichpunkte als Trennzeichen ergänzen.)

c Begründen Sie, warum in einem Fall ohne Klammern keine eindeutige Berechnung erfolgen kann.

d Für Schnelle: Begründen Sie, warum für die Berechnung des Termwerts ein Postorder-Durchlauf gemacht werden muss.

6 Nutzerverwaltung erweitern

a Ergänzen Sie in dem Projekt aus der Einstiegsaufgabe eine Methode *AnzahlKnotenBerechnen*, die die Anzahl der im Baum enthaltenen Knoten zurückgibt. Dokumentieren Sie Ihre Tests der Methode.

b Nennen Sie Gemeinsamkeiten und Unterschiede der Methode aus a) zu den Baum-durchläufen.

c Um einen Überblick über die Altersstruktur der Nutzenden zu erhalten, muss die Anzahl der Erwachsenen und der Jugendlichen bestimmt werden. Schreiben Sie dazu die Methode *AnzahlJugendlicheBerechnen* und *AnzahlErwachseneBerechnen*.

d Erweitern Sie das Projekt um eine weitere Funktionalität. Geben Sie eine Anwendungs-situation für Ihre Ergänzung an.

5.5 Bäume einsetzen: Datenkomprimierung und mehr

Die Datengröße von Bildern ohne Informationsverlust gering zu halten, ist in vielen Anwendungen wie z. B. medizinischer Diagnostik und Spielen von Interesse. Die Abbildung unten zeigt die Landschaft eines 2D-Spiels aus der Vogelperspektive und einen 8x8 Pixel großen Ausschnitt davon.

a Begründen Sie, dass die im rechten Bild verwendete Schwarz-Weiß-Darstellung die gleiche Information beinhaltet wie das mittlere Bild.

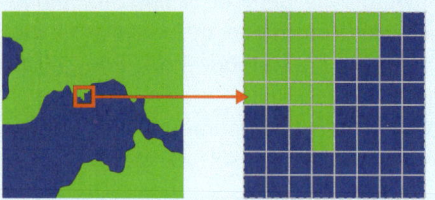 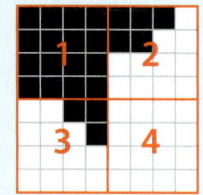

Das Bild rechts oben wird in vier gleich große Bereiche unterteilt. Für jeden Bereich wird entschieden, ob nur eine der beiden Farben vorhanden ist. Falls ja, wird diese Farbe gespeichert. Falls nein, findet eine erneute Unterteilung des Bereichs in vier Bereiche statt. Das Ergebnis dieser Unterteilung lässt sich als Baum darstellen.

b Begründen Sie die Farbwahl der Knoten auf der mit 4x4 beschrifteten Ebene.

c Erklären Sie sich gegenseitig die Farben der Knoten auf der 2x2-Ebene.

d Notieren Sie im Heft die in den Knoten der 1x1-Ebene gespeicherten Farben.

e Begründen Sie, dass dieses Verfahren rekursiv ist.

f Erklären Sie knapp, warum durch das beschriebene Vorgehen eine verlustfreie Datenkompression möglich ist.

g Für Schnelle: Diskutieren Sie, wie dieses Verfahren bei Zoom-Vorgängen die Berechnung von Bildschirmausgaben beschleunigen kann.

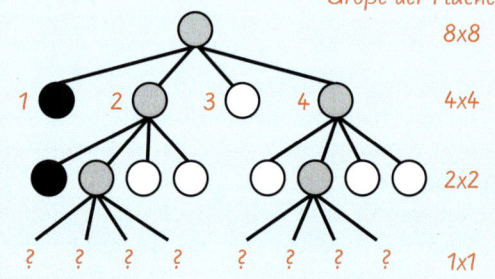

Größe der Fläche
8x8
4x4
2x2
1x1

In diesem Kapitel werden praxisrelevante Aufgaben vorgestellt, zu deren Lösung nicht binäre, sondern allgemeine Bäume entscheidend beitragen.

Verlustfreie Textkompression über Huffman-Codierung

→ ASCII: American Standard Code for Information Interchange z. B.
d 01100100
e 01100101
f 01100110

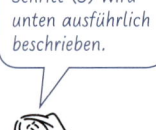 *Schritt (3) wird unten ausführlich beschrieben.*

Sowohl zur Datenspeicherung als auch -übertragung ist es oft von Vorteil, die Datenmenge (verlustfrei) zu reduzieren. Die Länge jedes einzelnen Zeichens eines →ASCII-codierten Textes ist 8 Bit. Damit hat jedes Zeichen den gleichen Speicherbedarf, egal ob es einmal oder 100-mal vorkommt. Effektiver ist es, häufig auftretendere Zeichen mit einer kürzeren Binär-Zeichenfolge zu codieren. Die **Huffman-Codierung** nutzt diese Idee und wird durch folgende Schritte umgesetzt:

(1) Bestimme die im Originaltext vorhandenen Zeichen.
(2) Ordne jedem Zeichen seine absolute Häufigkeit zu.
(3) Erzeuge für jedes Zeichen einen Binärcode, der für häufig auftretende Zeichen kürzer ist als für selten auftretende. Der Binärcode muss weiterhin möglichst kurz und eindeutig decodierbar sein.

Zeichen	Häufig-keit	Huffman-Code
e	4	000
n	3	001
i	3	010
f	2	011
s	2	100
T	1	1010
r	1	1011
u	1	1100
E	1	1101
d	1	1110
l	1	1111

Die Tabelle zeigt das Vorgehen für die Nachricht „Treffen uns in Eisdiele".

Die Bitfolge des ersten Worts der Nachricht wäre damit 1010101 1000011011000001. Sie lässt sich über die Tabelle eindeutig zu „Treffen" decodieren.

Über eine kurze Berechnung lässt sich zeigen, dass sich der Speicherbedarf für die Beispielnachricht gegenüber ASCII (8 Bit) deutlich reduziert:

$$\frac{\text{mittlerer Speicherbedarf}}{\text{Zeichen}} \text{ in Bit}$$

$$= \frac{\text{Gesamtlänge der codierten Nachricht}}{\text{Anzahl Zeichen}}$$

$$= \frac{\text{Häufigkeit von e} \cdot \text{Codelänge} + \text{Häufigkeit von n} \cdot \text{Codelänge} + \cdots}{\text{Anzahl Zeichen}}$$

$$= \frac{\overbrace{4 \cdot 3\,\text{Bit}}^{e} + \overbrace{3 \cdot 3\,\text{Bit}}^{n} + \overbrace{3 \cdot 3\,\text{Bit}}^{i} + \overbrace{2 \cdot 3\,\text{Bit}}^{f} + \overbrace{2 \cdot 3\,\text{Bit}}^{s} + \overbrace{1 \cdot 4\,\text{Bit}}^{T} + \overbrace{1 \cdot 4\,\text{Bit}}^{r} + \overbrace{4 \cdot (1 \cdot 4\,\text{Bit})}^{u,\,E,\,d,\,l}}{20}$$

$$= 3{,}3\,\text{Bit/Zeichen}$$

Es gibt kein anderes Verfahren, das einen Text mit Hilfe der Häufigkeitsverteilung stärker komprimiert. Man nennt die Huffman-Codierung deshalb optimal.

Huffman-Baum

Der Huffman-Code entsprechend der Anforderungen aus Punkt (3) oben lässt sich über den folgenden Algorithmus bestimmen. Dabei wird ein Binärbaum ausgehend von den Blättern von unten nach oben aufgebaut.

(A) Erzeuge für jedes im Text vorkommende Zeichen einen Blatt-Knoten und markiere den Knoten mit der absoluten Häufigkeit h, mit der das Zeichen vorkommt.

(B) Solange es mehr als einen Knoten gibt, zu dem keine Kante führt, wiederhole:
- Suche zwei Knoten k1 und k2 mit minimaler Häufigkeit h1 bzw. h2, zu denen noch keine Kante hinführt.
- Erzeuge einen neuen Knoten k3 und setze k3 als Vorgänger von k1 und k2.
- Markiere die linke Kante mit 0, die rechte mit 1.
- Markiere den neuen Knoten k3 mit der Summe der Häufigkeiten der Nachfolger, d.h. h1+h2.

Im Folgenden wird der schrittweise Aufbau des Huffman-Baums für die Nachricht „Treffen uns in Eisdiele" gezeigt.

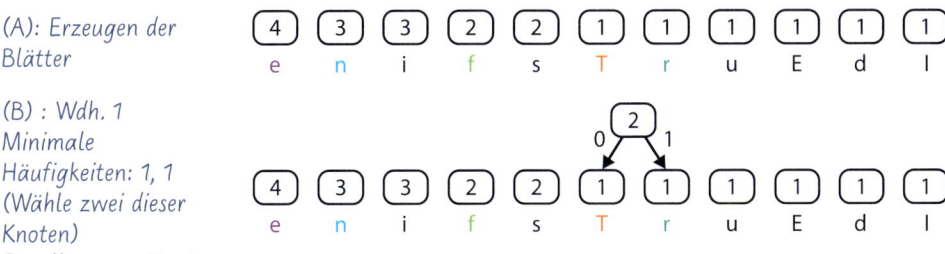

(A): Erzeugen der Blätter

(B) : Wdh. 1 Minimale Häufigkeiten: 1, 1 (Wähle zwei dieser Knoten) Erstelle neuen Knoten mit Markierung 2

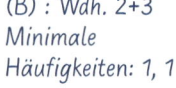

(B) : Wdh. 2+3
*Minimale
Häufigkeiten: 1, 1*

(B) : Wdh. 4+5
*Minimale
Häufigkeiten: 2, 2*

*Hinweis:
Die Ebene ist nicht
relevant.*

(B) : Wdh. 6
*Minimale
Häufigkeiten: 2, 3*

*Wdh. 7
Minimale
Häufigkeiten: 3, 4*

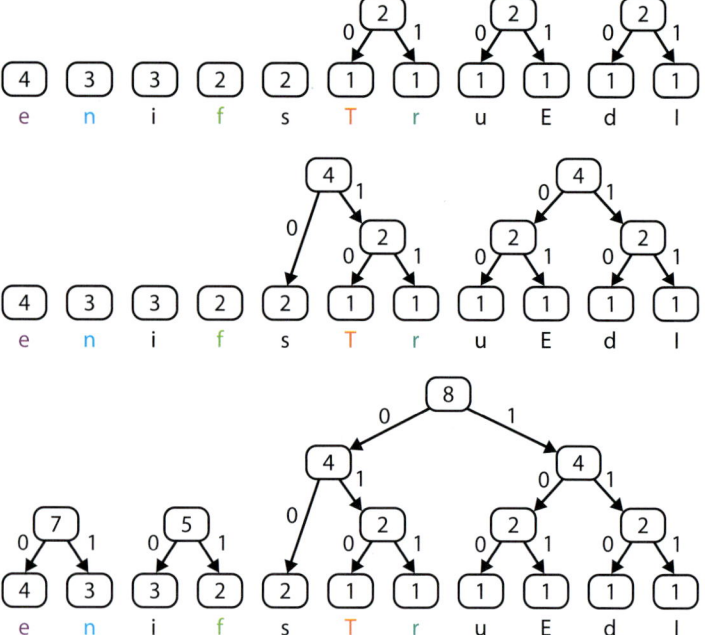

*Wdh. 8
Minimale
Häufigkeiten: 4, 4*

(B) : Wdh. 9
*Minimale
Häufigkeiten: 5, 7*

*Wdh. 10
Minimale
Häufigkeiten: 8, 12*

*Ende der Wieder-
holung, da es nur
einen Knoten ohne
Vorgänger gibt.*

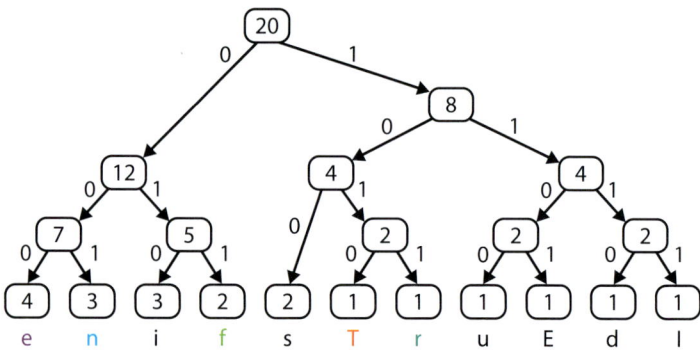

Mit Hilfe des Huffman-Baums lässt sich nun ausgehend von der Wurzel für jedes Zeichen der Huffman-Code durch die Beschriftung des Pfads von der Wurzel bestimmen, z. B. 1011 für das Zeichen r.

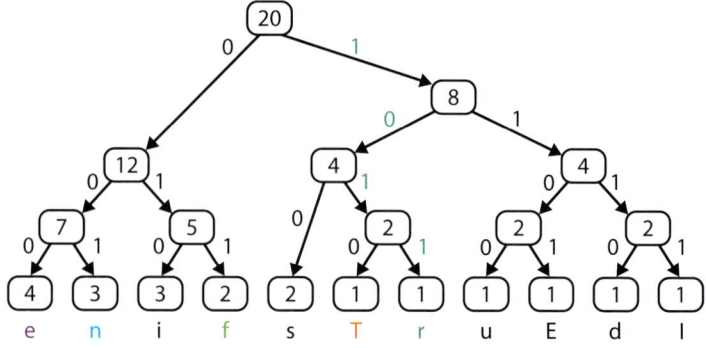

Der Huffman-Baum kann dann auch zum **Dekodieren** der Nachricht verwendet werden: Ausgehend von der Wurzel arbeitet man den Binärcode schrittweise ab, indem man sich bei 0 nach links, bei 1 nach rechts im Baum bewegt. Wird ein Blatt erreicht, notiert man das Zeichen und startet wieder bei der Wurzel, solange noch Binärcode vorhanden ist.

Index und B-Bäume als schnelle Suchhilfe

Datenbankmanagement- und Dateisysteme verwenden Indizes, um Datensätze schneller finden zu können. Der Vorteil eines **Index** beim Suchen lässt sich am Beispiel von Wörtern in einem Wörterbuch erklären:

Wird die Bedeutung von Staycation gesucht, muss man nicht bei Seite 1 beginnen und viele Wörter wie a, aardvark, aback usw. prüfen, bis man schließlich bei dem gesuchten Wort ankommt. In den großen Wörterbüchern sind die Buchstaben als Register gekennzeichnet. So kann man mit der Suche bei „S" einsteigen und damit viele Seiten überspringen. Bei sehr

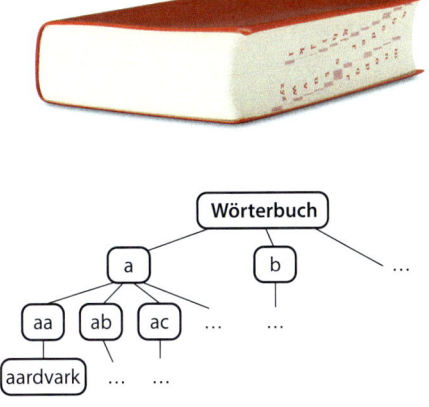

häufigen Buchstaben und Anwendungen mit mehreren Millionen Einträgen mag es sogar sinnvoll sein, für einige Anfangsbuchstaben das Register noch feiner zu unterteilen, sodass es Unterregister für die ersten beiden Buchstaben gibt. Der Index funktioniert daher wie ein Baum, der die Namen zuerst nach dem ersten Buchstaben in Teilbäume einteilt, dann nach dem zweiten Buchstaben, und so weiter. Durch einen Index können auch in einer Datenbank bzw. in einem Dateisystem Datensätze bzw. Dateien viel schneller gefunden werden.

Warum gibt es Situationen, in denen der Binärbaum nicht die ideale Datenstruktur für die schnellste Suche ist? Bei sehr großen Datenmengen, etwa im Terabyte-Bereich, können nicht alle Daten im schnellen Arbeitsspeicher bereit gehalten werden. Müssen für jeden Schritt der Suche Knoten mit nur zwei Nachfolgern vom langsamen Hintergrundspeicher geladen werden, reduziert sich die Suchgeschwindigkeit deutlich. Aus diesem Grund speichert man in einem Knoten mehrere Schlüssel in Form einer sortierten Liste. Wird die Größe eines Knotens so gewählt, dass sein Speicherbedarf der Transporteinheit zwischen Hintergrund- und Arbeitsspeicher entspricht, ist der Zeitverlust beim Laden von Daten in den Arbeitsspeicher vergleichsweise gering. So wie im Binärbaum ein Schlüssel eine Aufteilung der Daten über zwei Nachfolger ermöglicht, lassen z. B. vier Schlüssel eine Aufteilung über fünf Nachfolger zu:

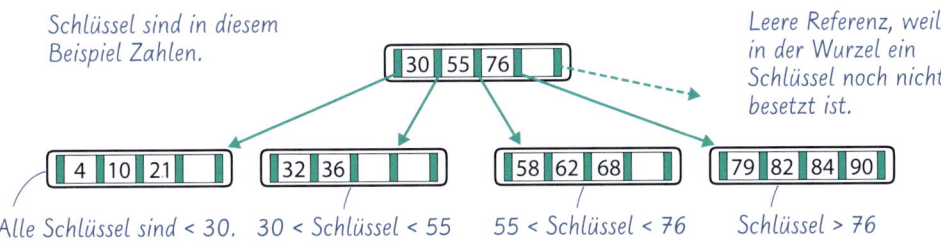

Zu jedem Schlüssel ist auch eine Referenz auf Daten gespeichert. Vereinfachend ist dies in der Abbildung weggelassen.

Diese Art von Bäumen wird nach dem Entwickler Rudolf Bayer **B-Bäume** genannt und wird u. a. in Datenbanksystemen eingesetzt. Da dort die Datenmengen deutlich größer sind, ist auch die Anzahl der möglichen Schlüssel pro Knoten höher. Die minimale Anzahl der Schlüssel in einem Knoten ist über die sogenannte Ordnung m festgelegt. Für B-Bäume der Ordnung m gelten folgende Regeln:

(1) Jeder Knoten (mit Ausnahme der Wurzel) enthält mindestens m und maximal 2m Schlüssel.
(2) Jeder Knoten mit k Schlüsseln hat genau k+1 Nachfolger oder keinen Nachfolger.
(3) Alle Blätter haben die gleiche Tiefe.
(4) Die Schlüssel der Knoten sind sortiert (s. Abbildung oben).

Dann ist der B-Baum oben von der Ordnung 2, weil jeder Knoten zwischen 2 und 4 Schlüssel enthält.

Beim **Einfügen in den B-Baum** gibt es zwei unterschiedliche Fälle:

Fall 1: Es ist noch Platz, beispielsweise beim Einfügen von Daten mit dem Schlüssel 60.

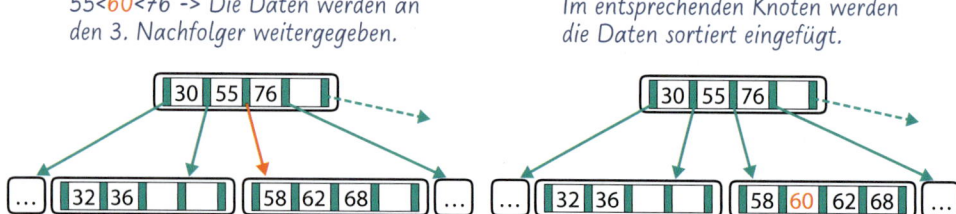

55<60<76 -> Die Daten werden an den 3. Nachfolger weitergegeben.

Im entsprechenden Knoten werden die Daten sortiert eingefügt.

Fall 2: Maximale Anzahl der Schlüssel wird überschritten, z. B. beim Einfügen von 73

Durch das Aufspalten und Weiterreichen von Daten nach oben wächst der B-Baum beim Einfügen von unten nach oben.

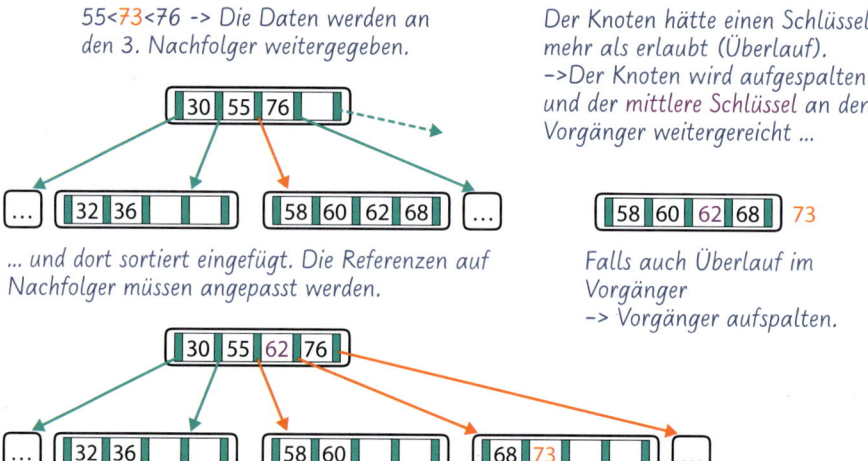

55<73<76 -> Die Daten werden an den 3. Nachfolger weitergegeben.

Der Knoten hätte einen Schlüssel mehr als erlaubt (Überlauf). ->Der Knoten wird aufgespalten und der mittlere Schlüssel an den Vorgänger weitergereicht ...

... und dort sortiert eingefügt. Die Referenzen auf Nachfolger müssen angepasst werden.

Falls auch Überlauf im Vorgänger -> Vorgänger aufspalten.

Datenstruktur Quad-Tree

Ein **Quad-Tree**, auch Quaternärbaum oder Quadrantenbäume genannt, ist eine **Baumstruktur, in der jeder innere Knoten genau vier Nachfolger** hat. Derartige Bäume werden genutzt, um in zweidimensionalen Räumen kompakt große Datenmengen zu speichern. Typische Anwendungen sind eine effektive Kollisionserkennung in 2D-Spielen, Datenkompression von Bildern und die Zuordnung von einem Index (s. o.) zu Geodaten in Geoinformationssystemen (GIS).

Bei OpenStreetMap sind mehr als 15 Milliarden GPS-Punkte gespeichert. Wie oben bereits erläutert, hilft ein Index, die Bearbeitung von Suchanfragen zu beschleunigen. Bei Geodaten gibt es zwei besondere Herausforderungen:

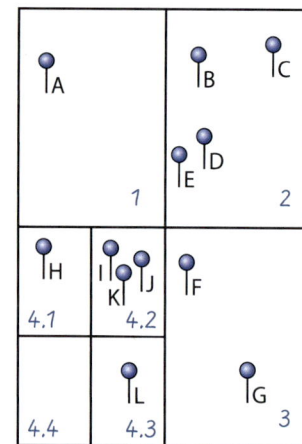

- Es gibt keine lineare Ordnung der Informationen, wie eine alphabetische oder eine numerische Sortierung, denn die liegen im zwei- (oder drei-)dimensionalen Raum.
- Die Dichte der gespeicherten Objekte variiert stark, da beispielsweise das Straßennetz in Städten wesentlich dichter ist, als im ländlichen Raum.

Die Abbildung rechts zeigt punktförmige Geoobjekte, die je nach Anfrage Museen, Hotels, aber auch Standorte von E-Rollern sein können. Die zweidimensionale Gesamtfläche ist in vier gleich große Teilflächen unterteilt. Jede Teilfläche kann abhängig von der Objektdichte wiederum unterteilt werden.

Im dazugehörigen Quad-Tree sind in den Blättern Referenzen auf die Daten (Name, Ortskoordinaten, Telefonnummer, …) gespeichert.

Dürfen pro Flächenelement z. B. maximal vier Objekte gespeichert werden, kann das **Einfügen** eines weiteren Objekts eine Teilung eines Bereichs zur Folge haben. Die folgenden Abbildungen zeigen dies für das Einfügen eines Geoobjekts M in den Bereich 2.

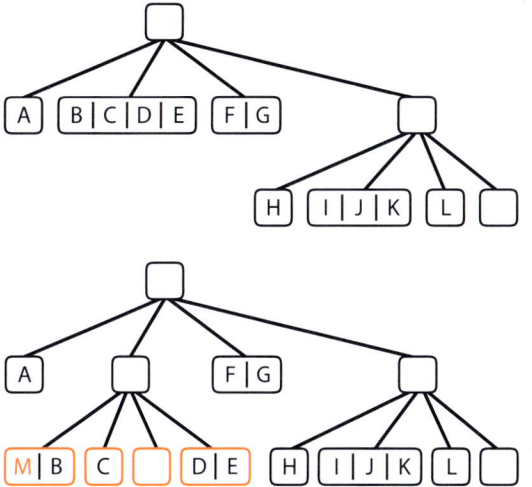

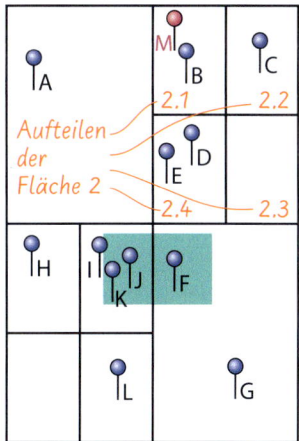

Häufig werden in den Knoten auch die Eckpunkte des umgebenden Rechtecks (x_{min}, y_{min}, x_{max}, y_{max}) mit abgespeichert. Dies erleichtert typische Suchanfragen, wenn z. B. User von Navigationsapps einen Bereich auswählen und dort Informationen über alle Restaurants möchten. Über einen Vergleich der Eckpunkte der Auswahl mit den im Knoten gespeicherten Daten werden bei der rekursiven Suche nur relevante Knoten, d.h. Flächenelemente betrachtet. In einem zweiten Schritt werden von dort die vom Nutzer ausgewählten passenden Geoobjekte bestimmt (im Beispiel oben K, J, F).

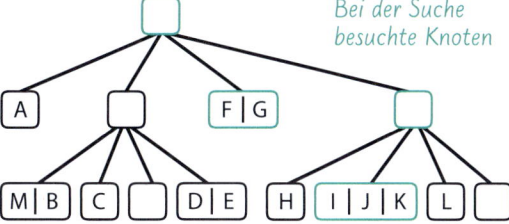

Bei der Suche besuchte Knoten

Aufgaben

1 Varianten beim Huffman-Baum

  a Erstellen Sie wie im Lehrtext den Huffman-Baum für die Nachricht „Treffen uns in Eisdiele", ordnen Sie jedoch die Blätter in der Reihenfolge des ersten Auftretens der Buchstaben an (T, r, e, f, n, u, …).
    Hinweis: Es werden sich Kanten überschneiden.

  b Vergleichen Sie Huffman-Codes und deren Länge mit den Codes aus dem Lehrbuch. Begründen Sie Gemeinsamkeiten bzw. Unterschiede.

  c Ermitteln Sie den mittleren Speicherbedarf pro Zeichen für die Nachricht aus a). Vergleichen Sie mit dem Wert aus dem Lehrtext. Bewerten Sie das Ergebnis in Bezug auf das Ziel eine möglichst gute Komprimierung des Textes zu erhalten.

  d Nennen Sie einen Nachteil beim Einsatz der Huffman-Codierung für die Textkomprimierung.

2 Eine Nachricht verlustfrei komprimieren

Arbeiten Sie in dieser Aufgabe zu zweit.

a Erstellen Sie den Huffman-Baum für die Nachricht „Abgeordnete lieben Eisen" bzw. „Bienen toben gerade leise". Verwenden Sie nur Kleinbuchstaben.

b Codieren Sie Ihre Nachricht, tauschen Sie diese aus und versuchen Sie sie zu decodieren.

c Vergleichen Sie die jeweils unterste Ebene im Baum. Begründen Sie damit, dass ein Decodieren möglich ist. Begründen Sie weiterhin, warum es in der Regel fehlschlägt.

3 Eine Nachricht dekomprimieren

a Nennen Sie die Häufigkeit, die bei zwei Knoten des abgebildeten Huffman-Baums fehlt.

b Decodieren Sie den Namen in der folgende Nachricht:
100011011110000011111
1000111001101101

c Recherchieren Sie kurz zur Person aus b) und fassen Sie Ihr Ergebnis knapp zusammen.

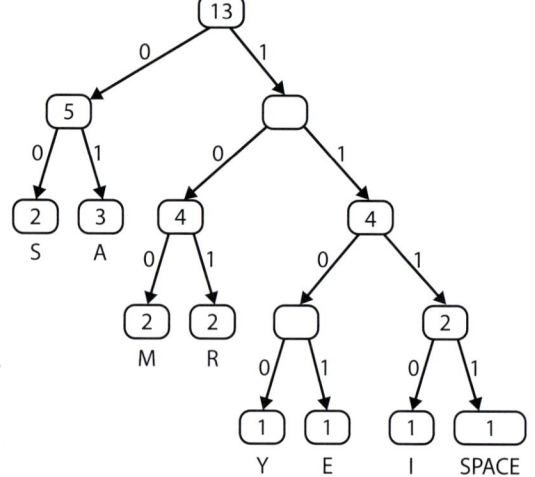

4 Huffman-Codierung implementieren

a Implementieren Sie die Erstellung eines Huffman-Baums zu einer Nachricht.

b Schreiben Sie eine Methode, die eine komprimierte Nachricht (als Bitfolge) wieder decodiert.

5 Morse- und Huffmancode – Gemeinsamkeiten und Unterschiede

Auch das Morsealphabet basiert auf der Idee, häufig vorkommende Buchstaben durch möglichst kurze Morsecodes darzustellen. Deshalb besteht der Morsecode für den Buchstaben e nur aus einem (kurzen) Ton, selten auftretende Buchstaben wie q, x, y, z jedoch aus 4 Tönen.

a Übersetzen Sie mit Hilfe der Abbildung das englische Wort „idea" und die Abkürzung „usa" für vereinigte amerikanische Staaten.

b Da es mit „lang" und „kurz" nur zwei unterschiedliche Morsesignale gibt, lässt sich der Morsecode auch als Binärcode darstellen: 1 für lang und 0 für kurz.
Zeigen Sie, dass beide Morsecodes aus a) gleich sind, wenn man die Folge der Binärzeichen ohne Abstände notiert.

c Präfixfreiheit eines Codes bedeutet, dass ein Codewort nie der Anfang eines anderen Codeworts ist. Prüfen Sie die Präfixfreiheit beim Morse- und Huffman-Code.

d Erstellen Sie für die Buchstaben e, i, a, s, u, r, w, h, v, f einen Teilbaum des Morsecodes: 0 linker Teilbaum, 1 rechter Teilbaum. Beschreiben Sie einen grundlegenden Unterschied

A	• ▬	N	▬ •
B	▬ • • •	O	▬ ▬ ▬
C	▬ • ▬ •	P	• ▬ ▬ •
D	▬ • •	Q	▬ ▬ • ▬
E	•	R	• ▬ •
F	• • ▬ •	S	• • •
G	▬ ▬ •	T	▬
H	• • • •	U	• • ▬
I	• •	V	• • • ▬
J	• ▬ ▬ ▬	W	• ▬ ▬
K	▬ • ▬	X	▬ • • ▬
L	• ▬ • •	Y	▬ • ▬ ▬
M	▬ ▬	Z	▬ ▬ • •

6 B-Bäume wachsen von unten nach oben

a Zeichnen Sie den vollständigen B-Baum vom Ende des Lehrtextes in Ihr Heft. Zeichnen Sie die Weiterentwicklung beim Einfügen der Schlüssel 40, 65 und 85. Ergänzen Sie erläuternde Anmerkungen wie im Lehrtext.

b Erklären Sie am Beispiel aus a), warum B-Bäume „von unten nach oben wachsen".

c Begründen Sie, warum die Regel (1) aus dem Lehrtext nicht für die Wurzel gilt.

d Geben Sie in der von Ihnen verwendeten Programmiersprache Attribute mit Datentypen für einen Knoten der Datenstruktur B-Baum an.

7 Bildkompression mit dem Quad-Tree

a Erstellen Sie den Quad-Tree zu der Pixelgrafik rechts.

b Beschreiben Sie in Worten den Algorithmus zum Erstellen eines Quad-Trees im Kontext der Bildkompression.

c Erklären Sie, für welche Art von Grafiken dieses Kompressionsverfahren von Vorteil ist.

d Stellen Sie zu a) die Pixelanzahl der Knotenanzahl gegenüber. Begründen Sie, dass das Verhältnis der beiden Zahlen nicht der Kompressionsfaktor ist.

e Begründen Sie, dass der rechts abgebildete Quad-Tree nicht vollständig ist.

f Dekomprimieren Sie den Quad-Tree soweit möglich.

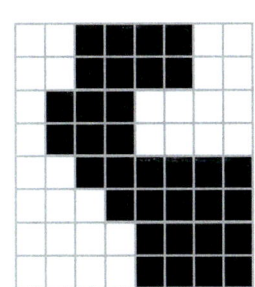

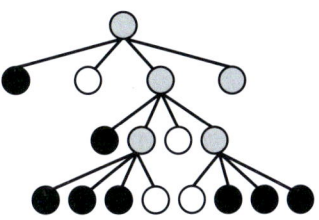

8 Kollisionserkennung mit dem Quad-Tree

Recherchieren Sie über die Begriffe „quadtree js Demo" eine interaktive Webseite zur Demonstration der Effizienzsteigerung bei der Kollisionserkennung. Setzen Sie sich mit den Inhalten auseinander und erstellen Sie eine Zusammenfassung, die Sie ggf. dem Kurs vorstellen können.

9 Forschungsauftrag: Hash-Bäume

Recherchieren Sie Anwendungen und Funktionsweise von Hash-Bäumen. Stellen Sie Ihre Ergebnisse in einer kurzen Präsentation zusammen.

5.6 Üben und Vertiefen: Weiterführende Aufgaben

Die folgenden Aufgaben haben als Ziel das Üben und Vertiefen der bisherigen Inhalte.

 **1 Burning Man (aus Abitur 2021)**

Zur Speicherung aller auf dem Festival ausgestellten Kunstwerke wird ein geordneter Binärbaum verwendet, der lexikographisch nach dem eindeutigen Namen des Kunstwerks geordnet ist. Bei der Implementierung sollen das Konzept der Trennung von Struktur und Daten sowie das Entwurfsmuster Kompositum berücksichtigt werden.

a Der geordnete Binärbaum wird unter anderem zur Suche nach Kunstwerken mit einem bestimmten Namen bzw. nach Kunstwerken eines bestimmten Künstlers verwendet. Entscheiden Sie jeweils begründet, ob sich dabei ein Vorteil gegenüber einer ebenso nach dem Namen des Kunstwerks geordneten Liste ergeben kann.

b Der Ort eines Kunstwerks muss z. B. wegen schlechten Wetters kurzfristig innerhalb des Festivalgeländes geändert werden können.

Die Klasse KUNSTWERKBAUM soll zu diesem Zweck eine Methode
ortAendern(name, ortNeu) besitzen, die dem Kunstwerk mit dem Namen name den Ort ortNeu zuweist.

Notieren Sie in Ihrer Programmiersprache eine Implementierung dieser sowie aller dafür in den Klassen der Baumstruktur notwendigen Methoden. Wenden Sie das Prinzip der Rekursion an.

Hinweise: Die Klasse KUNSTWERK darf einschließlich ihrer Standardmethoden zum Lesen und Setzen von Attributwerten als implementiert vorausgesetzt werden, ebenso eine Methode *vergleichenMit(zk)* der Klasse ZEICHENKETTE, die

- eine negative ganze Zahl zurückgibt, wenn das ausführende Objekt lexikographisch kleiner als die übergebene Zeichenkette zk ist,
- eine positive ganze Zahl zurückgibt, wenn das ausführende Objekt lexikographisch größer als die übergebene Zeichenkette zk ist,
- die Zahl 0 zurückgibt, wenn die Zeichenketten übereinstimmen.

Zur Datensicherung wird der geordnete Binärbaum mittels Preorder-Traversierung durchlaufen. Die ausgelesenen Daten werden dabei der Reihe nach in eine Datei gespeichert.

c Folgende Kunstwerke wurden nacheinander ausgelesen:
„DesertWave", „Carousel", „Bee", „Chakra", „GiantPinball", „Fascination", „Paraluna"
Zeichnen Sie den zugrunde liegenden Baum.

d Begründen Sie kurz, weshalb sich die Preorder-Traversierung zur Sicherung von Daten, die in einem geordneten Binärbaum gespeichert sind, als vorteilhaft gegenüber anderen Traversierungen erweist.

 **2 Schulverwaltungssoftware (aus Abitur 2022)**

Die Schülerinnen und Schüler des Wahlkurses „Homepage" möchten zum neuen Schuljahr einen Schulnewsletter einrichten, um z. B. über Veranstaltungen der Schule zu informieren. Interessierte können den Newsletter abonnieren. Für die Verwaltung der Abonnentinnen und Abonnenten wird ein lexikographisch geordneter Binärbaum verwendet, wobei eine eindeutige E-Mail-Adresse als Schlüssel dient.

a Vor Einführung des Schulnewsletters testen die Schülerinnen und Schüler ihre Implementierung des Baums mithilfe von Beispieldaten. Ein Testdurchlauf für alle im Baum enthaltenen E-Mail-Adressen ergibt folgende Ausgabereihenfolge:

georg@beispiel.de
dana@example.com
paul@example.net
maja@beispiel.de
werner@example.org
silke@infohausen.de
karl@example.edu

Begründen Sie, dass die gegebene Ausgabe weder durch Inorder-Durchlauf noch durch Preorder-Durchlauf erzeugt worden sein kann.

Zeichnen Sie unter der Annahme, dass die Ausgabe durch einen Postorder-Durchlauf erzeugt wurde, den dazugehörigen Baum. Dabei können Sie sich bei den Bezeichnern der Knoten auf die gegebenen Vornamen beschränken.

b Geben Sie eine Einfügereihenfolge der in Teilaufgabe a) genannten E-Mail-Adressen an, sodass der Binärbaum möglichst wenige Ebenen besitzt. Dabei genügt es, wieder nur die Vornamen anzugeben. Der Baum muss nicht erneut gezeichnet werden.

c Der Schulnewsletter wird von 2000 Personen abonniert. Geben Sie begründet die maximal sowie die minimal nötige Anzahl der Ebenen für einen dazugehörigen Binärbaum an.

d Der Binärbaum wurde unter Verwendung der Klassen BAUM, BAUMELEMENT, KNOTEN, ABSCHLUSS und ABONNENT sowie des Entwurfsmusters Kompositum unter Berücksichtigung der Trennung von Struktur und Daten umgesetzt. Die Klasse ABONNENT wird durch nebenstehendes Klassendiagramm beschrieben:

Für die Methoden der Klasse ABONNENT gilt:

ABONNENT
eMail name
istKleinerAls(text) istGroesserAls(text) ausgeben()

- *istKleinerAls(text)* gibt genau dann wahr zurück, wenn der Wert des Attributs eMail des ausführenden Abonnent-Objekts lexikographisch kleiner als der Wert des Parameters text ist, wobei zwischen Groß- und Kleinschreibung nicht unterschieden wird.

- *istGroesserAls(text)* gibt genau dann wahr zurück, wenn der Wert des Attributs eMail des ausführenden Abonnent-Objekts lexikographisch größer als der Wert des Parameters text ist, wobei zwischen Groß- und Kleinschreibung nicht unterschieden wird.

- *ausgeben()* gibt die E-Mail-Adresse auf dem Bildschirm aus.

In der Klasse BAUM soll nun eine Methode *eMailsAusgeben(von, bis)* programmiert werden, die alle E-Mail-Adressen in alphabetischer Reihenfolge ausgibt, die lexikographisch zwischen den beiden übergebenen Zeichenketten von und bis eingeordnet sind, wobei die Grenzen von bzw. bis nicht mit ausgegeben werden. Z. B. soll der Methodenaufruf *eMailsAusgeben("dana", "karl")* für den oben beschriebenen Baum die E-Mail-Adressen dana@example.com und georg@beispiel.de ausgeben, da dana@example.com lexikographisch größer als dana ist.

Notieren Sie […] eine mögliche Implementierung der Methode *eMailsAusgeben(von, bis)* in der Klasse BAUM und aller dazu nötigen Methoden in den weiteren Klassen der Baumstruktur. Verwenden Sie so weit wie möglich das Prinzip der Rekursion und nutzen Sie die Vorteile des geordneten Binärbaums. Die Klasse ABONNENT kann als bereits implementiert vorausgesetzt werden.

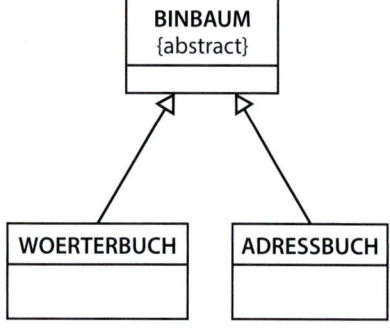

3 Adressbuch – Binärbaumstruktur in anderen Anwendungen einsetzen

Die bisher für das Wörterbuch verwendete Baumstruktur aus den Lehrtexten bzw. Aufgaben soll für ein Adressbuch verwendet werden. Sollten Sie sich im Programmieren sicher fühlen, dann setzen Sie ein Adressbuch als Programm um. Testen und dokumentieren Sie das Programm ausführlich.

Falls Sie Hilfestellungen benötigen, bearbeiten Sie schrittweise folgende Teilaufgaben.

a Notieren Sie die gewünschten Funktionalitäten eines Adressbuchs.

b Notieren Sie, an welchen Stellen das Klassendiagramm aus Aufgabe 3 des Kapitels 5.3 (S. 241) verändert werden muss, um diese Funktionalitäten zu ermöglichen.
Zeichnen Sie insbesondere eine Klassenkarte von der Klasse ADRESSBUCHEINTRAG. (Kontrollmöglichkeit am Ende dieses Kapitels)

c Führen Sie nun in einer Kopie von Ihrem Wörterbuch-Projekt schrittweise die Änderungen aus b) durch. Beginnen Sie dabei mit der Klasse ADRESSBUCHEINTRAG.
Sollten Sie Kapitel 1.3 bearbeitet haben, lesen Sie die Hinweise in d) und e).

d Ist die in Kapitel 1.3 beschriebene Schnittstelle DATENELEMENT auch in der Binärbaum-Struktur vorhanden, ist die Umsetzung für andere Anwendungen leichter: Zusätzlich zum WÖRTERBUCHEINTRAG kann auch der ADRESSBUCHEINTRAG die Schnittstelle implementieren. Dadurch können alle bisherigen Funktionalitäten des Binärbaums genutzt werden.

e Eine vom Modell gesehen schönere, aber von der Struktur her komplexere Lösung für die Teilaufgabe c) besteht darin, nicht die Klasse BINBAUM für Adressbuchfunktionalitäten umzuschreiben, sondern das Adressbuch als eine Spezialisierung des Binärbaums zu sehen. Entsprechend wäre auch das Wörterbuch eine Spezialisierung. Die Klasse BINBAUM wäre somit eine abstrakte Oberklasse, die dann durch konkrete Anwendungen ausgeführt wird.
In den Spezialisierungen müssen Typüberprüfungen zu den passenden Unterklassen der Klassen DATENELEMENT, WOERTERBUCHEINTRAG und ADRESSBUCHEINTRAG durchgeführt werden.
Weiterhin können entsprechend der Anforderungen der konkreten Anwendung Methoden ergänzt bzw. nicht benötigte Methoden der Klasse BINBAUM mit einem leeren Methodenrumpf überschrieben werden.
Implementieren Sie eine solche optimierte Lösung, die dann sehr schnelle Umsetzungen weiterer Anwendungen der Datenstruktur Binärbaum ermöglicht.

 **4 Verzeichnisbaum mit Dateien**

Ein Dateisystem lässt sich einfach als Baum darstellen (siehe Abbildung auf S. 259). Die Blätter repräsentieren die Dateien. Die inneren Knoten entsprechen den Verzeichnissen oder Ordnern. Die Grafik (siehe Abbildung auf S. 259) zeigt einen Ausschnitt aus einem Dateisystem mit Angabe der Dateigrößen. Die Verzeichnisse selbst benötigen dabei keinen Speicherplatz. Ziel ist es, den benötigten Speicherplatz der in dem Baum gespeicherten Dateien zu berechnen.

a Zeichnen Sie ein zu dieser Problemstellung passendes Klassendiagramm (mit Beziehungen, jedoch ohne Attribute und Methoden).

b Skizzieren Sie stichwortartig, wie der Speicherplatz der in dem Baum gespeicherten Dateien berechnet werden kann. Gehen Sie dabei darauf ein, in welchen Klassen aus a) welche Methoden bereitgestellt werden müssen.

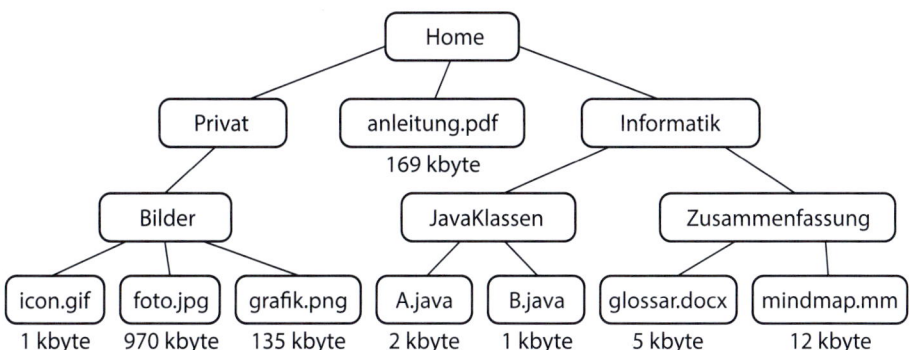

5 Weitere rekursive Methoden eines Binärbaums

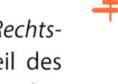

Erweitern Sie die Klassen des Binärbaums zum Wörterbuch um die beiden Methoden *Rechts-Einfügen* und *Entfernen*. Achten Sie auf eine rekursive Formulierung, die den Vorteil des Entwurfsmusters Kompositum ausnutzt. Gehen Sie schrittweise entsprechend den folgenden Teilaufgaben vor.

a Die Methode *RechtsEinfügen(element: BAUMELEMENT)* fügt ein Baumelement „rechts unten" in den Teilbaum ein, dessen Wurzel das aufgerufene Objekt ist. Die folgende Abbildung zeigt die Situation vor und nach dem Aufruf der Methode *knoten1.RechtsEinfügen(knoten2)*.

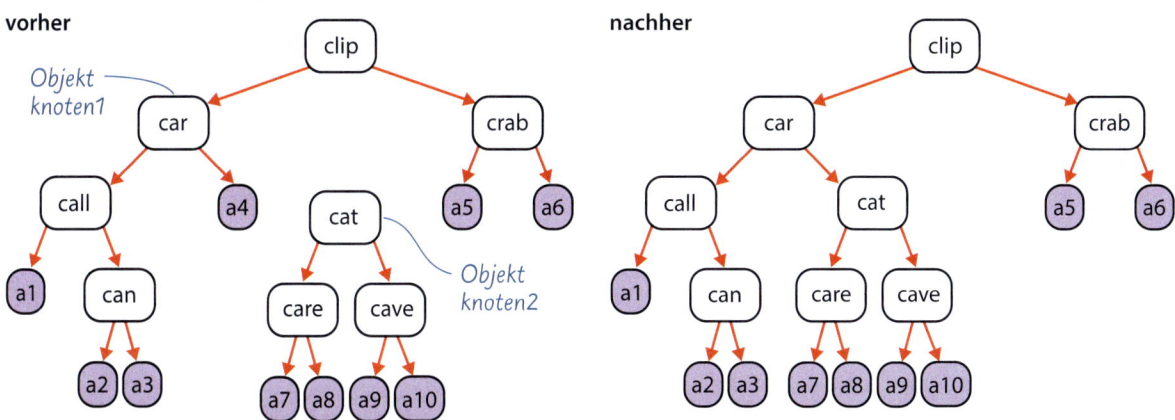

Hinweis: Da das einzufügende Baumelement Nachfolger haben kann und in diesem Fall Wurzel eines Teilbaumes ist, können mit dieser Methode verschiedene Teilbäume zusammengefügt werden. Überlegen Sie sich, welche Anforderungen gelten müssen, damit die Ordnung des Binärbaums nicht verletzt wird.

Eine wichtige, aber komplexe Methode einer Baumstruktur ist *Entfernen(suchschlüssel: ZEICHENKETTE)*. Sie entfernt einen Knoten, dessen Datenelement den eingegebenen Schlüssel hat, aus dem Teilbaum, dessen Wurzel der aufgerufene Knoten ist. Dabei bleibt die Struktur „geordneter Binärbaum" erhalten.

b Man muss drei unterschiedliche Fälle unterscheiden. Experimentieren Sie mit der Methode *Entfernen* im BaumVisualisierungsTool, indem Sie diese mit unterschiedlichen Eingabewerten / Bäumen ausführen.

Beschreiben Sie die unterschiedlichen Fälle und formulieren Sie jeweils informell als Text den Algorithmus zum Entfernen eines Knotens.

Hinweis: Am Ende dieses Kapitels steht Ihnen zur Überprüfung Ihrer Lösung dieser Teilaufgabe eine Lösungsskizze zur Verfügung.

c Ergänzen Sie in Ihrem Projekt in den Klassen BAUMELEMENT, KNOTEN, ABSCHLUSS und BINBAUM eine Methode *Entfernen*. Gehen Sie schrittweise wie in b) erarbeitet vor, indem Sie jeden Fall beim Entfernen nacheinander implementieren und die Lösung ausführlich testen.

d Überprüfen Sie auf Papier an drei Beispielen, die die unterschiedlichen Fälle aus b) repräsentieren, dass auch folgende Strategie zum Entfernen genutzt werden kann:
Beim Knoten, dessen Datenelement den Suchschlüssel enthält, wird zunächst folgende Methode aufgerufen: *linkerNachfolger.RechtsEinfügen(rechterNachfolger)*;
Der Rückgabewert ersetzt dann den Knoten und entfernt ihn dadurch.

e Vergleichen Sie die Strategien aus b) und d) und nennen Sie je einen Vorteil.

f Implementieren Sie die Methode *Entfernen2(suchschlüssel)*, die die Strategie aus d) umsetzt.

 6 Buchstabenhäufigkeit in Texten bestimmen
Für einige Verschlüsselungs- und Komprimierungsalgorithmen ist es wichtig, die Häufigkeiten der Buchstaben in einem Text zu kennen. Ziel dieser Aufgabe ist es ein Programm zu entwickeln, das mit Hilfe eines geordneten Binärbaums für einen beliebigen Text die absolute Häufigkeit der Buchstaben bestimmen und ausgeben kann.

a Implementieren Sie zunächst eine Klasse TEXTZEICHEN als Datenelement (bzw. als Implementierung der Schnittstelle DATENELEMENT, wenn Sie Kapitel 1.3 behandelt haben). Die Klasse hat zwei Attribute: textzeichen und die anzahl, wie oft das Zeichen bereits vorkommt. Die Anzahl soll beim Erzeugen eines Buchstaben-Objekts auf 1 initialisiert werden, da es das erste Vorkommen dieses Zeichens ist.

TEXTZEICHEN
textzeichen: ZEICHEN anzahl: GANZZAHL
Konstruktor(ZEICHENKETTE, ZEICHENKETTE) AnzahlErhöhen() AnzahlGeben(): GANZZAHL TextzeichenGeben(): ZEICHEN InformationAusgeben() IstGleich(DATENELEMENT): WAHRHEITSWERT IstGrößerAls(DATENELEMENT): WAHRHEITSWERT SchlüsselIstGleich(ZEICHENKETTE): WAHRHEITSWERT SchlüsselIstGrößerAls(ZEICHENKETTE): WAHRHEITSWERT SchlüsselGeben(): ZEICHENKETTE

Testen Sie alle Methoden und dokumentieren Sie die Tests – es ist eine wichtige Grundlage für den korrekten Ablauf anderer Methoden.

b Über das schrittweise Einfügen von den Textzeichen in den Binärbaum soll die absolute Häufigkeit der Buchstaben in den Datenelementen gezählt werden. Erstellen Sie dazu die Methode *ZeichenEinfügenUndZählen*, um diese Funktionalität umzusetzen.
Hinweise:
- Orientieren Sie sich an der Methode *Einfügen* und erweitern Sie diese passend.
- Das Vorgehen verletzt die Trennung von Struktur und Inhalt. Im Rahmen einer schnellen Problemlösung ist die Adaption der Datenstruktur an die Anforderungen jedoch akzeptiert.

c Erstellen Sie eine Klasse HÄUFIGKEITSANALYSE, die den Binärbaum referenziert. Ein Aufruf der Methode *TextAnalysieren(String text)* soll den Text zeichenweise einlesen und danach die Häufigkeitsanalyse auf der Konsole ausgeben.
Zum Testen erhalten Sie sowohl einen längeren englischen als auch längeren deutschen Text.

d Für die Identifikation der Sprache sind Groß-/Kleinschreibung und Satzzeichen nicht relevant. Implementieren Sie eine Methode *TextAnalysieren2(String text)*, die Satz- und Leerzeichen ignoriert sowie nicht zwischen Groß- und Kleinschreibung unterscheidet.

e Für Schnelle: Erweitern Sie das Programm so, dass eine Textdatei eingelesen werden kann und dann die Analyse mit der eingelesenen Textdatei durchgeführt wird.

Kontrollergebnis zu Aufgabe 3b
Siehe Klassenkarte rechts

ADRESSBUCHEINTRAG
name: ZEICHENKETTE telefonnummer: ZEICHENKETTE e-mail: ZEICHENKETTE
Konstruktor(ZEICHENKETTE, ZEICHENKETTE) Konstruktor(ZEICHENKETTE, ZEICHENKETTE, ZEICHENKETTE) InformationAusgeben() IstGleich(DATENELEMENT): WAHRHEITSWERT IstGrößerAls(DATENELEMENT): WAHRHEITSWERT SchlüsselIstGleich(ZEICHENKETTE): WAHRHEITSWERT SchlüsselIstGrößerAls(ZEICHENKETTE): WAHRHEITSWERT SchlüsselGeben(): ZEICHENKETTE NameGeben(): ZEICHENKETTE

Kontrollergebnis zu Aufgabe 5b
Fall 1 – der zu entfernende Knoten ist ein Blatt
Vorgehensweise beim Entfernen: Der Knoten wird durch einen Abschluss ersetzt
Fall 2 – der zu entfernende Knoten hat einen Nachfolger, z. B. „car" in folgendem Beispielbaum:

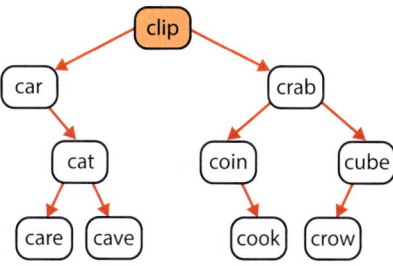

Vorgehensweise beim Entfernen: Es kann der unter dem zu löschenden Knoten liegende Teilbaum „nach oben geschoben" werden.
Das Schieben des Teilbaums nach oben bedeutet im Beispiel, dass dem Referenzattribut linkerNachbar des Wurzelknotens eine Referenz auf den Knoten mit dem Datenelement mit dem Schlüssel "cat" zugewiesen werden muss. Dies lässt sich am einfachsten dadurch erreichen, dass die Methode *Entfernen* eine Referenz auf ein Baumelement als Rückgabewert hat. Im Beispiel oben bedeutet dies:
• Der Rückgabewert des Aufrufs wurzel.linkerNachbar.Entfernen("car") ist eine Referenz auf den Knoten mit dem Datenelement "cat".
• Diese Referenz wird dem Attribut wurzel.linkerNachbar zugewiesen.

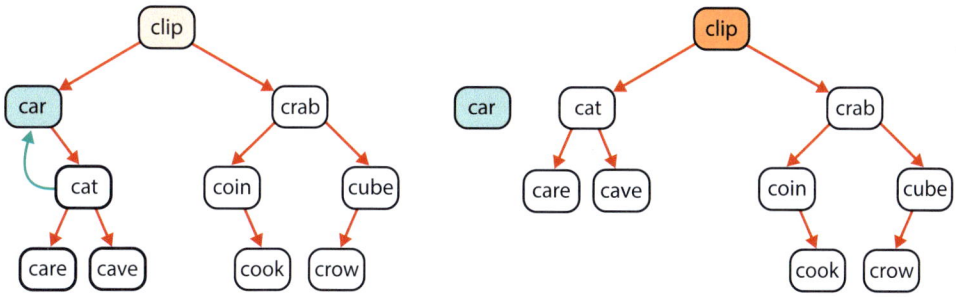

Fall 3 – der zu entfernende Knoten hat zwei Nachfolger, z. B. „crab" im Beispielbaum oben.

Vorgehensweise beim Entfernen:
Man ersetzt den Knoten durch den Knoten mit dem kleinsten Schlüssel aus dem Teilbaum, der vom rechten Nachfolger des zu entfernenden Knotens ausgeht. Beispielsweise würde in der Abbildung oben beim Methodenaufruf wurzel.Entfernen("crab") der Knoten mit dem Schlüssel "crab" durch den Knoten mit dem Schlüssel "crow" ersetzt. Der Binärbaum bleibt bei dieser Vorgehensweise geordnet.

Teste dich selbst

T1 Rekursive Datenstruktur Baum und Entwurfsmuster Kompositum
a Beschreiben Sie anhand eines Beispiels Vorteile, die die Datenstruktur Baum im Vergleich zur Datenstruktur Liste haben kann.
b Nehmen Sie Stellung zur Aussage „Ein Binärbaum mit 500 Elementen hat maximal neun Ebenen.".

Alle folgenden Teilaufgaben beziehen sich auf eine Implementierung mit Entwurfsmuster Kompositum.
c Zeichnen Sie das Klassendiagramm für die Datenstruktur Binärbaum. Auf Attribute und Methoden können Sie verzichten, Schwerpunkt ist die Struktur.
Erläutern Sie, warum ein Baum eine rekursive Datenstruktur ist.
d Begründen Sie, warum aus dem Klassendiagramm nicht ersichtlich ist, ob der Binärbaum geordnet ist.
e Erklären Sie anhand von c), an welchen Stellen Polymorphismus zur Umsetzung verwendet wird.
f In einen leeren geordneten Binärbaum zur Verwaltung von Kunden wurde ein Kunde erfolgreich eingefügt. Zeichnen Sie die Objektdiagramme des Baums vor und nach dem Einfügen (mit den Objekten aller beteiligten Klassen). Sie müssen keine Attribute und Attributwerte angeben, aber aussagekräftige Objektnamen verwenden.
g Erklären Sie anhand von f) die Arbeitsweise der Methode *Einfügen*.

T2 Ich check's, dank deiner Hilfe!
Ferdi hat im Unterricht nicht gut aufgepasst und braucht dringend Ihre Nachhilfe vor der alles entscheidenden letzten Prüfung. Helfen Sie ihm, indem Sie ihm die folgenden Begriffe an Beispielen erklären, und zeigen, wie man damit umgeht:
vollständiger, entarteter sowie ausbalancierter Baum; Knoten; Wurzel; Kante; Blatt; Pfad; Höhe; Ebene; geordneter Binärbaum; rekursive Methoden zum Einfügen, Suchen und Traversieren.

T3 Kundenverwaltung Spieleverleih (aus Abitur 2020)
Die Kundendaten sollen in einem geordneten Binärbaum verwaltet werden. Die Daten werden lexikographisch nach den eindeutigen Kundennummern sortiert. Die Kundennummer wird aus dem Anfangsbuchstaben des Nachnamens sowie einer vierstelligen positiven Zahl gebildet.
a Gegeben ist folgender geordneter Binärbaum:

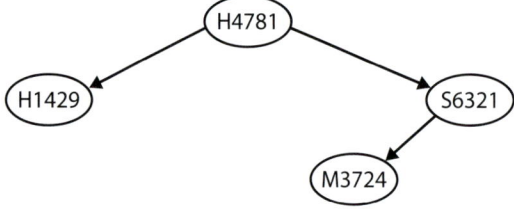

Geben Sie jede mögliche Reihenfolge an, in der die Kundennummern in einen anfangs leeren Baum eingefügt worden sein können, sodass der gegebene Baum entsteht. Zeichnen Sie außerdem den Baum, der entsteht, wenn in den gegebenen Baum nun nacheinander die Kundennummern R7491, N2855 sowie L7762 eingefügt werden.

b Nennen und beschreiben Sie ein Verfahren, um alle Kunden nach Kundennummern sortiert auszugeben. Begründen Sie kurz, warum dieses Verfahren in der Regel keine nach den Nachnamen der Kunden sortierte Ausgabe erzeugt.

c Der Spieleverleih rechnet in der Anfangsphase mit 2500 Kunden. Bestimmen Sie die Anzahl der Ebenen, die ein dazugehöriger geordneter Binärbaum mindestens haben muss.

d Nennen Sie je einen Vor- und einen Nachteil der Implementierung von Maßnahmen, die sicherstellen, dass die Ebenenanzahl des Binärbaums stets minimal ist.

Bei der Implementierung des geordneten Binärbaums zur Verwaltung der Kundendaten mithilfe einer Klasse KUNDENBAUM kommen das Entwurfsmuster Kompositum sowie das Konzept der Trennung von Struktur und Daten zum Einsatz.

e Zeichnen Sie das zugehörige Klassendiagramm. Auf Attribute und Methoden können Sie verzichten, Schwerpunkt ist die Struktur. (*nicht Teil der Abituraufgabe*)

f Die Klasse KUNDE ist folgendermaßen beschrieben:

KUNDE
kundenummer nachname vorname passwort
kundenummerVergleichen(kdnr) istPasswortGleich(pw)

Die Methode *kundennummerVergleichen(kdnr)*
- gibt 1 zurück, wenn der Parameter kdnr einen größeren Wert als das Attribut kundennummer des ausführenden Objekts hat,
- gibt 0 zurück, wenn der Parameter kdnr den gleichen Wert wie das Attribut kundennummer des ausführenden Objekts hat,
- gibt −1 zurück, wenn der Parameter kdnr einen kleineren Wert als das Attribut kundennummer des ausführenden Objekts hat.

Die Methode *istPasswortGleich(pw)* gibt genau dann wahr zurück, wenn der Wert des Parameters pw mit dem des Attributs passwort des ausführenden Objekts übereinstimmt.

Um sich online beim Spieleverleih anzumelden, muss ein Kunde seine Kundennummer und sein Passwort eingeben. Die Klasse KUNDENBAUM soll eine Methode *passwortPruefen (kdnr, pw)* bereitstellen, die genau dann wahr zurückgibt, wenn in der Baumstruktur ein Kunde mit Kundennummer kdnr und Passwort pw eingetragen ist.

Notieren Sie […] eine mögliche Implementierung dieser Methode für die Klasse KUNDENBAUM und der dafür nötigen Methoden aller weiteren Klassen der Baumstruktur. Nutzen Sie dabei das Ordnungsprinzip des Binärbaums. Die Klasse KUNDE kann als vollständig implementiert vorausgesetzt werden.

Zusammenfassung

Datenstruktur Baum: Bestandteile und Eigenschaften

In der Datenstruktur **Baum** hat jeder Knoten außer der Wurzel genau einen Vorgänger. Die **Tiefe** eines Knotens ist ein Maß für die Länge des Pfades bis zur Wurzel. **Höhe** eines Baumes ist die Tiefe des Knotens, der am weitesten von der Wurzel entfernt ist. Als einen **Pfad** zwischen zwei Knoten A und B bezeichnet man die Folge der (verschiedenen) Knoten, die aufeinanderfolgend durch eine Kante miteinander verbunden sind.

Ein **Binärbaum** ist ein Baum, bei dem jeder Knoten höchstens zwei Nachfolger hat. In einem Binärbaum mit n Ebenen können **maximal $2^n - 1$ Knoten** gespeichert werden.

Beispiel 1: unbalancierter Baum mit der Höhe 3, der kein Binärbaum ist

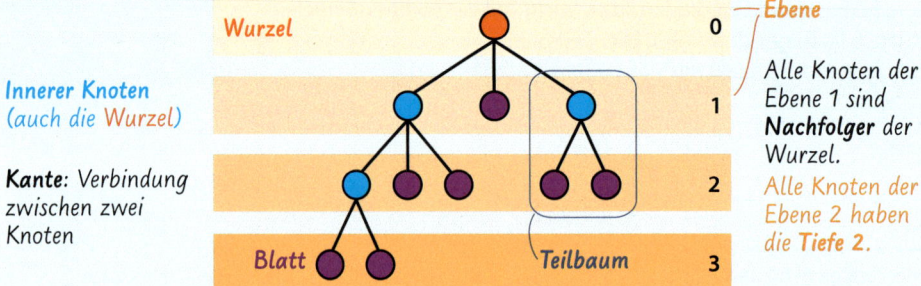

Ein **geordneter Binärbaum** ist ein Binärbaum, bei dem im linken Teilbaum jedes Knotens nur kleinere und im rechten Teilbaum nur größere Datenelemente bezüglich einer Ordnungsrelation stehen (oder umgekehrt).

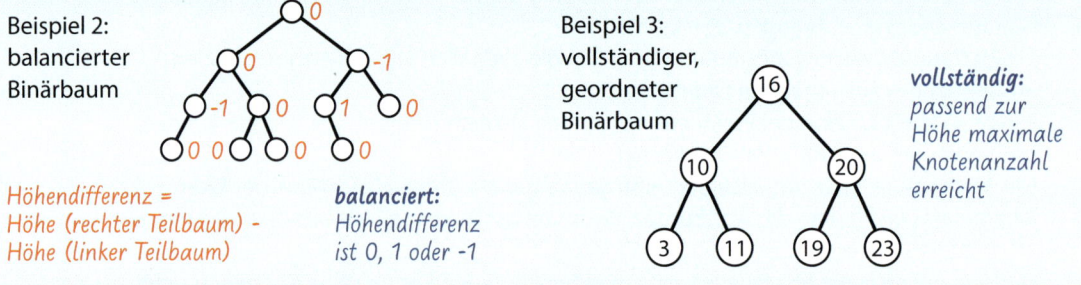

Rekursive Algorithmen im geordneten Binärbaum: Einfügen, Suchen, Traversierungen

Wichtige Methoden der Datenstruktur geordneter Binärbaum sind das **Suchen** und das **Einfügen** von Datenelementen. Beide Methoden arbeiten rekursiv mit mehreren Abbruchbedingungen und rekursiven Aufrufen.

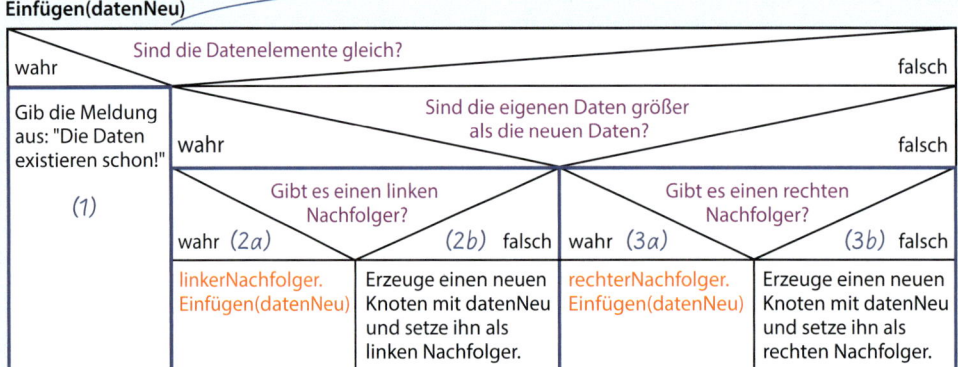

Sowohl über den Preorder-, den Inorder- als auch den Postorder-Durchlauf werden alle Knoten eines Binärbaums erreicht. Die Durchlaufarten (Traversierungen) unterscheiden sich darin, ob der eigene Inhalt vor, zwischen oder nach den rekursiven Aufrufen an den linken und rechten Nachfolger ausgegeben werden.

Typische Anwendungen für den Preorder-Durchlauf sind eine Ausgabe der hierarchischen Struktur bzw. das Abspeichern eines Baumes. Der Inorder-Durchlauf wird eingesetzt, um die Daten sortiert auszugeben.

Variante mit Entwurfsmuster Kompositum

| **Klasse KNOTEN** |
| **Methode PreorderAusgeben()** |
| `daten.InformationAusgeben()`
`linkerNf.PreorderAusgeben()`
`rechterNf.PreorderAusgeben()` |

Implementierung des Binärbaums

Bei der Implementierung eines geordneten Binärbaums ist die Trennung von Struktur und Inhalt wichtig. Da über Nachfolgerbeziehungen die Ordnung umgesetzt wird, sind in den Methoden Einfügen und Suchen entsprechende Fallunterscheidungen nötig. Der Einsatz des Entwurfsmusters Kompositum sorgt für kompakte Methodenrümpfe.

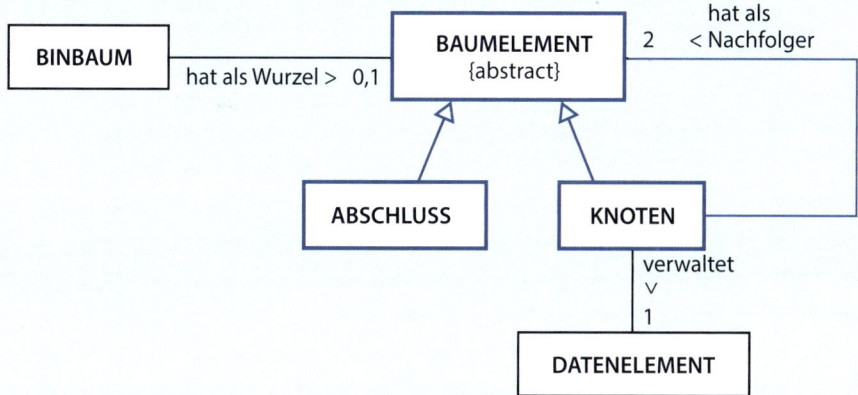

| **Klasse LISTE** |
| **Methode Suchen(suchschlüssel:ZEICHENKETTE)->DATENELEMENT** |
| `return anfang.Suchen(suchschlüssel)` |

| **Klasse KNOTEN beerbt LISTENELEMENT** |
| **Methode Suchen(suchschlüssel:ZEICHENKETTE)->DATENELEMENT** |

```
falls daten.SchlüsselIstGleich(suchschlüssel)
dann
  return daten
sonst
  falls daten.IstSchlüsselGrößerAls(suchschlüssel)
  dann
    return linkerNachfolger.Suchen(suchschlüssel)
  sonst
    return rechterNachfolger.Suchen(suchschlüssel)
  endefalls
endefalls
```

| **Klasse ABSCHLUSS beerbt LISTENELEMENT** |
| **Methode Suchen(suchschlüssel:ZEICHENKETTE)->DATENELEMENT** |
| `return null` |

Der Aufruf der rekursiven Methode bei einem Abschluss-Objekt hat das Rekursionsende zur Folge.

Zum Weiterlesen

L8 Übersicht Datenstrukturen

Die Informatik bietet neben dem Baum eine Fülle an weiteren Datenstrukturen für verschiedene Einsatzzwecke, von denen Sie einige bereits kennengelernt haben:

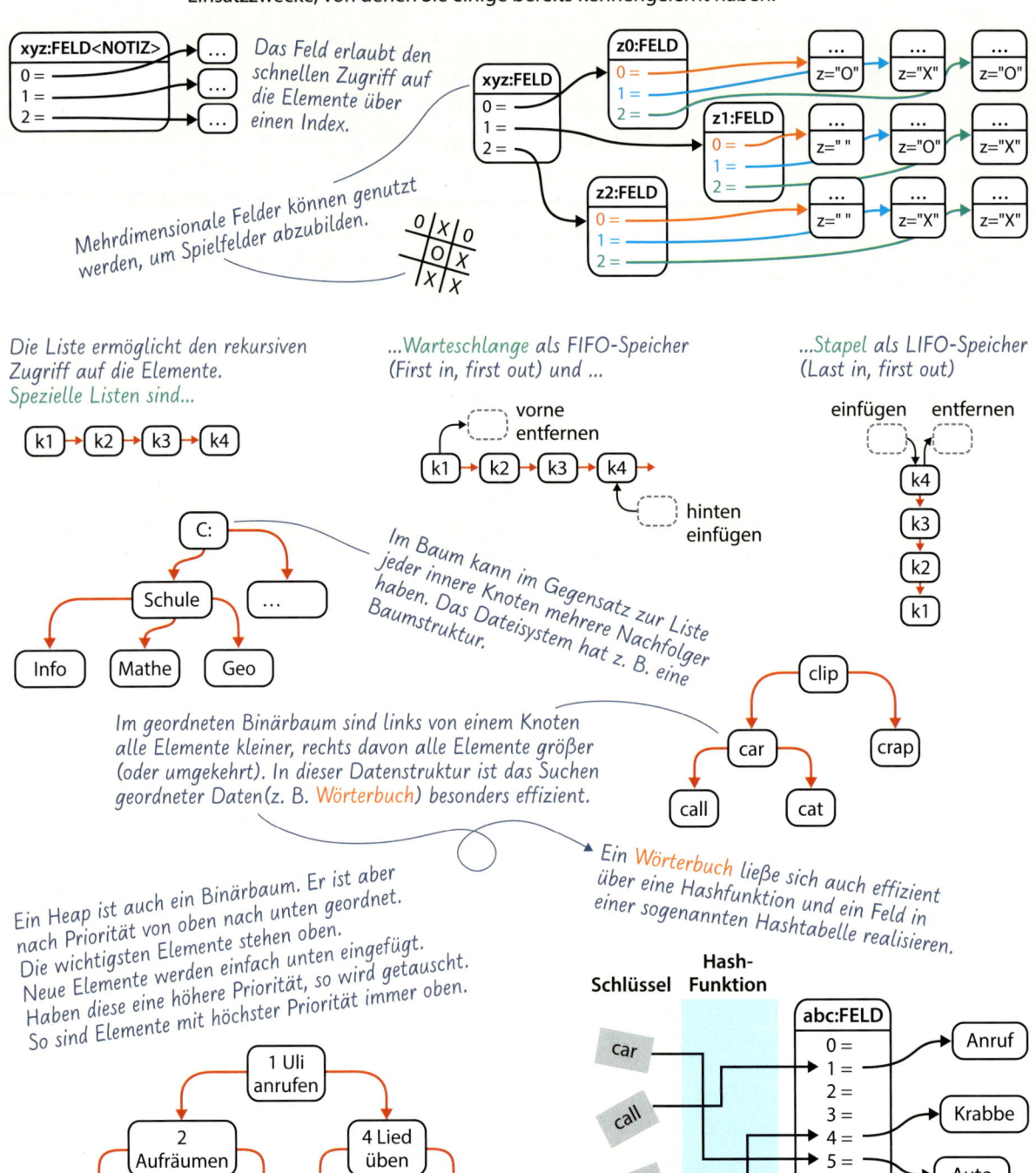

Das Feld erlaubt den schnellen Zugriff auf die Elemente über einen Index.

Mehrdimensionale Felder können genutzt werden, um Spielfelder abzubilden.

Die Liste ermöglicht den rekursiven Zugriff auf die Elemente. Spezielle Listen sind...

...Warteschlange als FIFO-Speicher (First in, first out) und ...

...Stapel als LIFO-Speicher (Last in, first out)

Im Baum kann im Gegensatz zur Liste jeder innere Knoten mehrere Nachfolger haben. Das Dateisystem hat z. B. eine Baumstruktur.

Im geordneten Binärbaum sind links von einem Knoten alle Elemente kleiner, rechts davon alle Elemente größer (oder umgekehrt). In dieser Datenstruktur ist das Suchen geordneter Daten (z. B. Wörterbuch) besonders effizient.

Ein Wörterbuch ließe sich auch effizient über eine Hashfunktion und ein Feld in einer sogenannten Hashtabelle realisieren.

Ein Heap ist auch ein Binärbaum. Er ist aber nach Priorität von oben nach unten geordnet. Die wichtigsten Elemente stehen oben. Neue Elemente werden einfach unten eingefügt. Haben diese eine höhere Priorität, so wird getauscht. So sind Elemente mit höchster Priorität immer oben.

L9 AVL-Bäume

Durch ungünstige Situationen beim Löschen oder Einfügen können die Äste eines Baumes sehr unterschiedliche Längen erreichen. Wenn sich die Höhe im linken und rechten Teilbaum eines Knotens stark unterscheidet, ist die Suche jedoch nicht effizient. Deshalb sind balancierte Bäume erwünscht, bei denen die Höhendifferenz in jedem Knoten nur 0, 1 oder -1 beträgt (siehe Beispiel rechts). Dieses Kriterium wurde von den russischen Informatikern G. M. **A**delson-**V**elskii und J. M. **L**andis aufgestellt; deshalb nennt man diese Bäume auch AVL-Bäume.

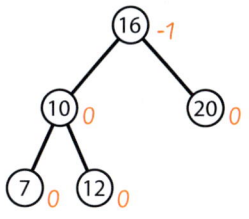

Höhendifferenz =
Höhe (rechter Teilbaum) –
Höhe (linker Teilbaum)

Damit der AVL-Baum auch nach einem Einfügen höhenbalanciert ist, müssen ggf. Höhenunterschiede ausgeglichen werden:

Nach dem „normalen" Einfügen werden die Höhen an den Knoten neu berechnet.	Hat sich die Höhendifferenz an Knoten auf -2 oder +2 verändert, wird dies durch sogenannte Rotationen korrigiert.
Beispiel 1: Einfügen von „5"	im Beispiel 1: Rechtsrotation des Knoten „16"

Beispiel 1: Einfügen von „5"

unbalanciert:
Am längeren Teilbaum ist der Außenast länger.

Der Ast 16-20 wird rechter Nachfolger von 10.

Der Ast 12 wird linker Nachfolger von 16.

Beispiel 2: Einfügen von „15"

unbalanciert:
Am längeren Teilbaum ist der Innenast länger.

Im Beispiel 2: Linksrotation des Knoten „10" …

… und danach eine Rechtsrotation des Knoten „16"

Das Rotieren lässt sich umsetzen durch ein Umspeichern der Referenzen:

Klasse KNOTEN
Methode Rechtsrotieren() -> BAUMELEMENT

```
attribut ergebnis: KNOTEN
ergebnis = linkerNachfolger
linkerNachfolger = ergebnis.rechterNachfolger
ergebnis.rechterNachfolger = selbst
return selbst
```

Neben den oben ausführlich dargestellten Fällen mit längerem linken Teilbaum gibt es noch zwei dazu symmetrische Fälle mit einem längeren rechten Teilbaum. Überzeugen Sie sich (mit Stift und Papier), dass eine Linksrotation bzw. eine Rechtsrotation mit anschließender Linksrotation zu einem balancierten Baum führt.

Entsprechend den Vorüberlegungen ergibt sich folgender Algorithmus mit vier Fällen für die Methode *Ausgleichen* der Klasse KNOTEN:

Am längeren (rechten) Teilbaum ist der Außenast länger.

Am längeren (rechten) Teilbaum ist der Innenast länger.

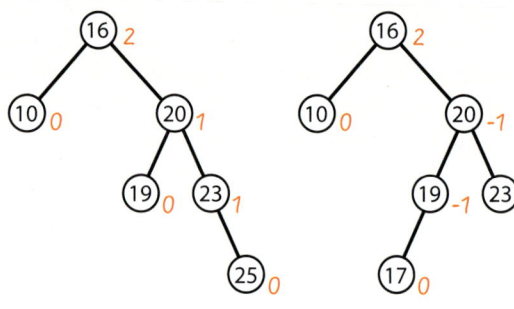

Beachte: Bei einem längeren linken Teilbaum bedeutet die -1 als Höhendifferenz des Nachfolgers einen längeren Außenast, bei einem längeren rechten Teilbaum dagegen einen längeren Innenast.

Nur bei einem Knoten mit einer Höhendifferenz von -2 bzw. 2 finden Rotationen statt.

Hat ein Knoten die Höhendifferenz 2 bzw. -2, so muss einer der Nachfolger die Höhendifferenz -1 bzw. Höhendifferenz 1 haben. Über die Höhendifferenz des Nachfolgers kann bestimmt werden, ob der Innen- oder Außenast länger ist.

Eine Rückgabe vom Typ BAUMELEMENT ist bei der Implementierung mit Entwurfsmuster Kompositum nötig, damit wie bei der Methode Einfügen Umstrukturierungen möglich sind.

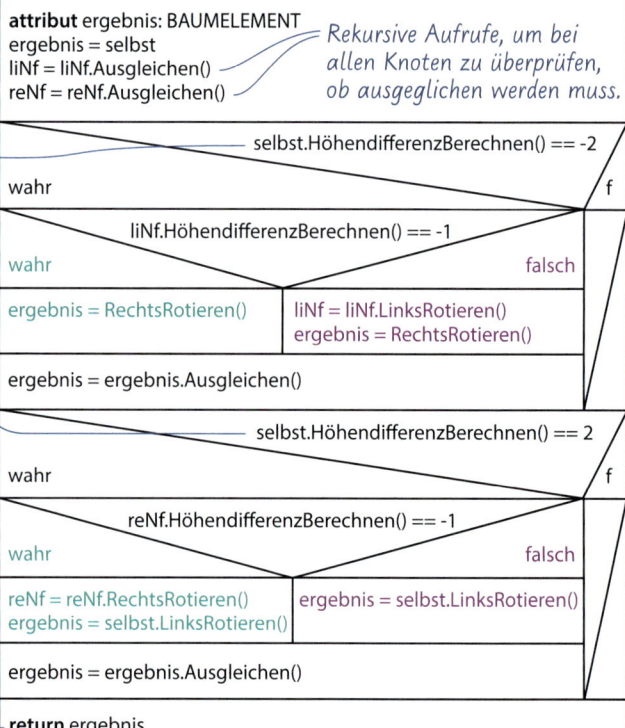

6 Rekursion

In diesem Kapitel werden Sie ...

... rekursives Vorgehen näher betrachten.

... Rekursion als Problemlösestrategie anwenden.

... typische Anwendungen rekursiver Vorgehensweise kennenlernen.

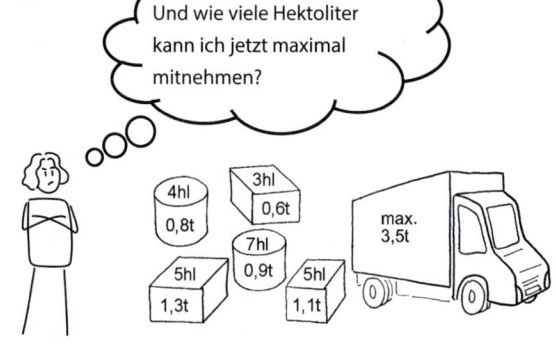

6.1 Methoden rufen sich selbst auf: Rekursion

Nebenstehende Figur sieht sehr kompliziert aus, entsteht aber durch ein einfaches Programm.

a Erzeugen Sie ein Objekt der Klasse KURVE und rufen Sie die Methode *KurveZeichnen* mit den Werten 0 bis 5 und 10 für den Parameter tiefe sowie schwarz für die Farbe auf. Beschreiben Sie grob, wie sich die gezeichnete Kurve verändert.

b Rufen Sie nun die Methode *KurveZeichnen0bis3* auf, welche die ersten vier Kurven in verschiedenen Farben zeichnet. Beschreiben Sie, wie mit zunehmender Tiefe jedes Linienelement ersetzt wird.

c Öffnen Sie den Quelltext der Klasse KURVE und erstellen Sie für den Aufruf von *SchrittAusführen* je ein Sequenzdiagramm mit den Werten 0 und 2 für den Parameter tiefe analog zum Bild rechts. Geben Sie begründet an, wie die Methodenaufrufe zu Ihren Beobachtungen von b) passen.

d Geben Sie an, welche Bedeutung die bedingte Anweisung in der Methode *SchrittAusführen* hat.

e Für Schnelle: Ergänzen Sie in der Methode *KurveZeichnen* Aufrufe der Methode *SchrittAusführen* so, dass eine zu den waagrechten Achsen symmetrische Figur entsteht (Tipp: benötigt werden u. a. insgesamt vier Aufrufe von *SchrittAusführen*).

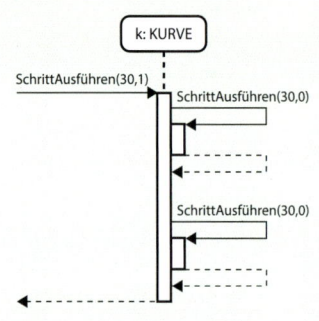

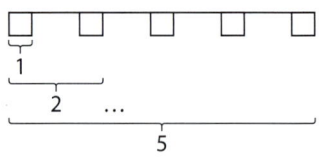

Immer einfacher

Um die nebenstehend schematisch gezeichnete Perlenkette mit 5 Perlen zu zeichnen, kann man eine Kette mit 4 Perlen zeichnen und dann ein weiteres Element (Schnur und Perle) anfügen. Diese Verkürzung führt man fort, bis schließlich die Kette nur noch eine Perle (ein Rechteck) hat, die man sofort zeichnen kann.

Algorithmische Umsetzung

Die Konstruktionsbeschreibung der Perlenkette lässt sich direkt als Algorithmus formulieren. In Pseudocode lautet die Methode, welche das Erstellen steuert, wie folgt:

Es kann auch ein situationsabhängiger Methodenname wie KettenGliedZeichnen verwendet werden.

```
methode SchrittAusführen(anzahl: GANZZAHL)
    falls anzahl == 1                    ⟵ Abbruchbedingung
    dann
        QuadratZeichnen(10)
    sonst
        SchrittAusführen(anzahl - 1)
        turtle.Gehen(20)                 ⟵ Rekursionsschritt
        QuadratZeichnen(10)
    endefalls
endemethode
```

Rekursives Vorgehen

An diesem Algorithmus fällt sofort auf, dass sich die Methode *SchrittAusführen* für jeden Verfeinerungsschritt selbst aufruft. In der Informatik nennt man einen derartigen Selbstaufruf **rekursiven Aufruf**; das Verfahren mit rekursiven Aufrufen heißt →**Rekursion**.

→recurrere:
lat. zurücklaufen

Das Prinzip jeder Rekursion besteht darin, dasselbe Verfahren auf eine gleichartige Problemsituation anzuwenden (**Rekursionsschritt**), die sich durch die Anwendung immer stärker vereinfacht (hier wird die noch zu zeichnende Restkette immer mehr verkürzt). Im Verlauf der Abarbeitung wird eine **Abbruchbedingung** erfüllt (hier: `anzahl == 1`); das **Rekursionsende** ist erreicht und die Lösung der einfachen Situation (hier: das Zeichnen einer Perle) kann direkt erfolgen. Ruft sich eine Methode wie in diesem Beispiel an nur einer Stelle auf, spricht man von einer **linearen Rekursion**.

Selbstähnliche Kurven

Eine bekannte, selbstähnliche Figur ist die sogenannte Drachenkurve. Konstruiert wird sie sehr einfach: Grundelement ist ein 90°-Winkel (links: Stufe 1). Bei jeder Rekursionsstufe (1 → 2, 2 → 3) wird jeder Schenkel durch einen 90°-Winkel ersetzt.

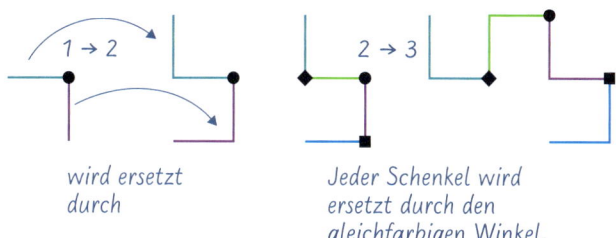

wird ersetzt durch

Jeder Schenkel wird ersetzt durch den gleichfarbigen Winkel.

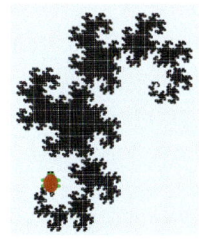

Screenshot der Drachenkurve

Dabei hat der Winkel für die Ersetzung des zweiten Schenkels eine umgekehrte Drehrichtung.

Algorithmische Umsetzung

Die Konstruktionsbeschreibung der Drachenkurve lässt sich direkt als Algorithmus formulieren. Der Wert des Parameters stufe wird immer kleiner, bis man auf Stufe 1 den Winkel zeichnen kann. In Pseudocode lautet die Methode, welche die Verfeinerungen steuert, wie folgt:

```
methode SchrittAusführen(drehtLinks: WAHRHEITSWERT, stufe: GANZZAHL)
    falls stufe == 1
    dann
        turtle.Gehen(50)
        Drehen(drehtLinks)
        turtle.Gehen(50)
    sonst
        SchrittAusführen(wahr, stufe - 1)
        Drehen(drehtLinks)
        SchrittAusführen(falsch, stufe - 1)
    endefalls
endemethode
```

Die Methode Drehen dreht die Turtle um 90° nach links, wenn der Parameter WAHR ist, sonst 90° nach rechts.

Bei dem obigen Beispiel ruft sich die Methode *SchrittAusführen* immer an zwei Stellen auf (oder gar nicht), man spricht hier von einer **verzweigten Rekursion**.

Ein Verfahren heißt **rekursiv**, wenn es sich selbst auf immer einfachere Teile der Anfangssituation anwendet, bis die Situation am Ende so einfach ist, dass sie direkt gelöst werden kann.

Rekursive Methoden rufen sich selbst direkt oder indirekt so lange auf (**Rekursionsschritt**), bis eine **Abbruchbedingung** erreicht ist, so dass die Selbstaufrufe zu einem Ende kommen (**Rekursionsende**).

Je nach Anzahl der Selbstaufrufe spricht man von **linearer** (ein Aufruf) oder **verzweigter** (zwei oder mehr Aufrufe) **Rekursion**.

Aufgaben

1 Rekursion mit einer Turtle-Grafik

Mit Objekten der Klasse TURTLE lassen sich rekursive Muster einfach zeichnen. Das Vorlagen-projekt enthält bereits eine Klasse REKURSIVEGRAFIK, in deren Konstruktor ein Turtleobjekt erzeugt wird. Weiter enthält sie eine Methode *QuadratZeichnen(länge)*, die an der aktuellen Turtleposition ein Quadrat mit Seitenlänge länge zeichnet.

a Implementieren Sie die rekursive Methode *PerlenketteZeichnen(anzahl)* analog zum Lehr-text, welche abhängig vom Eingabewert eine Kette mit Quadraten als Perlen zeichnet, de-ren Anzahl durch den Parameter anzahl festgelegt wird.

b Erstellen Sie selbst eine rekursive Methode *QuadratmusterZeichnen(anzahl)*, die anzahl Quadrate mit den Seitenlängen 10, 20, 30, …, anzahl*10 zeichnet (s. Abb. unten links).

 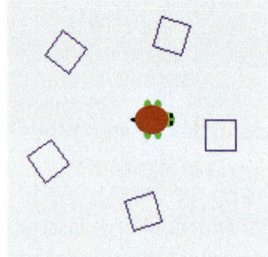 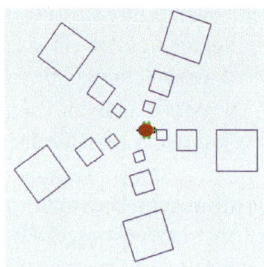

c Erstellen Sie eine rekursive Methode *MusterZeichnen(gesamtanzahlQuadrate, nochZu-ZeichnendeQuadrate)*, die auf einer imaginären Kreislinie Quadrate mit einer Seitenlänge von 20 zeichnet. Der erste Parameter wird zur Berechnung des Drehwinkels benötigt. Die Abbildung oben Mitte ist das Ergebnis des Methodenaufrufs *MusterZeichnen(5, 5)*. Testen Sie mit mindestens 2 unterschiedlichen Quadratanzahlen.

d Überlegen Sie sich selbst andere Muster, die sich rekursiv implementieren lassen, und set-zen Sie sie um. Ein mögliches Beispiel ist in der Abbildung oben rechts dargestellt.

 2 Palindromüberprüfung

Ein Palindrom ist eine Zeichenkette, die vorwärts wie rückwärts gelesen identisch ist. Zum Beispiel sind „kajak" und „hannah" Palindrome, aber „boot" und „hanna" nicht. Auch der Satz „reit nie ein tier" ist ein Palindrom.

Schreiben Sie eine rekursive Methode *IstPalindrom(text)*, die für eine eingegebene Zeichen-kette überprüft, ob es sich um ein Palindrom handelt. Testen Sie geeignet.

Hinweis: Die einzelnen Programmiersprachen bieten Methoden an, um auf die einzelnen Zei-chen einer Zeichenkette zuzugreifen oder deren Länge anzugeben.

  3 Rekursives Problemlösen

Folgende drei Leitfragen helfen häufig beim rekursiven Problemlösen:

- Wie lautet eine einfachere Version des gegebenen Problems? (Rekursionsschritt)
- Worin besteht der direkt lösbare Fall? (Rekursionsende)
- Wodurch wird gewährleistet, dass der direkt lösbare Fall in endlich vielen Schritten er-reicht wird? (Abbruchbedingung, die erreicht werden muss)

a Beschreiben Sie ein rekursives Vorgehen, um einen Papierstreifen beliebiger Länge in 8 (bzw. 32) gleich große Teile zu teilen.

b Begründen Sie, dass das rekursive Vorgehen aus a) nicht für das Teilen in 7 gleich große Teile verwendet werden kann.

4 Rekursive mathematische Funktionen: Fakultätsfunktion

Die Fakultätsfunktion n! berechnet das Produkt $1 \cdot 2 \cdot 3 \cdot \ldots \cdot n$. Sie lässt sich auch rekursiv einfach vereinbaren.

$$n! = \begin{cases} 1 & \text{für } n == 1 \\ (n-1)! \cdot n & \text{für } n > 1 \end{cases}$$

a Erstellen Sie in einer sonst leeren Klasse eine rekursive Methode *FakultätBerechnen(n)*, welche n! berechnet. Testen Sie mit verschiedenen Werten.

b Erstellen Sie in der gleichen Klasse eine Methode *FakultätBerechnen2(n)*, welche n! iterativ (mit einer Wiederholung) berechnet.

c Vergleichen Sie durch Zählung der benötigten Rechenschritte für beide Lösungen, wie die benötigte Rechenzeit von der Größe der Zahl n abhängt. Vergleichen Sie auch den Programmaufwand beider Methoden und erläutern Sie kurz, welche Implementierung Sie verwenden würden.

d Für Schnelle: Bei endlicher Stellenzahl ist die Menge der Zahlen n, für welche die Fakultät berechnet werden kann, sehr begrenzt. Bei heute üblichen 64-Bit-Systemen liegt das Maximum bei 20! = 2432902008176640000.

Erstellen Sie eine Methode *FakultätBerechnen3(n)*, welche n! durch Mehrfachauswahl über die möglichen Werte für n berechnet, bei denen der Wert von n! auf 64-Bit-Systemen darstellbar ist. Geben Sie auch hier wieder an, wie die benötigte Rechenzeit von der Größe der Zahl n abhängt, und begründen Sie daraus, dass dieser Weg den beiden in a) und b) erstellten Methoden vorzuziehen ist.

5 Rekursive mathematische Funktionen: Die Fibonacci-Funktion

Der italienische Mathematiker Leonardo Fibonacci (eigentlich Leonardo da Pisa) ist allgemein bekannt durch die nach ihm benannte Fibonacci-Folge. Diese Folge ist unter anderem die Lösung folgender Aufgabe: „Ein Kaninchenpaar zeugt, wenn es älter als zwei Monate ist, pro Monat ein weiteres Kaninchenpaar. Wie viele Kaninchenpaare gibt es nach n Monaten, wenn man mit einem neugeborenen Paar beginnt und kein Kaninchen in dieser Zeit stirbt?"

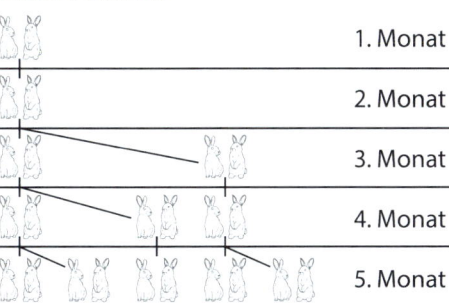

1. Monat
2. Monat
3. Monat
4. Monat
5. Monat

a In den ersten beiden Monaten ist nur das Urspungspaar vorhanden. Im dritten Monat kommt ein neugeborenes Paar hinzu. Im vierten Monat ein weiteres, im fünften Monat kommen zwei neue Paare hinzu. Die Anzahlen für die ersten Monate sind also 1, 1, 2, 3, 5. Setzen Sie die Folge der Anzahlen um drei weitere Werte fort.

$$f(n) = \begin{cases} 1 & \text{falls } n == 1 \\ 1 & \text{falls } n == 2 \\ f(n-1) + f(n-2) & \text{falls } n > 2 \end{cases}$$

b Mathematisch lässt sich die Fibonacci-Funktion f(n) wie im Kasten rechts beschreiben.

Erstellen Sie in einer sonst leeren Klasse eine rekursive Methode *FibonacciBerechnen(n)*, welche die n-te Fibonaccizahl nach den Vorgaben des Kastens oben berechnet. Lassen Sie zu Beginn der Methode den Parameter auf die Konsole ausgeben, um die rekursiven Aufrufe zu dokumentieren. Überprüfen Sie damit Ihre Fortsetzungen aus a).

c Geben Sie an, um welche Art von Rekursion es sich bei der Implementierung von *FibonacciBerechnen* handelt. Geben Sie weiter an, welche Besonderheit die Terminierung des rekursiven Aufrufs von *FibonacciBerechnen* hat und warum diese Sondersituation nötig ist.

6 Rekursive mathematische Funktionen: Größter gemeinsamer Teiler

Der größte gemeinsame Teiler zweier Zahlen zahl1 und zahl2 lässt sich rekursiv sehr einfach berechnen:

```
methode GGTBerechnen(zahl1: GANZZAHL, zahl2: GANZZAHL) -> GANZZAHL

    falls zahl2 == 0

    dann

        return zahl1

    sonst

        return GGTBerechnen(zahl2, zahl1 % zahl2)

    endefalls

endemethode
```

Der Operator „%" berechnet den Rest der ganzzahligen Division.

a Setzen Sie fort: *GGTBerechnen(24, 15) = GGTBerechnen(15, 9) = …*

b Implementieren Sie die Methode *GGTBerechnen*. Testen Sie mit mehreren geeigenten Beispielen (insbesondere auch, dass der GGT von zahl1 und zahl2 1 ist oder dass zahl1 ein Teiler von zahl2 ist).

c Geben Sie an, warum die Methode *GGTBerechnen* linear rekusiv ist.

d Im Fall der Methode *GGTBerechnen* spricht man auch von endrekursiv. Erläutern Sie diese Bezeichnung.

7 Rekursive mathematische Funktionen: Die Ackermann-Funktion

Um die Vermutung zu widerlegen, dass jede berechenbare Funktion primitiv-rekursiv ist (sich also immer auch mit einer Iteration berechnen lässt), veröffentlichte Wilhelm Ackermann 1928 die nach ihm benannte Ackermann-Funktion. 1935 veröffentlichte Rósza Péter eine vereinfachte Version, die Ackermann-Péter-Funktion:

*Wegen des rekursiven Aufrufs auf Parameterposition nennt man diese Form der Rekursion auch **verschachtelte Rekursion.***

a Erstellen Sie in einer sonst leeren Klasse eine rekursive Methode *Ackermann-Berechnen*, die die Ackermann-Péter-Funktion berechnet. Testen Sie zunächst mit sehr kleinen, natürlichen Zahlen.

$$Acker(n, m) = \begin{cases} m & falls \quad n == 0 \\ Acker(n-1, 1) & falls \quad m == 0 \\ Acker(n-1, Acker(n, m-1)) & sonst \end{cases}$$

b Ergänzen Sie Ihre Lösung aus a) um Ausgaben der Parameterwerte zu Beginn der Methode, um die Art der Aufrufe zu dokumentieren.

Notieren Sie auch eine Tabelle, die den ursprünglichen Parameterwerten die Gesamtzahl der Methodenaufrufe zuordnet. Erzeugen Sie 10 Einträge mit kleinen Werten für m und n. Begründen Sie aus Ihrer Tabelle, warum die Ackermann-Péter-Funktion auch gern zum Testen der Rechengeschwindigkeit von Computern verwendet wurde.

c Für Schnelle: Ergänzen Sie Ihre Lösung aus b) so, dass mit zunehmender Aufruftiefe die Ausgabe der Parameterwerte immer weiter eingerückt wird. Lassen Sie mit dieser Lösung zwei sogenannte Aufrufbäume für kleine Werte von n und m zeichnen.

8 Mathematische Spielerei: Gerade oder ungerade

Die Funktion *IstGerade(n)* soll genau dann WAHR zurückgeben, wenn die Zahl n gerade ist. Eine interessante rekursive Definition für diese Berechnung ist:

a Erstellen Sie in einer sonst leeren Klasse beide Methoden und testen Sie mit mindestens vier geeigneten Werten.

$$Gerade(n) = \begin{cases} wahr & falls \quad n == 0 \\ Ungerade(n-1) & falls \quad n > 0 \end{cases}$$

*Diese Form der Rekursion bei wechselseitigem Aufruf von Methoden nennt man **verschränkte Rekursion**.*

$$Ungerade(n) = \begin{cases} falsch & falls \quad n == 0 \\ Gerade(n-1) & falls \quad n > 0 \end{cases}$$

b Erstellen Sie das Sequenzdiagramm für den Aufruf *IstGerade(3)*.

c Eine übliche Art zu testen, ob eine Zahl n gerade ist, ist zu prüfen, ob die Division n/2 den Rest 0 oder 1 hat. Erstellen Sie in Ihrer Klasse eine weitere Methode *IstGerade2(n)*, welche den Rest der Division durch 2 nutzt. Geben Sie für beide Ansätze die Anzahl der Methodenaufrufe für den Eingabewert 5 an.

9 Türme von Hanoi

Auf der Weltausstellung 1889 in Paris wurde das Spiel „Die Türme von Hanoi" vorgestellt. Wenn der Scheibenturm auf eine der anderen Säulen umgeschichtet werden soll, gelten die folgenden Regeln:

· Die Scheiben dürfen nur einzeln von einer Säule zu einer anderen transportiert werden.

· Es darf niemals eine Scheibe mit einem größeren Durchmesser auf eine Scheibe mit einem kleineren Durchmesser gelegt werden.

a Skizzieren Sie auf Papier eine Lösung für einen Anfangsturm mit zwei Scheiben und für einen mit drei Scheiben. Geben Sie an, wie sich die Lösung für drei Scheiben auf die Lösung für zwei Scheiben zurückführen lässt.

b Geben Sie an, wie sich allgemein die Lösung für n Scheiben auf die Lösung für n–1 Scheiben zurückführen lässt.

c Der folgende rekursive Algorithmus löst das Problem für beliebige Turmhöhen. Die Methode *TurmVerschieben* bewegt die oberste Platte des Turms mit der Nummer „von" auf den Turm mit der Nummer „nach", die Türme haben die Nummern 0, 1 und 2.

```
methode TurmVerschieben(anzahlScheiben, von, nach)

    falls anzahlScheiben > 0

    dann

        frei = 3 – von - nach

        TurmVerschieben(anzahlScheiben - 1, von, frei)

        Bewegen(von, nach)

        TurmVerschieben(anzahlScheiben  - 1, frei, nach)

    endefalls

endemethode
```

Erklären Sie die Funktionsweise unter Zuhilfenahme von b).

Erläutern Sie, was mit einem Stapel der Höhe 0 oder 1 passiert.

d Im Vorlagenprojekt sind bereits Methoden zur graphischen Darstellung des Verschiebevorgangs gegeben. Implementieren Sie die Methode *TurmVerschieben* und testen Sie den Algorithmus mit verschiedenen Höhen, aber nicht höher als 10 Scheiben.

e Für Schnelle: Bei Höhen über 10 dauert das Verschieben schon bald sehr lange. Zählen Sie für Türme der Höhen 1, 2 und 3, wie viele Verschiebungen insgesamt nötig sind. Erstellen Sie daraus eine Vermutung, wie viele Verschiebungen für einen Turm der Höhe n nötig sind, und begründen Sie damit die lange Laufzeit für hohe Türme.

10 Rekursion bei Listen und Bäumen

Bei der Bearbeitung von Listen und Bäumen werden sehr oft rekursive Methoden verwendet, da diese Datenstrukturen selbst rekursiv definiert sind.

*Eine linear rekursive Funktion heißt **endrekursiv**, wenn nach dem rekursiven Aufruf keine Anweisungen mehr folgen.*

a Geben Sie an, um welche Art von Rekursion es sich bei den Methoden der Listen handelt und welche Art bei den Bäumen vorliegt. Begründen Sie den Unterschied aus der Definition der zugehörigen Datenstrukturen.

b Die Methode *LängeGeben()* einer Liste ist endrekursiv, daher kann die Länge der Liste sicher auch iterativ (mit einer Wiederholung) berechnet werden. Implementieren Sie in dem Vorlagenprojekt eine Methode *LängeGeben2()*, welche iterativ arbeitet. Vergleichen Sie beide Implementierungen und geben Sie mit kurzer Erläuterung an, welche Sie bevorzugen würden.

c Geben Sie begründet an, warum Sie mit einer Laufzeitmessung (Messung der Zeit vom Programmstart bis zum Beenden des Programms) nicht feststellen könnten, welche der beiden Implementierungsarten vorliegt.

d Für Schnelle: Zeigen Sie, z. B. durch Angeben eines Umbauschemas, dass sich jede endrekursive Funktion auch iterativ berechnen lässt.

11 Selbstähnliche Figuren: Sierpinski-Dreieck

Ausgangssituation: weißes Dreieck als Hintergrund

eine Unterteilung

zwei Unterteilungen

drei Unterteilungen

Das gegebene Dreieck wird mit jedem Rekursionsschritt in drei Dreiecke mit halber Seitenlänge in den Ecken unterteilt. Ist das Rekursionsende erreicht, wird das Dreieck schwarz gezeichnet. Die auf der Spitze stehenden weißen Mitteldreiecke sind der noch sichtbare Teil des Hintergrunds.

a Ergänzen Sie in der Klasse SIERPINSKIDREIECK den Rumpf der Methode *SchrittAusführen*.

b Geben Sie an, um welche Art der Rekursion es sich hier handelt.

c Zeichnen Sie die Figuren für verschiedene Rekursionsstufen.

12 Selbstähnliche Figuren: Die Hilbert-Kurve

Die nach dem deutschen Mathematiker David Hilbert benannte Kurve ist die erste bekannte Kurve (ein stetiger, d. h. nicht unterbrochener, eindimensionaler Linienzug), die nach und nach die zweidimensionale Grundfläche völlig ausfüllt.

Bei jedem Rekursionsschritt werden vor, zwischen und nach den drei Linien eines Elements (blau) neue Elemente eingefügt (rot), allerdings mit unterschiedlicher Drehrichtung. Auch muss sich die Turtle zu Beginn und am Ende eines Elements drehen, um die jeweils angegebene Blickrichtung zu haben.

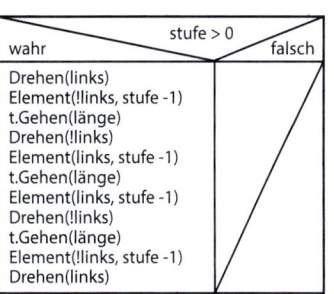

Für die rekursive Methode *Element(links,stufe)* ergibt sich daraus das nebenstehende Struktogramm.

stufe > 0	
wahr	falsch
Drehen(links) Element(!links, stufe -1) t.Gehen(länge) Drehen(!links) Element(links, stufe -1) t.Gehen(länge) Element(links, stufe -1) Drehen(!links) t.Gehen(länge) Element(!links, stufe -1) Drehen(links)	

Screenshot der Hilbert-Kurve

a Verifizieren Sie mit Bleistift und kariertem Papier für die Stufen 1 und 2, dass das Struktogramm die gezeigten Grundelemente liefert. Die Turtle schaut zu Beginn nach rechts, die Länge entspricht zwei Kästchen.

b Geben Sie an, von welchem Typ die Rekursion ist.

c Ergänzen Sie im Vorlagenprojekt den Rumpf der Methode *Element* und lassen Sie die Kurve für verschiedene Tiefen ausgeben. Geben Sie auch an, ab welcher Rekursionsstufe sich erahnen lässt, dass die Kurve für unendliche Rekursionstiefe die Fläche füllen könnte.

13 Selbstähnliche Figuren: Pythagoras-Baum

a Erzeugen Sie für verschiedene Rekursionstiefen je ein Objekt der Klasse PYTHAGORAS-BAUM und erläutern Sie daraus, wie die Figur zu ihrem Namen kommt.

b Beschreiben Sie in knappen Worten, aus welchen Grundelementen der Baum besteht und wie diese mit jeder Rekursionsstufe ergänzt werden.

c Die Attribute a und b bestimmen das Seitenverhältnis der Katheten. Ändern Sie die vorgegebenen Werte und erkunden Sie, wie sich der Baum dadurch ändert.

14 Selbstähnliche Figuren: Sierpinski-Kurve

Die Sierpinski-Kurve ist eine raumfüllende Kurve, d. h. sie füllt das umgebende Quadrat mit zunehmender Rekursionstiefe immer mehr aus.

Die Grundfigur besteht aus vier Grundelementen und vier Verbindungsstrecken, die zur rechts stehenden Grundfigur verbunden werden.

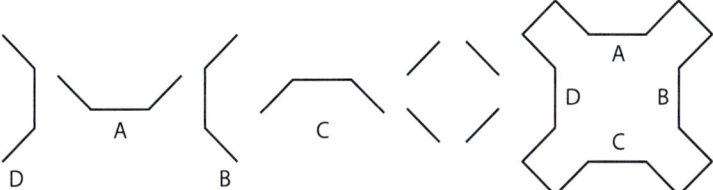

Mit jedem Rekursionsschritt werden die Grundelemente A, B, C und D durch mehrere Ausgaben ihrer selbst ersetzt; unten ist das exemplarisch für A dargestellt.

 wird ersetzt durch:

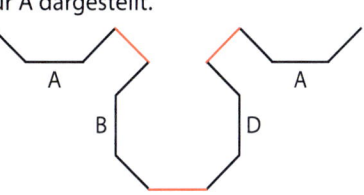

Die vier Ersetzungen für das Grundelement B sind entsprechend B-C-A-B.

a Geben Sie die Ersetzungen für die Grundelemente C und D analog an.

b Ergänzen Sie das Projekt zum Zeichnen dieser Kurve und prüfen Sie die Aussage, dass die Kurve allmählich das ganze umgebende Quadrat ausfüllt, auf Plausibilität.

6.2 Anwendung der Rekursion: Backtracking

In einer Quizshow haben die Kandidaten u. a. die Aufgabe, Paletten unterschiedlicher Höhe und mit unterschiedlichem Gewicht so aufeinander zu stapeln, dass bei einer Maximalhöhe von 150 cm der Palettenstapel ein möglichst hohes Gesamtgewicht bekommt.

a Erzeugen Sie ein Objekt der Klasse RAHMEN, drücken Sie die Starttaste, beobachten Sie, in welcher Reihenfolge die verschiedenen Möglichkeiten durchprobiert werden, und formulieren Sie die Strategie des Programms. (Tipp: Beobachten Sie die Pfeile am Vorratsstapel.)

b Lesen Sie den Quelltext der Methode *Schritt* der Klasse STAPELAUFGABE. Beschreiben Sie knapp, welchen Teil der Lösung diese Methode leistet und wie die Rekursion die Lösung vervollständigt.

c Mit den gegebenen Paletten ist noch eine zweite, gleichwertige Lösung möglich. Geben Sie diese Lösung an (genaues Beobachten der Programmausführung oder Ausprobieren).

d Verändern Sie die Reihenfolge der Paletten im Palettenvorrat so, dass diese andere Lösung zuerst gefunden wird.

e Für Schnelle: Legen Sie nun eigene Palettenvorräte an. Vermuten Sie zunächst die dafür optimale Lösung und vergleichen Sie Ihre Lösung mit dem Ergebnis des Programms.

Eine klassische Frage

Der bayerische Schachmeister Max Bezzel stellte 1848 in der Berliner Schachzeitung die Frage, auf wie viele Arten man acht Damen so auf einem Schachbrett unterbringen kann, dass sie sich nicht gegenseitig schlagen können. Da eine Dame als mächtigste Figur senkrecht, waagerecht und diagonal schlagen kann (siehe Bild unten links), kann sicher in jeder Spalte des Schachbretts nur eine Dame stehen.

Begonnen wird links unten.

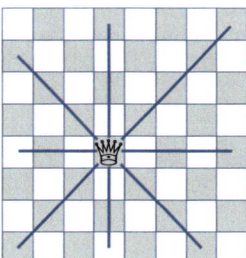

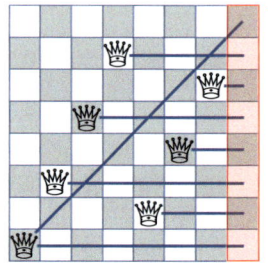

kein sicheres Feld in Spalte 8

mögliche Lösung

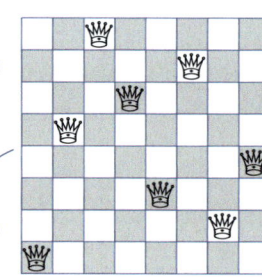

Teile und herrsche (und finde so die Lösungen)

Zum Finden aller möglichen Lösungen teilt man das Feld in seine Spalten und geht dann mit einer rekursiven Methode *SchrittAusführen* Spalte für Spalte weiter, bis man eine Lösung findet oder keine Möglichkeit mehr existiert, eine Dame in der aktuellen Spalte zu positionieren. Um keine Möglichkeit auszulassen, pro-

SchrittAusführen(aktuelle Spalte)

solange es noch sichere Felder in der aktuellen Spalte gibt
Dame im nächsten sicheren Feld positionieren
aktuelle Spalte ist 8
wahr / falsch
Lösung ausgeben / SchrittAusführen(aktuelle Spalte + 1)
Dame vom Feld entfernen

biert man in jeder Spalte z. B. Zeile für Zeile, bis ein sicheres Feld (d. h. ein Feld, das von keiner der schon gesetzten Damen geschlagen werden kann) gefunden ist. So kann man ohne Problem die ersten sieben Damen positionieren (Bild oben Mitte). Die Dame in der 8. Spalte kann aber in dieser

Konstellation nicht mehr platziert werden; alle acht Felder können von einer der bisherigen Damen geschlagen werden. Es muss also in den vorigen Spalten nach weiteren Konstellationen gesucht werden, was durch den rekursiven Ansatz kein Problem ist. Erfolgt kein rekursiver Aufruf von *Schritt-Ausführen* mehr (entweder, weil eine Lösung gefunden wurde oder weil es in der aktuellen Spalte keine sicheren Felder mehr gibt), wird die zuletzt gesetzte Dame wieder vom Feld genommen und ein anderes Feld für sie gesucht. Führt dies nicht zum Erfolg, wird nach ihr auch die vorletzte gesetzte Dame entfernt, neu positioniert usw. Dieses mögliche „Zurückgehen auf der eigenen Spur" gibt dem Vorgehen seinen (englischen) Namen: **Backtracking**. Das Bild S. 278 rechts zeigt die erste Lösung.

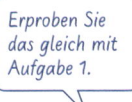

Möglichst viel reinpacken

Oft benötigt man aber nicht alle Lösungen eines Problems, sondern nur die beste: Für eine Wanderung packt man einen Rucksack mit möglichst vielen Essensvorräten. Aber: Man darf dabei ein Maximalgewicht (z. B. 30 kg) nicht überschreiten, um den Rucksack nicht zu schwer zu machen. Dabei muss man beachten, dass die verschiedenen Vorräte einen unterschiedlichen Nährwert pro kg Gewicht haben.

Lösung: Systematisch den „vollsten" Rucksack finden

Um die **optimalen** Vorräte auszuwählen, muss man systematisch alle Kombinationsmöglichkeiten durchprobieren. Zu Beginn hat man noch keine Lösung, der beste Nährwert ist 0. Bei jeder Kombination (Lösung), die man mitnehmen kann, prüft man, ob sie einen höheren Nährwert hat als die Beste, die man bisher ermittelt hat. Wenn ja, wird sie als neues Optimum gespeichert.

Um aus der nebenstehenden Menge an Vorräten die optimale Beladung des Rucksacks zu finden, ordnet man sie in einem Feld an. Im ersten Rekursionsschritt geht man

Nummer	0	1	2	3	4	5	6	7
Gewicht [kg]	5	7	4	3	10	12	13	8
Nährwert [MJ]	40	35	12	30	25	84	78	80

die Vorräte ab Nummer 0 durch. Jeder Rekursionsschritt testet dann die Vorräte ab dem nächsten noch nicht verwendeten Vorratsstück.

NächsterSchritt(startIndex: GANZZAHL, gesamtGewicht: GANZZAHL, gesamtNährwert: GANZZAHL)

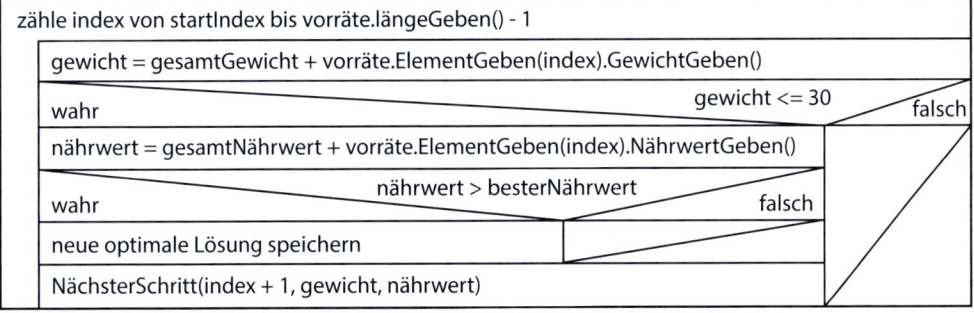

Das Rekursionsende ist erreicht, wenn entweder das Gesamtgewicht zu groß wird oder der Maximalindex des Vorratsfeldes erreicht ist.

Mit Hilfe des **Backtracking**-Verfahrens können systematisch **alle Lösungen** einer gegebenen Situation rekursiv gesucht werden.
Dabei versucht man, in geeigneten Schritten auf die Lösung zuzugehen. Sobald man erkennt, dass ein Weg nicht mehr weitergeführt werden kann, geht man unter Verwendung der Rekursion auf der eigenen Spur zurück, bis ein neuer Weg in Richtung Lösung möglich ist.
Mit dem Backtracking-Verfahren kann auch die **optimale Lösung** gesucht werden.

Aufgaben

 1 Sechs Damen
- **a** Versuchen Sie von Hand (z. B. mit Bleistift und Kästchenpapier), auf einem Schachbrett der Größe 6 x 6 sechs Damen so aufzustellen, dass keine die andere schlagen kann.
  Tipp: Beginnen Sie für die 1. Dame in Zeile 2.
- **b** Für Schnelle: Suchen Sie alle 4 möglichen Lösungen.

 2 Rucksackproblem manuell
Lösen Sie das Rucksackproblem mit Bleistift und Papier für die nebenstehende Vorratsmenge und die Vorgabe, dass der Rucksack maximal 10 kg wiegen darf.

Nummer	0	1	2	3
Gewicht [kg]	5	7	4	3
Nährwert [MJ]	40	35	12	30

  3 Höhlenlabyrinth
Höhlenforscher wissen, dass in dem rechts schematisch dargestellten Höhlensystem eine Kammer mit wunderbaren Tropfsteinen existiert (gelb markiert). Die weißen Kreise (Knoten) markieren Kammern, die Verbindungslinien (Kanten) die existierenden Gänge. Der rote Kreis markiert den Eingang.

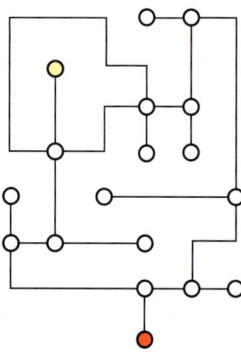

- **a** Finden Sie per Backtracking von Hand einen Weg vom Eingang zur Tropfsteinkammer für die Forscher.
  Tipp: Geben Sie den Knoten Nummern und legen Sie zu Beginn fest, in welcher Reihenfolge Sie in jeder Kammer die Gänge besuchen wollen.
- **b** Geben Sie eine Möglichkeit an, wie ein Forscherteam das Backtracking in der Höhle durchführen könnte.

    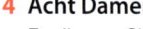 **4 Acht Damen**
Ergänzen Sie wie in den Teilaufgaben beschrieben schrittweise das gegebene Projekt zur vollständigen Lösung.
- **a** Öffnen Sie den Quellcode der Klasse DAMEN. Beschreiben Sie in kurzen Worten die Arbeitsweise der Methoden *LösungAusgeben* und *IstFeldBedroht*.
- **b** Ergänzen Sie den Rumpf der Methode *SchrittAusführen* gemäß des im Lehrtext angegebenen Struktogramms unter Verwendung der vorhandenen Methoden.
- **c** Für Schnelle: Ändern Sie den Konstruktor der Klasse DAMEN so ab, dass Schachbretter beliebiger Größe untersucht werden können. Bestimmen Sie damit, ab welcher Mindestgröße überhaupt Lösungen möglich sind.
- **d** Für ganz Schnelle: Die Klasse DAME erlaubt, eine Dame auf der Zeichenfläche darzustellen. Nutzen Sie diese Klasse zusammen mit einem Objekt der Klasse SCHACHBRETT, um die Lösungen auf der Zeichenfläche optisch ansprechend darzustellen.
  Tipp: Sie müssen nach dem Zeichnen einer Lösung auf einen Tastendruck o. ä. warten, um die Lösung auch betrachten zu können.

  5 Für Schnelle: Rösselsprung
Die folgende Aufgabe kommt auch aus dem Schachspiel. Ein Springer soll, von einem beliebigen Feld startend, so über das Brett geführt werden, dass er alle Felder genau einmal betritt. Der Springer hat die bei Teilaufgabe a) gezeigten acht Zugmöglichkeiten.

a Erstellen Sie ein Programm, welches die Startposition vom Benutzer erfragt und dann einen Weg über das Brett sucht. Gehen Sie dabei wie folgt vor:

- Das Schachbrett speichert die Nummer der Springerpositionen. Die Startposition hat die Nummer 1; die Nummer 0 bedeutet „freies Feld".
- Die Methode *SchrittAusführen* beschreibt einen Zug des Springers. Die Wiederholung geht über alle 8 (prinzipiellen) Zugmöglichkeiten.
- Im Konstruktor wird die Startposition gesetzt.

Hinweis: Da die Laufzeit für ein reguläres Schachbrett sehr hoch ist, beschränken Sie die Aufgabe auf ein Brett der Größe 5 x 5 oder 6 x 6.

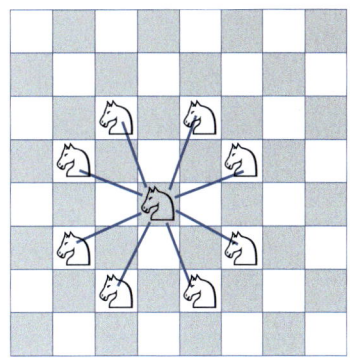

b Eine härtere Bedingung für die Lösung ist ein sogenannter „geschlossener Weg". Vom letzten betretenen Feld aus muss der Springer das Anfangsfeld in einem Zug erreichen können. Erweitern Sie Ihr Programm so, dass es nur „geschlossene Wege" als Lösung der Aufgaben anzeigt.

6 Das Rucksackproblem

Im Vorlagenprojekt sind die Vorratsdaten aus dem Lehrtext bereits als mögliches Beispiel vordefiniert.

a Erkunden Sie im Quelltext der Klasse RUCKSACK, mit welchen Methoden die Speicherung und Ausgabe der (bisherigen) optimalen Lösung erfolgt.

b Ergänzen Sie in dem gegebenen Projekt den Rumpf der Methode *SchrittAusführen* gemäß des Lehrtextes.

c Überlegen Sie sich mindestens zwei weitere Anwendungssituationen, deren Lösung dem Rucksackproblem entspricht.

d Für Schnelle: Implementieren Sie eines der in c) gefundenen Beispiele mit geeigneten Daten.

7 Sudoku

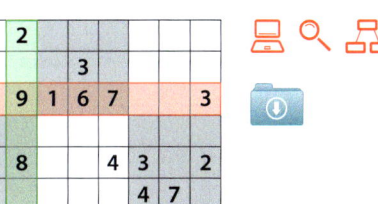

Beim Sudoku-Rätsel müssen in ein Feld der Größe 9 x 9 die Zahlen von 1 bis 9 nach festen Regeln eingetragen werden: pro Zeile, pro Spalte und pro Teilquadrat müssen alle Zahlen genau einmal stehen.

Dafür gibt es sehr viele Lösungen. In den gestellten Rätseln sind daher bereits so viele Werte vorgegeben, dass genau eine Lösung möglich ist.

a Legen Sie das Sudokufeld als 2-dimensionales Feld an; die Elemente sollen wieder Felder sein mit den Werten, die auf dieser Position noch möglich sind. Zu Beginn sind in allen Elementen alle Zahlen möglich.

b Ergänzen Sie den Rumpf der Methode *FeldelementFixieren(zeile, spalte, wert)*, welche auf dem Element in der angegebenen Zeile und Spalte den gegebenen Wert als einzigen Wert einträgt und aus allen betroffenen Elementen (Zeile, Spalte, kleines Quadrat) diesen Wert aus dem Feld der noch möglichen Werte löscht.

c Ergänzen Sie den Rumpf der Methode *FeldAusgeben*, welche das Feld auf die Konsole ausgibt. Ist für ein Feld nur noch ein Wert möglich, so wird dieser angezeigt, andernfalls wird ein Strich „-" ausgegeben.

d Erstellen Sie nun die Methode *SchrittAusführen(zeile, spalte)*, die für jedes Feldelement alle Werte durchprobiert.
Achtung: Ehe Sie mit *FeldelementFixieren* einen der möglichen Werte fixieren, müssen Sie eine Kopie des Feldes erstellen, um für den nächsten Versuch wieder die Ausgangssituation herstellen zu können. Verwenden Sie zum Erstellen der Kopie und zum Wiederherstellen des vorigen Zustands die Methode *Kopieren*.

e Die Methode *Vorbesetzen* richtet die im Bild oben gegebene Anfangsstellung ein. Für diese Anfangsstellung existiert genau eine Lösung. Testen Sie damit Ihre Implementierung. Entfernen Sie einzelne Vorbesetzungen aus der Anfangsstellung und führen Sie Ihren Algorithmus damit aus. Verifizieren Sie, dass alle angezeigten Lösungen den Sudokuregeln entsprechen.

8 Backtracking erklärt

Erklären Sie anhand eines eigenen Beispiels Vorgehensweise und Vorteile des Backtracking-Verfahrens.

9 Acht-Damen optimiert

In der im Lehrtext und in Aufgabe 4 angesprochenen Lösung des 8-Damen-Problems wird die Information über die bereits positionierten Damen sehr verschwenderisch gespeichert. Eine optimierte Speicherung ist, pro Spalte nur die Zeilennummer zu speichern, in der die Dame positioniert ist.

a Ersetzen Sie das zweidimensionale Feld mit den logischen Werten durch ein eindimensionales Feld mit ganzen Zahlen und ändern Sie den Konstruktor entsprechend.

b Passen Sie die Methode *IstFeldBedroht* an die neue Speicherung der Damen an. Sie können dabei ausnutzen, dass für die Diagonalen die Summe bzw. Differenz von Spalten- und Zeilennummern konstant ist.

c Passen Sie die Methoden *SchrittAusführen* und *LösungAusgeben* an. Testen Sie die neue Implementierung.

d Begründen Sie insbesondere aus der Implementierung der Methode, dass die neue Lösung nicht nur weniger Speicherplatz benötigt, sondern auch noch schneller ist.

10 Sudoku optimiert

Die Elemente des Sudoku-Feldes stur ihrer Reihenfolge nach abzuarbeiten, kann, insbesondere wenn viele Lösungen möglich sind, zu langen Rechenzeiten führen. Eine gute Optimierung ist, immer mit dem Element mit den wenigsten Möglichkeiten fortzusetzen. Dabei muss man sich aber merken, welche Elemente schon bearbeitet sind, damit kein Element mehrfach ausgewählt wird. Das Rekursionsende ist dann erreicht, wenn alle 81 Elemente bearbeitet sind. Eine Sackgasse erkennt man sofort daran, dass das Element mit der geringsten Elementanzahl keine Möglichkeiten mehr enthält.
Implementieren Sie diese Optimierung.

11 Voice Of Infohausen: Möglichst gute Lösung

In einem Stimmenwettbewerb im Fernsehen soll einer Anzahl n von Kandidaten jeweils ein Gesangscoach zugeordnet werden. Dabei sollen die Paare Kandidat - Coach möglichst optimal zusammenpassen. Dazu erstellt jeder Kandidat eine Wunschliste mit den Werten von 1 (mag ich am wenigsten) bis n (hätte ich am liebsten) für seinen Coach; umgekehrt erstellt jeder Coach eine entsprechende Wunschliste, welchen Kandidaten er am liebsten coachen würde.

Dass dabei alle Coaches und alle Kandidaten ihren jeweils am höchsten bewerteten Wunschpartner bekommen, wäre äußerst unwahrscheinlich. Es muss eine Aufstellung (= Paarung aller Kandidaten und Coaches) gefunden werden, mit der keiner unzufrieden ist. Deshalb soll es keine Aufstellung geben, in der es einen Coach und einen Kandidaten gibt, die zusammen kein Paar bilden, obwohl sie sich gegenseitig ihrem jeweiligen Partner vorziehen würden. Solche Aufstellungen werden stabil genannt.

a Erkunden Sie die Klasse SONGWETTBEWERB und die Bedeutung der vorhandenen Attribute sowie der Methoden *Lesen*, *LösungAusgeben*, *CoachFürWunschwertGeben* und *KandidatFürCoachGeben*.

b Eine mögliche Strategie zum Finden stabiler Aufstellungen versucht, jedem Kandidaten einen geeigneten Coach zuzuordnen. Dazu wird von dem am meisten gewünschten Coach bis zum am wenigsten gewünschten Coach getestet:

- Ist der Coach noch frei?
- Bleibt nach Hinzufügen des neuen Paares die bisher gebildete Aufstellung stabil (Test mit Methode *BleibtStabil*)?

Ist dieser Kandidat der letzte mit einem Coach zu verbindende Kandidat, so ist eine Lösung gefunden, ansonsten wird rekursiv mit dem nächsten Kandidaten weiter gemacht.

Ergänzen Sie den Rumpf der Methode *SchrittAusführen* entsprechend dieser Strategie.

c Die Methode *BleibtStabil* setzt voraus, dass sie bei jedem neu zur Aufstellung kommenden Paar aufgerufen wird. Daher ist sicher, dass die bisherige Aufstellung stabil ist und nur getestet werden muss, ob das neu geplante Paar Instabilitäten verursachen würde. In der Methode wird bereits überprüft, ob es unter den bisherigen Paaren einen Kandidaten gibt, der den aktuellen Coach gegenüber seinem zurzeit zugeordneten bevorzugen würde, und gleichzeitig der aktuelle Coach diesen Kandidaten lieber hätte als den Kandidaten, mit dem er verbunden werden soll.

Ergänzen Sie in der Methode *BleibtStabil* die Überprüfung, ob es einen Coach gibt, der den aktuellen Kandidaten lieber haben würde als den ihm zurzeit zugeordneten und den umgekehrt der aktuelle Kandidat lieber hätte als den Coach, der ihm gerade zugeordnet werden soll.

Hinweis: Sie müssen alle Coaches durchgehen und darunter nur die betrachten, die bereits einem Kandidaten zugeordnet sind.

d Wie gut eine gefundene Lösung ist, hängt davon ab, wie zufrieden die einzelnen Personen mit ihren jeweiligen Partnern sind. Ein Maß für diese Zufriedenheit ist die Rangnummer des jeweiligen Partners. Erweitern Sie die Methode *LösungAusgeben* so, dass sowohl für die Kandidaten als auch für die Coaches die Summe über die Ranglistennummer der jeweiligen Partner gebildet und ausgegeben wird („ZufriedenheitKandidaten" bzw. „ZufriedenheitCoaches"). Zusätzlich soll die „Gesamtzufriedenheit" als Summe dieser beiden Einzelwerte ausgegeben werden.

e Recherchieren Sie im Internet zu „Stabile Heirat" (Achtung, nicht „Heiratsproblem", das führt zu anderen Fragestellungen.). Beschreiben Sie die allgemeine Fragestellung hinter dieser Aufgabe und nennen Sie zwei Beispiele für die praktische Anwendung.

6.3 Alle Knoten eines Graphen besuchen: Tiefensuche

Ein Vertreter für Gastronomiebedarf möchte bei seinem Tätigkeitsbeginn in einem neuen Bezirk alle seine Kunden besuchen. Dabei kommt es ihm nicht auf einen optimalen Fahrtweg an. Im Projekt Vertreter ist ein geeignetes Vorgehen implementiert.

a Öffnen Sie das Projekt und erzeugen Sie ein Objekt der Klasse VERTRETER. Rufen Sie die Methode *ReiseStarten* zunächst mit dem Parameter „M" für München auf. Auf Tastendruck werden weitere Knoten besucht. Nennen Sie eine Vermutung, in welcher Reihenfolge die Knoten besucht werden. Erläutern Sie dabei auch die Bedeutung der Farben „blau" und „gelb" in der Visualisierung.

b Verwenden Sie zwei alternative Startknoten und überprüfen Sie Ihre Kriterien aus a).

c Das Verfahren arbeitet rekursiv. Formulieren Sie aus den Beobachtungen von a) und b) einen Ansatz für eine rekursive Methode *KnotenBesuchen(aktuellerKnoten)*.
Tipp: Wenn sie nicht weiterkommen, analysieren Sie den Quellcode der Methode *KnotenBesuchen*.

d Nennen Sie die Abbruchbedingungen der Rekursion.

e Für Schnelle: Ändern Sie in der Methode *KnotenBesuchen* die Reihenfolge der Knotenbesuche (z. B. von hinten her). Notieren Sie vor dem Ausführen der Methode die erwartete Besuchsreihenfolge und testen Sie dann.

Vorgehensweise zum Besuch aller Knoten

Um den aktuellen Stand der im Reiseführer empfohlenen Ziele zu überprüfen, lässt ein Verlag den zuständigen Redakteur alle beschriebenen Orte besuchen. Dabei kommt es weder auf die Länge der Route an noch auf die Frage, ob ein Ort mehrmals bereist wird; es müssen nur alle Orte besucht werden. Die Grundlage für die Planung ist das Streckennetz des abgebildeten Graphen.

Der Redakteur beginnt seine Tour in München (M). Von München gehen vier Verbindungen ab. Für die Situation, dass an einem Ort mehrere Verbindungen abgehen, hält der Tester an jedem dieser Orte folgende Strategie ein: Wenn mehrere Wege möglich sind, dann werden die Orte immer dem Alphabet nach besucht.

So fährt er als erstes nach Augsburg. Dort stellt er fest, dass er seine Strategie ergänzen muss, weil er sonst sofort zurück nach München fahren würde: Jeder besuchte Ort wird markiert und Wege zu bereits markierten Orten werden bei der Auswahl der Verbindungen nicht berücksichtigt.

Aufgrund dieser Ergänzung fährt er nunmehr nach Ulm und dann nach Lindau. Hier geht es nicht weiter, also muss er seine Strategie

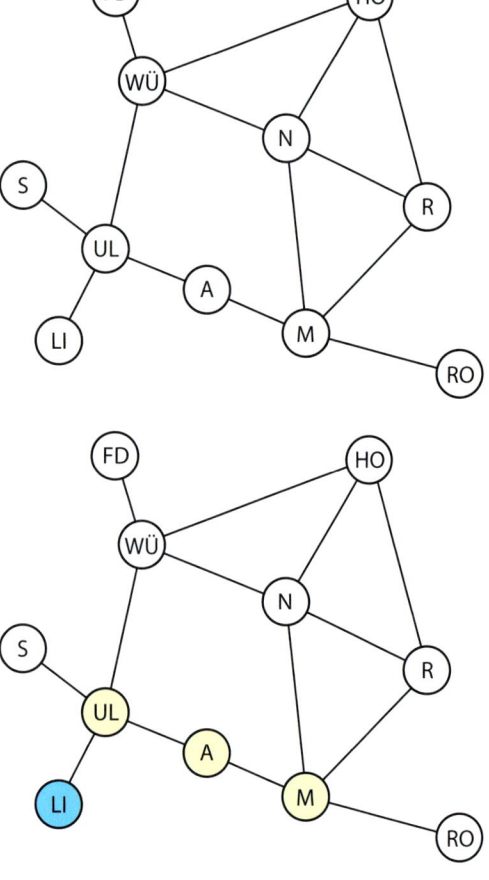

nochmals ergänzen: Wenn es an einem Ort nicht weiter geht, dann kehre zu dem Nachbarort zurück, von dem aus dieser Ort besucht wurde. Im Bild rechts sind die Orte gelb markiert, zu denen man noch zurückkehren kann, blau sind die vollständig bearbeiteten Orte. Zurück in Ulm ist nun Stuttgart an der Reihe, da Augsburg und Lindau schon besucht wurden.

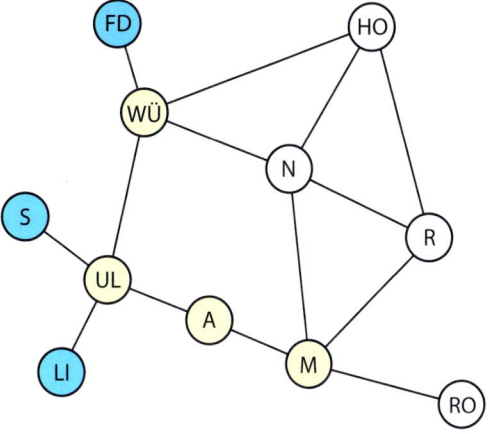

Gesamtablauf der Tour:

M → A → UL → LI; LI fertig; zurück nach UL; UL → S; S fertig; zurück nach UL; UL → WÜ → FD; FD fertig; zurück nach WÜ; (Bild) WÜ → HO → N → R; R fertig; zurück nach N; N fertig; zurück nach HO; HO fertig; zurück nach WÜ; WÜ fertig; zurück nach UL; UL fertig; zurück nach A; A fertig; zurück nach M; M → RO; RO fertig; zurück nach M; M fertig – geschafft, alle Knoten des Graphen wurden besucht!

Die Tiefensuche

Da man bei dieser Strategie immer erst entlang eines Pfads so weit in die Tiefe des Graphen vordringt, bis es nicht mehr weitergeht, nennt man diesen Algorithmus **Tiefensuche**. Er beinhaltet ein typisch rekursives Backtracking-Vorgehen:

· dasselbe Verfahren auf veränderte, einfachere Situationen anwenden,
· im Ablauf zurückgehen, wenn kein weiterer Schritt mehr möglich ist,
· Abbruch, wenn das gewünschte Ziel erreicht ist.

Im Laufe der Tiefensuche nimmt ein Knoten zwei Zustände ein: „unbesucht" und „besucht". Der Algorithmus wird beendet, wenn alle Rekursionsstufen abgearbeitet sind. Bei einem zusammenhängenden Graphen sind dann auch alle Knoten besucht.

```
methode KnotenBesuchen(aktuell: GANZZAHL)
    besuchteKnoten.Hinzufügen(aktuell)
    zähle nummer von 0 bis knoten.ElementanzahlGeben() - 1
        falls (matrix.ElementGeben(aktuell).ElementGeben(nummer) > 0) und
            (NICHT besuchteKnoten.Enthält(nummer))
        dann
            KnotenBesuchen(nummer)
        endefalls
    endezähle
endemethode
```

Die Adjazenzmatrix wird nach Verbindungen zu Knoten durchsucht, die noch nicht besucht wurden.

Mit dem Algorithmus **Tiefensuche** können alle Knoten eines zusammenhängenden Graphen systematisch besucht werden. Bei diesem Algorithmus dringt man immer erst so weit wie möglich in die Tiefe des Graphen vor, bevor man schrittweise wieder zurückgeht, um die restlichen Abzweigungen der Vorgängerknoten abzuarbeiten.
Die Tiefensuche ist ein Backtracking-Algorithmus.

Aufgaben

1 Graphen – startklar

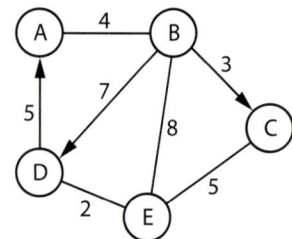

a Erläutern Sie anhand des rechts stehenden Graphen die Begriffspaare gewichtet/ungewichtet, gerichtet/ungerichtet, zyklisch/zyklenfrei und zusammenhängend/nicht zusammenhängend und geben Sie dabei an, welche der Begriffe auf diesen Graphen zutreffen.

b Erläutern Sie den Begriff Adjazenzmatrix und stellen Sie die Adjazenzmatrix für den gegebenen Graphen auf.

2 Tiefensuche auf Papier

Schreiben Sie für den Graphen aus dem Lehrtext die Reihenfolge der Knoten auf, wie sie beim Algorithmus Tiefensuche durchlaufen werden. Ausgangspunkt sei WÜ (Würzburg). Notieren Sie die Knoten mit ihren Bezeichnern und die Kanten durch „Startknoten/Zielknoten".

3 Tiefensuche als Rollenspiel

Ca. 7 – 8 Personen stellen die Knoten eines Graphen dar. Die Kanten werden durch Schnüre dargestellt. Jeder Knoten erhält eine Karte mit dem Knotennamen; auf der einen Seite der Karte steht zusätzlich „besucht", auf der anderen „unbesucht". Eine Person übernimmt die Rolle des aktuellen Knotens; diese Person wird von jedem Knoten in alphabetischer Reihenfolge zu seinen noch nicht besuchten Nachbarknoten geschickt. Jeder Knoten ist selbst dafür verantwortlich, den aktuellen Knoten in der richtigen Reihenfolge weiter zu schicken, bzw. zum Vorgängerknoten zurückzuschicken.

4 Tiefensuche implementieren

Das gegebene Projekt enthält bereits Beispielgraphen für verschiedene Anwendungen.

a Ergänzen Sie den Rumpf der Methode *KnotenBesuchen* entsprechend des im Lehrtext gezeigten Pseudocodes. Testen Sie mit dem Beispielgraph „Autobahn".

b Ergänzen Sie die Methode *KnotenBesuchen* um eine Textausgabe, die den jeweils besuchten Knoten anzeigt. Ergänzen Sie eine zweite Textausgabe, die nach jeder Rückkehr aus der Rekursion „Zurück nach" sowie den Knotennamen ausgibt. Notieren Sie zunächst von einem beliebigen Startknoten aus die Reihenfolge, in der Sie die Knotenbesuche erwarten. Überprüfen Sie dann, ob die Ausgabereihenfolge der von Ihnen erwarteten Reihenfolge entspricht.

c Testen Sie nun mit der Methode für „Beispielgraph2" und Startknoten „A". Geben Sie an, wie sich das Ergebnis von den bisher verwendeten Graphen unterscheidet, und begründen Sie den Unterschied. Geben Sie einen Startknoten an, bei dem ein anderes Ergebnis entsteht.

d Für Schnelle: Ergänzen Sie in der Klasse GRAPH_MATRIX eine Methode *Zusammenhang-Testen*, welche die Methode *KnotenBesuchen* verwendet und anschließend ausgibt, ob der Graph zusammenhängend ist oder nicht.

Tipp: Nutzen Sie die Länge des Feldes der besuchten Knoten.

5 Tiefensuche anders implementieren

Anstatt bei der Tiefensuche ein Feld mit den bereits besuchten Knoten anzulegen, ist es auch möglich, ein Attribut besucht: WAHRHEITSWERT bei der Klasse KNOTEN zu ergänzen.

a Ändern Sie Ihre Lösung aus Aufgabe 4c) so ab, dass die Information, ob ein Knoten bereits besucht wurde, nun als Attribut in der Klasse KNOTEN gespeichert ist. Testen Sie Ihre neue Implementierung mit den in der Aufgabe gegebenen Graphen.

b Vergleichen Sie die beiden Lösungen und geben Sie begründet an, welche Variante Sie vorziehen würden.

6 Tiefensuchbaum

Da als Ergebnis der Tiefensuche jeder Knoten – mit Ausnahme des Startknotens – genau einen Vorgänger zugeteilt bekommt, lässt sich durch ein Baumdiagramm sehr schnell ein Überblick über alle Pfade von einem Startknoten aus erhalten. Das Bild rechts zeigt den Baum, der für das Beispiel aus dem Lehrtext bei der Suche von „M" aus entsteht.

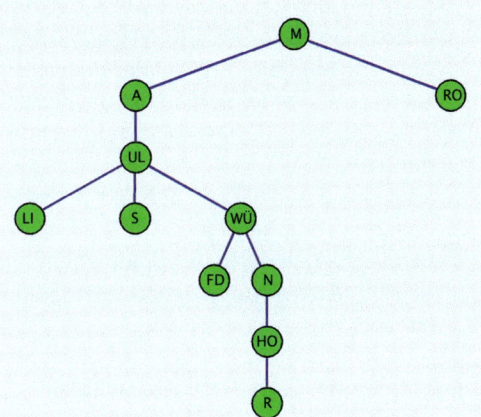

a Erstellen Sie für den Graphen aus dem Lehrtext den Tiefensuchbaum für die Suche von Knoten „UL" aus.

b Ergänzen Sie in dem Vorlagenprojekt die Methoden *KnotenBesuchen* und *TiefensucheAusführen* so, dass bei der Tiefensuche auch der Tiefensuchbaum erstellt und anschließend ausgegeben wird. Die Klasse KNOTEN stellt dazu eine Methode *NeuesBlattAnfügen(blatt: KNOTEN)* zur Verfügung. Zur Visualisierung können Sie die *Methode BaumAnzeigen(wurzel: KNOTEN)* der Klasse GRAPH_MATRIX verwenden.

Testen Sie insbesondere mit dem Graphen aus dem Lehrtext und vergleichen Sie den von Ihnen in Teilaufgabe a) erstellten Tiefensuchbaum mit dem Ergebnis des Programms.

7 Tiefensuche versus Breitensuche

Sowohl die Tiefen- als auch Breitensuche dienen dazu, alle Knoten eines Graphen zu durchlaufen. Die beiden Algorithmen haben aber deutliche Unterschiede.

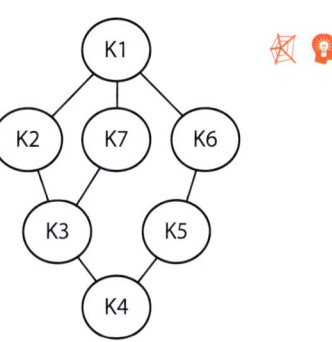

a Geben Sie für beide Algorithmen die Reihenfolge der besuchten Knoten für den Startknoten K1 bei Abarbeitung in alphabetischer Reihenfolge an.

b Begründen Sie für beide Algorithmen am Beispiel rechts, dass nicht alle Kanten durchlaufen werden.

c Geben Sie an, wie ein Graph aussehen muss, dass bei der Tiefensuche auch alle Kanten besucht werden. Geben Sie weiter an, ob bei diesem Graphen auch bei der Breitensuche alle Kanten durchlaufen werden.

d Erläutern Sie die konzeptionellen Unterschiede der beiden Algorithmen. Gehen Sie auch darauf ein, welche zusätzliche Datenstruktur jeweils benötigt wird.

8 Tiefensuche mit Adjazenzlisten

Gibt es in einem Graphen viele Knoten, aber nur relativ wenige Kanten, so äußert sich das in Form von vielen „leeren" Zellen in der Adjazenzmatrix. Bei der Speicherung des Graphen mit Hilfe einer Adjazenzmatrix wird in diesen Fällen sehr viel Speicherplatz verschwendet.

Eine Möglichkeit, mit dieser Situation speichersparend umzugehen, ist die Verwendung sogenannter Adjazenzlisten. Hier wird bei jedem Knoten ein Feld mit den von diesem Knoten ausgehenden Kanten gespeichert; als Kantenattribute sind in diesem Fall nur das Gewicht der Kanten und eine Referenz auf deren Zielknoten nötig.

a In den Klassen KNOTEN, KANTE und GRAPH_LISTE sind bereits die grundlegenden Attribute und Methoden zum Einlesen und Aufbauen des Graphen vorhanden. Vergleichen Sie diese Implementierung mit der bisher verwendeten Implementierung in GRAPH_MATRIX. Geben Sie an, inwieweit vergleichbare Methoden einfacher oder komplexer geworden sind.

b Implementieren Sie nun den Rumpf der Methode *KnotenBesuchen*. Testen Sie mit den vorhandenen Graphen.

c Vergleichen Sie die neue Implementierung der Methode *KnotenBesuchen* mit der bisherigen Implementierung. Geben Sie begründet an, welche Implementierung Sie für besser halten.

9 Die Mischung machts (aus Abitur 2016)

Während der Zusammenstellung seiner Müslimischung sollen einem Kunden weitere Zutaten zu seiner aktuell ausgewählten Zutat vorgeschlagen werden. Hat der Kunde z. B. als aktuelle Zutat Haferflocken ausgewählt, sollen ihm die Zutaten empfohlen werden, die bereits andere Kunden mit Haferflocken zusammengestellt haben.

Um diese Empfehlungen geben zu können, müssen die Daten über die Zusammenstellungen gespeichert werden.

Folgende vier Zutatenkombinationen wurden im abgebildeten Graphen ausgewertet.

Kombination A: Haferflocken, Rosinen und Mandeln

Kombination B: Haferflocken, Mandeln und Schokolade

Kombination C: Dinkelflocken und Haferflocken

Kombination D: Haferflocken, Schokolade und Mandeln

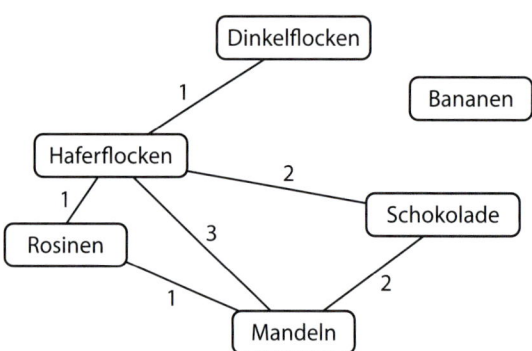

Die Zahl an jeder Kante gibt an, in wie vielen Kombinationen beide Zutaten enthalten sind. Ist keine Kante vorhanden, trat diese Zutatenkombination noch nicht auf.

a Nennen Sie zwei wesentliche Eigenschaften dieses Graphen. Repräsentieren Sie den gegebenen Graphen durch eine Adjazenzmatrix.

In der Klasse MUESLIMATRIX soll der Graph auf der Basis einer Adjazenzmatrix implementiert sein. Die Bezeichner der Knoten sollen ebenfalls in dieser Klasse in einem Feld von Zeichenketten gespeichert werden.

b Geben Sie für die Klasse MUESLIMATRIX […] die Deklaration der Attribute sowie eine Implementierung des Konstruktors an. Im Konstruktor werden den Knoten die Zutatenbezeichner Bananen, Dinkelflocken, Haferflocken, Mandeln, Rosinen und Schokolade zugeordnet; ferner wird eine Adjazenzmatrix erstellt und deren Einträge explizit mit der Zahl 0 besetzt.

c Die Methode *dazuEmpfehlen(i)* soll aus der Adjazenzmatrix auslesen, welche Zutaten bereits mit der aktuellen Zutat, die im Knotenfeld den Index i hat, mehr als einmal kombiniert wurden und diese dem Kunden als Empfehlung anzeigen. Für den obigen Graphen soll für die Zutat „Mandeln" beispielhaft folgendes ausgegeben werden:
„Viele Kunden haben zu Ihrer Zutat noch Haferflocken gewählt. Viele Kunden haben zu Ihrer Zutat noch Schokolade gewählt."
Stellen Sie den Algorithmus für die Umsetzung der Methode *dazuEmpfehlen(i)* graphisch dar, z. B. durch ein Struktogramm.

d Für die Entwicklung neuer Müslimischungen ist es hilfreich zu wissen, welche Zutaten auch indirekt über andere Zutaten miteinander in Beziehung stehen (im obigen Graphen z. B. Dinkelflocken und Rosinen). Formulieren Sie unter Bezug auf die Adjazenzmatrix einen Algorithmus, mit dem ausgehend von einem Startknoten alle erreichbaren Knoten genau einmal ausgegeben werden.

10 Firmenbeteiligungen (aus Abitur 2014)
Viele Firmen sind an anderen Firmen beteiligt. Durch Fusionen, Kooperationen oder Veräußerungen kann es vorkommen, dass Firmen auch gegenseitig unterschiedlich große Firmenanteile voneinander besitzen.
Firma A besitzt 49 Prozent der Anteile von Firma B und 12 Prozent der Anteile von Firma C. Letztere besitzt wiederum 3 Prozent von Firma A. Die Firmen E und F sind jeweils zu 25 Prozent an Firma G beteiligt, die wiederum Anteile in Höhe von 84 Prozent an Firma C hält. Firma F besitzt außerdem 10 Prozent der Firmenanteile von Firma D, umgekehrt hält Firma D einen Anteil von 33 Prozent von Firma F. Die Firmen E und B haben sich im Zug einer engen Kooperation gegenseitig jeweils 7 Prozent der Firmenanteile überschrieben.

a Stellen Sie die dargelegte Situation mithilfe eines geeigneten Graphen dar. Begründen Sie, dass hier ein ungerichteter Graph ungeeignet ist.

b Geben Sie die zum Graphen von Teilaufgabe a) gehörige Adjazenzmatrix an.

c Bei der Implementierung wird die Adjazenzmatrix von Teilaufgabe b) in einem zweidimensionalen Feld adjazenzmatrix implementiert; das Attribut anzahlKnoten steht für die Knotenanzahl.
Formulieren Sie unter Verwendung dieser Attribute einen Algorithmus zum Graphendurchlauf. Geben Sie anschließend die Reihenfolge der besuchten Knoten an, wenn Sie Ihren Algorithmus auf den Graphen aus Teilaufgabe a) mit A als Startknoten anwenden. Geben Sie zudem die Bedeutung der Menge der besuchten Knoten im beschriebenen Anwendungsfall an.

6.4 Anwendungen der Tiefensuche: Optimale Lösungen

Das gegebene Projekt sucht den Weg von einem Ort zu einem anderen.

a Erzeugen Sie ein Objekt der Klasse WEGE und rufen Sie die Methode *ReiseStarten1* mit Startknoten „M" und Zielknoten „N" auf. Wenn ein Weg gefunden ist, hält das Programm an und macht nach Tastendruck weiter. Lassen Sie sich alle gefundenen Wege anzeigen und notieren Sie dabei, welcher Weg optimal wäre und warum.

b Wiederholen Sie Aufgabe a) mit einem anderen Paar von Start- und Zielknoten.

c Stellen Sie eine Vermutung auf, wie der Algorithmus der Tiefensuche modifiziert worden sein könnte, damit er alle möglichen Wege anzeigt und nicht mehr nur alle Knoten besucht. Nennen Sie auch eine mögliche Abbruchbedingung der Rekursion.
Öffnen Sie den Quellcode der Methode *KnotenBesuchen1* in der Klasse GRAPH_MATRIX und vergleichen Sie Ihre Vermutung mit der Implementierung.

d Skizzieren Sie eine Strategie, um aus allen Lösungen des Algorithmus von *Knoten-Besuchen1* den optimalen Weg herauszufinden und am Ende zu zeigen.

e Verwenden Sie nun die Methode *ReiseStarten2*, lassen Sie sich den Weg für die Knotenpaare aus a) bzw. b) anzeigen und verifizieren Sie, dass diese Wege wirklich optimal sind.

f Betrachten Sie nun den Quellcode von *KnotenBesuchen2* der Klasse GRAPH_MATRIX. Geben Sie an, nach welcher Strategie die optimale Lösung gefunden wurde und ob diese Strategie mit Ihrer Strategie aus Aufgabe c) übereinstimmt.

g Für Schnelle: Ändern Sie die Reihenfolge beim Untersuchen der Knoten (z. B. von hinten her). Geben Sie an, ob und wenn ja wie diese Änderung die jeweils gefundene Lösung beeinflusst.

Verschiedene Ziele
Außer der Grundaufgabe, alle Knoten zu besuchen, kann die Tiefensuche auch zur Suche nach einem ganz bestimmten Knoten oder nach Knoten mit einer vorgegebenen Eigenschaft genutzt werden. Da die Tiefensuche ein echtes Backtracking-Verfahren ist, kann sie auch alle Wege zum Ziel suchen und damit den optimalen Weg finden.

Einen bestimmten Knoten finden
Wenn man in dem rechtsstehenden Graphen testen will, ob es einen Weg von Ulm nach Hof gibt, findet die Tiefensuche zuerst den Weg UL → A → M → N → HO (wegen der Regel, die Knoten immer in alphabetischer Reihenfolge zu probieren). Der zuerst gefundene Weg ist im Allgemeinen nicht der kürzeste Weg. Aber mit diesem Weg weiß man, dass der gesuchte Knoten erreichbar ist; wenn man nur daran interessiert ist, kann man die Suche an dieser Stelle beenden.

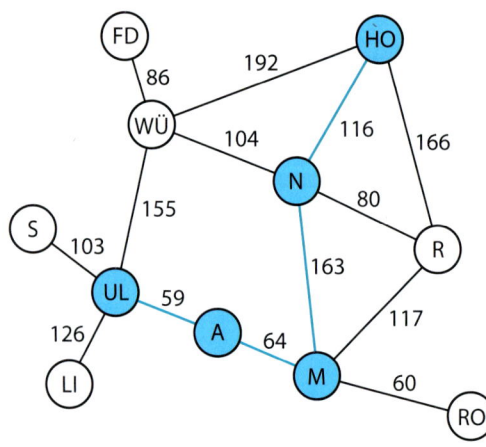

Den kürzesten Weg finden
In der Regel möchte man aber nicht irgendeinen Weg kennen; gesucht ist der kürzeste Weg, hier von Ulm nach Hof. Dazu muss man alle Wege zum Ziel gehen; der kürzeste Weg ist gesichert dabei. Hat man den Zielknoten Hof erst einmal erreicht, braucht man dabei nicht weiter zu

suchen; jeder dann noch gefundene Weg wäre auf jeden Fall länger, weil er erst wieder von Hof weg und dann wieder hinführen würde. Die Rekursion terminiert also an dieser Stelle wie beim Erreichen einer Sackgasse; das Backtracking führt zurück nach Nürnberg.

Im nächsten Schritt würde von Nürnberg aus der Weg über Regensburg versucht. In der bisherigen Implementierung würde von Regensburg aus Hof aber nicht mehr betreten werden, da es ja schon besucht wurde. Daher muss der Knoten für Hof bei der Rückkehr aus dem Rekursionsschritt wieder als „noch nicht besucht" markiert werden, um auf einem anderen Weg neu betreten werden zu können.

Als nächstes würde die Wegalternative von Nürnberg aus über Würzburg nach Hof gefunden werden. Hier sieht man: Auch der Knoten für Würzburg muss danach wieder den Status „noch nicht besucht" erhalten, wenn er vollständig bearbeitet wurde, sonst könnte später der Weg UL → WÜ → HO nicht mehr gefunden werden.

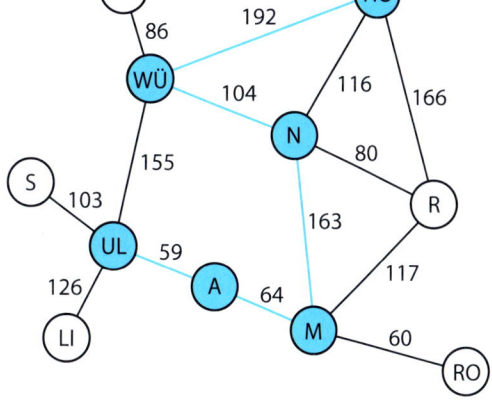

Zusammengefasst müssen also zwei Veränderungen am Algorithmus der Tiefensuche vorgenommen werden, um alle Lösungen der Aufgabe „Bestimme Pfad von A nach B" zu finden:

- Der letzte Rekursionsschritt terminiert, wenn der gesuchte Knoten erreicht ist.
- Ist ein Knoten in einem Rekursionsschritt vollständig abgearbeitet, muss er wieder auf den Status „nicht besucht" gesetzt werden.

Besten Weg speichern

Wenn man den optimalen Pfad von A nach B sucht, muss man den optimalen Pfad, den aktuellen Pfad sowie jeweils das Gütekriterium (im Beispiel die Weglänge, allgemein die Summe der Kantengewichte auf dem Pfad) in geeigneten Attributen speichern. Hat man einen neuen Pfad gefunden, vergleicht man, ob dieser „besser" ist, und ersetzt dann gegebenenfalls das bisherige Optimum durch die jetzt gefundene Lösung.

Es kann auch mehrere geeignete Ziele geben

Mit dieser Strategie werden nicht nur alle Pfade von A nach B gefunden, es können auch alle Pfade von einem Knoten A zu einem Knoten mit gegebener Eigenschaft gefunden werden, auch wenn es mehrere geeignete Knoten gibt. So kann man alle Pfade vom Standort zu einem Knoten mit Tankstelle im Umkreis suchen lassen und dann den Weg zur nächsten Tankstelle ausgeben.

In leicht abgewandelter Version kann die Tiefensuche verwendet werden, um zu prüfen, ob ein Knoten mit einer bestimmten Eigenschaft erreichbar ist.

Eine weitere Modifikation erlaubt, alle Pfade zu Knoten mit einer bestimmten Eigenschaft zu suchen und so den optimalen Pfad zu einem Knoten mit einer bestimmten Eigenschaft zu ermitteln.

Eine typische Aufgabe dafür ist die Suche des kürzesten Weges von A nach B in einem Graphen, der die Entfernungsangaben zwischen den Orten als Kantengewichte enthält.

Aufgaben

1 Alle Wege auf Papier

Notieren Sie für den Autobahngraphen aus dem Lehrtext alle Pfade für den Weg von Ulm („UL")
nach Hof („HO") in der Reihenfolge, wie sie sich beim dargestellten Algorithmus ergeben.
Verwenden Sie für den Pfad die Schreibweise wie im Lehrtext und notieren Sie bei jedem Pfad
die Summe der Kantengewichte (die Weglänge). Tipp: Es gibt 10 Pfade.

2 Knoten mit einer bestimmten Eigenschaft suchen (Teil 1)

Eine Vertreterin hat in ihrer Landkarte alle Orte markiert, in denen sie mindestens eine Kundin
oder einen Kunden hat. Weiter sind die Orte markiert, in denen ein Geschäft ihrer Firma ist.
Im gegebenen Projekt sind bei den Knoten zusätzlich die Attribute kundeVorhanden und
ladenVorhanden (WAHRHEITSWERT) ergänzt sowie die Methoden *IstKundeVorhanden()*
bzw. *IstLadenVorhanden()*, die jeweils den Wert des Attributs zur Verfügung stellt.

- **a** Ändern Sie die Methoden *TiefensucheAusführen* und *KnotenBesuchen* der Klasse GRAPH_
  MATRIX so ab, dass die Suche beendet wird, wenn ein Knoten mit einem Laden gefunden
  wurde. Markieren Sie auch die in Arbeit befindlichen Knoten, so dass der Weg grob angezeigt wird.
  Tipp: *KnotenBesuchen* benötigt als Resultat einen Wahrheitswert.
- **b** Testen Sie Ihre Lösung mit der Suche von verschiedenen Startpunkten aus. Begründen
  Sie, warum nicht immer der kürzeste Weg gefunden wird.
- **c** Für Schnelle: Ergänzen Sie die Methoden *TiefensucheAusführen* und *KnotenBesuchen* so,
  dass als Parameter angegeben werden kann, nach welchem der vorhandenen Kriterien
  gesucht werden soll.

3 Labyrinth (Teil 1)

Das Tiefensuche-Verfahren hilft, systematisch einen Weg aus einem Labyrinth zu finden. Alle
Kreuzungen und Verzweigungen werden als Knoten betrachtet, ebenso die Enden der Sack-
gassen. Die Gänge sind die Kanten des Graphen.

- **a** Der griechischen Mythologie zufolge fand der Held Theseus mithilfe eines langen Fadens,
  den ihm die Prinzessin Ariadne geschenkt hatte (Ariadnefaden), den Weg aus dem Labyrinth, in dem sich das Monster Minotauros befand. Beschreiben Sie, wie man, unter Verwendung eines langen, auf- und abspulbaren Fadens, ein Labyrinth nach dem Tiefensuch-
  verfahren ablaufen kann, bis man den Ausgang erreicht hat. Nennen Sie eine mögliche
  Regel, wie man an einer Verzweigungsstelle die möglichen Gänge für das Weitergehen
  auswählt. Geben Sie auch an, woran Sie erkennen können, dass ein Knoten (eine Verzweigungsstelle) schon besucht wurde.
- **b** Ergänzen Sie den Rumpf der Methode *KnotenBesuchen* in Klasse GRAPH_MATRIX gemäß
  der Strategie in Aufgabe 2. Fügen Sie zusätzlich beim Eintritt in die Methode den aktuellen Knoten an das Feld weg an; bei einer erfolglosen Suche (Rückkehr mit FALSCH) müssen Sie den Knoten wieder vom Weg entfernen. Starten Sie die „Flucht" nach den Anweisungen im Projekt.

4 Den kürzesten Weg zum Ziel suchen

- **a** Ergänzen Sie in der Klasse GRAPH_MATRIX die Attribute aktuellerWeg, optimalerWeg und
  optimaleLänge so, dass Sie dort den aktuell von der Tiefensuche gefundenen Weg sowie
  den optimalen Weg und dessen Länge speichern können.
- **b** Ergänzen Sie den Rumpf der Methode *KnotenBesuchen* der Klasse GRAPH_MATRIX so,
  dass bei der Tiefensuche alle Wege zum gegebenen Zielknoten gefunden werden, der aktuelle Weg gespeichert wird und gegebenenfalls beim Erreichen des Ziels ein neuer, besserer Weg gespeichert wird.

c Ergänzen Sie den Rumpf der Methode *TiefensucheAusführen* der Klasse GRAPH_MATRIX so, dass nach der Tiefensuche der optimale Weg im Graphen angezeigt wird.

d Für Schnelle: Vergleichen Sie mit der Strategie des Dijkstra-Algorithmus (→ 11. Klasse, bei Bedarf Internetrecherche).

5 Knoten mit einer bestimmten Eigenschaft suchen (Teil 2)

a Ändern Sie Ihren Algorithmus aus Aufgabe 2b) so ab, dass nun nicht der Weg zu irgendeinem Knoten mit einer Kundin oder einem Kunden gefunden wird, sondern der Weg zu dem Knoten mit der geringsten Entfernung. Testen Sie Ihre Lösung mit der Suche von verschiedenen Startpunkten aus.

b Für Schnelle: Ergänzen Sie auch hier die Methoden *TiefensucheAusführen* und *KnotenBesuchen* so, dass als Parameter angegeben werden kann, nach welchem der vorhandenen Kriterien gesucht werden soll.

6 Labyrinth (Teil 2)

Ergänzen Sie Ihre Lösung aus Aufgabe 3 gemäß der Strategie im Lehrtext (bzw. Aufgabe 4) so, dass der kürzeste Weg zum Ausgang gefunden und angezeigt wird.

7 Der Handelsreisende („traveling salesman")

Eine weitere „klassische" Backtracking-Aufgabe neben dem Rucksackproblem ist das Problem des Handelsreisenden. Von seinem Büro aufbrechend muss er alle seine Kundinnen und Kunden besuchen. Anschließend muss er wieder zurück in das Büro. Der Weg soll möglichst kurz sein. Dabei ist es nicht zu vermeiden, dass manche Orte doppelt (oder öfter) besucht werden. Um diese sehr lästige Komplikation vom Programm fernzuhalten, trägt man Wege zwischen allen Orten ein. Für den Algorithmus ist nur wichtig, dass z. B. die Entfernung von München nach Würzburg 167 km ist. Ob dieser Weg über Nürnberg oder Ulm führt, ist für das Ergebnis (und für den Vertreter) nicht wesentlich.

a Implementieren Sie die Methoden *TiefensucheAusführen* und *KnotenBesuchen* so, dass zu dem gegebenen Wegenetz und einem angebbaren Startknoten (Ort für das Büro) der optimale Routenplan bestimmt wird.

b Für Schnelle: Wenn ein Vertreter seinen Bezirk neu aufbaut, kann er sich den Ort für das Büro wählen. Erweitern Sie Ihre Lösung von Teilaufgabe a) so, dass der beste Ort für das Büro berechnet wird.

8 Wegesuche mit Adjazenzlisten

Ergänzen Sie die Klasse GRAPH_LISTE so, dass mit Hilfe der Tiefensuche der kürzeste Weg von einem als Parameter gegebenen Startort zu einem ebenfalls als Parameter gegebenen Zielort gefunden wird. Testen Sie mit verschiedenen Start- und Zielorten.

Vergleichen Sie die relevanten Methoden mit der Lösung in Aufgabe 4 und geben Sie begründet an, welche Lösung Sie vorziehen würden.

9 Forschungsauftrag: Rechenzeitaufwand für Backtrackingalgorithmen

Schätzen Sie für kleine Graphen ab, wie viele Wege zur Ermittlung des kürzesten Weges betrachtet werden müssen, und begründen Sie damit, dass dieses Verfahren für große Graphen so nicht geeignet ist.

Recherchieren Sie allgemein zum Rechenzeitaufwand von Backtrackingverfahren.

Teste dich selbst

T1 Richtig oder falsch?

Beurteilen Sie, ob folgende Aussagen richtig oder falsch sind. Begründen Sie Ihre Meinung bei falschen Aussagen und geben Sie eine berichtigte Aussage an:

a Rekursive Methoden rufen sich selbst auf.

b Eine rekursive Methode braucht nicht notwendigerweise eine Abbruchbedingung.

c Rekursive Aufrufe sind immer linear.

d Beim Backtracking-Verfahren werden alle Lösungen eines Problems gefunden.

e Die Tiefensuche besucht alle Knoten eines zusammenhängenden Graphen.

f Bei der Tiefensuche werden die benachbarten Knoten des Startknotens zuerst besucht.

g Die Tiefensuche kann nicht zur Suche des kürzesten Wegs verwendet werden.

T2 Ich check 's, dank deiner Hilfe!

Sie wollen einer Mitschülerin bei der Vorbereitung auf die Informatik-Schulaufgabe helfen. Erklären Sie ihr dazu folgende Begriffe anhand geeigneter Beispiele: Rekursion, rekursiver Aufruf, Abbruchbedingung, Rekursionsende, lineare Rekursion, verzweigte Rekursion, Backtracking, optimale Lösung beim Backtracking, Tiefensuche sowie kürzester Weg.

T3 Programmieren (aus Abitur 2017)

Music17 wertet das Hörverhalten seiner Kunden aus und erzeugt daraus Listen, die unter der Rubrik „Andere hörten auch" bei jedem Song abgerufen werden können. Wenn ein Hörer von einem Titel zu einem weiteren wechselt, wird dies registriert.

Die Anzahl der erfolgten Wechsel wird in einer Adjazenzmatrix gespeichert. Die Songtitel werden in der Matrix zur Vereinfachung […] durch ihre Anfangsbuchstaben repräsentiert:

	A	B	C	G	H	I	L
A		15	25				
B	10		2	12			
C	6			5			
G					30		
H			10				
I			30				3
L			4				

Hinweis: Hier wurde z. B. zweimal von Song B zu Song C gewechselt.

a Begründen Sie anhand der Adjazenzmatrix, warum der zugehörige Graph gerichtet ist, und zeichnen Sie diesen.

b Für den Song „Am Ende wird alles gut" sollen alle Titel ermittelt werden, die von ihm aus über eine oder mehrere Kanten, deren Kantengewicht jeweils mindestens 10 beträgt, erreichbar sind.

Formulieren Sie einen rekursiven Algorithmus, der dies leistet.

Geben Sie für den Startknoten A die ermittelten Titel in der durch Ihren Algorithmus festgelegten Reihenfolge an.

Zusammenfassung

Rekursion

Ein Verfahren heißt **rekursiv**, wenn es sich selbst auf immer einfachere Teile der Anfangssituation anwendet, bis die Situation am Ende so einfach ist, dass sie direkt gelöst werden kann.

Rekursive Methoden rufen sich selbst direkt oder indirekt so lange auf (Rekursionsschritt), bis eine **Abbruchbedingung** erreicht ist, so dass die Selbstaufrufe zu einem Ende kommen (Rekursionsende).

Je nach Anzahl der Selbstaufrufe spricht man von **linearer** (ein Aufruf) oder **verzweigter** (2 oder mehr Aufrufe) **Rekursion**.

Lineare Rekursion

```
methode SchrittAusführen
    (anzahl: GANZZAHL)
    falls anzahl == 1
    dann
        // Anweisungen
    sonst
        SchrittAusführen(anzahl - 1)
        // Anweisungen
    endefalls
endemethode
```

Verzweigte Rekursion

```
methode SchrittAusführen
    (stufe: GANZZAHL)
    falls stufe == 1
    dann
        // Anweisungen
        Drehen(drehtLinks)
        turtle.Gehen(50)
    sonst
        SchrittAusführen(stufe - 1)
        // Anweisungen
        SchrittAusführen(stufe - 1)
    endefalls
endemethode
```

Backtracking

Mit Hilfe des **Backtracking**-Verfahrens können systematisch **alle Lösungen** einer gegebenen Situation rekursiv gesucht werden.

Damit kann auch die **optimale Lösung** gefunden werden.

NächsterSchritt(aktueller Schritt)

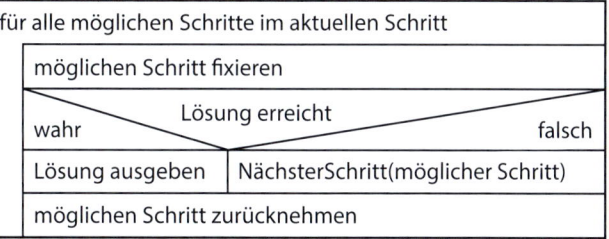

Tiefensuche

Mit dem Algorithmus **Tiefensuche** können alle Knoten eines zusammenhängenden Graphen systematisch besucht werden. Bei diesem Algorithmus dringt man immer erst so weit wie möglich in die Tiefe des Graphen vor, bevor die restlichen Abzweigungen der Vorgängerknoten abgearbeitet werden.

Die Tiefensuche ist ein Backtracking-Algorithmus.

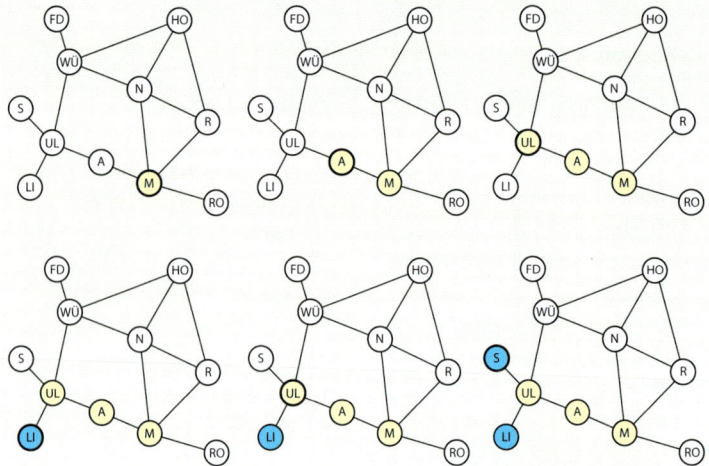

Tiefensuche: Optimale Lösungen

In leicht abgewandelter Version kann die Tiefensuche verwendet werden, um zu prüfen, ob ein Knoten mit einer bestimmten Eigenschaft erreichbar ist.

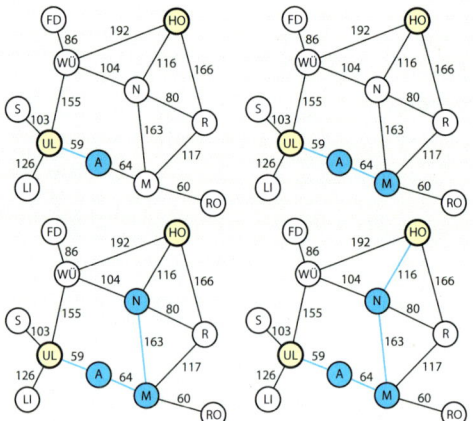

Eine weitere Abwandlung erlaubt, alle Pfade zu Knoten mit einer bestimmten Eigenschaft zu suchen und so den optimalen Pfad zu einem Knoten mit einer bestimmten Eigenschaft zu suchen.

Eine typische Aufgabe dafür ist die Suche des kürzesten Weges von A nach B in einem Entfernungsgraphen.

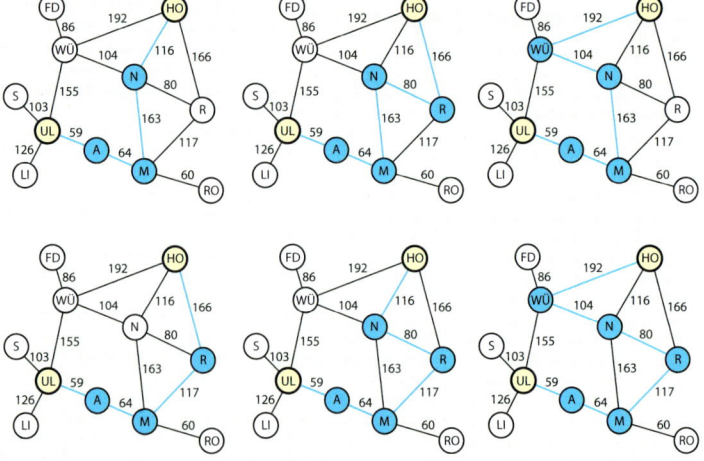

Zum Weiterlesen

L10 Fraktale – Selbstähnlichkeit

Fraktal ist ein von Benoît Mandelbrot geprägter Begriff für geometrische Muster mit einem hohen Grad an Selbstähnlichkeit. Solche Muster werden nicht nur künstlich erzeugt (rechts), sondern kommen auch in der Natur vor, wie bei Küstenlinien, Farnen (unten) oder Adernetzen.

Mandelbrot selbst schreibt 1975 dazu:

„Wolken sind keine Kugeln, Berge keine Kegel, Küstenlinien keine Kreise. Die Rinde ist nicht glatt – und auch der Blitz bahnt sich seinen Weg nicht gerade. […]

Die Existenz solcher Formen fordert uns zum Studium dessen heraus, was Euklid als formlos beiseitelässt, führt uns zur →Morphologie des →Amorphen. Bisher sind die Mathematiker jedoch dieser Herausforderung ausgewichen. Durch die Entwicklung von Theorien, die keine Beziehung mehr zu sichtbaren Dingen aufweisen, haben sie sich von der Natur entfernt.

Als Antwort darauf werden wir eine neue Geometrie der Natur entwickeln und ihren Nutzen auf verschiedenen Gebieten nachweisen. Diese neue Geometrie beschreibt viele der unregelmäßigen und zersplitterten Formen um uns herum – und zwar mit einer Familie von Figuren, die wir Fraktale nennen werden."

Eine geometrische Figur wird selbstähnlich genannt, wenn sie aus verkleinerten Kopien ihrer selbst besteht. Selbstähnliche Figuren wurden schon in der euklidischen Geometrie beispielsweise durch Helge von Koch und Wacław Sierpiński untersucht.

Die Abbildung links unten zeigt eine der von diesen Mathematikern entwickelten Figuren, die sich geometrisch konstruieren lassen.

Auch ein Binärbaum ist eine selbstähnliche Figur. Die Faszination, die selbstähnliche Figuren ausüben, wird auch in Werbung und Kunst eingesetzt.

→Morphologie: griech. Gestalt, Form; Lehre von der Struktur und Form von Organismen.

→Amorphes Material: Stoffe, bei denen die Atome keine regelmäßige Anordnung einnehmen, sondern ein unregelmäßiges Muster ergeben.

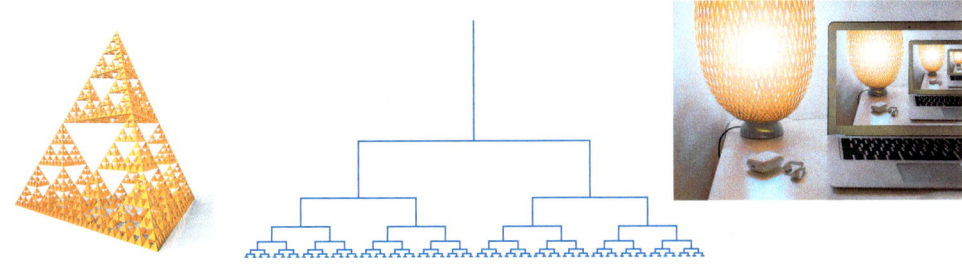

L11 Rekursion und Kellerspeicher

Methoden rekursiv aufzurufen, scheiterte in den ersten Hochsprachen wie COBOL und FORTRAN daran, dass die Speicherplätze für Parameter und lokale Variable bereits zur Übersetzungszeit fest vorgegeben werden mussten.

Um eine Methode rekursiv aufrufen zu können, müssen aber für jede „Instanz" dieser Methode die Parameter und lokalen Variablen ihre eigenen, nur für diese Instanz gültigen Speicherplätze zugewiesen bekommen können. Das bedeutet insbesondere, dass die Speicherplätze erst bei der Ausführung des Programms zugewiesen werden können, da erst während der Abarbeitung bekannt wird, wie tief die rekursive Verschachtelung tatsächlich ist.

Einen geeigneten Mechanismus erfand der deutsche Informatikpionier F. L. Bauer mit dem Prinzip des Kellerspeichers (im Englischen stack: Stapel); 1957 ließ er dieses Prinzip patentieren. Wie bei vielen guten Ideen ist die Idee einfach, wenn man weiß, wie es geht, aber man muss zuerst einmal darauf kommen.

Laut einer Anekdote geht der Name Kellerspeicher darauf zurück, dass Prof. Bauer, als er das Konzept an der Tafel erläuterte und gefragt wurde, wie weit der Speicherplatz nach unten gehen würde, wenn es sehr viele rekursive Aufrufe wären, er antwortete: „Dann geht er eben in den Keller". Im Englischen hat sich der Begriff stack (Stapel) durchgesetzt, obwohl er bildlich eigentlich falsch ist, weil ein Stapel von unten nach oben wächst.

Die Adressen der Parameter und lokalen Variablen werden nicht absolut berechnet, sondern relativ zu einer globalen Variablen, dem Kellerspeicherzeiger. Der Kellerspeicherzeiger zeigt zu Beginn eines Programms auf die höchste adressierbare Speicherzelle. Jedes Mal, wenn eine Methode aufgerufen wird, wird der Kellerspeicherzeiger und den Platzbedarf für diese Methode erniedrigt, beim Beenden der Methode wird er wieder entsprechend erhöht.

Die Methode *KnotenBesuchen* bei der Tiefensuche benötigt einen Speicherplatz für den Parameter und einen weiteren Speicherplatz für eine lokale Variable.

```
methode KnotenBesuchen(aktuell: GANZZAHL)
    var nummer: GANZZAHL
        :
endemethode
```

Weiter muss auch noch die Rücksprungadresse (Adresse nach dem aufrufenden Befehl) gespeichert werden. Eine typische Struktur des Kellerspeichers sieht dann so aus.

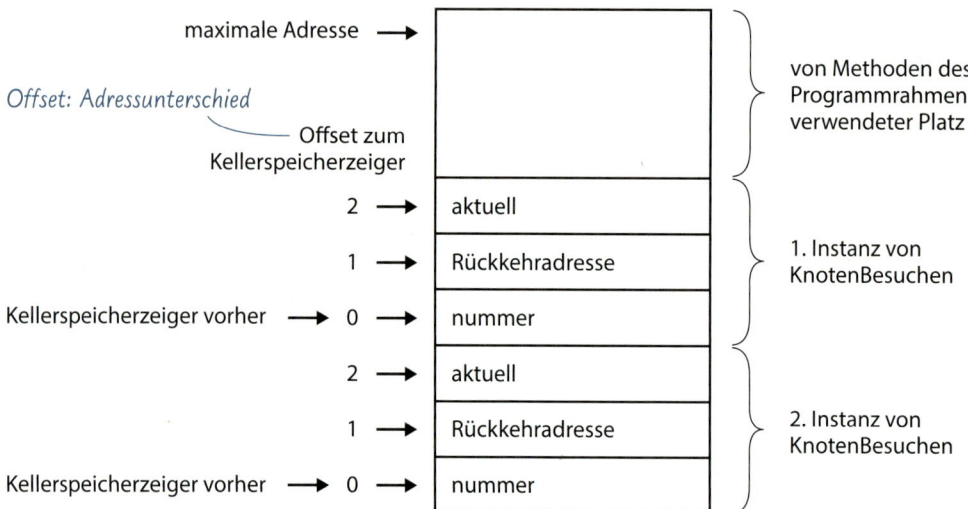

Ein Register ist eine Variable im Prozessor.

Auf modernen Prozessoren wird der Kellerspeicher in der Regel durch ein eigenes Register für den Kellerspeicherzeiger unterstützt, genannt stack pointer (SP).

7 Softwareentwicklung

In diesem Kapitel können Sie nachlesen,
wie man ...

... Projekte plant und durchführt.

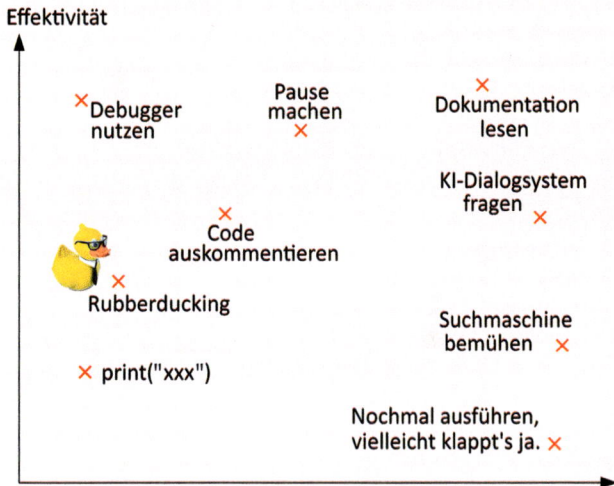

... Debuggingstrategien passend
auswählt und einsetzt.

... Programmbibliotheken
gewinnbringend einsetzt.

7.1 Im Team arbeiten: Projektmanagement

Planung, Kommunikation und Transparenz als Schlüssel zum Erfolg

Softwareprojekte werden meist im Team bearbeitet, weil die Fertigstellung sonst zu lange dauern würde und unterschiedliche Erfahrungen und Sichtweisen Einzelner dabei helfen, komplexe Aufgabenstellungen zu lösen. Wichtige Bestandteile eines Projekts sind

- eine Planungsphase, in der Ziele festgelegt werden,
- Arbeitsphasen, in denen implementiert und getestet wird,
- sowie Vereinbarungen zu Kommunikation und Dokumentation.

Wie Projekte in Unternehmen organisiert werden, ist sehr unterschiedlich, aber es gibt mit agilen Methoden einerseits und dem Wasserfallmodell andererseits zwei typische Philosophien, die im Folgenden vorgestellt werden.

Agile Methoden

→ engl. agile: wendig, beweglich (weil zu Beginn jeder Iteration die Schwerpunkte neu gesetzt werden können)

Charakteristisch für ein agiles Vorgehen sind sich wiederholende, feste Zeitfenster (→**Iterationen**), in denen das Team einen →**Prototyp** jeweils um weitere Funktionalitäten ergänzt. Jede Iteration umfasst

- eine Planungsphase, in der das Ziel des aktuellen Durchlaufs festgelegt wird,
- eine Arbeitsphase, in der auch kurze Besprechungen und Testphasen enthalten sind,
- sowie eine Reflexion der Qualität und des Arbeitsprozesses.

→ lat. iterare: wiederholen; in der Softwareentwicklung werden Iterationen auch als Sprint bezeichnet

→ Prototyp: funktionsfähiges Produkt, das fehlerfrei ist, jedoch nicht den vollen Funktionsumfang hat

Unsere Zeitfenster
Iteration 2 Wochen
Stand-Up 7 Minuten
Review 20 Minuten
Retrospektive 20 Minuten

in Paaren implementieren
(incl. Testen und Debuggen)

Versions-Verwaltungs-System

Iteration planen

Stand-up-Meetings

Ideensammlung /
priorisierte Anforderungen
(Backlog)

Tests der Funktionalität
und Codequalität,
ggf. Refactoring

Prototypen

Prozessreflexion
(Retrospektive)

Qualitätsabnahme (Review)

Während einer Iteration sollte ihr Ziel nicht mehr geändert werden, damit das Team fokussiert arbeiten kann. Vorteile dieser Vorgehensweise sind früh sicht- und testbare Zwischenergebnisse. Verankert sind auch klare Kommunikationsstrukturen und eine Visualisierung der Planung und des Arbeitsstands an einer Pinnwand.

Bei dieser sogenannten agilen Vorgehensweise müssen Sie folgendes beachten:

1) Grobplanung

- Notieren Sie jede Anforderung an Ihr Programm als sogenannte **User-Story** mit einem Titel und einer knappen Beschreibung aus Nutzersicht. Achten Sie auf kleine Aufgabenpakete!
- Entscheiden Sie über die Wichtigkeit der User-Story auf einer Skala von 1 bis 50 (**Priorisierung**): Je kleiner die Zahl, desto wichtiger und desto früher wird die Anforderung umgesetzt. Lücken in den Prioritäten verdeutlichen die unterschiedliche Wichtigkeit.
- Ein **Project-Board** mit den Spalten „ZU TUN", „IN AR-BEIT" und „FERTIG" gibt einen Überblick über die Ziele und den aktuellen Bearbeitungsstand. Bereiten Sie Ihr Project-Board vor, indem Sie Ihre User-Storys in der Reihenfolge der Priorisierung (wichtigste oben) anheften.

> *Spielfigur*
>
> *Als Akteure muss es Zauberer, Heiler und Adelige mit den Eigenschaften Geschwindigkeit, Energie und Name geben.*   2

> *Klassendiagramm*
>
> *Erstellen, um einen guten Überblick zu erhalten.*   5

2) Organisatorische Festlegungen (gibt ggf. die Lehrkraft vor)

- Iterationsdauer: typischerweise 1–2 Doppelstunden
- Besprechungen: typischerweise Iterationsplanung, Stand-up-Meeting (Kurzbesprechungen von maximal 10 min im Stehen), Reflexionsmeeting (**Retrospektive**)
- Vorgaben zur technischen Umsetzung (z. B. Entwicklungsumgebung) und zum Endprodukt
- Qualitätsabnahme (**Review**): Vorstellen der Zwischenergebnisse, typischerweise alle 1–2 Iterationen
- Zeitrahmen, nach dem die Rollen beim Pair-Programming (s. u.) gewechselt werden

ZU TUN	IN ARBEIT	FERTIG

3) Durchführung einer Iteration

- Iterationsplanung: Wählen Sie entsprechend der Priorisierung User-Storys für die Iteration aus – nicht zu viele, nicht zu wenige. Sie werden bald ein Gefühl dafür bekommen, was machbar ist. Eine Detailplanung vorab (z. B. welche Methode in welche Klasse geschrieben werden muss) mag im Gesamtteam hilfreich sein, kann aber auch in der Verantwortung des implementierenden Paares erfolgen.
- Die Umsetzung erfolgt zu zweit (**Pair Programming**). Jedes Paar nimmt eine User-Story, ergänzt auf der Karte die eigenen Namen als Verantwortliche und hängt sie in die Spalte IN ARBEIT. Entsprechend den Rollen **Driver**/**Navigator** wird implementiert. Die Rollen werden regelmäßig gewechselt.
- Gibt es eine Schwierigkeit, die mehrere Paare betrifft (z. B. dass Methodennamen in unterschiedlichen Klassen nicht zusammenpassen), darf spontan ein Stand-up-Meeting einberufen werden.
- Vor dem Umhängen der User-Story in die Spalte FERTIG wird getestet!
- Die Ergebnisse der einzelnen Paare werden in ein Gesamtprojekt integriert.
- Am Ende der Iteration wird in der sogenannten Retrospektive der Arbeitsprozess reflektiert: Was hat gut funktioniert? Wo gab es Schwierigkeiten? Was wollen wir in der nächsten Iteration verbessern/lernen?

Der Driver …
- verwendet Tastatur und Maus und verfasst den Quelltext.
- „denkt laut", d. h. teilt seine Absichten dem Navigator mit.

Der Navigator …
- stellt regelmäßig Fragen.
- achtet auf Lesbarkeit des Quelltextes, z. B. durch aussagekräftige Variablennamen.
- ist verantwortlich für die Fokussierung auf die aktuelle User-Story.

Die agilen Werte wurden im sogenannten agilen Manifest verankert.

Agile Werte

Agile Methoden sind nicht nur unterstützende Techniken bei der Projektorganisation und -durchführung, sondern auch eine Denk- und Verhaltensweise, wie man im Team arbeitet und kommuniziert. Folgende agile Werte verdeutlichen das.

- **Selbstorganisation:** Organisiert zusammen im Team euren Arbeitsprozess so, dass ihr bestmöglich eure Ziele erreicht. Besprechungen helfen dabei. Hol dir aktiv Aufgaben vom Project-Board, die du gut bewältigen kannst.
- **Einfachheit:** Wähle die einfachste Lösung, um den größtmöglichen Projektfortschritt (Erfüllung von User-Storys) zu erhalten: Keep it small and simple (KISS-Prinzip)
- **Mut:** Sei mutig, Fehler zu machen, denn jeder Fehler bietet die Chance, etwas zu lernen. Sei mutig, Fragen zu stellen, Verantwortung zu übernehmen, Entscheidungen zu treffen und auch ehrlich über Misserfolge und Hindernisse zu sprechen.

→ *engl. commitment: Zusage, Versprechen, Verpflichtungserklärung*

- **Commitment:** Übernimm mit deinem Team Verantwortung sowohl für die Produktentwicklung als auch für den Lernfortschritt. Dazu gehört Engagement, das Gestalten von Freiheiten und das gemeinsame Festlegen von Zielen mit einem „Ja, wir wollen das!".
- **Zielstrebigkeit und Fokussierung:** Fokussiere deine Aufmerksamkeit, deine Bemühungen und Fähigkeiten darauf, um in dem vorgegebenen Zeitfenster das zugesagte Ziel zu erreichen.

Wasserfallmodell

Eine andere Möglichkeit Projekte zu organisieren, bietet das **Wasserfallmodell.** Es überträgt in der Bau- und Produktionsplanung verwendete Prozesse auf die Softwareentwicklung. Bei dieser Vorgehensweise wird die Entwicklung eines Projekts in mehrere Entwicklungsphasen aufgetrennt. Jede Phase des Projekts muss abgeschlossen sein, ehe die nächste Phase beginnen kann.

In der Abbildung unten sind die typischen Phasen des Wasserfallmodells angegeben:

Der Name des Modells erklärt sich aus der typischen grafischen Darstellung der Phasen, die einem Wasserfall ähnelt.

- **Analyse** (Anforderungen): Der Auftraggeber beschreibt die gewünschten Leistungen im **Lastenheft**. Der Auftragnehmer legt im **Pflichtenheft** fest, auf welche Art er diese Leistungen erbringen will. Damit ist der genaue Auftrag festgelegt.
- **Systementwurf** (Design): Die Struktur des geplanten Softwarepakets wird erstellt. Die einzelnen Teile werden in Leistungsumfang und Schnittstellen genau beschrieben (spezifiziert).
- **Implementierung:** Die einzelnen Teile werden in der Regel in parallel arbeitenden Gruppen erstellt; jedes Teil wird vollständig auf seinen geforderten Leistungsumfang hin getestet.
- **Test, Bewertung und Abnahme:** Die einzelnen Teile werden zusammengeführt; das Gesamtprodukt wird auf Fehlerfreiheit getestet. Dabei wird auch festgestellt, ob es die vereinbarten Pflichten in vollem Umfang erfüllt.

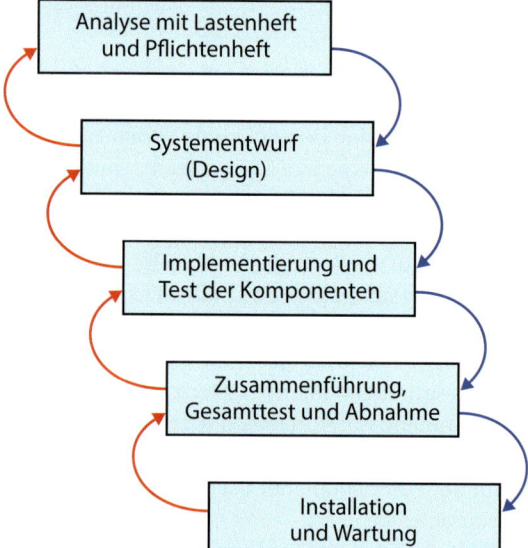

Analyse mit Lastenheft und Pflichtenheft

Systementwurf (Design)

Implementierung und Test der Komponenten

Zusammenführung, Gesamttest und Abnahme

Installation und Wartung

- **Installation und Wartung**: Das Produkt wird beim Auftraggeber installiert und genutzt. Oft kommt es zur Weiterentwicklung des Produkts, hervorgerufen durch aufgetretene Mängel, neue Anforderungen oder Änderung in den Rahmenbedingungen wie neue Hard- oder Software, mit denen das Produkt genutzt wird.

Als Schwäche zeigte sich, dass trotz aller Sorgfalt manchmal Anforderungen des Pflichtenhefts nicht umsetzbar sind. Um dann nicht alles (teuer) Entwickelte wegzuwerfen und ab Auftreten des Fehlers neu zu beginnen, wurde die Vorgehensweise weiterentwickelt: das **Wasserfallmodell mit Rückkopplung** erlaubt ein gezieltes Zurückgehen unter Beibehaltung möglichst viel bereits geleisteter Arbeit (siehe rote Pfeile in der Abbildung auf der vorherigen Seite).

Wasserfallmodell versus agile Methoden

Das Wasserfallmodell eignet sich besonders für Projekte mit klaren Anforderungen und kurzer Laufzeit. Hier ist das strukturierte Vorgehen mit einer sehr präzisen Analyse und Definition der Anforderungen zielführend für einen Projekterfolg. So kann die Umsetzung sehr gut geplant und der Aufwand abgeschätzt werden. Dagegen ist es in umfangreichen Projekten mit komplexen Einsatzbereichen nachteilig, Anforderungen früh festzulegen und die Umsetzung detailliert zu planen, weil eine Umplanung in späten Phasen – z. B. wegen technischer Weiterentwicklungen, unvorhergesehener Probleme, veränderter Kundenerwartungen, fehlerhafter Anforderungsfestlegung – teuer ist.

Diesen Schwierigkeiten begegnet das agile Vorgehen durch das mehrfach iterative Durchlaufen der Entwicklungsphasen. In jeder Iteration

- kann der Kunde in Absprache mit dem Entwicklungsteam die User-Storys neu priorisieren bzw. auch neue festlegen,
- kann am Ende der Kunde den aktuellen Prototyp mit seinen Erwartungen vergleichen und dem Entwicklungsteam ein Feedback geben.

Diesen Vorteilen steht gegenüber, dass gegebenenfalls durch die fehlende Detailplanung in der Anfangsphase im Vergleich zum Wasserfallmodell mehr Schnittstellenanpassungen und Refactoring im Projektverlauf durchgeführt werden müssen.

→ 7.5

Aufgabe

1 Renovieren agil

Schon lange suchen Ihre Eltern eine neue Wohnung für die Familie. Endlich hat sich etwas gefunden: Größe, Miete, Lage – alles ist ideal. Sie übernehmen die Verantwortung für Ihr neues Zimmer und das Ihres kleinen Bruders. Innerhalb eines Wochenendes müssen Sie die alten Tapeten entfernen, die Wände und Decken streichen, kleine Löcher verspachteln sowie vorab einige vom Vormieter zurückgebliebene Dinge wegwerfen. Allein ist das nicht zu schaffen, fünf aus Ihrer Clique helfen.

a Nennen Sie je zwei Vor- und Nachteile von Teamarbeit.

b Schreiben Sie auf Karteikarten die einzelnen Aufgaben für die Renovierungsaktion. Ordnen Sie die Karteikarten in der Reihenfolge, in der sie abgearbeitet werden sollen.

c Unterteilen Sie exemplarisch eine der Aufgaben in kleinere Arbeitspakete. Beispielsweise können Materialbesorgungen und das Abdecken des Bodens dazu gehören.

d Beim Programmieren muss man regelmäßig testen. Nennen Sie Vergleichbares bei einer Renovierung.

e Müssten Sie bei einer Freundin zwei Monate später in einer ähnlichen Situation helfen, fiele Ihnen das leichter. Begründen Sie dies. Warum kann es am Abend sinnvoll sein, den Arbeitsprozess des Tages zu reflektieren?

Welche Module über einen import-Befehl eingebunden werden müssen und welche nicht, hängt stark von der Programmiersprache ab.

→API application programming interface

7.2 Das Rad nicht neu erfinden: Bibliotheken nutzen

Bei vielen Standardaufgaben wie dem Speichern von gleichartigen Daten in einer Liste, dem Lesen und Schreiben von Daten in eine Datei oder dem Verarbeiten von Zeichenketten muss man nicht bei „Null" beginnen, sondern man kann dazu bereits programmierte Klassen einfach nutzen. Häufig bezeichnet man ein solches thematisch ausgerichtetes Modul aus ein oder mehreren Klassen als (Programm-)Bibliothek.

Zwei notwendige Voraussetzung gibt es für die Nutzung solcher Klassen: Einerseits muss die Bibliothek im eigenen Programm eingebunden werden, d. h. die Klassen der Bibliothek müssen im eigenen Programm bekannt gemacht werden. Dies ist beispielsweise durch einen import-Befehl möglich. Andererseits muss man die Methoden als Schnittstelle zwischen der Bibliothek und dem eigenen Programm kennen. Zu jeder Anwendungsprogrammierschnittstelle, kurz →API genannt, gibt es eine Dokumentation. Typischerweise enthält diese zu jeder Methode den Bezeichner, die Parameterliste, gegebenenfalls den Datentyp der Rückgabe sowie eine kurze Erklärung:

```
Java
import java.util.ArrayList;

Python
import pygame

Swift
import Foundation
```

Eigentlich kenne ich das schon: Bei Objekten der Klasse FELD bzw. LISTE nutze ich genau diese Methoden schon länger ...

Klasse LISTE für Elemente vom Datentyp E	
Hinzufügen(index: GANZZAHL, element: E)	Fügt das Element an der durch den Index festgelegten Stelle in die Liste ein.
IstLeer() -> WAHRHEITSWERT	Gibt WAHR zurück, falls die Liste keine Elemente enthält, sonst FALSCH.
ElementGeben(index: GANZZAHL) -> E	Gibt das Element mit dem angegebenen Index zurück.
Entfernen(index: GANZZAHL) -> E	Entfernt das Element mit dem angegebenen Index und gibt es zurück.
ElementanzahlGeben() -> GANZZAHL	Gibt die Anzahl der Elemente in der Liste zurück.
...	...

Verwendet man ein Framework z. B. zur Spielentwicklung oder zum Erstellen einer Simulation, muss man auch hier eine passende API kennen, damit man – wie im folgenden Beispiel eines Taktgebers – die Methoden überhaupt nutzen kann:

Klasse EREIGNISBEHANDLUNG	
Anhalten()	Hält den Taktgeber an.
Starten()	Startet den Taktgeber.
TaktdauerSetzen(dauer: GANZZAHL)	Setzt die Taktdauer in Millisekunden und stellt damit die Ablaufgeschwindigkeit ein.
TaktImpulsAusführen()	Führt den Taktimpuls aus. Dazu werden alle Anweisungen im Rumpf dieser Methode ausgeführt.

Bei der Arbeit mit Bibliotheksklassen kann es sehr hilfreich sein, KI-Dialogassistenzsysteme als Werkzeug zu benutzen, die Codevorschläge liefern. Für die Anpassung an die selbst geschriebenen Klassen benötigt man dann aber zumindest ein Grundverständnis für die Struktur und Wirkungsweise.

Kannst du mir eine Java →GUI schreiben mit zwei Buttons und einem Textfeld? Auf dem ersten Button soll löschen stehen, auf dem zweiten verdoppeln. Und dann brauchen wir noch einen Timer, der von 10 sekündlich bis 0 abwärts zählt.

→engl.
grafical user interface:
grafische Benutzer-
oberfläche

Natürlich kann ich dir eine Java-GUI schreiben, die zwei Buttons, ein Textfeld und einen Timer enthält. Hier ist ein Beispielprogramm:

```java
import javafx.animation.KeyFrame;
import javafx.animation.Timeline;
import javafx.application.Application;
import javafx.event.ActionEvent;
import javafx.event.EventHandler;
import javafx.scene.Scene;
import javafx.scene.control.Button;
import javafx.scene.control.TextField;
import javafx.scene.layout.VBox;
import javafx.stage.Stage;
import javafx.util.Duration;

public class CountdownGUI extends Application {

    private int count = 10;
    private TextField textField;

    @Override
    public void start(Stage primaryStage) throws Exception {
        primaryStage.setTitle("Countdown");

        textField = new TextField();
        textField.setText(Integer.toString(count)); ...
```

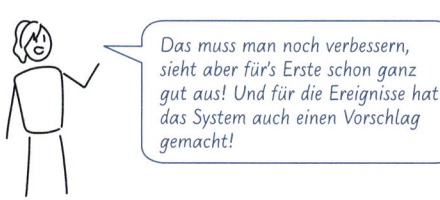

Das muss man noch verbessern, sieht aber für's Erste schon ganz gut aus! Und für die Ereignisse hat das System auch einen Vorschlag gemacht!

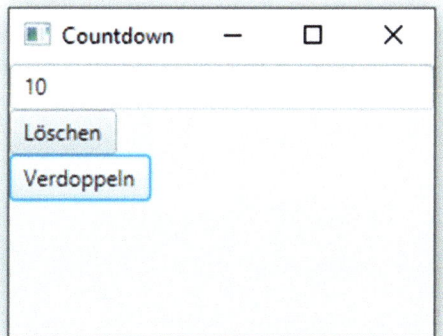

7.3 Daten persistent speichern: Zugriff auf Dateien

Zugriff auf Dateien

Die Klassenstrukturen für den Dateizugriff sowie die vorhandenen Methoden und deren Parameter sind in den verschiedenen Programmiersprachen sehr unterschiedlich. Zwei Muster sind aber überall vorhanden.

1 Lesen, Schreiben oder beides

Die meisten Dateizugriffe sind „Lesen des gesamten Dateiinhalts" und „Schreiben des gesamten Dateiinhalts". Diese Zugriffsarten werden überall unterstützt und sind nicht nur für Dateien des Hintergrundspeichers verwendbar, sondern auch für sonstige Ein- und Ausgabeströme wie Tastatur, Terminalausgabe oder Verbindungen über das Internet. Für Dateien des Hintergrundspeichers wird in der Regel auch noch die Möglichkeit angeboten, abwechselnd zu schreiben und/oder zu lesen. Verbunden damit ist die Möglichkeit, die Schreib- / Leseposition innerhalb der Datei frei zu wählen.

2 Text oder Binär

Der zweite Aspekt ist die Interpretation des Dateiinhalts.

Bei binärer Interpretation werden die Bitmuster der Attributwerte direkt in die Datei geschrieben oder von dort gelesen. Das sichert eine 100%ige Korrektheit der wiederhergestellten Daten. Es setzt aber voraus, dass der gleiche Wert auf allen Rechnern, auf denen die Daten bearbeitet werden sollen, auch das gleiche Bitmuster hat. Diese Methode kann z. B. nicht verwendet werden, wenn auf einem Rechner ganze Zahlen mit 4 Byte, auf dem anderen Rechner mit 8 Byte gespeichert werden.

Bei der Speicherung der Information in Textform gibt es diese Probleme nicht. Auch die Verwendung beliebiger sprachabhängiger Zeichen ist heute kein Problem mehr, wenn man eine Unicode-Darstellung (UTF) verwendet. Am meisten wird die Darstellung UTF-8 verwendet, die in der Regel die kleinsten Dateigrößen ermöglicht. Allerdings benötigt diese Art der Speicherung fast immer mehr Platz als eine binäre Speicherung.

Beispiel für die unterschiedlichen Strategien beim Dateizugriff: Lesen einer Textdatei

Java: Lesen zeilenweise   Swift: Lesen der Datei am Stück

```java
try
{
  BufferedReader eingabe = new
    BufferedReader(new
    FileReader(dateiName));
  while (true)
  {
    String zeile =
      eingabe.readLine();
    if (zeile == null)
    {
      break;
    }
    //Verarbeiten des Inhalts
  }
  eingabe.close();
}
catch (Exception e)
{
  //Fehlermeldung
}
```

```swift
do
{
  let inhalt = try
    String(contentsOfFile:
    datei, encoding: .utf8);
  let zeilen = inhalt.
    split(separator: "\n")
  for zeile in zeilen
  {
    //Verarbeiten des Inhalts
  }
}
catch
{
  //Fehlermeldung
}
```

Bei manchen Programmiersprachen muss eine passende Bibliothek eingebunden werden.

Auch beim Schreiben wird je nach Sprache zeilenweise oder „am Stück" geschrieben.

7.4 Debuggen und Testen

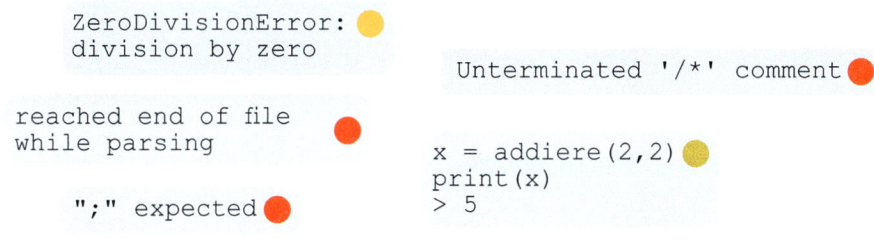

Fehler (→„Bugs") sind ständiger Begleiter beim Programmieren; auch für Profis gehören sie zum Alltag. Dabei unterscheiden sich die Fehler hinsichtlich ihres Auftretenszeitpunktes, aber auch hinsichtlich ihrer Auswirkungen.

→engl. bug: Wanze; gebräuchlich als Bezeichnung für Fehler

- **Kompilierzeitfehler** treten bereits zum Zeitpunkt der Übersetzung des Programms auf und liefern bereits Fehlermeldungen, die Hinweise zur genaueren Lokalisierung des Fehlers beinhalten.
- **Laufzeitfehler** treten erst bei Ausführung des Programms auf und haben dessen Abbruch und ebenfalls eine entsprechende Fehlermeldung zur Folge.
- **Logische Fehler** bringen das Programm zwar nicht zum Abbruch, führen jedoch zu falschen Ergebnissen bzw. Ausgaben.

Debuggen

Beim **Debuggen** geht es darum, Fehler in einem Computerprogramm zu finden und zu beheben. Zunächst aufgestellte Hypothesen über die Ursache des Fehlers werden anhand des Quelltextes verifiziert bzw. verworfen.

Manchmal ist es hilfreich, seine Hypothesen explizit aufzuschreiben.

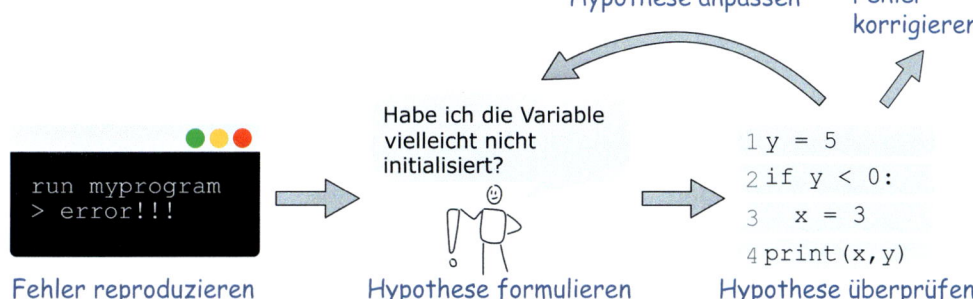

Fehler reproduzieren   Hypothese formulieren   Hypothese überprüfen

Entwicklungs-umgebungen bieten oft weitere Werkzeuge, die bei der Fehlerbehebung hilfreich sind (Objektinspektor, KI-Assistent).

Dabei können verschiedene Strategien angewendet und kombiniert werden.
Häufig bietet es sich an, die **Ausführung des Programmablaufs nachzuverfolgen**. Dabei geht es z. B. darum, herauszufinden, welchen Wert eine Variable zu einem bestimmten Zeitpunkt hat, oder ob ein Programmteil überhaupt ausgeführt wird. Konkret kann man dazu etwa einen **Schreibtischtest** durchführen, bei dem das Programm „per Hand" Zeile für Zeile durchgegangen und die jeweils aktuellen Werte der Variablen notiert werden. Auch mit **textuellen Ausgaben** (etwa mittels Print-Befehlen oder Konsolenausgaben) lässt sich die aktuelle Belegung von Variablen ausgeben oder überprüfen, wie oft (oder ob überhaupt) eine bestimmte Anweisung

ausgeführt wird. Mit dem **Debugger** steht in den meisten Entwicklungsumgebungen zudem ein Werkzeug zur Verfügung, das das Nachvollziehen des Programmablaufs immens erleichtert. Die folgende Abbildung zeigt die wichtigsten Funktionalitäten eines Debuggers:

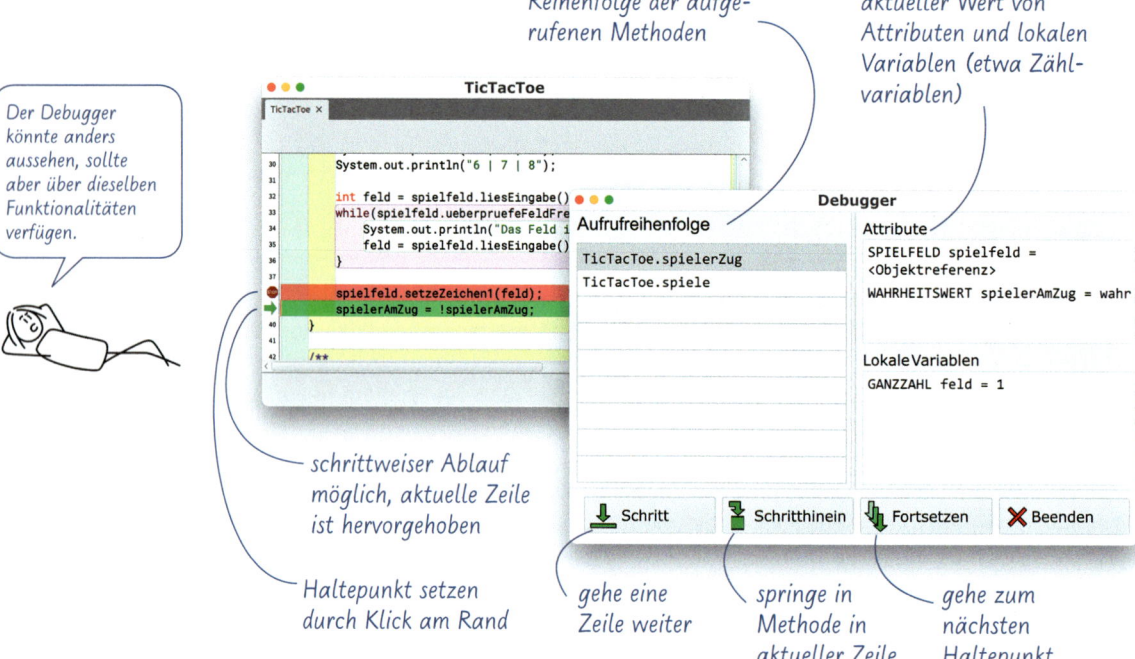

Der Debugger könnte anders aussehen, sollte aber über dieselben Funktionalitäten verfügen.

Reihenfolge der aufgerufenen Methoden

aktueller Wert von Attributen und lokalen Variablen (etwa Zählvariablen)

schrittweiser Ablauf möglich, aktuelle Zeile ist hervorgehoben

Haltepunkt setzen durch Klick am Rand

gehe eine Zeile weiter

springe in Methode in aktueller Zeile

gehe zum nächsten Haltepunkt

Beim **rubberduck debugging** verwendet man als Ansprechpartner eine Gummiente. Das bewusste Artikulieren wirkt manchmal Wunder ... auch bei Profis.

Um das Debuggen zu erleichtern, kann es hilfreich sein, den Code in kleinere Teile zu unterteilen und sie einzeln zu untersuchen. Durch das **Auskommentieren** bestimmter Codezeilen/Codeblöcke etwa werden diese übersprungen und es lässt sich leichter herausfinden, ob ein bestimmter Teil des Codes für das Problem verantwortlich ist.

Auch das **Testen** mit weiteren gezielt gewählten Eingaben, um das Verhalten des Programmes zu prüfen, kann Rückschlüsse über Art und Position des Fehlers liefern. Nutzen Sie auch Diskussionen zu Fehlerursachen, wenn Sie als Pair programmieren.

Automatisiertes Testen

Einige Fehler werden bereits während des Programmierens und auch beim Debuggen bemerkt. Die Erfahrung zeigt aber, dass so längst nicht alle Fehler gefunden werden. Wichtig ist daher systematisches, automatisiertes Testen.

Mit automatisierten Tests können Entwicklerinnen und Entwickler eine große Anzahl von Tests in kurzer Zeit durchführen. Dies ist besonders bei großen Softwareprojekten, die im Team entwickelt werden, enorm nützlich, weil so für jede Änderung die Kompatibilität mit bestehenden Funktionalitäten geprüft wird. Da stets der exakt gleiche Testablauf durchgeführt wird, wird außerdem das Risiko menschlicher Fehler reduziert, was zu konsistenteren und zuverlässigeren Testergebnissen führen kann.

Automatisierte Testfälle vereinfachen zudem das Refactoring, weil nach umfassenderen Umbauarbeiten am Code überprüft werden kann, ob die Funktionalität immer noch gegeben ist.

→ 7.5

Zum Testen stehen in jeder Programmiersprache verschiedene Bibliotheken zur Verfügung, die das Erstellen von Testfällen erleichtern.

Java
```java
import static org.junit.jupiter.api.Assertions.assertEquals;
import Taschenrechner;
import org.junit.jupiter.api.Test;

class MyFirstJUnitJupiterTests {

  private final Calculator taschenrechner = new Taschenrechner();

  @Test
  void testAddition() {
    assertEquals(2, taschenrechner.Addieren(1, 1));
  }

  @Test(expected = IllegalArgumentException.class)
  void testDivisionByZero () {
    Dividieren(2, 0);
  }
}
```

prüft, ob beide Eingabewerte nach der Auswertung gleich sind (also 2 == taschenrechner.Addieren(1,1))

Python
```python
import unittest
import Addieren

class TestSum(unittest.TestCase):
    def test_addition (self):
        self.assertEqual(Addieren(1,1), 2, "1+1 sollte 2 ergeben")
    def test_division_by_zero(self):
        with self.assertRaises(ValueError):
            Dividieren(2, 0)

if __name__ == '__main__':
    unittest.main()
```

Swift
```swift
class AdditionsTest: XCTestCase {
    func testAddition() {
        XCTAssertEqual(Addieren(1,1), 2, "1+1 sollte 2 ergeben")
    }

    func testDivisionByZero() {
        XCTAssertThrowsError(try Dividieren(2,0)) { error in
            XCTAssertEqual(error.localizedDescription, "Divisor kann nicht 0 sein")
        }}}
```

Testbibliotheken wie JUnit bieten noch weitere Methoden zum Testen, z. B. um zu prüfen, ob eine Methode aufgerufen wurde.

Testen liefert keinen Beweis für die Korrektheit eines Programms. Man versucht nur das korrekte Verhalten an Hand repräsentativer Eingabewerte zu überprüfen.

7.5 Softwarequalität aus Entwicklersicht

Softwarequalität geht über die reine Funktionalität hinaus

Die Qualität eines Softwareproduktes lässt sich nicht nur aus Sicht des Endanwenders beurteilen. Insbesondere bei größeren Softwareprojekten, die über längere Zeit gewartet und erweitert werden müssen, sollte auch die Entwicklersicht bei der Qualitätsbewertung berücksichtigt werden. Allgemein spricht man dabei auch von der **Wartbarkeit** eines Softwareproduktes.

Guter Code muss lesbar sein

Das vielleicht wichtigste Kriterium bei der Bewertung der Wartbarkeit ist die „Lesbarkeit" des Programmcodes. Dies bedeutet, dass sich Aufbau und Bedeutung des Codes auch von Personen, die noch nicht oder lange Zeit nicht mehr an diesem Projekt gearbeitet haben, schnell erschließen lassen. Eine zentrale Rolle spielen hierbei eine gute Strukturierung in Klassen bzw. Methoden (Modularisierung) sowie die Verwendung aussagekräftiger und eindeutiger Namen für Klassen, Variablen und Methoden. Weiterhin sollten Formatierungskonventionen, etwa hinsichtlich Groß- und Kleinschreibung, im gesamten Projekt einheitlich umgesetzt werden.

> **Checkliste Modularisierung**
> - Jede Klasse hat nur einen Zuständigkeitsbereich (Single-Responsibility-Prinzip), alle Klassen sind im Umfang gering.
> - Die Verantwortlichkeit der Klasse ist durch ihren Namen klar beschrieben.
> - Jede Methode erfüllt genau eine Aufgabe, die durch ihren Namen erkennbar ist.
> - Methoden sollten kurz sein, typischerweise unter 20 Zeilen.

Refactoring bringt Ordnung in den Code

Die spätere Wartbarkeit des Softwareprodukts sollte beim Verfassen von Programmcode stets mit bedacht werden. Oft werden diesbezügliche Optimierungsmöglichkeiten aber auch erst im Nachhinein erkennbar. Beispielsweise kann es nach der Erweiterung einer bestehenden Klasse um zusätzliche Funktionalität sinnvoll erscheinen, die Klasse mit einem neuen Namen zu versehen, der den neuen Funktionsumfang besser beschreibt. Oder es wird nach Erweiterungen erkannt, dass eine Klasse nunmehr nicht nur eine Aufgabe erfüllt, sondern mehrere und deswegen aufgeteilt werden sollte. Kommen dagegen bestimmte Abschnitte mehrfach in einer Klasse vor, sollten diese in eine Methode ausgelagert werden. Das Vermeiden dieser Redundanz in Form von Code-Duplikaten erhöht die Wartbarkeit deutlich. Mit dem Begriff **Refactoring** werden allgemein Anpassungen am Programmcode beschrieben, die lediglich der Verbesserung der Wartbarkeit dienen und die eigentliche Programmfunktionalität nicht verändern. Viele Entwicklungsumgebungen bieten hierfür spezielle Werkzeuge an, die z. B. beim Umbenennen einer Klasse automatisch dafür sorgen, dass ihr Name überall im Code einheitlich geändert wird.

> **Checkliste Refactoring**
> - Alle Bezeichner haben sprechende Namen, die zu den Vereinbarungen passen.
> - Klassen und Methoden haben eine übersichtliche Größe (siehe Modularisierung).
> - Spezialisierung, Generalisierung, Entwurfsmuster werden sinnvoll eingesetzt.
> - Es gibt keine Code-Duplikate.
> - Auskommentierte Zeilen, die nicht mehr gebraucht werden, sind gelöscht.

7.6 Projektbeispiele als Orientierung für Planung und Umfang

Projektbeispiel: Ein kleines Computerspiel

Charlotte, Bea, Tim und Daria entschließen sich, als Projekt ein Computerspiel umzusetzen. Nachdem die vier jeweils einen Vorschlag eingebracht haben, entscheiden sie sich für Charlottes Szenario:

Das Spiel heißt „Chase the crazy Turtle". Es bietet sich an, das Spiel auf der Basis von Graphics and Games umzusetzen. Eine verrückte Schildkröte läuft zufallsgesteuert über den Bildschirm, d. h., sie geht in jedem Takt zwischen 50 und 200 Schritte, dreht sich dann um einen zufälligen Winkel und zieht dabei eine Linie in zufälliger Farbe. Eine weitere Spielfigur wird mit den Pfeiltasten gesteuert (nach links/rechts bzw. schneller/langsamer). Mit ihr muss der Spieler versuchen, die Turtle zu fangen.

Im Anschluss machen die vier ein Brainstorming und entwickeln auf dieser Basis ein erstes grobes Klassendiagramm. Dafür nehmen sie sich eine Stunde Zeit: Klar ist, dass die Crazy Turtle von der Klasse TURTLE erbt und der Fänger von der Klasse FIGUR. Ein zentrales Spielobjekt soll die beiden Objekte verwalten und taktgesteuert bewegen. Darüber hinaus ist auch die Speicherung der Spieler mit dem „schnellsten Fang" in einer Highscore-Liste in der Diskussion. Da man sich zunächst aber auf den Kern des Spiels konzentrieren möchte, wird das nicht in das Klassendiagramm aufgenommen.

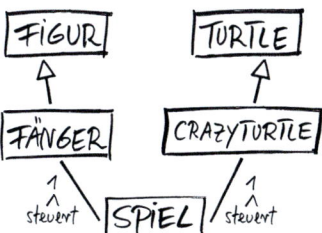

Ausgehend vom Klassendiagramm entwerfen die vier nun gemeinsam User-Storys.

Crazy Turtle

Die Turtle wird vom Spiel über Taktschläge informiert. Mit Hilfe von drei Zufallszahlen (schrittweite zwischen 50 und 200, winkel zwischen 0 und 359 und farbe zwischen 0 und 15) wird die nächste Bewegung festgelegt. Daraufhin bewegt sich die Turtle entsprechend. 2

Spiel

Ruft bei Taktschlag die Bewegen-Methoden von Crazy-Turtle und Fänger auf. Findet dann durch Aufruf der Berührt-Methode heraus, ob die beiden sich berühren (danach werden die beiden nicht mehr bewegt – das Spiel endet). 10

Fänger

Die Fängerfigur wird vom Spiel über Taktschläge informiert und sie bewegt sich entsprechend vorwärts. Die Figur reagiert auf Druck der Pfeiltasten geeignet. 2

Schönerer Fänger

Die Fängerfigur wird durch eine grafisch interessantere und passendere Figur ausgetauscht. 40

Variation mit mehreren Crazy-Turtles

Mehrere Crazy-Turtles laufen gleichzeitig und müssen alle gefangen werden. 45

Bestenliste

Die schnellsten Spieler können sich in eine Highscore-Liste eintragen. 40

Das Team hat beschlossen die User-Storys mit hoher Priorität ausführlich mit Implementierungshinweisen zu formulieren.

An kniffeligen Stellen helfen die Modellierungstechniken (Klassendiagramm, ...).

Das Bild rechts zeigt das Project-Board während der zweiten Iteration. Die Lehrkraft hat als Zeitfenster drei Iterationen mit je einer Doppelstunde vorgegeben. In der Reflexion nach der ersten Iteration haben sie überlegt, wie man die Zeit nutzen kann, wenn ein Paar schon etwas früher fertig ist. Das Ergebnis war, schon in die Planung der nächsten User-Story einzusteigen.

ZU TUN	IN ARBEIT	FERTIG
	Spiel	**Crazy Turtle**
	Charlotte, Daria 10	Charlotte, Daria 2
Bestenliste	**Schönerer Fänger**	**Fänger**
... Variation...	...	...
...	Bea, Tim 40	Bea, Tim 2
45		

Projektbeispiel: GUI mit persistenter Datenspeicherung

Emilia, Ivana, Frieda, Georg, Hugo und Julie sind in der SMV aktiv und wollen ein Programm entwickeln, mit dem sie alle Mitarbeiterinnen und Mitarbeiter verwalten können.

In den Zeilen einer Datei wird jeweils ein Mitarbeiter mit einer Fähigkeit notiert. Jeder Mitarbeiter hat einen Namen und eine Klasse. Jeder Mitarbeiter hat mehrere Fähigkeiten, die er einbringen kann (z. B. Smoothies mixen, DJ, Technik, Layout, ...). Wenn man nun für eine bestimmte Veranstaltung Fachleute, z. B. für das Layout einer Einladung sucht, kann man nach diesem Stichwort suchen.

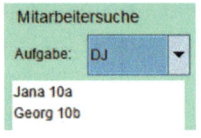

Ausgehend von der ersten Idee entwerfen die sechs nun gemeinsam User-Storys.

> <u>Mitarbeiter finden</u>
> Ich suche für eine bestimmte Aufgabe Mitarbeiter und erhalte eine passende Liste.   1

> <u>Mitarbeiter bearbeiten</u>
> Ich kann fehlerhafte Mitarbeiterdaten korrigieren.   30

> <u>Mitarbeiter eintragen</u>
> Ich trage einen neuen Mitarbeiter ein und wähle aus, welche Aufgaben er übernehmen kann.   5

Nun können sich die sechs in Zweierteams an die Bearbeitung der User-Story mit der höchsten Priorität machen. Weil hinter der User-Story mehrere Aufgaben stecken, konkretisieren sie jede von ihnen auf einer einzelnen Karte. Dort wird auch notiert, wer welche Aufgabe übernimmt.

> <u>Klasse MITARBEITER-VERWALTUNG...</u>
> ...erstellen mit Liste von Mitarbeitern
> Emilia & Ivana

> <u>Klasse MITARBEITER...</u>
> ...erstellen zum Speichern der Daten und Fähigkeiten
> Hugo & Julie

> <u>Zugriff auf Dateien</u>
> Einarbeitung
> Frieda & Georg

> <u>Anzeige aller Mitarbeiter...</u>
> ...jeweils mit allen ihren Fähigkeiten
> Emilia & Ivana

> <u>Lokale Datei</u>
> Testdatei erstellen; in jeder Zeile steht ein Mitarbeiter und seine Fähigkeit
> Hugo & Julie

> <u>Klasse DATEIZUGRIFF...</u>
> ... erstellen mit Methode, die eine Mitarbeiterliste zurückgibt
> Frieda & Georg

Teilweise ist es dabei auch erforderlich, sich in neue Techniken wie den Dateizugriff selbstständig einzuarbeiten. Im Sinne einer Transparenz über die Arbeitspakete ist es erwünscht auch dafür eine Karte zu schreiben.

Häufig passen die verschiedenen Arbeitsergebnisse nicht zusammen. Hier ist es sinnvoll, nach einer ersten Phase der Einarbeitung in einer gemeinsamen Sitzung ein Klassendiagramm zu entwickeln, um die einzelnen Klassen mit ihren Methoden und Beziehungen festzulegen.

7.7 Projektvorschläge

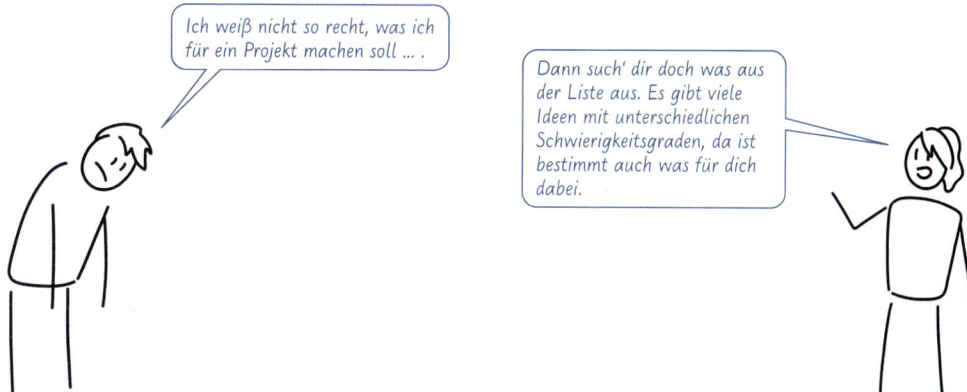

- **Ausbau vorhandener Projekte** aus den Aufgaben, z. B.
  - Ergänzen des Adventure-Spiels um neue Monster, Waffen oder Zaubersprüche, Einfügen weiterer Stockwerke (mit schwierigeren Monstern und besseren Schätzen), Abwandeln des Spielziels
  - Erweitern von Snake um mehrere Level und neue Sonderfelder, Bestenliste in einer Textdatei
  - Vervollständigen der Smart-Home-Geräteliste, zusätzliche Optionen wie Steuern mehrerer (gleicher) Geräte mit einem Bedienelement, Lesen der Konfiguration aus einer Textdatei
  - Ergänzen der Verkehrssimulation um eine Statistik (z. B. durchschnittliche Länge der Warteschlangen vor den Ampeln, Maximalzahl der Autos vor einer Ampel); auch Speichern der Statistikdaten in einer Textdatei

- **Nützliche Tools, z. B.**
  - digitale Zeitanzeige (als Uhrenanzeige, Timer oder Countdown)
  - Taschenrechner
  - Zeichenprogramm (z. B. mittels einer unsichtbaren Turtle)
  - Focus-Tracker zum einfachen Erfassen von Zeit auf verschiedene Aktivitäten (Sport, Lernen für die Englischklausur, Referatsvorbereitung, Seminararbeit, …)
  - Vokabeltrainer/Grundwissen-Abfragetool – natürlich mit entsprechenden Daten; wählbare Kategorien wie unregelmäßige Verben, Stoffgebiete, etc. können hilfreich für das Lernen sein.
  - Kochbuch mit Zusammenstellung einer personenzahlabhängigen Einkaufsliste
  - Wettprogramm für eine Sportveranstaltung: Mehrere Mitspielende geben Tipps ab und auf Basis der Ergebnisse wird eine Rangliste ermittelt.

- **Brettspiele**
  - z. B. Mühle, Schach oder Reversi
  - Memory (ohne und mit Bestenliste), Vier gewinnt (ohne und mit Gewinnermittlung)
  - ein selbst ausgedachtes Brettspiel

- **Spiele …**
  - … mit Spielfiguren aus der Vogelperspektive
    (z. B. Sokoban, eine Welt aus festen Blöcken, in der bewegliche Kisten mit einer geschickten Strategie auf markierte Felder geschoben werden müssen; ergänzend mit Dateianbindung und einem Leveleditor)
  - … mit Spielfiguren aus einer seitlichen Perspektive
    (z. B. Jump 'n' Run-Spiele, bei denen man auf dem Weg zum Ziel Monstern ausweichen und Punkte sammeln muss)
  - … bei denen die Welt „vorbeizieht"
    (z. B. mit einem Vogel, der zufällig positionierten Hindernissen ausweichen muss oder mit vorübergehend erscheinenden Sumpfhühnern, die man mit der Maus erwischen muss)
  - … bei dem man eingesperrt in einem großen Gebäude sich durch das Lösen von Rätseln befreien muss (Digitaler Escape-Room)

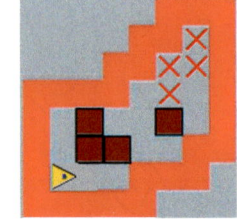

- **Entscheidungstests** mit Dateianbindung, z. B.
  - Persönlichkeitstests („Welcher Typ bist du?")
  - Berufsfinder („Was möchtest du werden?")

- **Anwendungen der Informatik**
  - Simulation mit änderbaren Parameterwerten zum Erkenntnisgewinn für reale Vorgänge: Räuber-Beute-Beziehung, die die dynamische Wechselwirkung zwischen einem Räuber (z. B. Füchse) und einer Beutepopulation (z. B. Hasen) über einen längeren Zeitraum beschreibt,
    oder Wachstumsvorgänge (Conways Spiel des Lebens) mit Interpretationsmöglichkeiten aus biologischer (Mikrokosmos), aber auch wirtschaftlicher Sicht (Computerhandel der Finanzmärkte)
  - Bioinformatik: Programm zu einer einfachen Auswertung von DNA-Sequenzvergleichen beispielsweise zur Untersuchung der Abstammungs- und Verwandschaftsbeziehungen von Lebewesen.

- **Projekte mit einer Spiel-Engine** (z. B. Engine Alpha für Java, Pygame für Python):
  Verwirkliche eigene Spielideen auf der Basis der bereitgestellten Klassenbibliothek (mit besserer Grafik, besserem Sound, …). Anregungen und Tipps finden Sie auf der Webseite der jeweiligen Game-Engine.

- **Smartphone-Apps**

Zur App-Entwicklung gibt es Umgebungen, die dies unter Umständen für die erlernte Programmiersprache oder auch in einer einfachen grafischen Umgebung ermöglichen (z. B. MIT AppInventor, Xcode). Arbeiten Sie sich in ein solches Werkzeug ein und entwickeln Sie eine einfache App.

Lösungen zu „Teste dich selbst!"

T1 Objekt   Datensatz/Zeile
  Attribut   Spalte
  Attributwert   Eintrag in einer Zelle der Tabelle
  Klassendiagramm Tabellenschema
  Objektname   Schlüssel

T2 **a** Die Ergebnistabelle kann nur eine Spalte und nur einen Datensatz enthalten. Beispielsweise, wenn man nach einem Maximum sucht (**SELECT** MAX(preis) **FROM** artikel).

 b Mit einer **Aggregatfunktion** können Berechnungen in der Abfrage durchgeführt werden. Hier wird mit der Funktion AVG der Durchschnitt der Laufzeiten berechnet (Zeile 1).
Eine Spalte in der Ergebnistabelle kann man mit einem **Aliasnamen** umbenennen. In dieser Abfrage wird die Spalte, welche den Durchschnitt der Laufzeiten enthält, mit LaufzeitDurchschnitt benannt (Zeile 1 und 2).
In Zeile 3 wird nach FROM die **Tabelle** der Datenbank genannt, aus der Daten abgefragt werden.
Eine **Bedingung** dient zur Auswahl der gewünschten Zeilen und steht in der SQL-Abfrage nach WHERE (bzw. HAVING). Mit **logischen Funktionen** (AND, OR, NOT) können Bedingungen verknüpft werden. Im Beispiel werden die beiden Bedingungen (**Vergleiche**) laufzeit < 180 und fsk < 16 mit AND verbunden (Zeile 4).
Durch eine **Gruppierung** können alle Datensätze desselben Wertes in der angegebenen Spalte gruppiert werden. Hier wird nach der Spalte genre gruppiert (Zeile 5).
Mit ORDER BY kann die Ergebnistabelle nach einer oder mehreren Spalten sortiert werden. Im Beispiel wird nach der Spalte LaufzeitDurchschnitt **sortiert** (Zeile 6).
Das Ergebnis einer SQL-Abfrage ist wieder eine Tabelle, die **Ergebnistabelle**.

 c Gib zu jedem Genre die durchschnittliche Laufzeit aller Filme dieses Genres aus, die kürzer als 180 Minuten sind und für Jugendliche unter 16 Jahren freigegeben sind. Sortiere das Ergebnis nach der durchschnittlichen Laufzeit.

T3 **a** Eine Klasse ist ein Bauplan für Objekte. Die Struktur von Objekten kann in Klassen beschrieben werden.

 b Eine Bedingung – nötig bei SQL-Abfragen hinter dem WHERE – kann mit Vergleichen formuliert werden. Eine Bedingung kann jedoch aus mehreren Vergleichen bestehen.

 c Mit der Aggregatfunktion COUNT kann gezählt werden, wie viele Zeilen die Ergebnistabelle hat. Mit SUM werden alle Werte einer Spalte in den Zeilen der Ergebnistabelle addiert.

 d Nach beiden Schlüsselwörtern folgt eine Bedingung zur Auswahl von Datensätzen. HAVING wird nur im Zusammenhang mit einer Gruppierung eingesetzt. In einer Abfrage mit Gruppierung bestimmt die Bedingung nach WHERE die Auswahl der Zeilen vor der Gruppierung, die Bedingung nach HAVING bestimmt die Auswahl der Zeilen nach der Gruppierung.

T4 **a** Ein Primärschlüssel ist eine Spalte oder eine Kombination von möglichst wenigen Spalten, deren Wert jeweils einen Datensatz in der Tabelle eindeutig identifiziert. In der Tabelle Film kann ein Film durch die Film-ID eindeutig identifiziert werden. Der Titel hingegen ist kein Schlüssel, da es mehrere Filme mit dem gleichen Titel geben kann.

 b Um einen künstlichen Schlüssel anzulegen, muss eine neue Spalte hinzugefügt werden. Manche Werkzeuge haben eine Auto-Inkrement-Funktion, mit welcher der Wert des künstlichen Schlüssels automatisch hochgezählt werden kann.

T5 a

```
┌─────────────────┐
│ LEHRKRAFT       │
├─────────────────┤
│ vorname         │
│ nachname        │
│ dienstalter     │
│ fach1           │
│ fach2           │
│ geschlecht      │
│                 │
└─────────────────┘
```

b und **c**

Lehrkraft(id: GANZZAHL, vorname: ZEICHENKETTE, nachname: ZEICHENKETTE, dienstalter: GANZZAHL, fach1: ZEICHENKETTE, fach2: ZEICHENKETTE, geschlecht: ZEICHEN)
Es müsste ein künstlicher Schlüssel eingefügt werden, da keine Spaltenkombination einen Datensatz mit Sicherheit eindeutig identifiziert.

d i SELECT vorname, nachname
FROM Lehrkraft
WHERE (fach1 = "Sport" AND fach2 = "Religion") OR
(fach1 = "Religion" AND fach2 = "Sport")
ORDER BY nachname

ii SELECT AVG(dienstalter) AS durchschnittlichesDienstalter, MAX(dienstalter)
AS maximalesDienstalter, MIN(dienstalter) AS minimalesDienstalter
FROM Lehrkraft

iii SELECT COUNT(*) geschlecht
FROM Lehrkraft
GROUP BY geschlecht

T6 a Falsch: das kartesische Produkt aus zwei Tabellen mit je vier Einträgen besteht aus 4 mal 4, also 16 Einträgen.

b Ungenau: die Punktnotation wird verwendet, um gleiche Spaltennamen in unterschiedlichen Tabellen in einer Abfrage eindeutig zu unterscheiden. Sie kann daher in einer Verbund-Bedingung eingesetzt werden, aber auch in anderen Teilen einer Abfrage.

c richtig

d Ungenau: es gibt weitaus mehr Kardinalitäten als die genannten drei. Diese stellen jedoch wichtige und häufig verwendete Kardinalitäten dar.

e Falsch: bei einer Umsetzung einer 1:n-Beziehung wird der Primärschlüssel der „1-Seite" als Fremdschlüssel auf der „n-Seite" eingefügt.

f richtig

g Falsch: referenzielle Integrität bedeutet, dass zu jedem Fremdschlüsselwert ein passender Primärschlüsselwert in der referenzierten Tabelle vorhanden sein muss.

T7 Falls in zwei Tabellen die gleichen Spaltennamen (z. B. name in Gemeinde und Schwimmbad) existieren, muss man diese in einer SQL-Abfrage eindeutig angeben. Diese Eindeutigkeit wird mit der **Punktnotation** erreicht, bei welcher der Tabellenname dem Spaltennamen vorangestellt wird (z. B. SELECT Gemeinde.name ...).
Um in einer Abfrage zwei Tabellen sinnvoll miteinander zu kombinieren, muss eine **Verbund-Bedingung** angegeben werden. Diese vergleicht den Primärschlüssel der einen Tabelle mit dem dazu passenden Fremdschlüssel der anderen Tabelle und sorgt dadurch dafür, dass nur zusammengehörige Zeilen in der Ergebnistabelle ausgegeben werden.
Beispiel:

```
SELECT * FROM Gemeinde, Schwimmbad
WHERE Gemeinde.schluessel = Schwimmbad.gemeindeschluessel
```

Bei einer Beziehung muss neben dem Namen und der Leserichtung immer auch die **Kardinalität** angegeben werden. Diese gibt eine Obergrenze der in Beziehung stehenden Objekte an.

Eine wichtige Kardinalität ist 1:n und bedeutet, ein Objekt der Klasse A kann mit mehreren Objekten der Klasse B in Beziehung stehen. Umgekehrt kann ein Objekt der Klasse B aber nur mit genau einem Objekt der Klasse A in Beziehung stehen. Beim Umsetzen der **1:n-Beziehung** in eine Datenbank muss der Primärschlüssel der „1-Seite" als Fremdschlüssel auf der „n-Seite" eingefügt werden.

Beispiel:

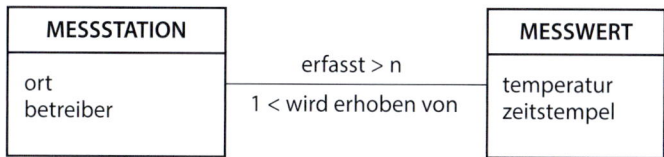

Jede Messstation erfasst keinen, einen oder mehrere Messwerte. Jeder Messwert wird genau von einer Messstation erhoben.

Messstation (<u>id</u>, ort, betreiber)
Messwert (<u>id</u>, temperatur, zeitstempel, <u>station_id</u>)

Zur Umsetzung einer n:m-Beziehung wird eine **Beziehungstabelle** benötigt. In ihr werden die Primärschlüssel beider in Beziehung stehender Tabellen als Fremdschlüssel gespeichert. Der Primärschlüssel der Beziehungstabelle ist die Kombination aus beiden Fremdschlüsseln.

Beispiel:

Nutzer(vorname, name, <u>telefon_nr</u>)
Gruppe(<u>id</u>, name, gegründet)
Nutzer_zu_Gruppe(<u>telefon_nr</u>, <u>gruppen_id</u>)

T8 a Eine unsinnige Zeile lautet:

name	vorname	note	typ
Scott	Abigayle	4	Unterrichtsbeitrag

Bei der angegebenen SQL-Abfrage handelt es sich um ein kartesisches Produkt. Das heißt, in der Ergebnistabelle wird jede Zeile der Tabelle Schueler mit jeder Zeile der Tabelle Note kombiniert. Um das zu verhindern, muss eine Verbund- Bedingung formuliert werden und in der Abfrage ergänzt werden:

```
WHERE Schueler.nr = Note.schueler_nr
```

b
```
SELECT name, vorname, note FROM Schueler, Note
WHERE Schueler.nr = Note.schueler_nr AND typ = "Kurzarbeit"
```

c In der Tabelle Schueler kommt in der Spalte klasse der Wert 10c mehrfach vor. In der Abbildung ist jedoch nur ein Ausschnitt zu sehen, in der Datenbank werden auch Schüler anderer Klassen enthalten sein. Solange zu jeder Klasse ausschließlich der Klassenname gespeichert wird, sind keine redundante Daten vorhanden, die durch ein verändertes Tabellenschema vermieden werden könnten. Erst wenn weitere Informationen wie die Klassenleitung, deren E-Mail-Adresse usw. gespeichert werden würden, wäre eine zusätzliche Tabelle Klasse(<u>name</u>, klassenleitung, mail_klassenleitung, …) nötig, um Redundanz zu vermeiden. In der Tabelle Schueler würde sich nichts ändern, weil dort die Spalte klasse zu einem Fremdschlüssel werden würde. Zusätzliche Informationen zur Klasse sind in einem reinen Notenprogramm jedoch nicht relevant.
Ähnliche Überlegungen gelten für die Spalten fach und typ in der Tabelle Note.

T9 Es gibt verschiedene Lösungsmöglichkeiten. Die dargestellte Lösung geht davon aus, dass sowohl Einzel- als auch Gruppenunterricht in einem Instrument möglich sind. Zusätzlich wird angenommen, dass ein Ensemble immer nur von genau einer Lehrkraft geleitet wird.

a

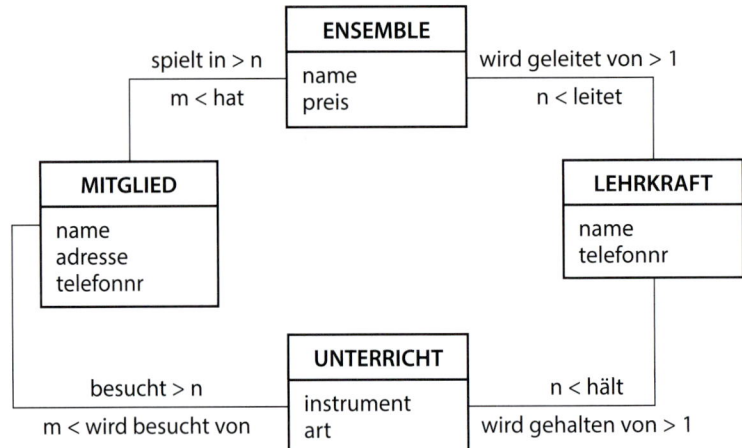

b Mitglied(<u>id</u>, name, adresse, telefonnr)
Lehrkraft(<u>id</u>, name, telefonnr)
Unterricht(<u>id</u>, art, instrument, <u>lehrkraft</u>)
Ensemble(<u>name</u>, preis, <u>lehrkraft</u>)
Mitglied_zu_Unterricht(<u>mitglied_id</u>, <u>unterricht_id</u>)
Mitglied_zu_Ensemble(<u>mitglied_id</u>, <u>name</u>)

Aufgaben in Kapitel 2

T1 Richtig oder falsch?
  a Falsch: Eine Unterklasse erbt Attribute und Methoden von der Oberklasse.
  b richtig
  c Ungenau: Mit UND und ODER können Bedingungen kombiniert werden. Diese Kombination ist dann auch wieder eine Bedingung. Die meisten elementaren Bedingungen sind Vergleiche.
  d Falsch: In einer Unterklasse kann eine Methode der Oberklasse überschrieben werden.
  e richtig
  f Falsch: Ein Referenzattribut kann man sich als eine Schachtel vorstellen, in der ein Lasso enthalten ist, an dem ein Objekt hängt.
  g Falsch: Nach dem Kapselungsprinzip sollte der direkte Zugriff auf Attribute verhindert werden: Attribute sollen nur über Methoden des Objekts gelesen und verändert werden.
  h richtig
    Es kann auch mit falsch argumentiert werden: In den meisten Fällen sind Felder zwar die bessere Wahl, stehen aber nur wenige Objekte in Beziehung, können manchmal auch wenige Referenzattribute mit sprechenden Bezeichnern von Vorteil sein (z. B. die drei Lampen einer Ampel: lampeOben, lampeMitte und lampeUnten).
  i Falsch: es werden alle Elemente angesprochen
  j Falsch: man vergleicht zuerst die vorhandenen Klassen und sucht nach Gemeinsamkeiten für eine generalisierte Oberklasse.
  k Falsch: in einem Attribut von Typ einer Oberklasse kann mach auch Referenzen auf Objekte vom Typ einer Unterklasse speichern.
  l richtig

T2 **Veränderter Zustand**

a linkes Bild

rechtes Bild

figur: FIGUR
x = 200
y = 100
winkel = 0
sichtbar = wahr

figur: FIGUR
x = 300
y = 200
winkel = 270
sichtbar = wahr

b Es gibt mehrere Lösungsmöglichkeiten, z. B.:

figur.Gehen(100) figur.Drehen(-90) figur.Gehen(100)

T3 **Programmieren**

Zum Vergleich ist hier der Quelltext in allgemeiner Notation angegeben:

```
klasse SPIELFIGUR beerbt FIGUR
    attribut punkte: GANZZAHL
    attribut leben: GANZZAHL

    konstruktor()
        super()
        punkte = 0
        leben = 3
    endekonstruktor

    überschreiben methode Gehen(länge: GANZZAHL)
        falls länge < 0
        dann
            selbst.Drehen(180)
            super.Gehen(-länge)
        sonst
            super.Gehen(länge)
        endefalls
    endemethode
endeklasse
```

T4 **Ich check's, dank deiner Hilfe!**

Beispiele zur Anwendung in den verschiedenen Programmiersprachen findet man in den jeweiligen Kapiteln oder in den bearbeiteten Projekten.

Ein **Referenzattribut** ist ein Attribut, das eine Referenz auf ein anderes Objekt enthalten kann. Referenzattribute werden in Objekten benötigt, die anderen Objekten Botschaften (z. B. in Form von Methodenaufrufen) schicken müssen.

Durch die **Zugriffsrechte** privat, öffentlich und geschützt kann man den Zugriff auf Attribute und Methoden regeln. Typischerweise sind nach dem Kapselungsprinzip Attribute privat und Methoden öffentlich oder geschützt.

Ein **Feld** ist eine Datenstruktur, in der viele gleichartige Objekte effizient verwaltet werden können.

Bei der **Generalisierung** werden gemeinsame Attribute und Methoden von Klassen zu neuen Oberklassen zusammengefasst (verallgemeinerte Klassen).

Polymorphismus ist die Eigenschaft, dass ein Referenzattribut nicht nur Objekte der als Datentyp angegebenen Klasse referenzieren kann, sondern auch Objekte aller zu dieser Klasse existierenden Unterklassen.

Abstrakte Klassen sind Klassen, von denen keine Objekte erzeugt werden. Darin kann man auch **abstrakte Methoden** vereinbaren, deren genaue Bedeutung erst in Unterklassen festgelegt wird.

Aufgaben in Kapitel 3

T1 Richtig oder falsch?
  a richtig
  b Falsch: Ein gerichteter Graph kann Kantengewichte haben.
  c richtig
  d Falsch: Es wird der Weg mit der kleinsten Anzahl an Kanten gefunden, der bei gewichteten Graphen nicht der kürzeste Weg sein muss.
  e Falsch: Die Knoten werden in konzentrischen Bereichen um den Startknoten abgearbeitet.
  f richtig
  g Falsch: Er kann auch für ungewichtete Graphen verwendet werden und bringt dann das gleiche Ergebnis wie die Breitensuche.

T2 Eine gute Erklärung ist alles!

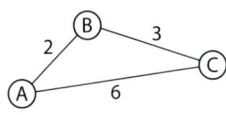

- Die Breitensuche sucht den Pfad mit der geringsten Anzahl an Knoten. Wenn der Graph gewichtet ist, kann es aber sein, dass der Weg über mehrere gering gewichtete Kanten kürzer ist als über eine einzige stark gewichtete Kante. So findet die Breitensuche den direkten Weg von A nach C (eine Kante, Länge 6), während der kürzeste Weg über B führt (2 Kanten, Länge 5).
- Bei der Berechnung der Weglänge für neu gefundene Knoten muss das Gewicht der Kante vom aktuellen Knoten zum neuen Knoten addiert werden, bei der Breitensuche wird jeweils 1 dazu addiert. Außerdem muss für die Knoten in der To-Do-Liste geprüft werden, ob der so berechnete Weg kürzer ist als der Weg, auf dem der Knoten bisher erreicht wurde.
- Es wird derjenige Knoten in der To-Do-Liste gesucht, der die kürzeste Entfernung zum Startknoten hat. Nur so kann garantiert werden, dass immer mit dem kürzestmöglichen Weg weitergearbeitet wird. Bei der Breitensuche wurde einfach der erste Knoten aus der To-Do-Liste verwendet.

T3 Programmieren

Umsetzungen für konkrete Sprachen finden sich in den Download-materialien.

  a

```
klasse GRAPHMATRIX

    geschützt attribut matrix: FELD<FELD<GANZZAHL>>
    geschützt attribut maxPersonenanzahl: GANZZAHL

    konstruktor()
        matrix = neu FELD<FELD<GANZZAHL>>()
        zähle index1 von 0 bis 5
            matrix.Hinzufügen(neu FELD<GANZZAHL>())
            zähle index2 von 0 bis 5
                matrix.ElementGeben(index1).Hinzufügen(-1)
            endezähle
        endezähle
        matrix.ElementGeben(0).ElementSetzen(1, 2)
        :
        :
    endekonstruktor
endeklasse
```

b

```
warteliste.Leeren()
fertigeKnoten.Leeren()
aktuellerKnoten = start
aktuellerKnoten.LängeSetzen(0)
```

wiederhole solange nicht aktuellerKnoten == zielKnoten

    zähle nummer von 0 bis anzahlKnoten - 1

        (matrix.ElementGeben(aktuellerKnoten).ElementGeben(nummer) > 0) und
        (nicht fertigeKnoten.Enthält(nummer)) und
        (nicht warteliste.Enthält(nummer))

        wahr   falsch

        `knoten.LängeSetzen(aktuellerKnoten.LängeGeben() + 1)`
        `warteliste.Anfügen(knoten)`

    `aktuellerKnoten = warteliste.ElementGeben(0)`
    `warteliste.Entfernen(0)`

```
Ausgabe("Der Weg vom Start zum Ziel geht über ")
Ausgabe(aktuellerKnoten.LängeGeben())
Ausgabe(" Kanten")
```

c

```
warteliste.Leeren()
fertigeKnoten.Leeren()
aktuellerKnoten.LängeSetzen(0)
aktuellerKnoten.VorgängerSetzen(leer)
```

wiederhole solange nicht aktuellerKnoten == zielKnoten

    zähle nummer von 0 bis anzahlKnoten - 1

        (matrix.ElementGeben(aktuellerKnoten).ElementGeben(nummer) > 0) und
        (nicht fertigeKnoten.Enthält(nummer)) und
        (nicht warteliste.Enthält(nummer))

        wahr   falsch

        `knoten.LängeSetzen(aktuellerKnoten.LängeGeben() + 1)`
        `knoten.VorgängerSetzen(aktuellerKnoten)`
        `warteliste.Anfügen(knoten)`

    `aktuellerKnoten = warteliste.ElementGeben(0)`
    `warteliste.Entfernen(0)`

```
Ausgabe("Der Weg vom Start zum Ziel geht über ")
Ausgabe(aktuellerKnoten.LängeGeben())
Ausgabe(" Kanten")
```

wiederhole solange aktuellerKnoten nicht ist leer

    `Ausgabe(aktuellerKnoten.NameGeben())`
    `aktuellerKnoten = aktuellerKnoten.VorgängerGeben()`

d Beispielsweise kann der rechtsstehende Graph verwendet werden. Die Suche könnte dann als Startknoten A und als Zielknoten D verwenden.

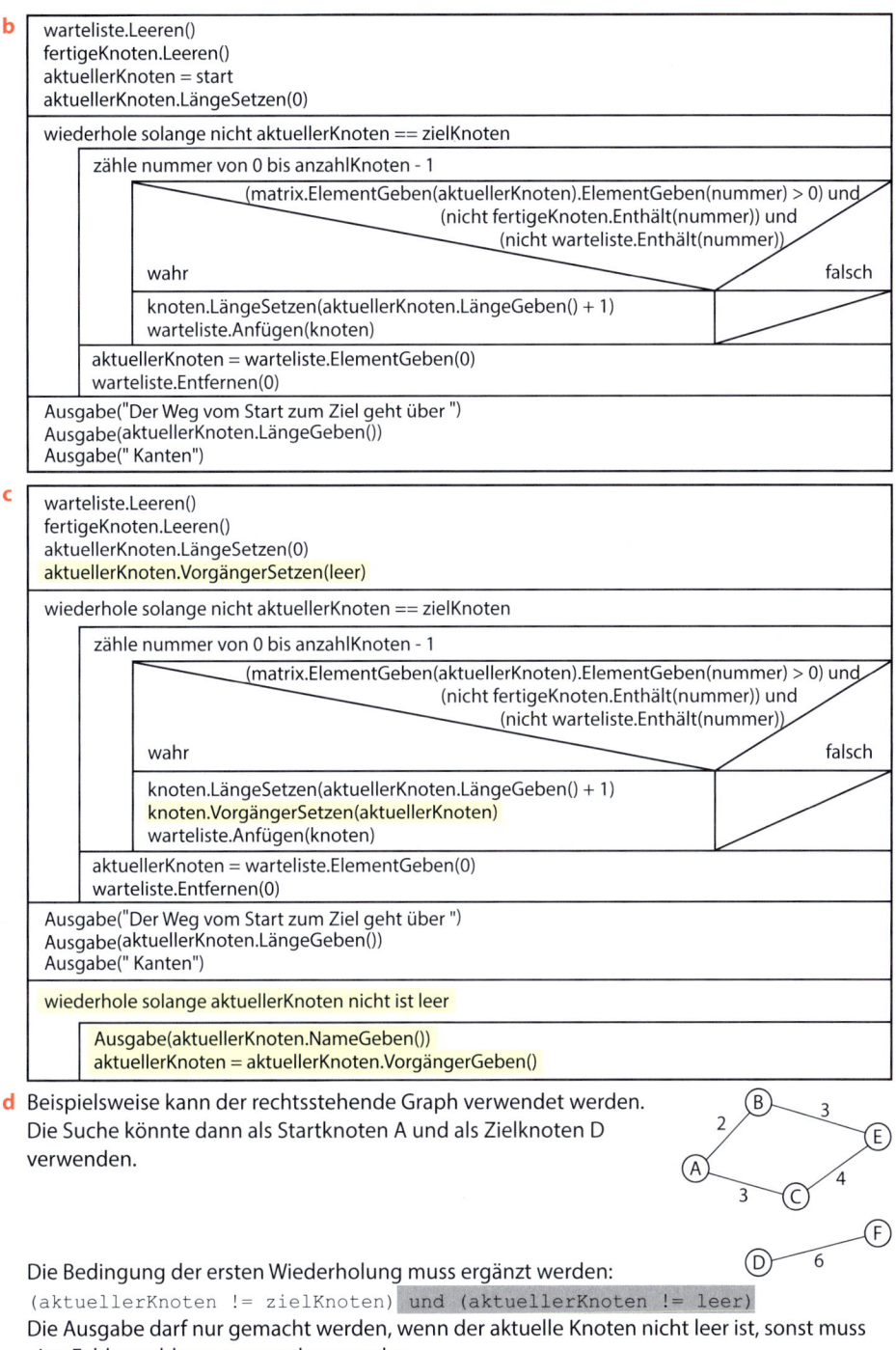

Die Bedingung der ersten Wiederholung muss ergänzt werden:

`(aktuellerKnoten != zielKnoten)` und `(aktuellerKnoten != leer)`

Die Ausgabe darf nur gemacht werden, wenn der aktuelle Knoten nicht leer ist, sonst muss eine Fehlermeldung ausgegeben werden.

Aufgaben in Kapitel 4

T1 Richtig oder falsch?

a wahr

b Falsch: Die Warteschlange hat eine rekursive Datenstruktur, aber noch keine rekursiven Methoden.

c Falsch: Die Trennung von Struktur und Daten geschieht durch Aufteilung in die konkrete Anwendungsklasse (z. B. PATIENT) und KNOTEN.

d wahr

e Falsch: Stapel finden breite Anwendung, z. B. in der Lagerverwaltung oder auch beim Aufrufstapel der Methoden.

T2 Ich check's, dank deiner Hilfe!

Am besten, Sie erklären es Ferdi, indem Sie mit ihm zusammen das Buch durchblättern: Liste (Kapitel 4), Warteschlange (4.1), Trennung von Struktur und Daten (4.2), rekursive Methode (4.4), Entwurfsmuster Kompositum (4.5), Stapel (4.6).

T3 Schulverwaltungssoftware (aus Abitur 2022)

a Das Entwurfsmuster Kompositum erspart zahlreiche bedingte Anweisungen zur Prüfung, ob die Liste leer ist bzw. ein Knoten einen Nachfolger hat. Durch die Klassen KNOTEN (Verwaltung der Vorgänger-Nachfolger-Beziehung) und WAHLKURS (konkrete Anwendungsklasse) ist die Trennung von Struktur und Daten realisiert, auch wenn durch Verwendung einer Schnittstelle noch mehr Unabhängigkeit erreicht werden könnte.

b Im Pseudocode des Buches, der im Sinne des Abiturs keine wählbare Programmiersprache darstellt:

```
klasse WAHLKURSLISTE
    anfang: LISTENELEMENT
  methode AnzahlKurseGeben(fachgebiet: ZEICHENKETTE) -> GANZZAHL
    return anfang.KurseZählen(fachgebiet)
  endemethode
  methode ZuKleineKurseLöschen(minTNZahl: GANZZAHL)
    anfang = anfang.ZuKleineKurseLöschen(minTNZahl)
  endemethode
endeklasse


klasse LISTENELEMENT {abstract}
  methode KurseZählen(fachgebiet: ZEICHENKETTE)->GANZZAHL {abstract}
  methode ZuKleineKurseLöschen(minTNZahl: GANZZAHL)-> LISTENELEMENT ↵
                                                     {abstract}
endeklasse
```

```
klasse KNOTEN beerbt LISTENELEMENT
   nachfolger: LISTENELEMENT
   daten: WAHLKURS
   methode KurseZählen(fachgebiet: ZEICHENKETTE) -> GANZZAHL
           anzahl: GANZZAHL
           anzahl = nachfolger.KurseZählen(fachgebiet)
           falls daten.FachgebietGeben()==fachgebiet
           dann
                   anzahl = anzahl + 1
           endefalls
           return anzahl
   endemethode
   methode ZuKleineKurseLöschen(minTNZahl: GANZZAHL) -> LISTENELEMENT
           nachfolger = nachfolger.ZuKleineKurseLöschen(minTNZahl)
           falls daten.TNZahlGeben()<minTNZahl
           dann
                   return nachfolger
           sonst
                   return selbst
           endefalls
   endemethode
endeklasse


klasse ABSCHLUSS beerbt LISTENELEMENT
   methode KurseZählen (fachgebiet: ZEICHENKETTE) -> GANZZAHL
           return 0
   endemethode
   methode ZuKleineKurseLöschen(minTNZahl: GANZZAHL) -> LISTENELEMENT
           return selbst
   endemethode
endeklasse
```

T4 Burning Man (aus Abitur 2021)

a In VERANSTALTUNGSLISTE:

```
methode SortiertEinfuegen(vNeu: VERANSTALTUNG)
    anfang = anfang.SortiertEinfuegen(vNeu)
endemethode
methode AnzahlGeben(tag: GANZZAHL, zeitfenster: GANZZAHL)->GANZZAHL
    return anfang.AnzahlGeben(tag, zeitfenster)
endemethode
```

In LISTENELEMENT:

```
methode SortiertEinfuegen(VERANSTALTUNG vNeu)-> LISTENELEMENT {abstract}
methode AnzahlGeben(tag: GANZZAHL, zeitfenster: GANZZAHL)->GANZZAHL ↵
                                                              {abstract}
```

In KNOTEN:

```
konstruktor(vNeu: VERANSTALTUNG, lNeu: LISTENELEMENT)
    daten = vNeu
    nachfolger = lNeu
endekonstruktor
methode SortiertEinfuegen(VERANSTALTUNG vNeu)-> LISTENELEMENT
    falls daten.TagGeben()>vNeu.TagGeben()↵
                   oder (daten.TagGeben()==vNeu.TagGeben()↵
                   und daten.ZeitfensterGeben()> vNeu.ZeitfensterGeben())
    dann
            return neu KNOTEN (vNeu, selbst)
    sonst
            nachfolger = nachfolger.SortiertEinfuegen(vNeu)
            return selbst
    endefalls
endemethode
methode AnzahlGeben(tag: GANZZAHL, zeitfenster: GANZZAHL) -> GANZZAHL
    falls tag==daten.TagGeben() und zeitfenster==daten.ZeitfensterGeben()
    dann
            return nachfolger.AnzahlGeben(tag, zeitfenster) + 1
    sonst
            return nachfolger.AnzahlGeben(tag, zeitfenster)
    endefalls
endemethode
```

In ABSCHLUSS:

```
methode SortiertEinfuegen(VERANSTALTUNG vNeu)-> LISTENELEMENT
    return neu KNOTEN(vNeu, selbst)
endemethode
methode AnzahlGeben(tag: GANZZAHL, zeitfenster: GANZZAHL) -> GANZZAHL
    return 0
endemethode
```

b

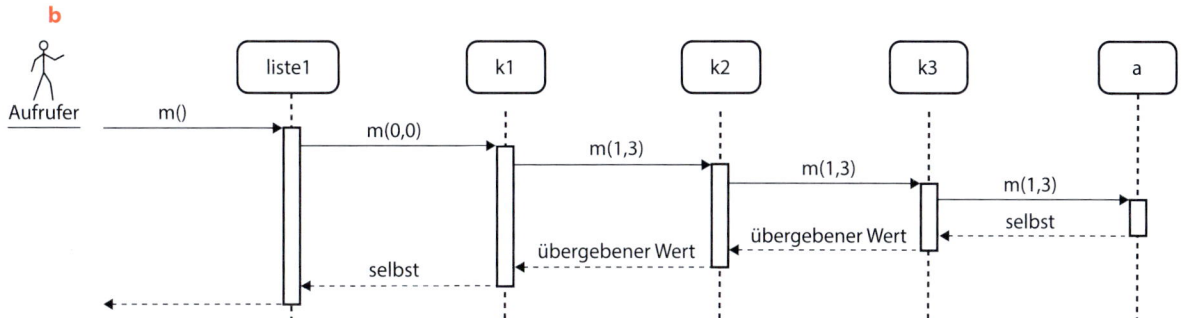

Sind mehrere Veranstaltungen am gleichen Tag und im gleichen Zeitfenster in der Liste, so entfernt die Methode jeweils alle Veranstaltungen außer der ersten aus der Liste.

Aufgaben in Kapitel 5

T1 Rekursive Datenstruktur Baum und Entwurfsmuster Kompositum

    a Ein geordneter Binärbaum ist eine effiziente Datenstruktur für die Suche in großen Datenbeständen, z.B. die Nutzerinnen und Nutzer eines Onlineshops.

    Mit der Datenstruktur Baum können Anwendungsaufgaben wie der Aufbau einer hierarchischen Struktur oder die Kompression von 2D-Grafiken über den Quad-Tree umgesetzt werden. Eine rein linearen Datenstruktur (Liste) wäre dafür nicht ausreichend.

    b Da $2^8 = 256 < 500 < 2^9 = 512$ sind mindestens 9 Ebenen nötig. Bei entarteten Bäumen kann die Ebenenanzahl jedoch deutlich höher liegen.

    c, e

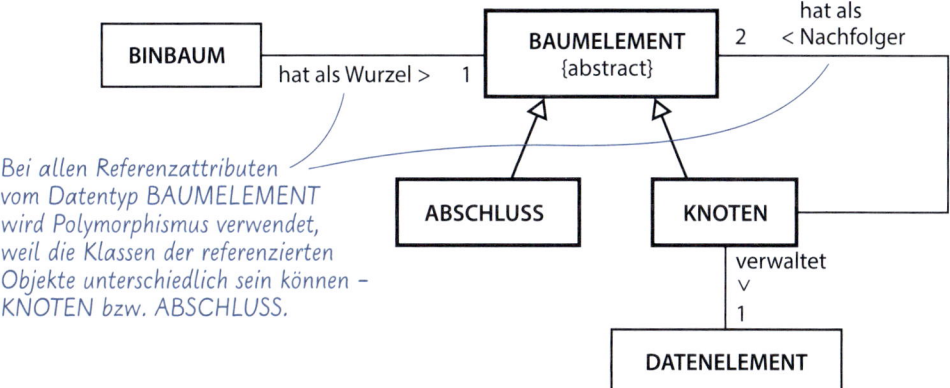

    Die Datenstruktur ist rekursiv, weil von der Klasse KNOTEN (die auch ein BAUMELEMENT ist), eine Beziehung zur Klasse BAUMELEMENT existiert.

    d Die Ordnung des Binärbaums wird durch die Methode *Einfügen* sichergestellt. Aus dem Klassendiagramm lässt sich jedoch nicht erkennen, wie diese Methode arbeitet.

    f

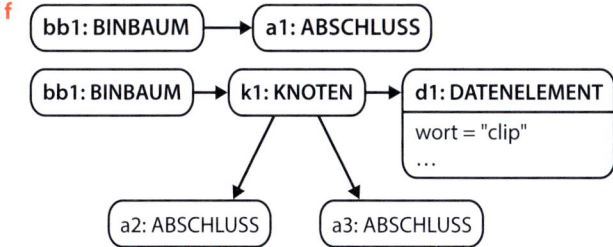

g Im Rumpf der Methode *Einfügen(DATENELEMENT)* des Objekts binbaum wird die Methode *Einfügen* des Anfangs aufgerufen. Der Anfang im leeren Baum ist ein Abschluss (hier a1 genannt). Der Abschluss erzeugt einen Knoten, der das eingegebene Datenelement (hier d1) referenziert sowie zwei Abschlüsse als Nachfolger hat. Die Referenz auf den neuen Knoten (hier k1 genannt) gibt er dem Aufrufer als Antwort zurück. Das Binärbaum-Objekt setzt die erhaltene Referenz als neuen Anfang. (a1 selbst ist i. d. R. nicht mehr Teil der Datenstruktur und wurde deshalb im unteren Objektdiagramm weggelassen.)

T2 Ich check's, dank deiner Hilfe!

Am besten, Sie erklären es Ferdi, indem Sie mit ihm zusammen das Buch durchblättern: Bestandteile und Eigenschaften des Baums (Kapitel 5.1), rekursive Methoden *Einfügen* und *Suchen* (5.2 bzw. 5.3), rekursive Methoden *PreorderAusgeben, InorderAusgeben, PostorderAusgeben* und deren Einsatzgebiete (5.4).

T3 Kundenverwaltung Spieleverleih (aus Abitur 2020)

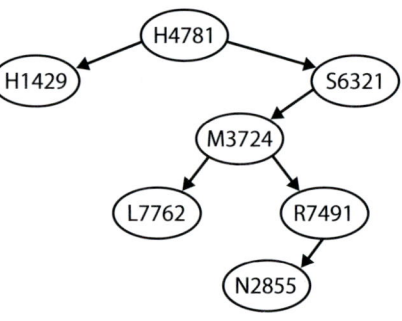

a H4781, H1429, S6321, M3724
  H4781, S6321, H1429, M3724
  H4781, S6321, M3724, H1429.

b Eine nach dem Schlüssel sortierte Ausgabe ist mit dem Inorder-Durchlauf möglich. Hierbei wird zuerst die Methode vom linken Nachfolger rekursiv aufgerufen, dann der eigene Wert ausgegeben und zuletzt die Methode des rechten Nachfolgers rekursiv aufgerufen.

Der Baum ist nach der eindeutigen Kundennummer sortiert, in der Regel stimmt diese Sortierung nicht mit einer Sortierung nach dem Nachnamen überein.

c Für die Anzahl n der Ebenen gilt:

$$2^n-1 >= 2500 \qquad | +1$$
$$2^n >= 2501 \qquad | \log 2$$
$$n >= \log_2(2501) \quad \Rightarrow n >= 11{,}2 \quad \text{Es müssen mindestens 12 Ebenen sein.}$$

d Ein balancierter Baum hat den Vorteil, dass die Ebenenanzahl minimal ist und somit der Baum schnell durchsucht werden kann. Ein Nachteil ist jedoch der hohe Verwaltungsaufwand beim balancierten Einfügen.

e siehe Klassendiagramm im Merkkasten S. 239 – ersetzen Sie die Klasse DATENELEMENT durch die Klasse KUNDE sowie BINBAUM durch KUNDENBAUM

f Im Pseudocode des Buches, im Sinne des Abiturs keine wählbare Programmiersprache

Klasse KUNDENBAUM

```
methode passwortPruefen(kdnr: ZEICHENKETTE, pw: ZEICHENKETTE)
                                            -> WAHRHEITSWERT
    return wurzel.passwortPruefen(kdnr, pw)
endemethode
```

Klasse BAUMELEMENT {abstract}

```
methode passwortPruefen(kdnr: ZEICHENKETTE, pw: ZEICHENKETTE){abstract}
                                            -> WAHRHEITSWERT
```

Klasse KNOTEN:

```
methode passwortPruefen(kdnr: ZEICHENKETTE, pw: ZEICHENKETTE)
                                            -> WAHRHEITSWERT

        attribut vergleich: GANZZAHL
        vergleich = inhalt.kundennummerVergleichen(kdnr)
```

```
        falls vergleich ==0
        dann
                return inhalt.istPasswortGleich(pw)
        sonst
                falls vergleich <0
                dann
                        return nachfolgerLinks.passwortPruefen(kdnr, pw)
                sonst
                        return nachfolgerRechts.passwortPruefen(kdnr, pw)
                endefalls
        endefalls
    endemethode
```

Klasse ABSCHLUSS:

```
methode passwortPruefen(kdnr: ZEICHENKETTE, pw: ZEICHENKETTE)
                                                   -> WAHRHEITSWERT

    return FALSCH
endemethode
```

Aufgaben in Kapitel 6

T1 Richtig oder falsch?

a richtig
Es kann auch mit „falsch" argumentiert werden, weil bei verschränkter Rekursion keine Methode „sich" selbst aufrufen muss.

b falsch: Ohne Abbruchbedingung wird die Rekursion nie beendet.

c falsch: z. B. verzweigte Rekursion

d richtig

e richtig

f falsch: Bei der Tiefensuche wird zuerst in die Tiefe des Graphen gegangen.

g falsch: Durch fortgesetzte Tiefensuche wird auch die optimale Lösung gefunden.

T2 Ich check's, dank deiner Hilfe!

Beispiele können aus dem Lehrtext gewählt werden.

Bei der **Rekursion** rufen Methoden sich selbst auf (**rekursiver Aufruf**). Eine **Abbruchbedingung** sorgt dafür, dass die rekursiven Aufrufe zu einem Ende kommen; damit ist das **Rekursionsende** erreicht. Bei der **linearen Rekursion** ruft sich eine rekursive Methode an genau einer Stelle selbst auf, bei **verzweigter Rekursion** an zwei oder mehr Stellen.

Das **Backtracking**-Verfahren ist ein rekursives Verfahren, das schrittweise auf eine Lösung zu steuert und durch die rekursiven Aufrufe auf seiner eigenen Spur zurückgeht, wenn der Weg in eine Sackgasse geraten ist. Wird das Backtracking nicht beim Finden der ersten Lösung beendet, sondern fortgesetzt, bis alle Lösungen gefunden sind, wird auch die optimale Lösung gefunden. Die **Tiefensuche** ist ein Backtracking-Verfahren, das auf einen Graphen zum Besuch der Knoten angewendet wird. Die **optimale Lösung** ist dabei in der Regel **der kürzeste Weg** von einem Startknoten zum Zielknoten.

T3 Programmieren (aus Abitur 2017)

a Der Graph ist gerichtet, weil die Adjazenzmatrix nicht symmetrisch zur Diagonale ist.

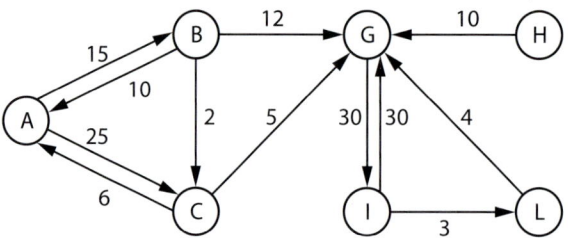

b
```
methode KnotenBesuchen(aktuell: GANZZAHL)
    besuchteKnoten.Hinzufügen(aktuell)
    zähle nummer von 0 bis knoten.ElementanzahlGeben() - 1
        falls (matrix.ElementGeben(aktuell).ElementGeben(nummer) >=10↵
                                und(NICHT besuchteKnoten.Enthält(nummer))
        dann
            KnotenBesuchen(nummer)
        endefalls
    endezähle
endemethode
A, B, G, I, C
```

Stichwortverzeichnis

Bildquellenverzeichnis

Cover: Grafik: Shutterstock.com/Sunward Art; Schrift: Cornelsen/klein & halm GbR

Abbildungen/Fotos:
1/Cornelsen/klein & halm GbR; 2/Cornelsen/klein & halm GbR; 3/214/241/244/247/260/286/292/293/Shutterstock. com/Trueffelpix; 11/Cornelsen/Florian Janus; 12/Olympische Ringe/Shutterstock.com/Baka Sobaka; 14/Europa/ Shutterstock.com/nale; 16/Paris/**o. li.** /Shutterstock.com/WDG Photo; 16/Rio de Janeiro/ **o. li. Mi.** /Shutterstock.com/ f11photo; 16/London/**o. li. u.** /Shutterstock.com/Alexander Kirch; 16/Fahrradunfall/**u. re.** /Shutterstock.com/Kzenon; 19/Salate/**o.** /Shutterstock.com/antpkr; 19/Smoothies/**Mi.** /Shutterstock.com/viennetta; 19/Computer/**Mi.** /Shutterstock.com/Chuenmanuse; 19/Smartphone/**Mi.** /Shutterstock.com/Artos; 21/Laptop/Shutterstock.com/Goran Bogicevic; 22/Autorenband/Cornelsen/Florian Janus; 23/Schwebebahn/Shutterstock.com/fritz16; 27/Fingerabdrucksensor/Shutterstock.com/Andrea Danti; 28/Filmplakat/Shutterstock.com/Mascha Tace; 30/Wetterstation/**o. re.** / Shutterstock.com/ ZoranOrcik; 30/Bundestag/**u. re.** /stock.adobe.com/mdaake; 36/Shutterstock.com/Impact Photography; 38/Shutterstock.com/Pavel L Photo and Video; 42 **u. li.** /Shutterstock.com/wavebreakmedia; 43/ Shutterstock.com/A. Aleksandravicius; 51/**o. re.** Shutterstock.com/nitpicker; 55/Shutterstock.com/Solis Images; 58/Shutterstock.com/ Lukas Gojda; 63/**o. re.** Shutterstock.com/ Gorodenkoff; 63/**u. re.** Shutterstock.com/ Chepko Danil Vitalevich; 64/Phantombild/ Shutterstock.com/New Africa; 64/Speichelprobe/Shutterstock.com/Robert Kneschke; 65/Shutterstock.com/STEKLO; 77/Auge/Shutterstock.com/Pandur; 78/Mann mit Computer/Shutterstock.com/Gorodenkoff; 79/stock.adobe.com/Adobe Systems; 82 **u. li.**/Shutterstock.com/MOLPIX; 86 **o. li.**/ Shutterstock.com/elabracho; 88 **u. li.**/ Cornelsen/Klaus Reinold; 99 **Mi. re.**/Shutterstock.com/O.PASH; 99 **u. re.**/ Shutterstock.com/aapsky; 100 **o.**/Shutterstock.com/brizmaker; 119 **Mi. re.**/ Shutterstock.com/Volker Rauch; 121 **Mi. re.**/Shutterstock.com/ Dreamcreation; 125 Digitaluhr/ Shutterstock.com/Yuliia1996; 125 Countdown/Shutterstock.com/Visuta; 128/Shutterstock.com/Nyo09; 130 **u. li.**/Shutterstock.com/Zoart Studio; 134 **Mi. li.**/ Shutterstock.com/KYTan; 150/Shutterstock.com/Dagmar Breu; 154/Shutterstock.com; 155 **o. re.**/Imago Stock & People GmbH/YAY Images/xspeedfighterx 761587; 185/Shutterstock.com/Denys Prykhodov; 186 **o. re.** /mauritius images/alamy stock photo/Naschy; 186 **Mi. re.** / mauritius images/Science Source; 192 **o. re.**/Shutterstock.com/Focus and Blur; 224/226 **Mi. re.**/255 **Mi. re.**/Cornelsen/Inhouse; 251 **o.**/Shutterstock.com/sumire8; 254 **u.**/Shutterstock.com/Anton Prohorov; 275/Shutterstock.com/Woodpond; 293 **Mi.**/mauritius images/Memento; 297 **u. re.**/Shutterstock.com/KaryB; 297 **o. li.**/stock.adobe.com/Christine; 297 **o. re.**/ mauritius images/Science Source; 297 **u. li.**/ sciencephotolibrary/Pasieka, Alfred 308 **u.** Shutterstock.com/ptashka; 313 **Mi.**/ Shutterstock.com/Viktorija Reuta; 313 **u.** /Shutterstock.com/bogdan ionescu; 314 /Shutterstock.com/Aygun Ali; 336/Cornelsen/klein & halm GbR

Collagen:

18/Cornelsen/Inhouse/stock.adobe.com/SHrenchir/Ingrid Schobel; **20 u. re.**/Cornelsen/Peter Brichzin; Franz Jetzinger; Johannes Neumeyer; Klaus Reinold; Albert Wiedemann **42/o. li.**/Grafik: Shutterstock.com/Sunward Art; Schrift: Cornelsen/klein & halm; **46**/Cornelsen/Peter Brichzin; Franz Jetzinger; Johannes Neumeyer; Klaus Reinold; Albert Wiedemann; **51**/Cornelsen/Peter Brichzin; Franz Jetzinger; Johannes Neumeyer; Klaus Reinold; Albert Wiedemann; **54 u. re.**/Cornelsen/Peter Brichzin; Florian Janus; Franz Jetzinger; Johannes Neumeyer; Klaus Reinold; Albert Wiedemann/Shutterstock.com/Ronald Sumners; **67**/Cornelsen/Peter Brichzin/Franz Jetzinger/Johannes Neumeyer/Klaus Reinold/Albert Wiedemann/ Shutterstock.com/Cookie Studio/Dima Aslanian/Jandrie Lombard/Dmitry Molchanov/ Party people studio/Foxys Forest Manufacture/Konstantin Chagin; **68**/Cornelsen/Peter Brichzin/Franz Jetzinger/ Johannes Neumeyer/Klaus Reinold/Albert Wiedemann/ Shutterstock.com/Cookie Studio/Dima Aslanian; **78**/Fingerabdruck/Cornelsen/Peter Brichzin/Shutterstock.com/Olena Voronetska; **85**/Bausteine: Cornelsen/Ingrid Schobel; Roboter: Shutterstock.com/inspiring.team; **88 Mi. re.**/Cornelsen/Reemers, Motte: Shutterstock.com/Chelnokov Vladimir, Papier: Shutterstock.com/Rodin Anton; **92 o. re.**/ Cornelsen/Illus: Natascha Welz/Figuren: Nicole Rademacher; **118 o./118 Mi.**/Cornelsen/Peter Brichzin; Franz Jetzinger; Johannes Neumeyer; Klaus Reinold; Albert Wiedemann; **122 Mi.**/Cornelsen/Ingrid Schobel/Nicole Rademacher; **122**/Cornelsen/Cornelsen/Peter Brichzin; Franz Jetzinger; Johannes Neumeyer; Klaus Reinold; Albert Wiedemann; **138 Mi./138 u.**/Cornelsen/Illus: Natascha Welz/Figuren: Nicole Rademacher; **144 Mi. li.**/Cornelsen/Inhouse/Shutterstock.com/fizkes; **151 o. re., Mi. re., u. re.,/176 o. re**. /Cornelsen, Illus: Natascha Welz, Figuren/Nicole Rademacher; **152 Mi. re.**/Cornelsen/Ingrid Schobel/Shutterstock/ Bardocz Peter; **155 Mi. re.** /Cornelsen, Illu: Detlef Seidensticker; **164 Mi. re.**/Cornelsen, Stoppuhr: Depositphotos/ Logo_icon, Illu: Nicole Rademacher; **196 o. re.**/Foto: Cornelsen/Inhouse; Zahn: Shutterstock.com/MaxxStudio; **225**/ Cornelsen/Reemers; l.: Nicole Rademacher; r.: Natascha Welz; **299 Mi. re.**/Cornelsen/Reemers/Shutterstock.com/ ptashka/Klaus Reinold; **300 Grafik**: Cornelsen/Natascha Welz; Foto „Bug": Shutterstock.com/trueffelpix.com; Foto Daumen: Shutterstock.com/ssd; **307**/Cornelsen/Stefan Seeberger/Nicole Rademacher; **308/o. Mi.**: Cornelsen/Stefan Seeberger

Urheber der Bildschirmschüsse sind die Autoren.

Textquellenverzeichnis

S. 119/1	Bayerische Abiturprüfung 2018, Fach Informatik, Abschnitt II Aufgabe 1, Quelle: Staatsinstitut für Schulqualität und Bildungsforschung (ISB), https://www.isb.bayern.de/schularten/gymnasium/leistungserhebungen/abiturpruefung/informatik/
S. 169/9	Informatik-Biber 2013, S. 43, © Bundesweite Informatikwettbewerbe (BWINF)
S. 179/4	Informatik-Biber 2013, S. 36, © Bundesweite Informatikwettbewerbe (BWINF)
S. 191/6	Bayerische Abiturprüfung 2013, Fach Informatik, Abschnitt II Aufgabe 2, Quelle: Staatsinstitut für Schulqualität und Bildungsforschung (ISB), https://www.isb.bayern.de/schularten/gymnasium/leistungserhebungen/abiturpruefung/informatik/
S. 197/5	Bayerische Abiturprüfung 2020, Fach Informatik, Abschnitt I Aufgabe 2a, Quelle: Staatsinstitut für Schulqualität und Bildungsforschung (ISB), https://www.isb.bayern.de/schularten/gymnasium/leistungserhebungen/abiturpruefung/informatik/
S. 219/5	17. Bundeswettbewerb Informatik 1999, Aufgabenblatt 1. Runde, © Bundesweite Informatikwettbewerbe (BWINF)
S. 220/T3	Bayerische Abiturprüfung 2022, Fach Informatik, Abschnitt II Aufgabe 2, Quelle: Staatsinstitut für Schulqualität und Bildungsforschung (ISB), https://www.isb.bayern.de/schularten/gymnasium/leistungserhebungen/abiturpruefung/informatik/
S. 221/T4	Bayerische Abiturprüfung 2021, Fach Informatik, Abschnitt I Aufgabe 2, Quelle: Staatsinstitut für Schulqualität und Bildungsforschung (ISB), https://www.isb.bayern.de/schularten/gymnasium/leistungserhebungen/abiturpruefung/informatik/
S. 231/9	Bayerische Abiturprüfung 2020, Fach Informatik, Abschnitt I Aufgabe 3, Quelle: Staatsinstitut für Schulqualität und Bildungsforschung (ISB), https://www.isb.bayern.de/schularten/gymnasium/leistungserhebungen/abiturpruefung/informatik/
S. 235/5	Bayerische Abiturprüfung 2018, Fach Informatik, Abschnitt I Aufgaben 1, 2, Quelle: Staatsinstitut für Schulqualität und Bildungsforschung (ISB), https://www.isb.bayern.de/schularten/gymnasium/leistungserhebungen/abiturpruefung/informatik/
S. 242/4	Bayerische Abiturprüfung 2019, Fach Informatik, Abschnitt I Aufgabe 2, Quelle: Staatsinstitut für Schulqualität und Bildungsforschung (ISB), https://www.isb.bayern.de/schularten/gymnasium/leistungserhebungen/abiturpruefung/informatik/
S. 243/6	Bayerische Abiturprüfung 2020, Fach Informatik, Abschnitt I Aufgabe 3c, Quelle: Staatsinstitut für Schulqualität und Bildungsforschung (ISB), https://www.isb.bayern.de/schularten/gymnasium/leistungserhebungen/abiturpruefung/informatik/
S. 256/1	Bayerische Abiturprüfung 2021, Fach Informatik, Abschnitt I Aufgabe 3, Quelle: Staatsinstitut für Schulqualität und Bildungsforschung (ISB), https://www.isb.bayern.de/schularten/gymnasium/leistungserhebungen/abiturpruefung/informatik/
S. 256/2	Bayerische Abiturprüfung 2022, Fach Informatik, Abschnitt II Aufgabe 4, Quelle: Staatsinstitut für Schulqualität und Bildungsforschung (ISB), https://www.isb.bayern.de/schularten/gymnasium/leistungserhebungen/abiturpruefung/informatik/
S. 262/T3	Bayerische Abiturprüfung 2020, Fach Informatik, Abschnitt II Aufgabe 3, Quelle: Staatsinstitut für Schulqualität und Bildungsforschung (ISB), https://www.isb.bayern.de/schularten/gymnasium/leistungserhebungen/abiturpruefung/informatik/
S. 288/9	Bayerische Abiturprüfung 2016, Fach Informatik, Abschnitt I Aufgabe 5, Quelle: Staatsinstitut für Schulqualität und Bildungsforschung (ISB), https://www.isb.bayern.de/schularten/gymnasium/leistungserhebungen/abiturpruefung/informatik/
S. 289/10	Bayerische Abiturprüfung 2014, Fach Informatik, Abschnitt I Aufgabe 1, Quelle: Staatsinstitut für Schulqualität und Bildungsforschung (ISB), https://www.isb.bayern.de/schularten/gymnasium/leistungserhebungen/abiturpruefung/informatik/
S. 294/T3	Bayerische Abiturprüfung 2017, Fach Informatik, Abschnitt II Aufgabe 5, Quelle: Staatsinstitut für Schulqualität und Bildungsforschung (ISB), https://www.isb.bayern.de/schularten/gymnasium/leistungserhebungen/abiturpruefung/informatik/
S. 297	Benoît Mandelbrot. Die fraktale Geometrie der Natur; Springer Basel; April 2014; S. 13

Informatik
Gymnasium Oberstufe Band 2

Autoren: Peter Brichzin, Ulrich Freiberger, Florian Janus, Franz Jetzinger, Johannes Neumeyer, Klaus Reinold, Dr. Stefan Seegerer, Albert Wiedemann
Redaktion: Stina Tilsner
Rechteprüfung: Kai Mehnert
Technische Zeichnungen: Ingrid Schobel, Hannover
Illustrationen: Nicole Rademacher, Berlin; Natascha Welz
Umschlaggestaltung: klein & halm GbR
Layout und technische Umsetzung: Reemers Publishing Services GmbH, Krefeld

Begleitmaterialien zum Lehrwerk

für Schülerinnen und Schüler
Schulbuch als E-Book mit Medien   1100033526

für Lehrkräfte
Unterrichtsmanager Plus inkl.
E-Book als Zugabe und Begleitmaterial   1100033531

www.cornelsen.de

1. Auflage, 1. Druck 2024

Alle Drucke dieser Auflage sind inhaltlich unverändert und können im Unterricht nebeneinander verwendet werden.

© 2024 Cornelsen Verlag GmbH, Berlin

Allgemeiner Hinweis zu den in diesem Lehrwerk abgebildeten Personen:
Soweit in diesem Buch Personen fotografisch abgebildet sind und ihnen von der Redaktion fiktive Namen, Berufe, Dialoge und Ähnliches zugeordnet oder diese Personen in bestimmte Kontexte gesetzt werden, dienen diese Zuordnungen und Darstellungen ausschließlich der Veranschaulichung und dem besseren Verständnis des Buchinhalts.

Die enthaltenen Links verweisen auf digitale Inhalte, die der Verlag bei verlagsseitigen Angeboten in eigener Verantwortung zur Verfügung stellt. Links auf Angebote Dritter wurden nach den gleichen Qualitätskriterien wie die verlagsseitigen Angebote ausgewählt und bei Erstellung des Lernmittels sorgfältig geprüft. Für spätere Änderungen der verknüpften Inhalte kann keine Verantwortung übernommen werden.

Druck und Bindung: Mohn Media Mohndruck, Gütersloh

ISBN 978-3-060-00071-5 (Schülerbuch)
Produktnummer 1100033526 (E-Book)

PEFC-zertifiziert
Dieses Produkt
stammt aus
nachhaltig
bewirtschafteten
Wäldern und
kontrollierten Quellen
PEFC/04-31-1033   www.pefc.de